国家社科基金
后期资助项目
GUOJIA SHEKE JIJIN HOUQI ZIZHU XIANGMU

旅游业、新型城镇化与经济增长

Tourism, New Urbanization and Economic Growth

赵 磊 著

中国财经出版传媒集团
经济科学出版社
Economic Science Press

国家社科基金后期资助项目
出版说明

　　后期资助项目是国家社科基金设立的一类重要项目，旨在鼓励广大社科研究者潜心治学，支持基础研究多出优秀成果。它是经过严格评审，从接近完成的科研成果中遴选立项的。为扩大后期资助项目的影响，更好地推动学术发展，促进成果转化，全国哲学社会科学工作办公室按照"统一设计、统一标识、统一版式、形成系列"的总体要求，组织出版国家社科基金后期资助项目成果。

全国哲学社会科学工作办公室

前言

　　新型城镇化作为扩大内需的长期动力、产业发展的强大载体、结构转型的新型动能，蕴含巨大的经济增长潜力，对推进我国现代化进程存在不可估量的经济增长效应。现代产业支撑新型城镇化建设，而新型城镇化则驱动现代产业发展，在当前中国经济增速遭遇周期性下行压力的背景下，强化现代产业与新型城镇化之间的衔接、协同和融合，对新常态下提高生产率和推动经济高质量发展意义重大。现有研究从产业结构变迁视角对新型城镇化的经济增长效应进行了探讨，但鲜有研究深入细分产业内部见微知著地分析特定产业与新型城镇化的互动、融合对经济增长的影响绩效。随着产业规模持续扩张，运行模式不断迭代，关联效应愈益增强，作为服务业中的龙头和先导，甚至是地区国民经济的战略性支柱产业，旅游业对国民经济的综合贡献潜力与日俱增，而将旅游业的经济增长效应估算置于新型城镇化战略框架中予以研究，则不仅能规避对旅游业的经济增长效应的检验结果以及因忽视关键的新型城镇化战略约束而出现有偏风险，也能"微中透美"，从旅游业部门视角提供一个具象化地解释产城协同、融合影响经济增长过程机理的特定分析案例。鉴于此，本书首次尝试将旅游业、新型城镇化与经济增长纳入统一研究框架，系统性地对上述逻辑关系进行实证检验。本书的主要贡献在于排除新型城镇化影响产城融合的经济增长效应的外生性假定，尽可能放松这一主观预设，将新型城镇化视为旅游业影响经济增长的内生变量，进而探讨旅游业与新型城镇化的协同交互、融合发展对经济增长的影响效应与作用机制。

　　本书研究的逻辑思路分为九个方面：第一，对国内外旅游业、（新型）城镇化与经济增长关系文献进行系统整理、归纳和述评，尤其对旅游业导向型经济增长假说的理论基础与文献观点进行细致梳理，客观阐述既有文献对旅游业与经济增长关系的认知判断，并以旅游业与（新型）城镇化、（新型）城镇化与经济增长关系文献的观点论断为切入点，识别并洞悉旅游业、新型城镇化与经济增长关系文献观点的阙漏或谬误之处，进而引申出本书系统化揭示旅游业、新型城镇化与经济增长关系的研究动机。第二，将新型城镇化作为关键兴趣变量，对其进行变量构造，是将其纳入旅游业导向型经济增长实证框架并进行经验研究的前提条件，所以本书首先构建新型城镇化的综合评价指标体系，并在定量测度新型城镇化综合指数基础上，进一步量化分析新型城镇化建设的地区差异、分布动态及其驱动因素，以期详尽刻画我国省际新型城镇化建设的动态演化规律。另外，本书尝试设置"旅游业—新型城镇化"系统的综合评价指标体系，目的不仅在于定量揭示旅游业子系统与新型城镇化子系统之间的耦合状态和协调层次，尤其是量化分析旅游业与新型城镇化之间的融合发展水平。第三，鉴于新型城镇化显著推动产业结构变迁，在捕捉变量空间自相关特征的基础上，先后采用空间面板计量模型、面板分位数模型和门限空间动态面板模型，对新型城镇化影响旅游业的空间效应以及非线性门槛效应进行实证检验，并客观揭示新型城镇化对旅游业的作用机制。第四，将新型城镇化变量纳入旅游业导向型经济增长假说实证框架，分别采用静态、动态面板模型实证检验旅游业与新型城镇化的"独立"与"交互"关系形态对经济增长的影响过程，重点在于考察新型城镇化与旅游业之间的互动协调是否会调节旅游业的经济增长效应，进而为"城""旅"协同的经济增长效应提供实证依据。第五，进一步放松旅游业影响经济增长的线性效应假定，设置新型城镇化为内生门限变量，进而将旅游业的经济增长效应研究拓展至非线性框架，分别采用静态、动态面板门限回归模型对旅游业影响经济增长的新型城镇化门限效应进行实证检验，进而从新型城镇化视角充实旅游业导向型经济增长研究体系。第六，在系统检验旅游业影响绿色全要素生产率的空间效应与间接机制基础上，同时构造新型城镇化与旅游业交互项，采用静态、动态空间面板杜宾模型实证检验"城""旅"协同互促对经济增长质量的影响机理，不仅能有效弥补"城""旅"协同作用影响经济增长质量的研究空白，而且也能强化新型城镇化影响旅游业的经济增长效应的研究内容深度。第七，在对城旅融合进行理论解读并对其影响经济增长进行理论分析的基础上，利用空间动态面板数据模型实证检验城旅融合影响经济增长规模的空间效应与机制，并依次进行异质性、稳健性和中介机制分析，然后在拓展性研究中进一步对城旅融合的经济增长质量效应进行实证检验，从而进一步证实"城""旅"交互、融合对经济增长质量的显著积极影响。第八，在对产业结构合理化、高级化进行定量测度的基础上，系统探讨城旅融合对产业结构变迁的影响效应及其间接机制，进而从产业结构转变视角提供城旅融合驱动经济增长的传导渠道。第九，在对城旅融合影响经济高质量发展进行理论分析的基础上，通过构造城旅融合、经济高质量发展两个关键变量，利用动态空间面板杜宾模型并结合动态面板门限模型对城旅融合影响经济高质量发展的空间效应进行估计并分解，同时揭示城旅融合影响经济高质量发展的非线性机制，从而为城旅融合促进经济高质量发展提供了实证依据。

　　本书的实证工作，无论是研究方法还是研究内容，均对与该领域相关的既有旅游学文献所搭建的研究体系进行了创新拓展、有力完善。本书打破了既有文献对旅游业、新型城镇化和经济增长三元关系的割裂性认识，在对三元关系展开多维理论分析的基础上，从研究视角层面进行"大胆假设"，即试图将旅游业、新型城镇化与经济增长纳入统一研究框架，并引入能够捕捉"静态、动态、门限和空间"因素的多种前沿性计量统计模型，对旅游业、新型城镇化和经济增长的逻辑关系进行系统性实证检验，希冀在一般性的统计约束条件下，通过以上"小心求证"过程，提升旅游业、新型城镇化的"独立""交互""融合"关系对经济增长的估计效率，进而客观揭示以上三种关系的不同表现形态对经济增长的影响效应及其作用机制，并且初步构建起验证旅游业、新型城镇化和经济增长之间逻辑关系的实证研究体系。本书的实证研究结论也为在新型城镇化战略实施过程中提供与其适配性的旅游业激励政策，以有效发挥"城""旅"独立、协同和融合促进经济增长的最优效应提供了必要的理论支撑和经验佐证。

赵　磊

浙江工业大学管理学院

2022 年 8 月 1 日

目录

第一章 绪 论

第一节 研究背景

城镇化作为人类文明进步的显著标志，无疑是 20 世纪最重要的社会演进过程之一（Street，1997）。城镇化过程不仅是经济发展、人口聚集、科技进步、产业升级、制度改革、文化变迁、资源利用等经济、社会和环境要素综合作用的必然结果，同时其演进发展也与工业化、信息化和农业现代化深度融合、互动发展（Gries and Grundmann，2018；陆大道和陈明星，2015）。目前，世界上已有超过一半的人口居住在城市地区，并且根据联合国预测数据，到 2050 年，发展中国家和发达国家的城市化率将分别增至 64% 和 86%。历史地看，由于西方国家工业化开端较早，其所决定的城镇化水平也领先于中国；同时，经历漫长曲折的变革发展之后，西方发达国家的城镇化进程已经步入相对稳定的成熟阶段，特别是在城镇化质量改进过程中，其所呈现出的实践内涵、技术演进、发展模式和变化规律也为当前中国的城镇化探索历程提供了重要的实践参考。

从学理上看，城镇化作为社会经济增长的内在驱动力，对其前因和后果的逻辑关系研究始终是学术界青睐的热门研究话题。近年来，随着中国政府不遗余力地贯彻城镇化战略、加快城镇化进程以及不断出台促进城镇化发展的相关激励政策，尽管城镇化率持续攀升，但与西方发达国家甚至部分新兴市场经济体相比，中国的城镇化水平仍相对较低。不仅如此，在中国快速城镇化进程中，传统城镇化在构建产业体系、完善服务设施和推进经济增长的同时，也逐渐暴露出由于城镇化内部结构不合理导致城镇化质量低下，从而致使经济增长乏力的根本性问题，尤其是近年来随着中国经济进入"三期叠加"的"新常态"阶段，如何破解城镇低质量困境，不仅是克服当前中国经济增长速度"结构性"下滑的迫切难题，也是驱动中国经济高质量发展的关键掣肘。倘若工业化创造生产供给，那么城镇化则会释放巨大的市场投资潜力和消费需求规模，这种需求导向式的城镇化发展模式确实为中国经济增长发挥了不可或缺的重要作用，对推动中国现代化进程也具有实质性意义。与此同时，作为一项由生产要素的流动而引发的潜力需求扩大机制，城镇化不仅对经济增长的促增作用不言而喻，而且还关乎社会公众的生活福祉，所以围绕城镇化的学术研究，不仅需要来自经济学、管理学和统计学等跨学科理论的共同推动，同时也可为缓解公众对美好生活的向往与不平衡不充分发展之间的矛盾探索一条可行的破解方案。因此，城镇化战略事关中国社会经济发展全局，核心在于保持城镇化规模、效率和质量协调并进，通过努力建设中国特色城镇化道路，不仅可以优化经济结构，促使经济适应"新常态"，推进供给侧结构性改革，甚至也是助推中国经济跨越中等收入陷阱、构建双循环新发展格局的关键举措。

尽管传统工业化在推动城镇化规模快速扩张方面功不可没，主要是刺激了经济增长起步阶段的"结构性加速"，但囿于计划经济体制僵化，以重工业建设为主导的产业激进思维，造成城镇化与工业化关系严重失衡，尤其是城镇化滞后于工业化，导致第三产业发展缓慢、城乡二元结构恶化、城市病不断蔓延、社会矛盾累积和环境污染加剧等诸多风险日益凸显，从而又进一步对城镇化与工业化发展造成了双重负面冲击。从长远看，城镇化滞后于工业化发展还会给经济社会持续、快速、健康发展带来一系列的内在矛盾，并日益成为制约当前经济高质量发展的突出问题。首先是抑制内需潜力的释放和升级。由于城乡之间收入、消费层次差异，城镇化滞后将导致低收入、低消费群体比重维持在相对较高水平，从而对消费需求总量增长起到约束作用，同时也不利于低端产品、过剩产能的淘汰以及产业增长方式的转变。其次是抑制产业结构的调整、升级。人的城镇化水平低下导致居民消费能力难以提升，消费需求无法释放，进而无法对供给侧结构性改革产生有效需求牵引，从而导致产能严重过剩，要素价格被扭曲，不仅直接阻碍服务业市场化运行和服务产品需求增长，而且也加剧了产业结构错配。

事实上，无论是在理论研究领域，抑或是在现实社会场景，城镇化与产业发展之间均被认同是一种相互依存、互动耦合的关系。产业是城镇化发展的支撑，而城镇化发展又会加速产业集聚，产业发展能够为城镇化创造驱动力量，而城镇化则可为产业发展提供广阔空间；同时，城镇化也需要不断强化产业的支撑力度，从而推动城镇化与产业结构调整、战略性新兴产业发展和服务业升级的有机融合。进而言之，产业结构优化为城镇化进程提供合意性产业体系支撑，城镇化发展则为产业结构完善、优化创造内源性需求条件，所以推动"产""城"耦合协同，并使之成为经济增长的一种新动力、新途径和新模式，对于"新常态"背景下提高生产率和推动经济高质量发展具有重要意义。

改革开放以来，我国城镇化建设取得了举世瞩目的成就。2011年中国城镇化率就已超过50%，高速发展的城镇化进程和前所未有的城镇化建设规模为中国经济快速增长和社会效益提升创造了巨大贡献。但城镇化建设的盲目快速推进，也随之产生了一系列的矛盾和隐患，诸如城镇化质量不高、土地城镇化快于人口城镇化、城乡收入差异扩大、生态环境恶化和公共基础服务失衡等（袁晓玲等，2017；张荣天和焦华富，2016；姚士谋等，2011）。另外，随着外部环境和内生条件的敏感变化，以2012年经济增速明显回落为标志，中国经济开始逐渐步入"新常态"阶段，劳动成本提升、增长速度放缓、资本回报下降、土地财政依赖、经济结构扭曲等现象愈发凸显，从而倒逼中国经济由高速增长阶段转向高质量发展阶段。显然，面对经济社会发展的新阶段、新常态，粗放式的传统城镇化建设模式已不再适用于经济高质量发展的要求，未来城镇化发展亟须提高质量、改进效率和优化结构。因此，针对传统城镇化的现存症结，基于中国城镇化的发展脉络，以及对当前经济新形势的研判，"新型城镇化"概念应运而生，并为中国城镇化建设的模式转型和现代化发展提供了新选择和新途径。新型城镇化是新时期中国经济转型发展过程中探索出的新型发展模式，与传统城镇化存在本质差异，其核心在于重点关注城镇化发展质量。

当前，我国高度关注新型城镇化建设并对其寄予厚望，新型城镇化已成为引领我国经济持续增长的新引擎，同时标志着现阶段我国城镇化建设朝着以人为本、注重质量和内涵集约的方向迈进。2002年，党的十六大首次提出走"中国特色城镇化道路"，并将新型城镇化置于国家战略层面，初步形成新型城镇化雏形；党的十七大确立"新五化"，并提出利用科学发展观推进新型城镇化建设；党的十八大明确提出"新型城镇化"命题，为今后城镇化发展释放了转型新信号；2012年中央经济工作会议提出，积极稳妥推进城镇化进程，着力提高城镇化质量，坚持走集约、智能、绿色和低碳的新型城镇化道路；党的十八届三中全会又指出，坚持走中国特色新型城镇化道路，推进以人为核心的城镇化，推动大中小城市和小城镇协调发展、产业和城镇融合发展；2016 年 2 月，习近平总书记对深入推进新型城镇化建设作出重要指示，强调新型城镇化建设要坚持创新、协调、绿色、开放、共享的发展理念，以"人的城镇化"为核心。由上观之，新型城镇化建设的政策脉络清晰可见，其作为扩大内需的长期动力、产业发展的强大载体、经济增长的关键驱动，逐渐上升为一项重要的国家发展战略，并将对推进我国现代化进程产生不可估量的经济效应、社会效应和环境效应。

随着过度工业化驱动传统城镇化发展模式的弊端显露，现代服务业与城镇化之间如何实现互动发展成为重要的学术关照，尽管既有文献主要侧重于对生产性服务业与城镇化之间的关系展开分析，但鲜有文献关注现代旅游业与城镇化之间的互动机理及其经济表现。实际上，将学术视野深入现代服务业内部，深刻解析细分服务行业与城镇化发展之间的互动关系，不仅能够有效拓展现代服务经济学的研究体系，而且能够细察城镇化与特定服务业部门之间的作用机制，其中，旅游业与城镇化之间的互动关系近年来开始成为探究服务业与城镇化关系研究的应然命题。究其因，现代旅游业作为第三产业的主导部门，呈现出产业集聚性强、关联度高、产业链长的行业属性（Goodall and Asworth，2012），并且具有跨行业的综合交错性以及多环节联动配合的服务消费特性，现代旅游业对关联性行业的产业波及、溢出及融合效能也优于其他服务业部门，尤其是旅游业能够通过带动就业、增加税收、创造外汇、刺激投资等方式直接或间接促进地区经济发展，使其逐渐成为国民经济体系中不可或缺的重要产业力量。根据世界旅行和旅游理事会报告显示，2017 年旅游行业对全球 GDP 的贡献达 10.4%，创造就业岗位 3.13 亿个，约占工作数量的 9.9%。同期，中国旅游业对 GDP 的综合贡献约达 11.04%，略高于全球平均水平，旅游业直接和间接就业人数为 7990 万人，占全国就业总人数的 10.28%。旅游业凭借其卓越的社会和经济效应，已经成为全球产业规模最大的服务业部门之一，产业发展规模和速度均高于全球经济增长平均水平，同时在世界经济体系中也占据重要地位。

基于以上理论推断，寻找推动城镇化进程的新兴产业要素，以化解城镇化内部结构矛盾，实现城镇化内涵集约式发展，不仅可以在推动产业结构升级过程中提升城镇化质量，而且能够深度激发旅游业与城镇化互动融合的经济效应与社会功能，从而也是推动中国经济高质量发展的有益探索。另外，随着传统城镇化发展模式难以为继，中国的城镇化正处于质量提升的关键时期，并进入集约、智能、绿色、低碳的新型城镇化建设阶段。与"要素依赖"和"投资驱动"的传统城镇化路径相比，新型城镇化建设是一个涉及人口、经济、社会和环境的复杂系统工程，以追求平等、幸福、转型、绿色、健康和集约为核心目标，以实现区域统筹与协调一体、产业升级与低碳转型、生态文明和集约高效、制度改革和体制创新为重点内容的崭新的城镇化过程。需要注意的是，新型城镇化战略作为对传统城镇化弊端的全面校正，由于其关于绿色环保、低碳集约与和谐共融的发展理念，恰好与旅游业的产业内涵不谋而合。随着现代旅游业的规模持续扩张和城镇化进程的纵深推进，旅游业与城镇化的关系愈发密切，旅游业通过激发市场需求、解决城镇就业、创造经济收入、拓展服务功能、引领产业升级、转变生活方式、活化城镇遗产等方式多途径地引导新型城镇化建设，而新型城镇化则通过"产业选择效应"，从供求两侧为旅游业发展提供要素基础和需求条件。同时，从实践上，旅游业在国民经济体系中逐渐开始占据支配地位，而新型城镇化作为现代经济发展的必由之路，强化旅游业与新型城镇化之间的协同作用显然对缓解目前经济"结构性减速"等问题具有重要现实意义。从理论上，尝试将旅游业导向型经济增长假说与城镇化驱动经济增长理论相结合，进而系统分析旅游业与新型城镇化关联互动对经济增长的影响过程，系统构建旅游业、新型城镇化与经济增长之间的统一逻辑框架，不仅可以为产城融合的经济增长效应提供一个来自旅游业的新证据，最终也可为探索经济高质量发展提供一个新的研究视角。

综上所述，鉴于新型城镇化在发展思路、推进模式、功能演进上呈现出新的特征、内涵和理念，与此同时，随着旅游业规模持续扩张，现代旅游业对中国经济增长和社会发展的影响力也愈渐增强，所以当经济发展进入新时代、新阶段和新场景，全面系统反映旅游业、新型城镇化与经济增长之间逻辑关系，尤其是理论建构旅游业与新城镇化协调互动对经济增长的影响机理，并对其进行客观的系统性实证检验，无疑将会从旅游经济学、产业经济学和城市经济学等多方面直接拓展对经济增长决定因素的跨学科贡献。本书同时将旅游业、新型城镇化和经济增长纳入统一研究框架，深入探讨旅游业、新型城镇化及其融合发展对经济增长的影响效应与作用机制，丰富、深化了产城融合的经济增长效应方面的研究内容，同时首次将新型城镇化嵌入旅游业导向型经济增长假说框架，从新型城镇化视角识别旅游业与经济增长关系，有力拓展了旅游业导向型经济增长研究体系。

总体上看，本书的研究特色体现在如下方面：①由于研究的历史时期和研究思路的限制，传统文献研究内容仍以侧重于传统城镇化的经济绩效为主，主要探讨传统城镇化对产业结构、城乡差异、居民消费和经济增长的影响，但鲜有研究具体探究新型城镇化的经济增长效应方面的实证依据和理论机制，由此催生了本书研究关切的新方向；②新型城镇化是一个涉及经济、社会、环境等宽层面和全方位的社会经济体系，在测度新型城镇化的经济增长效应时，应从多维度视角构建新型城镇化的评价指标体系，以综合体现城镇化的内涵质量、制度优势与包容和谐，从而为洞悉新型城镇化的空间布局、变化规律和影响因素，特别是为实证检验新型城镇化的经济绩效提供变量构造的基础条件；③首次将新型城镇化变量尝试嵌入旅游业导向型经济增长理论逻辑框架中，对于旅游业与新型城镇化之间所存在的"独立""调节""融合"关系形态，依次利用动态、门限和空间面板数据计量经济模型实证检验上述三类关系形态对经济增长的影响效应与机制，希冀为旅游业与新型城镇化及其协调互动、融合发展影响经济增长的经验研究提供一个全景式的理解图景；④本书最大的研究特色在于，通过引入多种前沿性的计量统计研究方法，尽可能将时间因素和空间因素纳入传统计量模型中对其进行改进，将普通静态模型拓展为动态空间模型，以期提高实证研究结论的精准性。具言之，本书相继引入静（动）态面板回归模型、静（动）态面板门限回归模型、空间静（动）态面板回归模型等估计方法实证检验旅游业、新型城镇化及其协调互动、融合发展影响经济增长的线性效应、门限效应和时空效应。

第二节　相关概念界定

一、旅游业

现阶段，鉴于旅游学科在基础研究方面的薄弱性，国内外学术界围绕"旅游业"的定义并不存在一个明确且统一的说法。但一般来说，①旅游业被视作一个综合性行业，由国民经济一系列相关行业所组成；②旅游业经营目的是提供满足旅游者活动需求的各种产品和服务。纵观已有的关于旅游业的相关定义，对旅游业的描述都是为旅游活动提供商品和服务的行业或部门，但差异在于对旅游产品的表述不一，这也是旅游业概念界定至今边界模糊的原因。

目前，较为主流的观点是，旅游业的行业范围界定与旅游消费的产品定义有关。按照核心旅游产品定义旅游业，旅游业就是由各个提供核心旅游产品以满足旅游者的旅游需求的旅游企业所构成的集合；如果按照组合旅游产品（它所包含的种种追加价值由各种旅游相关企业提供）的概念定义旅游业，旅游业就是一个十分综合的产业，是由各种提供组合旅游产品以满足旅游者的所有需求的旅游企业及旅游相关企业所构成的集合。后者所指，其实就是现实当中通常所说的旅游业的含义（谢彦君，2011）。

旅游作为一种特殊的产业，并不能像其他产业那样从生产角度出发展开定义。因为与旅游相关的企业，如旅行社、饭店、交通、餐饮等，并不是提供同一种产品，也不是以同类技术生产该产品。旅游产品是从消费角度来定义的，即从旅游者角度来定义旅游业，那些在缺少旅游活动的情况下收入受到明显影响的企业被定义为旅游企业。这样一来，与旅游相关的产品生产过程就散布在不同的产品部门（张凌云，2009）。

综上，若将提供核心旅游产品的旅游企业集合定义为狭义旅游业，提供综合旅游产品的旅游企业集合定义为广义旅游业，那么，就前者来说，旅游业并未成为国民经济发展的支柱，而后者因包含了旅游业及其相关联产业，其产业包含内容更具综合性，进而从广义上极大拓展了旅游业的产业外延，从而使得旅游业对国民经济发展的贡献更具现实意义。因此，本书所指旅游业实为广义旅游业。

为了便于深入理解，我们进一步可从产业内涵上对以上两种概念进行区分。狭义旅游业，是指直接为旅游者在旅游活动中的食、住、行、游、购、娱等活动提供产品和服务的行业的总称。根据《中国旅游年鉴》与《中国旅游统计年鉴（副本）》的解释，中国旅游业包括星级饭店、旅行社、旅游景点（区）、旅游车船公司（旅游交通）和其他旅游企业五个细分基本行业。广义旅游业主要是由旅游经济活动所涉及的核心体系、支撑体系和保障体系三个子系统构成。广义旅游产业是由狭义旅游业与其直接、间接相关的行业和部门共同构成的综合性产业。狭义旅游业属于广义旅游业的核心体系。

二、旅游业发展水平

旅游业发展涵盖了旅游业的产生、成长和演进过程，而旅游业以需求为导向的发展特点，也使得旅游供给产品和服务具有组合特点，所以旅游业发展实际上表现出显著的时间动态性和内容复杂性。事实上，衡量一个产业发展水平的关键表现无外乎规模、结构和效率三个核心因素，并且彼此反馈相连。在宽泛的意义上，结构与效率不仅是决定旅游业发展规模的重要因素，也是驱动旅游业发展水平的内在源泉。从具体的机制看，旅游业结构决定旅游业发展规模的持续过程，而旅游业效率则主导旅游业发展规模的核心动力，旅游业发展规模进而成为旅游业结构与旅游业效率的指向终端。因此，规模作为旅游业发展水平的核心维度，又直接表现于旅游业需求容量和旅游业经济总量两个方面，所以这也构成了本书对旅游业发展水平度量的两个基本指标，即旅游者人次指标和旅游业收入指标。事实上，这也是国外诸多旅游相关文献的通常做法（Pablo-Romero and Molina，2013）。

三、城镇化

城镇化从直观上理解，指的是农村人口转变为城镇人口的复杂过程。美国经济学界较早对城市化建设进行了解释，认为其是社会经济体制由传统分散农业化经济模式向产业集中城市化模式的转向过程。这种城市经济模式具有空间结构紧密、市场发育活跃、产业快速发展、要素流动频繁等特征。"城镇化"一词出现很显然要晚于"城市化"，这是在中国特殊社会经济情境下，学术界创造的一个新词汇。我国城镇化主要是指农村人口不断向城镇转移，第二、第三产业不断向城镇聚集，从而使城镇数量增加，城镇规模扩大的一种历史过程，可以有力地驱动国家或地区社会生产力的发展、科学技术的进步以及产业结构的调整。城镇化的核心是人口就业结构、经济产业结构的转化过程和城乡空间社区结构的变迁过程。

城镇化是现代经济增长的重要推动力。人口在城镇中聚集会创造大量市场需求，并产生显著的规模经济效应，能够明显降低私人和公共投资的平均成本和边际成本，进而有助于产生更大的市场和更高的利润。同时，随着人口和经济活动向城镇集中，市场需求也会迅速增长和多元化，进一步促进专业化分工，从而提高经济效率。

四、新型城镇化

改革开放以来，我国创造了高速度、大规模的城镇化建设奇迹，并为实现经济快速增长提供了重要推力，但同时也伴随着"半城镇化"、城镇化滞后于工业化、城镇化内部失衡等系列现象，所以迫切需要构建符合中国特征情境的新型城镇化理论逻辑体系，以期为寻找破解实践性城镇化困局提供有效解决方案。

当前，我国处于城镇化深入发展的关键时期，国家高度关注新型城镇化，并赋予艰巨的历史重任，所以必须深刻认识城镇化对经济社会发展的重大意义。从本质上讲，新型城镇化作为引领我国经济持续增长的新动力，也标志着现阶段我国城镇化正朝以人为本、质量导向和内涵集约的方向转变，是支撑经济持续健康发展的强大载体。

《国家新型城镇化规划（2014—2020 年)》指出，中国特色新型城镇化建设必须遵循以人为本、统筹城乡、优化布局、生态文明、文化传承等基本原则，通过提高城镇化质量，加快转变城镇化发展方式，始终以人的城镇化为核心来释放城镇化发展潜力。传统上，以单一人口城镇化率指标来度量城镇化水平存在一定片面性，该指标显然难以承载"以人为本"的新型城镇化所涉及的经济、人口、社会和环境等多维度内涵。鉴于此，本书所指的新型城镇化是以城乡统筹、城乡一体、产业互动、节约集约、生态宜居、和谐发展为基本特征的城镇化，并在兼顾传统城镇化发展的有益性评价指标的同时，尝试从人口城镇化、经济城镇化、空间城镇化、社会包容性、环境治理力、城乡统筹度和生态集约化七个方面对新型城镇化内涵予以刻画。

五、城旅融合

产城互动，是指产业发展与城市功能相互促进、相互渗透，共同协调发展的动态过程。狭义上，产城互动指的是工业化与城镇化之间的良性互促发展，工业化引领城镇化水平提升，城镇化支撑工业优化升级，两者协调匹配、互为促进。随着城镇化进程快速推进，社会暴露问题愈发严重，此时，新型城镇化概念应运而生，力求强化"产城融合"来追求可持续的城镇化发展模式。事实上，城镇化滞后于工业化导致的产城分离问题严重抑制了经济发展潜力。产城融合要求产业与城市功能融合、空间整合、要素契合。

城镇是国家经济运行体系及其空间网络的重要载体，城镇化过程与产业结构变化相伴而生，而旅游业作为产业关联度高、经济带动力大、文化显示度强的消费型现代服务业，与城镇化之间存在密切关系。新型城镇化为旅游业创造了广阔发展空间，有利于完善旅游基础设施、扩大旅游客源市场、丰富旅游产品业态，旅游业则为新型城镇化提供了切实产业动力，能够提升城镇收入水平、优化城镇空间结构、激发城镇功能建设。因此，旅游业与新型城镇化相辅相成，旅游业发展以城镇为空间依托，新型城镇化以旅游业为产业支撑，旅游业与新型城镇化融合发展将成为一种新趋势。

本书所指的城旅融合，是指旅游业与新型城镇化融合发展，以城镇为空间依托，承载现代旅游业发展，以旅游业为产业支撑，驱动新型城镇化进程，"以旅促城，以城兴产，城旅融合"，最终实现"旅""城""人"之间和谐均衡。城旅融合本质上是产城融合的特殊表达，融合原理在于以"人"（主客）的需求效用为基点，从而在功能、结构、空间、规划、制度、政策等实体与非实体要素层面实现旅游业与城镇化耦合共振、协调发展。

第三节　研究意义

一、理论意义

在供给侧结构性改革背景下，为缓解经济增长速度"结构性"下滑，实现经济高质量发展，在新型城镇化战略体系中，探究旅游业及其与新型城镇化的互动作用对经济增长的影响过程，不仅可以体现中国旅游经济学研究的本土化，即在新型城镇化这一国家战略情境中，充实中国旅游业导向型经济增长的研究体系，尤其是将新型城镇化作为特殊变量纳入以上框架，进一步对新型城镇化在旅游业导向型经济增长过程中所扮演的角色进行实证识别，进而不仅能够拓展中国本土旅游业导向型经济增长研究框架，而且也为丰富国际旅游经济学研究提供来自中国案例的特殊贡献。

总体上看，既有文献主要围绕新型城镇化的内涵解读、指标构建、定量测度、发展模式等问题展开深入探讨，并初步较为完整地勾勒出新型城镇化的认知理论体系，但对新型城镇化形成前因以及发展后果的因果关系机制的实证研究则相对薄弱，进而极大限制了关于新型城镇化领域的研究视野，特别是并未为由新型城镇化的战略推进和纵深发展所产生的经济问题提供实证佐证。尽管部分实证研究关注到新型城镇化对产业结构、经济增长的研究，但却忽视了产业发展与新型城镇化的协调互动所释放的经济效能，即仍停留在对"产""城"割裂的狭隘认识层面，并未探讨"产""城"联动的协同效应，所以在研究新型城镇化的经济增长效应时，同样也需要纳入产业发展因素。本书将旅游业、新型城镇化与经济增长纳入统一研究框架，首次讨论新型城镇化对旅游业导向型经济增长机制的影响作用，并兼顾揭示旅游业与新型城镇化互动融合的经济增长效应，从而也为产城融合的经济增长效应研究提供来自旅游业部门的启示。

在"产""城"之间深度融合背景下，伴随着新型城镇化战略的纵深推进，旅游产业规模的不断扩张，及时补充和完善旅游业、新型城镇化与经济增长之间的理论逻辑体系更具时代紧迫感。本书不仅对旅游业与新型城镇化之间所存在的"独立""交互""融合"关系形态在经济增长中的理论表现进行了相应解读，并基于"数据驱动"的研究思想，分别引入前沿性计量经济学统计分析技术，对旅游业、新型城镇化与经济增长之间的三元关系进行系统和严谨的实证检验，进而发现具有中国特色的"旅""城"协同、融合影响经济增长。需要特别强调的是，本书的实证研究策略充分体现出时间性、动态性、空间性和非线性四大典型统计特色，上述检验思想主要是考虑尽可能捕捉变量间因果关系的时空性与非线性，希冀尽可能对经济增长的"旅""城"交互因素进行客观实证检验。

其一，初步构建新型城镇化的研究框架，核心内容包括指标体系设计、指数定量测度、分布动态刻画、驱动机制识别等，较为系统地展现新型城镇化的内涵特征、发展水平、变化趋势及影响因素。在此基础上，再尝试对旅游业与新型城镇化的互动原理进行理论分析，同时对两者互动关联的耦合度、协调度进行定量测度，进而首次对"旅""城"融合水平给予了量化评估。此部分研究的直接理论贡献在于，本书分别从人口城镇化、经济城镇化、空间城镇化、社会包容性、环境治理力、城乡统筹度和生态集约化七个方面对新型城镇化的多维内涵进行了理论阐释，并且从人口就业与消费效应、产业转移与升级效应、空间布局与优化效应、城乡发展与统筹效应、文化传承与活化效应五个方面对旅游业与新型城镇化的耦合协调进行了理论分析。

其二，随着新型城镇化的战略意义与日俱增，无论是其对旅游业的促进效应，抑或是两者之间的互促作用，或者对经济增长的驱动效能均愈发显著。新型城镇化作为当前中国经济活动发生的显性场景，在探讨经济变量之间的作用关系时，新型城镇化成为不可或缺的重要约束参数。因此，将新型城镇化纳入旅游业影响经济增长的逻辑理论框架和实证研究体系，不仅能够直接拓展旅游业导向型经济增长的研究范畴，而且能够弥补既有研究对旅游业、新型城镇化与经济增长关系的割裂认识，尤其是综合应用静（动）态面板门限回归模型和空间静（动）态面板回归模型分别对旅游业、新型城镇化及其耦合互动对经济增长的影响效应展开多维度的系统实证检验，不仅能够客观揭示新型城镇化发展对旅游业经济增长效应的约束机制，更为重要的是，在现代旅游业与新型城镇化深度融合的背景下，首次实证检验了旅游业与新型城镇化耦合互动对经济增长的影响效应，进而为"旅""城"融合影响经济增长的理论阐释增添了必要的经验证据。

其三，在对旅游业、新型城镇化及其动态融合影响经济增长规模进行理论分析与实证检验的基础上，本书进一步将上述研究框架继续向前推进，继续转向深入探析旅游业、新型城镇化及其融合发展对以绿色全要素生产率度量的经济增长质量的影响，通过对后者予以系统论证，本书分别从"规模""质量"两个维度，构建较为完善的旅游业、新型城镇化及其融合发展的经济增长效应研究的实证框架，最终为新型城镇化嵌入旅游业导向型经济增长研究体系，在夯实旅游业、新型城镇化及其融合发展对经济增长规模影响的基础上，初步探索旅游业、新型城镇化交互乃至融合对经济增长质量的影响，进而为旅游业、新型城镇化与经济增长关系研究提供更为广泛而全面的实证依据。

二、实践意义

在"国内大循环为主体、国内国际双循环相互促进"的新发展格局下，新型城镇化作为扩大内需的最大潜力所在，通过促进有效投资和推动产业升级对经济增长实现促增作用，尤其能够为实现经济高质量发展提供有力支撑。与此同时，鉴于加快旅游业改革发展是适应人民群众消费升级和产业结构调整的必然要求，2014年，国务院发布了《关于促进旅游业改革发展的若干意见》，并指出应坚持融合发展理念，需要促进旅游业与新型城镇化的有机结合、互促共进，进而实现经济、社会和生态效益的和谐统一。因此，从宏观经济意义上理解，对旅游业、新型城镇化与经济增长关系进行研究具有鲜明的时代价值和现实意义。

事实上，旅游业历来被视为是一种"幸福产业"，能够有效提升旅游主体的主观幸福感，而"以人为本"则是新型城镇化区别于传统城镇化的根本标志，所以"人"的因素是构建旅游业与新型城镇化关系链条的关键环节，进而从供求两端向"产"和"城"进行拓展，进而以"人""产""城"的协调发展更好地刺激市场需求潜力和产业有效供给，通过促进旅游业与新型城镇化融合发展实现需求端与供给侧的有机联动，进而为驱动经济增长提供新动能。

因此，本书对旅游业、新型城镇化及其交互、融合对经济增长的影响进行系统性研究，由此所产生的实践启示具有三重启发性。

第一，对中国省际新型城镇化进行定量测度，并揭示其地区差异及其演变规律，有助于深刻洞悉新型城镇化发展的基本形态，以便为政府均衡地引导新型城镇化建设、有针对性地制定缩小新型城镇化省际差异的政策提供客观的量化基础。在此基础上，通过构建"旅游业—新型城镇化"系统综合评价指标体系，对旅游业与新型城镇化耦合互动进行量化分析，有助于清晰辨识旅游业与新型城镇化之间的耦合度、协调度，进而为科学寻求推进旅游业与新型城镇化耦合、协调的发展路径提供政策保障。

第二，新型城镇化作为当前驱动中国经济高质量发展的重要推力，倘若在旅游业与经济增长关系研究中忽略新型城镇化的显性作用，不仅会导致旅游业的经济增长效应检验被高估，而且无法有效勾勒出新型城镇化在旅游业影响经济增长机制中所可能承担的渠道角色。事实上，鉴于新型城镇化对促进产业结构升级、扩大市场内需的有效意义，无论是在供给侧，还是需求端，新型城镇化对旅游业的经济增长效应均会施加无法忽视的现实作用，所以将旅游业、新型城镇化与经济增长统为一体予以研究，不仅存在形成自洽性理论的合理推设，而且通过对以上逻辑关系进行实证研究，能够分别揭示旅游业与新型城镇化之间"独立""交互""融合"三种互动关系对经济增长的影响机制，进而详尽刻画旅游业、新型城镇化对经济增长的差异化影响过程。

第三，沿袭类似研究框架，进一步检验旅游业与新型城镇化之间以上三类关系形态对经济增长质量的影响，同样具有可预见的实践意义。在当前经济进入"新常态"，处于"三期叠加"阶段，以及加快构建国内大循环为主体、国内国际双循环相互促进的新发展格局下，尝试构建旅游业、新型城镇化与经济增长质量的实证研究体系，依次获得旅游业与新型城镇化之间"独立""交互""融合"影响经济增长质量的经验证据，为制定有利于高质量发展的旅游业与新型城镇化的协调发展政策提供实践参考。

总而言之，结合本书应用计量经济统计模型所体现的"静态、动态、门限和空间"特色，相对应所体现的直接实践意义分别在于：①为旅游业与新型城镇化的实践融合发展提供一个相对客观的评价指标体系与量化测度结果，进而为制定有助于旅游业与新型城镇化耦合协调的实践政策提供客观依据；②从"独立""交互"两个视角，检验旅游业、新型城镇化对经济增长的影响效应，不仅可以为"旅游业导向型经济增长"和"城市驱动型经济增长"两种相对独立的理论假设提供实证依据，而且探索新型城镇化对旅游业与经济增长关系的调节作用，直接关系到新型城镇化对调节旅游业的经济增长效应的有效性；③旅游业的经济增长效应基于新型城镇化的非线性门限特征，意味着随着新型城镇化发展处于不同阶段，旅游业对经济增长的影响强度呈现非线性变化趋势，故为获取最优旅游业的经济增长效应，应基于新型城镇化的门限区间差异化地制定旅游业对经济增长的促进政策；④旅游业与新型城镇化融合发展对经济增长的影响效应具备"时空"特征，故而在制定旅游业与新型城镇化融合发展政策时需警惕主观割裂思维，应当注重邻接跨区合作，降低"城""旅"融合门槛，充分释放两者融合发展影响经济增长的空间网络化效应；⑤系统探讨旅游业与新型城镇化间三类关系形态对经济增长规模、质量的影响机理，将会为寻求经济高质量发展的实现路径提供有益借鉴。

第四节　研究目标、思路和方法

一、研究目标

本书对中国旅游业、新型城镇化与经济增长逻辑关系的研究具有明确的目标指向性。一方面，建立、充实和完善旅游业、新型城镇化与经济增长逻辑关系的理论体系与实证框架，以尽可能弥补旅游业、新型城镇化及其交互、融合发展影响经济增长的理论滞后差距与经验研究缺失；另一方面，鉴于中国当前现代旅游业与新型城镇化的快速扩张态势以及两者不断深化的融合趋势，系统揭示旅游业与新型城镇化及其关联互动对经济增长的影响过程，亟须寻求来自经济学严谨统计分析的科学论据。宽泛地讲，上述具体目标也分别推进了旅游业导向型经济增长、城镇驱动型经济增长及"城""旅"融合发展的经济增长效应方面的研究深度，尤其是在更深层面上构建起旅游经济学、城市经济学和产业经济学等之间的跨学科研究体系。另外，从实践角度，其也为新型城镇化战略实施对旅游业的经济增长效应的影响机制提供了必要的经验证据,尤其明确了地方政府在制定促进经济增长的旅游业发展政策时,需考虑与新型城镇化建设的策略互动性与政策兼容性。

具体而言,本书在充分回顾国内外旅游业、(新型)城镇化与经济增长关系理论体系与文献观点的基础上,首先对中国新型城镇化综合评价指标体系进行量化测度,然后将其作为关键的兴趣变量,与旅游业变量以及交互项同时纳入经济增长决定方程,进而构成以中国省级层面的经济面板数据为研究对象,分别应用能够兼顾捕捉"静态影响、动态滞后、门限效应和空间溢出"四类特征的多种面板经济计量模型,从而希冀借助于严谨的计量经济回归技术,系统深入地考察旅游业与新型城镇化及交互、融合发展对经济增长的影响机制与效应。具体来说,本书研究所关切的是,中国旅游业和新型城镇化发展水平如何?呈现何种差异及其演变规律?旅游业与新型城镇化融合程度如何?旅游业与新型城镇化及其交互、融合发展是否影响经济增长甚至经济高质量发展?是否存在门限效应或空间效应?等等。科学谨慎地回答上述问题,对于中国当前所寻求的可持续、高质量发展路径的战略意义不可低估。一方面,将新型城镇化纳入旅游业影响经济增长的研究框架,可初步构建起旅游业、新型城镇化与经济增长统一的理论与实证研究体系;另一方面,从动态、空间视角,可提供旅游业与新型城镇化及其交互、融合发展以及影响经济增长规模和质量的经验证据。

二、研究思路

对旅游业、新型城镇化与经济增长逻辑关系的研究思路和脉络可以概括为八个阶段:第一,进行文献述评。该部分的主要目的是,围绕本书研究主题,进行相关文献检索、整理和述评,不仅发现支持与本书研究有关的相应结论,而且也发现目前研究的薄弱与空白,从而为凸显本书研究价值提供文献依据。第二,关键变量测算。先对中国城市旅游业发展地区差异与空间极化进行定量测度,对新型城镇化的综合指标体系进行定量评价,分析新型城镇化发展水平的地区差距及分布演进规律,并检验其影响因素。第三,耦合协调测度。利用耦合协调度模型对旅游业与新型城镇化的互动协调水平进行量化分析,以评估两者的融合发展程度。第四,基准模型检验。将新型城镇化变量纳入旅游业导向型经济增长假说模型框架,分别采用静态和动态面板数据模型对旅游业、新型城镇化的经济增长效应进行实证检验,并通过对旅游业与新型城镇化交互项进行检验,以检验新型城镇化对旅游业的经济增长效应的调节作用。第五，门限效应检验。将新型城镇化设置为内生门限变量，一方面，使用门限空间动态面板模型实证检验新型城镇化建设对旅游业发展的非线性时空效应；另一方面，分别使用静态、动态面板门限回归模型分别对新型城镇化施加于旅游业的经济增长效应的非线性门限特征进行实证检验。第六，融合效应分析。分别应用静态、动态空间面板数据模型实证检验旅游业和新型城镇化耦合协调所形成的"城旅融合"对经济增长的空间影响效应与作用机制。第七，质量效应分析。继续沿袭空间分析思维，从整体上就旅游业、新型城镇化及其交互、融合发展对绿色全要素生产率与经济高质量发展的时空影响效应进行实证检验，以检验旅游业、新型城镇化及其互动关联、融合发展对经济增长质量的影响。第八，提出政策建议。根据不同前沿性计量统计模型回归结果所揭示的旅游业、新型城镇化及交互、融合发展对经济增长的影响效应和机制，有针对性地提出政策建议与管理启示，并对未来的研究方向进行展望。

三、研究方法

以核心研究问题为主线，本书整体的研究进路体现出定性与定量分析相结合，理论与实证研究相衔接的规范研究范式。当然，在具体的研究过程中，为了提升分析问题的理论深度，同时也综合运用了产业经济学、城市经济学、计量经济学和旅游经济学等跨学科的相关理论和研究方法，以便于展开对旅游业、新型城镇化与经济增长逻辑关系展开系统性研究。

毫无疑问，本书研究主要采用文献研究法，该方法有助于掌握与本书研究主题相关的辩证学术观点。对文献进行搜集、梳理与归纳也有助于发现本书研究问题，以便于参考既有论点，提出创新观点。

由于本书主要是从经济学视角对旅游业、新型城镇化与经济增长逻辑关系进行实证研究，所以关键的兴趣变量构造较为重要。关于新型城镇化的变量度量，首先，本书通过测算中国城市旅游业地区差异及空间极化，定量揭示了旅游业发展的空间非均衡性；其次，结合逼近理想解排序（technique for order preference by similarity to ideal solution，TOPSIS）方法与灰色关联理论对所构建的新型城镇化评价指标体系进行定量测度，以获得新型城镇化发展综合指数；再次，为揭示新型城镇化的地区差异及其演变趋势，依次利用 Dagum 基尼系数及其分解、Kernel 密度估计和传统 Markov 链分析方法对新型城镇化发展水平的地区差异及其分布的动态演进进行了定量刻画；最后，应用耦合协调度模型对旅游业与新型城镇化协调发展水平进行耦合协调度分析，目的在于评估"城""旅"之间的融合发展程度。

对旅游业、新型城镇化与经济增长逻辑关系的理论推设还需基于客观数据进行严谨而系统的实证检验。其一，应用普通静态、动态面板数据模型对旅游业、新型城镇化影响经济增长的线性效应进行实证检验，同时考察新型城镇化对旅游业影响经济增长的调节作用。其二，不仅引入前沿性的门限空间动态面板模型，对新型城镇化影响旅游业的非线性时空效应进行实证检验，而且还采用静态、动态面板门限回归模型对基于新型城镇化变量的旅游业影响经济增长的非线性门限效应进行实证检验。其三，应用空间静态与动态空间面板回归模型实证检验城旅融合对经济增长的影响，以客观揭示城旅融合的经济增长效应。其四，承袭动态空间面板估计技术，实证检验旅游业、新型城镇化及其交互、融合发展对绿色全要素生产率以及经济高质量发展的影响，目的在于反映关键兴趣变量对经济增长质量的影响。

第五节　研究内容、创新和框架

一、研究内容

根据以上研究目标和思路，本书研究范式思想来源于"实践问题—理论分析—实证研究—政策启示"的系统逻辑：第一，国内缺乏对旅游业、新型城镇化及交互、融合发展影响经济增长的系统性理论框架与经验证据，本书研究的重要选题可有效弥补该领域的理论空白与实证缺失。第二，在文献述评基础上，挖掘出潜在的理论关切点与实证薄弱点，即旅游业与经济增长关系需置于新型城镇化战略情境中予以理论阐释与经验论证。第三，对新型城镇化的旅游业增长效应及非线性特征进行实证检验，从而揭示新型城镇化影响旅游业的空间效应以及非线性门限效应。第四，综合运用多种前沿性面板数据计量统计模型对旅游业、新型城镇化与经济增长逻辑关系进行实证检验，旨在全方位揭示旅游业、新型城镇化及其交互、融合发展对经济增长的影响效应与机制。第五，系统检验旅游业、新型城镇化及其交互、融合发展影响绿色全要素生产率的时空效应。第六，对城旅融合与产业结构变迁关系进行实证检验，并揭示城旅融合对产业结构变迁的影响机制。第七，实证检验城旅融合影响经济高质量发展的空间效应、门限效应及传导渠道。第八，根据模型实证研究结论，基于旅游业、新型城镇化及其交互、融合发展对经济增长的影响机制，有的放矢地提出促进经济增长的旅游业与新型城镇化发展政策。从研究范式上看，本书研究内容遵循理论分析与实证检验相结合的规范分析路径，最终构成了完整的逻辑研究体系。

本书共分为十二章内容，基本逻辑结构与各章内容概要如下。

第一章，绪论。本章聚焦当前中国旅游业、新型城镇化与经济增长关系的实践问题和学术状况，分别对本书研究的背景、意义、概念、目标、思路、方法、内容和创新等分别进行系统阐述，以明晰本书的基本研究进路。

第二章，理论阐释与文献综述。本章主要围绕旅游业、新型城镇化与经济增长之间的关系，分别对相关研究领域的国内外研究文献进行综述性分析。其中，对国外文献进行系统梳理，有助于寻找本书研究的有益借鉴；对国内文献进行回顾，有助于增强本书研究的边际贡献。通过文献归纳与述评，可发现既有文献中的"纲领矛盾"与"薄弱选项"，进而体现本书研究的工作与价值。

第三章，中国城市旅游业发展地区差异与空间极化研究。本章在对城市进行"四板块"和"八区域"分组设定的条件下，客观测度城市旅游业发展水平地区差异与空间极化进行，从而对旅游业发展空间非均衡的主导来源与特殊形态进行量化揭示。

第四章，新型城镇化综合测度、分布动态与驱动机制。本章首先对新型城镇化发展评价指标体系进行综合测度，其次定量刻画其地区差异及其分布的动态演进过程，最后对其影响因素进行经验考察。

第五章，旅游业与新型城镇化耦合协调发展分析。本章引入耦合协调度模型对旅游业与新型城镇化的耦合互动、协调发展水平进行定量测算，量化分析旅游业与新型城镇化融合发展程度。

第六章，新型城镇化的旅游业增长效应及非线性特征。本章分别采用空间面板计量模型、面板分位数模型和门槛空间动态面板模型，对新型城镇化影响旅游业的空间效应以及非线性时空效应进行实证检验。

第七章，旅游业、新型城镇化对经济增长的影响。本章从"独立""协同"两个视角，分别采用普通静态、动态面板数据模型对旅游业及新型城镇化影响经济增长的线性效应进行实证检验。

第八章，旅游业影响经济增长的新型城镇化门槛效应。本章分别采用静态、动态面板门限回归模型实证检验新型城镇化对旅游业影响经济增长的非线性门限效应。

第九章，旅游业、新型城镇化与绿色全要素生产率。本章在通过构建包含非期望产出的超效率（epsilon-based measure，EBM）模型对省际绿色全要素生产率进行测度的基础上，分别基于空间静态、动态面板数据模型对旅游业影响绿色全要素生产率的空间效应与影响机制进行实证检验的同时，进一步揭示了旅游业与新型城镇化互动协调在绿色全要素生产率变化中的交互作用。

第十章，城旅融合影响对经济增长的空间效应。为同时捕捉模型"动态性"与"空间性"，本章引入空间动态面板数据模型对旅游业与新型城镇化融合发展影响经济增长规模和质量的空间效应进行实证检验。

第十一章，城旅融合与产业结构变迁。本章分别对城旅融合影响产业结构合理化、高级化进行实证检验，并对基准结论进行异质性、稳健性和内生性分析，揭示城旅融合影响产业结构变迁的间接机制。

第十二章，城旅融合与经济高质量发展。本章引入动态空间面板杜宾模型，并结合动态面板门限模型，实证检验城旅融合影响经济高质量发展的空间线性效应、传导渠道以及时空门限效应。

二、研究创新

整体言之，本书的研究创新直接表现于两点：（1）针对既有文献所针锋相对的"纲领矛盾"，即对旅游业、新型城镇化与经济增长关系的研究仅是侧重其中特定的两元素关系，进而限制了对三元素整体逻辑关系的认知视域，本书以中国为案例情境，以省级单元为研究对象，首次将旅游业、新型城镇化与经济增长纳入同一研究框架，拓展和深化了国内旅游经济学关于旅游业、（新型）城镇化与经济增长关系研究领域的薄弱环节，同时也丰富了旅游业与（新型）城镇化的经济增长效应研究方面的实证研究文献。（2）针对既有文献对三元素关系研究的片面认识，尤其是相应解读、分析仍停留在简单理论描述或实践案例分析层面，缺乏系统的理论分析与实证检验，本书分别从"静态、动态、门限和空间"四个方面对旅游业、新型城镇化与经济增长逻辑关系展开系统性实证检验，希冀在更加一般性的模型约束条件下，揭示旅游业、新型城镇化及其协同交互、融合发展对经济增长的影响效应，进而有力弥补当前关于三元素逻辑关系实证研究的"薄弱选项"。

通过文献述评，并综合研究内容，本书主要基于经济学视角，首次系统梳理旅游业、新型城镇化与经济增长逻辑关系，本书的边际创新贡献具体体现在以下三个方面。

第一，研究视角创新。当前，我国经济面临下行压力，如何破解"结构调整、动能转换"难题，并逐渐适应"新常态"与"双循环"新发展格局，进而寻求获得高质量发展的动力来源，是当前经济学研究需要考虑的关键议题。新型城镇化作为驱动经济增长的创新动力，不仅为旅游业发展提供所需产业要素和空间载体，尤其能够缓解城镇化矛盾、改善城镇化效率、提高城镇化质量，无论是在需求端抑或是供给侧，新型城镇化显然能够有效激发旅游业的经济增长效应。因此，将旅游业、新型城镇化和经济增长纳入统一逻辑框，直接拓展了旅游业导向型经济增长和城镇化驱动型经济增长两种经典假说的研究体系，并且首次尝试将两种假说统为一体予以实证研究，以期为新时代经济高质量发展提供可行的路径参考依据。因此，本书选择从经济学视角对旅游业、新型城镇化与经济增长逻辑关系进行理论分析与实证研究，对搭建旅游经济学与城市经济学之间的学术关联，增进对经济增长决定因素的跨学科认识具有重要的开拓性贡献。

第二，研究方法创新。本书在对旅游业、新型城镇化与经济增长逻辑关系进行检验时，所引入的实证方法是本书的重要研究创新。传统文献在探讨旅游业或新型城镇化与经济增长关系时，主要应用普通面板数据模型对以上关系进行实证检验，而本书除继续沿用此类方法之外，还应用非线性面板数据模型和空间面板数据模型对旅游业、新型城镇化与经济增长关系中的门限效应与空间效应进行实证检验。特别需要强调的是，统计模型在进行回归以捕捉上述效应时，难免会遭遇内生性问题，从而致使实证结论出现估计偏误。为解决这一关键问题，本书通过引入较为前沿的动态面板门限回归模型、空间动态面板回归模型以及动态空间面板门限回归模型来克服模型内生性问题，分别对新型城镇化的旅游业门限效应，旅游业、新型城镇化及其协同交互、融合发展的经济增长效应，以及城旅融合的经济高质量发展效应进行实证检验。在我们视域范围内，本书首次将如上三类前沿性计量模型应用到旅游经济学研究中，亦是尝试采用上述方法对旅游业、新型城镇化与经济增长逻辑关系进行实证研究的前期探索。

第三，研究内容创新。作为一项国内首次系统研究旅游业、新型城镇化与经济增长关系的成果，本书不仅对新型城镇化及其与旅游业的融合发展水平进行了相应量化测度，并对上述关系进行了理论机理刻画，然后围绕核心逻辑关系构建了较为完整的实证研究框架。整体观之，本书分别从规模与质量视角，系统探讨旅游业、新型城镇化及其协同交互、融合发展对经济增长的影响效应，特别是分别以绿色全要素生产率和经济高质量发展作为被解释变量，重点揭示城旅融合发展对经济增长质量的空间影响效应。事实上，在传统旅游文献中，大部分文献要么主要侧重对旅游业与城镇化的融合发展分析，要么青睐对旅游业与经济增长关系的实证检验，尚未有文献对"城""旅"融合的经济增长效应进行研究，本书的研究内容显然是对此类既有文献的深度拓展。除此以外，不少文献对传统或新型城镇化的经济增长效应进行了系列研究，尽管也有少许文献开始关注到服务业与城镇化的互动协同对经济增长的影响，但并未侧重研究特定服务行业与城镇化协调发展会产生何种的特殊经济后果，显然从产业中观层面探讨产城融合的经济增长效应的研究尚且匮乏。对此，本书从旅游业视角，从空间维度探讨"产""城"互动关联对经济增长规模与质量的影响效应与机制，切实弥补了以上研究空白。

三、研究框架

本书主要是从经济学视角对旅游业、新型城镇化与经济增长逻辑关系展开系统性规范研究。鉴于国内该领域经济学研究的薄弱困境，本书综合运用多种前沿性面板数据计量统计技术对旅游业、新型城镇化与经济增长逻辑关系展开多维度的实证检验，并基于相关实证结论，进而获得来自客观数据背后所隐含的作用机制及政策取向。

本书研究框架如图 1-1 所示。

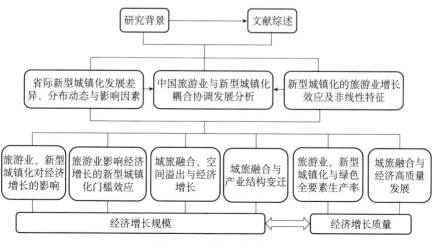

图 1-1　本书研究框架

第二章　理论阐释与文献综述

第一节　新型城镇化研究

一、理解视角

国外学术界对城镇化的研究起步较早，1867 年西班牙工程师瑟达 (Serda) 在《城镇化基本理论》一书中率先使用了城市化概念。早期的学术观点认为，城市化是一个渐进扩散过程，从不断增长的城市中心开始逐渐向农村地区蔓延、扩散（Mann，1965；Bryant et al. ，1982）。事实上，城镇化并非仅是单向的农村与城市之间的人员迁徙，而是包含在多维空间内的要素流动过程（Friedmann，2006），并且具备内容广泛性和过程复杂性。总体上看，城镇化现象不仅包含"量"的改变，即人口由乡村向城市地区集中，也具有"质"的提升，综合体现在经济结构、社会环境、生活方式、价值观等各方面由"乡"到"城"的转变（Antrop，2004）。为解决快速城镇化进程带来的问题和挑战，西方学者也逐渐开始研究可持续城镇化（Jorge et al. ，2018）、绿色城市（Mersal，2017）、智慧城市（Perboli et al. ，2014）等非传统城镇化内容。尤其是为了缓解城镇化内部失衡问题，寻求以质量为导向的可持续城镇化发展之路显得尤为迫切。事实上，就城镇化发展的本质而言，西方学术界所推崇的可持续城镇化发展模式与我国近年来所倡导的新型城镇化战略，无论是在概念内涵还是目标旨趣方面，均存在相似性，两种城镇化概念均以可持续发展为主导原则，追求经济增长、环境保护和社会和谐之间的均衡发展（Rasoolimanesh et al. ，2011）。

新型城镇化战略，既发端于传统城镇化，但又从根本上区别于传统城镇化模式。事实上,自"新型城镇化"概念诞生以来,众多学者从不同视角先后对其进行了系统而又深刻的解读分析,但对其概念界定仍莫衷一是、众说纷纭,原因主要在于:一方面,就新型城镇化的内涵与特征而言,张占仓(2010)认为,与传统城镇化相对,新型城镇化是指一种资源节约、环境友好、经济高效、文化繁荣、社会和谐、城乡互促共进、大中小城市和小城镇协调发展、个性鲜明的城镇化。仇保兴(2012)则表示,新型城镇化与传统城镇化相比,应实现从城市优先发展转向城乡互补协调发展、从高能耗转向低能耗、从数量增长型转向质量提高型、从高环境冲击型转向低环境冲击型、从放任式机动化转向集约式机动化、从少数人先富转向全社会和谐这六个方面的突破。在此基础上,张荣天和焦华富(2016)提出新型城镇化是对传统城镇化的发展与扬弃,其基本核心是"人的城镇化",强调的是城镇内涵式增长及其质量的持续升级。尽管上述文献并未形成统一的新型城镇化概念体系,但除肯定传统城镇化对经济发展的促进贡献外,进一步对传统城镇化的发展模式进行了反思,并且所共同形成的基本论调是,新型城镇化是对传统城镇化发展模式的根本变革,摒弃了以规模为导向的快速城镇化发展思维,倡导以质量为核心的内涵式城镇化发展理念,在科学发展观指导下,以全面提升城镇化质量为目标,强调以人为本、城乡统筹、集约发展、结构均衡、环境友好、社会和谐的城镇化发展模式(曾群华和徐长乐,2014)。另一方面,部分研究主要是从新型城镇化时代使命与发展价值来对其进行定义。众多学者围绕新型城镇化的战略功能和政策保障,对其概念内涵予以阐述。单卓然和黄亚平(2013)认为民生、可持续发展和质量是新型城镇化的三大目标,并提出平等、幸福、转型、绿色、健康和集约是新型城镇化的基本内涵。张许颖和黄匡时(2014)对新型城镇化理念和政策进行了重新梳理,认为以人为本的新型城镇化的内涵不仅体现在形式城镇化,即城镇人口数量和比重的增加,而且更重要的是实质城镇化,即城镇化水平和质量的提高,包括人口素质的改善和提高、健康、绿色、可持续、文明的生活方式的养成、基本公共服务体系的全覆盖、稳定的就业岗位和体面的居住。另有一些学者分别从人本主义(徐选国和杨君,2014)、资源利用(张文婷和温宗国,2016)、生态文明(于立,2016)等角度对新型城镇化的功能定位进行了深入探讨。尽管以上文献从不同角度对新型城镇化的功能含义进行了差异化解读,但也认可新型城镇化更加强调资源集约化、低碳式发展和现代产业升级,是实现经济可持续发展的重要途径。此外,鉴于新型城镇化的内涵多维性与功能指向性，对新型城镇化的全面理解，还需进行跨学科解读，进而不断完善新型城镇化的认知体系。

二、新型理念

毋庸置疑，新型城镇化并非对传统城镇化的全盘否定，而是在新的时代背景下对传统城镇化模式所进行的调整、校正，两者之间既有联系又存在区别。如表 2 - 1 所示，新型城镇化在时代背景、发展目标、核心内容、推进方式、动力机制等方面均与传统城镇化存在显著差别，但两者并非迥然不同，而是存在一定的必然联系。众所周知，在计划经济体制时期，我国城镇化完全由政府主导和调控，城镇化建设服从于国家重工业优先发展战略，致使城镇化滞后于工业化，从而抑制了内需增长和升级，使得经济增长动力后劲不足。改革开放之后，随着社会主义市场经济的逐渐深入，城镇化开始由政府主导，转向政府调控和市场推动并举，于是城镇化进程进入快速提升期，同时又导致人口城镇化滞后于土地城镇化现象，尤其是产城分离引发了一系列负面后果（张红利，2013）。

表 2 - 1　　　　　　　　城镇化的传统与新型对比

差异	传统城镇化	新型城镇化
时代背景	以重工业优先发展为先导，传统计划经济体制为主	经济增速"结构下"下滑，寻求高质量发展路径
发展目标	"物"的城镇化	"人"的城镇化
核心内容	人口由农村向城镇空间转移	人口转移与结构转型相结合
推进方式	政府主导	市场主导，政府引导
动力机制	传统工业化投资	信息化、农业产业化和新型工业化协同
城乡关系	城乡二元分割	城乡统筹发展
发展方式	传统粗放式增长	内涵集约式增长

从世界各国的经验规律来看，大多数西方发达国家采用的是市场主导型的城市化发展模式，其主要特征在于，推进城镇化演进的主要动力来自市场需求的拉动，城镇的兴起与更替则是市场经济选择的结果。与政府主导型城镇化模式相比，尽管市场主导型城镇化模式能够充分利用市场调节资源配置，但也会因为市场具有盲目性、滞后性等特点，导致市场失灵，

从而使得城镇化在注重效率的同时无法兼顾均衡。然而，单纯依赖政府的干预调控，则易导致结构失衡、资源误置和权利寻租等现象，特别是政府倘若盲目扩大城镇化建设，一味追求土地城镇化、空间城镇化和经济城镇化，而忽视城乡统筹、服务均等和产城融合，导致城镇化质量滞后于城镇化规模。因此，在我国城镇化发展的历史转折期，新型城镇化建设既要遵循市场规律，发挥市场在要素资源配置中的基本作用，以实现城镇化效率，但也需政府调控的适度干预，有序引导要素资源的合理流动，以确保城镇化公平性。

新型城镇化对传统城镇化的校正要点在于，通过提升城镇化质量，来实现城镇化规模与质量协调并进。其中，城镇化质量提升的关键在于积极推动以人为本的城镇化建设，这也是新型城镇化区别于传统城镇化的根本标志。传统城镇化片面追求城镇人口规模扩大和城镇空间范围扩张，进而导致城镇无序蔓延，并伴随城乡二元分割、生态环境恶化、产业结构同质、要素资源错配等现象。与其相对，新型城镇化坚持以人为本，强调在产业支撑、人居环境、社会保障、生活方式等方面完成由"乡"到"城"的转变，进而实现城乡统筹和可持续发展，最终实现"人的无差别发展"。习近平总书记对深入推进新型城镇化建设作出重要指示强调，新型城镇化建设要坚持以创新、协调、绿色、开放、共享的发展理念为引领，以人的城镇化为核心，更加注重城乡基本公共服务均等化，更加注重环境宜居和历史文脉传承，更加注重提升人民群众获得感和幸福感，从而为促进经济中高速增长、迈向中高端水平注入强劲动力。

尽管我国传统城镇化模式暴露出不少问题，但全面推翻历史发展路径、否认传统城镇化给经济增长带来的巨大贡献，亦是不科学、不现实的。新型城镇化与传统城镇化之间的逻辑关系，体现的是发展阶段之分，而非完全割裂的两部分（王洪江，2016）。新型城镇化是由传统城镇化演化发展而来的，是对传统城镇化发展中所暴露问题深刻变革的过程。洞悉传统城镇化的发展掣肘，才能厘清新型城镇化的破解路径。新型城镇化的"新"，指的是观念更新、体制革新、技术创新和文化复新，要在传统城镇化的基础上进行继承和发展，取其精华，弃其糟粕，同时契合经济新常态和新发展格局要求，推动城镇化发展方式转型，最终促进城镇化质量得以根本提升。

三、指标体系

城镇化是一个复杂动态过程，城镇化质量则是衡量这一过程发展状态的重要指标，其不仅涉及人口、经济、社会等多个维度，而且与城镇化发展水平和速度紧密相关，因而对城镇化发展质量的研究必须基于跨学科视角才能对这一具有综合性、复杂性的问题予以客观理解。尽管国内外众多学者从不同视角对城镇化质量测度进行了一系列探索，但目前仍尚未形成令人信服的城镇化质量评价指标体系。国外研究中比较具有代表性的是联合国人居署发布的城镇发展指数和城镇指标准则，前者主要涉及基础设施、废弃物处理、健康、教育、生产五个方面，后者涵盖了住房、社会发展与消除贫困、环境治理以及经济发展、管制五个方面。同时，一些学者也从可持续发展角度对城镇化发展水平进行了定量评价，主要从环境、社会、经济和治理等方面构建城镇化发展的评价指标体系（Mori and Yamashita，2015；Yigitcanlar et al.，2015）。例如，赵旭等（2009）基于可持续发展理念，探讨了城镇化的含义、发展水平的评价方法，并结合一系列指导思想和原则，构建了一个涉及经济发展、人口发展、生活质量、设施环境四个方面的山东省城镇化可持续发展评价指标体系。袁晓玲等（2013）构建了包含经济、社会、人口、资源与环境的陕西省城镇化可持续发展的评价指标体系。马艳梅等（2015）界定了城镇化可持续发展内涵，构建了包含城镇化、信息化和技术创新、社会福利、资源环境四个子系统的城镇化可持续发展评价指标体系。由于传统城镇化所暴露的种种弊端，因此学术界开始尝试对城镇化发展质量进行定量评价，以识别各地区城镇化发展质量水平及地区差异性，由此也形成了一批构建城镇化发展质量评价指标体系的研究成果。例如，雒海潮和李国梁（2015）、李国敏等（2015）、张春玲（2019）、龚志东和黄健元（2019）、马奔和薛阳（2019）、金丹和孔雪松（2020）分别构建了河南、珠三角城市群、河北、长三角城市群、京津冀城市群和湖北的城镇化发展质量评价指标体系。

与城镇化质量评价指标体系类似，单纯用人口城镇化率、城市用地等单一指标法来测度城镇化，其所涵盖的城镇化信息量过少，无法全面反映城镇化发展的复杂内涵。鉴于新型城镇化涉及社会、经济、人口、环境、创新等诸多层面，因而学者们大多使用复合指标法来评价新型城镇化发展水平。事实上，国内学术界对新型城镇化发展水平的综合测度已经形成了丰硕成果。首先，在中国整体层面，赵永平和徐盈之（2014）分别从经济基础、社会功能和环境质量三大方面，构建了包含经济高效、结构优化、人口发展、城乡协调、功能完善、环境治理、生态宜居七个子系统的省际新型城镇化评价指标体系，利用改进熵值法研究发现，我国新型城镇化发展水平在时间维度上整体呈逐年上升趋势，空间维度上表现为从东到西依次递减的格局，同时新型城镇化水平增长率存在阶段性波动。吕丹等（2014）基于新型城镇化的内涵本质，构建了包含人口城镇化指数、经济发展指数、生态环境支持指数、城乡统筹指数和基本公共服务均等化指数五个方面指标的新型城镇化质量评价指标体系。蓝庆新等（2017）从城镇自身发展质量、城镇化推进效率和城镇化协调程度三个方面，构建了包含34 项指标的新型城镇化质量评价指标体系，并运用熵值法与层次分析法相结合的方法，对中国 31 个省份 2003～2014 年的城镇化质量与效率水平进行了综合评价。余江和叶林（2018）综合专家群决策的网络分析法和基于变异系数的因子贡献法，构建了三层次四维度的中国新型城镇化发展水平综合评价指标体系，并利用 2000～2016 年中国和各省份的数据，进行了时间和空间维度的测度与比较。其次，在地区中观层面，曾志伟（2012）以环长株潭城市群为例，构建了包含新型城镇环境保护、新型城镇经济发展和新型城镇社会建设的新型城镇新型度评价指标体系。杨剩富等（2014）构建了包含土地城镇化、人口城镇化、社会城镇化和经济城镇化的中部地区新型城镇化指标体系，运用综合评分法、变异系数分析法、统计全局趋势分析法等对 80 个城市的城镇化发展协调度时空变化及形成机制进行了量化研究。彭迪云等（2016）构建了由经济发展、基础设施、城乡统筹、环境保护四个维度共计 20 个指标构成的长江经济带新型城镇化评价指标体系，利用熵值法对新型城镇化的发展水平及其时空演变进行了定量测度。马德功和王建英（2016）构建了以经济城镇化、人口城镇化、基础设施均等化、公共服务均等化、生活质量城镇化六个方面作为一级指标，包含 21 个二级指标的西部地区 12 省份的新型城镇化评价指标体系，并采用因子分析法对指标体系进行了测度。王金营和李佳黛（2017）构建了以人口、经济、社会、生态、创新五维度作为一级指标，包含 10 个二级指标和 38 项三级指标的京津冀新型城镇化水平评价指标体系，并通过基于群决策的层次分析法对京津冀 13 市新型城镇化水平的时空分异进行了系统评价。在省份微观层面，王新越等（2014）建立了由人口、经济、空间、社会、生态环境、生活方式、城乡一体化、创新与研发八个子系统构成的新型城镇化评价指标体系，采用熵值法对山东省 17 个地级城市新型城镇化发展水平进行了综合评价。曹文明等（2018）构建了包含有经济、人口、环境、社会、城乡协调 5 个一级指标 17 个二级指标的湖南省新型城镇化质量评价指标体系，并采用因子分析法，对新型城镇化质量进行了评价。同样沿用复合型新型城镇化指标体系构建方法，关中美等（2014）、王素娟等（2014）、张引等（2015）、陈晓华和李咏（2017）分别构建了河南、辽宁、重庆、安徽新型城镇化综合评价指标体系。

综上所述，随着我国新型城镇化战略的深入实施，新型城镇化对提高城镇化质量和促进经济可持续发展的重要性不言而喻。因此，学术界对新型城镇化理论内涵的分析、指标体系的构建及其综合评价倾注了重点学术关注。尽管对新型城镇化的理论内涵尚未形成统一界定，但通过提倡"以人为本"的理念实现产城融合，以此破解传统城镇化发展困局已基本形成统一共识。理论内涵的创新性反映到新型城镇化指标体系构建中，则是在继续保持传统城镇化主要维度的基础上，再纳入城乡统筹、服务均等、生态集约等维度，进而形成更具综合性、多维性和复杂性的新型城镇化评价指标体系，以确保城镇化规模与质量保持内在协调性。但需要指出的是，尽管部分文献关注到对新型城镇化发展水平的定量测度，但主要还是对新型城镇化发展的地区差异进行简单描述，并未深入分析差异形成的影响因素，尤其是并未对新型城镇化的经济效应展开相应研究，还停留在对新型城镇化本体论层面的思考，这也反映出当前对我国新型城镇化问题的研究存有较大空间。

第二节　旅游业与新型城镇化研究

一、旅游业与城镇化

旅游业发展所表现出对城镇化进程的推动作用并非偶然，而是存在着某种深刻的理论机制。细察旅游业与城镇化关系的经典研究文献，首推穆林斯（Mullins，1991）的理论贡献，其在对澳大利亚黄金海岸（Gold Coast）和阳光海岸（Sunshine Coast）研究中所提出的旅游城镇化（tourism urbanization）概念框架对后续研究产生了深远影响。因此，我们先对穆林斯（1991）所构建的旅游城镇化理论内涵进行简要介绍。旅游城镇化作为一种新型城镇化演绎路径，起源于福特主义时期（fordism）的高工资和大众消费，成熟于20世纪70年代，即后福特主义（postfordism）时期大众享乐消费的兴起，是一种后现代化城市（postmodernity）形态。旅游城镇化共包含七个相互关联的特征部分：（1）社会因素不同导致城镇空间差异；（2）以独特的城镇象征符号吸引旅游者；（3）快速膨胀的人口和劳动力；（4）作为后福特主义一部分的弹性生产体系（flexible system of production）；（5）政府干预城镇建设；（6）大众和定制享乐消费并存；（7）社会因素不同导致居民结构差异。一言以蔽之，穆林斯（1991）所指的旅游城镇化概念的理论基点是后福特式的后现代主义城镇消费观，这是理解旅游城镇化的核心要义。

沿袭穆林斯（1991）关于旅游城镇化的理论阐释思路，为了详尽揭示旅游城镇化的形成机制，首先要追溯到城市和消费关系的逻辑起点。工业革命催生了生产与消费的明显分离。20世纪初，规模化、标准化的福特主义生产方式带来了产品的极大丰富和工资的大幅增长，创造了"福特式大众消费模式"，并为奢侈消费在中产阶级普及创造了前提。20世纪60年代后，西方社会由工业社会转向后工业社会，进入后现代时期。以"弹性积累"为特征的后福特主义生产方式取代福特主义，消费需求由被动适应转向积极制造，将现代消费推演到一个新阶段，消费的物质性进一步减弱，文化和社会象征性进一步增强（Campbell，1995）。福特式生产方式和后福特式消费体系为"消费的休闲化"和"休闲的消费化"孕育了基本条件。后现代城镇的出现和后现代消费的兴起，使得城镇空间既成为"消费的工具"又成为"消费的对象"，并具有鲜明的大众享乐消费特征。于是，旅游城镇化成为以后现代化的城镇形式为代表的新型城镇化最有力的表达方式（Bauman，2011）。

后现代时期的显著特征之一是工作被更广泛的闲暇所取代。带薪假期与可支配收入的增加以及个人流动性的提高，使得旅游从休闲中分离出来，并成为重要的日常消费活动。旅游对于城镇化的影响，已不再局限于传统意义上的滨海度假地、近郊乡村和自然风景区，城镇以便捷的交通条件、优越的人文环境和多样的文化休闲娱乐设施成为"后工业化休闲模式中主要的旅游目的地"（Williams，2006）。与此同时，现代旅游消费对城镇化的影响，已由"城镇空间中的消费（酒店、剧院、博物馆、酒吧……）"转变为"城镇空间消费（遗址遗迹、历史街区、创意园区、文化展示……）"，城镇空间中一切独特的物质和非物质要素都纳入了旅游消费的范畴（Law，1996）。

21世纪以来，学者们对旅游与城镇化之间的关系展开了更深入的研究，呈现出多元化的研究趋势，主要集中于以下三种观点：（1）旅游业促进城镇化发展。国外学者大多支持这种观点，认为旅游业能够通过带动城镇经济发展（Blaine et al.，1993）、游客移民和旅游劳工移民（Oigen-blick，2002）、促进城镇配套设施建设（Bramwell，1998）等方式有效推进城镇化发展。另外，研究表明，旅游业的发展对于岛屿国家或城市的快速城镇化的推进作用更为明显（Judd and Fainstein，1999；Pons et al.，2014），旅游业也逐渐成为越来越多小岛屿发展中国家的主要收入来源。（2）旅游业与城镇化相互作用，共同促进。皮尔斯等（Pearce et al.，2001）指出，城市能够为旅游业发展提供交通、娱乐、住宿、食物、服务以及商业基础设施等物质基础；同时城市旅游也能够为社区带来诸多益处。（3）旅游业与城市化的互动过程存在负面效应。近年来越来越多的学者提出了反对意见，他们认为旅游业与城市化的互动过程同样存在消极影响。例如，斯坦切夫等（Stanchev et al.，2015）系统评估了旅游业与城镇化在沿海地区的影响，发现由于鼓励旅游投资的立法以及体制激励措施的实施，较小的沿海定居点日益城市化，然而现有的基础设施无法满足游客带来的巨大压力，面临着人口拥挤、非法定居、栖息地退化和丧失等问题，生态系统和自然资源受到严重影响。特鲁利（Truly，2002）从退休移民的角度入手，指出旅游业发展会对城市文化景观以及社会文化的完整性产生显著影响，推进城镇化的发展。

国内对旅游业与城镇化的研究起步相对较晚，早期研究主要以定性研究和理论分析为主。大多数学者认为旅游业的发展有助于推进城镇化进程，并将其概括为旅游城镇化（黄震方等，2000；王冬萍和阎顺，2003；陆林和葛敬炳，2006；王红和宋颖聪，2009），旅游业作为城镇化发展的驱动力，带动人口、资本和物质等生产力要素向城镇地区集聚。朱竑等（2006）还指出，旅游城镇化不仅仅是旅游业促进城镇发展的一种结果，更主要是一种动态发展的趋势和演变过程。在旅游业与城镇化的双向互动关系方面，越来越多的学者开始转向实证检验和定量分析。普遍认同的观点是旅游业与城市化之间存在良性的互动关系，城镇化进程对旅游业具有积极的推动作用，同时旅游业发展对城镇化也有着直接的推进作用和内在的优化功能（石龙，2007）。例如，张弛等（2018）和任燕（2016）分别以重庆市和西安市为研究对象，对旅游业和城镇化进行时间序列分析，发现两者之间存在长期均衡关系，并且互为因果。舒小林等（2014）等采用协整分析和向量自回归模型，发现城镇化分别与中国旅游总收入、国内旅游收入之间存在长期均衡关系，而且城镇化和国际旅游收入之间在城镇化率达到30%以后也存在长期均衡关系。钟家雨等（2014）的研究也支持了上述观点，同时她还指出旅游业的城镇化效应存在区域差异，对中西部地区城镇化的影响显著，而对东部地区的影响并不明显。然而旅游业与城镇化的互动过程中不仅存在积极影响，也存在消极影响（唐鸿等，2017）。徐红罡（2005）研究发现，城市发展与旅游发展既相互促进又相互制约，在旅游城市化进程中也会启动负面机制，如旅游基础设施接待设施的建设超前于游客需求将会导致"过度城市化"。而且由于旅游业的季节性、脆弱性等特点，其对城镇化的推动作用也存在不确定性（王红和宋颖聪，2009）。从整体上看，旅游业对城镇化既有拉动经济发展、调整产业结构等积极作用，又存在破坏生态环境、旅游业漏损效应以及扩大收入差距等负面影响（赵磊和张晨，2017），因而在旅游业与城镇化互动过程中应实施有效引导和管理，促进旅游业与城镇化协调发展。

二、旅游业与新型城镇化

与旅游业和新型城镇化相关联的研究是讨论旅游业与城市发展关系的文献，主要沿着两个轴线展开：一是旅游与城市复兴；二是城市与旅游嵌入。前者强调旅游是推进城市演变的驱动因素，而后者意指城市是孕育旅游发展的基础载体。从全球来看，旅游业与城镇化发展轨迹密切相关，旅游业正逐渐成为引领城市经济发展的重要行业（何建民，2018）。然而，直到20世纪80年代，学术界针对城市与旅游关系的学术文献仍涉猎甚少（van der Zee and Vanneste，2015），而恰在此时期，伴随后工业时代的来临，城镇内旅游活动开始活跃，诸如有些类似英国布拉德福德（Bradford）这样的传统工业化城镇，正在向旅游中心城镇转型，最后甚至演化为英国几乎每个城市都标榜拥有至少一处最具吸引力的旅游资源（Law，1992），随之城市旅游开始进入城市学、旅游学研究视野，并被视为一个"独特的现象和研究领域"（Edwards et al.，2008）。

为提升城镇空间内"主客（社区居民、外来游客）双方"的审美质量、具身体验和生活品质，城镇物质环境需要再开发或整治改善，而依靠旅游形象展示、旅游价值挖掘和旅游品牌塑造，城镇文化遗存又能得以保护、活化和延续，所以旅游业发展能够成为促进城镇更新的有效机制（Hughes，1993）。其中，形式多样、功能个性的细分旅游活动，例如文化旅游（cultural tourism）、体育旅游（sport tourism）、会议旅游（event tourism）和负责任旅游（sustainable tourism），均对城镇复兴具有积极作用（Cameron，1989；Aitchison et al.，2007；Fabian，2014；Manzi et al.，

2010）。卢西卡等（Lucia et al.，2017）就发现，在意大利庞贝（Pompei）、特伦托（Trento）和莱切（Lecce）三个中小型城市，旅游业发展与城市更新、复兴存在紧密关系，尤其以社会公众参与度高的文化旅游、创意旅游（creative tourism）为甚。

进入后工业时期，以"弹性积累"（flexible accumulation）生产方式为特征的后福特主义取代福特主义，城镇消费需求由被动适应转向能动制造，并促使城镇功能演化呈现"消费"优先于"生产"的逻辑转向，而旅游作为大众商品化享乐的一种新型消费形式，将包含空间生产与物理环境的整个城镇作为"广义消费对象"（Pasquinelli，2015）。此经济现象可由富勒和米歇尔（Füller and Michel，2014）提出的"新城镇旅游"概念解释，核心思想是旅游活动不局限于规定空间场所，并主张旅游活动需警惕与城镇日常生活脱节、割裂（Hayllar et al.，2008）。

旅游业作为影响城镇形态、功能的不可忽视的产业因素，除了通过"消费"属性愈渐塑造城镇物理空间，形成所谓的"空间主题化"（spatial thematisation）外，还凭借其"生产"属性，即发挥其所具备的"直接、间接和诱导效应"广泛作用于城镇产业体系，特别是在"交叉领域"生成新型服务业态或创造新型商业模式，进而多维度提升旅游关联性产业的竞争力，最终起到优化经济结构的作用（Hall and Page，2009）。亚拉格（Hjalager，2010）就以城镇中化妆品公司通过与其关联的健康产业（温泉旅游）融合来构建"目的地"，从而提升企业品牌价值为案例，证实旅游业既为产业创新源泉，也是受众。

旅游业的"城市性"（urbanicity）与城市的"现代性"（modernity）为城旅功能的产生提供了得天独厚的基础条件。对于前者，城镇环境中便捷交通网络、共享服务设施和多样产品形态同时共存为"旅游功能"嵌入奠定了基础；论及后者，城镇环境中"未来、风险和文化"互为交织为"旅游功能"强化创造了深化空间（Taillon，2014）。城镇为游客融入其中塑造自身形象、构建身份认同、寻求文化记忆和体验日常生活提供了全景式场域（Zajczyk，2008），而游客角色从城镇"参观者"向城镇"使用者"转变时，"旅游的城市"也随之转型为"热情好客的城市"，城市与旅游深度融合日臻成熟（Ashworth and Page，2011）。

再审视国内学术界与此相关的研究脉络，发现早期研究主要停留在宽泛的理论描述层面，所持共识为旅游业通过引发人口、资本、物质等生产要素的集聚机制驱动城镇化进程（黄震方等，2000；左冰，2015；田里和张鹏杨，2016）。陆林和葛敬炳（2006）沿袭穆林斯（1991）的开创性思想，认为旅游作为现代享乐消费的重要组成部分，其所引起的城镇化过程是一种新的城镇化发展模式。保继刚等（2015）发现旅游发展通过主客交往、供需关系和示范效应机制，可以有效引导乡村城镇化，并且是一条"绿色"的新型城镇化道路。李志飞等（2015）认为，旅游引导的就地城镇化是新型城镇化发展的重要形式，也是实现以人为核心的新型城镇化的必然选择。杨主泉（2020）认为，旅游型城镇是未来新型城镇化发展的方向，旅游业与新型城镇化建设协同发展已经成为现实需求，并构建了旅游业与新型城镇化建设协同发展水平指数模型、耦合模型和耦合协调度模型。在关于旅游业与新型城镇化互动发展研究方面，学者们大多采用耦合协调度模型、计量经济模型等定量方法。例如，彭邦文等（2016）以云南省为例，利用系统耦合模型和协调发展度模型分析了新型城镇化与旅游业两个系统间的耦合机理。蔡刚（2018）、王曙光等（2015）构建了综合评价指标体系，结合熵值法、时间序列分析法、回归模型等对旅游业与新型城镇化互动关系进行了分析，结果均显示两者之间存在明显的正相关关系。唐鸿等（2017）从产业生成视角出发，探讨了张家界的新型城镇化与旅游业的发展情况及两者之间的互动关系，发现在出现期和生成期，旅游业与新型城镇化间存在长期均衡关系，互为因果；而在发展期，两者虽然相互协调发展，但城镇化不是推动旅游业发展的原因。类似地，窦银娣等（2015）利用系统论分析旅游产业与新型城镇化的耦合机理和耦合过程，并从空间效应、人口效应、生态效应和服务效应等角度分析了两大系统的耦合效应。（2021）基于2004～2018年长三角41个城市的面板数据，运用PVAR模型、MGWR模型及空间可视化方法，剖析旅游产城融合要素中旅游产业、城镇化与居民收入间的交互机理，并探究影响旅游产城融合水平的驱动因素。上述文献主要针对旅游业与新型城镇化自身的耦合关系，但忽视了旅游业与新型城镇化发展的空间效应，难以全面理解和把握两者间的相互作用机制。张广海和赵伟舒（2017）的研究在一定程度上弥补了这一不足，利用空间计量模型，实证探讨了中国新型城镇化与旅游业的相互驱动效应及空间差异。

第三节　旅游业与经济增长研究

旅游业收入的重要性及其影响分析一直受国际经济学者和旅游经济学

所青睐。旅游收入被认为是一种服务产品出口的替代形式，不仅有助于改善一个国家的国际收支状况，而且有利于增加就业，创造额外税收（Archer，1995；Belisle and Hoy，1980；Davis et al.，1988；Durbarry，2002；Khan et al.，1990；Uysal and Gitelson，1994；West，1993）。简而言之，旅游收入可通过溢出效应和产业外部性对目的地经济体系产生积极影响，从而促进目的地经济增长（Marin，1992）。

从实证角度看，兰扎和皮利亚鲁（Lanza and Pigliaru，2000）考察了旅游业和经济增长之间关系，并观察到高度旅游专业化国家有两个显著特征：小国，且人均收入增长迅速。这一有趣而又重要的结论引发了大量后续文献涌现，这些文献旨在运用计量统计分析技术检验旅游业导向型增长（tourism-led growth，TLG）假说的真实性。肇自巴拉格尔和坎塔维拉－若尔达（Balaguer and Cantavella-Jordà，2002）对西班牙1975～1997年TLG假说进行实证检验，后续类似文献如雨后春笋般迅速增长，尽管由于国家案例、统计模型、研究方法和样本数据的不同，但对TLG假说检验的研究结论仍莫衷一是。

一、旅游业导向型增长假说经验考察

（一）数理模型测算

鉴于旅游业对经济增长的潜在积极贡献，已有众多研究相继对不同形式的旅游活动所产生的经济效应进行评估，包括体育旅游（Daniels 2007；Li and Jago，2013）、乡村旅游（Fleischer and Tchetchik，2005；Martínez et al.，2019）、民族旅游（Theerapappisit，2009）、公园旅游（Mayer，2014；Saayman and Saayman，2006）、会展旅游（Hanly，2012；Lee et al.，2013）、宗教旅游（Saayman et al.，2014）、节事旅游（Clarke and Hoaas，2007；Saayman and Rossouw，2011）、博彩旅游（Benar and Jenkins，2008；Wan，2012）以及遗产旅游（Dredge，2004）等。

事实上，直到21世纪，旅游业有关经济增长的学术文献还鲜有被关注。然而，有些早期文献已经开始关注到旅游业的经济贡献问题。例如，格雷（Gray，1966）的一项研究提供的数据就显示，全球其他地区对美国旅游需求的人均收入弹性为5.13，对加拿大旅游需求的人均收入弹性为6.6。另外，也有部分早期文献观察到旅游业对发展中国家的经济贡献（Archer，1995；Heng and Low，1990）。大致上，正如辛克莱尔（Sinclair，1998）所言，上述研究主要利用乘数效应估算旅游需求或收入产生的经济效应。根据阿奇（Archer，1976）、约翰逊和阿什沃思（Johnson and Ashworth，1990）以及谢尔登（Sheldon，1990）的研究，多数文献以旅游收入或人次指标作为旅游需求的代理指标，主要应用单方程模型来估计旅游需求的经济效应。因此，分析旅游消费乘数效应的文献构成了旅游经济学中较为成熟的研究领域（Fletcher and Archer，1991）。另有部分文献基于投入产出分析法、可计算的一般均衡模型以及旅游卫星账户来定量评估由旅游消费支出变化所引致的经济效应（Dwyer et al.，2004；Ivanov and Webster，2007）。

除以上两个早期旅游增长效应分析领域外，辛克莱尔（1998）提到，实际还有较多文献虽未直接明确阐述旅游业在目的地发展中的作用，但却提及至少间接与之相关。部分文献认可旅游业对经济增长存在较大潜力，在很大程度上取决于旅游业能够创造外汇收入和平衡国际收支，因为旅游外汇收入可被用来进口外国资本，并用于目的地商品生产和服务供给，进而促进经济增长（McKinnon，1964）。旅游业还可通过其他途径助推经济增长，如增加税收、创造就业和提供产业关联性收入（Archer，1995；Belisle and Hoy，1980；Davis et al.，1988；Durbarry，2002；Khan et al.，1990；Uysal and Gitelson，1994）。此外，国际旅游也可通过引发本地企业与跨国企业之间的市场竞争来提高自身经营效率，以及学习跨国企业先进技术知识与管理经验，从而促进目的地经济增长（Bhagwati and Srinivasan，1979；Krueger，1980）。此外，也有研究表明，旅游业对经济增长的促进能力也取决于其与相关经济部门之间的关联程度（Cazes，1992）。

上述文献对旅游业经济贡献的解释是以出口导向型增长（export-led growth，ELG）假说为基础，因为出口能够通过多种渠道促进经济增长，包括规模经济收益、外汇约束放松、正向外部性、资源优化配置、刺激资本投资（Durbarry，2002），相关文献也对 TLG 假说进行了实证检验，同样得出了互为差异的研究结论（Ahmed and Kwan，1991；Kwan and Cotsomotis，1991；Thornton，1997）。贾尔斯和威廉姆斯（Giles and Williams，2000）也对出口导向型增长文献进行了系统回顾。这些研究仅是关注了可贸易商品与经济增长之间的关系，而未关注非贸易商品与经济增长之间的关系，例如，金等（Kim et al.，2006）研究发现，考虑旅游业等非贸易商品与经济增长关系的理论模型开始受到关注。加利（Ghali，1976）与兰扎和皮利亚鲁（2000）首次探讨了旅游业与增长之间的理论模型，而巴拉格尔和坎塔维拉－若尔达（2002）则是首次对旅游业导向型增长假说进行了实证检验，而后续旨在检验 TLG 假设的文献数量与日俱增。研究国际旅游与贸易关系的文献也在同步发展。在我们的视域范围内，格雷（1970）和肯茨（Keintz，1971）较早在此领域对旅游业与贸易关系进行探讨，后续文献也对旅游业与贸易之间的协整、因果关系进行了实证检验（Webber，2000；Kulendran and Wilson，2000；Turner and Witt，2001；Khan et al.，2005，Kadir and Jusoff，2010；Santana-Gallego et al.，2011；Lionetti and Gonzalez，2012），对旅游业与贸易关系的研究也有助于理解旅游业与经济增长之间的关系。

（二）时间序列分析

尽管传统分析基于诸多微观模拟分析模型定量测算了旅游业的经济影响效应，但对旅游业与经济增长关系的实证研究文献在 21 世纪初才开始出现，并在 2002 年后呈现快速增长趋势。巴拉格尔和坎塔维拉 - 若尔达（2002）以西班牙 1975 ~ 1997 年实际 GDP、国际旅游收入和有效实际汇率之间三变量模型为基准计量模型，首次对 TLG 假说进行了时间序列分析，研究表明，旅游业与经济增长之间存在协整关系，并且格兰杰因果关系检验也支持了 TLG 假说的有效性。德里茨基斯（Dritsakis，2004）采用协整检验与格兰杰因果检验方法对 1960 ~ 2000 年希腊是否存在 TLG 假说进行了实证检验，发现国际旅游与经济增长之间存在双向因果关系。采用类似计量方法，杜巴里（Durbarry，2004）也对 1952 ~ 1999 年毛里塔尼亚旅游业与经济增长之间的关系进行了经验考察，发现旅游业在样本期内促进经济增长。德米罗兹和翁根（Demiroz and Ongan，2005）也对土耳其 TLG 假说进行了实证检验，考察了 1980 ~ 2004 年土耳其旅游收入与经济增长之间的关系，并证实两变量之间存在双向因果关系。欧（Oh，2005）则认为旅游业在韩国经济体系中影响甚微，并通过构建不包括汇率的二元计量模型对 1975 ~ 2011 年 TLG 假说进行验证，结果发现旅游业与经济增长之间不存在长期协整关系，仅存在经济增长影响旅游业的单向因果关系。卡蒂尔乔格鲁（Katircioglu，2007）以塞浦路斯作为一个小国为案例，对其 1960 ~ 2005 年国际旅游、国际贸易与经济增长之间关系进行了时间序列分析，应用自回归分布滞后协整检验发现，上述变量之间存在长期关系，特别地，经济增长刺激了国际贸易和国际游客人次，同时国际贸易也刺激了国际旅游人次。原因在于，较大规模的经济增长会促进研发，使得用于广告宣传和旅游设施的资源投入也增加，从而吸引更多游客。此外，进口也会促进不同经济部门投资，其中包括旅游业。诺瓦克等（Nowak et al.，

2007）再次重新考察了进口可能与旅游业相关的观点。由于旅游收入可能有利于资本货物进口，进一步促进经济增长，并被称为 TKIG（旅游业→资本货物进口→增长），他们采用常规时间序列分析方法对 1960~2003 年西班牙实际 GDP、旅游收入和进口进行了实证检验，发现旅游收入是资本货物的金融来源，可以正向促进经济增长。

后续文献为 TLG 假说的实证研究也提供了不同经验证据，其中，部分文献也得出支持 TLG 假说存在的实证研究结论，包括阿马吉奥尼奥迪韦（Amaghionyeodiwe，2012）、斯里尼瓦桑等（Srinivasan et al.，2012）、奥巴迪亚等（Obadiah et al.，2012）、阿斯兰图尔克和艾坦（Arslanturk and Atan，2012）、唐和阿博塞德拉（Tang and Abosedra，2013）、苏鲁久和苏鲁久（Surugiu and Surugiu，2013）分别对牙买加、斯里兰卡、肯尼亚、土耳其、黎巴嫩和罗马尼亚进行了相应研究。

（三）面板数据分析

兰扎等（Lanza et al.，2003）收集了 1977~1992 年 13 个经济合作与发展组织国家旅游业与经济增长数据，被认为是首次对旅游业与经济增长关系进行了面板数据模型回归分析，但从严格意义上讲，此研究并不能称为真正的面板数据模型回归，因为并未使用面板数据集，而是混合面板数据模型。该文是以卢卡斯（Lucas，1998）引入的小型开放经济模型为参考，并在几乎完美的游客支出需求系统框架中使用计量统计分析技术，对质疑旅游业在长期经济增长中作用的观点予以论证，因为旅游业被认为潜在生产率要低于其他部门，结果发现，从长远来看，一个国家的旅游专业化并不会损害经济增长。欧金尼奥 - 马丁等（Eugenio-Martín et al.，2014）对 1985~1998 年 21 个拉丁美洲国家旅游业与经济增长之间的关系进行了动态面板数据模型回归分析，结论表明旅游业发展可能对低收入或中等收入国家经济增长具有积极作用，而对发达国家作用则尚不清楚。阿尔及里（Algieri，2006）重新论证了兰扎等（2003）的研究思路，并提出了更具一般性的结论，其利用卢卡斯（1988）模型，以 25 个旅游专业化较高的国家为研究对象，研究发现只有当旅游部门与制造业部门之间替代弹性小于 1 时，旅游部门的增长率才会超过制造业部门，因而旅游部门对世界宏观经济变化情况极为敏感。法伊萨等（Fayissa et al.，2008）对 42 个撒哈拉以南非洲国家旅游业与增长关系不仅采用固定效应面板数据模型回归进行分析，克服样本国家之间的异质性，而且还使用动态面板数据模型估计克服了内生性，结果发现国际旅游支出增加 10% 可以促进样本国家人均 GDP 增长 0.4%。李和张（Lee and Chang，2008）也关注到样本异质性问题，并使用能够克服样本异质性的完全最小二乘估计法对经合组织和非经合组织国家旅游业及经济增长长期协整关系进行了实证估计，结论发现旅游业发展对经合组织国家和非经合组织国家的国内生产总值有很强正向影响，但这种关系在经合组织国家是单向的，而在非经合组织国家是双向的。塞奎拉和努涅斯（Sequeira and Nunes，2008）使用两个被认为是互补的估计量（GMM 估计量与校正 LSDV 估计量）来实证检验旅游业与经济增长之间的关系，并根据旅游专业化程度对国家样本进行分组，GMM估计量适合较大样本，并能捕捉内生性随时间变化的影响，而校正 LSDV估计量则考虑了固定效应所引起的内生性，在较小国家样本中该估计量更加一致，研究结果表明，国家规模并不能决定旅游专业化能否促进经济增长。相反，旅游专业化程度本身就是决定性因素。同时，旅游收入在国内生产总值中所占比例增加 1%，则会使经济增长速度提高 0.03% ~0.05%。鉴于以上结论，该文提出了两个有趣的研究方向：一方面，需继续探索旅游业与传统经济增长决定因素（如物质资本、人力资本）之间的关系；另一方面，分析旅游业增长的决定因素，尤其要注意旅游企业生产率的估算。科尔特斯－希门尼斯（Cortés-Jimenez，2010）分析了意大利和西班牙 1990 ~ 2004 年旅游业与经济增长的影响关系，文章探讨旅游业是否可以被认为是区域增长趋同因素。为回答这个问题，样本区域分为三个不同地理类别：沿海、内陆和地中海。结果表明，在沿海和地中海地区，国际旅游和国内旅游均是区域增长趋同的重要因素。相比之下，在内陆地区，似乎只有国内旅游才有意义。纳拉扬等（Nayaran et al.，2010）再次验证 TLG 假设是否能够在旅游业高度专业化的小国成立，尤其是太平洋岛屿，主要利用面板数据 Pedroni 协整检验方法，发现旅游业对四个岛屿的经济增长具有非常显著的长期影响。西塔纳（Seetanah，2011）以 19 个岛屿为例，对 TLG 假设进行再次验证，也得出了类似结论，同时强调，与发达国家相比，旅游业对岛屿经济体经济增长的影响更为显著。与之前的研究类似，阿佩吉斯和佩恩（Apergis and Payne，2012）以 9 个加勒比海岛屿国家为研究样本，采用面板误差修正模型，研究显示，旅游业与经济增长之间存在双向因果关系。德里茨基斯（Dritsakis，2012）以具有相似旅游业发展模式的 7 个地中海国家为例，再次验证是否存在 TLG 假说，采用异质性面板协整检验技术发现，旅游业与经济增长之间存在显著的长期协整关系，并且旅游业对样本国家经济增长具有较大影响。埃卡纳亚克和龙（Ekanayake and Long, 2012）实证检验了 1995～2009 年 6 个地区（东亚、欧洲、拉丁美洲、中东和北非、南亚和撒哈拉以南非洲）140 个国家旅游业与经济增长之间的关系，结果表明，无论是整体样本还是分区样本中，均未发现支撑 TLG 假说的经验证据。同时，卡拉扬等（Caglayan et al., 2012）以 11 个地区 135 个国家为样本进行研究，发现欧洲存在旅游业与经济增长之间的双向因果关系，而美国、拉丁美洲和加勒比海国家存在经济增长影响旅游业的单向因果关系，东亚、南亚和大洋洲则存在旅游业影响经济增长的单向因果关系，但亚洲、中东、北非、中亚和撒哈拉以南的非洲国家未发现两者存在影响关系。

为更深入地研究旅游业与增长之间的关系，一些文献开始引入新的方法或新的变量来对 TLG 假说进行检验。阿达穆和克罗里德斯（Adamou and Chlorides, 2010）放松了旅游业与经济增长之间的关系形式，而是允许旅游业与经济增长之间存在非线性关系形式，由此对这一领域做出了显著贡献，具体以 1980～2005 年 162 个国家为研究样本，发现旅游专业化对经济增长的影响效应由强转弱，高度专业化会将旅游业对经济增长的贡献降低到最低限度，跨越特定门槛值，旅游业则会成为经济增长的障碍，即旅游业可以在专业化第一阶段促进经济增长，但其影响效应却逐渐减弱。霍尔兹纳（Holzner, 2011）以 143 个国家/地区数据为研究样本，深入分析了旅游业是否能够促进国家经济增长以及是否与去工业化进程有关。尼桑等（Nissan et al., 2011）分析了 2000～2005 年丹麦、芬兰、法国、德国、意大利、日本、荷兰、西班牙、瑞典、英国和美国的旅游业和经济增长之间的关系，结果表明，以旅游支出指标度量的旅游业促进了经济增长。另外，扩张性货币政策会导致物价上涨，进而对旅游业发展产生负面影响。值得一提的是，马罗库和帕奇（Marrocu and Paci, 2011）以 15 个欧盟成员国 199 个地区为样本，在空间模型框架内考察了旅游流是否是区域全要素生产率的影响因素，实证结论表明，旅游流能够提高地区增长效率，因为地区企业通过旅游流的知识、技术扩散效应获得消费者偏好信息，这种新知识有助于本地企业提高生产经营效率，从而有助于提高整体区域的生产率和经济增长。

二、旅游业导向型经济增长假说理论基础

（一）旅游业对经济增长的影响渠道

国际旅游普遍被认为会通过各种渠道对经济长期增长产生积极影响。

第一，旅游业所创造的外汇收入能够用于购买资本实物，并应用于目的地生产过程（McKinnon，1964）。许多国家通过发展国际旅游，增加了用于支付进口物资所需的外汇收入，也可用于为工业化进程提供资金支持从而实现增长（Nowak et al.，2007）。有证据表明，在旅游业高度专业化的岛屿经济体，旅游业对其国内生产总值的贡献率能够排到前 10 位（Schubert et al.，2010）。布劳等（Brau et al.，2007）发现，只有高度专业化的旅游活动才能使小型经济体快速增长，例如，巴哈马群岛、维尔京群岛、开曼群岛和圣卢西亚的旅游业收入占 GDP 的比重均超过 60%（Vanegas and Croes，2003）。然而，在菲吉尼和维西（Figini and Vici，2010）最近的一项研究中，他们使用超过 150 个国家的样本进行分析，发现基于旅游型国家（tourism-based countries）并未比非旅游型国家增长更快。

第二，旅游业能够有效刺激目的地新型基础设施、劳动力市场和产品市场竞争投资。这是因为旅游业发展基础依靠四类主要生产要素：劳动力、物质资本、技术和环境资源。尽管旅游业被认为是一个低技术部门，创造低技能就业岗位，但里波尔托（Liberto，2013）认为，人力资本质量的提升总是有益的。物质资本包括广泛的私人和公共基础设施，如机场、港口、道路、酒店和餐馆，是生产率改进和商业发展驱动因素（Sakai，2009）。尽管新型基础设施的扩张，对目的地构建具有竞争力的旅游系统异常关键（Capó et al.，2007a；Vanegas and Croes，2003）。技术是生产力和效率增长的重要因素，尤其在全球经济中，信息和通信技术则会给旅游目的地带来许多挑战和机遇。例如，库玛等（Kumar et al.，2012）发现信息投资和旅游市场开发对斐济的经济增长至关重要。

第三，旅游业可通过直接、间接和诱导效应刺激关联产业发展。旅游消费支出的增加可能会带动相关产业的附加经济活动，与之相关所产生的总体经济效应也将较为乐观。如果这种额外经济效应被激发，那么提高经济效益的有效途径则是通过构建旅游业与其他经济部门如农业、渔业、制造业、建筑业和其他服务行业之间的紧密联系，从而进一步推动旅游业与国民经济体系深度融合（Cernat and Gourdon，2012）。如果旅游业能够利用目的地所生产的产品和服务，则会强化与此类关联部门的经济联系，进而也会创造额外收入。在经济学中，这一过程被称为旅游部门对整体经济的乘数效应，并可以通过旅游卫星账户（Spurr，2009）或一般均衡模型（Blake et al.，2006）予以定量测算，并且此类方法允许估计收入漏损。

正如赛纳特和古尔登（Cernat and Gourdon，2012）解释的那样，部门间经济联系不仅与进口有关，也可能涉及外国员工的工资支出和在目的地旅游部门赚取的应交税款的利息。例如，杰克曼和洛德（Jackman and Lorde，2010）认为，巴巴多斯 TLG 假说检验的不确定结果就可以用进口所致旅游收入漏损予以解释。直接效应通常是指因游客消费支出的直接影响而产生的目的地"销售、就业、税收和收入水平"的变化，间接效应是指由上述消费活动而引发的目的地"价格、商品与服务的质量和数量、财产和其他税收以及社会和环境影响"的变化，这些影响效应实际在与旅游相关行业中能够被广泛观察到。诱导效应则通常与游客消费支出产生的目的地额外收入所激发的家庭支出变化有关（Brida et al.，2008）。

第四，旅游业能够创造就业机会，拓宽收入渠道。如前所述，旅游业是通过乘数效应为居民创造收入的重要就业来源。国际旅游消费支出能够为目的地企业提供资金来源，而收入的一部分被分配用于支付生产要素价格（工资、租金和利息），另一部分则为利润。然后，这些额外收入又会激发新的目的地产品和服务消费，从而为目的地经济主体再次创造经济收益。因此，为增强旅游业的乘数效应，在旅游业发展中，还需要刺激本地投资者的更高参与度，进而创造更多就业机会。

第五，旅游业带来显著规模、范围经济（Andriotis，2002；Croes，2006）。旅游需求的规模提升，可以带动旅游相关企业扩大，进而能够降低单位产品和服务生产的平均成本。旅游需求的异质性增强，能够激发旅游相关企业的多样化产品供给，从而也有助于降低平均总成本。例如，随着国际旅游需求增加，酒店业就倾向于扩大规模并提供多样化服务设施（Weng and Wang，2004）。

李等（Li et al.，2018）对所收集的 179 篇有关旅游业经济增长效应评价方面的实证文献进行分析，发现占比近 69.27%（124 篇）的文献证实旅游业对经济增长具有积极效应，仅有约 8.94%（16 篇）的文献发现存在负面效应，约 10.62%（19 篇）的文献认为旅游业对经济增长存在微弱或不明确的影响，进而认为在大多数情况下旅游业具有促进经济增长的潜力，并且该研究结果适用于不同的收入群体。文中将所列文献根据目的地收入状况分为三级（低、中、高收入组），在发现负面效应的 16 篇文献中，高收入组有 12 篇，中等收入组有 3 篇，而低收入组有 1 篇，进一步对文献内容进行梳理分析，发现导致旅游业负面影响经济增长的原因为：其一，当重大事件发生时，旅游业可能对经济增长产生负面效应。例如，口蹄疫暴发（Blake et al.，2003；Smorfitt et al.，2005）、战争因素和突发卫生公共事件（Dwyer et al.，2006）等均会对经济增长造成负面影响。其二，低效旅游政策或环境因素也会产生负面经济效应。例如，旅游业碳税征收（Dwyer et al.，2013）、气候变化（Pham et al.，2010）、与货币贬值有关的政策（Pratt，2014）、对外旅游业投资（Sheng and Tsui，2010）也会导致旅游业的负面经济效应。其三、经济、社会和政治负面事件（Sheng and Tsui，2010）、旅游经济漏损（Agarwal，2012）以及旅游业边际效益递减现象也会导致旅游业对经济增长产生负面影响。从政策角度看，尽管近年来旅游业已普遍被视为促进经济增长的有效工具，但仍然必须谨慎对待旅游业在经济发展中的作用。旅游业的经济影响是巨大的，然而，在评价旅游业对可持续经济发展的总体影响时，也应考虑社会、环境和政治因素。从社会福利角度来看，旅游业也被视为是一种可通过再分配机制，减缓贫困和积累资本的有效工具。

1. 旅游业贫困减缓效应评价

旅游业在创造收入、提供就业和贫困减缓方面存在积极贡献（Blake et al.，2008；Scheyvens and Russell，2012）。但是，林德伯格等（Lindberg et al.，2001）认为，从整体上说，旅游业对目的地社会福利所产生的影响可能是负面的，因为目的地从旅游业发展中所获得的收益不足以弥补居民所遭受的净损失。其中，价格、工资和政府收入通常被认为是旅游业影响贫困率的三种潜在渠道（Blake et al.，2008）。

首先，价格可能会对贫困人口产生负面影响。布莱克等（Blake et al.，2008）认为，旅游消费增加会导致旅游相关行业的产出、价格和工资增长，而相关行业为留住本部门劳动力则必须提高工资，这又进一步提升了这些行业产品的成本、价格，最终导致全社会整体价格水平提高。对于贫困家庭而言，一方面，必须为同样的产品支付更高的价格；另一方面，总体价格水平提高则相对降低了实际收入程度。其次，当贫困人口受雇于旅游相关行业时，工资收入也可能会扩大贫困程度，因为高收入往往会促进贫困人口消费，改善其生活水平，但未就业贫困人口却可能无法从工资收入渠道获益，进而加剧了相对贫困。最后，政府通常会征收与旅游业相关的税费，通过对旅游相关业务征税，政府将获得更多的税收收入，用于改善贫困地区的基础设施，并增加对贫困人口的医疗和住宿补贴以及提供岗前培训。然而，政府收入对贫困人口的总体影响也是不确定的，这取决于政府如何重新分配收入（Blake et al.，2008）。理论上，对旅游业贫困减缓效应进行评价是一个不小的挑战。戴尔勒（Deller，2010）应用地理加权回归分析，发现旅游和休闲活动在解释贫困率变化中的作用甚微。托马斯（Thomas，2014）指出，旅游业对贫困率的影响强烈依赖于所选择的贫困线标准。另外，关于旅游业减贫主题的文献主要涉及研究框架和指导方针。例如，舍文斯（Scheyvens，2007）梳理了关于旅游业与贫困关系的理论争辩，而赵和里奇（Zhao and Ritchie，2007）则指出了该领域的一些研究需求和机遇。从政策角度来看，减缓贫困和缩小收入差距对任何政府来说都是一个具有挑战性的问题。旅游业能够创造外汇、提供就业、吸引投资和增加收入，通过以上渠道，旅游业可以促进贫困减缓。与价格和工资收入渠道相比，政府收入可能在旅游减贫中发挥更积极的作用。例如，通过适当将更多的旅游收入份额重新分配给贫困人口，政府可以提高贫困人口的收入水平和生活条件，而通过提供工作培训，政府也可以提高贫困人口的就业率。

2. 旅游业外部经济因素评价

由于全球和区域价值链网络化生产的兴起，经济全球化趋势倒逼各国与全球经济接轨。各国之间相互依存不断加深，全球经济网络化联系愈益加深。在此背景下，一个国家的旅游业也难免受到外部经济因素的综合影响。例如，通过吸引与旅游活动相关的外商直接投资，旅游目的地的可达性、吸引力和边界性也会得到有效改善，从而也会提高旅游目的地竞争力。国际汇率变化通常会影响游客在目的地国家或地区的旅游成本，进而影响目的地的国际旅游需求。金融危机也会降低旅游需求、游客人数、游客出境、旅游收入以及旅游支出（Li et al.，2010）。在实证文献中，艾尔－穆拉利等（Al-mulali et al.，2014）研究指出，外商直接投资与国际旅游业之间存在长期双向因果关系，而唐等（Tang et al.，2007）则认为仅存在从外商直接投资到旅游业的单向因果关系。伊恩多（Endo，2006）发现，相较于发达国家而言，外商直接投资在旅游业中所起的作用对发展中国家更为重要。另外，也有文献对旅游业与汇率之间的关系进行了探讨（De Vita，2014；Tang，2013），经济危机也是现有旅游业影响因素文献中关注度较高的一个重要影响因素（Stylidis and Terzidou，2014）。杉亚尔托等（Sugiyarto et al.，2003）和克汉等（Khan et al.，2005）关注到贸易和全球化对旅游业的影响，而拉茨科（Latzko，2005）则研究了旅游业对经济波动的敏感性。

（二）旅游业影响经济增长理论模型

以 TLG 假说为研究视角，对旅游业与经济增长关系的严谨性研究还需要以坚实的经济理论基础为支撑。从理论建模思路来看，存在两种主要方法：一种是基于标准凯恩斯函数的需求模型，其中旅游业被视为一个外生变量。然而，正如菲吉尼和维西（2010）指出的那样，这种模型条件是静态的，只与短期均衡有关。因此，可以进一步扩展需求模型，将旅游收入、实际旅游产品价格和实际 GDP 作为内生变量，分析对旅游需求函数的冲击（Brida and Risso，2010；Nayaran，2004；Tang，2013）。另一种是 TLG 假说检验，是以设定一个基于 Solow 新古典增长模型的生产函数为基础，后期又经布拉萨（Balassa，1978）加以扩展，此类模型包含标准的生产投入，即劳动力和物质资本，以及作为非标准出口类型的旅游业。此后，兰扎和皮利亚鲁（2000）也对这一理论模型进行了扩展，他们开发了一个卢卡斯两部门模型，其中包括自然资源作为生产过程中的再次投入，研究结果表明，那些专注于旅游业的目的地可能会利用这些资源投入来弥补技术差距。特别是，如果小国拥有优越的自然资源禀赋，它们会更有可能专注于旅游业发展，进而实现更高的经济增长率。

在以上两部门理论模型中，布劳等（2007）确定了两种备择方案："乐观解释"和"悲观解释"。"乐观解释"是基于旅游业和制造业商品之间低替代弹性假设。换言之，考虑到消费者偏好，旅游专业化价值相对较高，并且代表性的消费者不容易用便宜的制造业产品替代旅游服务。因此，弹性小于 1 会产生对旅游业有利的"贸易效应条件（terms of trade effect）"，使得旅游业增长快于制造业。正如文章所强调的，这种解释是设置 TLG 假说的基础，因为增长是由不断增值的旅游服务所推动，并且这种增长可以被视为是可持续的。"悲观解释"是基于旅游业和制造业商品之间的高替代弹性假设。即：考虑到消费者偏好，旅游专业化价值相对较低，代表性消费者倾向于用制造业产品代替旅游服务。因此，弹性大于 1 会导致对旅游业不利的"贸易条件效应"。但是，如果对 TLG 假说进行评估，增长的来源是由自然资源开发的规模扩张推动而非贸易条件改善所致。在这种情况下，从长远来看，尽管旅游业扩张会促进增长，但这可能会损害旅游目的地的发展潜力及其可持续性。

另外，刻画旅游业与经济增长关系的理论模型则与科登和尼里（Corden and Neary，1982）首次提出的所谓"荷兰病"有关。该理论模型的前提假设：存在一个由繁荣的天然气部门（非贸易商品部门）和落后的制造业部门（贸易部门）组成的两部门经济。在这个模型中，劳动力从落后部门转移到繁荣部门，进而导致去工业化。"资源诅咒"是由资源重新分配所引起（Pegg，2010）。荷兰病模型中的旅游业部门，作为高度的劳动密集型部门，倘若旅游目的地具备丰富的自然资源或遗产禀赋，旅游业发展自然会具备一定的市场力量（Copeland，1991；Deng et al.，2014）。在这种情况下，外资流入可能会提升目的地土地、住房价格，进而对本地区企业生产造成挤出效应。此外，蓬勃发展的旅游业可能会吸引落后行业的劳动力，进而会导致整体福利损失。

（三）旅游业导向型经济增长述评性研究

以所收集的 95 篇 TLG 假说实证文章为样本，根据样本对象是否归属非洲和中东、美洲、亚洲和太平洋以及欧洲，进一步将上述文献对 TLG 假说的研究内容进行归类整理，其中包括每篇文献的作者、刊出时间、出版刊物、样本时间、数据频率、研究对象、研究方法、模型变量以及短期和长期影响关系。

1. 整体特征

文献主要检验如下核心问题：旅游业是否会影响经济增长？旅游业和经济增长之间是否存在时间序列相关？换言之，旅游业是否会影响经济增长或者经济增长是否会影响旅游业？抑或两者之间存在双向因果关系？为检验 TLG 假说有效性，此类文献通常将标准生产函数框架作为基础理论模型（Balassa，1978；Feder，1983；Ghirmay et al.，2001；Park and Prime，1997）。

与 ELG 假说理论构建思路相似，入境旅游由于被视为一种特殊商品出口形式，进而催生出 TLG 假说。为对其进行检验，实证文献一般采用双变量或多变量模型结构，其中，将近大部分文献采用三变量结构，包括 GDP、入境旅游和汇率或价格指标，经常包含实际汇率，用以度量目的地的开放程度。

另有文献采用多变量分析，模型中还采用了多样化的经济指标，例如：家庭支出、价格和最低存款利率（Jackman and Lorde，2010）；贫困线以下人口数量（Croes and Vanegas，2008）；制造业进口（Nowak et al.，2007）；外商直接投资（Tang et al.，2007）；交通和通信、旅馆和饭店、广告和促销支出（Louca，2006）；进出口额（Khan et al.，2005）；人力和物质资本（Cortés-Jiménez and Pulin，2010）以及信息通信技术（Kumar and Kumar，2012）。从计量角度看，如吕特克波尔（Lütkepohl，1982）所指，模型中包含的其他变量有助于获得精确估计量。文献中关于"国际旅游"变量选择的指标存在差异，一个惯常的认知是，一个国家入境旅游需求的代理变量通常以旅游收入所表征的旅游支出来度量。多数文献使用旅游支出或旅游收入作为国际旅游变量的代理指标，也有部分文献使用旅游人数和旅游出口指标（Brida et al.，2016）。

关于时间分析频率，年度频率最为普遍，其余文献则使用季度数据，仅有两项研究使用了马来西亚月度数据（Lean and Tang，2009；Tang，2011）。

2. 实证结论

从实证方法上看，TLG 假说检验存在以下主要方式：截面数据分析、面板数据分析和时间序列数据分析。截面数据分析的主要缺点是缺少使用面板数据获得的时间维度信息。时间序列数据分析是最常见的计量分析方法，给定经济变量的统计属性，可以将向量自回归模型应用到误差修正模型中，从而可以识别短期和长期动态（Engle and Granger，1987），还有其他方法用以检验变量之间的时间序列关系，如使用 Toda-Yamamoto-Dolado-Lukethl（TYDL）程序（Dolado and Lutkepohl，1996；Toda and Yamamoto，1995）检验格兰杰因果关系。在时间序列数据分析中也有一些研究使用了非因果关系模型，例如 ARCH 和 GARCH 模型，尽管这些模型考虑了变量的波动性，但这些模型在 TLG 假说的实证研究中并未普及，可能是由于难以证明此类计量经济模型是否适合所需检验的基本假设，但它们确实有助于理解更复杂的时间序列特征（Chan et al.，2005）。基本结论如表 2 - 2 至表 2 - 6 所示。

存在由旅游业到经济增长单向因果关系，从而支持 TLG 假说有效性的文献所涉样本对象如下：巴基斯坦（Hye and Khan，2013）、黎巴嫩（Tang and Abosedra，2012）、约旦（Kreishan，2011）、马来西亚（Sarmidi and Salleh，2011）、突尼斯（Belloumi，2010）、肯尼亚（Kibara et al.，2012）、南非（Akinboade and Braimoh，2010）、新加坡（Katircioglu，2011）、北塞浦路斯（Katircioglu，2010）、巴巴多斯（Jackman，2012）、安提瓜和百慕大（Schubert et al.，2010）、巴西（Brida et al.，2011）、智利（Brida and Risso，2009）、哥伦比亚（Brida et al.，2009）、墨西哥（Brida et al.，2008）、尼加拉瓜（Croes and Vanegas，2008）、巴拉圭、巴西、阿根廷（Brida et al.，2013）、美国（Cem，2012）、斐济、汤加、所罗门群岛、巴布亚几内亚（Nayaran & Prasad，2003；Nayaran et al.，2010）、

表2-2

非洲和中东地区

作者	期刊	时期（年）	目的地	计量方法	变量	格兰杰因果检验 短期	格兰杰因果检验 长期
阿希沃兹（Ahiawodzi, 2013）	British Journal of Economics, Finance and Management Sciences	1985~2010	加纳	误差修正模型、约翰逊协动整检验、格兰杰检验	旅游收入和GDP		Y→T
科巴拉等（Kibara et al., 2012）	International Business & Economics Research Journal	1983~2010	肯尼亚	自回归分布滞后模型、格兰杰检验	旅游人次和实际GDP	T→Y	T→Y
唐和阿博塞德拉（Tang and Abosedra, 2012）	Current Issues in Tourism	1995~2010	黎巴嫩	自回归分布滞后模型、格兰杰检验	旅游人次和实际GDP	T→Y	T→Y
胡耶和克汉（Hye and Khan, 2013）	Asia Pacific Journal of Tourism Research	1971~2008	巴基斯坦	自回归分布滞后模型、格兰杰检验	旅游收入和GDP		T→Y
奥迪亚博（Odhiambo, 2011）	Economic Computation & Economic Cybernetics Studies and Research	1980~2008	坦桑尼亚	自回归分布滞后模型、格兰杰检验	GDP、旅游收入、外汇汇率		Y→T
科尔特斯-希门尼斯等（2011）	Tourism Economics	1975~2007	突尼斯	误差修正模型、格兰杰检验	旅游出口、资本品进口、经济增长		T→M Y→T
克雷尚（Kreishan, 2011）	International Management Review	1970~2009	约旦	误差修正模型、格兰杰检验	旅游收入和GDP		T→Y
贝卢米（Belloumi, 2010）	International Journal of Tourism Research	1970~2007	突尼斯	误差修正模型、格兰杰检验	旅游收入、GDP、真实有效汇率		T→Y
阿金博德和布雷莫（Akinboade and Braimoh, 2020）	International Journal of Tourism Research	1980~2005	南非	误差修正模型、格兰杰检验	旅游收入、GDP、真实有效汇率、出口	T→Y	T→Y

表 2－3

美洲地区

作者	期刊	时期（年）	目的地	计量方法	变量	格兰杰因果检验 短期	格兰杰因果检验 长期
加泰（Ghartey, 2013）	Tourism Economics	1963~2008	牙买加	误差修正模型、格兰杰检验	旅游人次、GDP、实际汇率、结构变化、飓风	T↔Y	T↔Y
里德斯特等（Ridderstaat et al., 2014）	International Journal of Tourism Research	1972~2011	阿鲁巴岛	误差修正模型、格兰杰检验	旅游收入和GDP	T↔Y	T↔Y
阿马吉奥尼恩迪韦（2012）	Tourism Economics	1970~2005	牙买加	误差修正模型、格兰杰检验	旅游收入和GDP		T↔Y
洛德等（Lorde et al., 2011）	The International Trade Journal	1974~2004	巴巴多斯	误差修正模型、格兰杰检验	实际GDP、旅游人次、实际汇率	T↔Y	T↔Y
布里达等（Brida et al., 2011）	Tourism Economics	1965~2007	巴西	误差修正模型、格兰杰检验	入境旅游收入、实际汇率、GDP		T→Y
布里达和蒙特鲁比亚内西（Brida and Monterubbianesi, 2010）	Journal of Tourism Challenges and Trends	1990~2005	哥伦比亚	误差修正模型、格兰杰检验	旅游支出、GDP、汇率		T→Y
杰克曼和洛德（Jackman and Lorde, 2020）	Economics Bulletin	1970~2007	巴巴多斯	误差修正模型、动态最小二乘法、格兰杰检验	旅游人次、GDP、家庭支出、相对价格		
舒伯特等（Schubert et al., 2010）	Tourism Management	1970~2008	安提瓜和巴布达	误差修正模型、格兰杰检验	旅游支出、GDP、汇率		T→Y
布里达和莱索（Brida and Risso, 2009）	European Journal of Tourism Research	1988~2008	智利	误差修正模型、格兰杰检验	旅游支出、GDP、汇率		T→Y
布里达等（Brida et al., 2009）	Tourismos	1987~2007	哥伦比亚	误差修正模型	旅游支出、GDP、汇率		T→Y

表 2－4　亚洲和太平洋地区

作者	期刊	时期（年）	目的地	计量方法	变量	格兰杰因果检验 短期	格兰杰因果检验 长期
贾亚提拉克（Jayathilake，2013）	International Journal of Business, Economics and Law	1967~2011	斯里兰卡	误差修正模型、格兰杰检验	旅游人次和实际 GDP	T→Y	T→Y
科里等（Corrie et al.，2013）	Tourism Economics	2000~2010	澳大利亚	自回归分布滞后模型、格兰杰检验	旅游收入、GDP、其他变量		T↔Y
乔治托普洛（Georgantopoul，2013）	Asian Economic and Financial Review	1988~2011	印度	误差修正模型、格兰杰检验	旅游支出、GDP、汇率、其他变量	T→Y	
李等（Li et al.，2013）	Margin: The Journal of Applied Economic Research	1974~2010	马来西亚	误差修正模型、格兰杰检验	旅游收入、GDP、其他变量	T→Y	T→Y
贾利勒等（Jalil et al.，2013）	Economic Modelling	1972~2011	巴基斯坦	自回归分布滞后模型、格兰杰检验	GDP、入境旅游收入、资源存量、通胀和贸易开放		T→Y
李和郭（Lee and Kwag，2013）	Journal of Distribution Science	1970~2010	韩国	误差修正模型、格兰杰检验	旅游支出、GDP、工业产出、二氧化碳排放	T↔Y	T→Y
特朗等（Trang et al.，2013）	Tourism Economics	1992~2011	越南	误差修正模型、格兰杰检验	旅游支出、GDP、汇率	T↔Y	
唐（Tang，2013）	International Journal of Tourism Research	1974~2009	马来西亚	自回归分布滞后模型、格兰杰检验	旅游收入、GDP、实际汇率、实际 GDP	T↔Y	T↔Y

续表

作者	期刊	时期（年）	目的地	计量方法	变量	格兰杰因果检验 短期	格兰杰因果检验 长期
斯里尼瓦桑等（Srinivasan et al.，2012）	The Romanian Economic Journal	1968～2009	斯里兰卡	自回归分布滞后模型、格兰杰检验	旅游支出和 GDP	T→Y	T→Y
卡蒂尔乔格鲁（2011）	Singapore Economic Review	1960～2007	新加坡	误差修正模型、格兰杰检验	GDP、旅游人次、汇率		T→Y
金（Jin，2011）	Cornell Hospitality Quarterly	1974～2004	中国香港	误差修正模型、格兰杰检验	GDP、旅游收入、汇率、其他变量	T→Y	T→Y
马利克等（Malik et al.，2010）	European Journal of Economics, Finance and Administrative Sciences	1972～2007	巴基斯坦	误差修正模型、格兰杰检验	GDP、旅游收入、汇率、经常账户赤字		T→Y
卡蒂尔乔格鲁（2010a）	Tourism Economics	1960～2007	新加坡	误差修正模型、格兰杰检验	GDP、旅游收入、汇率	T→Y	T→Y
米什拉等（Mishra et al.，2010）	European Journal of Social Sciences	1978～2009	印度	误差修正模型、格兰杰检验	GDP、旅游收入、汇率		T→Y
卡迪尔和朱素夫（Kadir and Jusoff，2010）	International Journal of Economics and Finance	1995～2006	马来西亚	约翰逊协整检验、格兰杰检验	旅游收入、出口（EX）、进口（IM）、贸易（TR）		EX→Y IM→Y TR→Y

续表

作者	期刊	时期（年）	目的地	计量方法	变量	格兰杰因果检验	
						短期	长期
纳拉扬等（2010）	Tourism Economics	1988～2004	斐济、汤加、所罗门群岛、巴布亚新几内亚	面板协整检验、格兰杰检验	旅游出口和 GDP	T←Y	T→Y
莱恩和唐（Lean and Tang, 2009）	International Journal of Tourism Research	1988～2009	马来西亚	格兰杰检验	旅游人次和工业产出		T↔Y
李和钱（Lee and Chien, 2008）	Mathematics and Computers in Simulation	1958～2003	中国台湾	约翰逊协整检验、格兰杰检验	旅游收入、旅游人次、GDP、汇率		T↔Y
哈利勒等（Khalil et al., 2007）	The Pakistan Development Review	1960～2005	巴基斯坦	误差修正模型、格兰杰检验	GDP 和旅游收入		T↔Y
金等（2006）	Tourism Management	1956～2002	中国台湾	约翰逊协整检验、格兰杰检验	旅游人次和 GDP		T↔Y
纳拉扬（2004）	Tourism Economics	1970～2000	斐济	向量自回归分布滞后模型、误差修正模型	旅游人次、可支配收入、相对酒店替代价格、交通成本		Y↔T

表2-5　　　　　　　　　　　　　　　　　　　　　　欧洲

作者	期刊	时期（年）	目的地	计量方法	变量	格兰杰因果检验 短期	格兰杰因果检验 长期
苏鲁久和苏鲁久（2013）	Tourism Economics	1988~2009	罗马尼亚	误差修正模型、格兰杰检验	GDP、国家旅游消费、国内旅游支出、实际汇率	T→Y	T→Y
马西达和马塔纳（Massidda and Mattana, 2013）	Journal of Travel Research	1987~2009	意大利	格兰杰检验	GDP、旅游人次、贸易		T↔Y
侯赛恩和卡拉（Husein and Kara, 2011）	Tourism Economics	1964~2006	土耳其	误差修正模型、格兰杰检验	GDP、旅游收入、汇率		T→Y
卡西马蒂（Kasimati, 2011）	International Research Journal of Finance and Economics	1960~2010	希腊	误差修正模型、格兰杰检验	旅游人次、GDP、实际汇率		
侯赛恩和卡拉（2011）	Tourism Economics	1963~2006	土耳其	误差修正模型、格兰杰检验	实际GDP、旅游收入、实际汇率		T→Y
阿斯兰图尔克等（Arslanturk et al., 2011）	Economic Modelling	1963~2006	土耳其	滚动窗口因果关系检验、时变误差修正模型、格兰杰检验	旅游收入和GDP		
佩恩和梅尔瓦（Payne and Mervar, 2010）	Tourism Economics	2000~2008	克罗地亚	误差修正模型、格兰杰检验	GDP、旅游收入、汇率		Y→T
卡蒂尔乔格鲁（2010b）	The World Economy	1977~2007	塞浦路斯	误差修正模型、格兰杰检验	GDP、旅游收入、汇率、人力资本	T→Y	T→Y

续表

作者	期刊	时期（年）	目的地	计量方法	变量	格兰杰因果检验	
						短期	长期
科尔特斯－吉姆泰内斯和普林纳（Cortés-Jiménez and Pulina, 2010）	Current Issues in Tourism	1954~2000	意大利和西班牙	误差修正模型、格兰杰检验	GDP、旅游收入、物质资本、人力资本	T→Y	意大利: T→Y 西班牙: T↔Y
卡蒂尔乔格鲁（2009a）	Applied economics	1960~2005	塞浦路斯	向量自回归分布滞后模型、误差修正模型	旅游人次、GDP、贸易额		T→Y
卡蒂尔乔格鲁（2009b）	Acta Oeconomica	1960~2006	马耳他	向量自回归分布滞后模型、误差修正模型	旅游人次、GDP、汇率		T↔Y
卡普兰和切利克（Kaplan and Çelik, 2008）	International Journal of Applied Economics and Finance	1963~2006	土耳其	误差修正模型、格兰杰检验	旅游人次、GDP、汇率		T→Y
诺瓦克等（2007）	Tourism Economics	1960~2003	西班牙	误差修正模型、格兰杰检验	旅游收入、GDP、工业进口	T→Y	T↔Y
贡都兹和哈特米（Gunduz and Hatemi-J, 2005）	Applied Economics Letters	1963~2002	土耳其	自回归条件异方差、基于技靴法的面板数据格兰杰因果关系检验	旅游人次、GDP、汇率		T→Y
德米罗兹和翁根（2005）	Journal of Economics	1980~2004	土耳其	误差修正模型、格兰杰检验	旅游收入和GDP	T↔Y	T↔Y
德里茨基斯（2004）	Tourism Economics	1960~2000	希腊	误差修正模型、格兰杰检验	旅游收入、GDP、汇率	T↔Y	T→Y

表2-6　目的地分组

作者	期刊	时期（年）	目的地	计量方法	变量	格兰杰因果检验 短期	格兰杰因果检验 长期
阿斯兰（Aslan, 2013）	Current Issues in Tourism	1995~2010	12个地中海国家	面板协整、格兰杰检验	旅游收入、GDP、汇率		葡萄牙、以色列、土耳其: T↔Y; 西班牙、意大利、克罗地亚、塞浦路斯、保加利亚和希腊: Y→T; 马耳他、埃及不存在
周（Chou, 2013）	Economic Modelling	1988~2011	10个转型国家	面板协整、格兰杰检验	旅游收入和GDP		保加利亚、罗马尼亚、斯洛文尼亚: T↔Y; 塞浦路斯、立陶宛: T→Y; 捷克、波兰: Y→T
邓等（2013b）	Tourism Economics	1987~2010	中国分省	面板回归	旅游收入、GDP、其他变量	T→Y	
邓等（2013a）	Tourism Economics	1987~2010	中国分省	门槛回归、面板协整	旅游收入、GDP、其他变量	T→Y	
卡里姆（Kareem, 2013）	American Journal of Tourism Research	1990v2011	非洲	面板协整、格兰杰检验	旅游收入、GDP、汇率	T↔Y	
李和布拉哈马斯勒内（Lee and Brahmasrene, 2013）	Tourism Management	1988~2009	欧盟	面板协整、格兰杰检验	旅游收入、二氧化碳排放、GDP、外商直接投资	T→Y	

续表

作者	期刊	时期（年）	目的地	计量方法	变量	格兰杰因果检验 短期	格兰杰因果检验 长期
阿佩吉斯和佩恩（2012）	Tourism Economics	1995~2007	9个加勒比国家	面板协整、格兰杰检验	GDP、旅游人次、汇率	T↔Y	
卡拉扬等（2012）	Asian economic and Financial review	1995~2008	135个不同国家	面板协整检验	旅游收入和GDP		欧洲：T↔Y 美国、加勒比海、拉丁美洲：T→Y
埃卡纳亚克和龙（2012）	The International Journal of Business and Finance Research	1995~2009	140个发展中国家	面板协整、格兰杰检验	GDP、固定资本、劳动力、旅游收入		不支持TLG假说
德里茨基斯（2012）	Tourism Economics	1980v2007	7个地中海国家：西班牙、法国、意大利、希腊、土耳其、塞浦路斯、突尼斯	面板协整、完全修正最小二乘法	人均旅游人次、实际有效汇率、人均实际GDP		T→Y
尼桑等（2011）	The Service Industries Journal	2000~2005	11个发达国家	面板协整、格兰杰检验	GDP、旅游支出、其他变量		T↔Y
法伊萨等（2008）	Tourism Economics	1995~2004	42个非洲国家	面板协整、格兰杰检验	GDP、旅游收入、其他变量		T→Y

西班牙、意大利、突尼斯、塞浦路斯、克罗地亚、保加利亚、希腊（Aslan，2013）、罗马尼亚（Surugiu and Surugiu，2013）、拉脱维亚、斯洛伐克（Chou，2013）、意大利（Cortés-Jiménez and Pulina，2010）、土耳其（Zortuk，2009；Gunduz and Hatemi-J，2005；Husein and Kara，2011；Kaplan and Çelik，2008）、希腊（Dritsakis，2004）、亚洲和非洲经济合作与发展组织（Lee and Chang，2008）、巴基斯坦（Malik et al.，2010）、斯里兰卡（Srinivasan et al.，2012）、印度（Mishra et al.，2010）、中国（Deng et al.，2013a、2013b）、欧盟（Lee and Brahmasrene，2013）、非洲（Fayissa et al.，2008；Kareem，2013）以及美国、拉丁美洲和加勒比海国家（Caglayan et al.，2012）。

此外，以下目的地检验出旅游业与经济增长之间存在双向格兰杰因果关系（即旅游业是经济增长的格兰杰原因，反之亦然）：澳大利亚（Corrie et al.，2013）、牙买加（Ahamefule，2012；Amaghionyeodiwe，2012；Ghartey，2013）、阿鲁巴（Ridderstaat et al.，2013）、巴巴多斯（Lorde et al.，2011）、乌拉圭（Brida et al.，2013）、加拿大（Othman et al.，2012）、拉丁美洲国家（Lee and Chang，2008）、9 个加勒比小国家（Apergis and Payne，2012）、马来西亚（Kadir and Jusoff，2010；Lean and Tang，2009；Othman et al.，2012；Tang，2013）、巴基斯坦（Khalil et al.，2007）、越南（Trang et al.，2013）、中国江苏省高淳区（Wang and Xia，2013）、马耳他（Katircioglu，2009b）、奥地利（Othman et al.，2012）、荷兰（Othman et al.，2012）、新加坡（Othman et al.，2012）、西班牙（Cortés and Pulina，2010；Nowak et al.，2007）、土耳其（Demiroz and Ongan，2005；Othman et al.，2012）、欧洲（Caglayan et al.，2012）、葡萄牙、以色列、土耳其（Aslan，2013）、保加利亚、罗马尼亚、斯洛文尼亚（Chou，2013）和意大利（Massidda and Mattana，2013）、韩国（Chen and Chiuo-Wei，2009）、希腊（Dritsakis，2004）。

在以下国家或地区中发现了从经济增长到旅游活动的单向格兰杰因果关系：马来西亚（Li et al.，2013）、加纳（Ahiawodzi，2013）、巴基斯坦（Jalil et al.，2013）、韩国（Lee and Kwag，2013）、斯里兰卡（Bandula，2013）、斐济、汤加、所罗门群岛和巴布亚新几内亚（Nayaran et al.，2010）、斐济（Narayan，2004）、塞浦路斯（Katircioglu，2009a）、捷克、波兰（Chou，2013）、东亚、南亚、大洋洲（Caglayan et al.，2012）、中国四川（He and Zheng，2011）、坦桑尼亚（Odhiambo，2011）、克罗地亚

（Payne and Mervar，2010）。

三、旅游业与内生经济增长理论模型

围绕旅游业与经济增长关系的研究文献盈箱累箧，其中多数观点支持所谓旅游业导向型经济增长假说的基本论断，即旅游业是经济增长的重要来源，原因在于旅游业能够产生外汇收入、创造就业渠道、刺激投资积累、带动产业发展，进而为目的地经济体系注入活力。但上述文献的一个共同点在于，旅游业仅被视为经济增长的一种外生因素，并非决定因素，并且具有明显的季节性、周期性、敏感性。但一个无法回避的现实是，旅游业始终无法作为内生变量进入增长模型，进而限制了理论模型对产业发展的解释力。与以上文献不同的是，皮娜和马丁内斯－加西亚（Pina and Martínez-García，2013）以及阿尔巴拉德霍等（Albaladejo et al.，2014）在此方面尝试做了开拓性贡献，基于国际贸易动态模型，构建了旅游业与内生经济增长之间的理论模型框架，并以西班牙为研究案例，实证检验发现旅游业在长期中是促进经济增长的内生动力。

事实上，尽管旅游业与经济增长之间的关系研究吸引了众多学术目光，但诸多文献主要侧重理论机理阐释或实证检验过程，极少有文献构建旅游业与经济增长之间的理论模型。需要提及的是，作为在旅游业和增长关系建模领域的较早尝试，哈扎里和斯格罗（Hazari and Sgro，1995）构建了一个包含旅游者和国内居民对非贸易商品总需求的动态贸易模型。尽管旅游服务需求仍被认为是一种总体需求，但哈扎里和斯格罗（2004）发展了一种基于国内消费的拉姆齐模型，进而认为旅游业能够使东道国从国外市场获得增长来源。赵等（Chao et al.，2005）则主要探讨了旅游业对旅游目的地经济福利变化的影响。另外，诺瓦克等（2007）构建了一个以完全依赖旅游服务贸易赚取外部资本而获得持续增长的理论模型。

既有理论模型主要专注于中央计划经济并寻找行为最佳路径，单一主体、社会计划者或消费者代理人能够识别到游客到访后，目的地可能会发生的演变状态，进而能够决定采取何种应对措施以实现最佳路径。然而，传统理论模型忽视了旅游业与出口商品关键的差异性特征：与可贸易商品不同，旅游者同时是决策者，其行为会干扰国内消费者的机会选择。外部旅游者购买目的地可贸易和不可贸易商品，自然也会改变目的地商品的相对价格，由此影响国内居民的消费行为。因此，多主体参与的市场经济运行环境是构建旅游业与内生经济增长模型需要考虑的必要前提条件。皮娜

和马丁内斯－加西亚（2013）考虑在动态贸易模型中研究旅游业与增长关系，并考虑一个存在四类主体参与的市场经济环境：国内消费者、游客、非贸易商品的生产者以及旅游商品和服务（可贸易商品）的生产者。该模型的典型特征是，这是一个在并未忽视游客行为，而且并不完全依赖普通商品出口的增长理论模型中，试图探讨旅游业与经济增长关系的首次建模尝试。

在讨论旅游业对经济增长的影响时，需要面临一个相对棘手的问题，即对目的地经济而言，旅游业是一个与之并无关系的外生现象，抑或是存在密切关联的内生现象。除极少数文献外，主流文献基本判定旅游者是以一个给定的速率到访目的地，并且其是一个独立于目的地特征的参数。然而，某些侧重微观经济分析的文献研究认为，旅游目的地对外部旅游者的吸引能力实际上依赖于目的地的综合质量属性，其中包括旅游硬件设施和服务质量、环境品质、文化多样性、政治稳定性等特征，当然也与游客个体属性相关（旅游消费偏好、预算、倾向等）。其中一些要素同时也具有内生属性，例如，目的地可通过投资提高旅游服务质量。相应地，目的地经济体的居民储蓄行为也会影响其旅游吸引力，进而影响长期经济增长率。当然，目的地的环境质量、多样化的休闲活动及文化遗产同样也会影响旅游流。在进行模型分析之前，需注意旅游者的到访速率取决于目的地的旅游服务（可贸易商品）质量。

上述模型为游客行为变化提供微观经济基础，并将其与宏观经济变量相联系进行研究，从而为旅游业和增长关系领域的文献拓展作贡献。旅游流既受目的地无法控制的外生力量约束，也取决于目的地的内生质量因素。说明此点，本书进一步尝试构建一个包含旅游业变量的内生增长模型。

（一）模型

本书考虑一个仅生产两种商品的贸易经济体：旅游服务 Y_T（可贸易商品）和需由国内居民与旅游者消费的非贸易消费品 Y_N。上述两类商品的生产均需要劳动力和国内外资本。其中，由于外国资本是国内商品生产的必要投入，所以必须通过与非居民即外部旅游者进行国内商品贸易来获取。

1. 生产函数

技术由假设规模报酬不变的 Cobb-Douglas 生产函数予以刻画，并在人均上将其定义为：

$$y_T = s^{1-\alpha-\beta}k_{dT}^{\alpha}k_{fT}^{\beta}, \ 0 < \alpha + \beta < 1 \qquad (2-1)$$

$$y_N = s^{1-\alpha-\beta}k_{dN}^{\alpha}k_{fN}^{\beta}, \ 0 < \alpha + \beta < 1 \qquad (2-2)$$

其中，s 是旅游业的劳动力雇佣份额（0 < s < 1）；k_{dT} 和 k_{dN} 分别是可贸易和非贸易商品生产中的人均国内资本；k_{fT} 和 k_{fN} 则分别是上述商品生产中的人均外国资本；$k_d = k_{dT} + k_{dN}$ 和 $k_f = k_{fT} + k_{fN}$ 分别是经济体中的总的人均国内资本和人均外国资本。

假设完全竞争，贸易和非贸易企业利润最大化可得到如下基于要素投入的需求函数：

$$(1-\alpha-\beta)\frac{y_T}{s} = w, \ (1-a-b)\frac{y_N}{1-s}p_{NT} = w \qquad (2-3)$$

$$\alpha\frac{y_T}{k_{dT}} = r, \ a\frac{y_N}{k_{dN}}p_{NT} = r \qquad (2-4)$$

$$\beta p\frac{y_T}{k_{fT}} = rr, \ bp\frac{y_N}{k_{fN}}p_{NT} = rr \qquad (2-5)$$

其中，w 是劳动工资；r 和 rr 分别是拥有国内和外国资本的家庭净收益率；价格 p 是贸易条件；p_{NT} 是指非贸易商品相对价格上涨而产生的影响，即次级贸易条件。劳动力被允许进入旅游部门或非贸易商品部门，并在两个部门获得相同的劳动工资 w。相似原理也适用于国内和进口资本的相应回报。

企业利润最大化问题模型推导如下。

可贸易和非贸易部门中的企业寻求在任何时间点实现利润最大化。企业的利润流是通过出售其产出获取的总收入减去所支付的要素价格（资本租金和劳动工资）得出。由于企业租赁资本和雇佣劳动者，故不存在跨期因素。因此，每个行业中代表性企业的利润最大化问题可简化为以下不受约束的经典规划问题（按人均）：

$$\max y_T - ws - rk_{dT} - rr\frac{k_{fT}}{p}$$
$$\max p_{NT}y_N - w(1-s) - rk_{dN} - rr\frac{k_{fN}}{p} \qquad (2-6)$$

两个利润最大化函数局部极大值存在的必要条件：

$$\frac{\partial y_T}{\partial s} = w, \ p_{NT}\frac{\partial y_N}{\partial(1-s)} = w$$
$$\frac{\partial y_T}{\partial k_{dT}} = r, \ p_{NT}\frac{\partial y_N}{\partial k_{dN}} = r \qquad (2-7)$$
$$p\frac{\partial y_T}{\partial k_{fT}} = rr, \ pp_{NT}\frac{\partial y_N}{\partial k_{fN}} = rr$$

因此，由式（2-1）和式（2-2），可分别得出式（2-3）、式（2-4）和式（2-5）。

2. 家庭

家庭拥有金融资产和劳动力，通过拥有国内和外国资本所有权而持有资产。人均家庭资产可计为：

$$assets = k_d + \frac{k_f}{p} \tag{2-8}$$

资产获得收益，劳动获得工资，家庭总收入则为两者加总。家庭可使用没有消费的收入来积累更多资产，即：

$$\frac{d(assets)}{dt} = rk_d + \left(rr - \frac{\dot{p}}{p}\right)\frac{k_f}{p} + w - p_{NT}c - n \times assets \tag{2-9}$$

其中，r 和 rr 是两类资本（国内和外国资本）的回报收益；$\dot{p}/p$ 是贸易条件 p_{NT} 改善而引起的外国资本贬值；c 是非贸易商品的人均消费；n > 0 是不变的人口增长率。如果我们将人口规模标准化为 1，则时点 t 的人口规模为 $L(t) = e^{nt}$。

人均外国、国内资本积累是消费和投资决策的结果。因此，人均资本置换 i_f 驱动人均外国资本积累为：

$$\dot{k}_f = i_f - nk_f \tag{2-10}$$

式（2-7）、式（2-8）和式（2-9）驱动人均国内资本演化为：

$$\dot{k}_d = rk_d + rr\frac{k_f}{p} + w - p_{NT}c - \frac{i_f}{p} - nk_d \tag{2-11}$$

简单起见，假设资本（国内和外国）均不贬值。因此，一个代表性家庭的人均消费 c 和人均外国资本投资 i_f，家庭效用 U 最大化为：

$$U = \int_0^\infty \frac{c^{1-\theta}}{1-\theta} L(t) e^{-\rho t} dt \tag{2-12}$$

其中，参数 θ 为风险回避系数，是跨期替代弹性的倒数，也是消费的边际效用弹性。θ 越大，消费者越喜欢统一、平滑的消费路径。对于 θ = 1，考虑对数效用函数。参数 ρ（ρ > 0）是时间偏好率。

家庭具有竞争性，每个家庭都采用给定利率 r(t) 和 rr(t)、工资率 w(t)、贸易条件 p 及其演化 $\dot{p}/p$ 和价格 p_{NT}。

基于最优消费决策条件（凯恩斯—拉姆齐规则），人均消费的动态方程为：

$$\gamma_c \equiv \frac{\dot{c}}{c} = \frac{1}{\theta}\left\{r - \rho - \frac{\dot{p}_{NT}}{p_{NT}}\right\} = \frac{1}{\theta}\left\{\alpha\frac{y_T}{k_{dT}} - \rho - \frac{\dot{p}_{NT}}{p_{NT}}\right\} \tag{2-13}$$

最佳解决方案还必须满足：

$$rr - \frac{\dot{p}}{p} = r \qquad (2-14)$$

这说明两种类型资本被认为是产生相同回报的完全替代资产。

一个代表性家庭希望最大化式（2-12）给出的总效用为：

$$U = \int_0^\infty \frac{c^{1-\theta}}{1-\theta} e^{(n-\rho)t} dt \qquad (2-15)$$

求解此动态最优化问题的汉密尔顿函数为：

$$H = \frac{c^{1-\theta}}{1-\theta} + \lambda \left[i_f - nk_f \right] + \mu \left[rk_d + rr \frac{k_f}{p} + w - p_{NT}c - \frac{i_f}{p} - nk_d \right] \qquad (2-16)$$

其中，λ 和 μ 分别是外国、国内资本的当前影子价值。

该最优控制问题满足的一阶最优性必要条件（庞特里亚金极大值原理）为：

$$\frac{\partial H}{\partial c} = c^{-\theta} - \mu p_{NT} = 0 \qquad (2-17)$$

$$\frac{\partial H}{\partial i_f} = \lambda - \frac{\mu}{p} = 0 \qquad (2-18)$$

$$\dot{\lambda} = -(n-\rho)\lambda - \frac{\partial H}{\partial k_f} = (\rho - rr)\lambda \qquad (2-19)$$

$$\dot{\mu} = -(n-\rho)\mu - \frac{\partial H}{\partial k_d} = (\rho - r)\mu \qquad (2-20)$$

因此，使用式（2-20）和式（2-17），导出表达式（2-13）。式（2-18）中 $p = \mu / \lambda$，然后由式（2-19）和式（2-20）可得出式（2-14）。

3. 游客

基于莫雷（Morley，1998）给出的扩散模型，我们假定目的地的游客到访数量 T 会动态变化，该模型假定游客对目的地选择依赖于其所接受到的相关信息。游客会将其对目的地的选择限定在他们所了解的范围之内。此类信息取决于之前的旅游方式，即在一个时期内某个目的地的游客数量增加，将会在未来时期增强关于该目的地信息的传播力度。因此，到访过的游客数量会对当前目的地的旅游业发展水平产生影响。根据莫雷（1998）模型，前往某个目的地的游客数量是其过去到访游客累计数量的函数，即：

$$T(t) = \sigma \sum_{\tau=0}^{t-1} T(t) \qquad (2-21)$$

其中，$\tau = 0,1,\cdots,t-1$ 表示前置时期，$\sigma > 0$。莫雷（1998）模型的时间离散形式可转化为连续时间形式：

$$T(t) = \sigma \int_0^\infty T(\tau)\,d\tau \qquad (2-22)$$

尽管莫雷（1998）考虑 σ 是一个参数，但实际上，旅游目的地的一些综合特征可促进信息的传播以增加游客到访数量，例如，住宿质量、生态环境以及多样化的休闲活动均会影响游客流入。因此，我们将假定 σ 依赖于目的地的多维特征信息，并将该参数命名为目的地的旅游吸引物的内禀率（intrinsic rate of tourism attraction）。

根据微分方程（2-22），可以得出 T 的增长率是由该目的地旅游吸引物的内禀率与其增长率之和决定，即：

$$\dot{T} = \left(\sigma + \frac{\dot{\sigma}}{\sigma}\right) \qquad (2-23)$$

尽管一个目的地的旅游吸引力可能取决于多维特征，但人们愈发意识到，旅游服务质量是决定旅游目的地繁荣发展的一个关键因素。循此逻辑，建议采用生产每单位服务在旅游业部门中利用的资本数量（国内和外国）来代理定义目的地的旅游吸引物的内禀率，即：

$$\sigma \equiv \frac{k_T}{y_T} \qquad (2-24)$$

其中，$k_T = k_{dT} + k_{fT}/p$。

对于游客的消费决策问题，假定目的地选择和旅游业可得收入在某种程度上反映的是游客在过去抵达目的地的行为决策结果。倘若某地被遴选为旅游目的地，游客就必须决定他们需要购买的旅游服务数量（如酒店过夜天数）和其他商品的消费数量。

游客因旅游服务贸易而到达该国，即一旦到达此目的地，他们消费的则是不在国际市场上流通的非贸易商品。与国内消费者不同，对已经确定目的地和旅游消费预算的游客，其决策问题并不存在跨期因素。因此，旅游者决策与其他消费决策类似，这是受预算约束下效用最大化的静态最优化问题（Morley，1992）。游客效用来自两种类型的商品消费（可贸易和非贸易商品）$U(d_T, d_N)$，上述消费将受到游客个体可用于旅游消费的收入 g 的约束。因此，一个代表性游客的效用优化问题为：

$$\max U(d_T, d_N) \qquad (2-25)$$

$$\text{s. t. } p(d_T + p_{NT}d_N) = g \qquad (2-26)$$

依据上述优化问题，可得出游客对可贸易商品（d_T）和非贸易商品

（d_N）的需求函数：

$$d_T = \frac{\xi}{1+\xi} \times \frac{g}{p} \qquad (2-27)$$

$$d_N = \frac{1}{1+\xi} \times \frac{g}{p_{NT}p} \qquad (2-28)$$

其中，$\xi = (U'_{d_T}d_T)/(U'_{d_N}d_N) > 0$ 是一个代表性游客的两类商品效用弹性的商，将其假定为常数。

4. 市场均衡

在一个完美的预期均衡中，所有代理者变量在不受其控制的时间路径进行交易，并在供求数量均衡状态下实现市场出清。

在模型中，如旅游商品供求相等，国际市场出清，即：

$$d_T T = y_T L \qquad (2-29)$$

根据可贸易品的需求函数（2-27）和市场出清条件（2-29），得出贸易条件为：

$$p = \frac{\xi}{1+\xi} \times \frac{g}{y_T} \times \frac{T}{L} \qquad (2-30)$$

因此，贸易条件随着目的地国游客人数及其消费的提高而改善，并随着可贸易商品的总产出增加而下降。

此外，国际贸易需保持平衡，则有：

$$p(d_T + p_{NT}d_N)T = i_f L \qquad (2-31)$$

通过应用式（2-11）和式（2-3）、式（2-4）、式（2-5），可得到：

$$\dot{k}_d = p_{NT}y_N + y_T - p_{NT}c - \frac{i_f}{p} - nk_d \qquad (2-32)$$

因此，国内资本存量会因共同生产（可贸易和非贸易商品生产）增加，但也会因外国资本的消费和投资减少。

考虑式（2-32）中的式（2-29）、式（2-31），也可得到：

$$\dot{k}_d = p_{NT}i_d - nk_d \qquad (2-33)$$

其中，i_d 是国内资本积累中的投资，即：

$$i_d = y_N - c - d_N\tau \qquad (2-34)$$

其中，$\tau = T/L$ 为游客密度。式（2-33）说明国内资本会随未被游客和居民消费的非贸易品的产出而积累 [可贸易品产出由游客全部消费，见方程式（2-29）]。

由式（2-24）和式（2-4），可以得出：

$$\sigma \equiv \frac{k_{dT}}{y_T} + \frac{k_{fT}}{py_T} = \frac{\alpha}{r} + \frac{\beta}{rr} \qquad (2-35)$$

因此，在市场均衡中，旅游吸引物的内禀率是一个资本回报率的函数。

需要注意的是，国内外资本份额与商品生产中所雇用的劳动力份额之间存在相互对应的正向关系。令 $u = k_{dT}/k_d$，$v = k_{fT}/k_f$，$u, v \in (0, 1)$。国内、外国资本在旅游部门（生产可贸易品）和消费品部门（生产非贸易品）。同样地，两个生产部门劳动力的边际回报也须一致。因此，由式（2-3）和式（2-4）可知：

$$\frac{1-\alpha-\beta}{\alpha} \frac{1-s}{s} = \frac{1-a-b}{a} \frac{1-u}{u} \qquad (2-36)$$

由式（2-3）和式（2-5）可知：

$$\frac{1-\alpha-\beta}{\beta} \frac{1-s}{s} = \frac{1-a-b}{b} \frac{1-v}{v} \qquad (2-37)$$

式（2-36）和式（2-37）确立了 s 和 u 之间以及 s 和 v 之间的相互对应关系。因此，在以下推理中，可将 u 和 v 称为满足式（2-36）或式（2-37）变量 s 的函数。

（二）均衡增长路径

现在，我们仅关注均衡增长路径，即所有变量以恒定速率增长（在某些情况下可能为零）的均衡状态。

注意用于旅游服务 s 或消费品生产 1-s 的劳动份额有界，不能无限期增长。因此，沿着均衡增长路径，劳动份额必须恒定，即有 s^*。同样，用于两个部门的国内外资本份额也必须沿着均衡增长路径保持不变（即 u^* 和 v^* 不变）。

根据式（2-13），消费和价格 p_{NT} 的恒定增长率也需要国内资本的恒定回报率 r^*。由式（2-14）可知，外国资本回报率也是如此，其在均衡路径上的价值将称为 rr^*。

开放经济中的生产和增长需要进口外国资本，并由此从旅游业获得资金支持，如式（2-31）所示。因此，长期增长潜力取决于经济体的旅游吸引力。以下命题刻画旅游吸引物的内禀率沿着平衡增长路径的基本行为。

命题 1　沿着均衡增长路径，经济体的旅游吸引物的内禀率保持恒定，以 s^* 值表示。

证明：在均衡增长路径上，变量 r 和 rr 保持不变。因此，考虑式

（2 - 35），沿着平衡增长路径将保持不变，可得到：

$$\sigma \equiv \frac{k_{dT}}{y_T} + \frac{k_{fT}}{py_T} = \frac{\alpha}{r} + \frac{\beta}{rr} \tag{2 - 38}$$

该命题和式（2 - 23）的直接结果是：沿着均衡路径，到达目的地的游客数量将以目的地的旅游吸引物的内禀率 s^* 所给定的恒定速率增长。

$$\gamma_T^* = \sigma^* \tag{2 - 39}$$

前往目的地的游客将其部分收入用于购买旅游服务以及非贸易品。为了确保存在一条平衡的增长路径，从现在开始假设游客数量 g 以恒定的速率 m 增长。考虑到经济体会吸引来自世界其他地区的外部游客，m 值可代表整个世界的经济增长率（假定为常数）。σ^* 和 m 以及人口增长率决定了进口外国资本的增长率，如以下命题所示。

命题 2　沿着均衡增长路径，人均外国资本的增长率为：

$$\gamma_{k_f}^* = m + \sigma^* - n \tag{2 - 40}$$

证明：利用旅游服务和非贸易品的需求函数式（2 - 27）和式（2 - 28），在式（2 - 31）中得出：

$$\frac{1 + \xi}{\xi} pd_T T = i_f L \tag{2 - 41}$$

对数微分前面的表达式，可以得出：

$$\gamma_p + \gamma_{d_T} + \gamma_T = \gamma_{i_f} + \gamma_L \tag{2 - 42}$$

由式（2 - 27）可知，d_T 的增长率为：

$$\gamma_{d_T} = m - \gamma_p \tag{2 - 43}$$

另外，因为 γ_{k_f} 必须保持恒定，沿着均衡增长路径 $\gamma_{i_f} = \gamma_{k_f}$［由式（2 - 10）表示］。然后，使用式（2 - 39）和式（2 - 43），可计算出式（2 - 40）。

作为先前结论的直接结果，不断增长的经济体将需要世界的增长率 m 加上经济体旅游吸引物的内禀率，才能超过人口增长率，即：

$$m + \sigma^* > n \tag{2 - 44}$$

命题 3　均衡路径下的人均消费增长率为：

$$\gamma_c^* = \frac{\beta a + b(1 - \alpha)}{1 - \alpha}(m + \sigma^* - n) \tag{2 - 45}$$

证明：在均衡增长路径上，变量 u、v 和收益率 r 保持不变。因此，由式（2 - 1）和式（2 - 4）可得出：

$$\gamma_{k_d} = \gamma_{y_T} = \frac{\beta}{1 - \alpha} \gamma_{k_f} \tag{2 - 46}$$

另外，由式（2-2）和式（2-5），考虑式（2-6），可得出：

$$\gamma_{PNT} = \frac{\beta(1-a)-b(1-\alpha)}{1-\alpha}\gamma_{k_f} \qquad (2-47)$$

由式（2-27）、式（2-28）和式（2-29），可得出：

$$d_N\tau = \frac{y_T}{\xi p_{NT}} \qquad (2-48)$$

因此，由式（2-34）可知：

$$p_{NT}c = p_{NT}y_N - \frac{y_T}{\xi} - p_{NT}i_d \qquad (2-49)$$

在均衡增长路径上，$\gamma_{PNT^{i_d}} = \gamma_{k_d}$［参见式（2-33）］，$\gamma_{y_T} = \gamma_{k_d}$［根据式（2-46）］和 $\gamma_{PNT^{y_N}} = \gamma_{k_d}$［根据式（2-4）］。考虑式（2-49），我们可以得出结论：

$$\gamma_{PNT} + \gamma_c = \gamma_{k_d} \qquad (2-50)$$

与式（2-47）、式（2-46）和式（2-40）共同证明了这一命题。

正如罗默（Romer，1995）指出的那样，税收和补贴仅能影响长期增长，前提是它们影响与经济体的生产部门有关的线性微分方程。在模型中，沿着均衡路径，游客数量的动态变化被视为线性微分方程，即：

$$\dot{T} = \sigma^* T \qquad (2-51)$$

如式（2-45）所指，那些影响游客数量演变（影响 σ^*）的政策将对长期增长率产生作用。

上述分析显示出相关变量沿均衡增长路径的基本行为。一个有用的实践是用一组变量的稳态来确定均衡增长路径，以便可以利用不动点定理和动态系统理论进行刻画。以下命题显示了一组保证均衡增长路径存在的恒定变量。

命题4 经济体的均衡增长路径对应于变量的稳态。

$$\kappa = \frac{k_f}{pk_d}, \ c_d = \frac{p_{NT}c}{k_d}, \ c_T = \frac{p_{NT}d_N}{k_d}\tau \qquad (2-52)$$

证明：从式（2-10）、式（2-27）、式（2-28）和式（2-31），可得：

$$\gamma_{k_f} = \frac{1+\xi}{\kappa}c_T - n \qquad (2-53)$$

另外，通过式（2-33）、式（2-34）、式（2-27）、式（2-28）、式（2-29）和式（2-4），可得：

$$\gamma_{k_d} = \left(\frac{\alpha}{a}\frac{1-u}{u}\xi - 1\right)c_T - c_d - n \qquad (2-54)$$

由式（2-27）、式（2-28）、式（2-29）、式（2-4）和式（2-5）一起得出：

$$r = \xi \frac{\alpha}{u} c_T \qquad (2-55)$$

$$rr = \xi \frac{\beta}{v} \times \frac{1}{\kappa} c_T \qquad (2-56)$$

如果 s 保持恒定，由式（2-36）、式（2-37），u 和 v 保持恒定。由式（2-53）~式（2-56），如果式（2-52）中变量保持恒定，则增长率 γ_{k_f}、γ_{k_d} 和回报率 r 和 rr 是恒定。考虑到式（2-35），σ 将是恒定，因此，游客人数的增长率 γ_T 也将恒定。因此，考虑到式（2-1）~式（2-5）以及式（2-13）和式（2-14），式（2-52）中的变量不变保证了模型中的所有变量均以恒定速率增长（在某些情况下可能为零）。

我们研究的在多主体参与的经济体中均衡增长路径的存在性需要消费者提供储蓄供给（以累积国内外资本形式）以满足经济体中生产性部门需求。因此，沿着均衡增长路径（r^* 和 rr^*）的两类资本的收益率必须保证生产者对资金的需求等于供给，从而保持游客人数以恒定速率增长（这是经济体的增长引擎）。下列命题为模型参数提供条件，保证收益率（r^* 和 rr^*）以及国内外资本增长率（$\gamma_{k_d}^*$ 和 $\gamma_{k_f}^*$）都存在正值，从而确保式（2-52）中的变量恒定。因此，存在均衡正向的长期增长路径。

命题5 根据以下条件：

$$\frac{\alpha + \beta}{\rho} > n - m \qquad (2-57)$$

$$\theta > 1 - \frac{\beta}{\beta a + b(1-\alpha)} \qquad (2-58)$$

对于收益率 r^* 和 rr^* 以及国内外资本增长率 $\gamma_{k_d}^*$ 和 $\gamma_{k_f}^*$，存在独特的正解，以确保存在均衡增长路径。

式（2-52）给出变量 κ、c_d、c_T 和 s 的时间演化。

命题6 变量 κ、c_d、c_T 和 s 的增长率可以写为国内外资本增长率 γ_{k_f} 和 γ_{k_d} 及其收益率 r 和 rr 的函数，如下式所示：

$$\gamma_\kappa = \gamma_{k_f} + r - rr - \gamma_{k_d} \qquad (2-59)$$

$$\gamma_{c_d} = \left(1 - \frac{1}{\theta}\right)\left[\Psi_1(s)\gamma_s + (\alpha - a)\gamma_{k_d} + (\beta - b)\gamma_{k_f}\right] - \gamma_{k_d} + \frac{1}{\theta}(r - \rho) \qquad (2-60)$$

$$\gamma_{c_T} = \Psi_2(s)^{-1}\gamma_s + (\alpha - 1)\gamma_{k_d} + \beta\gamma_{k_f} \qquad (2-61)$$

$$\gamma_s = \Psi_2(s) \left\{ \gamma_\sigma + r - rr + \frac{\alpha}{r} + \frac{\beta}{rr} - \alpha\gamma_{k_d} - \beta\gamma_{k_f} + m - n \right\} \quad (2-62)$$

其中：

$$\gamma_\sigma = -\gamma_{c_T} + \frac{v\kappa}{u + v\kappa}\gamma_k + \left(1 - \frac{u^2 + v^2\kappa}{u + v\kappa}\right)\frac{\gamma_s}{1-s} \quad (2-63)$$

$$\Psi_1(s) = \frac{(\alpha - a)(s - u) + (\beta - b)(s - v)}{1 - s} \quad (2-64)$$

$$\Psi_2(s) = \frac{1-s}{(1-\alpha-\beta)(1-s) + \alpha(1-u) + \beta(1-v)} > 0 \quad (2-65)$$

证明：考虑到式（2-44）和式（2-52）中 κ 的定义，可得式（2-59）。

另外，由式（2-4）可得出：

$$p_{NT} = \frac{\alpha}{a} \times \frac{1-u}{u} \times \frac{y_T}{y_N} \quad (2-66)$$

对数微分该表达式：

$$\gamma_{PNT} = \gamma_{y_T} - \gamma_{y_N} - \frac{1}{1-s}\gamma_s \quad (2-67)$$

其中应用了式（2-36）中 u 和 s 的对应关系。

对数微分式（2-1）、式（2-2）并使用式（2-36）、式（2-37），可以得出：

$$\gamma_{y_T} = \alpha\gamma_{k_d} + \beta\gamma_{k_f} + \left(\alpha\frac{1-u}{1-s} + \beta\frac{1-v}{1-s} + 1 - \alpha - \beta\right)\gamma_s \quad (2-68)$$

$$\gamma_{y_N} = a\gamma_{k_d} + b\gamma_{k_f} - \left(a\frac{u}{s} + b\frac{v}{s} + 1 - a - b\right)\frac{s}{1-s}\gamma_s \quad (2-69)$$

因此，式（2-67）与式（2-68）、式（2-69）一起得出：

$$\gamma_{PNT} = \frac{(\alpha - a)(s - u) + (\beta - b)(s - v)}{1 - s}\gamma_s + (\alpha - a)\gamma_{k_d} + (\beta - b)\gamma_{k_f}$$

$$(2-70)$$

根据式（2-52）中 c_d 的定义并使用式（2-13）和式（2-70），可得到式（2-62）。

考虑（2-52）中 c_d 的定义，得到如下表达式：

$$\gamma_{c_T} = \gamma_{PNT} + \gamma_{d_N} + \gamma_\tau - \gamma_{k_d} \quad (2-71)$$

由式（2-27）和式（2-28）得到：

$$\gamma_{PNT} + \gamma_{d_N} = \gamma_{d_T} \quad (2-72)$$

另外，由式（2-29）得到：

$$\gamma_{d_T} + \gamma_\tau = \gamma_{y_T} \quad (2-73)$$

因此，整合式（2-71）、式（2-72）和式（2-73）可得出：

$$\gamma_{c_T} = \gamma_{y_T} - \gamma_{k_d} \qquad (2-74)$$

最后,根据市场出清条件式(2-29),并考虑式(2-27),很容易得出:

$$\gamma_{y_T} = m - \gamma_p + \gamma_T - n \qquad (2-75)$$

通过将式(2-74)与式(2-68)相等,同时考虑式(2-14),可得出式(2-62)。注意:

$$\sigma = \frac{\alpha}{r} + \frac{\alpha}{rr} = \frac{1}{\xi}\left(\frac{u}{c_T} + \frac{v\kappa}{c_T}\right) \qquad (2-76)$$

其中使用了公式(2-55)和式(2-56)。因此,

$$\frac{\dot\sigma}{\sigma} = -\gamma_{c_T} + \frac{v\kappa}{u+v\kappa}\gamma_\kappa + \left(1 - \frac{u^2+v^2\kappa}{u+v\kappa}\right)\frac{\gamma_s}{1-s} \qquad (2-77)$$

如上表达式即为式(2-65)。

证明:由式(2-61),$\gamma_{c_T}=0$ 和 $\gamma_s=0$ 则有:

$$\gamma_{k_d} = \frac{\beta}{1-\alpha}\gamma_{k_f} \qquad (2-78)$$

使用式(2-60)中的表达式,可以得出 $\gamma_{c_d}=0$ 和 $\gamma_s=0$ 则有:

$$r = \Delta_\beta \gamma_{k_f} + \rho \qquad (2-79)$$

其中,$\Delta_\beta = [\beta + (\theta-1)(\beta a + b(1-\alpha))]/(1-\alpha)$。然后,由式(2-59),$\gamma_\kappa = 0$,若:

$$rr = \Delta_{1-\alpha}\gamma_{k_f} + \rho \qquad (2-80)$$

其中,$\Delta_{1-\alpha} = [1-\alpha + (\theta-1)(\beta a + b(1-\alpha))]/(1-\alpha)$。若:

$$\frac{\alpha}{\Delta_\beta\gamma_{k_f}+\rho} + \frac{\beta}{\Delta_{1-\alpha}\gamma_{k_f}+\rho} = \gamma_{k_f} + n - m \qquad (2-81)$$

请注意,条件式(2-58)保证 $\Delta_\beta > 0$ 和 $\Delta_{1-\alpha} > 0$。因此,条件式(2-57)和式(2-58)都保证式(2-81)中 $\gamma_{k_f}^*$ 为正解。因此,给定式(2-78)~式(2-80),存在 $\gamma_{k_d}^*$、r^* 和 rr^* 的正解。如果式(2-58)不满足,则对于极低的 θ 值,$\Delta_\beta < 0$,$\Delta_{1-\alpha}$ 也可能为负。因此,对于极低的 θ 值,式(2-81)不存在正解。

注意,如果国内人口增长率 n 低于世界经济增长率 m,则始终满足条件式(2-57)。如果这是不正确的,换言之,人口增长率过高,则存在积极的长期增长需要足够低的时间贴现率 ρ。另外,条件式(2-58)限制了国内消费者的跨期消费替代弹性。

命题5的直接结论是:较高的时间贴现率(较高的 ρ)或较低的弹性消费者(较高的 θ)将导致较低的长期增长率。此外,上述分析也指出,

世界经济的较高增长率（m 较高）将导致旅游目的地国（tourist country）较高的长期增长率。

命题 5 确保在足够长的时期内目的地国游客大量涌入以支撑经济增长，如推论所述。

推论 如果满足条件式（2 – 57）和式（2 – 58），则在平衡路径 σ^* 上的旅游吸引物的内禀率大于 n – m。

证明：如果式（2 – 57）满足，则 γ_{k_f} 存在一个正值，可以求解式（2 – 81）。考虑到式（2 – 40），$\sigma^* + m - n = \gamma_{k_f}^* > 0$。

科佩兰德（Copeland，1991）和诺瓦克等（2003）强调旅游业与经济体中其他生产性部门之间存在相互依赖关系，如对旅游业繁荣给农业和制造业造成的负面影响进行了实证分析。在上述模型中，旅游吸引物的内禀率提高将会增加游客对可贸易和非贸易商品的需求。然而，这些商品在游客消费偏好中的相对权重也可能会扭曲经济体的行业结构。正如以下命题所证明的那样，游客消费偏好会影响资源要素在经济体中两个部门（旅游业和消费品部门）之间的配置，从而定义部门专业化。

命题 7 在游客偏好中，旅游商品权重的提高（ξ 增加）将增强对旅游部门中劳动力和资本（国内和外国）的使用需求，从而损害非贸易部门。即：

$$\frac{\partial s^*}{\partial \xi} > 0, \ \frac{\partial u^*}{\partial \xi} > 0, \ \frac{\partial v^*}{\partial \xi} > 0 \qquad (2 - 82)$$

证明：参数 ξ 没有出现在式（2 – 59）~ 式（2 – 63）中，因此，$\gamma_{k_d}^*$、$\gamma_{k_f}^*$、r^* 和 rr^* 不依赖于此。对式（2 – 53）、式（2 – 55）和式（2 – 56）中的 ξ 进行微分，考虑到 $\gamma_{k_f}^*$、r^* 和 rr^* 的导数消除，可得：

$$\frac{dv^*}{d\xi} = \frac{1}{1 + \xi} \frac{v^*}{\xi} > 0 \qquad (2 - 83)$$

与式（2 – 36）和式（2 – 37）可共同解释式（2 – 82）。

命题 7 的结论是：促进一个国家旅游产品多样化的政策（文化旅游、体育旅游或乡村旅游）将会吸引那些对非贸易商品更加感兴趣（有较低的 ξ 值）的游客，从而也有利于非贸易品部门发展。

需要注意的是，游客偏好的变化并不会影响经济体的长期增长率。这是因为参数 ξ 并未出现在式（2 – 59）~ 式（2 – 63）中，所以，$\gamma_{k_d}^*$，$\gamma_{k_f}^*$，r^* 和 rr^* 在均衡增长路径上并不依赖于此，结果为 γ_c 不依赖于 ξ。游客偏好只会影响目的地的部门专业化，而不会影响其长期增长率。

事实上，皮娜和马丁内斯 – 加西亚（2013）以及阿尔巴拉德霍等

（2014）本质上是研究了一种动态、分权关于旅游业和经济增长的内生模型。从理论上讲，他们的主要贡献在于将经济体中的游客视为与国内消费者互动的一种最优媒介。相对于目的地国家而言，世界上其他地区的外生性增长会促进目的地国家的游客接待规模，并相应增加旅游消费，但此外，经济体还可以内生地提高旅游吸引物的内禀率。因此，他们的结论是构建了一个旅游业是经济体增长引擎的内生增长模型。在均衡增长路径上，旅游业可为经济体提供外国（进口）资本支持，以确保其均衡增长，因为旅游商品质量保持恒定，并且与世界经济的增长一同超过人口增长率。尽管游客偏好不会影响经济的长期增长，但可以决定旅游目的地的部门结构配置。旨在吸引具备均衡偏好（在可贸易和非贸易商品之间）的游客的倾向性政策，将有利于经济体部门结构的均衡配置。

历史地看，经济体的繁荣主要依赖于农业和制造业部门的增长。因此，旅游业在经济活动中的增长绩效常被低估，并且也会被定义为非增长导向部门（non-growth oriented sector），进而很少受到经济学者和政策制定者的特别青睐（Papatheodorou，1999）。然而，当前旅游业已成为全球增长最为迅速的服务业部门之一，其发展速度已经开始超过全球整体经济增速。旅游业发展可通过产业溢出效应和集聚外部性对经济活动产生积极影响，进而促进地区经济增长（Marin，1992）。

关于旅游业影响经济增长的研究文献，早期主要集中探讨旅游业收入的经济贡献问题，最初思想主要来源于麦金农（McKinnon，1964）的"旅游创汇说"。随后，格雷（1966）通过测算发现，美国对世界其他地区的人均旅游需求收入弹性为5.13，加拿大则为6.6，从而初步证实了国际旅游收入对经济增长的潜力贡献。再者，旅游需求只有转换为旅游支出，并借助消费乘数效应，才能综合提升旅游业发展对经济增长的拉动作用（Sinclair，1998）。于是，如何测度旅游消费支出变动所产生的经济效应成为旅游经济学研究的一个重要研究分支，其中代表性研究方法包括投入产出分析（Frechtling and Horváth，1999）、一般均衡模型（Dwyer et al.，2004）和旅游卫星账户（Ivanov and Webster，2006）。

为寻求旅游业经济贡献的理论支撑，探析旅游业发展影响经济增长的溢出路径便成为应然性的学术关照。第一，旅游业对经济增长的直接贡献表现在提供外汇收入、创造就业岗位和增加税收收入上（Belisle and Hoy，1980；Davis et al.，1988；Uysal and Gitelson，1994）。第二，地区间旅游业投资的竞争效应提升旅游相关企业生产率，进而有助增强规模经济，生产成本降低，促进经济增长（Krueger，1980）。第三，旅游业通过对其关联性产业的间接诱导效应拉动经济增长（Slee et al.，1997）。第四，旅游业在特定场景下也是刺激技术知识扩散、研发投入和人力资本积累的重要因素（Braun，2003；Nowak et al.，2007）。除此以外，在费德（Feder，1983）的经济模型中，出口导向型增长（export-led growth，ELG）假说为旅游业促进经济增长开辟了一种不同的认识视角。既有出口导向型增长文献主要关注可贸易品与经济发展之间的关系，并未考虑到非贸易品。但是，非贸易品与经济增长之间关系的理论模型逐渐成为研究热点（kim et al.，2006），基于这一新的认识视角，旅游业作为一种非贸易品的出口部门（Theobald，2001），某种程度上自然也会引申出旅游业是否会促进经济增长的思考。沿着国际旅游业与贸易之间关系的研究脉络，格雷（1970）和肯茨（1971）最早对两者关系进行了研究探索，包括最近的大部分文献，均支持旅游业和国际贸易之间存在均衡的协整关系（Kadir and Jusoff，2010；Lionetti and Gonzalez，2012）。

辩证地看，旅游业与经济增长之间的关系貌似一枚硬币的正反两面。旅游业作为经济增长的"工具说"同样也会受到学术质疑（Brohman，1996；Diagne，2004）。桑切斯－里韦罗等（Sánchez-Rivero et al.，2013）就指出，一国旅游业并不会自动引发经济增长，除非存在鼓励这一过程发生的前置条件。例如，目的地需要强化旅游业部门人力资本投资（Sinclair，1998）、增加公共安全支出（Dunn and Dunn，2002）和实施环境保护政策（Gursoy and Rutherford，2004）等。

对旅游业积极影响经济增长的经典批判当属科佩兰德（1991）的"去工业化"学说和赵等（2006）的"荷兰病"效应，本质而言，两种观点的理论进路基本相似。科佩兰德（1991）认为，旅游业扩张会增加非贸易品的消费数量，进而贸易条件由此得以改善，但资源要素配置从可贸易部门（资本密集型）到非贸易部门（劳动密集型）的配置过程，导致实际汇率升值，进而会进一步削弱可贸易部门的外部市场竞争力，最终出现去工业化（de-industrialization）现象。从理论上看，资本和劳动力要素从传统贸易部门流向非贸易部门，实际汇率相应升值，就会产生一种经济"病"，即"荷兰病"，而旅游业对经济增长的短期积极效应，在长期则会引起经济体增长萎靡（Corden and Neary，1982）。赵等（2006）强调旅游业扩张分别通过资源效应和消费效应两种途径引发"荷兰病"，机制在于：一方面，旅游业作为繁荣部门（booming sector），需要来自其他部门的资源要素来保持本部门生产；另一方面，旅游业扩张改善贸易条件，外汇收入的增加刺激对非贸易品的消费需求，进而抬升非贸易品的相对价格，从而会引起非贸易部门对资本和劳动要素需求规模扩大，最终致使传统贸易部门凋敝。最终，目的地出现实际汇率升值和商品价格上升，竞争力受到削弱，最终导致经济缩水。卡波等（Capó et al.，2007a）以西班牙巴里阿里群岛和加纳利群岛为例，研究发现西班牙存在旅游业部门扩张的"荷兰病"效应。

倘若旅游业扩展致使地区经济发生"荷兰病"问题，进而会对目的地的社会福利产生负面影响。赵等（2006）研究发现，旅游业发展在短期和中期可能会增加居民整体福利，这是得益于旅游业抬高目的地的非贸易品价格，但从长远来看，居民福利却被侵蚀，因为这是一个长期资本消耗过程。对此，霍尔兹纳（2011）以1970~2007年世界134个国家为研究样本，对旅游依赖型国家（tourism-dependent countries）是否存在"荷兰病"效应进行了实证检验，结果发现，上述国家并不存在荷兰病效应风险。相反，旅游依赖型国家不仅未出现实际汇率升值和去工业化情况，却经历了高于平均样本的经济增速。

对旅游业影响经济增长的理论争辩，必然会引发相应的实证检验。对旅游业经济效应的测算最早要追溯到加利（1976）对夏威夷旅游业产出弹性的估计论证，而对旅游业与经济增长关系的实证研究基本源于兰扎和皮利亚鲁（2000），需要提及的是，尤其是以巴拉格尔和坎塔维拉 - 若尔达（2002）所提出的旅游业导向型增长（tourism-led growth，TLG）假说为标志，后续诸多实证文献开始关涉此话题，并分别利用时间序列或面板数据计量经济模型或对单一国家，或对多个国家 TLG 假说的真实性进行实证检验。通过对文献观点梳理可知，旅游业与经济增长之间主要存在四种实证关系（Chatziantoniou et al.，2013）：支持旅游业导向型增长假说（Blake and Sinclair，2003；Dritsakis，2004；Gunduz and Hatemi-J，2005；Kim et al.，2006；Katircioglu，2009a；Akinboade and Braimoh，2010；Fayissa et al.，2011；Tang and Abosedra，2012；Hye and Khan，2013；Tang and Abosedra，2014）；支持经济驱动型旅游业增长（economic-driven tourism growth，EDTG）假说（Nayaran，2004；Oh，2005；Payne and Mervar，2010）；旅游业与经济增长之间存在双向因果关系（Dritsakis，2004；Durbarry，2004；Lee and Chang，2008；Chen and Chiou-Wei，2009；Seetanah，2011；Apergis and Payne，2012；Ridderstaat et al.，2014）；旅游业与经济增长之间不存在因果关系（Eugenio-Martin et al.，2008；Tang and Jang，2009；Katircioglu，2009）。

综上可知，一个基本的事实是，主流文献观点基本以支持旅游业导向型增长假说为主，这一点一并得到了巴勃罗－罗梅罗和莫利纳（Pablo-Romero and Molina，2013）的述评佐证，他们在对关于旅游业与经济增长之间关系的共 87 篇国外文献进行综述后发现，支持 TLG 假说存在的文献占比为 63%，仅有 4 篇文献并未证实两者之间存在关系。进一步深入 TLG 假说文献内部，可以发现，兰扎等（2003）的实证贡献推进了 TLG 假说研究内容的逐渐系统化深入。兰扎等（2003）是第一篇采用面板数据计量模型对 TLG 假说进行研究的实证文献，在对 1977～1992 年 13 个 OECD 国家旅游业和经济增长关系进行实证检验后发现，旅游专业化程度在长期中并没有不利于经济增长，主要是因为以旅游业主导型经济体（tourism-based economy）相对较低的生产率增速可以通过逐步提高旅游专业化得以弥补。自此，后续文献开始转向旅游专业化程度的高低是否与旅游业对经济增长的影响效应存在关联。其中，以贡都兹和哈特米（2005）为代表，指出旅游业占一国经济总量的比重是旅游业影响经济增长的重要决定因素，旅游专业化程度越高，旅游业对经济增长的影响力可能越大，这一观点随后得到卡普兰和切利克（2010）、塞奎拉和努涅斯（2008）、阿达穆和克罗里德斯（2010）和布里达等（2011）的研究支持。唐和张（Tang and Jang，2009）与何和郑（He and Zheng，2011）提出，诸如美国和中国四川省，倘若旅游业对经济体的影响权重较小的话，就很难找到 TLG 假说存在的证据。相反，如果旅游业在经济体所占权重很高，相关经济活动则会主要围绕旅游部门生产展开，这时当旅游业发展时，就会直接影响与其相关联的部门发展，进而影响整个经济体系。

另有些较为有趣的问题需要提及。比如，有些文献认为，样本经济规模可能并不影响旅游业和经济增长之间关系（Lanza et al.，2003；Sequeira and Nunes，2008），但旅游业的专业化程度确实与经济增长相关（adamou and chlorides；2010；Holzner，2011；Narayan et al.，2010；Sequeira and Nunes，2008）；同样，其认为旅游专业化越高，旅游业对经济增长的影响越强烈，但这种效应在时间上可能并不恒定，阿达穆和克罗里德斯（2010）发现，旅游专业化程度越高，经济增长效应越强，但效应强度则在下降。所以，当旅游专业化达到特定程度后，样本国家还需要注重发展其他经济活动。霍尔兹纳（2011）在旅游业与经济资本或人力资本的互补性关系中也相应阐述了此观点。

旅游专业化会影响旅游业和经济增长之间的关系，这意味着，随着旅游专业化程度的变化，旅游业和经济增长之间的关系可能会存在潜在的非线性特征。布劳等（2007）首先实证捕捉到此种门槛效应，他们通过将143 个国家 1980～2003 年平均人口小于 100 万人且旅游平均专业化水平高于 10% 的国家定义为"小国"，运用虚拟变量回归发现，人口规模小的国家只有在旅游专业化程度很高的情况下才会支持 TLG 假说。塞奎拉和努涅斯（2008）则通过动态面板估计发现，当同时将经济体规模和旅游专业化作为分组变量时，一国经济是否增长并非由经济体的规模决定，而是受到其旅游专业化的影响。卜和黄（Po and Huang，2008）进一步推进了布劳等（2007）以及塞奎拉和努涅斯（2008）的研究视域，使用较为先进的面板门槛回归（panel threshold regression，PTR）方法，将入境旅游专业化作为门槛变量，对 88 个国家 1995～2005 年的面板数据进行研究，发现入境旅游专业化存在两个门槛值，只有入境旅游专业化低于 4.05% 或高于4.73% 时，入境旅游才对经济增长具有显著正向关系。张等（2012）的研究逻辑与卜和黄（2008）相同，同样支持入境旅游专业化对经济增长影响的门槛效应。随后，潘等（Pan et al.，2014）拓展了卜和黄（2008）以及张等（2009）的研究方法，首次引入面板平滑转换回归（PSTR）模型对 15 个 OECD 国家 1995～2010 年的 TLG 假说进行了重新检验，并以汇率收益率和通货膨胀率为转换变量，实证发现入境旅游与经济增长之间确实存在非线性关系。

改革开放以来，中国旅游业规模扩展迅速，其在国民经济中的地位和作用也逐渐引起社会各界的广泛关注和讨论。从研究层面来看，国外研究对象大多侧重国家和区域层面，而国内研究则主要关注省域层面，微观尺度研究不足。瞿华和夏杰长（2011）采用向量自回归模型对我国旅游业发展与经济增长关系进行实证研究，结果表明旅游业与经济增长之间存在显著的正向交互作用。陈友龙等（2006）对中国 1985～2003 年旅游业与经济增长之间的关系进行了格兰杰因果关系检验，结果显示旅游业与经济增长之间存在互动影响效应。李志青（2001）从国民经济视角出发，对旅游业影响国民经济的具体机制进行了系统分析。关于研究结论，由于研究对象、模型设置和研究方法的差异性，旅游业与经济增长之间的相互影响强度亦有所不同。和红和叶民强（2006）结合脉冲响应函数和预测方差分解等计量统计方法进行研究，发现中国旅游业与经济增长之间存在长期稳定的积极交互作用。赵磊和全华（2011）、武春友等（2009）也得出类似结果，即我国旅游业消费和经济增长之间存在持久的均衡关系。然而，也有一些学者提出了不同意见。例如，杨勇（2006）研究显示，中国旅游产业与经济增长之间并不存在长期均衡关系，只存在由经济增长带动国内旅游消费的单向影响关系。

本章基于大约100篇关于TLG假说研究的实证文献，针对TLG假说的经济理论背景和实证研究方法对既有文献进行了整理分析。除少数例外，整体性结论是，TLG假说在研究案例中基本得到验证支持。但是，两个主要原因使得这一结论可能并不具有普适性。首先，尽管检验TLG假说的实证研究文献正在增加，但样本国家的数量仍然相对有限且分布不平衡。例如，到目前为止，既有文献仅研究了非洲和中东地区的10个国家，而对于欧洲国家，尤其是土耳其则在9篇文章中被用于案例研究。其次，可能存在样本偏差问题，因为大多数研究TLG假说的样本国家，其实具备较为明显的旅游专业化倾向，由于旅游业在经济体系中的权重影响较大，进而能够对经济增长产生积极影响。相反，如果旅游业部门相对于其他经济部门可以忽略不计，那么判断旅游业扩张可以促进一个国家的长期增长的论点可能需要商榷。

事实上，目的地生产方式的不同也会影响旅游业与增长关系。金等（2006）发现国家经济结构的差异是导致国家层面TLG假说检验结论争议的原因之一。此外，另有研究也指出，国内经济部门结构体系及其内部整合程度也会决定旅游业对经济增长的影响程度。例如，唐和张（2009）以及唐（2011）研究发现，旅游业与经济增长的关系紧密程度取决于样本分组结构或细分市场的专业化程度。另有文献强调，旅游业与经济增长之间关系也与目的地经济的外向性程度有关，比如旅游业可通过创造外汇收入，来为国家经济增长提供所需的外部资金支持，并用于购买先进的技术知识和产品设备，进而促进增长（Kim et al.，2006；Nowak et al.，2007）。

在对TLG假说进行实证检验时，需要特别注意，将游客总人数作为旅游业发展代理指标的做法将会受到质疑，因为国内和国际旅游需求在市场份额和经济影响方面通常具有不同作用模式，特别是在当国内旅游市场需求份额占比较大时，应将国内旅游与国际旅游对经济增长的影响分开研究，以识别两个内生变量之间的差异关系（Pulina，2010）。例如，科尔特斯－希门尼斯（2008）发现，国际旅游对西班牙和意大利整个国家层面的增长收敛具有显著贡献，而国内旅游仅在某些地区发挥此种作用，因此他们建议应从国内旅游和国际旅游两个视角分类检验 TLG 假说的有效性。

上述文献中所存在的问题之一是，旅游业与经济增长关系常会忽视外生变量的约束作用，如政治稳定、经济危机、公共卫生、自然灾害等，而这些不确定性因素可能会在某一特定时期对两者关系产生作用。因此，李和钱（2008）指出，在对旅游业与经济增长关系进行实证分析时，还需包含至少一个不确定变量（Arslanturk et al.，2011；Chen and Chiou-Wei，2009）。此外，如前面所述，后续研究有必要通过引入新方法来继续拓展TLG 假说研究的客观性，例如，考虑旅游业与经济增长之间的非线性关系，或者区分国内、国际旅游，抑或是探究非旅游业偏向型国家是否存在TLG 假说，等等。上述研究内容的深化，有助于从多个研究视角多维透视目的地 TLG 假说的有效性及其存在条件，进而可以直接深化 TLG 假说的研究体系。

部分文献开始倾向于考虑旅游业影响经济增长的时间框架，并区分长期和短期效应，并认为旅游业的经济增长效应在时间上可能并不一致。布里达等（2009）发现旅游业在初期会负面影响经济增长，但在长期则会产生积极效应，而金（2011）的研究则正好与其相反。部分文献相继采用移动平均（Lean and Tang，2010）、周期性波动（Eeckels et al.，2012）和冲击传导（Massidda and Mattana，2013）等方法对此问题展开相应研究。总之，时间过程与旅游业的经济增长效应变化存在关联，从这个意义上理解，较短的时间序列也可能无法真正反映旅游业与经济增长的关系。实际上，有些研究已经表明，旅游业所产生的边际增长效应会随着时间延长而减弱，原因可能是由于自然资源枯竭、"心理疲劳"（旅游疲劳）效应或缺乏有助于旅游部门繁荣的关联互补因素，如经济政策、人力资本和基础设施。

此外，也有文献关注到经济发展水平是否会影响 TLG 假设检验，有证据表明，在收入水平较低的国家，旅游业更倾向于促进增长（Eugenio-Martín et al.，2004；Lee and Chang，2008；Seetanah，2011）。同时，旅游业可能也被认为是一个经济收敛因素（Cortés-Jiménez，2010；Soukiazis and Proenca，2008）。

四、新型城镇化与经济增长

城镇化被认为是经济发展的主要标志（Bairoch，1988；Kuznets，

1973）。城镇化与经济增长关系历来是学术界讨论历久弥新的话题，围绕此形成的国内外研究成果也异常丰硕。国外与此相关的较早研究主要讨论经济增长与过度城市化关系问题（Davis and Golden，1954；Sovani，1964；McCoskey and Kao，1998）。事实上，关于城镇化与经济增长关系的学术辨析，目前评价也是褒贬不一，主流观点认为两者存在显著正相关关系（Henderson，2003；Moomaw and Shatter，1996；Preston，1979）。穆莫和夏特尔（Moomaw and Shatter，1996）对 90 个国家城市人口比重与人均国内生产总值之间的相关关系进行了简单回归分析，发现两者之间的显著正相关系数超过 0.7。亨德森（Henderson，2003）也得出了类似的研究结论，即城镇化水平与人均国内生产总值之间存在较高的正相关性，两者相关系数为 0.85。此外，也有文献发现两者关系在发展中国家要明显强于发达国家（Krey et al.，2012；DeFries and Pandey，2010）。艾米（Iimi，2005）基于区域经济理论视角系统分析了城镇化对经济增长的影响机理，并认为城镇化所激发的产业集聚的经济外部性是驱动经济增长的重要机制。与此同时，也有一些学者提出了截然相反的观点，他们认为城镇化对经济增长的促进作用并不显著甚至存在负面效应。例如，贝尔蒂内利和斯特罗布尔（Bertinelli and Strobl，2007）使用半参数估计技术对 1960～1990 年 39 个国家和地区的跨国分组数据进行的研究显示，城镇化进程和经济增长之间不存在任何系统性关联。巴拉（Bala，2009）采用相同的估算方法也发现，城镇化与经济增长之间并未显著相关。探讨城镇化与经济增长关系时，大部分文献还是采用时间序列数据分析技术进行实证研究，结论也是众说纷纭，主要表现在：城镇化与经济增长之间既有可能存在显著单项、双向因果关系，也可能并不存在因果关系。

　　部分国外文献也对城镇化影响经济增长的作用机制展开了系统分析（见表 2-7）。第一，城镇化所引发的要素流动、集聚和累积效应能够形成内生经济增长机制（Black and Henderson，1999）；第二，城镇化所产生的人口空间转移、集中会引发需求集中，会引发产业供给能力提升和规模扩大，进而激发技术创新（Duranton and Puga，2020）；第三，城镇化可以深化社会分工，提升生产部门专业化水平，进而提高生产率（Lu et al.，2010）；第四，新观点、新知识和新技术在密集的城市经济活动中可以实现低成本、高效率的技术知识传播和扩散，从而降低城镇创新成本（Henderson et al.，2001）。更进一步，城镇化与经济增长之间还会存在循环累积因果关系（Goldstone，2020）。

表 2 - 7　　　　　　　国外城镇化与经济增长关系的相关动态分析

作者	研究对象	基本结论
戈什和坎吉拉尔（Ghosh and Kanjilal，2014）	印度（1971～2008）	从经济增长到城镇化的单向因果关系
侯赛因（Hossain，2011）	9 个新兴工业化国家（1971～2007）	从城镇化到经济增长的单向短期因果关系
刘易斯（Lewis，2014）	印度尼西亚（1960～2009）	城镇化与经济增长呈正相关关系
沙巴兹和莱恩（Shahbaz and Lean，2012）	突尼斯（1971～2008）	城镇化与经济增长之间存在短期双向因果关系
索拉林和沙巴兹（Solarin and Shahbaz，2013）	安哥拉（1971～2009）	城镇化与经济增长之间存在长期双向因果关系
侯赛因（2012）	日本（1960～2009）	城镇化与经济增长之间不存在因果关系
沙巴兹等（2014）	阿联酋（1975～2011）	城镇化与经济增长之间不存在因果关系

国内大部分文献观点也认同城镇化与经济增长之间存在显著正相关关系（周慧，2016；张彧泽和胡日东，2014；郑鑫，2014；喻开志等，2014；朱孔来等，2011）。同时，也有部分文献对此质疑，认为城镇化与经济增长之间并不存在双向因果关系，尽管从长期看，城镇化仍是支撑中国经济增长的重要力量，但单纯将城镇化作为一种政策工具来推动经济增长难以实现预期目标（黄婷，2014）。传统城镇化发展模式尽管显著驱动了我国经济快速增长，非集约式的发展方式势必会导致经济发展不具可持续性，甚至导致利用城镇化扩大内需、促进增长的发展战略目标难以实现，部分文献已经关注到城镇化对经济增长的促进效应开始出现减弱倾向（齐红倩等，2015；王婷，2013；胡日东和苏桉芳，2007）。

与传统城镇化的粗放发展方式不同，新型城镇化以城镇化质量和效率提高为导向，注重内涵式的城镇化发展模式，更加强调城镇化内、外部协调平衡，核心在于通过实现人的城镇化来激发经济可持续增长潜力。孔令刚和蒋晓岚（2013）以及张占斌（2014）等认为，新型城镇化有别于以往的传统城镇化，能够为中国经济增长提供中长期的增长动力，是中国未来的经济引擎。另外，围绕新型城镇化本体论的学术思考愈渐成熟，并形成了一批基于跨学科视角的研究成果，研究热点主要集中在对新型城镇化的基本内涵、建设路径、构建模式、空间布局、发展评价等方面（钟少颖等，2013；张明斗和毛培榕，2018；陈明星等，2019；赵娜，2020）。同时，大量文献也热衷于理论探讨新型城镇化背景下的相关经济现象（曹昭煜和洪开荣，2017；丛海彬等，2017），其中也有部分文献对新型城镇化与相关经济变量之间的耦合协调性进行了分析（徐维祥等，2020；代碧波和陈晓菲，2020；谢赤和毛宁，2020；赵建吉等，2020）。

有文献逐渐开始关注对新型城镇化的前因、后果进行实证检验。关于新型城镇化的经济后果检验方面，赵莎莎等（2018）利用2007～2016年省级面板数据，构建经济增长门槛模型，实证分析了新型城镇化和财政支出对城乡收入差距的非线性影响。于斌斌和陈露（2019）对新型城镇化和工业产能利用率进行评价与测度，然后利用中国省级面板数据和动态空间面板模型进行了实证检验。岳立和薛丹（2020）基于2006～2017年中国30个省份的省级面板数据，分别利用熵值法和SBM模型测算我国省际的新型城镇化水平和城市土地利用效率，然后构建Tobit模型，实证分析新型城镇化对我国城市土地利用效率的影响。王永军（2020）基于28个省级行政区的面板数据，主要从私人部门与公共部门购买力（即收入变动渠道和公共支出渠道）角度分析了新型城镇化如何影响城镇居民消费。关于新型城镇化的影响因素检验的实证文献相对较少，宋瑛等（2019）基于熵权法测算了2003～2015年中国31个省份新型城镇化水平，并在此基础上通过构建空间杜宾模型，考察了中国制造业集聚对新型城镇化的空间影响。王滨（2020）利用中国2001～2016年30个省份的面板数据，从城镇发展质量、协调程度与发展效率三个维度对新型城镇化水平进行测度，并采用空间杜宾模型研究了外商直接投资对新型城镇化的空间溢出效应。杨志辉和李卉（2021）基于2007～2018年省级面板数据，在采用熵权法构建新型城镇化综合指数的基础上，实证分析了分析财政分权对新型城镇化发展的影响。

鉴于新型城镇化的战略意义，也有部分文献开始尝试将新型城镇化变量纳入传统的实证研究框架，进一步考察新型城镇化对传统经济变量关系的影响机制。例如，赵永平和徐盈之（2015）考察了新型城镇化与三种制度变迁对居民消费增长的综合效应，发现当前的三种制度（土地、户籍和社会保障）已成为阻碍新型城镇化发展与居民消费增长的瓶颈因素。张颖和黄俊宇（2019）基于 2008～2017 年全国 30 个省域的面板数据，通过 DEA 模型测度了我国的金融创新水平，然后引入空间杜宾模型，实证分析金融创新、新型城镇化以及二者交互项对区域经济增长的影响。徐秋艳等（2019）基于我国 30 个省份的相关数据，利用熵值法和 Moore 结构变化值，分别对新型城镇化水平和产业结构高级化水平进行测度，引入控制变量建立空间面板计量模型、空间效应分解模型和面板门槛模型，实证分析了新型城镇化和产业结构升级的经济增长效应。

新型城镇化是扩大国内市场需求、推动产业结构升级、驱动经济持续增长的国家战略，学术界围绕新型城镇化与经济增长之间的关系及其中间机制进行了相应研究。赵永平和徐盈之（2014）基于我国 2000～2012 年 30 个省份面板数据，实证分析了新型城镇化对经济增长的时空效应及其传导路径，研究结果表明在时间维度上新型城镇化对经济增长具有显著的正向影响，空间维度上对全国和东部地区具有显著正向促进作用。王平和王琴梅（2015）计算了我国 30 个省份新型城镇化率综合指数，并以此为核心解释变量，实证检验了我国 2000～2014 年新型城镇化率与经济增长的关系及传导路径，研究发现城镇化与经济增长是一种循环累积因果效应关系，新型城镇化对我国经济增长具有显著的正向效应，而且这一效应在不断增强。范兆媛和周少甫（2018）利用熵权法构建新型城镇化评价指标，并将其纳入增长模型，基于我国 2004～2014 年 30 个省份面板数据，选取面板动态空间误差模型对新型城镇化对经济增长的影响及区域差异进行了实证研究，结果显示新型城镇化对经济增长具有显著的促进作用，并且存在区域差异。郭晨和张卫东（2018）基于中国 2012～2016 年 288 个市级面板数据采用 PSM-DID 方法进行实证检验，研究发现新型城镇化建设能够提升区域经济发展质量，而且新型城镇化建设可通过提高公共设施水平、促进就业结构转型和健全社会保障体系提升区域经济发展质量。姜安印和杨志良（2020）基于 2014 年国家新型城镇化综合试点构建了一个准自然实验，并利用 2011～2016 年全国地级市数据以及双重差分法分析方法，识别了新型城镇化建设对城市全要素生产率的影响及其因果机制，研究发现新型城镇化建设显著促进了城市经济高质量增长，并且这种政策效应随着时间的推移逐渐增强。

另外，新型城镇化可有效加强产业供给侧结构性改革，并且通过推动产业结构升级驱动经济高质量发展。例如，孙叶飞等（2016）通过构建空间自回归模型、空间效应分解模型和面板门槛模型，实证检验了新型城镇

化发展与产业结构变迁的经济增长效应，研究显示新型城镇化通过发挥其
"选择效应"优化产业结构，提升企业生产率，进而有效促进经济增长，
同时实现产城联动，发挥新型城镇化与产业结构变迁的"协同效应"，对
于缓解经济发展过程中的"结构性减速"问题和促进中国经济增长具有积
极作用。因此，诸多文献开始集中关注新型城镇化与产业结构之间的关
系。一部分文献侧重对新型城镇化与产业结构之间的耦合协调性进行分
析，如魏敏和胡振华（2019）、郑立文和黄俊宇（2019）、刘淑茹和魏晓
晓（2019）、胡元瑞等（2020）。另一部分文献对新型城镇化是否影响产
业结构着重进行了实证检验。例如，蓝庆新和陈超凡（2013）通过空间自
相关检验，分析了新型城镇化和产业结构升级在我国各省份的分布格局和
空间上的相互依赖性，并通过构建空间滞后模型和空间误差模型，分析新
型城镇化对中国产业结构升级的影响，结果显示新型城镇化对产业结构升
级具有强烈的空间冲击效应，能够显著提升产业发展层次。赵永平和徐盈
之（2016）基于2000～2012年省级面板数据，运用分位数回归实证分析
了新型城镇化、技术进步与产业结构升级关系，结果表明新型城镇化在所
有分位点上均对产业结构升级具有显著的正向促进作用，呈现明显的区域
分异特征，并且产业结构水平越高，新型城镇化对其促进作用越强。周敏
等（2020）利用2005～2016年我国省际面板数据，构建动态面板模型，
实证检验新型城镇化对产业结构调整的直接影响和中介效应，结果显示新
型城镇化促进了产业结构高级化和制造业内部变化，但对产业结构合理化
和服务业内部变化存在抑制作用，并且通过提升技术创新水平、增加人力
资本水平和提升城镇居民家庭人均可支配收入路径影响产业结构合理化及
产业结构高级化。

五、结论性述评

通过对以上文献的梳理可知，既有文献在旅游业、城镇化与经济增长
关系方面做出了诸多有益探索，尤其是对旅游业与经济增长关系的理论探
索和实证研究讨论最为深入。同时，已有文献也对旅游业与城镇化关系进
行了初步理论探索，并且围绕旅游业对城镇化的影响及其反向作用尝试进
行了实证研究，结论基本认同旅游业不仅会引导城镇化的建设，而且城镇
化进程也有益于旅游业部门发展。鉴于新型城镇化国家战略的逐渐推进，
诸多文献也开始重点讨论在新型城镇化背景下旅游业发展的新问题、新现
象和新关系。然而，大部分文献主要停留在理论分析层面，尽管有些文献

定量测度了旅游业与新型城镇化之间的耦合协调关系，为两者的互动耦合作用提供了量化依据，但却无法有效揭示其中所蕴含的影响作用及其机制。此外，现有城镇化文献也开始将研究重心放在新型城镇化经济意义讨论方面。例如，不少文献也分别从居民消费（范兆媛和周少甫，2018；王平和王琴梅，2016；赵永平和徐盈之，2015）、人口就业（李亦楠和邱红，2014；刘雪梅，2014）、城乡关系（王朝明和马文武，2014；张波，2014；冯蕾，2013；林聚任和王忠武，2012）、劳动生产率（赵永平和徐盈之，2019）、公共服务（李斌等，2018；童光辉和赵海利，2014；张晓杰，2013）等方面对新型城镇化的经济效应进行了多维实证研究，进而初步构建了新型城镇化影响经济增长的实证框架，深化了新型城镇化对宏观经济增长的影响认识，但由于相关实证研究模型均未识别新型城镇化和经济增长的空间自相关性特征，这也导致既有实证文献对新型城镇化的经济效应的评估存在误差。综上考虑，既有研究内容对旅游业、城镇化与经济增长之间的两变量关系分别进行了富有成效的学术探索，也取得了相对丰硕的研究成果，但经文献梳理可知，现有文献并未将旅游业、新型城镇化与经济增长三变量关系进行整体性探讨，由此也为本书将旅游业、新型城镇化与经济增长纳入统一逻辑框架予以系统研究奠定了良好的文献基础。但是，也需要关注到，既有文献对旅游业与新型城镇化以及新型城镇化与经济增长两类关系的实证分析还相对较为单薄，进而限制了对旅游业、新型城镇化与经济增长整体关系理解的学术视野，尤其是旅游业与新型城镇化融合发展对经济增长的影响效应作为其中的核心内容，现有文献并未触及此问题。综合来看，以上文献特征及其深化趋势可反映在如下方面。

第一，从研究方法上看，尽管既有文献对旅游业与经济增长、城镇化与经济增长关系进行了较多实证研究，但研究方法主要表现为时间序列数据分析或普通面板数据模型分析，两类方法虽然能够初步判定以上经济变量之间的因果关系，但因忽视了模型变量可能存在的"内生性""动态性""空间性"等惯常因素，导致大部分文献的研究结论会在不同程度上出现估计偏误问题，进而无法客观评估变量间的因果影响效应。此外，国内较少文献已经开始关注到旅游业与新型城镇化、新型城镇化与经济增长关系研究，但研究方法的局限性导致对经济关系间的作用效应评估有待商榷。具体来说，前者主要还是拘泥于对特定区域新型城镇化背景下旅游业实践案例分析或社会问题解读，或是对两者互动作用关系的耦合协调分析，此类文献的研究短板不仅是理论分析深度不足，而且由于前沿性量化分析技术缺失，导致既有文献并未有效识别旅游业与新型城镇化相互作用的因果效应，而后者仅是零星地探讨了新型城镇化对若干宏观经济问题的影响，但鉴于新型城镇化空间布局的演化及分异特征，既有文献普遍并未捕捉新型城镇化对相关经济问题的空间影响效应，而忽视地区间关于新型城镇化的策略性互动对新型城镇化的增长效应的扰动影响，故而也就难以真实反映新型城镇化对宏观经济问题的影响机制。

第二，从研究思想上看，随着当前中国旅游产业规模的急剧扩张以及新型城镇化建设的深入推进，旅游业对新型城镇化的产业驱动作用和新型城镇化对旅游业的要素、功能促进作用愈发强烈，旅游业发展与新型城镇化建设目标趋同、功能交织与结构契合，两者耦合共振、互动协调，旅游业与新型城镇化融合发展已成为不争事实。同时，随着旅游业在国民经济体系中的权重增大以及新型城镇化对经济可持续增长的驱动力增强，旅游业、新型城镇化对经济增长的影响作用日益深远，影响机制愈加复杂，所以割裂旅游业、新型城镇化与经济增长之间的逻辑关联讨论其中二元变量之间的关系，不仅无法有效揭示二元变量间的真实因果关系，而且显然也与不断发展的实践现象相悖。因此，后续拓展性研究应当有必要将旅游业、新型城镇化与经济增长统一于同一研究框架予以研究，以夯实对旅游业、新型城镇化及其融合发展影响经济增长的理论体系，增强对内在影响机制的理论解释力，并且对以上关系进行严谨的实证研究，也能及时对内嵌的理论关系给予实证检验。

从研究内容上看，在内容分解策略上，既有关于 TLG 假说的研究文献已经提及，在对 TLG 假说进行实证检验时，应当进一步放松模型约束条件，例如，打破线性关系假设，考虑研究样本异质性，同时还需控制干扰因素，如此才能更加客观地反映旅游业与经济增长之间的关系形式。又如，当新型城镇化建设处于不同发展阶段时，地区旅游业的经济增长效应难免会受到新型城镇化的约束影响，进而表现出一定程度的非线性特征。再如，考虑到不同地区对旅游业的依赖度不同，进而也会导致旅游业经济增长效应的地区差异性。因此，从以上对既有文献研究逻辑的解析可知，探析新型城镇化对旅游业与经济增长关系的调节、中介机制，不仅符合对既有 TLG 假说文献的拓展深化，而且也能揭示新型城镇化战略对特定经济关系的影响机制。另外，无论是旅游业发展，抑或是新型城镇化进程，既有研究已表明两者均存在显著的空间动态调整过程，而且空间分异特征明显。不仅如此，旅游业、新型城镇化作为国家重要产业力量和发展战略，政府间在旅游业、新型城镇化发展方面存在强烈的策略性互动，比如竞争、合作、模仿、搭便车等方式，由此引申出旅游业、新型城镇化及其融合发展对经济增长的影响机制中存在无法避免的"空间性"因素，即上述经济变量及其互动对经济增长的影响可能会产生潜在的空间溢出效应，这既不违背地理学第一定律，也符合经济活动惯常环境。因此，倘若要系统客观揭示旅游业、新型城镇化及其融合发展对经济增长的影响机理，还需要将三者关系置入非线性和空间性框架予以系统解读。

第三章 中国城市旅游业发展
地区差异与空间极化研究

第一节 引言

城市既是经济增长的主要载体，也是旅游活动的基本场所。"旅游让城市生活更美好"已成为创新城市形象、弘扬城市文化和铸建城市品牌的切实体现。旅游业作为衔接城市自组织与他组织演化互动的代表性部门，主要功能指向活化城市元素、挖掘城市价值和繁荣城市经济。因此，关注城市旅游发展的运行规律和空间分布，将旅游经济活动研究领域延伸至城市层面，不仅可以深化城市旅游研究体系，而且能够为制定城市旅游业均衡发展策略提供学术参考。理论上，旅游业供需关系受诸多因素影响，包括资源禀赋、基础设施、交通条件和市场范围等，由于上述旅游业发展条件具备不同程度的城市异质性，必然会导致各城市的旅游经济活动呈现空间非均衡性变化，所以，如何通过识别城市旅游空间特征、缩小城市旅游发展差异，也是寻求并拓展城市之间协同发展路径的应然性学术思考。

国内研究者对不同空间尺度下旅游经济的非均衡性特征进行了刻画，并且对其形成的地理差异原因给予了理论阐述（张凌云，1998；刘长生等，2011；翁钢民等，2015）。但问题在于，现有诸多文献主要采用传统基尼系数或绝对差异测算方法对旅游经济总体差异进行定量刻画，囿于以上方法的现实弊端，此类研究不仅无法有效识别地区差异的来源，而且也忽视了子群（样本）分布状况（异质性）及子群交叠现象，进而导致学术界对旅游业非均衡发展的理解仅停留在初级描述阶段，无法从根本上揭示旅游业发展非均衡性的真实形态。例如，少数文献尽管采用泰尔指数对特定区域的旅游经济时空差异进行整体测算与分解，但仅考虑子群（样本）的形态差异，却未关注子群的地理分布，在对旅游业发展差异的地理分解过程的认识上存在局限性（陈晓等，2009；马仁锋等，2015）。与上述文献不同，李强谊和钟水映（2016）采用能够反映子群分布的剩余项Dagum基尼系数对1995～2014年中国省级旅游产业专业化发展水平的地区差异进行定量分解，证实超变密度的贡献率（群间转移变异贡献率）在考察期内呈上升趋势，从而清晰地解释了作为可以表征地区间差异的子群交叠分布对总体差异下降趋势具有持续贡献。然而，传统基尼系数仅能表征样本偏离均值的离散程度，其所度量的空间非均衡程度只显示平均差异，但极化与非均衡存在本质区别，反映的是异质性子群聚集而产生的对抗现象（刘华军等，2012）。极化是旅游经济要素动态集中在地理空间上的现实表达，并且呈现同一极化层地区差异趋同，不同极化层地区差异分异，是一种对旅游业发展水平地区差异的深刻认识和精确测度。在统计学含义上，极化强调所有成员围绕样本局部均值呈聚类式分布，而普通非均衡抹杀了子群聚类运动，只关注所有成员偏离全局均值的离散情况（王朝明等，2013）。这意味着，空间非均衡作为旅游业发展水平地区差异的典型形态，倘若其中伴随着潜在子群的极化（对抗）现象，将严重考验现行旅游业发展政策的有效性，所以为了避免政策失真导致地区旅游业发展水平差异不断加剧，应当对中国旅游业发展的极化问题展开多维研究。然而，仅有少数文献对旅游经济发展的极化程度进行量化分析（Shu et al.，2014）。例如，威廉姆斯和肖（Williams and Shaw，2010）以旅游需求和就业为基本量化指标，测算英国旅游经济发展的时空极化和内部重构问题，并指出旅游经济发展的非均衡是导致英国地区经济发展出现差异的主要因素；戈麦兹和安吉尔斯（Gamez and Angeles，2010）分析了墨西哥在服务业国际化及国内市场一体化过程中，旅游经济发展极化形成的过程机理，并指出旅游经济增长极的出现对地区经济发展具有重构功能；斯库德里（Scuderi，2011）利用Esteban-Ray指数测度了意大利内部主要旅游目的地之间的两极分化程度，并刻画了极化现象随时间变化的演进过程。另外，赵磊和方成（2014）对中国旅游业发展的极化现象进行了定量分析，但研究对象主要面向省级样本，忽略了省内城市的个体性差异。

　　因此，本章对中国城市旅游业发展地区差异与空间极化展开较为系统的测度，研究贡献体现在以下几方面：第一，分别采用泰尔指数和两类基尼系数子群分解方法对中国城市旅游业发展水平的总体差异进行测度，由于兼顾子群交叠分布问题，采用上述方法能够严谨地识别出旅游业发展水平地区差异的来源及贡献。第二，依次构造能够反映两极分化与多极分化程度的4类极化指数，对中国城市旅游业发展的空间极化程度与趋势进行全面解析。第三，本章将中国旅游业发展地区差异的量化研究推演到城市层面，并且基于国家区域协调发展战略需要，按照"四板块"和"八区域"新型划分标准对城市旅游业发展地区差异和空间极化进行定量分析，有效弥补城市旅游业空间非均衡分布量化研究的空白。

第二节　研究方法

一、地区差异的测度方法

在不平等分解思维中，方差、变异系数和泰尔指数等大部分指标的子群分解公式均为唯一，而基尼系数子群分解方法却有多种，因此成为空间非均衡测度的热点方法（Shorrocks，1984；Lambert et al.，1993）。区域经济差异子群分解的核心思想在于，可以计算群内（地区内）差异与群间（地区间）差异对总体差异的贡献程度，从而可以精确识别差异演变的主导来源。本质上，基尼系数子群分解公式包括群内差异贡献率与群间差异贡献率，再加上一个可能的剩余项，即满足可加可分解性（additive de-composability）。其中，群内差异贡献率为群内基尼系数加权，群间差异贡献率则为以各子群算数平均数计算出的群间基尼系数，剩余项是由各子群之间可能的交叠（overlapping）而产生（洪兴建，2008）。

（一）泰尔指数

作为广义熵指标体系的一种特殊形式，泰尔指数被广泛运用于区域经济发展差异测算，并且可用地区收入份额与人口份额之比对数的加权总和进行表征，其中权数为地区收入份额（任启龙等，2017）。泰尔指数可以按照地区结构对总体差异进行测算并分解，以考察群内、群间差异的变化趋势及其对总体差异的贡献份额。泰尔指数子群分解公式为：

$$T = \sum_i (Y_i/Y)\ln[(Y_i/Y)/(P_i/P)] \qquad (3-1)$$

$$T_{wi} = \sum_i (Y_{ji}/Y_j)\ln[(Y_{ji}/Y_j)/P_{ji}/P_j] \qquad (3-2)$$

$$T_w = \sum_j \sum_i (Y_j/Y)(Y_{ji}/Y_j)\ln[(Y_{ji}/Y_j)/P_{ji}/P_j] \qquad (3-3)$$

$$T_{nb} = \sum_j (X_j/X) \ln[(Y_j/Y)/P_j/P] \qquad (3-4)$$

$$T = T_w + T_{nb} \qquad (3-5)$$

$$R_w = T_w/T \qquad (3-6)$$

$$R_{nb} = T_{nb}/T \qquad (3-7)$$

式（3-1）~ 式（3-7）中，T 为总体泰尔指数，反映城市旅游业发展水平的总体差异；T_{wi} 为群内城际泰尔指数，反映群内城际旅游业发展水平差异；T_w 为群内泰尔指数，反映群内城市旅游业发展水平差异；T_{nb} 为群间泰尔指数，反映群间城市旅游业发展水平差异；Y_{ji} 为第 j 个地区第 i 个城市旅游业发展水平；P_{ji} 为第 j 个地区第 i 个城市的人口总数；R_w 为群内城市旅游业发展水平差异对总体差异的贡献率；R_{nb} 为群间城市旅游业发展水平差异对总体差异的贡献率；$Y_i(Y_j)$ 为第 i(j) 个城市（地区）旅游业发展水平；Y 为城市旅游业发展水平；$P_i(P_j)$ 为第 i(j) 个城市（地区）的人口总数；P 为城市的人口总数。

（二）M-S 基尼系数

根据莫克合杰里和实洛克（Mookherjee and Shorrocks，1982）的分解思路，M-S 基尼系数子群分解的常规方法为：分别求出群内差异贡献率与群间差异贡献率（其中，群内差异贡献率为群内基尼系数的加权加总，群间差异就是群间基尼系数），同时再分解出一个可能的剩余项。在上述分解形式中，剩余项仅被视作一个用以维持等式平衡作用的项，而其精确含义并未得到解释（洪兴建，2009）。具体分解方法如下。

设由 n 个个体（或家庭）组成的整体，个体（或家庭）i 收入为 y_i；个体（或家庭）j 收入为 y_j；平均收入 $\mu = \sum_{i=1}^n y_i/n$。如果 c_k 表示第 k 个子群，这一子群内个体平均收入为 μ_k，总体基尼系数测算公式为：

$$
\begin{aligned}
G &= \frac{1}{2c^2\mu} \sum_i \sum_j |y_i - y_j| \\
&= \frac{1}{2c^2\mu} \sum_k \left(\sum_{i \in C_k} \sum_{j \in C_k} |y_i - y_j| + \sum_{i \in C_k} \sum_{j \notin C_k} |y_i - y_j| \right) \\
&= \sum_k \left(\frac{c_k}{c}\right)^2 \left(\frac{\mu_k}{\mu}\right) G^k + \left(\frac{1}{2c^2\mu}\right) \sum_k \sum_{i \in C_k} \sum_{j \notin C_k} |y_i - y_j|
\end{aligned}
$$

$$(3-8)$$

式（3-8）中，G^k 为第 k 个子群的群内基尼系数，如任意子群 k 的收入范围与其他任意子群 h 不重叠，则有：

$$\sum_{i \in C_k} \sum_{j \in C_h} |y_i - y_j| = c_k c_h |\mu_k - \mu_h| \qquad (3-9)$$

式（3-8）可由此变换为：

$$G = \underbrace{\sum_k v_k^2 \theta_k G^k}_{G^{inside}} + \underbrace{\left(\frac{1}{2}\right) \sum_k \sum_h v_k v_h |\lambda_k - \lambda_h|}_{G^{between}} + R \qquad (3-10)$$

式（3-10）中，$v_k = c_k / c$，表示第 k 个子群的人口份额；$\theta_k = v_k$ (μ_k / μ)，表示第 k 个子群的收入份额；$\lambda_k = \mu_k / \mu$，表示第 k 个子群城市旅游业相对发展水平；$\lambda_h = \mu_h / \mu$，表示第 h 个子群城市旅游业相对发展水平；等式右侧第一项与第二项分别表示群内基尼系数（G^{inside}）与群间基尼系数（$G^{between}$），R 是剩余项，反映同子群旅游业收入之间重叠的频率和幅度，即通常所指的"交叠项"。

（三）Dagum 基尼系数

与未解释分解后剩余项的传统基尼系数子群分解思路相比，M-S 基尼系数子群的三项式分解显然能够提供较多子群样本信息，所以对不平等理解的解释能力较强，并且前两项也具有明确的经济含义，但剩余项 R 对总体差异 G 的解释仍相对模糊。为此，Dagum 基尼系数子群分解方法利用经济富裕来解释群间差异，相比 M-S 基尼系数子群分解方法更具说服力（刘华军等，2012）。近年来，诸多学者开始引入 Dagum 基尼系数对经济变量的地区差异予以定量测度。例如，道马等（Domma et al.，2018）利用 Dagum 基尼系数对意大利的收入分布和贫困变化的地区差异进行了量化分析。韩等（Han et al.，2020）采用 Dagum 基尼系数对中国农业生态效率的区域差异进行了定量测度。聂荣等（2015）、刘华军和刘传明（2016）、李强谊（2016）以及黄杰（2018）也是用此方法分别对收入分配、能源强度、医疗支出和绿色发展效率的地区差异进行了量化分析。道格姆（Dagum，1997）将总体基尼系数（G）分解为群内差异贡献（G_w）、群间净值差异贡献（G_{nb}）和超变密度贡献（G_t）。具体测算过程如下：

$$G = G_w + G_{nb} + G_t \qquad (3-11)$$

$$G = \sum_{j=1}^{k} \sum_{h=1}^{k} \sum_{i=1}^{n_j} \sum_{r=1}^{n_h} |y_{ji} - y_{hr}| / 2n^2 \mu \qquad (3-12)$$

$$\mu_h \leqslant \mu_j \leqslant \cdots \leqslant \mu_k \qquad (3-13)$$

$$G_{jj} = \sum_{i=1}^{n_j} \sum_{r=1}^{n_j} |y_{ji} - y_{jr}| / 2\mu_j n_j^2 \qquad (3-14)$$

$$G_w = \sum_{j=1}^{k} G_{jj} p_j s_j \qquad (3-15)$$

$$G_{jh} = \sum_{i=1}^{n_j} \sum_{r=1}^{n_h} |y_{ji} - y_{hr}| / n_j n_h (\mu_j + \mu_h) \qquad (3-16)$$

$$G_{nb} = \sum_{j=2}^{k} \sum_{h=1}^{j-1} G_{jh} (p_j s_h + p_h s_j) D_{jh} \qquad (3-17)$$

$$G_t = \sum_{j=2}^{k} \sum_{h=1}^{j-1} G_{jh} (p_j s_h + p_h s_j)(1 - D_{jh}) \qquad (3-18)$$

$$D_{jh} = (d_{jh} - p_{jh}) / (d_{jh} + p_{jh}) \qquad (3-19)$$

$$d_{jh} = \int_0^\infty dF_j(y) \int_0^y (y - x) dF_h(x) \qquad (3-20)$$

$$p_{jh} = \int_0^\infty dF_h(y) \int_0^y (y - x) dF_j(x) \qquad (3-21)$$

式（3-12）为 Dagum 总体基尼系数基准分解公式；式（3-13）是根据地区旅游业发展水平指标均值对地区进行排序。式（3-14）和式（3-16）分别为群内基尼系数（G_{jj}）和群间基尼系数（G_{jh}）。其中，y_{ji}（y_{hr}）为 $j(h)$ 地区内 $i(r)$ 城市旅游旅游业发展水平指标；μ 为 n 个城市旅游业发展水平均值；k 为地区数量；n_j（n_h）为 $j(h)$ 地区内城市数量。上式中，$p_j = n_j / n$，$s_j = n_j \mu_j / n\mu$，$p_h = n_h / n$，$s_h = n_h \mu_h / n\mu$。式（3-19）中 D_{jh} 为第 j 地区和 h 地区间城市旅游业发展水平指标的相对影响。式（3-20）中 d_{jh} 为地区间旅游业发展水平差值，即 j 地区和 h 地区中所有 $y_{ji} > y_{hr}$ 样本值的数学期望。式（3-21）中 p_{jh} 表示超变一阶矩，即 j 地区和 h 地区中所有 $y_{hr} > y_{ji}$ 样本值的数学期望。其中，F_j（F_h）分别为 $j(h)$ 地区的累积密度分布函数。

二、空间极化测度方法

当量化揭示区域经济发展差异时，测度不平等或非均衡的相关方法只能反映不同地区在经济运行方面所表现出的平均差异，而空间极化可表征不同地区之间经济变化的对抗程度，其会伴随地区间差异性和地区内同质性的增强而加剧。例如，在其他条件不变时，倘若地区内差异变小，尽管总体差异会随之减弱，但极化程度也可能会增强。因此，作为地区差异客观存在的一种特殊表现形态，极化现象尤其需要引起重视（刘华军等，2012）。空间极化测度方法分为两类：W 指数和 ER 指数及其改进型指数 EGR 指数。前两者可以测度两极分化，后者能够识别多极分化。

（一）W 指数

两极分化是地区经济空间极化现象的直观表现，由沃尔夫森（Wolfson，1994）开发的 W 指数可以用于定量测度地区经济两极分化现象，主要以洛伦兹曲线为基础，与基尼系数高度相关。测度公式为：

$$W = \frac{2(2T - G)}{m/\mu} \tag{3-22}$$

其中，W 表示 Wolfson 指数；T 表示低水平样本数量份额与其旅游业发展水平份额之差；G 表示总体基尼系数；m 和 μ 分别表示全部城市样本旅游业发展水平的中位数和算数平均数。$W \in [0, 1]$，其值越大，说明城市旅游业发展的两极分化程度越高。其中，参照全样本算术平均数，将样本分为低水平与高水平组。

（二）ER 指数

伊斯特班和雷（Esteban and Ray，1994）通过定义组内认同感函数和组间疏远感函数对可以表征地区经济多极分化的 ER 指数进行测度。设第 k 组认同函数为 π_k^α，第 k 组与第 h 组疏远函数为 $|\mu_k - \mu_h|$，ER 指数公式为：

$$ER = K \sum_{k=1}^{n} \sum_{h=1}^{n} \pi_k^{1+\alpha} \pi_h |\mu_k - \mu_h| \tag{3-23}$$

其中，$K > 0$，是一个起标准化作用的常数（本章在测算时，K 取 0.03）；$\pi_k(\pi_h)$ 为第 k(h) 组样本容量所占份额；$\mu_k(\mu_h)$ 为第 k(h) 组城市旅游业发展水平均值；α 为极化敏感参数，反映属于同一群体内成员之间的同质性，根据伊斯特班和雷（1994）的建议，选择 $\alpha \in [0, 1.6]$，其值越小，说明 ER 极化指数与标准化基尼系数差异越小。ER 指数越大，表示极化程度越高。

（三）EGR 指数

ER 指数假定群内成员具有一致的认同感而忽略了群内成员之间也会存在疏远感，从而使得极化估算结果容易出现偏误。伊斯特班等（Esteban et al.，2007）对 ER 指数进行改进，通过引入一个误差项构建极化测度的 EGR 指数。测度公式为：

$$EGR = K \sum_{k=1}^{n} \sum_{j=1}^{n} \pi_k^{1+\alpha} \pi_h |\mu_k - \mu_h| - \beta[G - G^{between}] \tag{3-24}$$

其中，右侧第一项为 ER 指数，第二项中 G 为总体基尼系数，$G^{between}$ 为群间基尼系数；β 是衡量组内凝聚程度的敏感性参数，在测算过程中需要对其予以调整，使 $EGR \in [0, 1]$。式（3-24）中右侧第二项反映群内差异，其值越大，表明群内差异越大，群内成员凝聚程度越低，对应极化程度越小。EGR 指数越大，极化程度越高。通过引入误差项后，EGR 指数对极化程度的测度更为精确。

（四）LU 指数

拉索和乌鲁蒂亚（Lasso and Urrutia，2006）指出，如果子群样本指标发生重叠时，EGR 指数右侧第二项无法准确反映出群内差异，所以为了克服缺陷，他们提出了一种新的衡量极化的测度方法，即 LU 指数。测度公式为：

$$LU = K \sum_{k=1}^{n} \sum_{h=1}^{n} \pi_k^{1+\alpha} \pi_h (1 - G_k)^\beta \mid \mu_k - \mu_h \mid \qquad (3-25)$$

其中，G_k 为第 k 组样本基尼系数，参数调整同式（3-24）。LU 指数将群内差异的影响体现在认同函数中，即 $\pi_k^\alpha (1 - G_k)^\beta$，从而确保符合群内差异越大则认同度越小的假定。

第三节　指标、数据与区域

一、指标选取

目前学界对旅游业发展规模的度量主要基于收入指标和人次指标两种方式展开。收入指标可以反映城市旅游业经济增长总量，而人次指标能够反映城市旅游业游客活动强度。但就国内旅游统计现状来看，旅游人次统计指标体系操作性较差，并且普遍存在重复统计、高估旅游业发展规模的情况，所以本章选择旅游产业专业化（国内旅游与入境旅游收入之和占国内生产总值份额）指标来度量旅游业发展水平。

二、数据来源

本章所使用的城市旅游收入、旅游人数和国内生产总值数据来源于中国经济数据库，共涉及 31 个省份（不包括港、澳、台地区），共 286 个地级市，其中安徽省巢湖市（2011 年撤并）除外。需要指出的是，因数据缺失严重，本章剔除了与地级城市行政地位等同的少数民族地级区域（盟、自治州和地区）。同时，为了保持数据可得性与一致性，本章将时间跨度设定为 2003～2018 年，部分城市数据缺失采用插值法予以补充。

三、地区划分

根据国务院发展研究中心 2005 年发布的《地区协调发展的战略和政策》报告所划分的八大综合经济区构想，为了识别区际城市旅游业发展空间非均衡的演变特征，并参考"三大战略"和"四大板块"区域发展战略体系，本章分别从"四板块"和"八区域"视角对城市旅游业发展地区差异与空间极化进行对比研究。关于四板块，东部地区包括北京、天津、河北、上海、江苏、浙江、福建、山东、广东和海南；中部地区包括山西、安徽、江西、河南、湖北和湖南；西部地区包括内蒙古、广西、四川、云南、重庆、贵州、陕西、青海、甘肃、宁夏、西藏和新疆；东北部地区包括辽宁、吉林和黑龙江。关于八区域，东北地区包括辽宁、吉林、黑龙江；北部沿海包括北京、天津、河北、山东；东部沿海包括上海、江苏、浙江；南部沿海包括广东、福建、海南；黄河中游包括山西、内蒙古、河南、陕西；长江中游包括安徽、江西、湖北、湖南；西南地区包括广西、重庆、四川、贵州、云南、西藏；西北地区包括甘肃、青海、宁夏、新疆。

第四节　中国城市旅游业发展空间非均衡特征

总体而言，2003～2018 年，中国城市旅游业发展空间分布具备非均衡特征，城际旅游业发展绝对差异逐年扩大，但全国城市旅游业发展水平存在显著上升趋势。在考察期内，云南省丽江市旅游产业专业化水平均值（1.0557）为全国最高，黑龙江省绥化市旅游产业专业化水平均值（0.0043）为全国最低。全国城市旅游产业专业化水平均值为 0.1122，其中，共有 109 个地级市高于全国均值，另有 177 个地级市低于全国均值，可见旅游业发展城际差异明显。以 2003 年为基期，广西河池市旅游业发展年均增长速度最快，为 43.63%，而福建省泉州市年均下降 4.08%；以 2008 年为基期，甘肃省金昌市旅游业发展年均增长速度最快，为 45.39%，福建省泉州市年均下降 4.41%；以 2013 年为基期，内蒙古乌海市旅游业发展年均增长速度最快，为 38.11%，河南省郑州市年均下降 6.46%。

从全国城市旅游产业专业化均值变化轨迹看，除 2004 年受"非典事件"影响导致数值略微降低之外,全国城市旅游产业专业化水平整体呈稳步攀升趋势。在考察期内,城市旅游产业专业化均值由 2003 年的 0.0717 增至 2018 年的 0.2095,与 2012~2018 年相比,2003~2011 年全国城市旅游业发展平均水平年均增长幅度较为缓慢,普遍低于 10%,2008 年仅为 1.78%,金融危机对旅游业造成的负面冲击极为显著。若以 2003 年为基期,2018 年全国城市旅游业发展平均水平年均增长 7.41%;若以 2008 年为基期,2018 年全国城市旅游业发展平均水平年均增长 9.58%;若以 2013 年为基期,2018 年全国城市旅游业发展平均水平年均增长 11.56%。

从演变过程看,"四板块"城市旅游业发展平均水平演进过程大致可划分为三个阶段。(1) 第一阶段(2003~2010 年),除东部地区略微波动之外,其余地区城市旅游业发展平均水平呈上升趋势(2004 年除外),其中,东部地区城市旅游业发展平均水平最高,中部、西部地区次之,两个地区的城市旅游业发展平均水平变化趋势几乎一致,东北地区平均水平最低。(2) 第二阶段(2011~2014 年),中部地区城市旅游业发展平均水平最高,东部、西部地区次之,东北地区平均水平仍最低。(3) 第三阶段(2015~2018 年),西部地区城市旅游业发展平均水平最高,中部、东北部地区次之,东部地区平均水平最低。从具体轨迹看,在考察期内,东部地区城市旅游产业专业化均值由 2003 年的 0.0927(全国最高水平)升至 2018 年的 0.1713(全国最低水平),年均增长率为 4.18%,而西部、中部地区则由 2003 年的 0.0687 与 0.0654 分别增至 2018 年的 0.2507 与 0.2205,分列"四板块"前两位,年均增长率分别达 9.02% 与 8.44%,尽管东北部地区城市旅游产业专业化 2003 年初始均值水平为全国最低,但年均增长率最高,为 10.46%。此外,若以 2008 年为基期,2018 年东部、中部、西部和东北部地区城市旅游业发展平均水平年均增长率分别为 6.38%、9.91%、12.04% 和 10.29%;若以 2013 年为基期,2018 年"四板块"年均增长率分别为 8.10%、11.23%、15.11% 和 10.57%。

"八区域"城市旅游业发展平均水平整体变化可概括为两个阶段:(1) 第一阶段(2003~2009 年),"八区域"城市旅游产业专业化均值分别在波动中呈现微弱上升趋势,但普遍变化幅度相对较小。(2) 第二阶段(2010~2018 年),"八区域"城市旅游产业专业化均值上升幅度显著增大。其中,西南地区均值由 2003 年的 0.0918 突升至 2018 年的 0.3276(全国最高水平),而南部沿海均值初始领先,历经波动后降至 0.1839(全国第 5 位)。其余地区城市旅游业发展平均水平特征与西南地区基本相似，其中，北部沿海与东部沿海增长速度相对缓慢，年均增长率基本维持在 5% 左右。尽管西北地区年均增长率达 9.41%，但由于初始水平较低，其城市旅游业发展平均水平仍暂处于末位。

第五节　中国城市旅游业发展地区差异分解

一、整体差异测算

根据泰尔指数和 Dagum 基尼系数测算公式，由图 3-1 可知，中国城市旅游产业专业化泰尔指数与基尼系数变化趋势基本一致，整体呈现"下降—交替—上升"的过程特征，说明我国城市旅游业发展总体差异具备"前减小、中波动、后增大"的演变历程。其中，泰尔指数数值大小和波动幅度相对高于基尼系数，说明以泰尔指数所衡量的城市旅游业发展总体差异程度要强于基尼系数。例如，全国城市旅游产业专业化泰尔指数 2011 年最小，为 0.5658，2003 年最大，为 0.7884，整体标准差为 0.0587；基尼系数 2014 年最小，为 0.3569，2003 年最大，为 0.4826，整体标准差为 0.0331。在考察期内，泰尔指数均值为 0.6106，而基尼系数均值为 0.3883，如图 3-1 所示，说明 2006~2017 年（泰尔指数）和 2008~2018 年（基尼系数），城市旅游业发展整体差异均低于平均差异水平，其余年份则呈反向变化。泰尔指数与基尼系数年均变化幅度分别为 -1.42% 和 -1.5%，说明以基尼系数衡量的城市旅游业发展总体差异年均减弱程度略高。总体而言，中国城市旅游业发展总体差异变化以减小为主，历经微弱波动，而后有扩大倾向。

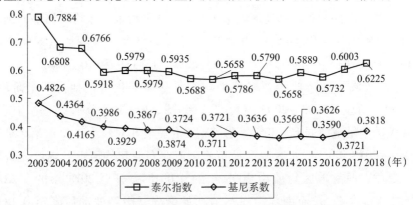

图 3-1　中国城市旅游业专业化泰尔指数与基尼系数

二、地区差异泰尔指数子群分解

根据"四板块"泰尔指数分解结果，表 3 - 1 列出中国城市旅游业发展空间分布的"四板块"差异及其演变趋势。整体来看，东部地区城际旅游业发展差异在微弱波动中呈现一致收敛趋势。中部地区、西部地区差异变化趋于稳定，在 2007 年之前，中部地区差异以"减小—增大"相互剧烈交替为主，而西部地区差异则以大幅度持续"减小"为主。东北部地区差异变化具备"先增大、后减小"的变动特征。同时，东部地区、中部地区和西部地区城际旅游业发展差异彼此呈现交叉变化。首先，2003 ~ 2006年和 2015 ~ 2018 年，西部地区泰尔指数高于中部地区，其余时期则反向变化。其次，2004 ~ 2009 年，东部地区泰尔指数高于西部地区，随后呈相反趋势。最后，2003 ~ 2006 年，东部地区泰尔指数高于中部地区，随后反向变化。另外，东北部地区不仅城际旅游业发展差异弱于上述地区，而且也未发生交叠现象。从泰尔指数年均变化幅度看，东北部地区城际旅游业发展差异年均扩张速度为 2.32%，而东部地区、西部地区和中部地区差异年均缩小速度分别为 2.78%、1.71% 和 0.93%。"四板块"内城际旅游业发展差异对城际旅游业发展总体差异的贡献率波动态势与泰尔指数变化趋势基本吻合，东部地区差异贡献率以持续减弱为主，中部地区呈现"先增强、后减弱"变化趋势，而西部地区缓慢攀升，并且西部地区城际旅游业发展平均差异贡献率（31.43%）略高于东部地区（31.18%），中部地区（28.37%）次之，东北部地区（6.22%）最低，这也是由于西部地区城际旅游业发展差异存在高位，而东北部地区旅游业整体发展保持低水平稳态所致。

表 3 - 1   "四板块"城市旅游产业专业化泰尔指数变化

年份	全国	东部	中部	西部	东北部
2003	0.7884	0.7795	0.7659	0.8993	0.2962
2004	0.6808	0.7908	0.5407	0.7380	0.2650
2005	0.6766	0.7852	0.6093	0.6766	0.2745
2006	0.5918	0.6941	0.4934	0.6141	0.2825
2007	0.5979	0.6182	0.6259	0.6165	0.3185
2008	0.5979	0.6214	0.6385	0.5926	0.3664
2009	0.5935	0.5984	0.6419	0.5860	0.3908

续表

年份	全国	东部	中部	西部	东北部
2010	0.5688	0.5406	0.6031	0.5754	0.4299
2011	0.5658	0.5299	0.6004	0.5716	0.4348
2012	0.5786	0.4838	0.6476	0.5909	0.4552
2013	0.5790	0.5074	0.6446	0.5785	0.4435
2014	0.5658	0.5142	0.5973	0.5674	0.4192
2015	0.5889	0.5076	0.6024	0.6098	0.4409
2016	0.5732	0.4986	0.5529	0.6237	0.3507
2017	0.6003	0.4811	0.5885	0.6507	0.3967
2018	0.6225	0.5005	0.5871	0.6729	0.3918

表3-2为"八区域"城市旅游产业专业化泰尔指数变化趋势。从横向对比看，西南地区、南部沿海和长江中游泰尔指数均值位居前三，分别为0.769、0.7208和0.68，而西北地区、东部沿海和北部沿海泰尔指数均值相对较低，依次为0.3233、0.3324和0.3058，说明上述地区城际旅游业发展差异是影响中国城市旅游业发展总体差异的重要或较弱因素。整体上，东北地区城际旅游业发展差异经历"先剧烈增大、后微弱减小"趋势，北部沿海地区差异基本保持平稳，东部沿海与黄河中游地区差异表现出一致的扩大态势，南部沿海地区差异呈现持续减小特征，长江中游地区差异在波动中出现"先增大、后减小"规律，西南地区与西北地区差异存在"U"型演化过程。从纵向增幅来看，东部沿海、东北地区和黄河中游地区差异年均扩张分别为5.01%、2.32%和1.67%，其余地区差异变化以年均减小为主。在考察期内，虽然西南地区、南部沿海和长江中游地区城际旅游业发展地区平均差异水平相对较高，但年均分别下降0.67%、3.32%和1.24%，而东部沿海地区平均差异水平相对较低，但差异扩张速度明显。根据"八区域"泰尔指数贡献率，"八区域"内城际旅游业发展差异在中国城市旅游业发展总体差异中的贡献份额变化也与泰尔指数变化特征趋于相似，西南地区、长江中游和南部沿海地区城际旅游业发展平均差异贡献率处于前列，分别为27.05%、21.59%和16.53%，西北地区（2.02%）、北部沿海（3.83%）和东部沿海（5.68%）平均差异对总体差异的贡献程度较

弱，尤其是北部沿海与南部沿海地区城际旅游业发展差异贡献率年均下降0.36％和5.69％，其余地区差异贡献率以年均上升为主，其中东北地区（8.06％）差异贡献率年均上升最快。

表3－2　　　　　　"八区域"城市旅游产业专业化泰尔指数

年份	东北地区	北部沿海	东部沿海	南部沿海	黄河中部	长江中游	西南地区	西北地区
2003	0.2962	0.3298	0.2396	0.9367	0.4556	0.7940	0.9120	0.5423
2004	0.2650	0.3198	0.2834	0.9166	0.2812	0.5864	0.8939	0.5846
2005	0.2745	0.3259	0.3113	0.9054	0.2812	0.6976	0.7994	0.5864
2006	0.2825	0.3971	0.2835	0.8750	0.2958	0.5547	0.7520	0.3750
2007	0.3185	0.3663	0.2762	0.7896	0.3168	0.7289	0.7466	0.3567
2008	0.3664	0.3476	0.2705	0.8295	0.3200	0.7498	0.7381	0.2814
2009	0.3908	0.2950	0.2780	0.8029	0.3352	0.7510	0.7385	0.2321
2010	0.4299	0.3087	0.2823	0.7179	0.3234	0.7118	0.7323	0.1816
2011	0.4348	0.2914	0.2884	0.7049	0.3394	0.6994	0.7221	0.1622
2012	0.4552	0.2856	0.3523	0.5635	0.3386	0.7525	0.7379	0.1673
2013	0.4435	0.2714	0.3497	0.6181	0.3204	0.7664	0.7258	0.1699
2014	0.4192	0.2736	0.3724	0.6264	0.3485	0.6918	0.7018	0.2290
2015	0.4409	0.2638	0.3943	0.6055	0.4013	0.6678	0.7528	0.2564
2016	0.3507	0.2635	0.4242	0.5733	0.4363	0.5694	0.7562	0.3316
2017	0.3967	0.2805	0.4338	0.5256	0.4798	0.5896	0.7805	0.3705
2018	0.3918	0.2734	0.4794	0.5424	0.5128	0.5695	0.8138	0.3452

　　针对中国城市旅游业发展地区差异形成的内部空间结构，通过运用泰尔指数子群分解方式可以发现，无论是"四板块"还是"八区域"，地区内差异是导致城市旅游业发展总体差异的主导来源。如图3－2所示，"四板块"与"八区域"地区内差异贡献率均值分别为97.21％和91.36％，而地区间差异贡献率均值分别为2.79％和7.64％，由此说明内部差异是掣肘城市旅游业地区均衡发展的关键。从贡献率演变趋势来看，"四板块"

地区内差异贡献率持续减弱，而"八区域"地区内差异贡献率呈现"增强—减弱"趋势，与"四板块"相比，"八区域"地区内差异来源相对较小。这说明，尽管地区内差异是主导城市旅游业发展总体差异的核心来源，但差异贡献率逐渐降低。

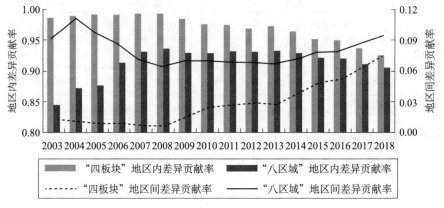

图3－2　城市旅游业发展地区内差异来源及贡献率

三、地区差异 M－S 基尼系数子群分解

表3－3为"四板块"M－S基尼系数子群分解结果。首先，从城市旅游产业专业化地区基尼系数变化趋势来看，东部、西部地区基尼系数变化趋势与总体基尼系数相似，主要以逐渐下降为主旋律，但在后期出现上升倾向，而中部地区、东北部地区基尼系数表现出"下降—上升"互为交替的变化规律。在考察期内，西部地区基尼系数始终高于总体基尼系数，中部地区基尼系数在2016～2018年高于总体基尼系数，其余时期则相反，而东北部地区基尼系数仅在2008年和2010～2015年才高于总体基尼系数，东部地区基尼系数则始终低于总体基尼系数。因此，西部地区（0.4136）城际旅游业发展平均差异最高，而东部地区（0.3492）平均差异最低，中部地区（0.3745）与东北部地区（0.3849）平均差异处于中间水平。从 M－S 基尼系数"四板块"分解看，剩余项数值、群间与群内基尼系数依次递减，并且剩余项数值变化特征呈倒"U"型，与群间基尼系数变化趋势相反，群内基尼系数几乎未变，并且结合"四板块"城市旅游业发展地区差异来源及其贡献率，可以判定 M－S 基尼系数子群分解中的剩余项部分是中国城市旅游业发展总体差异变化的核心来源，剩余项平均差异贡献率最高，为57.97%。

表 3 - 3　　　　　　　　"四板块" M - S 基尼系数子群分解结果

年份	东部	中部	西部	东北部	群内	群间	剩余项	贡献率（%）		
								群内	群间	剩余项
2003	0.4131	0.4587	0.5377	0.4426	0.1312	0.1189	0.2325	27.19	24.64	48.18
2004	0.4153	0.3711	0.4748	0.4120	0.1189	0.1143	0.2032	27.24	26.19	46.57
2005	0.4048	0.3753	0.4303	0.3669	0.1136	0.1065	0.1964	27.28	25.57	47.15
2006	0.3825	0.3478	0.4223	0.3891	0.1083	0.0974	0.1930	27.16	24.43	48.42
2007	0.3643	0.3743	0.4194	0.3886	0.1075	0.0618	0.2237	27.36	15.72	56.92
2008	0.3572	0.3738	0.4097	0.3938	0.1054	0.0488	0.2325	27.25	12.62	60.14
2009	0.3479	0.3783	0.4290	0.3652	0.1053	0.0217	0.2603	27.19	5.60	67.21
2010	0.3322	0.3662	0.3967	0.3964	0.0999	0.0092	0.2632	26.83	2.48	70.69
2011	0.3278	0.3639	0.4012	0.3952	0.1001	0.0062	0.2648	26.97	1.66	71.37
2012	0.3208	0.3633	0.4061	0.4042	0.1004	0.0219	0.2498	26.98	5.88	67.14
2013	0.3210	0.3615	0.3858	0.3957	0.0985	0.0323	0.2327	27.10	8.89	64.02
2014	0.3193	0.3537	0.3752	0.3823	0.0967	0.0387	0.2215	27.11	10.83	62.06
2015	0.3141	0.3627	0.3802	0.3928	0.0973	0.0425	0.2228	26.83	11.72	61.45
2016	0.3178	0.3608	0.3762	0.3267	0.0980	0.0747	0.1863	27.30	20.80	51.90
2017	0.3175	0.3871	0.3832	0.3570	0.1004	0.0710	0.2007	26.97	19.09	53.94
2018	0.3312	0.3937	0.3900	0.3498	0.1029	0.0864	0.1925	26.96	22.62	50.42

　　表 3 - 4 为"八区域" M - S 基尼系数子群分解结果。从基尼系数大致变化趋势来看，除东部沿海地区呈现"上升—下降—上升"特征与黄河中游存在"微动—上升"趋势之外，其余地区城市旅游业发展差异演变在整体上多在波动中具备收敛态势，但也需注意，在 2016 年之后，大多地区差异也存在扩大倾向。从基尼系数大小判断，除东部沿海地区基尼系数基本低于 0.3 之外，其余地区基尼系数主要处于 0.3 ~ 0.46，均值也基本落在 0.3443 ~ 0.3878，说明除东部沿海地区城市旅游业发展差异最小之外，其余地区旅游业发展差异彼此交叠变化现象较为普遍。从"八区域"差异分解看，群内基尼系数最小且变化微弱，群间基尼系数在波动中呈下降趋势，剩余项数值变化特征与群间基尼系数基本相反，除 2003 ~ 2006 年，群间基尼系数稍高于剩余项数值之外，其余时期内剩余项数值均高于群间基尼系数。与"四板块"分解的地区差异来源及贡献相似，尽管剩余项在

表 3-4　"八区域" M-S 基尼系数子群分解结果

年份	东北地区	北部沿海	东部沿海	南部沿海	黄河中游	长江中游	西南地区	西北地区	群内	群间	剩余项	贡献率（%）		
												群内	群间	剩余项
2003	0.4426	0.4455	0.2431	0.4313	0.4277	0.4634	0.5241	0.4822	0.0617	0.2128	0.2081	12.78	44.10	43.12
2004	0.4120	0.4288	0.2553	0.4193	0.3412	0.3827	0.4429	0.4697	0.0534	0.2125	0.1705	12.23	48.71	39.06
2005	0.3669	0.4304	0.2585	0.4095	0.3379	0.4019	0.3867	0.4640	0.0516	0.1905	0.1744	12.39	45.74	41.88
2006	0.3891	0.4449	0.2293	0.3763	0.3356	0.3723	0.3763	0.4074	0.0494	0.1751	0.1742	12.39	43.92	43.69
2007	0.3886	0.4288	0.2168	0.3569	0.3400	0.4033	0.3690	0.3995	0.0505	0.1520	0.1905	12.85	38.68	48.47
2008	0.3938	0.4104	0.2047	0.3573	0.3307	0.3991	0.3797	0.3746	0.0504	0.1353	0.2010	13.02	34.99	51.99
2009	0.3652	0.3846	0.1974	0.3458	0.3342	0.3946	0.4220	0.3738	0.0510	0.1306	0.2058	13.15	33.72	53.12
2010	0.3964	0.3727	0.1937	0.3319	0.3321	0.3827	0.3815	0.3309	0.0492	0.1159	0.2073	13.21	31.11	55.68
2011	0.3952	0.3519	0.2017	0.3371	0.3334	0.3827	0.3783	0.3097	0.0493	0.1217	0.2001	13.28	32.80	53.93
2012	0.4042	0.3382	0.2203	0.3265	0.3244	0.3840	0.3837	0.3027	0.0499	0.1332	0.1891	13.40	35.79	50.82
2013	0.3957	0.3173	0.2197	0.3423	0.3183	0.3872	0.3586	0.2889	0.0490	0.1253	0.1892	13.47	34.48	52.05
2014	0.3823	0.3084	0.2240	0.3481	0.3297	0.3672	0.3448	0.3013	0.0480	0.1211	0.1877	13.46	33.93	52.61
2015	0.3928	0.2995	0.2381	0.3398	0.3401	0.3685	0.3525	0.3056	0.0489	0.1192	0.1946	13.47	32.87	53.66
2016	0.3267	0.2977	0.2612	0.3396	0.3476	0.3554	0.3467	0.3121	0.0480	0.1390	0.1719	13.38	38.74	47.88
2017	0.3570	0.3078	0.2740	0.3284	0.3682	0.3785	0.3585	0.3185	0.0503	0.1348	0.1869	13.53	36.23	50.24
2018	0.3498	0.3168	0.3029	0.3363	0.3671	0.3816	0.3738	0.3000	0.0515	0.1468	0.1835	13.49	38.45	48.06

M－S 基尼系数子群分解中并未赋予任何经济意义，但考虑到在分解中剩余项数值相对较高，所以也证明倘若忽略剩余项在基尼系数"群间差异"中的贡献及其隐含的经济意义，实际上会严重低估群间差异对总体差异的贡献份额。通过对贡献率比较后发现，剩余项部分（49.14%）对总体差异的平均贡献率均高于群间（37.77%）和群内（13.09%）平均差异贡献率，再次说明剩余项所表征的不同组间旅游业收入交叠分布形成的转移变异贡献是促使中国城市旅游业发展总体差异演变的主要原因。

四、地区差异 Dagum 基尼系数子群分解

表3－5 列出了"四板块"Dagum 基尼系数子群分解结果。"四板块"六组群间基尼系数整体呈下降趋势，说明城市旅游业发展地区间差异具备收敛态势。其中，西部—东北部（3 与 4）群间基尼系数均值最高（0.4115），中部—西部（2 与 3）群间基尼系数均值次之（0.3979），东部—中部（1 与 2）群间基尼系数均值最低（0.3748），说明西部—东北部地区间城市旅游业发展平均相对差异最大，东部—中部地区间平均相对差异最小。另外，东部—东北部（1 与 4）群间城市旅游业发展差异年均降幅最大（2.39%），东部—中部（1 与 2）群间城市旅游业发展差异年均降幅最小（1.25%）。从"四板块"旅游业发展地区相对差异来源及其贡献率来看，群内相对差异贡献率变化基本平稳，群间相对差异贡献率与超变密度差异贡献率变化趋势大致相反。同时，超变密度差异贡献率显著大于群内与群间差异贡献率，说明超变密度（剩余项）是中国城市旅游业发展地区差异演变的核心来源。对于"四板块"六组群间相对差异来源大小，超变密度差异来源最大，介于 0.5693～0.6395；群间相对差异来源最小，介于 0.0737～0.1612；群内相对差异来源居中，介于 0.2683～0.2736。群内差异贡献率年均负增长（－0.54%），群间差异贡献率年均增幅最大（2.28%），超变密度差异贡献率年均增幅最小（0.67%）。

表 3－5　　　　　"四板块"Dagum 基尼系数子群分解结果

年份	群间基尼系数						贡献率（%）		
	1 与 2	1 与 3	1 与 4	2 与 3	2 与 4	3 与 4	群内	群间	超变密度
2003	0.4620	0.4964	0.5086	0.5031	0.4755	0.5228	0.27	0.16	0.57
2004	0.4202	0.4655	0.4774	0.4281	0.4067	0.4599	0.27	0.10	0.63
2005	0.4187	0.4362	0.4499	0.4075	0.3861	0.4154	0.27	0.09	0.64

续表

年份	群间基尼系数						贡献率（%）		
	1与2	1与3	1与4	2与3	2与4	3与4	群内	群间	超变密度
2006	0.3885	0.4203	0.4373	0.3882	0.3819	0.4181	0.27	0.07	0.66
2007	0.3809	0.3998	0.4019	0.3996	0.3949	0.4144	0.27	0.11	0.62
2008	0.3754	0.3909	0.3879	0.3939	0.3969	0.4086	0.27	0.11	0.62
2009	0.3716	0.3959	0.3602	0.4059	0.3860	0.4079	0.27	0.13	0.60
2010	0.3550	0.3685	0.3699	0.3837	0.3942	0.4057	0.27	0.11	0.62
2011	0.3516	0.3677	0.3661	0.3849	0.3908	0.4036	0.27	0.11	0.63
2012	0.3487	0.3675	0.3675	0.3881	0.3944	0.4101	0.27	0.13	0.61
2013	0.3457	0.3559	0.3632	0.3766	0.3882	0.3948	0.27	0.11	0.62
2014	0.3408	0.3516	0.3550	0.3688	0.3768	0.3840	0.27	0.11	0.62
2015	0.3447	0.3560	0.3641	0.3764	0.3857	0.3905	0.27	0.12	0.62
2016	0.3479	0.3616	0.3290	0.3733	0.3704	0.3834	0.27	0.15	0.58
2017	0.3667	0.3719	0.3449	0.3905	0.3832	0.3793	0.27	0.14	0.59
2018	0.3791	0.3883	0.3490	0.3981	0.3862	0.3857	0.2696	0.1612	0.5693

注：1＝东部，2＝中部，3＝西部，4＝东北部。

　　"八区域"Dagum基尼系数子群分解结果显示，"八区域"二十八组群间基尼系数普遍存在下降规律，并伴随近期上升趋势。西南地区—西北地区（0.4795）、南部沿海—西北地区（0.4453）、北部沿海—西南地区（0.4376）之间基尼系数均值位居前三位，而东部沿海—西南地区（0.3354）、东部沿海—黄河中游（0.3354）和东部沿海—南部沿海（0.3185）之间基尼系数均值分列后三位，由此可以发现，近年来西南地区、黄河中游和南部沿海代表性城市凭借生态资源、文化内涵和政策区位等优势因素，旅游业经历快速发展阶段，与东部沿海地区差异逐渐缩小，而西北地区城市旅游业囿于产业基础、区位条件和交通网络，旅游业发展普遍较为缓慢，进而也导致其与部分地区城市旅游业发展差异相对较大。另外，从"八区域"城市旅游业发展地区差异来源及贡献率看，超变密度差异来源最大，介于0.2213～0.2934，平均差异贡献率达62.09%；地区内相对差异来源最小，介于0.0481～0.0617，平均差异贡献率为13.09%；地区间相对差异来源居中，介于0.0837～0.1276，平均差异贡献率为24.81%。所以，超变密度贡献率仍在中国城市旅游业发展地区差异中占主导作用。

需要强调的是，在"四板块"或"八区域"分组设定下，无论是M - S基尼系数，抑或Dagum基尼系数及其子群分解，均证实剩余项所表征的因子群之间交叠分布而形成的均衡交互影响，是支撑中国城市旅游业专业化基尼系数变化的主要原因。前面已证实，剩余项来源大小及其贡献率，均显著高于地区内与地区间贡献率，说明城市旅游业发展在"四板块"或"八区域"之间交叠程度较高，并且相互交叠所涉城市较多，意味着地区间所属"高水平俱乐部"的部分城市旅游业发展水平相对下降，所属"低水平俱乐部"的部分城市旅游业发展水平相对上升，从而分别增强了"高水平俱乐部"与"低水平俱乐部"中旅游业发展相对落后与发达城市之间的交叠程度，地区间城市旅游业发展聚合现象加剧。事实上，当中国城市旅游业发展地区差异呈收敛状态时，仅能说明个体城市旅游业发展水平与全局均值的偏离距离在缩小，但却无法反映"四板块"或"八区域"在城市旅游业发展方面表现出的平均差异，是否伴随着部分城市旅游业围绕某个局部均值水平而聚类分布或者以平均差异实现所表征的中国城市旅游业发展空间非均衡降低，是否以城市旅游业发展要素在空间上的集聚为代价。倘若存在以上情况，即使地区内差异减小，或者地区间转移变异贡献率升高，本质上是强化了区内同质性，尽管总体差异会随之减弱，但由于区间异质性分化，最终导致极化现象出现。

第六节　中国城市旅游业发展空间极化分析

为了描述并揭示中国城市旅游业发展的空间极化格局，本章不仅测算了城市旅游产业专业化的 W 指数，而且还使用测度空间极化程度的 EG 指数、EGR 指数和 LU 指数对"四板块"与"八区域"城市旅游业发展的空间极化趋势进行定量刻画。

一、两极分化测度

如图 3 - 3 所示，中国城市旅游产业专业化的 W 指数在"下降—上升"相互交替过程中呈现拟合线性下降趋势，说明城市旅游业发展两极分化程度在波动中整体表现出减弱特征，但后期存在增强倾向。城市旅游业发展的 W 指数由 2003 年的 0.4207 降至 2018 年的 0.3234，年均下降1.53%。按时序分析，2003 ~ 2014 年 W 指数年均降低 3.51%，而 2014 ~

2018年则年均增长3.92%，说明中国城市旅游业发展经历两极分化持续减弱之后，后期逐渐转入强化阶段。

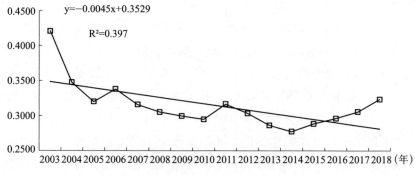

图3-3　城市旅游业发展 W 指数变化趋势

二、多极分化测度

图3-4勾勒出"四板块"城市旅游业发展三类极化指数与总体基尼系数变化趋势，发现"四板块"城市旅游业发展极化过程大致呈"U"型特征，并且在2011年极化效应存在"拐点"，即2003～2011年"四板块" EG 指数、EGR 指数和 LU 指数分别从 0.3442、0.3333、0.2537 降至 0.0216、0.0106、0.0158，年均分别下降 26.39%、30.41%、26.45%；2011～2018 年，三类极化指数升至 0.7958、0.787、0.578，年均分别上升87.29%、141.88%、87.14%。根据极化理论，在 2011 年以前，城市旅游业极核（增长极）的扩散效应明显，对邻近城市旅游业发展产生辐射作用。进入"十二五"规划后，随着城市旅游业要素资源向局域地理中心不断聚集，新的空间极核（增长极）开始出现。2003～2011 年，总体基尼系数持续下降，年均下降 3.19%，2011 年以后年均上升 0.43%。通过对比极化指数与基尼系数变化趋势后发现，2011 年以前，两者变动趋势基本相似，说明城市旅游业发展总体差异减弱与增长极城市的旅游业要素资源扩散效应同步，即旅游业发展相对落后的城市以超过相对发达城市的速度在扩张，总体差异在缩小，并且空间分布较为均衡。2011 年之后，极化指数持续上升，而基尼系数先降后升，并且极化指数的变化幅度大于基尼系数，说明城市旅游业发展总体差异在经历"缩小→扩大"演变时，始终伴随旅游业要素资源强势聚集。"十二五"规划时期，在城市旅游业发展水平总体差异减弱过程中，组间对抗程度（异质性）缓慢提高，极化现象开始出现，而进入"十三五"规划时期，由于城市旅游业要素利用方

式和产业发展模式转型驱动总体差异扩大，极化趋势逐渐强化，并且极化效应比差异扩张强度更大，多极分化状态显现。上述结论再次证明，在极化中走向发展成为中国城市旅游业发展的基本常态。

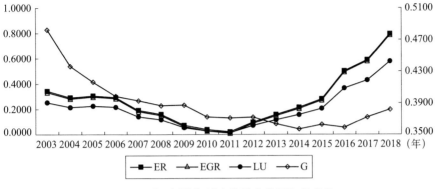

图3-4　"四板块"城市旅游业发展极化趋势

"八区域"EG指数、EGR指数和LU指数演变趋势与"四板块"基本一致，2010年极化效应提前出现"转折"。2003～2010年三类指数分别从0.1493、0.1224和0.1105降至0.1046、0.0789和0.0771，年均分别下降4.82%、5.93%和4.88%；2010～2018年升至0.3215、0.2980和0.2335，年均分别上升15.35%、18.74%和15.14%。对比来看，无论是极化效应强度抑或极化变化幅度，"八区域"城市旅游业要素资源聚集效应与扩散效应均弱于"四板块"。

第七节　结论与启示

本章以旅游产业专业化为衡量指标，在将中国286个地级城市进行"四板块"和"八区域"分组设定的条件下，分别对2003～2018年城市旅游业发展水平地区差异与空间极化进行实证研究，以期在微观层面对中国旅游业发展空间非均衡的主导来源与特殊形态进行定量刻画。研究结果表明：（1）中国城市旅游业发展总体差异在微弱波动中缩小演进，但近些年也存在强化风险。（2）泰尔指数子群分解结果显示，倘若忽视子群"交叠"分布问题，地区内差异是中国城市旅游业发展总体差异的主要来源，但地区内差异贡献率却逐渐减小。在"四板块"中，东部地区城际旅游业发展差异逐渐收敛，东北部地区城际旅游业发展差异先增后减，中部、西部地区稳定交叠，而在"八区域"中，尽管地区城际旅游业发展差异波动趋势各异，但西南地区、南部沿海和长江中游城际旅游业发展差异平均水平较高，并且"四板块"和"八区域"城际旅游业发展差异对城际旅游业发展总体差异的贡献率波动态势与泰尔指数变化趋势基本吻合。(3) M-S 基尼系数与 Dagum 基尼系数子群分解结果显示，首先，在"四板块"和"八区域"中，东部、西部地区城市旅游业发展差异变动特征与总体差异相似，中部、东北部地区则呈现"扩大—减小"互为交替演进特征。其次，剩余项是中国城市旅游业发展地区差异演变的核心来源，即剩余项所表征的不同组间旅游业收入交叠分布形成的转移变异贡献是促使中国城市旅游业发展总体差异变化的主要原因。最后，Dagum 基尼系数子群分解结果显示，"四板块"六组地区间城市旅游业发展差异存在收敛过程，并且西部—东北部地区间平均差异最大，而"八区域"二十八组群间差异普遍存在减小态势，但近些年也有扩大趋势，西南地区—西北地区、南部沿海—西北地区和北部沿海—西南地区间城市旅游业发展平均差异位居前列。(4) 中国城市旅游业发展两极分化趋势在波动中持续减弱后转入逐渐强化阶段。多极分化指数显示，"四板块"和"八区域"城市旅游业发展极化过程呈现"U"型特征，并且由扩散效应转向极化效应存在显著"阈值"。

　　本章研究结论为缩小中国城市旅游业发展地区差异、促进城市旅游业协调均衡发展提供一些政策启示。首先，在考察期内，尽管在"东部提质""中部崛起""东北振兴""西部开发"现行组合战略背景下，中国城市旅游业发展水平迅速提升，并且地区差异整体呈减弱态势，但进入"十三五"时期，城市旅游业发展地区差异转而出现强化倾向，这是因为，随着中国经济进入"四期叠加"，城市旅游业高质量发展目标倒逼旅游业发展模式转型升级，但鉴于各城市旅游业资源禀赋、产业配套与交通网络等发展条件差异，近期城市旅游业发展地区差异显现扩大风险，所以为了避免因旅游产业盲目扩张致使地区差异继续扩大，宏观举措在于继续深化城市旅游业发展提质增效，坚持城市旅游业发展差异化战略，及时推动城市旅游业发展模式由初级传统观光向深度休闲度假转变。其次，本章所识别的中国城市旅游业发展地区差异的主要来源异于省级层面研究，例如，赵磊和方成（2014）利用 M-S 基尼系数子群分解方法对中国省级旅游业发展空间非均衡进行测度后发现，地区间差异是省级旅游业发展空间非均衡的主要来源，但本章论证出由组间城市旅游业收入交叠分布而产生的剩余项所承载的地区间转移变异贡献才是驱动中国城市旅游业发展总体差异动态演变的主要因素。各级辖区政府可以通过打破地区边界、制定发展规划和优化服务供给等行政手段，鼓励城市旅游业要素资源跨区流动、信息共享和优化配置，尤其是省级政府需要重点为地区间所属"高水平俱乐部"与"低水平俱乐部"旅游业发展相对落后与发达城市之间互动交流创造合作条件和制定优惠政策，可以考虑在市场共享、客源共推、线路共设、品牌共建和政策共惠等利益共赢方面进行创新探索。最后，极化指数显示，中国城市旅游业发展极化趋势呈现"先减弱、后强化"趋势，结合城市旅游业发展总体差异演变由弱渐强的特征，本章认为，应警惕中国城市旅游业发展"过度极化"与"差异扩大"双重叠加风险，着重增强旅游业发展增长极城市对邻近城市的扩散作用与辐射效应，通过合理弱化极化效应来实现中国城市旅游业稳健均衡发展。

第四章 新型城镇化综合测度、
分布动态与驱动机制

第一节 研究背景

改革开放以来，得益于工业化与城镇化之间相辅相成而释放出"制度红利"所形成的"后发优势"，中国经济实现了举世瞩目的"增长奇迹"。尤其是，城镇化从投资拉动、供给创造、需求刺激、产业升级和城乡协调等方面促进中国经济增长，可谓"牵一发而动全身"。本质上讲，由人口向城镇集中而推动城镇规模扩大的城镇化运动，绝非仅是一种自发的人口流动抑或是计划的产业演进，而是一项意义深远的经济体系、社会结构和空间功能的系统变迁过程。于是，伴随着中国经济社会的迅速发展，城镇化随即进入快速推进阶段。截至 2015 年，中国城镇常住人口达 7.71 亿人，城镇化率为 56.1%，而 2011 年城镇化率已近 51.27%，基本与世界平均水平大体持平，而城镇化速度甚至已领先西方发达国家的城镇化历史进程，表明中国城镇化发展将面临重要的战略转型期（陆大道和陈明星，2015）。单纯从人口规模、城镇体系和空间形态标准而论，中国整体已进入初级城市型社会（潘家华和魏后凯，2012）。

然而，倘若考虑到中国特殊的户籍制度，较低的农民市民化程度使得实际（户籍人口）城镇化率远低于现行的名义城镇化率，致使后者出现"虚高增速"现象，不仅如此，其中所隐藏的更是一种呈现"四高五低"（高投入、高耗能、高污染、高扩张、低水平、低质量、低和谐、低包容和低持续）特征的重外延、轻内涵式的"不完全城镇化"问题。城镇化不仅是支撑经济增长的重要动力，更是评判国家社会发展的基本标志，而传统城镇化致使要素资源低效利用、生态环境急剧恶化、城镇空间蔓延失衡和城乡融合严重割裂广受诟病，诸如此类的矛盾却反衬出"伪城市型"社会的基本形态，所以克服传统城镇化的"低质高速"特征成为确保中国城镇化科学、健康和持续发展的核心要义。因此，针对传统城镇化所暴露的问题与弊端，"新型城镇化"概念应运而生，被赋予新的科学内涵，并着重强调城镇化建设应当保持速度与质量、经济与社会和城市与乡村之间的互补协调（仇保兴，2010）。

随着外部环境和内生条件的敏感变化，以 2012 年经济增速明显回落为标志，中国经济开始正式步入"新常态"，劳动成本提升、资本回报下降、土地财政依赖和经济结构扭曲等现象愈发凸显，进而倒逼中国经济由高速增长阶段转向高质量发展阶段。可以看到，经济发展进入"新常态"和城镇化进行战略转型在新时代的历史节点上竟不谋而合，但也绝非偶然，这是因为新型城镇化作为中国现代化发展的必由之路，是新型工业化、信息化和农业现代化协调融合的载体依托，势必成为引领中国经济增长的新动力、新途径和新选择（赵永平和徐盈之，2014）。

从党的十五届、十六届五中全会正式采用"城镇化"并将新型城镇化置于国家战略开始，"中国特色城镇化道路"和"新型城镇化道路"便为有机整体，且一脉相承。党的十八大明确提出"新型城镇化"命题为此后城镇化发展释放了转型新信号；2013 年中央经济工作会议要求，"积极稳妥推进城镇化，着力提高城镇化质量"，"走集约、智能、绿色和低碳的新型城镇化道路"；党的十八届三中全会提出"坚持走中国特色新型城镇化道路，推进以人为核心的城镇化，推动大中小城市和小城镇协调发展、产业和城镇融合发展，促进城镇化和新农村建设协调推进"；《国家新型城镇化规划（2014～2020）》又提出了新型城镇化道路需要坚持的七大原则；2016 年 2 月，习近平总书记对深入推进新型城镇化建设作出重要指示，强调新型城镇化建设要坚持以创新、协调、绿色、开放、共享的发展理念为引领，以人的城镇化为核心，更加注重提高户籍人口城镇化率，更加注重城乡基本公共服务均等化，更加注重环境宜居。由此可见，新型城镇化是从中国国情出发，坚持科学发展观要求和新时代中国特色社会主义思想，注重质量、安全和内涵发展，在市场主导、政府引导和公众参与下，实现城乡统筹、集约高效、产业互动、结构优化、绿色低碳、生态宜居和社会和谐以及城镇规模体系协同互动的城镇化发展路径，其核心在于以人为本、创新共享和可持续协调发展，以上是新型城镇化发展的关键内容，也是质量评价标准。

　　新型城镇化是中国未来新的增长亮点，尤其作为推动经济高质量发展的重要引擎，故对新型城镇化进行理论认知和实践探索已成为中国城镇化研究领域的热点问题，而诸多学者从跨学科视角对新型城镇化所展开的多维度研究，也正在逐渐构成中国新型城镇化研究的学术体系。通过文献梳阅，国内对新型城镇化研究的学术贡献分布主要集中在内涵阐释、指标构建、动力机制、区域差异和发展模式五个方面（张荣天和焦华富，2016），其中，对新型城镇化发展指标体系进行全面客观的综合测度，则是新型城镇化研究体系的本质基础，更是直接关系到能否对新型城镇化发展水平进行准确的定量识别，从而避免可能出现的政策偏差。事实上，学术界评价城镇化发展水平的方法主要分为单一指标法和复合指标法，前者主要采用城镇人口比重、非农人口比重或城镇土地利用比重等指标（欧名豪等，2004），尽管表征性强，并且数据易于获取，但由于只能片面衡量城镇化发展程度，无法全面反映城镇化发展内涵，所以仅停留在对传统城镇化发展水平的狭义测度层面，而后者不仅囊括了从人口、经济和空间方面对传统城镇化发展水平进行测度的常规做法，还在服务均等、城乡统筹、环境友好和生态集约等方面对城镇化发展指标体系进行了拓展补充，不仅可以初步构成新型城镇化发展指标体系，而且为综合测度新型城镇化发展水平提供了前提条件。

　　尽管随着对新型城镇化内在规律认识的不断加深，与新型城镇化发展关涉的指标体系构建愈发成熟，但由于新型城镇化发展是一个复杂的系统过程，涉及人口、经济、社会和环境等多个方面，所以新型城镇化发展水平评价指标体系的构建尚处于摸索阶段（王新越等，2014），因而适时、全面和准确地科学测度新型城镇化发展水平成为亟须研究的重要理论与现实问题（赵永平，2016）。

　　鉴于此，本章基于新型城镇化的丰富内涵和全新范畴，并参考既有文献指标体系构建思想，进而设计出一个兼具规模、集约、包容和可持续特征的新型城镇化发展水平评价指标体系。研究贡献体现在以下四个方面：第一，关于研究对象，本章首次基于"改进熵值—TOPSIS—灰色关联"方法对中国30个省份（西藏除外）2004～2015年新型城镇化发展水平评价指标体系进行综合测度，与现有仅使用熵值法定量评价新型城镇化发展水平的诸多文献相比，使用TOPSIS方法分析，通过欧式距离得出评价方案与理想方案的接近程度，并综合其与灰色关联度测算出灰色关联相对贴近度，可以更准确地反映新型城镇化发展的优劣水平。第二，关于研究视角,本章将新型城镇化发展水平综合评价模型、差异动态演进与驱动机制探究纳入统一研究框架,以避免陷入主观割裂此逻辑关系而导致对新型城镇化发展研究的片面性学术认识,进而初步丰富和深化了新型城镇化发展的研究体系。第三,关于研究内容,本章不仅对新型城镇化发展指标体系进行定量评价,进而科学测度出省级新型城镇化发展水平综合指数,而且对新型城镇化发展水平区域差异及其分布的动态演进过程予以定量刻画,原因在于部分文献仅对新型城镇化发展水平区域差异进行定性描述,却并未对区域绝对和相对差异进行有效测度,然后再对新型城镇化发展的驱动因素进行实证检验,以客观识别新型城镇化发展的驱动机制。第四,关于研究方法,鉴于新型城镇化内涵丰富的多维属性,本章充分利用统计学、地理学和经济学等跨学科的交叉方法和既定范式对以上内容进行研究,具体策略是首先结合 TOPSIS 和灰色关联理论构建新型城镇化发展水平评价模型,然后利用 Dagum 基尼系数及其分解、Kernel 密度估计和传统 Markov 链分析方法量化揭示新型城镇化发展水平地区差异及其分布动态演进过程,最后利用面板数据计量模型对新型城镇化发展的驱动机制进行实证研究。

第二节　新型城镇化发展水平综合测度

一、指标体系构建

由于以城镇化率所表征的人口城镇化作为城镇化发展的绝对度量指标体现出浓厚的计划体制思维,并且地方政府竞争作为经济城镇化和空间城镇化的主要推手,忽视了"人"的发展性因素,进而容易产生对城镇化发展的狭隘理解,甚至是导致粗放型城镇化的直接原因。新型城镇化理论不仅对传统城镇化的失衡发展予以批判,更是创新性地提出了一种遵循"结构优化—质量提升—均衡协调"理念的新时代背景下的城镇化优质发展方向。其中,在对新型城镇化的内涵理念进行充分理解的基础上,构建全面科学的评价指标体系、综合测度新型城镇化发展水平成为完善新型城镇化研究框架的关键问题。根据新型城镇化概念界定及其全新内涵,学术界基本认同新型城镇化是一个涉及人口、经济、社会和环境等方面的复杂系统,其中,"以人为本"是其核心内涵。由此可见,传统的单一人口城镇化率指标已经无法承载新型城镇化所具备的综合多维属性。鉴于此,本章不仅兼顾传统城镇化发展的有益评价指标，同时参考相关新型城镇化研究文献和官方政策文件，并依据系统性、科学性、层次性和获得性的原则，最终建立了由人口城镇化、经济城镇化、空间城镇化、社会包容性、环境治理力、城乡统筹度和生态集约化构成的包含有 7 个准则层和 29 个指标层的省级新型城镇化发展水平评价指标体系（见表 4 – 1），希冀尽可能全面衡量中国省级新型城镇化发展水平。

表 4 – 1 省级新型城镇化发展水平评价指标体系

目标层	准则层	指标层	指标说明	预期变动
新型城镇化建设水平	人口城镇化	城镇化率	城镇人口比总人口（%）	+
		城镇人口	城镇人口密度（万人/平方公里）	+
		资产投资	城镇人均固定资产投资额（元）	+
		居民收入	城镇居民家庭人均可支配收入（元）	+
		人口素质	每十万人口中高等学校在校学生人数（人）	+
	经济城镇化	经济增长	人均 GDP（元）	+
		财政支出	人均地方财政一般预算支出（元）	+
		经济开放	人均实际利用外商投资额（美元）	+
		产业发展	第三产业占 GDP 比重（%）	+
	空间城镇化	城镇覆盖	建成区面积占辖区面积比重（%）	+
		休闲功能	人均公园绿地面积（平方米）	+
		绿化建设	建成区绿化覆盖率（%）	+
	社会包容性	文化建设	人均拥有公共图书馆藏量（册）	+
		基础设施	交通密度（公里/平方千米）	+
		教育水平	人均受教育年限（年）	+
		医疗水平	每千人口卫生技术人员数（人）	+
		生活质量	城镇居民人均消费水平（元）	+
		信息建设	互联网上网使用人数占总人数比重（%）	+
		消费结构	城镇居民家庭恩格尔系数（%）	−
	环境治理力	污水治理	城市污水处理率（%）	+
		污染治理	生活垃圾无公害处理率（%）	+
		废物利用	工业固体废物综合利用率（%）	+
		市容环境	生活垃圾清运量（万吨）	+
		空气质量	工业二氧化硫排放量（万吨）	−

续表

目标层	准则层	指标层	指标说明	预期变动
新型城镇化建设水平	城乡统筹度	收入差距	城乡可支配收入对比（农村＝1）	－
		消费差距	城乡消费水平对比（农村＝1）	－
	生态集约化	自然保护	森林覆盖率（%）	＋
		生态电耗	单位 GDP 电耗（吨标准煤/万元）	－
		生态能耗	单位 GDP 能耗（千瓦时/万元）	－

二、指标选择解释

人口城镇化是城镇化发展的主要标志，直接反映城镇化发展的规模。人口由农村向城镇不断集中，可以简单地从城镇人口规模和人口密度两个方面进行判断。同时，为了保持人口城镇化质量与人口城镇化速度相互协调，还需关注城镇人口的投资、收入和素质等问题，这是提高城镇人口生活质量的主要抓手。

经济城镇化是新型城镇化发展的重要支撑。新型城镇化与经济增长存在显著互动关系，新型城镇化是经济增长的新型动能，经济增长是新型城镇化的发展基础。财政支出可以确保新型城镇化发展的公平性，而经济开放则可以提高新型城镇化发展的技术溢出效能。传统产业结构是掣肘城镇化质量的主要因素，所以推动产业结构优化升级，实现产业良性互动，不仅可以破除传统城镇化的发展困境，也是提高新型城镇化发展效率的根本途径。

空间城镇化是新型城镇化生态宜居的切实举措。城镇建成区面积拓展是土地城镇化的具体表现，但仅能反映城镇蔓延程度，而城镇空间的绿化景观建设和休闲功能导入是新型城镇化生态宜居的必要保障。

社会包容性是新型城镇化以人为本的充分体现。加快落实基本公共服务均等化，推进农业转移人口市民化进程，逐步让农业转移人口在教育、医疗、消费、文化、交通和信息等方面享受与市民同等待遇，全面融入城镇社会，是解决不完全城镇化、落实新型城镇化以人为本原则的关键。

环境治理力表征出新型城镇化可持续的发展能力。以环境污染为代价的传统城镇化发展模式已不可持续，尊重资源承载力和环境恢复力，是推进以"低能耗、低污染、低排放"为基本特征的新型城镇化发展的基本前提。因此,加强污染治理、环境整治和循环利用是新型城镇化减少资源环境的消耗代价和降低城镇化推进成本的切实举措。

城乡统筹度是评判新型城镇化和谐包容的基本标尺。城乡二元分割导致传统城镇化中不协调和非包容性因素弊端愈发暴露,亦成为和谐社会建设的潜在隐患,所以坚持推动城乡统筹一体化,尽可能缩小城乡收入和消费差距,是建设中国特色新型城镇化的本质内容。

生态集约化反映了新型城镇化的资源利用效率。新型城镇化发展不仅高度重视生态建设和环境保护,而且随着城镇化发展的资源约束趋紧,新型城镇化凭借高效节约集约利用资源的发展方式,可以降低城镇化过程中的资源消耗,提高资源要素的配置效率。

本章以 2004～2015 年中国省级新型城镇化发展为研究样本,指标原始数据主要来源于 2005～2016 年的《中国统计年鉴》《中国城市统计年鉴》《中国科技统计年鉴》以及 30 个省份（西藏剔除）的统计年鉴和中国与社会发展统计数据库。

三、评价模型设定

TOPSIS 方法由黄和润（Hwang and Yoon,1981）首次提出,作为系统工程中解决有限方案多目标决策问题的一种常用的决策技术,是一种逼近理想解的排序法。TOPSIS 方法核心思想是通过定义决策问题的正理想解和负理想解,比较评价方案与正理想解和负理想解的欧式距离,然后计算各个方案与理想解的相对贴近度,从而进行方案的优劣排序（夏勇其和吴祈宗,2004）。然而,以距离作为尺度只能反映数据曲线之间的位置关系,却无法体现数据序列的动态变化。

灰色系统理论是由邓聚龙（1982）构建的一种致力于研究少数据、小样本和贫信息不确定性问题的一种新方法,通过对"部分"可知信息的生成、开发和处理来实现对系统运行行为和演化规律的正确判断及有效监控。其中,灰色关联分析模型作为灰色系统理论体系的核心内容,可以通过灰色关联系数有效度量系统指标因素间的关联强弱、大小及次序,所以能够很好地反映系统运行的变化态势（邓聚龙,1990）。灰色关联分析法的基本思想是根据各评价序列构成的曲线族与参考序列构成的序列曲线几何相似程度来判断序列之间的关联度（李海东等,2014）。曲线几何形状越接近,相应序列之间的关联度就越大,反之则越小。从原理上讲,由于其主要是通过位移差反映评价序列间发展过程或量级的相近性，所以可以弥补方差分析、主成分分析和回归分析等数理统计方法对评价序列呈线性关系且不相关的假定缺陷，从而能够直接发展系统发展过程中的重要和次要因素（罗党，2005）。

鉴于此，本章将 TOPSIS 方法与灰色关联理论相结合设定省级新型城镇化发展水平的综合评价模型，通过联合欧氏距离与灰色关联度来揭示系统现实状态与理想状态的贴近程度。

假定综合测度评价单元 m 年省级新型城镇化发展水平指标体系 B_i，$i \in M = \{1, 2, \cdots, m\}$，其中，共包含 n 个评价指标 F_j，$j \in N = \{1, 2, \cdots, n\}$。原始评价矩阵 $X = (x_{ij})_{m \times n}$，$x_{ij}$ 为第 i 个评价年的第 j 个指标属性值。

（一）原始数据无量纲化

由于评价指标内涵的差异，故而存在不同量纲或数量级。因此，为了消除量纲对评价结果的干扰，需要先对评价指标进行无量纲化处理，采用极差法对原始数据进行无量纲化，假定标准化评价矩阵为 $X' = (x'_{ij})_{m \times n}$。

正向指标无量纲化：

$$x'_{ij} = \frac{x_{ij} - \min\limits_{i}\{x_{ij}\}}{\max\limits_{i}\{x_{ij}\} - \min\limits_{i}\{x_{ij}\}} \qquad (4-1)$$

负向指标无量纲化：

$$x'_{ij} = \frac{\max\limits_{i}\{x_{ij}\} - x_{ij}}{\max\limits_{i}\{x_{ij}\} - \min\limits_{i}\{x_{ij}\}} \qquad (4-2)$$

（二）指标权重确定

指标权重的确定方法分为两种：主观赋权法和客观赋权法（王大将等，2007）。然而，为了避免权重确定过程中的主观因素影响，本章优先选择客观赋权法对新型城镇化发展水平的评价指标进行赋权。改进熵值法作为一种常用的客观赋权方法，通过计算评价指标的信息熵来确定指标对系统整体影响的权重，不仅可以避免基于主观因素确定权重的方式而产生的偏误，而且也能有效解决多指标间信息重叠问题。指标信息熵值越小，系统结构越均衡有序，说明指标提供的有效信息量越大，则指标权重也会越大；反之，指标权重则越小。因此，本章利用信息熵来确定评价指标权重，基本步骤如下。

（1）第 j 项指标下第 i 个评价年的指标值比例：

$$Y_{ij} = x'_{ij} \Big/ \sum_{i=1}^{m} x'_{ij} \qquad (4-3)$$

（2）第 j 项指标的熵值：

$$e_j = -(1/\ln m)\sum_{i=1}^{m} Y_{ij}\ln Y_{ij} \qquad (4-4)$$

（3）第 j 项指标的变异系数：

$$\gamma_j = 1 - e_j \qquad (4-5)$$

（4）第 j 项指标的权重，权重向量 $w = \{w_1, w_2, \cdots, w_n\}$：有，

$$w_j = \gamma_j \Big/ \sum_{j=1}^{n} \gamma_j \qquad (4-6)$$

（三）灰色关联度分析

（1）加权标准化评价矩阵：

$$Z = (z_{ij})_{m \times n} = (w_j x'_{ij})_{m \times n} \qquad (4-7)$$

（2）正理想解 $Z^+ = (z_1^+, z_2^+, \cdots, z_n^+)$ 和负理想解 $Z^- = (z_1^-, z_2^-, \cdots, z_n^-)$，有：

$$z_j^+ = \{\max_i z_{ij} \mid z_{ij} \in Z^+, \ \min_i \mid z_{ij} \in Z^-\} \qquad (4-8)$$

$$z_j^- = \{\min_i z_{ij} \mid z_{ij} \in Z^+, \ \max_i \mid z_{ij} \in Z^-\} \qquad (4-9)$$

其中，Z^+ 为评价数据中第 i 个评价年第 j 项指标最大值，即最偏好的方案；Z^- 为评价数据中第 i 个评价年第 j 项指标最小值，即最不偏好的方案。

（3）欧式距离 d_i^+ 和 d_i^-：

$$d_i^+ = \Big[\sum_{j=1}^{n} (z_{ij} - z_j^+)^2\Big]^{1/2} \qquad (4-10)$$

$$d_i^- = \Big[\sum_{j=1}^{n} (z_{ij} - z_j^-)^2\Big]^{1/2} \qquad (4-11)$$

其中，d_i^+ 和 d_i^- 为第 i 个评价年第 j 项指标与正、负理想解的欧式距离。

（4）灰色关联系数 $R^+ = (r_{ij}^+)_{m \times n}$ 和 $R^- = (r_{ij}^-)_{m \times n}$，$r_{ij}^+$ 和 r_{ij}^- 分别为：

$$r_{ij}^+ = \frac{\min_i\min_j \mid z_j^+ - z_{ij}\mid + \rho\,\max_i\max_j \mid z_j^+ - z_{ij}\mid}{\mid z_j^+ - z_{ij}\mid + \rho\,\max_i\max_j \mid z_j^+ - z_{ij}\mid} \qquad (4-12)$$

$$r_{ij}^- = \frac{\min_i\min_j \mid z_j^- - z_{ij}\mid + \rho\,\max_i\max_j \mid z_j^- - z_{ij}\mid}{\mid z_j^- - z_{ij}\mid + \rho\,\max_i\max_j \mid z_j^- - z_{ij}\mid} \qquad (4-13)$$

其中，r_{ij}^+ 和 r_{ij}^- 为第 i 个评价年第 j 项指标与正、负理想解的灰色关联系数；$\rho \in (0, \infty)$，称为分辨系数。ρ 越小，分辨力越大，一般 $\rho \in (0, 1)$，取值视情况而定，通常取 $\rho = 0.5$。

$$\rho^+ = \begin{bmatrix} \rho_{11}^+ & \rho_{12}^+ & \cdots & \rho_{1n}^+ \\ \rho_{21}^+ & \rho_{22}^+ & \cdots & \rho_{2n}^+ \\ \vdots & \vdots & \cdots & \vdots \\ \rho_{m1}^+ & \rho_{m2}^+ & \cdots & \rho_{mn}^+ \end{bmatrix}$$

第 i 个评价年与正、负理想解的灰色关联度分别为：

$$r_i^+ = \sum_{j=1}^n r_{ij}^+ / n$$

$$r_i^- = \sum_{j=1}^n r_{ij}^- / n$$

（5）欧式距离和灰色关联度无量纲化，则：

$$D_i^+ = d_i^+ / \max_i d_i^+$$

$$D_i^- = d_i^- / \max_i d_i^-$$

$$R_i^+ = r_i^+ / \max_i r_i^+ \qquad\qquad (4-14)$$

$$R_i^+ = r_i^+ / \max_i r_i^+$$

将无量纲化处理的欧氏距离和灰色关联度进行合并。假定 $S_i^+ = \alpha D_i^- + \beta R_i^+$，$S_i^- = \alpha D_i^+ + \beta R_i^-$，$\alpha$ 和 β 反映出决策者对位置和形状的偏好倾向，并且满足 $\alpha + \beta = 1$。S_i^+ 越大，说明评价年越接近正理想解；S_i^- 越大，说明评价年越远离正理想解。

（6）灰色关联相对贴近度为：

$$C_i = S_i^+ / (S_i^+ + S_i^-) \qquad\qquad (4-15)$$

贴近度越大，说明评价方案与理想解（理想方案）越接近，新型城镇化发展水平越高。按照评价年贴近度大小排序，可以判断评价单元的新型城镇化发展水平在评价年的高低变化。

四、测度结果分析

根据以上综合评价模型的设定原理，本章分别对 30 个省份（西藏除外）2004～2015 年新型城镇化发展水平综合指数进行定量测度，利用改进熵值法对省级新型城镇化发展水平指标体系中准则层和指标层进行赋权。

如表 4-2 所示，从准则层的指标权重来看，北京、上海和湖北人口城镇化权重较高，为 0.1996、0.1858 和 0.1839，说明上述三个省份的人口城镇化在新型城镇化发展中相对重要程度高于其余省份。以此类推，重庆、海南和贵州经济城镇化权重较高，为 0.1683、0.1594 和 0.1574；北京、黑龙江和重庆空间城镇化权重较高，为 0.1201、0.1143 和 0.1131；北京、湖南和福建社会包容度权重较高，为 0.2671、0.2506 和 0.2502；吉林、辽宁和湖南环境治理力权重较高，为 0.1849、0.1839 和 0.1769；河南、天津和广东城乡统筹度权重较高，为 0.1006、0.0914 和 0.0893；江苏、宁夏和山东生态集约化权重较高，为 0.1498、0.1482 和 0.1451。以上权重确定结果说明，相应省份在准则层的特定指标对其新型城镇化发展的贡献价值要高于其余省份。对比来看，社会包容性权重明显高于其余准则层指标，说明倾向于和谐、协调和包容的社会发展，对省级新型城镇化发展的影响程度更大，这与袁晓玲等（2017）和蓝庆新等（2017）对新型城镇化发展水平评价指标体系的权重测算结果一致。另外，城乡统筹度权重最小，说明自从党的十六大、十七大先后提出"工业反哺农业、城市反哺农村"和"城乡经济社会发展一体化"的战略构想以来，城乡发展水平差距得到了实质改善，融合共享的城乡关系逐渐确立，所以城乡统筹对省级新型城镇化发展水平评价的相对重要程度有所降低。

表 4－2　　　　　省级新型城镇化发展水平指标体系准则层权重

省份	人口城镇化权重	经济城镇化权重	空间城镇化权重	社会包容性权重	环境治理力权重	城乡统筹度权重	生态集约化权重
北京	0.1996	0.1192	0.1201	0.2671	0.1311	0.0613	0.1015
天津	0.1726	0.1370	0.0869	0.2397	0.1342	0.0914	0.1381
河北	0.1744	0.1306	0.1122	0.2418	0.1656	0.0609	0.1145
山西	0.1677	0.1308	0.0907	0.2354	0.1632	0.0744	0.1378
内蒙古	0.1562	0.1251	0.0875	0.2487	0.1726	0.0685	0.1414
辽宁	0.1669	0.1390	0.0901	0.2413	0.1839	0.0589	0.1200
吉林	0.1418	0.1493	0.0879	0.2370	0.1849	0.0641	0.1350
黑龙江	0.1556	0.1462	0.1143	0.2617	0.1448	0.0577	0.1197
上海	0.1858	0.1390	0.1085	0.2229	0.1557	0.0495	0.1386
江苏	0.1799	0.1387	0.0743	0.2496	0.1554	0.0522	0.1498
浙江	0.1791	0.1367	0.0821	0.2383	0.1544	0.0761	0.1334
安徽	0.1642	0.1507	0.0993	0.2411	0.1522	0.0590	0.1335
福建	0.1698	0.1388	0.0937	0.2502	0.1395	0.0701	0.1378
江西	0.1566	0.1466	0.1087	0.2366	0.1715	0.0633	0.1167

续表

省份	人口城镇化权重	经济城镇化权重	空间城镇化权重	社会包容性权重	环境治理力权重	城乡统筹度权重	生态集约化权重
山东	0.1616	0.1415	0.0940	0.2360	0.1511	0.0708	0.1451
河南	0.1620	0.1403	0.0831	0.2529	0.1521	0.1006	0.1091
湖北	0.1839	0.1385	0.0822	0.2226	0.1538	0.0819	0.1371
湖南	0.1695	0.1431	0.0988	0.2506	0.1769	0.0537	0.1073
广东	0.1787	0.1328	0.0999	0.2284	0.1561	0.0893	0.1148
广西	0.1706	0.1291	0.0984	0.2466	0.1738	0.0619	0.1195
海南	0.1749	0.1594	0.0711	0.2346	0.1751	0.0651	0.1198
重庆	0.1662	0.1683	0.1131	0.2414	0.1535	0.0535	0.1040
四川	0.1615	0.1475	0.1012	0.2380	0.1373	0.0854	0.1290
贵州	0.1705	0.1574	0.1016	0.2371	0.1531	0.0630	0.1173
云南	0.1737	0.1386	0.1025	0.2553	0.1594	0.0555	0.1151
陕西	0.1696	0.1367	0.0871	0.2422	0.1535	0.0852	0.1257
甘肃	0.1756	0.1357	0.1009	0.2489	0.1362	0.0683	0.1343
青海	0.1779	0.1497	0.0587	0.2392	0.1693	0.0818	0.1233
宁夏	0.1799	0.1428	0.0941	0.2283	0.1386	0.0680	0.1482
新疆	0.1683	0.1400	0.0946	0.2363	0.1689	0.0727	0.1191

通过综合 TOPSIS 与灰色关联分析方法的评价模型，本章测算出 2004～2015 年以灰色关联相对贴近度来度量的中国省级新型城镇化发展水平综合指数，见表 4 - 3。从整体来看，省级新型城镇化发展的灰色关联相对贴近度基本呈现上升趋势，2004 年省级灰色关联相对贴近度均值为 0.3321，2015 年均值为 0.6612，其间提高幅度为 99.1%，说明中国省级新型城镇化发展水平综合指数在持续提升，新型城镇化的整体推进速度较快。以 2015 年为例，重庆、云南和湖南灰色关联相对贴近度较高，为 0.6851、0.6846 和 0.6764，表明 2015 年三个省份新型城镇化发展水平相对较高。从评价年的灰色关联相对贴近度均值来看，北京、上海和广东新型城镇化发展水平的平均综合指数较高，为 0.5154、0.5117 和 0.5064，说明以上三地新型城镇化发展平均水平依次位于全国前列。从评价年始末的灰色关联相对贴近度变化来看，有 14 个省份的新型城镇化建设速度超

过100%。其中，云南、重庆和河南综合指数上升速度较快，分别达到
124%、123%和115%；而青海综合指数上升速度较慢，但也达到75%。
由此表明，在评价年内，中国省级新型城镇化发展水平虽然存在一定程度
的个体异质性，但整体仍具备较为强劲的上升势头。

表4-3　2004~2015年省级新型城镇化发展水平综合指数（灰色关联相对贴近度）

省份	2004 年	2006 年	2008 年	2010 年	2012 年	2014 年	2015 年
北京	0.3446	0.4382	0.4860	0.5103	0.5995	0.6257	0.6351
天津	0.3507	0.3693	0.4175	0.5303	0.6069	0.6201	0.6483
河北	0.3402	0.3636	0.4275	0.5125	0.5917	0.6535	0.6546
山西	0.3337	0.3622	0.4116	0.5188	0.6130	0.6447	0.6651
内蒙古	0.3309	0.3564	0.4130	0.5201	0.6183	0.6466	0.6660
辽宁	0.3230	0.3534	0.4102	0.5321	0.6391	0.6714	0.6562
吉林	0.3596	0.3877	0.4242	0.4968	0.5780	0.5936	0.6509
黑龙江	0.3342	0.3637	0.4232	0.5411	0.6079	0.6345	0.6568
上海	0.3660	0.4089	0.4711	0.5546	0.6022	0.5994	0.6095
江苏	0.3295	0.3641	0.4221	0.5428	0.6280	0.6502	0.6625
浙江	0.3221	0.3701	0.4294	0.5336	0.6231	0.6465	0.6685
安徽	0.3294	0.3555	0.4152	0.4844	0.6014	0.6385	0.6733
福建	0.3229	0.3590	0.4235	0.5318	0.6256	0.6519	0.6717
江西	0.3229	0.3359	0.4081	0.4976	0.5992	0.6488	0.6753
山东	0.3326	0.3624	0.4140	0.5193	0.6049	0.6325	0.6628
河南	0.3137	0.3540	0.4198	0.4724	0.5921	0.6476	0.6750
湖北	0.3536	0.3533	0.3984	0.4912	0.5686	0.6225	0.6584
湖南	0.3161	0.3565	0.4172	0.4825	0.5950	0.6546	0.6764
广东	0.3141	0.3714	0.4481	0.5215	0.6320	0.6436	0.6729
广西	0.3340	0.3524	0.4193	0.4840	0.6038	0.6519	0.6686
海南	0.3263	0.3404	0.3881	0.4407	0.5886	0.6400	0.6634
重庆	0.3072	0.3499	0.4395	0.5275	0.6378	0.6600	0.6851
四川	0.3228	0.3465	0.4004	0.5277	0.6191	0.6479	0.6655
贵州	0.3268	0.3438	0.3616	0.4684	0.5877	0.6395	0.6652
云南	0.3053	0.3351	0.3900	0.4779	0.5943	0.6567	0.6846
陕西	0.3228	0.3595	0.4001	0.5130	0.6164	0.6565	0.6725

省份	2004 年	2006 年	2008 年	2010 年	2012 年	2014 年	2015 年
甘肃	0.3392	0.3513	0.3981	0.4973	0.5826	0.6278	0.6524
青海	0.3628	0.3810	0.3869	0.4778	0.5546	0.6111	0.6350
宁夏	0.3391	0.3667	0.4201	0.5274	0.6227	0.6368	0.6541
新疆	0.3372	0.3399	0.3800	0.4930	0.5918	0.6297	0.6505

中国新型城镇化发展水平的省级差异性同时也决定了新型城镇化发展水平具备地区差异属性。根据国家统计局三大经济带划分标准，将全国划分为东、中和西部三大地区。具体来看，除 2014 年、2015 年外，2004 ~ 2013 年东部灰色关联相对贴近度均值高于中、西部地区，说明 2004 ~ 2013 年东部省级新型城镇化发展水平拥有较高的平均综合指数，新型城镇化的平均发展水平要高于中、西部。2004 ~ 2009 年西部灰色关联相对贴近度均值低于东、中部，但 2010 ~ 2015 年西部灰色关联相对贴近度均值始终高于中部，甚至在 2014 ~ 2015 年已超越东部。换言之，在"十二五"规划期间，西部省级新型城镇化的平均发展水平快速提升。原因在于：一方面，由于新型城镇化内涵特别强调"人"的城镇化，所以评价指标体系的构建着重弱化总量指标而采用人均指标或相对指标，在国家兼顾公平的战略倾斜下，西部地区依靠后发优势，城镇作为经济和社会发展的载体增长极作用日益突出；另一方面，虽然中、东部省级新型城镇化的建设基础相对较好，但在从规模数量向内涵质量转变的过程中，城镇化的"新型"战略推进所面临的结构性改革和制度性创新约束力相对更强。

第三节　新型城镇化发展水平地区差异及其分布动态演进

事实上，由于东部、中部和西部地区在经济基础、产业结构、社会发展和生态条件等方面具有显著非均衡性，所以内含多维内容的新型城镇化的发展水平也难免存在地区差异特征。倘若新型城镇化发展水平的地区差异长期固存，则势必会降低新型城镇化发展的战略意义。所以，客观揭示新型城镇化发展水平的地区差异，然后再对其分布的动态演进规律进行定量刻画，对实施稳健均衡的新型城镇化推进政策意义重大。

一、测度方法

（一）Dagum 基尼系数及其分解

惯常使用的地区差异测度方法，诸如传统基尼系数、变异系数和泰尔指数，或是无法对地区差异进行分解，或是分解时未考虑样本子群的分布状况，故而均存在一定应用缺陷（刘华军和赵浩，2012）。对此，本章优先选择达古姆（Dagum，1997）构建的基尼系数分解方法对中国省级新型城镇化发展水平的地区相对差异及其动态演变趋势进行测度。Dagum 基尼系数的优势在于，不仅可以分析识别地区相对差异的贡献与来源，而且能够根据所描述样本子群的分布状况，反映子群间交叉项的问题，故而在区域经济差异测度识别方面具有优良特性（李强谊等，2016；杨明海等，2017）。据此，本章采用 Dagum 基尼系数及其按子群分解方法，测算出中国省级新型城镇化发展水平的地区相对差异程度，再对其进行分解，进而揭示出省级新型城镇化发展水平地区相对差异的构成与来源。

Dagum 基尼系数测算公式为：

$$G = \sum_{j=1}^{k} \sum_{h=1}^{k} \sum_{i=1}^{c_j} \sum_{r=1}^{c_h} |y_{ji} - y_{hr}| / 2c^2 \bar{y} \qquad (4-16)$$

其中，$y_{ji}(y_{hr})$ 表示 $j(h)$ 地区内任意省级单元的新型城镇化发展水平；c 表示省级单元数量；$\bar{y}$ 表示全国省级新型城镇化发展水平均值；k 表示地区划分数量；$c_j(c_h)$ 表示 $j(h)$ 地区内省级单元数量。

根据 Dagum 基尼系数分解策略，将基尼系数分解为三个部分：地区内差异贡献 G_w、地区间差异贡献 G_{cb} 和超变密度贡献 G_t，满足 $G = G_w + G_{cb} + G_t$。

$$G_{jj} = \frac{1}{2\bar{Y}_j} \sum_{i=1}^{c_j} \sum_{r=1}^{c_j} |y_{ji} - y_{jr}| / c_j^2 \qquad (4-17)$$

$$G_w = \sum_{j=1}^{k} G_{jj} p_j s_j \qquad (4-18)$$

$$G_{jh} = \sum_{i=1}^{c_j} \sum_{r=1}^{c_h} |y_{ji} - y_{hr}| / c_j c_h (\bar{Y}_j + \bar{Y}_h) \qquad (4-19)$$

$$G_{cb} = \sum_{j=2}^{k} \sum_{h=1}^{j-1} G_{jh} (p_j s_h + p_h s_j) D_{jh} \qquad (4-20)$$

$$G_t = \sum_{j=2}^{k} \sum_{h=1}^{j-1} G_{jh} (p_j s_h + p_h s_j)(1 - D_{jh}) \qquad (4-21)$$

$$D_{jh} = (d_{jh} - p_{jh}) / (d_{jh} + p_{jh}) \qquad (4-22)$$

$$d_{jh} = \int_0^\infty dF_j(y) \int_0^y (y - x) dF_h(x) \qquad (4-23)$$

$$p_{jh} = \int_0^\infty dF_h(y) \int_0^y (y - x) dF_j(x) \qquad (4-24)$$

其中，式（4-17）和式（4-18）分别表示 j 地区内基尼系数 G_{jj} 和地区内差异贡献率 G_w；式（4-19）和式（4-20）分别表示 j 和 h 地区间基尼系数 G_{jh} 和地区间差异贡献率 G_{nb}；式（4-21）表示超变密度贡献率 G_t。基尼系数刻画的是省级新型城镇化发展水平相对差异的大小及其来源。其中，$p_j = c_j/c$，$s_j = c_j \bar{Y}_j / c\bar{Y}$，$j = 1, 2, \cdots, k$，且 $\sum p_j = \sum s_j = 1$，$\sum_{j=1}^{k} \sum_{h=1}^{k} p_j s_h = 1$，$D_{jh}$ 为 j 和 h 地区间省级新型城镇化发展水平的相对影响，定义如式（4-22）所示。同时，d_{jh} 和 p_{jh} 计算公式如式（4-23）和式（4-24）所列。d_{jh} 表示地区间省级新型城镇化发展水平贡献率差值，即 j 和 h 地区内所有 $y_{ji} - y_{hr} > 0$ 的样本值的加权平均；p_{jh} 表示超变一阶矩，即 j 和 h 地区内所有 $y_{hr} - y_{ji} > 0$ 的样本值的加权平均。$F_j(F_h)$ 分别为 j(h) 地区的累积密度分布函数。

（二）Kernel 密度估计

Kernel 密度估计是一种能够用连续密度曲线描述随机变量分布形态，进而可以求解其概率密度的非参数估计方法，现已成为刻画经济变量非均衡分布的常规方法，由于其一般无须对模型的具体分布进行假定，所以对模型的依赖性较弱，相对更具稳健性。假设随机变量 X 的密度函数为 $f(x)$，在点 x 的密度函数由式（4-25）进行估计。

$$f(x) = (1/Nh) \sum_{i=1}^{N} K\left[(X_i - \bar{X})/h\right] \qquad (4-25)$$

其中，N 为观测值个数；X_i 为独立同分布的观测值；$\bar{X}$ 为均值；h 为带宽；$K(\cdot)$ 为核函数。

本章选择高斯核函数估计省级新型城镇化发展水平的空间分布及动态演进，如式（4-26）所示。由于核密度估计没有确定的表达式，需要通过对核密度估计曲线图进行对比分析，进而得到变量分布的位置、形态和延展性等方面的信息，Kernel 密度估计本质上反映的是省级新型城镇化发展水平的地区绝对差异变化。

$$K(x) = (1/\sqrt{2\pi}) \exp(-x^2/2) \qquad (4-26)$$

（三）Markov 链方法

Markov 链是一种时间和状态都是离散的马尔科夫过程，通过构建马尔科夫转移概率矩阵刻画经济变量的内部动态特征。本章采用 Markov 链探究中国省级新型城镇化发展水平的内部动态演进过程。Markov 链是一个随机过程 $\{X(t), t \in T\}$ 的状态空间，倘若对时间 t 的任意 ν 个数值，Markov 链满足：

$$P\{X(t_\nu) \leqslant x_\nu \mid X(t_1) = x_1, X(t_2) = x_2, \cdots, X(t_{\nu-1}) = x_{\nu-1}\}$$
$$= P\{X(t_\nu) \leqslant x_\nu \mid X(t_{\nu-1}) = x_{\nu-1}\}, x_\nu \in R \qquad (4-27)$$

$X(t_\nu)$ 是在条件 $X(t_i) = x_i$ 下的条件分布函数，假设新型城镇化发展水平转移概率只与新型城镇化发展水平状态 i 和状态 j 有关，与 ν 无关，则可得到时齐的 Markov 链。对式（4-27）进行变形：

$$P\{X_{\nu+1} = j \mid X_0 = i_0, X_1 = i_1, X_2 = i_2, \cdots,$$
$$X_{\nu-1} = i_{\nu-1}, X_\nu = i\} = P\{X_{\nu+1} = j \mid X_\nu = i\} \qquad (4-28)$$

式（4-28）展示出 Markov 链的基本特性，可以刻画省级新型城镇化发展水平从一种状态空间转变为另一种状态空间的概率分布。如果将省级新型城镇化发展水平划分为 D 种类型，通过 Markov 链可以构造出一个 $D \times D$ 维的省级新型城镇化发展水平状态转移概率矩阵：

$$U = (u_{ij})_{D \times D}, u_{ij} \geqslant 0, \sum_{j \in D} u_{ij} = 1, ij \in D \qquad (4-29)$$

状态转移概率矩阵 U 中的每一种状态转移概率 u_{ij} 是由新型城镇化发展水平状态 i 转移到状态 j 的概率，通过状态转移概率矩阵 U，即可以判断中国省级新型城镇化发展水平的内部动态演进特征。

$$u_{ij} = \nu_{ij} / \nu_i \qquad (4-30)$$

其中，ν_{ij} 表示评价年内由新型城镇化发展水平状态 i 转移到状态 j 出现的次数；ν_i 表示第 i 种新型城镇化发展水平状态出现的总次数。

二、地区相对差异及其来源

（一）整体相对差异及其演变

由表 4-4 可知，中国省级新型城镇化发展水平整体基尼系数具有"扩大—缩小"交替变化特征，表明整体相对差异波动性演变趋势明显。整体基尼系数均值为 0.0534，可知在 2004~2009 年省级新型城镇化发展水平整体相对差异高于平均相对差异水平；而在 2010~2015 年其又低于平均相对差异水平。从演进过程来看，省级新型城镇化发展水平整体基尼系数由 2004 年的 0.0535 下降到 2015 年的 0.0523，年均降幅为 0.16%。其中，在 2004~2009 年省级新型城镇化发展水平整体相对差异年均增幅为 0.52%，而在 2010~2015 年整体相对差异年均降幅为 0.73%。以上结果说明，"十二五"规划之前，中国省级新型城镇化发展水平整体相对差异演进速度微弱扩大，此后势头转低，尽管演进过程波动趋势明显，但基本仍以缩小倾向为主，意味着评价年内中国省级新型城镇化发展水平变化愈发均衡。

表 4 - 4　　　　　分区省级新型城镇化发展水平基尼系数及其分解结果

年份	整体基尼系数	地区内基尼系数			地区间基尼系数			贡献率（%）		
		东部	中部	西部	东—中部	东—西部	中—西部	地区内	地区间	超变密度
2004	0.0535	0.0427	0.0139	0.0196	0.0640	0.0902	0.0300	18.8206	69.7238	11.4555
2005	0.0553	0.0437	0.0145	0.0191	0.0665	0.0939	0.0301	18.5419	72.9684	8.4896
2006	0.0552	0.0474	0.0111	0.0194	0.0678	0.0927	0.0273	19.1530	72.4211	8.4260
2007	0.0562	0.0457	0.0104	0.0251	0.0647	0.0941	0.0332	19.4939	61.3207	19.1853
2008	0.0543	0.0432	0.0105	0.0278	0.0601	0.0905	0.0347	19.9110	57.1537	22.9354
2009	0.0548	0.0444	0.0100	0.0316	0.0590	0.0902	0.0364	20.7785	58.6025	20.6190
2010	0.0533	0.0421	0.0112	0.0293	0.0592	0.0881	0.0337	20.3525	60.1564	19.4911
2011	0.0507	0.0396	0.0082	0.0308	0.0587	0.0822	0.0309	20.5644	51.1450	28.2906
2012	0.0524	0.0391	0.0089	0.0325	0.0601	0.0863	0.0320	20.1549	56.6408	23.2043
2013	0.0527	0.0387	0.0096	0.0316	0.0607	0.0872	0.0321	19.8236	60.7852	19.3911
2014	0.0502	0.0362	0.0096	0.0329	0.0617	0.0810	0.0278	20.3758	61.5368	18.0873
2015	0.0523	0.0409	0.0091	0.0327	0.0616	0.0838	0.0313	20.8606	51.7305	27.4088

（二）地区内相对差异及其演进

从横向对比来看，东部、中部和西部省级新型城镇化发展水平地区内基尼系数不仅小于全国整体基尼系数，而且东部地区内基尼系数最大，其次为西部，中部最小，说明分区省级新型城镇化发展水平地区内相对差异要低于全国整体相对差异，同时东部地区内相对差异要高于中、西部，而中部地区内相对差异最低。从纵向增速来看，东部、中部和西部地区内基尼系数年均增幅为 -0.23%、-2.97% 和 5.16%，说明西部省级新型城镇化发展水平地区内相对差异年均扩张速度显著，而东、中部地区内相对差异年均变化则以缩小为主，并且年均降幅大于全国整体相对差异，中部地区内相对差异年均降幅最大。从演进趋势来看，东部省级新型城镇化发展水平地区内相对差异在波动中呈下降态势，西部地区内相对差异则在波动中呈扩大态势，中部地区内相对差异缓慢缩小。

（三）地区间相对差异及其演进

据表4－4所示，东—西部、东—中部和中—西部地区间基尼系数不仅依次递减，而且东—西部和东—中部地区间基尼系数还大于全国整体基尼系数，说明东—西部省级新型城镇化发展水平地区间相对差异最高，其次为东—中部，并且均高于全国整体相对差异，中—西部地区间相对差异最低。分区省级新型城镇化发展水平地区间相对差异平缓演进，其中，东—西部和东—中部地区间相对差异年均降幅为0.3%和0.59%，均大于全国整体相对差异，但中—西部年均增幅却为0.86%，说明尽管中—西部省级新型城镇化发展水平地区间相对差异较低，但年均扩张速度显著，而东—西部和东—中部地区间相对差异在动态演进中缓慢缩小。

（四）地区相对差异来源及其贡献率

图4－1刻画了中国省级新型城镇化发展水平地区相对差异的来源及其贡献率。新型城镇化发展水平地区内相对差异贡献率变化平稳，地区间相对差异和超变密度贡献率变化趋势大致相反，并且存在此消彼长关系，基本呈现出"上升—下降"和"下降—上升"交替变动的演进规律。新型城镇化发展水平地区间相对差异贡献率明显大于地区内相对差异和超变密度的贡献率，说明地区间相对差异是主导中国省级新型城镇化发展水平地区相对差异的主要来源。从相对差异来源大小看，地区间相对差异来源最大，介于0.0259～0.0403；地区内相对差异来源和超变密度差异来源分别介于0.0101～0.0114和0.0047～0.0143。地区内相对差异、地区间相对差异和超变密度对省级新型城镇化发展水平地区相对差异的贡献率年均增幅分别为0.97%、－2.24%和14.61%，意味着分区样本子群间交叉项对新型城镇化发展水平地区相对差异的贡献率呈现快速上升态势，即地区内相对差异和地区间相对差异的交互作用对省级新型城镇化发展水平地区相对差异的影响逐渐增强。

三、Kernel 密度估计结果

通过Dagum基尼系数及其分解，虽然可以对分区省级新型城镇化发展水平的地区相对差异大小及其来源进行定量分析，但却无法反映省级分区

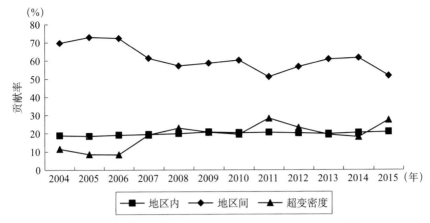

图 4-1 分区省级新型城镇化发展水平相对差异贡献率

新型城镇化发展水平的地区绝对差异及其动态演进。因此，本章使用 Ker-nel 密度估计分析评价年内中国省级新型城镇化发展水平分布动态的演进过程，不仅可以直观刻画分布的整体形态，而且还可通过评价年比较，揭示分区省级新型城镇化发展水平分布的演进特征。本章选取高斯核函数分别绘出全国整体及分区省级新型城镇化发展水平 Kernel 密度估计的二维图。

图 4-2 描绘出全国和分区省级新型城镇化发展水平空间分布及动态演进。从整体来看，核密度曲线逐渐右移，表明全国省级新型城镇化发展水平不断提升。与 2004 年比，2007 年核密度曲线波峰高度下降，波峰宽度略微增大，双峰形态并未改变，说明 2007 年省级新型城镇化发展水平地区绝对差异微弱扩大，两极分化现象依然存在。与 2007 年比，2010 年核密度曲线波峰高度继续下降，波峰宽度显著增大，双峰形态基本消失，曲线变为光滑，说明 2010 年省级新型城镇化发展水平地区绝对差异显著扩大，极化现象消失。与 2010 年比，2013 年核密度曲线波峰高度明显上升，函数区间变小，侧峰形态出现，说明 2013 年省级新型城镇化发展水平地区绝对差异显著缩小，同时伴随微弱两极分化倾向。与 2013 年比，2015 年核密度曲线波峰高度继续上升，波峰宽度相对收窄，双峰形态存在，说明 2015 年省级新型城镇化发展水平地区绝对差异继续缩小，但仍存在两极分化倾向。另外，2015 年核密度曲线右侧尾部明显增厚，呈收敛趋势，也说明具有较高的新型城镇化发展水平样本的比重变高。全国省级新型城镇化发展水平地区绝对差异呈现"扩大→缩小"特征。

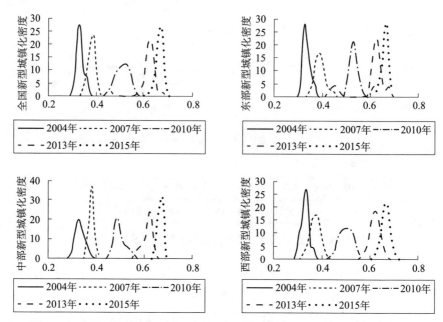

图4-2 全国以及东部、中部和西部省级新型城镇化发展水平分布动态演进

整体而言，东部核密度曲线逐年右移，说明东部省级新型城镇化发展水平不断上升。与2004年比，2007年核密度曲线波峰高度下降，波峰宽度增大，存在双峰形态，说明2007年东部省级新型城镇化发展水平地区绝对差异扩大，并且伴有两极分化现象。与2007年比，2010年、2013年和2015年核密度曲线波峰高度逐年上升，函数区间不断小幅收窄，但双峰形态始终存在，说明2010年、2013年和2015年东部省级新型城镇化发展水平地区绝对差异逐年微弱缩小，并且极化现象贯穿其中。东部省级新型城镇化发展水平地区绝对差异也呈现相似的"扩大→缩小"特征。

如图4-2所示，中部省级新型城镇化发展水平依然呈现逐年提升的态势。与2004年相比，2007年核密度曲线波峰高度明显提升，函数区间变小，意味着2007年中部省级新型城镇化发展水平地区绝对差异显著缩小。与2007年比，2010年核密度曲线波峰高度下降，函数区间变大，双峰形态出现，表明2010年中部省级新型城镇化发展水平地区绝对差异相对扩大，并且出现极化倾向。与2010年比，2013年和2015年核密度曲线波峰高度继续上升，函数区间相继变小，并且曲线渐为平滑，说明2013年和2015年中部省级新型城镇化发展水平地区绝对差异不断缩小，并且极化现象开始弱化。中部省级新型城镇化发展水平地区绝对差异变化具备

"缩小→扩大→缩小"特征。

　　纵观整体，西部省级新型城镇化发展水平同样呈现不断提升的动态规律。与 2004 年比，2007 年和 2010 年核密度曲线波峰高度逐渐下降，波峰宽度相继增大，并且曲线变为光滑，说明 2007 年和 2010 年西部省级新型城镇化发展水平地区绝对差异仍在扩大，但极化现象消失。与 2010 年比，2013 年和 2015 年核密度曲线高度依次上升，波峰宽度相对收窄，说明 2013 年和 2015 年西部省级新型城镇化发展水平地区绝对差异逐渐缩小。省级西部新型城镇化发展水平地区绝对差异同样呈现"扩大→缩小"特征。与全国、东部和中部核密度曲线形态相比可知，西部省级新型城镇化发展水平相对均衡，几乎不存在极化现象。

四、Markov 链分析

　　参考夸阿（Quah，1996）的 Markov 链分析框架，首先，将 30 个省份（西藏除外）的新型城镇化发展水平取值区间划分为完备、有限和不交叉的区间，并且每个区间对应于不同等级的省级新型城镇化发展水平演进状态。其次，运用 Markov 链分析方法，计算出整个评价期、两阶段内分区省级新型城镇化发展水平的传统 Markov 链转移概率矩阵，并通过分析其结构特征，揭示省级新型城镇化发展水平的内部动态变化信息。

　　以省级新型城镇化发展水平综合指数为划分依据，借鉴李强谊等（2016）的做法，将省级新型城镇化发展水平划分为四种类型：低于省级新型城镇化发展水平综合指数均值的 75% 为类型 I，称为新型城镇化发展低水平省级单元；介于综合指数均值的 75% ~ 100% 为类型 II，称为新型城镇化发展中低水平省级单元；介于综合指数均值的 100% ~ 125% 为类型 III，称为新型城镇化发展中高水平省级单元；高于综合指数均值的 125% 为类型 IV，称为新型城镇化发展高水平省级单元。

　　第一，表 4 - 5 列出了中国省级新型城镇化发展水平 Markov 链转移概率的极大似然估计结果。2004 ~ 2015 年，对角线上的转移概率明显高于非对角线上的转移概率，对角线上的最大概率为 0.9778，最小概率为 0.8182，表明省级新型城镇化发展水平保持状态稳定的概率至少为 81.82%（低水平状态），省级新型城镇化发展水平状态之间流动性较低，因易受到前期发展水平路径依赖的严重限制，新型城镇化发展水平的状态相对稳定。

　　第二，如表 4 - 5 第 2 行所示，有 81.82% 的省级单元新型城镇化发展水平维持在低水平状态，而有 18.18% 的省级单元上升一个等级，新型城镇化发展水平进入中低水平状态。依次类推，第 3 行显示，有 93.78% 的省级单元新型城镇化发展水平处于中低水平状态，而其向上等级转移的概率为 5.18%，向下等级转移的概率为 1.04%。同理，新型城镇化发展水平处于高水平状态的省级单元保持稳定状态的概率为 97.78%，其向下等级转移的概率为 2.22%。

表 4－5　　　　　省级新型城镇化发展水平 Markov 链转移概率矩阵

时间	t/t＋1	ν	类型 I	类型 II	类型 III	类型 IV
2004～2015 年	类型 I	22	0.8182	0.1818	0.0000	0.0000
	类型 II	193	0.0104	0.9378	0.0518	0.0000
	类型 III	70	0.0000	0.0857	0.8714	0.0429
	类型 IV	45	0.0000	0.0000	0.0222	0.9778
2004～2009 年	类型 I	14	0.8571	0.1429	0.0000	0.0000
	类型 II	111	0.0090	0.9369	0.0541	0.0000
	类型 III	33	0.0000	0.0909	0.8485	0.0606
	类型 IV	22	0.0000	0.0000	0.0000	1.0000
2010～2015 年	类型 I	8	0.7500	0.2500	0.0000	0.0000
	类型 II	82	0.0122	0.9390	0.0488	0.0000
	类型 III	37	0.0000	0.0811	0.8919	0.0270
	类型 IV	23	0.0000	0.0000	0.0435	0.9565

第三，非对角线上的转移概率并非为零，并且均分布在对角线两侧，表明省级新型城镇化发展水平可以向邻近状态转移，但尚无实现向上跨级跃迁和向下跨级滑落的概率，说明省级新型城镇化发展的地区差异演进是一个调整速度较慢的渐进过程。

第四，与 2010～2015 年相比，2004～2009 年省级新型城镇化发展水平初始状态为低、高水平的省级单元发生转移的概率很小，保持状态稳定的概率分别为 85.71% 和 100%，说明在此评价期内，省级新型城镇化发展水平可能存在"俱乐部趋同"现象，因此需警惕可能存在的低水平固化所导致的地区差异扩大风险。纳入时间效应之后，一方面，新型城镇化发展所面临的不确定因素增加；另一方面，随着新型城镇化发展水平的提升，相关倾斜政策的边际效力减小，从而使其向上等级转移的概率下降，表现在省级新型城镇化发展水平处于中低、中高水平状态的省级单元向上等级转移的概率分别由 5.41% 和 6.06% 降至 4.88% 和 2.7%，并且处于高水平状态的省级单元落入中高水平状态的概率增至 4.35%，同时也说明，随着省级新型城镇化进程历时纵深推进，"俱乐部趋同"效应被弱化，省级新型城镇化发展水平分布逐渐趋于均衡，地区差异呈缩小态势。

第四节　新型城镇化发展驱动机制分析

既然中国新型城镇化发展客观存在省份和地区差异属性，那么揭示促进新型城镇化发展的驱动机制成为解释上述现象的根本途径。事实上，城镇化动力机制研究一直是城镇化研究的热点问题，而在新时代改革背景下，寻找新型城镇化的驱动因素以及研判其驱动机制对理解省级新型城镇化发展的差异特征和内在规律具有重要参考价值。根据城市经济学理论，城镇作为一个复杂自适应网络，城镇发展与国家政策供给、要素市场配置、产业结构转型、经济系统开放和科技创新能力等密切相关，因此，本章将新型城镇化发展的可能驱动机制基本归纳为政府引导机制、市场调节机制、结构优化机制、对外开放机制和技术创新机制，然后通过对以省级新型城镇化发展水平综合指数作为被解释变量所构建的面板数据计量模型进行实证检验，从而为上述驱动因素影响省级新型城镇化发展的理论机制提供经验证据。

一、模型设定

基于上述理论，为了实证检验五种驱动机制对省级新型城镇化发展的影响，相应构造如下基于面板数据的计量经济模型：

$$\text{URB}_{it} = \alpha + \beta\text{GOV}_{it} + \chi\text{MAR}_{it} + \varphi\text{STR}_{it} + \kappa\text{OPE}_{it} + \vartheta\text{RDE}_{it} + \eta_i + \rho_t + \varepsilon_{it}$$

$$(4-31)$$

其中，i 和 t 为省份和年份；η 和 ρ 为省份和年份固定效应；ε 为随机误差项；URB 为模型被解释变量，表示省级新型城镇化发展水平综合指数；解释变量所代表的驱动因素依次为政府规模（GOV）、市场化（MAR）、产业结构（STR）、外贸依存度（OPE）和专利授权量（RDE）。

二、变量说明

（1）政府引导机制。充分发挥政府在新型城镇化建设中的规划引导和统筹调控作用，有利于化解和消除城镇化进程中的矛盾和冲突，并可为走中国特色新型城镇化道路提供政策保障，采用财政支出占国内生产总值比值度量。（2）市场调节机制。城镇化与市场化具有内在联系，正确处理政府和市场的关系，更加尊重市场机制在要素配置过程中的基础性作用，实现要素符合市场规律的合理流动，是新型城镇化克服传统的不完全城镇化弊端的重要手段，采用非国有企业职工占国有企业职工比值度量。（3）结构优化机制。为了破除传统工业结构的束缚，在信息化推动下，经济结构服务化作为产业结构升级的重要特征，对优化新型城镇化的产业支撑体系具有引领作用，采用第三产业产值占第二产业产值比值度量。（4）对外开放机制。开放的经济环境不仅可以扩大城镇市场需求规模，而且有利于先进的技术和知识在城镇体系中外溢，并通过示范效应、竞争效应和人力资本流动效应优化城镇空间结构，采用进出口贸易总额与国内生产总值比值度量。（5）技术创新机制。发展模式实现由"要素驱动""投资驱动"转向"创新驱动"，是新型城镇化凸显内涵式、集约化发展的根本途径，科技创新是新型城镇化发展的价值核心，采用每万人均专利授权量度量。

三、数据来源

鉴于数据可得性和一致性，实证研究对象为 1999～2014 年中国大陆 30 个省级单元（西藏除外）省级平衡面板数据。以 2004 年为研究起点，是因为可以获取新型城镇化发展水平评价指标体系中大部分指标的原始数据。除此以外，还包括模型解释变量的原始数据均来源于《中国统计年鉴》《中国区域经济统计年鉴》和各省统计年鉴（2005～2016 年）以及中国经济和社会发展统计数据库。

四、回归结果

表 4 - 6 报告了全国省级新型城镇化发展驱动机制的回归结果。从模型选择性检验来看，表 3 - 6 第（1）列为面板混合最小二乘法（Pooled OLS）回归结果，第（2）列为固定效应（FE）回归结果，面板设定 F 检验结果显示个体效应显著，即认为固定效应模型回归优于混合回归，允许截面个体存在截距项。Hausman 检验则显著拒绝随机效应和固定效

应回归系数无差异的原假设，即认为固定效应模型回归优于随机效应模型回归。事实上，从计量经济理论角度来看，由于面板数据同时兼顾截面数据和时间序列特征，所以异方差和自相关必然会存在，同时，由于面板数据中还可能存在省级单元截面之间的内在联系，因而截面相关问题亦需要考虑。由于面板数据的固定效应模型回归同时依赖于同方差、无自相关和截面不相关三个假定条件，因此倘若上述因素存在，将会导致固定效应模型回归结果有偏。因此，分别检验上述假定条件是否满足，并寻求可以放松相应假定条件的合理回归方法直接关系到驱动因素回归系数检验的客观性。

表4-6　　　　　全国省级新型城镇化发展驱动机制回归结果

变量	(1) Pooled OLS	(2) FE	(3) PCSE	(4) FGLS
GOV	0.746 *** (0.059)	1.338 *** (0.087)	0.975 *** (0.096)	0.732 *** (0.076)
MAR	0.442 *** (0.054)	0.627 *** (0.068)	0.191 *** (0.048)	0.111 ** (0.055)
STR	-0.241 *** (0.075)	0.221 ** (0.084)	0.147 *** (0.055)	0.177 *** (0.043)
OPE	-0.558 ** (0.259)	0.639 *** (0.307)	-0.093 (0.236)	-0.071 (0.091)
RDE	0.004 *** (0.001)	0.005 *** (0.001)	0.005 *** (0.001)	0.004 *** (0.001)
常数项	0.237 *** (0.032)	-0.188 *** (0.035)	0.127 *** (0.031)	0.200 *** (0.042)
面板设定 F 检验		22.91 ***		
Hausman 检验		94.69 ***		
Modified wald 检验			2158.69 ***	
Wooldridge 检验			118.328 ***	
Pesaran 检验			19.884 ***	
观察值	360	360	360	360

注：*、**和***分别表示10%、5%和1%统计显著性水平；括号内为标准差。

如表4-6所示，组间异方差的Modified wald检验显著拒绝"不同截面的扰动项同方差均相等"的原假设，认为面板数据模型存在组间异方差；组内自相关的 Wooldridge 检验显著拒绝"不存在组内自相关"的原假设，认为面板数据模型存在组内自相关；截面相关的 Pesaran 检验显著拒绝"不存在组间同期相关"的原假设，认为面板数据模型存在截面相关。对于以上问题，本章选择两类处理方法：其一，继续选择使用面板数据普通最小二乘法（OLS）进行模型回归，但对标准差进行校正，即采用"面板校正标准差（panels corrected standard errors，PCSE）"；其二，使用可行广义最小二乘法（FGLS）对面板数据模型进行回归。对于以上两种回归方法，前者更为稳健，后者更具效率，后者由于条件方差函数难以确定，所以对于回归结果稳健性与有效性的选择，大多数情况下应该倾向于使用"OLS + PCSE"（Stock & Watson，2011）。

　　因此，我们重点对表 4－6 第（3）列基于 PCSE 的 OLS 回归结果进行重点分析。政府规模回归系数在 1% 统计水平上高度显著，并且数值最大，说明政府规模提高 1%，将驱动省级新型城镇化发展水平上升 0.975%。政府引导机制不仅可以积极驱动省级新型城镇化发展，而且驱动效应最强，意味着充分发挥有为政府在省级新型城镇化发展中的有限主导作用至关重要。新型城镇化为国家发展战略，为遵循科学发展观，坚持中国特色，兼顾效率和公平，政府作为重要的参与主体不可或缺。政府在产业政策、财政政策、规划制定、制度创新、服务配套和生态保护等领域对新型城镇化发展宏观统筹，直接影响新型城镇化的全面进程。

　　市场化回归系数为 0.191，在 1% 水平上具有统计显著性，说明发挥"市场在资源配置中的核心作用"可以有效提高新型城镇化发展的运行效率，让市场成为基础性制度是贯彻市场在驱动省级新型城镇化发展中调节机制的基本前提。市场化可以分别从供求两端驱动新型城镇化发展：从供给侧，继续深化要素市场化改革，逐步建立要素价格形成机制，实现生产要素的合理流动和科学配置，有助于提高新型城镇化发展的空间利用效率；从需求端，增强产品市场发育程度，通过增加产品多样化活跃产品消费市场，可以刺激和提高新型城镇化发展的市场需求规模与质量。

　　产业结构回归系数同样具有显著性，表明产业结构优化升级是省级新型城镇化发展的有效驱动机制。产业结构扭曲是导致城镇化滞后于工业化乃至于"四化"不协调的根源，不仅会放大传统城镇化弊端，也会抑制城镇化质量改善。因此，积极推进产业结构优化升级，依靠现代服务业反哺新型工业化和农业现代化建设，有助于夯实支撑新型城镇化发展的产业力量和释放市场需求条件，即通过实现产城融合和完善城市功能来推进"人"的城镇化。

外贸依存度回归系数为负，但不具有统计显著性，说明在评价期内，贸易开放作为新型城镇化发展的动力机制并未发生作用。因此，我们需谨慎审视在以上评价期内省级新型城镇化发展的外向策略。从理论上讲，对外开放可以通过示范效应、竞争效应、投资效应和就业效应等途径产生技术外溢或扩散来促进城镇经济体系能级提升，从而为新型城镇化发展注入先进负熵流。然而，在评价期内，由于我国贸易环境愈发严峻，除了全球贸易保护主义抬头之外，国内人民币汇率升值、出口产品附加值低、劳动力价格提升和技术改造升级慢等因素不断凸显，也致使近年来外贸出口对城镇经济发展的拉动作用弱化，从而导致驱动省级新型城镇化发展的对外开放机制暂时失灵。

专利授权量回归系数也具有 1% 统计水平显著性，但数值相对较小，说明技术创新也可以显著驱动省级新型城镇化发展，但影响效应较弱，即技术创新提高 1%，仅会促进省级新型城镇化发展水平提升 0.005%。增强技术创新能力不仅能够直接培育以信息、生态和智能为代表的创新型新兴产业发展，而且可以促进信息化与工业化深度融合，通过升级传统产业和催生新型服务业引领产业结构高级化演进，从而驱动新型城镇化的可持续发展。然而，一方面，从技术创新投入到创新产出直至推广应用，需要一定孵化时间和实验过程；另一方面，我国当前技术创新投入与创新产出并不匹配，共同导致当前技术创新对新型城镇化发展的驱动效应相对较弱。

从表 4－7 所报告的分区模型回归结果来看，随着东部省级新型城镇化战略进入深水区和关键期，改革所面临的多重困难与未知挑战逐步显现，在尚未有成功经验可借鉴的情况下，东部省级新型城镇化的建设投入成本更高，进而使得驱动因素对东部省级新型城镇化发展的边际促进效应降低。例如，结构优化机制和技术创新机制的驱动效应相对较弱，彰显出在东部省级新型城镇化发展水平进入一定阶段后，一方面，传统产业结构固化扭曲导致调整空间的灵活性减小，产业结构转型的"阵痛期"抑制了结构优化机制对新型城镇化发展的驱动效应；另一方面，随着技术创新遭遇"瓶颈期"，作为具有不确定性的随机过程，技术创新的变革成本无疑会更高，使得技术创新活动的投入和产出匹配性降低，而技术创新的风险概率提升也会减弱其对新型城镇化发展的驱动效应。

表4-7 分区新型城镇化发展驱动机制回归结果

变量	东部			中部			西部		
	(1) FE	(2) PCSE	(3) FGLS	(4) FE	(5) PCSE	(6) FGLS	(7) FE	(8) PCSE	(9) FGLS
GOV	1.358*** (0.263)	0.946*** (0.166)	0.935*** (0.158)	2.362*** (0.203)	1.811*** (0.127)	1.758*** (0.169)	1.001*** (0.125)	0.522*** (0.058)	0.552*** (0.052)
MAR	0.671*** (0.111)	0.349*** (0.062)	0.309*** (0.058)	0.239*** (0.069)	0.467*** (0.059)	0.216*** (0.064)	0.419*** (0.152)	0.286*** (0.080)	0.222*** (0.075)
STR	0.065*** (0.133)	0.024*** (0.084)	0.013** (0.081)	0.092*** (0.099)	0.072*** (0.102)	0.027*** (0.089)	0.292** (0.146)	0.239*** (0.158)	0.136* (0.138)
OPE	-0.991 (0.437)	-0.084 (0.015)	-0.088 (0.014)	-0.425 (0.519)	-0.197 (0.375)	0.010 (0.432)	0.109 (0.693)	-1.795 (0.671)	-2.104 (0.556)
RDE	0.003*** (0.001)	0.004*** (0.001)	0.004*** (0.001)	0.015*** (0.003)	0.014*** (0.004)	0.016*** (0.003)	0.026*** (0.005)	0.036*** (0.004)	0.042*** (0.003)
常数项	-0.074 (0.062)	0.171*** (0.039)	0.171*** (0.037)	-0.088** (0.038)	-0.088* (0.046)	0.032 (0.041)	-0.092 (0.064)	0.156*** (0.058)	0.115** (0.050)
面板设定F检验	16.17***			12.61***			15.12***		
Hausman检验	42.55***			46.38***			19.03***		
Modified wald检验		298.71***			25.63***			537.65***	
Woolridge检验		51.045***			116.896***			48.090***	
Pesaran检验		6.360***			5.061***			7.674***	
观察值	132	132	132	96	96	96	132	132	132

注：*、**和***分别表示10%、5%和1%统计显著性水平；括号内为标准差。

　　政府引导机制和市场调节机制驱动中部省级新型城镇化发展的作用贡献最大。首先，为了避免传统城镇化进程中重经济利益、政治绩效和空间蔓延而轻社会管理、服务配套和生态发展所造成的城镇化低质量发展弊端，根据"中部崛起"战略的基本要求，中部地区及时转变政府行政职能，在坚持市场调节规律的前提下，秉承理性的有限主导作用，分别在城镇规划布局、基础设施建设、产业准入核准、城乡统筹协调和城市精明增长等方面积极引导新型城镇化发展，政府有序干预将会在中部地区打造全国新型城镇化重点区方面发挥重要作用。其次，中部地区不断加快体制机制创新，逐步消除影响城镇化发展的体制性弊端、政策性障碍，从而为市场经济运行创造了前提条件，并且在承接东部地区先进产业转移的同时，随着人才、资本和技术不断涌入，市场微观经济主体不断活跃，市场对城镇资源要素配置的优化作用得以加强。事实上，中部地区构建的宏观调控有方向、微观主体有活力和市场机制有效力的经济体制为发挥政府和市场对新型城镇化发展的引导和调节机制奠定了基础。

　　结构优化机制和技术创新机制对西部省级新型城镇化发展的驱动作用明显。一方面，传统产业结构根深蒂固、现代产业体系相对落后是制约西部城镇化发展的根本症结，西部地区通过有选择、有条件地承接东部和中部产业梯度转移，并结合自身资源比较优势，加快产业结构调整速度，不仅改造提升传统产业，而且着重培育战略性新兴产业，产业结构的高级化促使产业结构愈发协调合理，产业结构的优化所释放的"结构红利"为新型城镇化发展提供了重要支撑；另一方面，西部地区在国家科技创新倾斜政策的扶持下，科技创新资源投入和科技成果转化与东、中部开始协同发展，科技创新投入迅速增长，并已超越东、中部，科技创新环境逐渐改善，并且西部地区拥有技术创新后发优势，科技创新能力的快速提升为创新驱动新型城镇化发展创造了条件。因此，进入"十二五"规划时期，产业结构优化和科学技术创新是驱动西部省级新型城镇化显著发展的源发动力。另外，政府机制对西部省级新型城镇化发展的驱动效应较弱，说明西部地区政府还需进一步解放思想、明确定位，努力提高对新型城镇化发展的宏观统筹能力。

第五节　结论与启示

一、研究结论

本章在对结合 TOPSIS 方法与灰色关联理论所构建的中国省级新型城镇化发展水平评价模型进行综合测度的基础上，以灰色关联相对贴近度衡量的省级新型城镇化发展水平综合指数为依据，分别采用 Dagum 基尼系数及其分解、Kernel 密度估计和传统 Markov 链分析方法对省级新型城镇化发展水平地区差异及其分布动态演进规律进行定量刻画，然后又使用基于"面板校正标准差"的普通最小二乘法对驱动新型城镇化发展的动力机制进行了实证检验。本章结论如下。

第一，由改进的熵值法所测度的准则层权重来看，社会包容性、人口城镇化、环境治理力和经济城镇化对省级新型城镇化发展水平的相对重要程度更高。根据灰色关联相对贴近度，省级新型城镇化发展水平综合指数上升势头明显，意味着尽管存在个体异质性，但省级新型城镇化发展水平整体持续提升，并且新型城镇化建设的推进速度较快。其中，在评价期内，北京、上海和广东新型城镇化发展平均水平依次位居全国前列，而云南、重庆和河南新型城镇化的发展速度则最快。

第二，Dagum 基尼系数及其分解结果表明：首先，中国省级新型城镇化发展水平整体相对差异在波动中呈现"扩大—缩小"交替变化特征，但基本以缩小态势为主。其次，分区省级新型城镇化发展水平地区内相对差异低于全国整体相对差异，其中，东部省级新型城镇化发展水平地区内相对差异高于中、西部，中部地区内相对差异则最低。再次，分区省级新型城镇化发展水平地区间相对差异平缓演进，东—西部省级新型城镇化发展水平地区间相对差异最高，然后为东—中部，并且均高于全国整体相对差异，中—西部地区间相对差异最低。最后，地区间相对差异是主导省级新型城镇化发展水平地区相对差异的主要来源，但不同地区的交叉重叠产生的问题对整体相对差异的贡献率不断上升。Kernel 密度估计结果表明，全国和分区省级新型城镇化发展水平不断提升，并且地区绝对差异基本上呈现出"先扩大、后缩小"的演进态势，其中，全国和东部省级新型城镇化发展水平分布存在两极分化现象，中部极化现象开始弱化，西部极化现象基本消失。传统 Markov 链分析显示，省级新型城镇化发展水平状态之间流动性较低，状态相对稳定，地区差异仅发生缓慢的渐进式动态演进，并且随着时间推移，省级新型城镇化发展水平地区差异趋向缩小。

第三，对新型城镇化发展的驱动机制进行的实证检验表明，政府引导机制、市场调节机制、结构优化机制和技术创新机制均对驱动全国及分区省级新型城镇化发展具有积极作用，但对外开放机制的驱动作用不显著，即内源动力仍是评价期内驱动全国和分区省级新型城镇化发展的核心力量。其中，政府引导机制和市场调节机制对中部省级新型城镇化发展的驱动效应最强，而政府引导机制和技术创新机制则是驱动西部省级新型城镇化发展的关键动力。

二、政策启示

首先，需秉承城镇建设与社会包容、环境治理和经济发展协调共生的新型城镇化理念，检视并反思传统城镇化过于追求"规模扩张"的计划思维，转而树立并贯彻新型城镇化着重强调"内涵质量"的核心思想。新型城镇化以凸显"以人为本"为特色，因而以"人"的城镇化为纲，以"生产、生活和生态"融合为目，具有中国特色的新型城镇化建设才能"纲举目张"。其中，打破城乡二元分割体制，推进城乡公共服务均等化，全面提升城镇流入人口的市民化程度，不断释放城镇公共空间和产品需求，并以此连接"产"和"城"之间有效互动，才能真正实现"人""产业""城镇功能"的完美融合，进而形成"产城融合""效用改善""生态为先"耦合协调支撑新型城镇化发展的正向反馈机制。鉴于新型城镇化发展水平存在省级差异性，意味着新型城镇化发展思路或理念切勿出现盲目同质性，应充分尊重省级个体效应，因地制宜、因势利导地推进新型城镇化建设。

其次，缩小省级新型城镇化发展水平的地区差异，消除潜在极化现象是保持省级新型城镇化均衡发展的关键。适时建立分区省级新型城镇化发展协调合作机制，在继续保持优惠政策向中、西部倾斜的条件下，切实推进新型城镇化发展的跨区一体化建设，积极鼓励东部先进技术、高端人才、优势产业和金融资本等要素向中、西部流动扩散，增强东部省级新型城镇化发展对中、西部的空间溢出作用。同时，中、西部除了应创造良好的要素流动环境之外，还需努力提升新型城镇化发展的综合建设能力，通过双管齐下来实现分区省级新型城镇化的协同效应，并兼顾效率与公平，从而有利于缩小东—西部和东—中部地区间差异。另外，重视发挥省级新型城镇化发展中"增长极"的辐射带动功能，利用知识溢出、技术扩散和产业联动等途径，促进城镇发展要素的流动与共享，并通过构建省级新型城镇化发展的协作共同体来弱化并消除潜在的极化现象。

最后，"政府干预"和"市场调节"互为补充仍是驱动省级新型城镇化发展的主要作用机制。为了建设符合中国特殊国情的新型城镇化发展模式，在有效发挥"市场基础性作用"的同时，还需强调"政府干预"的有效性，将转变政府职能作为深化行政管理体制改革的核心，具体可借助"放管服"改革有效激发新型城镇化发展中的市场活跃力和社会创造力，通过提高政府行政能力和效率以及政府治理制度化水平，弥补新型城镇化发展中的市场失灵缺陷。为适应经济新常态，产业结构优化和科学技术进步是破除传统城镇化粗放发展的根本路径，其对新型城镇化发展的驱动潜力不可小觑。一方面，根据城镇化发展理论，产业是城镇发展的核心支撑，所以通过产业结构优化促进"四化"深度融合、协调互动，可以有效改善城镇产业体系、功能分工、空间结构和环境效率，进而可以高质量驱动新型城镇化发展；另一方面，科技创新能够有效促进城镇要素的集约化利用和产业结构转型升级，所以除了要对科技创新驱动新型城镇化发展战略规划进行顶层设计之外，还需加快科技创新成果转化和产业化，强化科技创新支撑引领新型城镇化的试点示范，并通过构建现代产业技术支撑体系内生驱动新型城镇化发展。

第五章　旅游业与新型城镇化
耦合协调发展分析

第一节　研究背景

历史地看，工业化与城镇化相伴而生是中国经济持续增长的基本动力。在新兴古典经济学那里，需求释放和供给强化是城镇化驱动经济增长的核心机制。切中肯綮地讲，城镇化凭借需求引致效应和结构配置效应对经济增长施加作用，一方面，城镇化所引发的人口迁移和产业集聚活动极大地拓宽了市场需求空间，从而使得社会分工日益精细化，专业化生产逐渐深化，由此所产生的交易成本下降和人力资本外部性提升了城镇劳动生产率；另一方面，随着城镇体系规模不断扩大，工业化所主导的城镇产业结构与社会日益增长的精神愉悦需求矛盾显现，为了适应城镇内部需求结构的转换变化，从而倒逼城镇产业结构摒弃计划思维，转而追求向合理化和高级化进行配置，尤其是城镇经济结构的服务化倾向进一步刺激了城镇化经济增长效应。

城镇化发展需要产业支撑，产业结构变迁是城镇化发展的动力机制。在城镇化初级或中级阶段，工业化是驱动城镇化发展的原生因素，而更具"活力"的新兴服务业则是城镇化发展到高级阶段的结构动力，前者诱发城镇化规模，后者改善城镇化质量，产业结构的调整转型与城镇化发展的价值取向具备互动协调关系（Chenery and Syrquin，1975）。然而，从当前中国经济现状审视，尽管工业化对城镇化发展影响深远，但城镇化滞后于工业化的尴尬现实，是导致中国经济发展面临"四期叠加"的主要诱因。因此，如何破解上述困局，是中国经济适应"新常态"的关键之举。一个不争的学术事实是，受到资源与环境双重约束，困扰城镇化质量改善的传统工业化道路愈发难以为继，无论是对城镇劳动市场的就业弹性，抑或是对城镇产业结构的优化重塑，传统僵化的产业发展路径不断受到挑战和质疑。在经济结构转型理论中，与"传统工业决定论"相比，以现代服务业为主体的第三产业在激发城镇经济集聚效应、优化城镇产业结构体系和拓展城镇空间消费功能等方面可以有效弥补"不完全城镇化"的诸多弊端（Aslesen and Isaksen，2007）。

既然粗放式的传统城镇化发展模式已无法适应经济增长方式转变的根本要求，为了对传统城镇化进行全面校正，以内涵集约和"以人为本"为核心特征的中国特色新型城镇化成为未来推动中国经济高质量增长的重要途径，而既能提升、改造和反哺传统工业，又能激发、创造和升级社会需求的现代服务业成为推进新型城镇化建设的新引擎。因此，深入第三产业内部，探索以现代服务业为核心的新型城镇化建设路径，尤其是发挥并实现服务业与新型城镇化之间协同发展具有重要意义（张勇等，2013）。

与此同时，旅游业作为服务业的主导部门，近年来，随着旅游需求的增长和旅游供给改革的深入推进，无论是旅游需求项的消费升级，或者是旅游产业链的纵向拓展，抑或是旅游关联度的跨界融合，旅游业引导的新型城镇化建设不仅丰富了新型城镇化发展的建设路径，也为地区经济增长注入了产业活力（赵磊，2017）。根据旅游经济、社会学相关理论，现代旅游业作为一种推动产业转型、文化自信、社会变迁和经济增长的内在动力，能够有效实现城镇空间结构重组、城镇功能转变和城镇质量提升（王红和宋聪颖，2009）。事实上，新型城镇化建设能够创造旅游业发展所需的供求条件，而旅游业发展可以满足新型城镇化建设的产业生态诉求，而旅游业内在属性特征也与新型城镇化思想理念互为契合，所以对新型城镇化和旅游业互动协同进行研究，不仅具备学理基础，也对解释中国城镇化与工业化失衡谜题具有实践意义。据此，本章引入系统耦合协调度模型对中国旅游业与新型城镇化互动状态进行实证分析，有助于客观评估"旅游业—新型城镇化"系统的耦合协调程度，定量揭示旅游业子系统与新型城镇化子系统的双向作用态势，以反映两者的内在相互关系，从而为优化旅游业与新型城镇化的协调发展路径，尤其是促进旅游产业能级提升和拓宽新型城镇化建设思路提供参考依据。

第二节　文献回顾

从结构转型理论来看，农业发展是城镇化的存在基础，工业化是城镇化的核心动力，而服务业繁荣则为城镇化注入了新的活力，由此观之，产业结构演进不仅与城镇化进程紧密相关，甚至是驱动城镇化发展的关键因素。工业化主要从"量"上扩大城镇规模，而服务业则从"质"的层面强化城镇功能。（干春晖和余典范，2003）。因此，从服务业发展提升城镇内涵的角度出发，探究服务业与城镇化关系也是重要的学术命题。与此同时，随着现代旅游业逐渐上升为服务业的主导部门，无论是其对生活性服务业部门的需求刺激，还是对生产性服务业部门的产业链带动，通过研究旅游业与城镇化关系可为解释服务业与城镇化关系提供可参考的理论认知框架。

从城镇化本质看，旅游业发展与城镇化的转变过程不谋而合。第一，人口向城镇空间集中，随着收入水平提升，提供了刺激旅游业发展需求的条件；第二，非农生产活动向城镇集中，在推动经济结构转换过程中，为旅游业发展创造了所依赖的基础条件、产品要素和功能配套；第三，城镇地域空间结构的塑造为旅游业发展提供了新的体验场景；第四，城镇生活方式的转型也为提高旅游经济活动强度提供了重要保障。

国内对旅游业与城镇化关系的早期研究主要停留在理论研究层面，普遍认为旅游业作为城镇化发展的驱动力，可以引导人口、资本和物质等生产要素向城镇地区集聚（黄震方等，2000；王冬萍和阎顺，2003；王红和宋颖聪，2009）。陆林和葛敬炳（2006）对穆林斯（1991，1994）和格莱斯顿（Gladstone，1998）的经典文献予以对比研究，认为旅游作为现代享乐消费的重要组成部分，其所引起的城镇化过程是一种新的城镇化发展模式。朱竑等（2006）指出，旅游城镇化不仅是旅游业促进城镇发展的一种简单结果，而且是一种旅游业与城镇化互促发展的动态趋势和演变过程。

城镇化质量提升是新型城镇化建设的必要条件。现代旅游业作为新兴服务业，在吸引城镇资产投资（蔡刚和蔡平，2018）、创造城镇人口就业（余凤龙等，2014）、转变城镇生活方式（赵磊，2016）和改善城镇基础设施（唐鸿等，2017）等方面对改善城镇化质量具有积极影响，是驱动新型城镇化发展的合意产业选项（钟家雨等，2014；张广海和龚荷，2015）。

当然，旅游业与城镇化之间不仅存在良性互动关系（任燕，2016），也隐含潜在消极影响（唐鸿等，2017）。例如，如果旅游接待建设超前于需求规模扩张将会导致"过度城镇化"，而快速城镇化也将会导致环境质量恶化和生态景观破坏，从而对旅游业发展产生负面影响（徐红罡，2005）。

纵观已有文献，学术界对旅游业与城镇化关系的理论探讨以及单项因果效应的定量研究逐渐丰富，进而为深入理解上述关系奠定了文献基础，但也存在研究问题较为浅显、不够系统的问题。尽管此类文献初步构建起旅游业与城镇化关系的理论框架，但主要局限于案例分析层面，对两者关系的理论刻画也不够深入，并且学术讨论的基点还是围绕旅游业与侧重外延型城镇化的城镇化率关系进行分析，一旦高城镇化率达到极限阈值，过度城镇化所产生的负面问题也会对旅游业产生诸多不利影响。因此，随着传统城镇化亟须转型，城镇化发展进入关键时期，探讨现代旅游业与基于质量含义的内涵型城镇化关系成为此类文献的重要延伸方向，这是因为城镇功能的转型、强化与旅游发展的提质、增效存在互为交织及共契关系。由于外延型城镇化与内涵型城镇化相互作用、互为影响，并统一于城镇化发展过程，所以在讨论旅游业与城镇化关系时，除了探讨旅游业与传统数量型城镇化关系之外，还需跟踪关注旅游业与质量内涵型城镇化关系，故而才能动态、全面地刻画两者之间的理论关系与实践动向。

从近期文献发展来看，有些文献开始尝试在简单描述两者关系的基础上，对表征旅游业与新型城镇化互动关联与协同发展的系统耦合协调度进行测度评价，但研究对象的截面性和静态性以及系统指标的缺失性，严重束缚了对中国旅游业与新型城镇化耦合关系认识的客观性，所以本章拟以省级单元为研究对象，对 2004～2014 年中国旅游业与新型城镇化关系进行系统耦合协调度评价，以期拓宽对以上关系的认识视域，并为保持稳定的"旅游业—新型城镇化"系统运行提供更具客观的决策信息。

第三节　理论分析

中国经济进入"新常态"，如何实现"产""城"融合，是破解城镇化质量治理困境的直接举措，也是寻求经济转换动能、结构调整优化和预期政策调控的可行方略。长期以来，旅游活动中出现"旅游城镇化"与"城镇旅游化"的社会经济现象，"城镇"作为"旅游"的对象载体，"旅游"表达"城镇"的衍生功能,"城""旅"融合条件具备,关键在于如何实现寓旅于城、以城促旅的耦合协调发展。与既有关于旅游业与传统城镇化关系的解释理论相异,本章主要立足于新型城镇化所涉"新型"内涵(以人为本、产业互动、结构合意、城乡统筹、文化复兴……),梳理并阐述旅游业与新型城镇化互促关系的理论机理。

一、融合发展的内涵

第一,融合发展过程中的互为作用、相互影响具备明确含义。现代旅游业与新型城镇化之间所呈现的互动协调关系并非自发、随意生成,其内涵基本内容则是相对明确的。现代旅游业对新型城镇化的作用体现在,旅游业发展所激发的消费能级、要素流动、文化需求、审美品质、空间优化等对重新塑造城镇功能,尤其是对提升人的城镇化质量、弥补传统城镇化内部失衡短板具有重要意义。新型城镇化对现代旅游业的冲击影响体现在其通过全面提升城镇化质量,能够为现代旅游业发展提供全新场景的产业发展环境,影响范围涉及从旅游消费需求升级到旅游产业要素更新整个旅游业供求体系。因此,在上述互动关系中,互为作用方式或强度不同。

第二,融合发展的根本目的是实现旅游业的转型升级与新型城镇化的持续发展。旅游业与新型城镇化的互为作用和影响只是融合发展的途径,从根本目的上理解,互动协调最终是要实现旅游业的高质量发展和新型城镇化的高效率推进。当然,旅游业与新型城镇化之间的互动影响可能会因各自所处不同发展水平而呈现出差异化的协调状态,进而无法释放出最佳融合效应,从而无法实现各自水平发展与彼此互为融合之间的良性反馈,因而通常情况下旅游业与新型城镇化之间的关系状态还需要进行及时矫正调整,以适应两者耦合协调的发展目标。

第三,融合发展的重要前提是旅游业与新型城镇化两者之间适度协调。融合发展最终是通过两者彼此互动作用而实现转型升级和高效发展,要求两者关系的性质理应是积极的而非存在消极倾向。因此,如若要使旅游业与新型城镇化之间互为促进,一个关键的前提条件即是需保持旅游业与新型城镇化之间的适度协调。例如,新型城镇化建设滞后或进程超前,不仅无法确保旅游业获得转型升级所需的外部条件,而且也会削弱旅游业对新型城镇化的影响效力,由此也会潜在阻滞新型城镇化的持续推进。因此,只有旅游业与新型城镇化耦合共振、协调互配,才可能实现融合发展的局面。换言之，旅游业与新型城镇化融合发展内在地要求两者彼此适度协调。当旅游业与新型城镇化在融合过程中实现了提质增效、持续上升，那么融合发展的过程也就必然地表现为两者之间的适度均衡协调。

第四，融合发展具有一定的阶段性。旅游业发展与城镇化都具有显著的动态时序性，使得两者在各自不同发展阶段所产生的作用效应强度也存在差异性。在传统城镇化阶段，快速城镇化不仅显著提升了地区经济发展水平，而且驱动人口持续向城镇集中，进而为旅游业发展创造了所需的国内消费市场基础，因而旅游业规模也随之不断扩张，而旅游业发展也在加快城镇要素流动，优化城镇功能。在新型城镇化阶段，旅游业在注重规模扩张的同时，愈发强调转型升级、提质增效，旅游业对城镇发展的需求带动产业渗透，旅游业的产业链带动效应所引发的产业结构调整也会对城镇经济活动空间的布局施加影响，而随着内涵式城镇化模式的推进，新型城镇化所倡导的功能创新性、形象品牌化、环境低碳性、文化多样化、城乡统筹性、社会和谐化等多维内涵为旅游业的消费理念升级、新型要素供给、体验场景打造、生产技术研发等创造了有利环境。

二、融合发展的必然性与必要性

现代旅游业与新型城镇化的融合发展既有必然性也有必要性。从必然性来讲，融合发展既是基于两者内在联系的必然结果，也是从发达国家社会经济发展历程中归纳总结的客观现象。从必要性来讲，无论是旅游业的转型升级，还是新型城镇化的持续发展，都需要从融合发展中得以实现。

（一）内在关联要求旅游业与新型城镇化在发展过程中进行融合

在旅游业与城镇化发展之初，由于带有显著的计划色彩，旅游业与城镇化是两个相对独立的变化过程，但随着市场力量的逐步渗透，收入水平的不断攀升激发人的消费层次螺旋上升，于是旅游供给规模与城镇要素支撑紧密连接，旅游需求释放与城镇市场扩大完美融合，故而旅游业与新型城镇化动态发展也同向交织在一起。在旅游业发展过程中，一个重要特征就是旅游者的网络化流动，由此带来的消费行为变化、衍生需求激发、外部资本注入、价值观念冲击等对城镇功能更新产生了多种叠加影响。从新型城镇化发展来看，在规模扩大和质量提升并重阶段，新型城镇化孕育了现代旅游业发展所需的多个条件。因此，新型城镇化是现代旅游业发展的直接目标，也是现代旅游业进一步繁荣的重要条件。现代旅游业为新型城镇化提供了产业支撑，而在新型城镇化发展过程中也能实现自身的提质增效。

（二）现代旅游业的转型升级客观上需要新型城镇化的支撑

在发展初期，旅游业发展所需的基本条件是收入、资源和可达性。收入提升可以放宽旅游者的消费预算约束，资源开发能够形成初级旅游产品，可达性则可保障旅游产品市场交易。换言之，旅游业发展需要在一定经济条件和社会、生态环境下进行，而新型城镇化则为旅游业发展提供了所需的场景诉求和空间载体。首先，新型城镇化是驱动经济高质量发展的重要动力，而且提升居民收入能力也是人的城镇化的重要内容；其次，新型城镇化更加强调生态保护、绿色生产、低碳消费和文化审美，不仅如此，新型城镇化也能够不断推动城镇更新、形象构建、景观重塑、遗产活化，由此可为旅游业发展不断生产可利用的资源要素，进而有助于持续保持旅游产品的吸引力；最后，新型城镇化要求科学合理的空间城镇化，其中，交通可达性的完善则是标志之一。

（三）新型城镇化的持续发展需要旅游业发展提供产业动力

不论是城镇化率水平的提高还是城镇质量的改进，其背后的根本动力是产业结构的演进。离开产业结构的转型升级，新型城镇化发展则难以为继。随着旅游业在国民经济体系中的权重效应日益增大，旅游业对产业结构合理化、高级化、生态化的潜在影响也愈益显著。首先，旅游产品的综合性决定了体验质量的实现需要涉及三次产业部门的整条产业链上所有环节之间的共同协作，尤其是现代新型旅游产品的高消费弹性吸引资源要素和就业人口在三次产业涉旅部门之间优化配置；其次，现代旅游产品的基本特征更加体现知识创新性、功能复合性、文化体验性、场景科技性，优质旅游产品的推陈出新提升了涉旅行业的劳动生产率，进而吸引资源要素向现代旅游业部门汇聚，进而拉动产业结构的合理化；最后，现代旅游业的发展方式就是要求旅游业摆脱单纯依赖资源粗放开发的大众旅游模式，倡导低碳、绿色、包容的旅游消费理念，因而能够带动整个产业结构体系的生态化运行。由此观之，现代旅游业可以通过引领产业结构升级驱动新型城镇化可持续发展。

（四）融合发展是实现经济高质量的基础

现代旅游业以满足人的高品质精神诉求和审美愉悦为基本使命，而新型城镇化则是以实现人的城镇化为核心理念，两者在价值取向上具备趋同性。此外，旅融于城，城包容旅，旅游业为城镇消费注入附加需求以及刺激本地消费需求，而新型城镇化可为旅游业扩张提供收入基础和要素供给，进而形成需求牵引供给、供给创造需求的更高水平动态平衡，所以两者融合互动机制运转，可有效实现城镇发展与产业功能之间的有效匹配，有助于释放产城融合潜力，优化经济结构体系，从而实现经济高质量发展。

三、融合发展的互动机制

（一）人口就业与消费效应

旅游业历来被视为劳动密集型行业，具有较强的就业属性。另外，随着中国旅游业向资本密集型跃迁，资本积累逐渐替代初级观光成为驱动旅游业发展的主要源泉，资本深化推动旅游业产生技术进步，但现阶段中国旅游业出现"资本替代劳动的路径偏差"概率尚低，原因在于：中国旅游业正处于转型初级阶段，并且旅游业技术创新强度微弱，但却可以吸引较高质量的人力资本，从而可以增强旅游就业的增量效应。随着旅游就业规模的稳定和就业质量的提升，来自正规和非正规旅游就业岗位所创造的收入进而又会转化为就业人口的消费支出，以改善其生活福祉，从而不仅有利于原住居民就地城镇化，而且是对产城融合的恰当诠释。新型城镇化强调"以人为本"，在人口城镇化的基础上，重点解决"不完全城镇化"所忽视的就业问题，通过优化就业结构体系，除了继续保持新型工业部门所产生的就业效应之外，积极拓宽现代服务业部门就业渠道，从而会深度激发城镇人口的消费潜力，为了匹配不断升级的城镇消费需求，尤其是满足城镇发展不断出现的"消费休闲化"和"休闲消费化"趋势，城镇空间愈发强化的休闲功能为现代旅游业孕育了发展条件。

（二）产业转型与升级效应

作为新兴服务业，现代旅游业凭借需求关联与产业融合效应，通过拓宽旅游市场范围而获取显著的规模报酬递增优势，不仅会吸引城镇生产要素向旅游业转移流动，而且由此所产生的要素配置效应所引起的经济结构服务化倾向愈发深远，同时，旅游市场范围的不断扩大又会促使泛旅游行业内实现专业化分工与生产，进而共同作用地区产业结构发生变革，不仅推动产业结构转型，也可丰富产业结构体系，并与新型城镇化所推崇的内涵集约生产理念相互契合。新型城镇化重视产城融合与互动，避免"产"与"城"相互割裂，新型城镇化的"人本导向"赋予了"产"更具多样化的内涵，工业化所主导的产业结构是导致"产""城"脱节的主要诱因，而更具活力和功能差异化的城镇服务业不仅可以提高"城"中"人"的效用水平，也可以为在城镇中的"外人"——游客创造多元化的消费体验元素和精神愉悦空间。

（三）空间布局与优化效应

旅游业所引发的产业结构转型的空间重塑与分工性以及劳动要素的空间流动与集聚性会在一定程度上对城镇地域空间结构产生间接影响。另外，以匹配游客的多样式、细分化和体验性需求偏好为导向，基于规模经济和外部性驱动机制，旅游业在地理空间开始集中，并通过集聚力吸引地域邻近生产要素在局域空间范围内向旅游业集聚中心流动，在空间集聚中心循环累积到一定阈值以后，由于劳动要素价格上涨、综合交易成本增加和规模经济效应下降等原因，由旅游业产业关联和融合所形成的广义旅游业集聚中心所形成的辐射力开始对空间邻近地区产生扩散效应，从而又会市场化地配置空间邻近地区关联性产业布局与结构优化，旅游业集聚在一定空间范围内在市场化正反馈机制作用下所形成的集聚与辐射效应，通过影响城镇产业结构配置和等级规模而优化城镇空间分布的空间结构。新型城镇化以内涵集约的生产理念来替代传统城镇化无序粗放的要素利用方式，尤其是通过优化城镇空间规模体系来实现产业结构配置的空间合理化，从而降低生产要素在产业间的流动成本，并可诱发新的产业空间需求，为产业集聚创造前提条件，而随着旅游需求刺激旅游供给深化改革，旅游业产业链不断向纵向延伸和横向拓展，新型城镇化所创造的产业空间需求与旅游业集聚所形成的产业空间结构随即互动关联。

（四）城乡发展与统筹效应

作为基本生产要素，拥有优越的旅游禀赋资源是发展旅游业的前提条件，而大部分优质旅游资源主要集中在乡村地区，所以乡村旅游经济活动对地区经济增长的作用不言而喻。旅游业不仅可以有效挖掘和释放乡村自然资源的物质经济价值和社会文化价值，而且可以充分带动剩余劳动力和乡村弱势群体实现旅游就业，从而有效拓宽乡村家庭生计来源并改善收入状况。另外，来自城镇发达地区的旅游客源市场用以购买旅游商品或服务所发生的旅游消费支出不仅可以转化为乡村地区直接旅游收入，并且还可通过多种传导渠道和动态效应对乡村经济体系产生积极作用，并增加乡村地区间接旅游收入。事实上，由于旅游流具有典型的空间移动性，所以旅游经济活动并非在城镇和农村之间绝对静止发生，而是对地区经济增长具有正向空间溢出作用，即使游客在城镇地区发生旅游消费行为，但其消费旅游产品的供应链组合元素和旅游服务的提供者很大部分则来源于乡村，所以在城镇地区进行的旅游经济活动对乡村经济发展具有溢出效应，旅游业可以有效实现城乡互动，并在一定程度上缩减城乡差距。传统城镇化是导致城乡二元分割的根本原因，直接表现为乡村生产效率低下与城镇生产成本趋高，而新型城镇化要求打破行政壁垒，实现城乡统筹一体化，乡村生产要素活跃、城镇公共需求释放和城乡共生机制创立推动城乡发展竞争力同步提升，所以旅游业与新型城镇化在城乡发展与统筹方面存在耦合性。

（五）文化传承与活化效应

文化统摄旅游，旅游承载文化，文化与旅游深度融合，不仅可以挖掘文化内涵、传承地方个性，也能够增强旅游创新、丰富旅游产品。旅游业以彰显城镇独特内涵的地方性文化元素为核心吸引物，通过设计、配套与包装，既能够拓展游客消费体验空间，亦可以传播城镇特色地域文化，从而有利于城镇特色培育、个性强化和品质改善，对构建城镇目的地形象和提升城镇品牌资产价值具有特殊意义。传统城镇化因缺乏特色、忽视品质、重于建设、轻视内涵，直接导致城镇"摊大饼"式扩张，造成"千城一面"，而新型城镇化建设要求走人本化、生态化和品质化的特色城镇化道路，坚决摒弃城镇形象趋同、城镇个性抹杀和城镇竞争同质的僵化思维，转而以活化城镇历史遗产、塑造城镇文化精神和增强城镇品牌意识为核心导向。功能互补、文化多元和品质凸显的城镇体系格局能够创造差异化旅游核心吸引物，而旅游业对城镇文化的识别、传承和记忆则可成为城镇演替更新的重要途径。

旅游业与新型城镇化影响关系如图5-1所示。

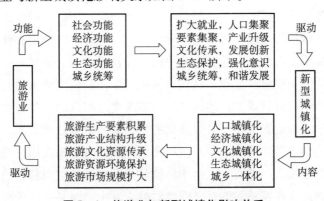

图5-1　旅游业与新型城镇化影响关系

第四节　研究设计

一、耦合原理

耦合（coupling）概念属物理学范畴，是指两个及以上子系统或运动形式互为作用而彼此影响的现象，是一种相互关联、互动与促进的动态关系。作为具备特定功能和特殊构成的有机整体，旅游业与新型城镇化均是由相互依赖的若干组元构成，存在多维内容和多种特征，故而可分别被视为旅游业子系统与新型城镇化子系统，而从宏观系统角度审视，旅游业与新型城镇化两个开放的子系统又同属更复杂的社会经济系统，旅游业子系统与新型城镇化子系统也会发生关联互动作用，并可用"旅游业—新型城镇化"系统耦合过程予以刻画。因此，通过引入系统耦合协调度模型对"旅游业—新型城镇化"系统的耦合、协调度进行定量测算，能够客观识别旅游业与新型城镇化子系统的互动状态和协同水平，进而为科学评判"旅游业—新型城镇化"系统耦合演变趋势和寻求协调发展路径提供依据。

二、耦合度模型

耦合度模型的建立，要先确立功效函数来测算功效系数以消除指标量纲差异。设 $X_{ij}(j=1, 2, \cdots, n)$ 为第 i 子系统的第 j 项指标；α_{ij} 和 β_{ij} 为系统指标的高、低极值；x_{ij} 为子系统 i 指标 j 的标准化功效系数，反映 X_{ij} 对子系统的功效贡献，表示指标距离目标的满意程度，$x_{ij} \in [0, 1]$。

功效系数测算：

$$x_{ij} = \begin{cases} (X_{ij} - \beta_{ij})/(\alpha_{ij} - \beta_{ij}) & 正向指标 \\ (\alpha_{ij} - X_{ij})/(\alpha_{ij} - \beta_{ij}) & 负向指标 \end{cases} \quad (5-1)$$

旅游业与新型城镇化子系统指标序参量对"旅游业—新型城镇化"系统的"总贡献"，反映指标序参量对子系统功效的综合考量，即综合序参量，可通过线性加权法获得（曾珍香，2001）。为定量分析旅游业与新型城镇化子系统间耦合关联效应，参照物理学中关于容量耦合系数模型，得到"旅游业—新型城镇化"系统耦合度模型：

$$U_i = \sum_{j=1}^{n} \omega_{ij} x_{ij}, \sum_{j=1}^{n} \omega_{ij} = 1, i = 1,2$$

$$C = k\{{}^{(}U_1 \times U_2 \times \cdots \times U_k) / \prod (U_a + U_b)\}^{1/k}, a,b = 1,2,\cdots,k$$

$$(5-2)$$

其中，C 为系统耦合度，且 $C \in [0,1]$；U_k 为子系统功效或综合序参量，k 为子系统个数；x_{ij} 为指标序参量 j 对子系统 i 的功效；ω_{ij} 为指标序参量 j 的权重。

为避免权重确定过程中的主观因素影响，选择改进熵值法对系统指标进行赋权，设有 m 个评价对象，n 个评价指标，X_{ij} 为第 i 个评价对象的第 j 个指标属性值。基本计算步骤如下：

（1）指标比重变换。

$$Y_{ij} = x_{ij} / \sum_{i=1}^{m} x_{ij} \qquad (5-3)$$

（2）指标熵值测算。

$$e_j = -(1/\ln m) \sum_{i=1}^{m} Y_{ij} \ln Y_{ij} \qquad (5-4)$$

（3）指标权重测算。

$$\omega_j = (1 - e_j) / \sum_{j=1}^{n} (1 - e_j) \qquad (5-5)$$

耦合度由子系统综合序参量决定，表征旅游业与新型城镇化子系统相互作用与影响的紧密程度。当 C = 0 时，表示耦合度极低，子系统之间处于无关状态，系统无序发展；C = 1 时，表示耦合度极高，子系统之间紧密配合，系统有序运动。采用中值分段法，当 $C \in (0, 0.3]$ 时，系统处于低水平耦合阶段；当 $C \in (0.3, 0.5]$ 时，系统处于颉颃磨合阶段；当 $C \in (0.5, 0.8]$ 时，系统处于良性耦合阶段；$C \in (0.8, 1]$ 时，系统处于高水平耦合阶段。

三、协调度模型

耦合是一个截面概念，考察在特定时期子系统间相互配合程度；发展是一个时序过程，反映子系统间协同演进的历时趋势。协调度是耦合与发展的综合，既能揭示旅游业与新型城镇化子系统的耦合程度，又可体现子系统的发展水平。虽然旅游业与新型城镇化内部构成有所差异，但两者存在耦合的学理基础和实践可能。理论上，旅游业的功能变化均会存在与之耦合的新型城镇化建设形态。然而，由于旅游业与新型城镇化子系统并非孤立、静态和线性运动，而是具有交错、动态和非均衡特性，单纯依据耦合度难以衡量"旅游业—新型城镇化"系统整体协调状况，而协调度则可以反映系统的协同发展程度，即可以在耦合基础上反映在不同旅游业发展水平和新型城镇化进程态势下的耦合差异。如果旅游业与新型城镇化子系统相互协调，则可有效利用二者之间耦合共振作用以实现同步快速发展。为评判旅游业与新型城镇化子系统在不同演进阶段下交错耦合的协调程度，需进一步构造"旅游业—新型城镇化"协调度模型：

$$\begin{cases} D = \sqrt{C \times T} \\ T = AU_1 + BU_2 \end{cases} \quad (5-6)$$

其中，D 为协调度；T 为"旅游业—新型城镇化"的综合协调指数，反映旅游业与新型城镇化的整体发展水平或协同效应；A 和 B 为待定参数，表示子系统在整体系统运行中的重要程度，按照研究惯例，可将旅游业与新型城镇化子系统视为同等重要，取 A = B = 0.5。采用中值分段法，当 $D \in (0, 0.3]$ 时，系统处于低度协调的耦合阶段；当 $D \in (0.3, 0.5]$ 时，系统处于中度协调的耦合阶段；当 $D \in (0.5, 0.8]$ 时，系统处于高度协调的耦合阶段；当 $D \in (0.8, 1]$ 时，系统处于极度协调的耦合阶段。

根据"协调度"定义，图 5-2 展示了耦合度、发展度与协调度之间的关系。根据无差异曲线构造"发展线（I）"，而 45 度线表示耦合度最优（S=1），并呈两侧对称递减。图 5-2 中，E 点与 F 点有相同发展度，但耦合度不同，E 点优于 F 点；E 点与 G 点有相同耦合度，但发展度不同，G 点优于 E 点所以判定 G 点的协调度最高。

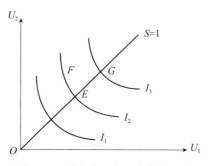

图 5-2　耦合度、发展度与协调度

耦合协调度模型最初主要被应用于自然科学领域，但随着研究问题的日渐复杂，开始被逐渐引入社会科学领域，诸如对"制造业—生产业服务业"系统（张沛东，2006）、"城镇化—服务业集聚"系统（张勇等，2013）、"金融体系—产业结构"系统（曾繁清和叶德珠，2017）和"创新能力—经济发展"系统（李二玲和崔之珍，2018）等领域的研究。近年来，该模型也相继被用于旅游学研究范畴，研究对象包括"旅游业—生态环境"系统（方叶林等，2013）、"旅游业—城镇化"系统（杨友宝等，2016）、"旅游业—信息化"系统（周蕾和汪冲，2017）和"旅游业—区域发展"系统（赵传松和任建兰，2018）。

四、评价指标体系

基于旅游业与新型城镇化概念内涵与复杂特征，学术界基本认同单一指标模式无法涵盖旅游业与新型城镇化的综合发展属性，旅游业是一个囊括企业经营、就业创造和市场拓展等方面的综合性产业，而新型城镇化是一个涉及人口、经济、社会和环境等方面的复杂系统，所以按照系统性、科学性、层次性和获得性的原则，本章构建旅游业与新型城镇化子系统综合评价指标体系（见表5-1）。旅游业子系统包括产业规模、行业结构和发展潜力构成的3个一级指标及其下设的29个二级指标，主要反映旅游业发展规模与质量。新型城镇化子系统包括人口城镇化、经济城镇化、空间城镇化、社会包容性、环境治理力、城乡统筹度和生态集约化构成的7个一级指标及其下设的29个二级指标。人口城镇化、经济城镇化和空间城镇化是对传统城镇化发展评价内容的客观肯定，而社会包容度、环境友好化、城乡统筹度和生态集约性是对新型城镇化中"以人为本"式内涵发展的集中体现。

表5-1   **"旅游业—新型城镇化"系统评价指标体系**

子系统	一级指标	二级指标	单位	属性
旅游业	产业规模	国内旅游接待人数	万人次	+
		入境旅游接待人数	万人次	+
		国内旅游收入占旅游总收入比重	%	+
		入境旅游收入占旅游总收入比重	%	+
	行业结构	旅行社接待国内游客天数	人天	+
		旅行社接待入境游客人天数	人天	+
		旅行社从业人员	人	+
		旅行社固定资产原值	万元	+

续表

子系统	一级指标	二级指标	单位	属性
旅游业	行业结构	旅行社营业收入	万元	+
		星级酒店房间数	间	+
		星级酒店床位数	张	+
		星级酒店平均客房出租率	%	+
		星级酒店从业人员	人	−
		星级酒店固定资产原值	万元	+
		星级酒店营业收入	万元	+
		旅游景区从业人员	人	+
		旅游景区固定资产原值	万元	+
		旅游景区营业收入	万元	+
	发展潜力	第三产业从业人员数（万人）	万人	+
		旅游总收入占 GDP 比重（%）	%	+
		星级酒店集中度（%）	%	+
		旅行社全员劳动生产率	万元/人	+
		星级酒店全员劳动生产率	万元/人	+
		旅游景区全员劳动生产率	万元/人	+
		居民消费水平	元	+
		旅游院校学生数	人	+
		旅行社企业规模	家	+
		星级酒店企业规模	家	+
		旅游景区企业规模	家	+
新型城镇化	人口城镇化	城镇人口比总人口	%	+
		城镇人口密度	万人/平方公里	+
		城镇人均固定资产投资额	元	+
		城镇居民家庭人均可支配收入	元	+
		每十万人口中高等学校在校学生人数	人	+
	经济城镇化	人均 GDP	元	+
		人均地方财政一般预算支出	元	+
		人均实际利用外商投资额	美元	+
		第三产业占 GDP 比重	%	+
	空间城镇化	建成区面积占辖区面积比重	%	+

续表

子系统	一级指标	二级指标	单位	属性
新型城镇化	空间城镇化	人均公园绿地面积	平方米	+
		建成区绿化覆盖率	%	+
	社会包容性	人均拥有公共图书馆藏量	册	+
		交通密度	公里/平方千米	+
		人均受教育年限	年	+
		每千人口卫生技术人员数	人	+
		城镇居民人均消费水平	元	+
		互联网上网使用人数占总人数比重	%	+
		城镇居民家庭恩格尔系数	%	−
	环境治理力	城市污水处理率	%	+
		生活垃圾无公害处理率	%	+
		工业固体废物综合利用率	%	+
		生活垃圾清运量	万吨	+
		工业二氧化硫排放量	万吨	−
	城乡统筹度	城乡可支配收入比重	%	−
		城乡消费水平比重	%	−
	生态集约化	森林覆盖率	%	+
		单位 GDP 电耗	吨标准煤/万元	−
		单位 GDP 能耗	千瓦时/万元	−

五、数据来源

本章对中国 30 个省级单元（西藏剔除）2004~2014 年旅游业与新型城镇化的耦合协调关系进行实证研究。旅游业子系统指标原始数据分别来源于 2005~2016 年《中国旅游年鉴》《中国旅游统计年鉴（副本）》与中经网统计数据库。新型城镇化子系统指标原始数据分别来源于 2005~2016 年《中国统计年鉴》《中国城市统计年鉴》《中国科技统计年鉴》，以及省级统计年鉴和中国与社会发展统计数据库。

第五节 实证分析

一、系统综合功效指数

在改进熵值法测算指标序参量权重的基础上，本章将 TOPSIS 方法与灰色关联理论相结合，通过联合欧氏距离与灰色关联度计算出灰色关联相对贴近度，以此揭示系统现实状态与理想状态的贴近程度，从而能够客观测度旅游业与新型城镇化子系统综合功效指数，进而科学评价旅游业与新型城镇化综合发展水平。如表 5 - 2 所示，从整体来看，中国省级旅游业子系统综合功效指数大致呈现波动上升趋势，旅游业作为无边界的敏感性产业，极易受到内外因素的约束干扰，诸如经济、政治和环境等条件的变化均会对旅游业发展施加相应作用。样本期内，受到"非典事件""金融危机""结构转型"等因素的影响，旅游业综合发展水平具备典型的交替变化特征。2004 年省级旅游业子系统综合功效指数均值为 0.4016，2014 年均值为 0.4285，增长幅度为 6.7%，说明省级旅游业平均综合发展水平在评价期始末展现出增高态势。以 2014 年为例，广东、江苏和浙江省级旅游业子系统综合功效指数较高，为 0.6754、0.6197 和 0.6041；而吉林、宁夏和青海较低，为 0.2994、0.2852 和 0.2503。2004 ~ 2014 年，广东、北京和江苏省级旅游业子系统平均综合功效指数较高，为 0.6913、0.608 和 0.5955，而宁夏、甘肃和青海较低，为 0.287、0.2806 和 0.2462。2004 ~ 2014 年，福建、山东和内蒙古省级旅游业子系统平均综合功效指数增幅较高，为 2.5%、2.1% 和 1.83%；北京、河南和四川较低，为 -1.07%、-0.97% 和 -0.91%。以上分析说明中国旅游业综合发展水平存在显著的省级个体性，并且与经济发展增速和潜力表现出近似一致性。

表 5 - 2　　　　　　　　　旅游业子系统综合功效指数

省份	2004 年	2006 年	2008 年	2010 年	2012 年	2014 年
北京	0.6523	0.6240	0.6104	0.5903	0.5878	0.5833
天津	0.3325	0.3424	0.3378	0.3286	0.3388	0.3543
河北	0.3692	0.4119	0.4102	0.3887	0.3803	0.4027
山西	0.3349	0.3459	0.3613	0.3432	0.3558	0.3547

省份	2004 年	2006 年	2008 年	2010 年	2012 年	2014 年
内蒙古	0.2705	0.2921	0.2968	0.2999	0.3142	0.3148
辽宁	0.4360	0.4523	0.4935	0.4648	0.4240	0.4605
吉林	0.2974	0.3026	0.3113	0.3005	0.2919	0.2994
黑龙江	0.3233	0.3214	0.3380	0.3319	0.3254	0.3279
上海	0.5518	0.5385	0.5367	0.5477	0.5467	0.5246
江苏	0.5794	0.5928	0.5555	0.5902	0.6126	0.6197
浙江	0.5435	0.5652	0.5814	0.5643	0.6027	0.6041
安徽	0.3685	0.3614	0.3772	0.4010	0.4209	0.4316
福建	0.3596	0.3741	0.3779	0.3870	0.4348	0.4587
江西	0.3274	0.3585	0.3654	0.3704	0.3590	0.3910
山东	0.4820	0.5211	0.5531	0.5542	0.5707	0.5911
河南	0.4462	0.4388	0.4254	0.4353	0.4180	0.4013
湖北	0.3902	0.3948	0.4035	0.4052	0.4508	0.4539
湖南	0.3988	0.3989	0.4086	0.4290	0.4783	0.4657
广东	0.6864	0.6706	0.6819	0.6948	0.7026	0.6754
广西	0.3649	0.3711	0.3675	0.3615	0.3725	0.3821
海南	0.3352	0.3361	0.3451	0.3236	0.3524	0.3554
重庆	0.3400	0.3406	0.3436	0.3513	0.3873	0.3953
四川	0.5183	0.5144	0.4829	0.4872	0.4667	0.4707
贵州	0.2955	0.3060	0.3525	0.3594	0.3229	0.3385
云南	0.3876	0.4210	0.4544	0.3683	0.4323	0.4471
陕西	0.3368	0.3538	0.3529	0.3577	0.3735	0.3789
甘肃	0.2585	0.2843	0.3013	0.2847	0.2859	0.3022
青海	0.2391	0.2503	0.2726	0.2351	0.2447	0.2503
宁夏	0.2861	0.3109	0.2846	0.2852	0.2935	0.2852
新疆	0.5353	0.5408	0.5358	0.5384	0.5308	0.5335

中国旅游业综合发展水平的省级差异性同时决定了其必然会具备地区差异特征。2004～2014 年，东部地区省级旅游业子系统平均综合功效指数最高为 0.5147，最低为 0.481；中部地区最高为 0.3907，最低为 0.3458；

西部地区最高为 0.3726，最低为 0.3484，东部地区省级旅游业平均综合发展水平要显著高于中、西部地区，而除 2005 年以外，中部地区省级旅游业平均综合发展水平略高于西部地区。总体而言，中国旅游业省级平均综合发展水平具备典型的东、中和西部阶梯递减规律。

如表 5-3 所示，省级新型城镇化子系统综合功效指数基本呈现一致攀升趋势，说明省级新型城镇化综合发展水平趋于上升态势，各地出台和推行的差异性新型城镇化政策实践效果显著。2004 年全国省级新型城镇化子系统平均综合功效指数为 0.3321，2014 年为 0.6395，增长幅度为 92.5%，直接反映出省级新型城镇化平均综合发展水平在评价期始末整体进程速度加快。以 2014 年为例，辽宁、云南和陕西省级新型城镇化子系统综合功效指数较高，为 0.6714、0.6567 和 0.6565；而青海、上海和吉林较低，为 0.6111、0.5994 和 0.5936。2004~2014 年，北京、上海和广东省级新型城镇化子系统平均综合功效指数较高，为 0.5045、0.5029 和 0.4912；而云南、贵州和海南较低，为 0.4587、0.4553 和 0.4551。2004~2014 年，云南、重庆和辽宁省级新型城镇化子系统平均综合功效指数增幅较高，为 8.04%、8.04% 和 7.7%；而青海、吉林和上海较低，为 5.52%、5.23% 和 5.22%。值得注意的是，从评价期始末省级新型城镇化子系统综合功效指数变化来看，有 11 个省级单元新型城镇化综合发展水平增幅超过 100%，其中，云南、重庆和湖南上升速度最快，分别达到 115%、115% 和 107%，而青海上升速度最慢，但也达到 68%，上述结果表明中国整体省级新型城镇化综合发展水平表现出强劲上升势头，尽管传统经济发达省份新型城镇化平均综合发展水平仍然处于较高层次，但随着城镇化改革进入"深水区"，制度创新所遇"暗礁"密布，由此会阻碍城镇化质量推进步伐。另外，由于部分省份具有生态比较、政策倾斜和人均指标优势，故而新型城镇化综合发展水平推进速度较快。

表 5-3　　　　　　　　新型城镇化子系统综合功效指数

省份	2004 年	2006 年	2008 年	2010 年	2012 年	2014 年
北京	0.3446	0.4382	0.4860	0.5103	0.5995	0.6257
天津	0.3507	0.3693	0.4175	0.5303	0.6069	0.6201
河北	0.3402	0.3636	0.4275	0.5125	0.5917	0.6535
山西	0.3337	0.3622	0.4116	0.5188	0.6130	0.6447

省份	2004 年	2006 年	2008 年	2010 年	2012 年	2014 年
内蒙古	0.3309	0.3564	0.4130	0.5201	0.6183	0.6466
辽宁	0.3230	0.3534	0.4102	0.5321	0.6391	0.6714
吉林	0.3596	0.3877	0.4242	0.4968	0.5780	0.5936
黑龙江	0.3342	0.3637	0.4232	0.5411	0.6079	0.6345
上海	0.3660	0.4089	0.4711	0.5546	0.6022	0.5994
江苏	0.3295	0.3641	0.4221	0.5428	0.6280	0.6502
浙江	0.3221	0.3701	0.4294	0.5336	0.6231	0.6465
安徽	0.3294	0.3555	0.4152	0.4844	0.6014	0.6385
福建	0.3229	0.3590	0.4235	0.5318	0.6256	0.6519
江西	0.3229	0.3359	0.4081	0.4976	0.5992	0.6488
山东	0.3326	0.3624	0.4140	0.5193	0.6049	0.6325
河南	0.3137	0.3540	0.4198	0.4724	0.5921	0.6476
湖北	0.3536	0.3533	0.3984	0.4912	0.5686	0.6225
湖南	0.3161	0.3565	0.4172	0.4825	0.5950	0.6546
广东	0.3141	0.3714	0.4481	0.5215	0.6320	0.6436
广西	0.3340	0.3524	0.4193	0.4840	0.6038	0.6519
海南	0.3263	0.3404	0.3881	0.4407	0.5886	0.6400
重庆	0.3072	0.3499	0.4395	0.5275	0.6378	0.6600
四川	0.3228	0.3465	0.4004	0.5277	0.6191	0.6479
贵州	0.3268	0.3438	0.3616	0.4684	0.5877	0.6395
云南	0.3053	0.3351	0.3900	0.4779	0.5943	0.6567
陕西	0.3228	0.3595	0.4001	0.5130	0.6164	0.6565
甘肃	0.3392	0.3513	0.3981	0.4973	0.5826	0.6278
青海	0.3628	0.3810	0.3869	0.4778	0.5546	0.6111
宁夏	0.3391	0.3667	0.4201	0.5274	0.6227	0.6368
新疆	0.3372	0.3399	0.3800	0.4930	0.5918	0.6297

　　从省级新型城镇化子系统平均综合功效指数地区差异来看，除 2014 年以外，东部地区省级新型城镇化平均综合发展水平在评价期始末均高于中、西部地区。2004～2009 年，西部地区平均综合功效指数低于中部地

区，但 2010～2014 年却已出现反转，甚至在 2014 年竟高于东部地区。进入"十二五"时期，西部省级新型城镇化平均综合发展水平快速提升。究其原因，一方面，既然新型城镇化内涵特别凸显"人"的城镇化，所以评价指标体系的构建着重弱化总量意义，转而采用人均指标或相对指标，并在国家兼顾公平的战略倾斜下，西部地区省份依靠后发优势，其城镇作为经济和社会发展的载体增长极作用日益突出；另一方面，虽然中、东部地区省级新型城镇化建设基础相对较好，但在从规模数量向内涵质量转变过程中，城镇化的"新型"战略推进所面临的结构性改革阻力和制度性创新约束相对更强。

二、耦合度分析

如表 5-4 所示，在评价期内，中国省级"旅游业—新型城镇化"系统耦合度普遍处于高位，并且 $C \in (0.9, 1]$，表明省级"旅游业—新型城镇化"系统处于高水平耦合阶段，旅游业与新型城镇化子系统之间达到良性共振耦合状态，并且呈现一致有序的结构互动关系。虽然旅游业与新型城镇化在内部构成、功能导向和发展速度等方面存在一定差异，但由于在理论内涵、价值目标和社会意义等方面具备契合条件，所以耦合度分析结果也表明中国省级旅游业与新型城镇化子系统在整体上确实保持了紧密联动的耦合关系，并且意味着旅游业与新型城镇化之间呈现较强的影响关系和较高的互动强度，旅游业作为新型城镇化的有效产业支撑，以游憩、休闲或旅游为导向的城镇化建设模式是多途径探索新型城镇化的有益尝试，而新型城镇化发展所体现的生态环境质量、社会统筹和谐以及先进生活方式等理念也为旅游业发展创造了必要条件和机遇，因此对旅游业或新型城镇化子系统演变过程的理论建构与实践取向都需将另一子系统的作用因素纳入其中。除此以外，省级"旅游业—新型城镇化"系统耦合度也呈现不同程度和方式的交替变化特征，原因在于中国旅游业发展正由观光旅游向休闲度假转变，而城镇化改革也恰处于"破旧立新"阶段，再加上省份经济结构的复杂性和差异化，转型期的适配性调整决定了系统耦合度的波动现象。

从省级层面看，2004～2014 年，湖南、湖北和上海"旅游业—新型城镇化"系统平均耦合度较高，为 0.9956、0.9954 和 0.9941，而甘肃、宁夏和青海较低，为 0.9668、0.9629 和 0.9498，说明前三省份旅游业与新型城镇化子系统在评价期内平均耦合程度基本接近理想状态，"旅游业—新型城镇化"系统趋向于形成一种新的有序结构,西部地区经济欠发达省份系统平均耦合程度相对略低。需要指出的是,部分省份在相应年份省级"旅游业—新型城镇化"系统耦合度达到最优状态,具体样本分布为:山西、江西(2004年);安徽、重庆和陕西(2005年);安徽、海南和陕西(2006年);福建、湖南(2007年);河南、湖北(2008年);上海、四川(2009年);上海(2010年);山东(2011年);北京(2012年);江苏(2013年)。另外,2004年全国省级"旅游业—新型城镇化"系统平均耦合度为0.9874、2014年为0.9707,以2008年为分界点,2004~2008年,全国省级系统平均耦合度呈上升趋势,但2009~2014年则开始出现下降态势。而事实上,2004~2008年,全国省级旅游业与新型城镇化子系统平均综合功效指数增幅分别为0.99%和5.77%;2009~2014年,增幅分别变为0.46%和7.57%。在以上两个时间阶段,省级旅游业与新型城镇化子系统平均综合功效变化幅度的增减是主要诱因。

表5-4　　　　　　　**"旅游业—新型城镇化"系统耦合度**

省份	2004年	2006年	2008年	2010年	2012年	2014年
北京	0.9512	0.9846	0.9935	0.9974	1.0000	0.9994
天津	0.9996	0.9993	0.9944	0.9720	0.9590	0.9621
河北	0.9992	0.9981	0.9998	0.9905	0.9761	0.9714
山西	1.0000	0.9997	0.9979	0.9790	0.9641	0.9570
内蒙古	0.9949	0.9951	0.9865	0.9633	0.9453	0.9386
辽宁	0.9889	0.9924	0.9957	0.9977	0.9793	0.9825
吉林	0.9955	0.9924	0.9881	0.9692	0.9443	0.9442
黑龙江	0.9999	0.9981	0.9937	0.9709	0.9531	0.9479
上海	0.9793	0.9906	0.9979	1.0000	0.9988	0.9978
江苏	0.9615	0.9710	0.9907	0.9991	0.9999	0.9997
浙江	0.9667	0.9780	0.9886	0.9996	0.9999	0.9994
安徽	0.9984	1.0000	0.9988	0.9955	0.9843	0.9811
福建	0.9986	0.9998	0.9984	0.9875	0.9837	0.9848
江西	1.0000	0.9995	0.9985	0.9892	0.9681	0.9688
山东	0.9831	0.9837	0.9896	0.9995	0.9996	0.9994
河南	0.9847	0.9943	1.0000	0.9992	0.9850	0.9721
湖北	0.9988	0.9985	1.0000	0.9954	0.9933	0.9877

省份	2004 年	2006 年	2008 年	2010 年	2012 年	2014 年
湖南	0.9933	0.9984	0.9999	0.9983	0.9941	0.9857
广东	0.9282	0.9579	0.9784	0.9898	0.9986	0.9997
广西	0.9990	0.9997	0.9978	0.9894	0.9715	0.9654
海南	0.9999	1.0000	0.9983	0.9882	0.9680	0.9583
重庆	0.9987	0.9999	0.9925	0.9797	0.9697	0.9680
四川	0.9726	0.9808	0.9956	0.9992	0.9901	0.9874
贵州	0.9987	0.9983	0.9999	0.9913	0.9568	0.9514
云南	0.9929	0.9935	0.9971	0.9916	0.9875	0.9818
陕西	0.9998	1.0000	0.9980	0.9840	0.9694	0.9634
甘肃	0.9908	0.9944	0.9904	0.9623	0.9399	0.9367
青海	0.9786	0.9783	0.9849	0.9403	0.9218	0.9081
宁夏	0.9964	0.9966	0.9813	0.9545	0.9332	0.9244
新疆	0.9739	0.9736	0.9854	0.9990	0.9985	0.9966

从地区层面看，如图5-3所示，分别以2006年、2008年和2009年为分界点，中、西和东部地区省级"旅游业—新型城镇化"系统平均耦合度均呈现"先上升、后下降"趋势。从系统耦合度分解意义上理解，2004～2009年，东部地区省级新型城镇化子系统综合功效指数低于旅游业子系统综合功效指数，但2009～2014年后者则开始超越前者，表明在2009年之前，东部地区省份新型城镇化进程相对缓慢，其作为旅游业发展的载体功能较弱，并未满足旅游业发展所需的供求条件和空间诉求，但在2009年之后，旅游业规模扩张放缓，其对新型城镇化发展的支撑作用相对弱化，无法契合新型城镇化兼具规模和质量提升的综合需要。中、西部地区亦如是。

另外，在2008年之前，中、西部地区省级"旅游业—新型城镇化"系统平均耦合度分别高于东部地区，而在此之后，后者已超越前两者，并保持一段相对稳定的状态，但前两者则表现出较为剧烈的下降变化。这是因为在2004～2007年东部地区省级新型城镇化与旅游业子系统综合功效指数差距要大于中、西部地区，并且指数差距显著缩小；而在2009～2014年中、西部地区省级新型城镇化与旅游业子系统综合功效指数差距则开始

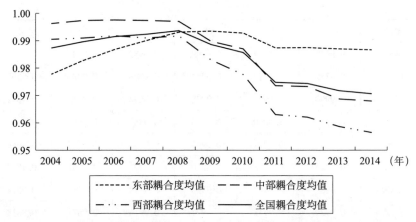

图5-3 分区及全国省级"旅游业—新型城镇化"系统耦合度均值变化

大于东部地区，指数差距却是显著变大，以上子系统综合功效指数差距对比与变化充分揭示了省级"旅游业—新型城镇化"系统平均耦合度变化趋势的区级差异。

从更深层次上理解，相比中、西部地区，东部地区省份在经济发展水平、交通基础设施、资源禀赋条件和市场活跃程度等方面优势明显，所以东部地区省份旅游业无论是初始条件抑或是内在动力，均要强于中、西部地区，但不可忽视的是，在评价前期阶段，东部地区传统城镇化演进路径根深蒂固，要素扭曲、结构失衡、制度壁垒和环境恶化等负面因素致使城镇化发展模式转型成本居高，城镇化质量改善效率受到抑制，从而在一定程度上阻滞了新型城镇化进程，然而，进入评价后期阶段，随着城镇化改革的"新型红利"不断释放、外溢，新型城镇化战略深入贯彻，结构优化、城乡统筹、产城融合和生态治理等积极信息传导至旅游业，从而强化了旅游业与新型城镇化子系统之间的互动效率，但由于路径转型、汇率升值和贸易保护等因素对旅游业造成了一定冲击，所以致使系统耦合度在高位保持微小的减弱变化。

如图5-3所示，以2008年为分界点，在评价前期阶段，中、西部地区省份以传统农业主导、工业成长乏力和三产发展滞后为特征的产业结构体系使得城镇所承担区域经济增长的载体作用较为薄弱，但由于具备生态资源后发优势，再加上城镇化率相对较低，并在充分吸收发达地区城镇化质量提升经验的基础上，新型城镇化发展拥有良好的初始条件，同时初级观光要素驱动旅游业迅速发展，转而被赋予促进经济增长的重要职能，所以省级旅游业与新型城镇化子系统综合功效指数差距相对较小，但此阶段所形成的中、西部地区省级"旅游业—新型城镇化"系统耦合度实际上是以短期牺牲旅游业与新型城镇化发展水平为代价。在评价后期阶段，随着观光旅游产品吸引力日益衰减，旅游业驱动模式转型困难，使得综合发展水平提升缓慢，但新型城镇化凭借对传统城镇化发展路径的纠错能力，正在成为经济社会发展的强大引擎，旅游业与新型城镇化发展水平不断扩大的相对差异导致两者互动影响开始弱化，系统耦合愈发失衡。

三、协调度分析

如表 5 - 5 所示，总体上看，中国省级"旅游业—新型城镇化"系统协调度基本呈现一致增高趋势，2004 年系统平均协调度为 0. 5998，2014年升至 0. 7193，平均增幅为 1. 84% ，并且 D ∈（0. 5，0. 8］，表明省级"旅游业—新型城镇化"系统处于高度协调的耦合阶段，系统运行处于协调水平的上升区间。"旅游业—新型城镇化"系统协调度是同时反映旅游业与新型城镇化子系统发展度与耦合度的综合指标，其变化特征透露，随着省级旅游业与新型城镇化综合发展水平逐渐提升，两者能够在相对较高水平上实现耦合协调作用。由系统协调度与耦合度变化对比可知，2008年之前，协调度变化规律与耦合度大致趋同，但在 2008 年之后，则与耦合度反向变化，并与发展度变化基本保持一致。这说明旅游业与新型城镇化综合发展水平对系统协调度的影响相对较强，尽管评价后期阶段系统耦合度出现下滑，但子系统发展度的强势上升态势，削弱了耦合度下降对系统协调度所产生的解构风险，由此警示倘若进一步拓展系统协调度提升空间，应当充分重视对子系统耦合关系的弥合改善。

表 5 - 5　　　　"旅游业—新型城镇化"系统协调度

省份	2004 年	2006 年	2008 年	2010 年	2012 年	2014 年
北京	0. 6885	0. 7231	0. 7380	0. 7408	0. 7705	0. 7773
天津	0. 5844	0. 5963	0. 6128	0. 6461	0. 6734	0. 6846
河北	0. 5953	0. 6221	0. 6471	0. 6681	0. 6887	0. 7162
山西	0. 5782	0. 5950	0. 6210	0. 6496	0. 6834	0. 6916
内蒙古	0. 5470	0. 5680	0. 5917	0. 6284	0. 6639	0. 6717
辽宁	0. 6126	0. 6323	0. 6708	0. 7052	0. 7215	0. 7457
吉林	0. 5718	0. 5852	0. 6028	0. 6216	0. 6409	0. 6493
黑龙江	0. 5733	0. 5847	0. 6150	0. 6510	0. 6669	0. 6754

续表

省份	2004 年	2006 年	2008 年	2010 年	2012 年	2014 年
上海	0.6704	0.6850	0.7091	0.7424	0.7575	0.7488
江苏	0.6610	0.6816	0.6959	0.7523	0.7876	0.7967
浙江	0.6468	0.6763	0.7069	0.7408	0.7828	0.7905
安徽	0.5902	0.5987	0.6291	0.6639	0.7093	0.7245
福建	0.5838	0.6054	0.6325	0.6735	0.7222	0.7395
江西	0.5702	0.5891	0.6214	0.6552	0.6810	0.7097
山东	0.6328	0.6592	0.6918	0.7324	0.7665	0.7819
河南	0.6117	0.6278	0.6501	0.6734	0.7053	0.7140
湖北	0.6094	0.6111	0.6332	0.6679	0.7116	0.7291
湖南	0.5959	0.6141	0.6426	0.6745	0.7304	0.7430
广东	0.6814	0.7064	0.7435	0.7759	0.8163	0.8120
广西	0.5909	0.6013	0.6266	0.6467	0.6887	0.7064
海南	0.5750	0.5816	0.6050	0.6145	0.6749	0.6906
重庆	0.5685	0.5876	0.6234	0.6561	0.7050	0.7147
四川	0.6396	0.6498	0.6631	0.7121	0.7332	0.7431
贵州	0.5575	0.5695	0.5975	0.6406	0.6600	0.6821
云南	0.5865	0.6128	0.6488	0.6477	0.7120	0.7361
陕西	0.5742	0.5972	0.6130	0.6545	0.6927	0.7062
甘肃	0.5441	0.5621	0.5885	0.6134	0.6389	0.6600
青海	0.5427	0.5557	0.5699	0.5789	0.6069	0.6254
宁夏	0.5581	0.5811	0.5880	0.6228	0.6538	0.6528
新疆	0.6518	0.6548	0.6717	0.7178	0.7486	0.7613

从省级层面看，2004～2014 年，广东、北京和江苏"旅游业—新型城镇化"系统平均协调度较高，为 0.7595、0.7416 和 0.7308；而宁夏、甘肃和青海较低，为 0.608、0.5984 和 0.5795。由此可见，"旅游业—新型城镇化"系统协调度的省级差异程度要强于系统耦合度，发达省份旅游业与新型城镇化在不同发展阶段能够相对较好地处理两者之间的互促关系；而落后省份尽管旅游业与新型城镇化也在发展，但由于新型城镇化主导优势逐渐强化，耦合双方发展增速失衡限制了协同发展水平。从地区层

面看，东、中、西部地区省级"旅游业—新型城镇化"系统平均协调度变化趋势与全国整体基本一致，并且呈现东、中、西部阶梯递减特征，同时与子系统发展度变化规律一致，事实上，东部地区系统平均协调度水平也高于全国整体平均水平。从系统平均协调度的平均增幅来看，东、中、西部地区依次为 1.8%、1.84% 和 1.88%，说明中、西部地区省级系统协调度的增长潜力相对较大，旅游业与新型城镇化向各自更高发展水平演进时，旅游业与新型城镇化间互动需求不同于以往以传统城镇化支配为主的情况，旅游业对要素投入质量、需求细分层次和商品服务配套等方面提出了更高要求，而新型城镇化发展通过不断对传统城镇化进行校正、升级与革新，对旅游业产生了更为迅速、直接和有效的影响作用。

更进一步分析，在评价前期阶段，新型城镇化建设处于探索时期，其所面临约束因素多变复杂、牵涉面广，尽管旅游业与新型城镇化存在综合发展方面的截面差距，但从时序动态上分析，随着旅游业规模纵深扩张、能级蓄积释放，旅游业对新型城镇化产生的正向效应不断强化，促使新型城镇化综合发展水平稳步提升，两者发展差距逐渐缓和、缩减，从而推进耦合关系良性发展，最终使得系统协调互动效应得以增强。然而，东部地区省份旅游业在发展条件、运行效率和配套保障方面占据优势，旅游业对新型城镇化所创造的供给要素利用效率更充分，所以东部地区系统协调发展水平相对更高。在评价后期阶段，随着新型城镇化进程深入推进，其对旅游业发展的派生性需求逐渐增长，于是新型城镇化凭借对旅游业愈渐强大的反哺机制，强势拓宽两者匹配互动空间，进而确保系统协调发展的动态提升，此时，尽管中、西部地区省份新型城镇化建设速度较快，但由于旅游业发展相对缓慢，这在一定程度上会削弱旅游业对新型城镇化的支撑推力，从而会给系统协调发展造成挤出效应。

第六节　结论与建议

一、基本结论

旅游业与新型城镇化无论是在理论上还是在实践上都存在着密切互动作用，在深入推进新型城镇化建设过程中，发挥并实现两者之间的协同发展具有重要意义。本章对旅游业与新型城镇化耦合关系进行理论分析，建立了"旅游业—新型城镇化"系统综合评价指标体系，并分别从省级、地区和时间等视角对中国 30 个省份（西藏除外）旅游业与新型城镇化耦合协调关系进行实证分析，主要结论如下。

第一，从子系统综合功效指数来看，中国省级旅游业子系统综合功效指数在波动中呈现上升趋势，而省级新型城镇化子系统综合功效指数则基本呈现一致攀升趋势；同时，省级旅游业与新型城镇化子系统综合功效指数存在地区差异性，表现为中国旅游业省级平均综合发展水平具备典型的东、中、西部阶梯递减规律。除 2014 年以外，东部地区省级新型城镇化平均综合发展水平在评价期始末均高于中、西部地区。2004～2009 年，西部地区平均综合功效指数低于中部地区，但 2010～2014 年已出现反转，甚至在 2014 年竟高于东部地区。

第二，从系统耦合度分析来看，中国省级"旅游业—新型城镇化"系统耦合度普遍处于高位，表明省级"旅游业—新型城镇化"系统处于高水平耦合阶段，旅游业与新型城镇化子系统之间达到良性共振耦合状态，并且呈现一致有序的结构互动关系。分别以 2006 年、2008 年和 2009 年为分界点，中、西、东部地区省级"旅游业—新型城镇化"系统平均耦合度均呈现"先上升、后下降"趋势。

第三，从系统协调度分析来看，总体上，中国省级"旅游业—新型城镇化"系统协调度基本呈现一致增高趋势，并且省级"旅游业—新型城镇化"系统处于高度协调的耦合阶段，系统运行处于协调水平的上升区间。从地区层面看，东、中、西部地区省级"旅游业—新型城镇化"系统平均协调度变化趋势与全国整体基本一致，并且呈现东、中、西部阶梯递减特征。

二、建议

第一，从发展理念上需强化对旅游业与新型城镇化互为关联、相互作用的战略认识。在新型城镇化建设过程中，产业发展既然作为重要支撑，应当避免单纯依靠工业驱动城镇化建设的传统模式，充分拓宽现代新兴产业对新型城镇化建设的重要作用。旅游业作为典型的现代服务业部门，可以依靠其强大的要素集聚能力，实现人口与产业集聚，并不断创造就业机会，尤其是旅游业作为满足人们精神愉悦和陶冶情操的重要行业，对提升城镇人口生活发展的幸福感具有重要的社会意义，对城镇发展也具有关键的经济促进作用。所以，相关省份在多途径探索新型城镇化建设思路中，可以考虑将旅游引导的新型城镇化建设理念引入其中，依靠泛旅游产业的发展，推动地区新型城镇化建设，城镇建设过程中应当注意旅游或休闲功能的嵌入，也有利于城镇空间利用效率提升。

第二，从相关政策上实施以旅游业导向的城镇化产业配套发展策略。新型城镇化的核心理念是"以人为本"，所以"人"的城镇化关系到新型城镇化的建设本质，其中，如何实现城镇转移人口的"宜居、宜业、宜游……"是提升城镇市民化程度的根本。旅游业不仅可以促进新型城镇化生态建设，而且也能够有效促进就地城镇化。首先，着重培育旅游业示范区或集聚区，通过发挥旅游业集聚的增长极作用，推动城镇经济结构服务化，依靠产业结构高级化优化城镇经济结构体系。其次，注重城镇空间功能的旅游开发与消费导入，不仅可以为城镇居民提供闲暇选择，而且也可以满足城镇游客的旅游需求，同时又能够提高城镇空间利用效率，尤其是可以提高城镇居民和游客的主观幸福感。再次，注重城镇旅游基础和配套设施建设，随着全域旅游的深入发展，旅游业的发展空间被不断延伸拓宽，旅游业对城镇的影响已不仅局限在经济层面，而是已经渗透到生产和生活空间，所以为了释放旅游业对城镇的积极作用，应当强化城镇对旅游业的基础和配套服务设施建设。最后，为旅游要素流动提供政策优惠支持。例如，进一步放宽城镇旅游用地政策，支持以商旅、体旅和农旅融合为特色的旅游综合体建设；旅游业具有劳动密集特点，并且就业门槛不高，所以充分吸收农村转移劳动力在城镇实现就业，应当对相关用工旅游企业给予不同形式的奖励政策；积极建立旅游融资多样化渠道，通过提高旅游企业竞争力带动相关行业发展。

第三，从地区实际出发对旅游业与新型城镇化发展进行因地制宜的侧重调整。总体上看，评价期内中国旅游业与新型城镇化耦合关系协调失衡主要与旅游业发展相对不足有关，所以地区在发展宏观政策推进新型城镇化战略时，应当更加注重对旅游业发展的重视。从地区对比来看，东部地区旅游业与新型城镇化的耦合协调水平高于中、西部地区，并且由于东部地区旅游业发展水平本就高于中、西部地区，所以在一定程度上意味着通过发展旅游业来推动新型城镇化进程具有实践基础，因此，中、西部地区应着力改变初级要素开发对旅游业发展的锁定效应，积极推动旅游业发展模式转型升级，有效提升旅游产品附加值和旅游品牌竞争力，通过增强旅游发展效率来提升旅游发展质量，从而增强对新型城镇化供给要素的吸收能力。

第六章　新型城镇化的旅游业增长效应及非线性特征

第一节　引言

改革开放以来，城镇化过程中的投资增长、资本积累、产业集聚和设施建设显著驱动了中国经济快速增长。然而，中国以往的传统城镇化以重数量轻质量的粗放式发展为主，冒进式城市化建设模式导致城市规模盲目扩张、无序蔓延，土地失控、水土资源退化等环境问题日益凸显。更重要的是，驱动传统城镇化过程中的经济政策导致城乡收入差距不断拉大，城乡失衡严重，由要素扭曲配置所导致的产能过剩致使产业结构升级缓慢，技术创新乏力。随着中国经济进入高质量发展阶段，单纯以数量增长型为导向的城镇化发展模式愈发不可持续。同时，针对传统城镇化推进过程中暴露和积累的诸多弊端，需要通过转变城镇化建设思维、调整经济发展方式加以解决。因此，区别于传统城镇化的新型城镇化，是以城乡统筹、和谐发展、低碳共享和城乡一体化为特征的城镇化，通过提高城镇化质量，强化城镇化建设内涵集约方式，最终实现大中小城市、小城镇和新型农村社区的协调发展，所以新型城镇化是实现经济高质量发展的重要途径。党的十八大以来，新型城镇化建设长期作为中国经济增长的重要增长极，在经济增长面临下行压力的形势下，对于推动中国经济高质量增长具有重要意义，逐渐上升为国家战略。新型城镇化强调"以人为本"，具有驱动内需、推动产业结构升级、协调城乡发展和增加公共服务供给的巨大优势，因此必将对经济增长产生重要影响。

现有文献关于新型城镇化的研究主要分为四个方面：第一，是对新型城镇化的理论内涵、建设意义和逻辑框架的系列深入讨论，普遍认为以人为本、质量为先、兼顾生态是新型城镇化的应有之义,集约、高效、绿色、平等、创新、协调是新型城镇化的关键。第二,另有文献探讨新型城镇化建设的实施路径、推进方式和制度保障。第三,大量文献聚焦于对新型城镇化水平进行定量测度,并量化分析新型城镇化的地区差异及动态分布规律。第四,新型城镇化建设的经济增长效应研究。既有研究尽管已关注到新型城镇化对产业结构变迁的影响,但侧重点还是停留在讨论新型城镇化对新型工业发展、农业现代化的影响,而对服务业的关切则相对不足。特别是在新型城镇化进程中,地方政府主张的"腾笼换鸟""退二进三"等举措使我国旅游产业迎来了前所未有的发展机遇。2019 年全国实现旅游总收入 6.63 万亿元,对 GDP 的综合贡献为 10.94 万亿元,占 GDP 总量的 11.05%。从理论上讲,新型城镇化建设可进一步丰富旅游业特色、内涵与功能,提升旅游业的现代化、时尚性、体验性和文化性特征,延伸旅游产业链,拓展旅游价值链,同时也可进一步释放城市居民旅游消费需求,为旅游业提供广阔的客源市场潜能以及提高旅游服务接待能力与水平,从而可为旅游业转型升级、提质增效创造必要条件。

城镇化为旅游业发展提供了广阔空间(Brahmasrene and Lee,2017),并为旅游活动嵌入到城市社会空间中创造了便利条件(Kashef,2016)。城镇化可通过人口迁移、需求刺激和产业集聚,在消费效应、技术效应和投资效应作用机制下,促进目的地产业结构转型升级,进而引起城市旅游的目的地、出行、支持以及市场四大系统的结构性变化,最终对城市收入提升、产业拉动和就业促进等方面产生积极影响(余凤龙等,2014)。然而,学术界关于新型城镇化与旅游业发展的关系研究则相对匮乏。王琴和黄大勇(2020)采用长江经济带 2002~2017 年的省级面板数据,实证分析了新型城镇化各维度对旅游业发展的影响效应,人口城镇化、经济城镇化、社会城镇化和环境治理能力对旅游业发展均具有显著的正向影响,而空间城镇化和城乡一体化对旅游业发展影响为正,但不显著。汪倩和王兆峰(2022)综合运用熵值法、线性加权法和面板向量自回归模型,对新型城镇化与旅游产业转型升级之间的动态关系、作用机制及区域差异进行实证分析,发现新型城镇化与旅游产业转型升级之间存在双向作用,且该作用具有明显的区域异质性。

以上相关研究为本章提供了重要参考与有益借鉴,相比于现有文献,本章可能的边际贡献主要在于:第一,在研究视角上,诸多文献讨论了城镇化规模对旅游业的影响,但并未分析城镇化质量对旅游业的影响作用,故而本章基于"新型"视角，实证检验新型城镇化对旅游业的影响效应及机理。第二，在研究内容上，鲜有文献涉及新型城镇化的旅游业增长效应实证研究，本章不仅实证检验新型城镇化对旅游业的空间影响效应，而且对新型城镇化影响旅游业的非线性效应进行经验研究，进而补充完善了新型城镇化影响旅游业的研究框架。第三，在研究方法上，本章不仅引入空间面板杜宾模型揭示新型城镇化影响旅游业的空间效应，但由于前者本质仍属于均值回归，仅能考察新型城镇化影响旅游业的平均效应，并不能直观地展现出新型城镇化对技术旅游业影响效应的整体分布特征，鉴于此，本章采用面板分位数回归模型，以反映新型城镇化对旅游业影响的整体分布状况。此外，为在空间维度考察新型城镇化影响旅游业的非线性门槛特征，本章引入一类新的门槛空间动态面板模型，以克服传统空间动态面板模型中常数空间滞后项系数假设的局限性，创新性在于能够捕捉由于个体异质性所导致的非对称空间互动关系。

第二节　理论分析与研究假说

城镇化的发展带给旅游经济的根本转变主要体现在其所依赖的社会存在、空间环境和客源基础，城镇是旅游化的空间载体，既是重要的客源地也是主要的目的地，城镇化为旅游经济创造旅游客源与多样化旅游资源的同时（张广海和王新越，2014），亦丰富了旅游活动形式和内容，有利于为游客提供多元化服务，进一步改善服务质量，进而增强对游客的吸引力（葛敬炳等，2009）。而且，城镇化带来的消费升级和投资扩大以及新型城镇化发展方式能够有效增强旅游经济发展的基础与动力，实现旅游经济全面提升（辜胜阻等，2014）。

城镇化进程不仅是人口和产业空间集聚的过程，居民消费方式、水平消费行为等都在该进程中发生转换、变迁，再叠加企业技术条件、要素配置和组织方式发生变革，从而诱发企业投资规模、行为以及产业结构体系的转变。城镇化规模和质量的变化引起居民消费、产业结构、生产技术、投资模式等方面改变，也会相应刺激旅游业生产要素积累、产业结构优化、生产技术改进和消费水平提升，同时，随着城镇化促进生产要素跨区流动和配置以及技术知识跨区传播、扩散，从而也催生区域旅游流的网络化扩散和旅游创新要素的空间溢出。

城镇现代化水平、消费档次、对外知名度的提高以及交通网络的畅达与接待设施的完善为旅游经济发展提供必要条件和载体支持（周强，2019）。辜胜阻等（2014）指出，城镇化可通过吸引力增强、区域通达、接待能力提升、市场需求增长四重机制推动旅游经济发展。城市化进程中新型旅游要素的营造与集聚以及所形成的旅游独特体验环境和场景是旅游者选择城市旅游的主要"拉力因素"（Ashworth and Page，2011）。因此，城镇化既增强旅游目的地的吸引力，又促进旅游经济提质增效（舒小林等，2014）。从市场需求增长机制看，城镇化可通过"收入增长效应"激发城镇居民旅游消费需求，通过扩大旅游消费市场规模推动旅游经济增长（杨亚丽和孙根年，2013），不仅如此，城镇化还可通过消费敏感性、示范性、棘轮性和预防性等效应成为刺激农村居民旅游消费需求释放，从而进一步挖掘我国农村居民旅游消费和旅游经济增长潜力（余凤龙等，2013）。

新型城镇化是强调在产业支撑、空间布局、人居环境、社会保障、生产方式、生活质量等方面实现农业转移，人口由"乡"变"城"，以"城"带"乡"统筹发展。部分学者通过格兰杰因果检验发现城镇化规模和质量均对旅游经济有着显著的促进作用，并提出正向响应强度的影响因素。研究发现，人口发展水平、经济社会发展水平、地方政府政策、新型城镇化质量等因素是影响旅游产业发展的因素（赵磊等，2020）。此外，劳动力、资本、制度政策、技术进步与创新、市场区位等因素也影响旅游业发展。新型城镇化的发展为旅游业发展提供了空间依托和基础支撑，新型城镇化建设的过程中，依托一些优惠政策，为旅游业的发展提供黄金机遇，促进旅游业链条的深入拓展和延伸。新型城镇化为旅游业发展提供了节点支撑和服务。其一，新型城镇化提升人口城镇化质量，从而为旅游业发展提供良好智力支撑；其二，新型城镇化为城市旅游提供多元化要素来源，完善的公共服务配套保障也可显著赋能旅游业发展；其三，新型城镇化有利于城乡差距缩小，进而释放农村居民旅游客流市场的潜力，丰富旅游者来源；其四，新型城镇化环境中的技术创新有利于解决旅游业发展中存在的实际问题，为其高效发展提供技术支撑。技术创新为旅游业发展提供活力，如科研创新成果在旅游产品领域的广泛应用增强了旅游者的体验感，提升了旅游经济效益，而为了迎合旅游业的发展要求，技术创新必须不断进行，进而推动城镇的技术进步，实现旅游业的高质量发展。

从消费需求效应看，新型城镇化以提升城镇化质量为核心，秉承"以人为本"的城镇化建设思维，新型城镇化可以改变居民消费需求，优化居民消费结构，提升居民消费规模。其一，新型城镇化通过促进经济增长来提升居民收入水平，从而刺激居民消费欲望。尤其是在收入提升条件下，居民对享受型消费的潜在需求不断被释放，进而现代文旅融合产品及其衍生产品或服务受到广泛青睐。其二，随着城镇中农村转移人口真正融入城镇生活，整体扩大了居民消费需求规模，在向城镇生活方式转型过程中，城镇转移人口对城镇休闲、旅游产品的需求市场空间也相应被拓展。在新型城镇化进程中，受城镇居民消费观念的影响，农村转移人口逐渐重视精神生活的满足，引发了消费观念的转变和消费结构的改善，推动了城乡居民旅游消费模式变迁与升级，提升了旅游消费水平，扩大了旅游消费规模。除此以外，新型城镇化强调以产业高质量发展为主，倡导以技术创新、绿色低碳、集约高效、开放共享为特征的产品生产模式，从而为旅游企业增加产品或服务附加值、改善旅游企业生产组织方式、增强旅游企业市场竞争力创造了重要基础条件。同时，旅游业的长产业链和强产业相关性特点意味着旅游不仅仅是景点观光，更多的服务需求也被催生。咨询服务、接待服务、住宿、餐饮、通信、医疗等配套服务也不能忽视，而这些服务需要城市发展协助配套。新型城镇化建设扩大了旅游市场经营范围。

从结构优化效应看，新型城镇化促进人口集聚，从而激发文化、休闲与旅游需求增长，在产业集聚外部性作用机制下，旅游产业链横向拓展与纵向延伸，旅游产业价值链不断增值，旅游产业结构重新被塑造，旅游产业功能得以强化。新型城镇化促使资本、信息、知识和劳动力等各种创新要素向收入弹性高、规模报酬递增的现代旅游业集聚，有利于持续整合旅游资源，提高旅游服务的水平，实现旅游景区社会、环境、经济效益的协调统一，在提升旅游业生产效率和提高旅游产业的发展层次的同时，能够更加精准匹配旅游市场需求不断分化的态势，从而形成动态均衡的旅游市场供求作用机制，进而双向优化旅游产业结构，在新型城镇化规划的有力引导、推动下，逐渐形成泛旅游产业集群。新型城镇化构建过程中的泛旅游产业集群是在产业融合的背景下，以旅游业为龙头企业，依托旅游消费需求形成的产业链、集群构架复杂的产业集群，通过对其投资环境和研发条件的改善，实现技术、创新、资本等要素集聚，促进了旅游产业与其他产业的深度融合，不断延伸旅游产业的链条，进而优化甚至升级其产业结构。另外，伴随上述新型城镇化中生产要素持续流入旅游业，在需求循环累积因果机制作用下，区域旅游经济增长极逐渐形成，并可通过示范、模仿与竞争效应产生空间溢出，旅游空间结构的空间网络效应随之显现。

从资源保护效应看，党的十八大报告中提出，要深入落实科学发展观，实现城镇化的绿色发展，推动城镇经济集约发展，促进居民生活方式和消费理念的生态、绿色转变。在与生态环境的关系上，新型城镇化建设过程中积极地倡导顺应自然、尊重自然，依托当地的山水资源脉络，让城市融入美丽的自然。因此，发展城镇旅游无疑是实现生态文明建设和实现新型城镇构建的最佳方式。新型城镇化的提出把生态文明、生态环保等放到了一定的高度，实现生态经济可持续是新型城镇化建设的重要指标之一，生态环境的平衡和保护也是人类实现可持续的必由之路。而旅游资源具有一次开发、重复使用的特点，因此旅游业具有"生态环境污染少、资源利用效用高"等方面的优势，能够将城镇资源的消耗和环境破坏降到最低，旅游业的发展与新型城镇化建设理念完全契合，有利于实现两者的协同发展。城镇文化底蕴能改善旅游人文环境，提升旅游"软实力"。文化是一个城市的灵魂，也是一个城市发展的核心力量。新型城镇化建设有利于文化的传承、完善旅游业的内涵。一是新型城镇化建设提高了教育水平，增强居民们的文化素养，使其树立更强的保护和发扬当地文化的意识；二是新型城镇化建设加强文化产业的发展，重视传承和发扬当地民俗文化、节日庆典以及非物质文化遗产的保护。集中力量建设新型城镇文化，传承和保护旅游文化资源，旅游业就会因此而获得创新。另外，在城镇化发展中深植文化内涵，建设出一个更具个性的城镇，消除旅游业中存在的同质化现象，让城市的文化功能得到延伸，让城市的所打造的旅游文化标签和品牌都更具特色，让目的地旅游产业更具竞争力。

第三节　模型设计与指标说明

一、面板空间计量模型

已有文献已证实，新型城镇化建设与旅游业发展存在典型的空间非均衡性（蓝庆新和陈超凡，2013；刘佳等，2013），故而构建如下空间面板计量模型：

$$Y_{it} = \alpha + \rho \sum W_{ij} Y_{jt} + \beta X_{it} + \theta \sum W_{ij} X_{jt} + \mu_i + \varepsilon_{it}$$
$$\varepsilon_{it} = \lambda \sum W_{ij} \varepsilon_{jt} + v_{it}$$

(6-1)

其中，α 为常数项；ρ 为邻接省份被解释变量对本地省份被解释变量的空间

溢出效应；β 为解释变量对被解释变量的直接平均影响效应；θ 为邻接省份
解释变量对本地省份被解释变量的空间溢出效应；μ 为个体效应；ε 为独立
同分布的随机误差项；λ 为随机误差项的空间误差系数；W 为空间权重矩
阵。由于仅采用地理邻接权重矩阵无法完全反映变量间的空间相关性，本章
采用基于经济距离的地理距离权重矩阵刻画，即根据各省份经济发展水平在
地理权重的基础上按人均 GDP 均值所占比重加权，采用地理距离权重矩阵
与人均 GDP 所占比重对角矩阵的乘积（王健康，2015），计算公式如下：

$$W_{ij} = \frac{1}{d_{ij}^2} \times m_i \times m_j \tag{6-2}$$

其中，W_{ij}表示 i 省份和 j 省份的空间权重值；d_{ij}表示 i 省份和 j 省份的地
理距离；m_i 和 m_j 表示 i 省份和 j 省份的人均 GDP 所占比重。

　　基于更具一般性的空间杜宾模型（SDM），某个省份解释变量的变化
不仅会影响本省份的被解释变量变化（直接效应），并且还会潜在地影响
其他省份的被解释变量变化（间接效应）。勒沙杰和佩奇（LeSage and
Pace，2009）提出使用偏微分求解方法计算直接效应与间接效应，可将
SDM 模型改写成如下矩阵形式：

$$Y = (I - \rho W)^{-1} (\beta X + \theta W X) + (I - \rho W)^{-1} \varepsilon \tag{6-3}$$

Y 关于第 1 至第 N 个区域的解释变量中第 k 个变量的偏微分矩阵
如下：

$$\left[\frac{\partial Y}{\partial x_{1k}} \cdots \frac{\partial Y}{\partial x_{nk}} \right] = \begin{bmatrix} \frac{\partial Y_1}{\partial x_{1k}} & \cdots & \frac{\partial Y_1}{\partial x_{Nk}} \\ \vdots & \vdots & \vdots \\ \frac{\partial Y_N}{\partial x_{1k}} & \cdots & \frac{\partial Y_N}{\partial x_{Nk}} \end{bmatrix} = (I - \rho W)^{-1} \begin{bmatrix} \beta_k & W_{12}\theta_k & \cdots & W_{1N}\theta_k \\ W_{21}\theta_k & \beta_k & \cdots & W_{2N}\theta_k \\ \vdots & \vdots & \beta_k & \vdots \\ W_{N1}\theta_k & W_{N2}\theta_k & \cdots & \beta_k \end{bmatrix}$$

$$\tag{6-4}$$

其中，最右端矩阵主对角线元素的均值为直接效应，非主对角线元素的均
值为间接效应（溢出效应），总效应为直接效应和间接效应之和。为避免
复杂求逆过程，勒沙杰和佩奇（2009）构造出如下分解公式：

$$(I - \rho W)^{-1} = I + \rho W + \rho W^2 + \rho W^3 + \cdots \tag{6-5}$$

二、面板分位数回归模型

　　如上模型仅能揭示解释变量影响被解释变量的平均效应，同时，OLS
回归的目标函数易受极端值的干扰，而巴塞特和科恩克（Bassett and
Koenker，1978）提出的分位数回归是一种基于被解释变量的条件分布来

拟合解释变量的线性函数的均值拓展回归方法，能精确地描述解释变量对于被解释变量的条件分布形状和变化范围。与经典的最小绝对值离差方法和 OLS 法不同，分位数回归可有效刻画分布函数的局部信息（肖丁丁等，2013）。由于以上特征和优点，分位数回归成为探寻差异化影响效果、研究一个数据集合中不同位置数据点分布特征的最适宜方法（李金昌等，2014）。在此基础上，科恩克（Koenker，2004）将分位数拓展至面板数据模型的参数估计中，提出面板数据分位数回归的模型，不仅采用残差绝对值加权平均数作为最小化目标函数，减少了异常值的影响，而且能够揭示因变量条件分布的全貌。因此，为检验解释变量在不同分位点上对被解释变量的边际效应，即区分不同被解释变量水平下解释变量对被解释变量的边际影响关系，设定如下面板分位数回归模型：

$$Q_{Y_{it}}(\tau \mid X_{it}) = \alpha_i + \varphi(\tau)X_{it} \qquad (6-6)$$

其中，$Q_{Y_{it}}(\tau \mid X_{it})$ 表示在解释变量 X 给定条件下被解释变量 Y 的 τ 条件分位数，$\varphi(\tau)$ 表示分位数回归系数，可以通过求解以下目标函数获得：

$$\min_{\alpha,\varphi} \sum_{k=1}^{q} \sum_{j=1}^{n} \sum_{i=1}^{m} \omega_k \rho_{\tau_k}(Y_{it} - \alpha_i - \varphi(\tau)X_{it}) \qquad (6-7)$$

其中，ω_k 为每个分位数对应权重。借鉴基于文献的惯常做法，本章选取 10%、25%、50%、75%、90% 等代表性的分位点进行回归。

三、门槛空间动态面板模型

既有文献对空间面板模型的改进体现在两个方面：一方面，空间面板模型可以引入动态项，构建空间动态面板模型，其中时间滞后项和时空滞后项的引入不仅可以捕捉截面模型无法刻画的时空效应，而且还能反映经济现象时空协变的规律特征，增强了空间计量模型的灵活性和适用性；另一方面，可以某一经济社会特征作为门槛变量，在空间面板模型的空间滞后项中引入门槛效应，拓展为门槛空间模型，能够在一定程度上刻画不同地区因其经济社会特征不同所导致的非对称空间互动关系。然后，空间动态面板模型未能捕捉到"非线性"，而门槛空间面板模型则忽视了"动态性"。另外，空间自回归模型由于空间滞后项系数的常数不变设定，往往无法解释经济个体间可能存在非对称空间互动关系。鉴于此，本章将门槛变量引入空间滞后项、时间滞后项和时空滞后项，提出一类新的门槛空间动态面板模型，假定空间、时间和时空滞后项的系数随个体特征相对于特定门槛值的大小而变，显著提高了模型的灵活性和适应性。门槛空间动态面板模型如下：

$$y_{it} = \begin{cases} \lambda_1 \sum_{j=1}^{n} w_{ij}y_{jt} + \rho_1 y_{i,t-1} + \mu_1 \sum_{j=1}^{n} w_{ij}y_{j,t-1} + x'_{it}\beta + c_i + \alpha_t + \varepsilon_{it}, q_{i,t-d} \leqslant \gamma \\ \lambda_2 \sum_{j=1}^{n} w_{ij}y_{jt} + \rho_2 y_{i,t-1} + \mu_2 \sum_{j=1}^{n} w_{ij}y_{j,t-1} + x'_{it}\beta + c_i + \alpha_t + \varepsilon_{it}, q_{i,t-d} > \gamma \end{cases}$$

$$(6-8)$$

其中，y_{it} 为被解释变量；$\sum_{j=1}^{n} w_{ij}y_{jt}$、$y_{i,t-1}$、$\sum_{j=1}^{n} w_{ij}y_{j,t-1}$ 分别为被解释变量的空间滞后项、时间滞后项和时空滞后项；w_{ij} 为空间权重矩阵元素；$q_{i,t-d}$ 为门槛变量，其中 d 为滞后阶数；γ 为未知门槛值。门槛变量的引入是式（6-8）被称为门槛空间模型的原因。λ_1、ρ_1、μ_1 分别表示当门槛变量小于或者大于门槛值时，个体 i 对空间滞后项、时间滞后项和时空滞后项的反应系数。$x_{it} = (x_{it}^1, x_{it}^2, \cdots, x_{it}^k)'$ 是 k 维外生解释变量，$\beta = (\beta_1, \beta_2, \cdots \beta_k)'$ 是外生解释变量对应的 k 维系数向量。α_i 表示不随时间变化的个体固定效应；ν_t 表示不随个体变化的时间固定效应，用来捕捉每个时期的宏观冲击和宏观政策效应，忽视这些冲击和政策效应可能导致伪空间效应；ε_{it} 表示随机扰动项。

为便于分析，令：

$$D_{\gamma t} = \begin{bmatrix} I(q_{1,t-d} \leqslant \gamma) & & \\ & \ddots & \\ & & I(q_{N,t-d} \leqslant \gamma) \end{bmatrix}$$

$$(6-9)$$

$\overline{D}_{\gamma t} = I_N - D_{\gamma t}$；$Y_t = (Y_{1t}, Y_{2t}, \cdots, Y_{Nt})'$；$X_t = (x_{1t}, x_{2t}, \cdots, x_{Nt})'$；$C = (c_1, c_2, \cdots, c_N)'$；$l_N = (1, 1, \cdots, 1)'$；$W = [w_{ij}]_{N \times N}$；$\varepsilon_t = (\varepsilon_{1t}, \varepsilon_{2t}, \cdots, \varepsilon_{Nt})'$。式（6-8）的矩阵形式可以表示为：

$$Y_t = \lambda_1 D_{\gamma t} WY_t + \lambda_2 \overline{D}_{\gamma t} WY_t + \rho_1 D_{\gamma t} Y_{t-1} + \rho_2 \overline{D}_{\gamma t} WY_{t-1} + \mu_1 D_{\gamma t} Y_{t-1}$$
$$+ \mu_2 \overline{D}_{\gamma t} WY_{t-1} + X_t\beta + C + l_N\alpha_t + \varepsilon_t \qquad (6-10)$$

假定式（6-10）中，空间权重矩阵 W 外生，且不随时间变化。如果将 $D_{\gamma t}$、$\overline{D}_{\gamma t}$ 和权重矩阵 W 视为一个整体，则式（6-10）中的空间权重矩阵 $D_{\gamma t}W$、$\overline{D}_{\gamma t}W$ 随时间而改变。

四、指标选取与说明

1. 被解释变量

既有研究对旅游业发展水平（TOUR）的度量主要基于单一指标进行测算，本章则分别从规模、结构和潜力三个方面对其进行综合评价。在对指标权重设置时，理论上可以采用主观赋权法和客观赋权法。其中，主观赋权法会受到评价人主观认识的影响，赋予权重可能仅反映评价者侧重的一个或几个方面；客观赋权法则可刨除评价人对各细分指标的主观评价。具体地，本章以第四章中所构建的"旅游业—新型城镇化"系统评价指标体系中的旅游业子系统为研究对象，采用熵值法对旅游业子系统各指标进行赋权，进而通过加权求和计算旅游业发展指数。

2. 解释变量

使用上述测算原理，对第四章中所构建的"旅游业—新型城镇化"系统评价指标体系中的新型城镇化子系统进行定量评价，从而计算出新型城镇化综合指数作为新型城镇化（NEUB）的代理指标。根据旅游经济学理论，旅游业发展是旅游资源丰裕、经济社会发展和制度环境质量的函数。

3. 控制变量

为避免遗漏变量与随机扰动项相关而造成的内生性偏误，借鉴研究旅游业影响因素的经典实证文献（Prideaux，2005；Turaev，2010），本章同时控制影响旅游业的内在禀赋类、经济社会类和制度环境类变量。为降低方程异方差，所有控制变量取自然对数。内在禀赋类包括：（1）旅游资源禀赋（TRS）。旅游资源作为旅游产品的初级生产要素，资源禀赋可以有效表征吸引力强度，是旅游业发展的核心条件。本章通过对省域所拥有的世界遗产数量（权重为4）、优秀旅游城市数量（权重为3）、国家级风景名胜区数量（权重为2）和4A级以上旅游景区数量（权重为1）进行综合加权后进行度量（王坤等，2016）。（2）旅游接待规模（THP）。旅游接待规模反映出目的地的旅游客源接待能力，是保持目的地旅游经济运行的基础保障。本章采用省域所拥有的星级酒店和旅行社数量之和进行度量。经济社会类包括：（1）经济增长（GDP）。经济增长水平越高，目的地对旅游业基础配套设施的投资强度越大。采用平减之后的人均国内生产总值进行度量。（2）产业结构（STR）。产业结构升级可提升旅游业供给质量，采用第三产业产值与第二产业产值比值进行度量。制度环境类包括：（1）对外开放（FDI）。外商直接投资水平越高，说明目的地对外包容性越强，良好的国际形象成为吸引旅游者跨区流动的重要因素。采用实际利用外商直接投资额与国内生产总值比重进行度量。（2）制度环境（MKT）。市场化进程可以有效表征目的地市场经济自由度，从而为旅游者提供良好的消费环境。采用樊纲等（2011）和王小鲁等（2019）测算的分省市场化指数进行度量。

五、数据来源

考虑到数据可得性和统计口径一致性，本章选取中国大陆2004~2018

年 30 个省份（西藏除外）平衡面板数据集为研究样本。旅游业收入和人次数据来源于《中国旅游年鉴》与《中国旅游统计年鉴（副本）》；新型城镇化指标相关数据主要来源于历年《中国统计年鉴》《新中国六十年统计资料汇编》以及国研网统计数据库、中经网统计数据库、省级统计年鉴、中国与社会发展统计数据库。数据所涉缺失值采用多重线性插值法补充。

第四节 实证结果分析

一、新型城镇化对旅游业的空间影响分析

（一）空间相关性检验

在采用空间计量模型进行实证分析前，需要检验旅游产业集聚和新型城镇化水平的空间自相关性。本章采用常用的 Moran's I 指数法进行检验，计算公式如下：

$$\text{Moran's I} = \frac{\sum_{i=1}^{n}\sum_{j=1}^{n} W_{ij}(x_i - \bar{x})(x_j - \bar{x})}{S^2 \sum_{i=1}^{n}\sum_{j=1}^{n} W_{ij}} \qquad (6-11)$$

其中，$S^2 = \sum_{i=1}^{n}(x_i - \bar{x})^2/n$，$\bar{x} = \sum_{i=1}^{n} x_i/n$。$x_i$ 和 x_j 分别表示 i 地区和 j 地区观测值；n 为地区数量；W_{ij} 为 i 地区和 j 地区之间权重值。

本章通过计算 Moran's I 指数来检验新型城镇化与旅游业的空间相关性，结果见表 6-1。如表 6-1 所示，新型城镇化与旅游业的 Moran's I 值均为正值，且基本通过了统计显著性检验，说明新型城镇化和旅游业均具有显著的空间自相关性，在构建新型城镇化影响旅游业的计量模型时，不能忽视地理空间因素。

表 6-1 　　　　　　　　新型城镇化与旅游业 Moran's I 值

年份	新型城镇化		旅游业	
	Moran's I 值	Z 值	Moran's I 值	Z 值
2004	0.126 ***	4.035	0.043 ***	3.013

续表

年份	新型城镇化		旅游业	
	Moran's I 值	Z 值	Moran's I 值	Z 值
2005	0.124***	4.698	0.041***	2.997
2006	0.131***	4.125	0.044***	2.895
2007	0.135***	4.168	0.038***	2.775
2008	0.137***	4.198	0.016	1.021
2009	0.138***	4.188	0.041**	1.966
2010	0.137***	4.173	0.033***	3.013
2011	0.136***	4.132	0.037***	3.025
2012	0.129***	4.093	0.039***	3.109
2013	0.125***	4.063	0.031***	3.121
2014	0.148***	4.127	0.028***	3.213
2015	0.152***	4.131	0.026***	3.204
2016	0.157***	4.135	0.036***	3.314
2017	0.162***	4.074	0.031***	3.209
2018	0.155***	4.121	0.039***	3.245

注：*、**、***分别表示在10%、5%和1%的水平下显著。

（二）空间模型设定

由于空间模型存在多种设定形式，为遴选适配的空间分析新型城镇化对旅游业的影响，可对空间模型设定形式进行检验。既有文献主要依据拉格朗日乘子检验，将 LM 检验和 Robust LM 检验结果作为判断模型优劣的标准，但拉格朗日乘子检验仅是基于统计推断，忽略了经济学的基本理论，可能只是错误的模型设定（姜磊，2016）。有关空间模型设定的探讨，安瑟林（Anselin，1988）提出，倘若空间模型设定恰当，应当遵循 Wald 统计量 > LR 统计量 > LM 统计量。另外，也可通过三个统计量对模型设定进行比较：Log Likelihood、Akaike Info Criterion 和 Schwarz Criterion。其中，Log Likelihood 统计量越大说明模型越优，Akaike Info Criterion 统计量和 Schwarz Criterion 统计量越小说明模型越优。

表 6 - 2 报告出空间模型选择检验结果，结果显示：①LM-Lag、Robust LM-Lag 统计量在 1% 水平上显著，LM-Error 统计量通过 1% 显著性检验，但 Robust LM-Error 统计量并不显著，说明空间滞后模型（SLM）优于

空间误差模型（SEM）；②LR-Lag 和 LR-Error 统计量在 1% 水平上统计显著，说明空间杜宾模型并不退化，而 Wald-Lag 和 Wald-Error 统计量也通过 1% 水平显著性检验，表明空间杜宾模型为最优模型；③根据 Log Likelihood 统计量越大、Akaike Info Criterion 统计量和 Schwarz Criterion 统计量越小说明模型越优的判断准则，发现空间杜宾模型最优。

表 6 - 2　　　　　　　　空间模型选择检验结果

检验	统计量	P 值	检验	统计量	P 值
LM – Error	45. 623	0. 000	LR – Lag	54. 231	0. 000
LM – Lag	36. 532	0. 000	LM – Error	61. 125	0. 000
Robust LM – Error	45. 748	0. 000	Wald – Lag	112. 365	0. 000
Robust LM – Lag	36. 838	0. 000	Wald – Error	354. 224	0. 000
模型	OLS	SLM	SEM	SDM	
Log Likelihood	536. 023	539. 162	542. 356	550. 143	
Akaike Info Criterion	– 863. 213	– 869. 328	– 878. 307	– 891. 102	
Schwarz Criterion	– 843. 226	– 837. 341	– 841. 227	– 862. 451	

综上，本章空间模型设定为同时包含解释变量和被解释变量滞后项的空间杜宾模型。另外，通过 Hausman 检验发现，统计量为 53. 417，对应的 P 值为 0. 000，并且在 1% 的水平上统计显著，拒绝原假设，说明面板固定效应模型优于面板随机效应模型。因此，本章实证模型最终确定为面板空间杜宾固定效应模型，模型具体形式设定为：

$$TOUR_{it} = \alpha + \rho \sum_{j=1}^{n} W_{ij} TOUR_{jt} + \beta NEUB_{it} + \gamma \sum_{j=1}^{n} W_{ij} NEUB_{jt} + \varphi Controls_{it}$$
$$+ \kappa \sum_{j=1}^{n} W_{ij} Controls_{jt} + \mu_i + \varepsilon_{it} \qquad (6-12)$$

其中，ρ 表示旅游业的空间溢出效应；γ 表示新型城镇化的空间溢出效应；φ 为控制变量 $Control_{it}$ 的空间溢出效应。

（三）空间效应分析

表 6 -3 报告了基准面板空间杜宾固定效应模型估计结果。结果显示，空间杜宾模型的空间自回归系数 ρ 显著为正，说明该模型不仅存在解释变量的外生交互效应，也存在被解释变量的内生交互效应，其中邻接省份新

型城镇化建设对本地省份新型城镇化建设具有显著溢出作用，即新型城镇化建设具有典型的空间策略互动性。从新型城镇化看，其对本地省份旅游业具有显著正向作用，由于新型城镇化空间项系数（0.3341）显著为正，说明邻接省份新型城镇化建设对本地省份旅游业发展也存在显著积极影响，意味着新型城镇化建设对旅游业发展具有显著空间溢出作用。需要说明的是，由于存在变量间空间互动，通过简单的点估计结果分析空间影响效应将得出错误结论。为进一步分析新型城镇化对旅游业的空间影响效应，借助偏微分方程对空间效应进行分解。由分解效应看，新型城镇化直接效应系数为 0.4244，间接效应系数为 0.5217，进一步说明新型城镇化对旅游业不仅具有本地直接效应，也存在空间溢出效应，同时空间溢出效应也强于本地直接溢出效应。其中，直接效应中包含了本地省份新型城镇化建设对邻接省份产生空间效应后对本地省份旅游业产生的反向回流效应，经测算回流效应为 0.0009，说明回流效应增强了新型城镇化对本地旅游业发展的促进能力。究其因，新型城镇化驱动生产要素跨区优化配置，从而促进旅游企业进行空间竞合，并通过学习效应、竞争效应和网络效应产生空间溢出作用。控制变量分析结果显示，在旅游业发展过程中，三类控制变量均对旅游业具有显著正向直接效应，但内在禀赋类控制变量和对外开放对旅游业的空间溢出效应不显著，尤其是经济社会类控制变量通过空间交互作用对旅游业的积极影响更为显著。

表 6 - 3　　　　　　　空间面板杜宾模型固定效应估计结果

变量	SDM 模型	直接效应	间接效应
NEUB	0.4235 *** (0.013)	0.4244 *** (0.016)	0.5217 *** (0.025)
TRS	0.1024 ** (0.032)	0.1128 *** (0.021)	0.0321 (0.042)
THP	0.2349 *** (0.005)	0.2185 ** (0.002)	0.0422 (0.006)
GDP	0.4163 *** (0.023)	0.4217 *** (0.013)	0.2374 ** (0.022)
STR	0.1258 ** (0.011)	0.1139 ** (0.017)	0.0638 ** (0.009)
FDI	0.0441 ** (0.005)	0.0423 ** (0.017)	0.0123 (0.012)

续表

变量	SDM 模型	直接效应	间接效应
MKT	0.0557 *** (0.032)	0.0571 *** (0.043)	0.0231 * (0.028)
W × NEUB	0.3341 *** (0.018)		
W × TRS	0.0576 (0.064)		
W × THP	0.0332 (0.041)		
W × GDP	0.2897 *** (0.007)		
W × STR	0.0548 ** (0.018)		
W × FDI	0.0117 (0.056)		
W × MKT	0.0421 *** (0.117)		
ρ	0.2148 *** (0.029)		
Log – L	568.796		

注：＊、＊＊、＊＊＊分别表示在10%、5%和1%的水平下显著，括号内为标准差。

（四）稳健性检验

（1）替代空间权重矩阵。为遵循既有文献的传统做法，本章通过设置经济距离空间权重矩阵 W^{eco} 对基准空间计量模型进行再次检验。在周亚虹等（2013）研究基础上，以2004年为基期的省份实际生产总值对各相应矩阵元素进行赋值，计算公式为：$W_{ij}^{eco} = [1/(|\overline{Y}_i - \overline{Y}_j|)]/\sum_{j=1}^{N} [1/(|\overline{Y}_i - \overline{Y}_j|)]$，其中，$\overline{Y}_i$表示省份 i 的实际地区生产总值。表 6 – 4 中第（1）列和第（2）列汇报了经济距离空间权重矩阵设定下新型城镇化及控制变量对旅游业的直接效应与间接效应。其中，新型城镇化直接效应系数与间接效应系数均显著为正，并且间接效应系数相对较大，从而证实新型城镇化建设不仅对本地省份旅游业具有显著促进作用，而且对邻接省份旅游业的驱动作用更为明显。这说明本章基于空间计量模型估计所得出的新型城镇化与旅游业

因果关系并未因改变空间权重矩阵而发生变化。与表 6 - 3 相比，发现在不同空间权重矩阵设定下，表 6 - 4 中各变量的直接效应系数相对稳定，而间接效应系数存在一定程度的波动，说明旅游业的空间溢出效应对经济距离空间权重矩阵较为"敏感"。

表 6 - 4　　　　　　　　　　　　　　稳健性检验

变量	替代空间权重矩阵		更换核心解释变量		改变计量模型设定	
	（1）直接效应	（2）间接效应	（3）直接效应	（4）间接效应	（5）直接效应	（6）间接效应
NEUB	0.4108 *** (0.016)	0.6213 *** (0.011)	0.3765 *** (0.032)	0.4125 *** (0.125)	0.4432 *** (0.022)	0.5675 *** (0.113)
TRS	0.1045 *** (0.033)	0.0122 (0.018)	0.0964 *** (0.029)	0.0185 (0.121)	0.1824 *** (0.011)	0.0231 (0.018)
THP	0.1937 *** (0.019)	0.0231 (0.011)	0.3224 *** (0.136)	0.0118 (0.017)	0.3132 *** (0.052)	0.0112 (0.036)
GDP	0.4425 *** (0.007)	0.5826 ** (0.015)	0.5632 *** (0.044)	0.4116 ** (0.028)	0.5529 *** (0.025)	0.4566 ** (0.043)
STR	0.1034 *** (0.017)	0.2162 ** (0.043)	0.1221 *** (0.025)	0.2229 ** (0.068)	0.1378 *** (0.018)	0.3219 *** (0.037)
FDI	0.0327 ** (0.017)	− 0.0189 (0.348)	0.0293 ** (0.042)	0.0117 (0.038)	0.0333 ** (0.012)	0.0211 (0.013)
MKT	0.0339 *** (0.015)	0.0326 ** (0.014)	0.0412 *** (0.019)	0.0231 ** (0.048)	0.0529 *** (0.029)	0.0346 ** (0.037)

注：*、**、*** 分别表示在 10%、5% 和 1% 的水平下显著，括号内为标准差。

（2）更换核心解释变量测度。学术界对多维构建新型城镇化综合评价指标体系已基本达成共识。鉴于此，本章通过对李媛媛和董鹏（2016）分别从经济发展、社会建设、居民生活、生态环境和城乡统筹五个方面所构建的新型城镇化质量评价指标体系进行定量测度，从而将其作为本章核心解释变量的替代指标纳入到式（6 - 12）中重新进行回归。表 6 - 4 第（3）列和第（4）列结果显示，新型城镇化直接效应系数与间接效应系数均在 1% 水平上显著为正，同样说明新型城镇化建设不仅有利于本地省份旅游业发展，而且还会通过空间交互作用间接促进旅游业发展，说明当更换核心解释变量的测度指标时，本章核心基准结论并未发生实质变化。

（3）改变计量模型设定。相比于静态空间面板模型，动态空间面板模型不仅能够考虑旅游业发展的动态效应，还能兼顾模型未包含的潜在因素对旅游业的影响，从而可确保估计结果更加准确、可靠。根据埃尔霍斯特等（Elhorst et al.，2010）的建议，由于空间面板杜宾模型能够同时反映来自被解释变量、解释变量和误差项的空间相关性。所以本章建立动态空间面板杜宾模型如下：

$$TOUR_{it} = \lambda TOUR_{i,t-1} + \rho \sum_{j=1}^{n} W_{ij} TOUR_{jt} + \varphi \sum_{j=1}^{n} W_{ij} TOUR_{j,t-1} + \alpha + \beta NEUB_{it}$$

$$+ \gamma \sum_{j=1}^{n} W_{ij} NEUB_{jt} + \varphi Controls_{it} + \kappa \sum_{j=1}^{n} Controls_{it} + \mu_i + \varepsilon_{it}$$

$$(6-13)$$

其中，ρ、γ 和 κ 为空间滞后项系数；λ 为旅游业滞后项系数；φ 为旅游业时空滞后项系数。

表6-4第（5）列和第（6）列报告了动态空间面板杜宾模型的估计结果，由于静态空间杜宾模型仅能测算长期直接、间接效应，而动态模型则可以将空间效应分解为短期、长期效应，为便于比较，第（5）列和第（6）列只汇报动态模型估计出的长期空间效应。结果显示，新型城镇化的长期直接、间接效应系数依然为正，当克服模型内生性后，说明新型城镇化依然对旅游业具有显著空间溢出作用，这也佐证了基准回归结果的稳健性。

二、面板分位数回归结果分析

以上空间面板固定效应模型检验了各解释变量影响旅游业的空间效应，为进一步揭示旅游业不同发展水平下新型城镇化对旅游业的边际影响效应，本章依次选取10%、25%、50%、75% 和90% 五个具有代表性的分位点，对式（6-6）进行面板分位数回归，结果报告在表6-5中。相比传统面板回归模型，面板分位数回归模型可避免受到离群值的影响，放松数据分布服从正态分布假设，能够清晰地反映新型城镇化对旅游业在不同分位点的边际影响。如表6-5所示，新型城镇化的分位数回归系数在不同显著性水平上均为正，表明新型城镇化建设能够显著促进旅游业发展。与此同时，随着旅游业在条件分布不同位置发生变动，新型城镇化对旅游业影响的弹性系数也呈现规律性变化，即新型城镇化回归系数随着旅游业分位数提高而呈现逐渐增大趋势，反映出新型城镇化建设对旅游业发展的促进作用渐次强化。换言之，新型城镇化建设对旅游业发展存在显著边际递增的非线性驱动效应，即新型城镇化对旅游业发展较高水平地区旅游业发展的促进效应要强于旅游业发展较低水平地区的促进效应。从控制变量估计结果看，资源禀赋、接待能力、经济发展和制度环境回归系数随着分位数变动的变化趋势与新型城镇化基本一致，说明以上控制变量对旅游业的促进作用会随着旅游业分位数提高而不断增强。产业结构和对外开放回归系数只在50%、75%和90%分位点上显著为正，说明当旅游业发展水平较低时，产业结构和对外开放对旅游业发展的影响并不明显，究其因，在旅游业发展前期阶段，资源开发能力较弱，产品结构体系单薄，尤其是旅游产品技术创新水平不高，限制了旅游业的吸收能力。

表6-5　　　　　　　　　　面板分位数回归结果

模型分位点	Q = 0.1	Q = 0.25	Q = 0.5	Q = 0.75	Q = 0.9
NEUB	0.3516 * （0.038）	0.3622 ** （0.031）	0.4011 *** （0.027）	0.4227 *** （0.021）	0.4508 *** （0.022）
TRS	0.0563 ** （0.112）	0.0575 ** （0.103）	0.0679 *** （0.135）	0.0937 *** （0.127）	0.1322 *** （0.102）
THP	0.1178 *** （0.033）	0.1321 *** （0.042）	0.1511 *** （0.036）	0.1878 *** （0.044）	0.2465 *** （0.075）
GDP	0.3536 *** （0.023）	0.3621 *** （0.015）	0.3831 *** （0.018）	0.4015 *** （0.019）	0.4332 *** （0.022）
STR	0.0211 （0.236）	0.0332 （0.384）	0.0534 ** （0.265）	0.0878 *** （0.358）	0.1326 *** （0.392）
FDI	0.0128 （0.128）	0.0179 （0.212）	0.0235 ** （0.312）	0.0341 *** （0.228）	0.0452 *** （0.332）
MKT	0.0226 ** （0.121）	0.0278 ** （0.078）	0.0311 *** （0.076）	0.0418 *** （0.089）	0.4582 *** （0.077）

注：＊、＊＊、＊＊＊分别表示在10%、5%和1%的水平下显著，括号内为标准差。

三、门槛空间动态面板回归结果分析

"为增长而竞争"的官员晋升锦标赛制度加剧了地区间经济增长竞争。众所周知，随着旅游业对国民经济的综合贡献率与日俱增，旅游业已成为促进地区经济增长的主要产业工具，所以旅游导向型增长模式也成为地方政府进行增长竞争的方式之一。另外，随着基础设施日益完善，无论是旅游客源流抑或是旅游要素流，其空间扩散的半径不断扩大，从而也会使目的地旅游业发展策略存在空间相关性，即邻接地区旅游业发展也会刺激本地区旅游业扩张。需要指出的是，已有关于旅游业影响因素的研究都是基于空间效应同质化假设来设定空间计量模型，这类模型虽然能够通过引入空间权重矩阵很好地解释因变量之间的空间依赖性，但其往往假定空间滞后项的系数是固定常数，从而忽视了由于个体异质性所导致的非对称空间互动关系。这种基于常数空间滞后项系数假设的空间计量模型由于无法解释复杂经济变量之间可能存在的非对称空间关系，因此在实证应用中具有一定的局限性（韩晓祎等，2021）。例如，在研究地区间旅游业发展时，单纯的空间自回归模型固然能够反映地方间的旅游业发展策略互动，但不同经济发展水平的地区受到邻接地区的影响程度很可能存在差异。如果不考虑空间系数的差异，仅仅使用常系数空间自回归模型，则其参数估计往往是有偏估计，不能反映真实的空间互动关系。考虑到我国旅游经济发展非均衡也会导致地区间竞争行为不同，本章以新型城镇化作为门槛变量，在空间滞后项中引入新型城镇化门槛效应，同时也为捕捉截面模型难以刻画的时空效应，我们在门槛空间模型的基础上引入动态项，从而将门槛空间模型拓展为门槛空间动态面板模型，不仅能反映经济现象时空协变的规律特征，也能够在一定程度上刻画不同地区因其经济社会特征不同所导致的非对称空间互动关系。

新型城镇化影响旅游业的门槛空间动态面板模型设定为：

$$TOUR_{it} = \lambda_1 I(NEUB_{i,t-1} \leq \gamma) \sum_{j=1}^{n} W_{ij} TOUR_{jt} + \rho_1(NEUB_{i,t-1} \leq \gamma) TOUR_{i,t-1}$$

$$+ \xi_1(NEUB_{i,t-1} \leq \gamma) \sum_{j=1}^{n} W_{ij} TOUR_{j,t-1}$$

$$+ \lambda_2 I(NEUB_{i,t-1} > \gamma) \sum_{j=1}^{n} W_{ij} TOUR_{jt}$$

$$+ \rho_2(NEUB_{i,t-1} > \gamma) TOUR_{i,t-1}$$

$$+ \xi_2(NEUB_{i,t-1} > \gamma) \sum_{j=1}^{n} W_{ij} TOUR_{j,t-1} + X_{it}\beta + c_i + \alpha_t + \varepsilon_{it}$$

$$(6-14)$$

其中，γ 为门槛参数估计值；ρ 为旅游业时间滞后项系数；λ 为旅游业空间滞后项系数；ξ 为旅游业时空滞后项系数；X 为控制变量集。

韩晓祎等（2021）开发的贝叶斯方法能够较好地对门槛空间动态面板模型进行估计，并且估计精度随着门槛效应的增大而增大，对于不同的样本结构和权重矩阵估计结果均表现稳健。因此，本章使用韩晓祎等（2021）给出的贝叶斯估计方法以及参数先验分布和超参数设定，结合样本数据对式（6-14）进行 10000 次抽样，选取后 8000 次模拟结果均值作为参数的点估计值，并且通过构建 99%、95% 和 90% 的贝叶斯置信区间，通过考察 0 是否在上述区间内来判断回归系数是否在 1%、5% 和 10% 显著性水平上具备统计显著性。同时，本章还使用以李媛媛和董鹏（2016）构建的新型城镇化综合评价指标体系为研究对象，所测算出的新型城镇化指数（NUB）作为门槛变量进行稳健性检验，回归结果见表 6-6。

为避免内生性问题，门槛变量使用新型城镇化滞后期，使用本章所测算的新型城镇化综合指数作为门槛变量的回归结果显示：门槛估计值为 0.6117，在 1% 水平上显著。同时，旅游业时间滞后项系数 ρ、空间滞后项系数 λ 和时空滞后项系数 ξ 均显著为正，并且回归识别出 $\rho_2 > \rho_1$，$\lambda_2 > \lambda_1$，$\xi_2 > \xi_1$，由此说明新型城镇化建设不仅对本地区旅游业发展具有正向非单调性门槛效应，而且其对邻接地区旅游业发展的溢出效应也具有正向非单调性门槛效应，即新型城镇化建设通过空间交互作用对旅游业发展的影响效应呈现非线性门槛特征，不仅如此，我们还观察到，新型城镇化建设水平越高的地区对邻接地区旅游业发展的空间策略越敏感，并且具有时间持续性。原因可能在于，现代旅游业与新型城镇化协同耦合所释放出的产业融合经济是促使产生上述空间策略行为的主要动机。具体而言，当新型城镇化建设跨越门槛值时，无论是新型城镇化对旅游业的促进效应，抑或是新型城镇化对旅游业的空间溢出效应，一致呈现显著的非线性增高趋势。一个合理的解释是地方政府普遍对新型城镇化建设存在稳定预期，新型城镇化作为促进经济高质量发展的重要国家战略，其在供给端和需求侧两端对旅游业发展的驱动作用不容小觑，所以新型城镇化建设水平高的地区，不仅本地区发展旅游业的动机更加强烈，而且也会诱发邻接地区采取鼓励旅游业发展的策略行为。

表 6-6 门槛空间动态面板模型估计结果

项目	门槛变量：NEUB	门槛变量：NUB
γ	0.6117 *** (0.018)	0.5523 *** (0.035)
λ_1	0.3027 *** (0.041)	0.2532 ** (0.022)

续表

项目	门槛变量：NEUB	门槛变量：NUB
λ_2	0.4638 *** (0.035)	0.4311 *** (0.044)
ρ_1	0.2073 * (0.027)	0.1931 (0.048)
ρ_2	0.3631 *** (0.032)	0.2564 *** (0.016)
ξ_1	0.2017 ** (0.035)	0.1132 (0.052)
ξ_2	0.2246 *** (0.022)	0.1585 ** (0.047)
控制变量	控制	控制
省份固定效应	控制	控制
年份固定效应	控制	控制
R^2	0.647	0.613
观测值	450	450

注：*、**、*** 分别表示在 10%、5% 和 1% 的水平下显著，括号内为标准差。

第五节　结论与建议

随着新型城镇化纵深推进，驱动国内市场需求不断扩大，居民消费水平明显提升，产业结构优化升级，进而为旅游业发展创造了关键能级动力。本章在对新型城镇化、旅游业综合指数量化测度基础上，基于中国大陆30个省份（西藏除外）2004～2018年面板数据集，分别采用空间面板计量模型、面板分位数模型和门槛空间动态面板模型实证检验新型城镇化对旅游业的影响。研究结果表明：首先，新型城镇化建设不仅对本地区旅游业发展具有显著促进作用，而且对邻接地区旅游业发展亦存在空间正外部性，即本地区新型城镇化建设对邻接地区旅游业发展具有显著的空间溢出效应；其次，由于随着旅游业分位数提高，新型城镇化的分位数回归系数值呈增大趋势，说明随着旅游业发展水平提升，新型城镇化建设对旅游业发展存在显著边际递增的非线性驱动效应；最后，为捕捉传统空间计量模型所忽视的个体异质性所导致的非对称空间互动关系，即在识别到旅游业发展的地区空间策略互动时，还要考虑到处于不同新型城镇化建设阶段的地区受到邻接地区旅游业发展的影响程度可能存在差异，实证当考虑地区间新型城镇化建设水平差异时，地区间旅游业发展策略互动存在显著的非对称空间互动，即新型城镇化建设水平越高的地区对邻接地区发展旅游业的策略行为更敏感。

基于上述新型城镇化对旅游业的空间影响效应以及非线性门槛效应检验结论，本章提出如下三点政策建议。第一，坚定不移地推进新型城镇化建设，是促进旅游业持续发展的重要决定因素。地方政府可通过新型城镇化建设，着重提升城镇化质量，从而为旅游业发展提供市场需求基础、产业集聚条件、技术创新手段和配套服务保障，进而在新型城镇化建设中拓展驱动旅游业发展的能级来源；另外，继续推进统一大市场建设，实现新型城镇化建设要素的跨区优化配置，以强化新型城镇化建设对旅游业发展的空间正外部性，同时推进旅游业区域一体化战略，借助空间竞合机制放大新型城镇化对旅游业的空间溢出效应。第二，本章认为促进旅游业发展不仅需要进一步提升新型城镇化建设水平，而且还需根据新型城镇化影响旅游业的边际效应递增特征，进而制定差异化的新型城镇化赋能旅游业政策。比如，在旅游业发展水平较低地区，应重点发挥新型城镇化建设促进旅游业发展的投资拉动效应、要素配置效应和服务共享效应，迅速构建旅游业的产品开发体系和市场参与能力；而在旅游业发展水平较高地区，应精准实施新型城镇化建设驱动旅游业转型升级的技术创新效应、产业融合效应和金融支持效应，以促进旅游业高质量发展。第三，由于新型城镇化对旅游业的影响存在正向时空非单调性门槛效应，一方面，加快提升新型城镇化建设步伐，充分释放新型城镇化建设对旅游业发展的"政策红利""产业红利""技术红利"，拓宽新型城镇化对旅游业的多途径传导渠道，不仅可以直接提升本地区旅游业发展水平，而且能够凭借强势空间交互网络效应，增强对邻接地区旅游业发展的积极溢出效应；另一方面，在深入推进新型城镇化建设过程中，还需强化其与旅游业发展之间的协同耦合性，并建立两者长期稳定的均衡协调关系，以增进新型城镇化对旅游业的空间溢出效应的时间连续性。

第七章　旅游业、新型城镇化对
经济增长的影响

第一节　引言

改革开放以来，凭借劳动人口红利、资产投资加速、技术后发优势、要素成本低廉等优势，以及扩大国内市场需求、融入全球价值链，中国经济创造了举世瞩目的"增长奇迹"。但与此同时，由于近年来人口红利消失、环境资源约束、供需矛盾冲突、结构转型滞后等原因，传统的增长动力逐渐式微，以要素价格扭曲、产业粗放增长和城镇无序扩张为典型特征的传统发展模式愈发难以为继，进而导致中国经济开始由高速增长向中高速增长转变，进而面临结构性下行压力。在此"新常态"背景下，提升要素配置效率、谋求新旧动能转换和重构经济动力系统是实现中国经济发展模式由要素驱动转向效率驱动的核心环节，而实现这种经济增长模式转变则需要坚定贯彻产城融合理念，深入推进产业迭代升级与新型城镇化渐进发展协调并进，这对于探索中国经济高质量发展的实现路径具有非常重要的理论价值和实践意义。

从学理基础上看，无论是产业结构抑或是城镇化，两者与经济增长的关系皆是历久弥新的研究话题，当前学术界围绕以上经济关系已经形成了相对丰硕的文献积累，并且研究进路主要以分而撰述为主。前者所涉文献主要侧重产业结构变迁对经济增长（Ishikawa，2004；干春晖等，2011）、收入分配（Akita and Pagulayan，2014；王林辉和袁礼，2018）、就业结构（Shunzo，1985；詹浩勇，2010）、生产效率（Rowley，2010；温杰和张建华，2010）、环境绩效（Zhang and Deng，2010；韩楠和于维洋，2015）等方面的影响研究；而后者关联文献则特别倾向城镇化对经济增长（沈坤荣、蒋锐，2006；Turok and McGranahan，2013）、能源消费（Wang and Yang，2019；刘晓瑞和孙涛，2019）、城乡差距（Kühn and Klotz，2006；曹裕等，2010）、产业调整（Han and Wu，2012；左鹏飞等，2020）和生态质量（谢锐等，2018；Yu，2021）等方面的作用探讨。这些研究分别深入揭示了产业结构变迁、城镇化发展对经济增长的影响及其机理，并且已有少数文献开始将产业结构、城镇化与经济增长纳入统一框架予以相应刻画，进而为解析此逻辑关系提供了重要启示（王锐和朱显平，2016），但却鲜有文献将新型城镇化嵌入产业结构变化影响经济增长的研究体系以系统勾勒产业结构调整、新型城镇化与经济增长之间的影响机理。已有文献表明新型城镇化可通过促进技术创新、培育人力资本和刺激居民消费推动产业结构升级，进而对产业结构调整与经济增长关系实施干预。显然，深入厘清上述逻辑机理对深刻认识和理解中国经济长期增长动因具有重要意义。尽管少数文献注意到产业发展与新型城镇化相互依存所形成的"产城协同"作为经济发展的一种新模式，对于新常态经济下提高生产率和提升经济发展的质量与速度具有重要意义（孙叶飞等，2016；徐秋艳等，2019），但也存在以下局限：①既有文献主要基于整体三次产业结构变化视角，在宏观层面讨论产业结构变动、新型城镇化以及"产城协同"的经济增长效应，并未深入产业大类内部，细致解析新型城镇化对优势部门发展的经济增长效应的影响机理；②尽管相关文献通过构建新型城镇化综合评价指标体系，并对其进定量测度而获得可以度量新型城镇化发展水平的综合指数，但对产业结构代理变量的选择仍以单一指标为主，进而使得产业结构发展的内涵信息无法综合反映，导致"产城协同"的经济增长效应评估存在有偏风险；③上述文献缺乏基于对新型城镇化、产业发展及"产城协同"对经济增长的异质性影响效应的实证讨论。

　　本章认为，旅游业作为现代服务业的主导部门，具有显著的就业吸纳能力、投资拉动功能和产业关联效应，其对中国经济增长的促进作用已不可小觑。文化和旅游部发布的《2019 年旅游市场基本情况》显示，2019年，中国国内旅游人数达 60.06 亿人次，比上年同期增长 8.4%；入出境旅游总人数 3.0 亿人次，同比增长 3.1%；全年实现旅游总收入 6.63 万亿元人民币，同比增长 11%。旅游业对 GDP 的综合贡献为 10.94 万亿元人民币，占 GDP 总量的 11.05%。旅游直接就业 2825 万人，旅游直接和间接就业 7987 万人，占全国就业总人口的 10.31%。由此可见，旅游业作为中国高速增长的"市场"，对国民经济运行的综合影响与日俱增。另外，由于以追求数量增长为导向的传统城镇化已难以承载新时期经济社会的发展要求，因而以高效集约为内涵的新型城镇化已成为提升中国经济可持续增长的重要战略。例如，国务院在 2016 年《关于深入推进新型城镇化建设的若干意见》（以下简称《意见》）中明确指出：新型城镇化是现代化的必由之路，是最大的内需潜力所在，是促进经济发展的重要动力。从城镇化内生机理看，城镇化实际上是产业变迁、集聚与演化的自然结果。尽管工业化是推进城镇化的重要力量，但随着中国城镇化进入关键转型期，目前中国的城镇化现象难以完全用"工业决定论"来解释，服务业在城镇化进程中已表现出强大功能，而且服务业繁荣对引领产业结构升级，保持城镇化数量与质量、规模与效率均衡协调也异常重要。其中，改革开放以来旅游业由散转聚、由弱渐强，并逐渐向现代服务业升级，伴随其产品供给类型的横向拓展及其功能空间的纵向延伸，旅游综合效应凸显，已发展成为战略性支柱产业，并且因其所具备较强的城镇经济功能、服务功能和生态功能，也已经成为城镇产业结构体系、公共服务体系和生态环保体系中的必要组成部分。一方面，城镇作为现代旅游业存在、发展和升级的要素来源与空间载体，城镇化对旅游业演化具有重要影响；另一方面，旅游业作为现代服务业的主导部门，凭借其在吸纳就业、增加收入、统筹城乡和开放共享等方面的优势功能，能够为城镇化发展提供难以忽视的产业动力。综上所述，旅游业与城镇化之间存在密切的双向互动作用，而新型城镇化是对传统城镇化的校正、优化和扬弃，更加强调城镇化质量提升和内涵发展，进而为现代旅游业提供了更加广阔的需求市场和生产空间；反之，现代旅游业所引领的服务业内部结构升级、协同集聚、知识创新和技术扩散也会强化对新型城镇化的产业支撑力度，因而旅游业与新型城镇化之间也存在相得益彰的动态耦合、互促作用和协同共进特征。

围绕旅游业与新型城镇化关系的研究文献可大致归为三类。第一类文献探讨旅游业对新型城镇化的影响，此类文献主要以理论分析为主要研究范式。例如，方圆（2019）分析了乡村旅游在促进新型城镇化发展中的作用路径。莫志明（2019）对旅游引导的乡村新型城镇化模式及其效应进行了研究。苏建军和王丽芳（2019）对旅游驱动新型城镇化发展的机理及类型进行了解释。第二类文献相对单薄，主要侧重对新型城镇化背景下的旅游业经济、社会和环境问题予以理论探讨（黄睿等 2014；刘天曌等，

2019），鲜有文献对新型城镇化如何影响旅游业进行直接分析，然而仅有的一篇文献为新型城镇化影响旅游业提供了经验证据，如王琴和黄大勇（2020）采用长江经济带 2002～2017 年的省级面板数据，实证分析了新型城镇化各维度对旅游业发展的影响效应，发现人口城镇化、经济城镇化、社会城镇化和环境治理能力对旅游业发展均具有显著的正向影响。第三类文献积累最为丰富，主要关注旅游业与新型城镇化之间的耦合关系，并且尝试对其中的互动作用机理进行理论探索，而且也量化揭示了两者之间的协调程度（张艺凡和朱家明，2018；徐海峰，2019；魏鸿雁等，2020）。例如，杨主泉（2018）在阐述旅游业与新型城镇化协同关系的基础上构建了旅游业与新型城镇化建设协同发展的动力系统及协同动力模型，然后重点分析了两者协同的运行过程。冉婷等（2020）使用熵权 TOPSIS 法计算了 2007～2018 年重庆市旅游业与新型城镇化综合发展指数，并利用灰色关联模型和耦合协调度模型分析了两者耦合协调关系，发现两者存在较强协同效应。然而，需要指出的是，以上文献最大的局限在于并未将旅游业与新型城镇化之间的协同关系研究拓展至其对经济增长的影响层面，从而导致对旅游业、新型城镇化与经济增长之间的逻辑关系缺乏系统阐述。

鉴于此，本章进行了如下工作：①对旅游业、新型城镇化与经济增长关系进行理论分析，并提出相应研究假说；②以 2004～2017 年中国 30 个省份（西藏除外）为样本，分别检验旅游业与新型城镇化两种交互模式，即"城旅独立"与"城旅协同"的经济增长效应，并实证检验理论机制；③实证比较"城旅独立"与"城旅协同"影响经济增长的异质性效应，并分析差异产生原因；④结合实证结果，重点就如何加强"城旅协同"以促进经济增长提出政策建议。

本章可能的创新和边际贡献有：①大量经验研究识别了旅游业或新型城镇化对经济增长的影响，本章则在旅游业、新型城镇化与经济增长关系框架中，除了考察"城旅独立"的经济增长效应外，同时还重点剖析了"城旅协同"对经济增长的影响及其机理，进而对此类文献进行了有益补充，这不仅有利于更好地理解和洞悉新型城镇化对旅游业导向型经济增长假说的拓展性影响，也有助于从旅游业视角深入揭示"产城协同"对经济增长的影响机理。②由于现代旅游业与新型城镇化隶属社会经济复杂系统的两个子系统，因而本章通过对旅游业与新型城镇化两个子系统分别进行多维评价而获得相应综合性指数来对两个核心变量予以定量刻画，此种变量构造方法不仅可以反映旅游业与新型城镇化的多维内涵属性以及尽可能客观地表征"城旅协同"场景，而且能够避免因变量测量误差而导致对"城旅协同"的经济增长效应的实证检验存在有偏倾向。③本章还在旅游业、新型城镇化和经济增长逻辑框架中对"城旅独立"与"城旅协同"的经济增长效应进行了拓展性分析，多角度识别了"城旅独立"与"城旅协同"的经济增长效应的异质性特征，有助于在不同分组样本中揭示"城旅独立"与"城旅协同"对经济增长的影响机制。相比已有研究，本章不仅从旅游业视角深化了新型城镇化影响经济增长的研究，而且将新型城镇化变量嵌入到旅游业与经济增长关系研究体系中，也有力地拓展了学术界对旅游业导向型经济增长假说的认识视域，因而在中国情境下开展这项研究具有鲜明的时代背景。

第二节　理论机制与研究假说

一、旅游业与经济增长

旅游业既是一个综合性、关联性产业，也是全球规模最大、增长速度最快的部门之一，近年来一直被认为是促进经济增长的助推器，受到目的地政府的青睐。《世界旅游经济趋势报告（2019）》显示，2018年全球旅游总人次达121亿人次，增速为5%；而全球旅游总收入达5.34万亿美元，占全球生产总值的6.1%。特别地，旅游业也成为新兴经济体社会经济发展的重要驱动力。2018年，新兴经济体旅游总收入已占国内生产总值的15.4%。改革开放以来，旅游业已成为我国国民经济的战略性支柱产业，并且在国民经济体系中的地位愈发重要。同年，中国实现旅游总收入5.97万亿元，同比增长10.5%；旅游业对国内生产总值的综合贡献为9.94万亿元，占比达11.04%。以上数据反映了旅游业对经济增长具有显著的促进作用。

从理论上看，根据凯恩斯理论，旅游业可作为外生因素扩大总需求，进而通过乘数效应对目的地收入、就业等产生积极影响（Figini and Vici，2010）。传统贸易理论认为，外部游客在目的地开展旅游活动，通过消费不可贸易的商品和服务，诸如交通、食品和住宿以及旅游服务，进而转化为目的地的增长来源（Brida et al.，2008）。随后，布劳等（2007）将内生增长理论应用到旅游经济研究中，认为当制造业产品和旅游业产品不可替代时，如果制造部门的技术水平高于旅游部门，那么，当且仅当旅游业的专业化程度改善了贸易顺差，并以此弥补旅游业和制造业之间的技术水平差距时，旅游业可促进经济增长。从实证角度看，聚焦于 TLG 假说检验的文献大部分持 TLG 假说的存在性观点，显然也为认识旅游业与经济增长关系提供了较为充裕的经验证据。除此以外，也有部分实证性文献证实旅游业能够缩小城乡差距（Li et al.，2016））、提高居民消费（Andriotis，2002）、刺激基建投资（Pablo-Romero and Molina，2013）、加强技术交流（Liberto，2013）、优化产业结构（Succurro，2008），进而对目的地经济增长产生长期影响。

在产业实践层面上，旅游消费作为促进目的地经济增长的首要因素，随着游客在目的地的原生消费作为外部收入在目的地经济系统中流转分配，旅游业的发展对经济增长的贡献会呈指数型增长，而旅游业的产业关联程度则决定了其对经济增长的影响效应。旅游乘数效应为阐述旅游消费对目的地经济系统的影响机理提供了很好的解释视角。游客在目的地所进行的消费支出可通过直接效应、继发效应和动态效应在目的地经济系统中渐次渗透，并在此过程中通过收入的分配、再分配机制对经济增长产生综合影响。首先，旅游消费影响经济增长的直接效应来自游客为在目的地完成一次完整的旅游活动，用以购买与整个旅游活动相关的旅游商品和服务所产生的直接消费，进而转化为旅游部门内提供以上商品和服务的旅游企业和就业人员的直接收入。其次，旅游消费对目的地经济系统的次级效应包括间接效应和诱导效应两种传导形式。间接效应是指获得旅游收入的目的地旅游企业为扩大经营和持续再生产所支出的消费对其供应链（非旅游行业）企业的正向经济溢出，即旅游企业消费在供应链跨部门企业（农业、食品、金融、通信、建筑、医疗、百货……）之间进行再分配产生分配的循环扩散。简而言之，即旅游企业在供应商处采购原材料、商品和服务所产生的产业波及效应。诱导效应则是由直接或间接提供旅游服务的旅游相关企业就业人员的工资性收入转化为本地生活性或服务性消费支出时，对目的地有关部门和企业产生的影响。最后，从经济循环角度看，静态地评估旅游消费支出的短期经济效应显然抹杀了旅游业对目的地经济结构的广义影响。动态效应是指倘若旅游业长期作用于目的地经济系统，则会在潜移默化中循环累积地形成旅游业促进经济增长的动态效应，由此对目的地经济系统产生深远的积极效应。尽管动态效应不如直接效应和继发效应的影响机制易被观察，但其会在更大的空间广度上对目的地经济系统产生长期影响。

事实上，随着旅游业的产业规模愈益扩张，其对目的地经济系统的影响是复杂而多面的。例如，其一，外部旅游需求的迅速注入，在短期抬升了目的地商品和服务价格，导致目的地实际汇率升值，进而对目的地传统行业竞争力造成损害（Li et al.，2018）。其二，尽管资源依托型旅游业发展模式在初级阶段推动了旅游业迅速发展，但同时也导致目的地出现"去工业化"现象，进而引发"资源诅咒"问题，从而削弱了目的地经济增长潜力（Copeland，1991）。其三，旅游业在为目的地创造额外收入的同时，也会产生收入的漏算现象，即由于目的地经济体系和生产结构不完善，旅游企业为进行旅游开发建设和经营运转，需从外部购买设备、原料、物料和消费品等，需支付外部贷款利息及投资者的红利以及支付外方管理费用和外籍管理人员的工资等（Agarwal et al.，2012）。另外，旅游业发展也会存在诸多无法忽视的经济、社会和环境成本，如公共支出增加、生态环境治理等，上述潜在负面问题虽然无法被准确计量，但以上由旅游业发展引起的负面成本也可能会削弱旅游业的经济增长效应（Akama and Kieti，2007）。一些实证研究也发现旅游业发展并不能促进经济增长。例如，图逊（Tosun，2000）发现，国际旅游对土耳其经济发展是危险和不可靠的，难以促进经济未来可持续发展。欧（2005）以韩国1975～2001年季度数据为样本，实证发现旅游业导向型经济增长假说在韩国并不成立。基于以上理论分析，本章提出以下假设。

假设1：旅游业发展既能正向影响经济增长，也会对经济增长产生负面效应，此种影响具有不确定性，具体结论有待检验。

二、新型城镇化与经济增长

《意见》中显示："充分释放新型城镇化蕴藏的巨大内需潜力是促进经济持续健康发展的持久强劲动力。"由于追求数量和规模的传统城镇化发展模式愈发难以为继，无法克服当前经济增速结构性下滑问题，难以为经济可持续发展提供持续动力，然而新型城镇化强调以人为核心，注重城镇化质量、内涵与效率协调均衡，注重在城镇化转移过程中提高资源利用效率、完善基础设施建设、改善生态环境治理、促进产业结构升级、实现城乡统筹均衡，所以新型城镇化已然成为引领我国经济持续增长的新动力和新途径。新型城镇化具有刺激消费、拉动内需和改善民生的重要优势和作用，对推进我国现代化进程具有不可估量的经济增长效应。本章主要从生产要素集聚机制、居民消费提升机制、产业结构调整机制和生态环境治理机制四个方面来对新型城镇化影响经济增长进行阐析。

第一，生产要素流动机制。新型城镇化实质上是一种新的生产方式、交换方式和生活方式，坚持以人的城镇化为核心，以提高质量为关键，以体制机制改革为动力，通过实现人口和产业向城镇高质量集聚，激励和引导生产要素合理流动、有序集聚优势组合。一方面，新型城镇化坚持以以人为本、四化同步和优化布局为基本理念，由此为生产要素的需求激发、优化配置和空间协调创造了优势条件。另一方面，市场一体化与新型城镇化相辅相成，市场一体化有助于推进要素价格市场化改革、纠正要素市场价格扭曲、加速要素市场发育，进而通过驱动产业转型升级来促进新型城镇化建设（许耀东等，2017）。新型城镇化则要求对传统产业发展模式予以变革，并通过"选择效应"优化产业结构、提升企业生产率，进而会吸引生产要素向拥有较高生产率和要素回报率的生产部门流动、集聚（孙叶飞等，2016）。新型城镇化建设引发的生产要素在区域间流动可以提高生产要素在国民经济运行中的配置效率，进而促进经济增长。

第二，居民消费提升机制。首先，新型城镇化以人口发展作为核心任务，积极推进农业转移人口市民化，新近融入城镇人口的快速扩张会进一步释放城镇消费潜力，增加城镇消费需求规模，进而刺激城镇消费品供给能力提高，即产生"需求引致效应"。其次，新型城镇化提高了人口城镇化质量，尤其是人口市民化进程对居民消费心理和消费预期会产生积极影响，进而带来居民消费结构的转型和消费理念的升级，激发了居民释放预防性存储和增强消费偏好的效果，即产生"质量刺激效应"。最后，2014年《国家新型城镇化规划（2014～2020年）》（以下简称《规划》）中指出："农民就业城镇化转型是必须解决的前提条件。"因此，新型城镇化建设通过推进就业结构转型对城镇劳动力资源进行优化配置，并实现区域就业结构的合理调整，为城镇居民提供了高质量的就业岗位，同时随着城镇生产社会化程度的提高和专业化分工协作的深化，城镇居民的工资性收入得到显著提高，并且增强了居民预期收入的确定性，进而直接刺激了居民消费需求，即产生"收入决定效应"。

第三，产业结构调整机制。首先，《规划》和《意见》均指出："新型城镇化需要分类引导产业空间布局，科学优化城镇布局形态。"此举显然有利于资源要素的合理流动，并在区域间比较优势、产业外部性和经济循环积累的长期作用下，具有优势产业集聚的城镇化率先向外进行技术扩散、要素转移和产业辐射，从而带动了承接地区的产业转型升级（胡元瑞等，2020）。其次，新型城镇化的"选择效应"更加倾向于知识、信息、环保等技术密集型产业在城镇集聚，从而为促进新技术、新工艺、新业态及新生产方式的推广创造了便利条件，而技术创新则在产业关联互动中传递、扩散和溢出，进而导致产业的扩张或收缩，不仅加速了传统产业退出市场，也促进了新兴产业发展，进而影响了产业结构调整（周敏等，2020）。再次，《规划》和《意见》也指出："需要加强对新进人口的社会保障强度，推进基本公共服务全覆盖。"城镇化社会保障体系的健全，也有益于加速城镇人力资本的积累，并进一步通过市场需求、科技创新和资源配置三种机制对产业结构调整产生影响（郭晨、张卫东，2018）。最后，新型城镇化所提供的高质量就业、高回报工资和高社会保障不仅确保了城镇居民可支配收入稳定提升，对城镇居民的消费预期、消费理念和消费结构也产生了积极影响，进而推动了产业结构规模扩大和优化升级（陈丹妮，2017）。

第四，生态环境治理机制。由于传统城镇化片面追求城镇空间规模扩张、城镇人口比例提升和城镇产业结构同构，因此导致城镇过度蔓延、资源环境恶化和低端产能过剩，最终致使经济增速出现下行风险。《规划》要求将生态文明理念全面融入城镇化进程，构建绿色生产方式、生活方式和消费模式，严格控制高耗能、高排放行业发展。新型城镇化主要通过三种方式进行生态环境治理，实现新型城镇建设。其一，通过加强城镇科学规划设计，优化城镇空间分布、规模结构和功能配置，同时提升城镇管理服务水平、运行效率以及资源环境承载能力，来缓解因公共服务供给能力不足而导致的各类"城市病"问题，从而增强城镇宜居性。其二，通过绿色城镇、智慧城镇、人文城镇建设，智能互联网技术和绿色环保技术得到普遍推广应用，有效推动了城镇绿色发展、循环发展和低碳发展，有助于形成绿色低碳的生产生活方式和城市建设运营模式，由此提升城镇品质和魅力。其三，新型城镇化通过打造低碳、集约、绿色、宜居的生态环境，激发人们的环保理念，提升城镇化质量，推动绿色发展；同时，生态体系制度的不断完善，为生态环境保护提供了制度保障（毛雁冰和原云柯，2019）。因此，在新常态下，走环境友好、生态集约、和谐宜居的新型城镇化道路是促进经济高质量和可持续发展的必然选择。基于以上理论分析，本章提出以下假设。

假设2：新型城镇化建设能够显著驱动经济增长。

三、"城旅协同"与经济增长

前面已论述"城旅独立"影响经济增长的可能理论机制，但本章的研究创新在于在旅游业、新型城镇化与经济增长统一逻辑框架中探索"城旅协同"对经济增长的影响机理。本章先在对"城旅协同"机理进行分析的基础上，再对"城旅协同"对经济增长的作用机制进行理论阐述。随着现代旅游业向资本、知识、技术密集型模式衍生演变，较高的行业需求收入弹性吸引要素向旅游业及其关联部门转移，而以（泛）旅游经济活动为特征导向的城镇产业集聚提升了劳动生产率，在产业协同、提供就业、需求刺激和服务民生等领域发挥重大作用，并提升了城镇化水平与质量。新型城镇化可为旅游业发展提供承载空间，其发展也会对旅游业的转型升级、提质增效产生反馈作用。具体来说，新型城镇化能够向旅游业提供基础服务、要素支撑和保障政策，促进优质旅游发展。新型城镇化通过实现人的城镇化，激发大量潜在休闲、旅游、文创等服务性需求，从而吸引要素在上述行业流动、转移和循环，进而也为旅游业发展创造了动力源泉。

旅游业和新型城镇化作为社会经济发展的两个复杂子系统也存在制约关系。例如，旅游资源的盲目开发、旅游产品的同质竞争、旅游者的过度涌入等导致诸多城镇被"过度消费"，失去了文化原真性，并且导致环境承载力预警，如此等等也制约了城镇化质量。同时，在新型城镇化建设过程中，可能出现的内部失衡风险也会成为影响旅游业可持续发展的瓶颈因素。因此，旅游业系统与新型城镇化系统是相互促进、互为条件，同时又相互制约、相互影响。

现代旅游业对新型城镇化的影响表现在以下方面：①优化城镇布局形态。旅游目的地凭借优越资源、便捷交通和营商环境孕育旅游业及其关联产业在城镇空间集聚，并在规模经济、范围经济和集聚经济作用机制下，引发生产要素集聚、扩散、循环，从而激励产业结构调整、转型、适应，城镇功能也随之调配、更新、优化，在以上市场经济作用下，旅游业通过引导城镇产业布局而潜移默化地改变城镇空间布局。②完善城镇基础设施。旅游经济活动的本质是通过"游客迁徙"实现"消费搬运"，城镇目的地通过匹配旅游消费需求来实现旅游市场供求均衡，在此过程中随着旅游产业规模扩张，其就业带动、产业关联和市场渗透能力随之提升，进而为新型城镇化提供了就业改善、产业集聚和服务配套等方面的支撑，而随着旅游业转型、升级和演化，旅游业提升了城镇基础设施的共享性、功能性和价值性，进而促进了城镇基础设施的调整、优化和完善。③升级城镇产业结构。随着现代旅游业向休闲、度假等新型业态转向，由跨部门涉旅行业所形成的城市化集聚强度愈益显著，随着旅游产业链的纵向延伸和横向拓展，旅游产品的体验品质、审美愉悦和精神享受等级得以提升，从而拉动了本部门的需求收入弹性和要素报酬，进而吸引生产要素不断流入、集聚，促进城镇产业结构升级。④传承城镇优秀文化。旅游业对丰富城镇文化内涵、促进城镇文化保护、活化城镇文化遗址具有重要作用，而旅游驱动的新型城镇化模式本质上也是城镇传统文化要素被重新关注、整合、发展和传承的过程，有助于强化城镇人文魅力。⑤促进城镇生态建设。生态文明建设是新型城镇化进程的重要维度，新型城镇化要求实现城镇建设与生态环境的良性共生关系，旅游业资源消耗低、产业污染少、综合效益高，与资源环境和人文生态系统相互促进、相互依存，符合新型城镇化生态保护的建设方向。另外，旅游活动也可通过宣传、讲解和体验等方式普及生态环保知识，以增强城镇居民的生态环保意识，进而有助于推进城镇化建设与生态环境和谐统一。⑥统筹城乡一体。旅游活动过程伴随着规模巨大的人流、物流、资金流等，有助于增强城乡联系，促进城乡的和谐互动发展（张广海、赵韦舒，2017）。乡村依托良好的自然景观和农业资源，吸引城镇优势人力资本、金融要素、管理经验投入农村地区发展乡村旅游，由此进一步加强农村一二三产业融合发展，进而推进了城乡要素合理配置和产业有机融合，促进了农村经济多元化发展。

新型城镇化建设是一项复杂的系统性工程，涉及经济、社会、人口和环境等多个方面，对产业发展的影响是全方位的。随着新型城镇化的深入推进，人口转移、产业升级和功能提升为旅游业高效发展提供了所需的要素来源、市场环境和空间支撑。其一，激发旅游市场需求。新型城镇化通过推动产业结构集聚、升级，实现产业效率提升和就业结构转型，进而提高行业利润和工资水平，而追求旅游产品消费的享受体验、精神愉悦和自我实现成为人口市民化转型的主要标志，所以当收入水平的提升放松居民旅游消费的收入约束时，城镇居民的潜在旅游消费需求被激发。其二，提升旅游产品质量。新型城镇化强调绿色低碳、科技智能和创新共享的生产理念，随着先进技术、管理经验和服务方式在旅游企业生产经营中得以创新应用，旅游产品的附加内涵、体验质量和消费层次也随之改善。另外，新型城镇化也重视城镇品质魅力的打造、城镇空间形态的塑造以及城镇文化元素的传承，城镇在演替、更新过程中不断向旅游产品设计提供新的可用要素，从而保障旅游产品吸引力的可持续性。其三，拓展旅游产业链条。新型城镇化通过优化产业空间布局，引导生产要素向现代农业、先进制造业和新兴服务业涌入与集聚，并形成良性互动关系，进而为旅游产业链条延伸提供了拓展平台，旅游业经与一二三产业深度融合，不断衍生出新型旅游产品业态，适应了城镇居民旅游消费需求多样化，实现了旅游产业价值链增值。其四，优化城镇旅游空间结构。一方面，新型城镇化调整、优化城镇产业布局结构，形成新的产业集聚中心和更为复杂的社会分工，而由人口集聚引发的规模效应、需求效应和价格效应为孕育新的休闲与旅游产业集聚中心提供了重要的市场环境和交易基础。另一方面，新型城镇化的另一重点工作即是全面提升城镇功能，通过城镇产业功能转型、空间综合利用和公共服务提升，不仅有利于旅游流的空间扩散、需求释放和服务配套，而且也为城镇旅游活动的集中性、高频率和差异化运行提供了重要保障，为塑造城镇旅游空间结构创造了所需基础条件。其五，推进城乡旅游一体化。新型城镇化推动基础设施和公共服务向农村延伸，并鼓励农村一二三产业融合发展，不仅有效改善了乡村旅游发展环境，而且也增强了乡村旅游服务质量和供给能力。此外，农村经济多元化发展也有效带动了农民收入水平，不仅缩小了城乡居民收入差距，而且在农村旅游消费水平渐愈提高、旅游业的民生功能得以彰显的同时，也扩大了整体旅游市场规模。

"城旅协同"指的是旅游业系统与新型城镇化系统之间相互作用、互为促进、协同发展。简而言之，在市场机制和科学规划的作用下，旅游业凭借产业关联效应、集聚效应和波及效应，提高了综合涉旅部门的平均生产率和平均工资水平，通过增加要素报酬和降低交易成本，在城镇空间内促进了产业结构升级，进而为新型城镇化建设提供了可持续性的产业支撑动力，而新型城镇化通过推进人口市民化，提升城镇功能以及带动新农村建设，为旅游业发展提供了文化环境、基础保障和人力资本。"城旅协同"通过整合旅游业系统与新型城镇化系统，产生良性互动和反馈，进而能够释放更大的结构红利，激发更高的产业能级和拓展更大的需求空间，从而有望对经济增长产生直接影响。除此以外，"城旅协同"还通过产业结构升级效应和生产率提升效应两种机制对经济增长产生影响。

"城旅协同"从三个方面对产业结构升级产生积极影响,进而间接作用于经济增长。首先,新增就业创造、就业结构转型和就业质量提升是旅游业与新型城镇化协同发展的核心要义和重要功能,通过释放旅游业发展与新型城镇化建设的双重就业效应,城镇居民收入和消费显著提升,而根据恩格尔定律,消费变化将会导致产业间产品产生需求差异,并通过改变产品价格的鲍莫尔效应,引发生产要素在产业间重新配置。新型城镇化作为旅游业提质增效的催化剂,通过不断向旅游业提供新型产品要素、先进管理理念和公共服务保障,拉升旅游产品的需求收入弹性,在恩格尔效应的作用下,人口市民化进程在转变居民消费理念的同时,伴随着收入水平的提升,城镇居民对休闲、旅游、游憩类产品的消费需求与日俱增,尤其是更加追求多元化、多变性的消费需求,从而吸引生产要素涌向涉旅类行业,并引导、激励了微观企业的多样性创新行为,并提升涉旅企业的技术复杂度,进而引起产业结构向新兴服务业部门跃迁。其次,新型城镇化作为旅游业发展的重要空间与载体,不仅为旅游业发展提供了良好的政策契机、运行环境、融合平台、保障体系等,更是将人力资本、品牌形象、创新知识和经营模式引入旅游企业项目策划、服务设计和经营管理过程,进而为以旅游业为主导的现代商贸、文创、体育、演艺、信息等部门形成多样化的服务业集聚创造了得天独厚的孕育条件,并进一步通过市场和技术外部性、前后向产业关联,促进行业分工深化,实现要素组合配置,获取规模递增收益,并在关联性、共享性和反馈性循环机制作用下,实现产业结构升级。最后,新型城镇化为一项宏观的复杂系统性工程,而优化城镇化布局形态、推动城镇高质量发展则是其核心要义,随着城镇空间结构的再塑,资源、要素和经济活动在空间上的组织和分布状态随之发生变化,进而通过要素流动、市场引力和需求对旅游业的生产组织方式及产业运行空间产生几乎颠覆性影响,尤其是改变了传统旅游企业的区位选择、客源市场、供给环境、技术匹配等,而新型城镇化产生的此种"选择机制"通过产业分工合作效应和城镇网络互动效应构建了多中心的旅游经济增长极,进而从整体空间尺度上优化、建构和重塑了旅游经济结构,从而增强了旅游业的经济增长效应。

假设3:"城旅协同"通过促进产业结构升级间接促进经济增长。

旅游业、新型城镇化与经济增长逻辑框架如图7-1所示。

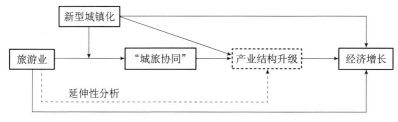

图 7 - 1　旅游业、新型城镇化与经济增长逻辑框架

第三节　研究设计

一、模型构建

基于上述理论分析，为了检验旅游业、新型城镇化对经济增长的影响，即"城旅独立"的经济增长效应，并在同一框架内通过检验"城旅协同"的经济增长效应揭示新型城镇化对旅游业与经济增长关系的约束机制，基准计量模型构建如下：

$$\ln PGDP_{it} = \beta_1 + \beta_2 TR + \beta_3 NURB + \beta_4 TR \times NURB_{it} + \phi X + \eta_i + \nu_t + \varsigma_{it}$$

$$(7 - 1)$$

其中，i 表示省份；t 表示年份；lnPGDP 表示经济增长水平；TR 表示旅游业发展；NURB 表示新型城镇化建设；η_i 和 ν_t 分别表示省份个体效应和年份固定效应，分别反映省份间的差异和时间趋势的影响；ς_{it} 表示随机误差项。同时，本部分还设定了若干能够反映省份重要经济特征的控制变量集 X，包括物质资本存量（lnK）、人力资本存量（lnL）、制度质量（lnMAK）、对外开放（FDI）和政府干预（GOV）等指标。回归系数 β_2 和 β_3 共同反映"城旅独立"对经济增长的影响状况，而 β_4 用以识别"城旅协同"对经济增长的影响效应，也可理解为新型城镇化对旅游业的经济增长效应的调节强度。在本章中，除比率型变量之外，所有连续数值型变量均进行对数化处理后再进入计量模型，以消除量纲及异方差问题。

式（7 - 1）为静态面板模型，但考虑到宏观变量惯性的影响，经济增长可能存在一定的路径依赖。此外，经济增长会受到社会、政治、文化等多维因素的影响，无法全面列出所有可能的控制变量，但这些遗漏变量也可能与我们所关注的模型核心解释变量之间存在较高相关性，即所谓 $cov(x_i, \varsigma_i \neq 0)$。因此，为在一定程度上减少内生性问题的干扰，即减少遗漏变量所引致的估计偏误问题，在式（7-1）基础上，对经济增长进行滞后一期处理，也可控制模型可能存在的动态效应。动态面板模型如下：

$$\ln PGDP_{it} = \beta_1 + \rho \ln PGDP_{i,t-1} + \beta_2 TR + \beta_3 NURB + \beta_4 TR \times NURB_{it}$$
$$+ \phi X + \eta_i + \nu_t + \varsigma_{it} \qquad (7-2)$$

其中，$\ln PGDP_{i,t-1}$ 表示经济增长一阶滞后项。

二、变量构造

1. 因变量

虽然 GDP 和人均 GDP 都能在一定程度上反映经济增长水平，但 GDP 适宜总量指标，主要反映国家综合经济状况，而人均 GDP 则是将一个国家核算期内（通常是一年）实现的国内生产总值与其常住人口（或户籍人口）相比进行计算得到，剔除了人口规模的影响，可以准确真实地反映经济社会可持续发展的潜力，居民人均收入和生活水平，经常与购买力平价结合，故本章选择人均（常住人口）实际 GDP 衡量经济增长水平。由于《中国统计年鉴》并未直接报告人均 GDP，故本章使用不同省份实际总产出与总人口数的比值测算人均 GDP，其中实际总产出为名义总产出，并以 2004 年为基期对 GDP 平减指数予以平减。

2. 自变量

（1）旅游业发展。既有旅游实证性文献在对旅游经济学问题进行检验时，一般采用两种方式对旅游业发展水平予以度量：一种是收入法，即采用旅游业专业化指标作为代理变量，具体是以旅游总收入占国内生产总值比例进行刻画（Lee and Chang，2008；Adamou and Clerides，2010）；另一种是人次法，即采用旅游总人次与地区总人口数的比值度量旅游业规模（Kim et al.，2006；Sequeira and Nunes，2008）。事实上，尽管既有文献对旅游业发展水平代理变量的选取方式简洁直白，但此种测度方式显然无法整体表征旅游业发展的综合性，而将旅游业发展水平抽象为特定单一指标，不仅会损失对旅游业发展水平测度的内涵信息，更无法客观揭示旅游业发展的经济影响强度，进而会低估旅游业发展的经济意义。鉴于此，本章基于多维内涵视角，具体是分别从旅游业规模、结构和潜力三个一级指标出发尝试构建旅游业发展的综合评价指标体系，为尽可能体现旅游业发展的多重因素驱动，一级指标下共辖 29 个二级指标，进一步再通过改进的熵值法计算旅游业发展的综合指数来度量旅游业发展水平，采用综合法对旅游业发展水平进行测度能够同时兼顾旅游发展的规模与质量，因而在对旅游经济模型进行实证检验时是一种较为客观的可取选择。

（2）新型城镇化建设。《意见》中指出，中国特色新型城镇化道路应坚持以以人为本、四化同步、优化布局、生态文明、文化传承为原则，以人的城镇化为核心，以提高质量为关键。新型城镇化本质上是对传统城镇化的修正、优化，注重以人为本、内涵发展和质量提升，内容涉及经济、人口、社会、环境等诸多方面。因此，评价新型城镇化发展水平属于复杂系统过程，紧靠单一人口城镇化率指标无法对其予以全面衡量。本章参照蓝庆新和陈超凡（2013）、赵永平和徐盈之（2014）和徐秋艳等（2019）的研究，分别从新型城镇化的经济基础、人口发展、空间结构、社会功能、环境质量、城乡统筹、生态集约七个方面构建新型城镇化综合评价指标体系，同样利用改进的熵值法定量测算出新型城镇化建设的综合指数来度量新型城镇化的建设进程。

3. 控制变量

为尽可能减小遗漏变量造成的估计偏误，关于控制变量选取，参考陈淑云等（2017）、赵云鹏等（2018）以及吴雪飞和赵磊（2019）的研究，构建如下控制变量集：（1）物质资本存量。使用永续盘存法计算，基本公式写为：$K_t = I_t P_t + (1 - \delta_t) K_{t-1}$。其中，$K_t$ 表示当期固定资本存量；I_t 表示当期的名义固定资本形成总额；P_t 表示固定资产投资价格指数；δ_t 表示折旧率，取张军等（2004）的 9.6%；K_{t-1} 表示上一期的固定资本存量。（2）人力资本存量。内生经济增长理论认为，人力资本积累是经济增长的主要来源，采用劳动力平均受教育年限度量。（3）制度质量。市场化水平越高，市场中要素、商品价格机制和竞争机制越完善，价格信号对要素、商品的供需关系反应越灵敏，进而有助于充分发挥市场在要素资源配置中的优化作用。本章采用樊纲等（2011）以及王小鲁等（2017）测算的中国分省市场化指数来表征各地区的制度质量。（4）对外开放。外资进入可以通过"企业竞争效应""人力资本流动效应""技术示范效应"对经济增长产生促进作用，本章采用实际利用外商直接投资占 GDP 比重衡量对外开放水平。（5）政府干预。对于转型期的发展中国家，通过特定的制度安排来弥补市场失灵、缺陷，尽管可以实现就业增加和经济增长，但过度的政府干预也会妨碍市场机制的作用发挥，不可避免地会带来效率损失和资源错配问题，本章采用政府财政支出占 GDP 比重度量政府干预经济的程度。

三、数据说明

考虑到数据可得性和统计口径一致性，本章选取中国大陆 2004～2017

年30个省份（西藏除外）平衡面板数据为研究样本。旅游业综合评价系统的指标原始数据分别来源于2005～2018年的《中国旅游年鉴》与《中国旅游统计年鉴（副本）》。新型城镇化综合评价系统指的标原始数据分别来源于2005～2018年的《中国统计年鉴》《中国城市统计年鉴》《中国科技统计年鉴》，以及省级统计年鉴和中国与社会发展统计数据库。其他原始数据也来源于《新中国六十年统计资料汇编》、国研网统计数据库和中经网统计数据库。

四、统计性描述

本章所使用的主要变量及定义和对这些变量的描述性统计如表7－1所示。在样本期内，旅游业综合指数的均值为0.4078，最小值和最大值分别为0.2019和0.7236，说明不同省份旅游业发展水平存在非均衡性。新型城镇化综合指数的均值为0.4721，最小值和最大值分别为0.2441和0.7116，意味着新型城镇化建设水平也具有省际差异性。新型城镇化综合指数的标准差（0.1526）大于旅游业综合指数的标准差（0.1126），反映出由于新型城镇化建设内容的复杂性，其省际差异程度要高于省际旅游业发展差异。同时，通过考察经济增长（lnPGDP）、旅游业（TR）和新型城镇化（NURB）之间的相互关系，可知lnPGDP分别与TR和NURB相关系数为0.2693和0.2992，而TR和NURB之间相关系数为0.1973，并且均在1%置信水平上显著，初步表明旅游业、新型城镇化与经济增长之间存在正相关关系，即旅游业、新型城镇化存在可能促进经济增长的潜在影响，而且旅游业发展与新型城镇化建设之间也存在正相关关系，进而也为"城旅协同"提供了初步统计观察。

表7－1　　　　　　　　　　　　变量描述性统计

变量名称	变量符号	样本数	最小值	最大值	均值	标准差
经济增长	lnPGDP	420	7.8336	10.2080	9.0702	0.4834
旅游业发展	lnTR	420	0.2019	0.7236	0.4078	0.1126
新型城镇化	lnNURB	420	0.2441	0.7116	0.4721	0.1526
物质资本存量	lnK	420	6.3699	12.2157	9.5728	1.3168
人力资本存量	lnL	420	1.6938	2.5397	2.1255	0.1307
制度质量	lnMAK	420	0.5423	2.4604	1.7473	0.3327
对外开放	FDI	420	0.0004	0.1465	0.0260	0.0233
政府支出	GOV	420	0.0548	0.6269	0.1975	0.0930

为了更为直观地识别旅游业、新型城镇化与经济增长之间的关系存在形式，图7-2分别描绘出旅游业、新型城镇化与经济增长之间的散点图。由图7-2可知，旅游业与经济增长之间呈现显著的正向变动关系，这与旅游业导向型经济增长假说一致，而尽管新型城镇化的离散程度高于旅游业，但线性拟合也显示出新型城镇化与经济增长之间存在正向变动关系，因而可初步判断出旅游业发展水平越高，新型城镇化建设越快，经济增长趋势较为明显。上述描述性统计和散点图仅仅是基于数据变化的表面特征给出的初步检验，无法客观揭示旅游业、新型城镇化对经济增长的影响关系，本章在后续研究中还会对核心假设关系进行计量统计检验。

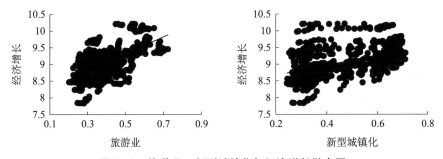

图7-2　旅游业、新型城镇化与经济增长散点图

第四节　实证分析

一、估计策略

本章纳入了其他影响经济增长的经典影响因素，并在模型中加入了因变量的滞后项，以减少遗漏变量所引致的估计偏误。然而，在动态面板数据模型中，由于经济增长的滞后一期项作为解释变量有可能导致动态滞后项与随机误差项相关，而且观测不到的省份个体效应也会与解释变量相关，而且经济增长发达的省份在鼓励旅游业发展和推动新型城镇化建设过程中拥有诸多优越条件、产业基础和要素保障，由此所产生的反向因果关系与遗漏变量问题共同导致模型内生性，进而致使参数估计的非一致性（Green，2002）。

为克服如上问题，阿雷利亚诺和邦德（Arellano and Bond，1991）指出，动态面板数据模型估计方法可以消除模型的内生性偏误，从而得到更加有效的估计结果，建议采用差分广义矩估计法（DIF-GMM）来缓解模型中的内生性扰动，处理策略是先进行一阶差分以消除固定效应影响，然后使用水平值的滞后项作为差分方程的工具变量，然而，这种差分方法不仅导致差分后因变量（$\Delta \ln PGDP_{i,t-1} = \ln PGDP_{i,t-1} - \ln PGDP_{i,t-2}$）与残差的差分（$\Delta \varsigma_{it} = \varsigma_{it} - \varsigma_{i,t-1}$）相关，而且容易受到弱工具变量的影响而产生向下的大的有限样本偏差（Blundell and Bond，1998）。为解决此困扰，阿雷利亚诺和博尔（Arellano and Bover，1995）、布伦德尔和邦德（Blundell and Bond，1998）在此基础上又进一步提出了系统广义矩估计（SYS-GMM）方法，处理方案是在 DIF-GMM 基础上引入水平方程，以差分变量的滞后项作为水平方程的工具变量，故本章采用旅游业、新型城镇化、制度环境、对外开放、政府干预以及因变量的高阶滞后项作为工具变量，使用两步 SYS-GMM 方法进行估计。为避免可能存在的异方差问题，本章所有的回归结果均报告稳健标准误。

二、基准回归

为考察旅游业、新型城镇化对经济增长的影响，同时也为避免多重共线性对计量回归模型的干扰，本章采用逐步纳入变量回归的方式对式（5-1）进行全样本回归，结果列示于表 7-2 中。第（1）列为不包含任何控制变量的普通最小二乘法（OLS）回归，旅游业、新型城镇化的回归系数均在 1% 水平上显著为正，与预期相符，说明旅游业发展和新型城镇化建设在一定程度上有利于促进经济增长。考虑到省份间的差异以及时间趋势的影响，我们从第（2）列开始，依次控制省份和年份固定效应。第（2）是基于省份固定效应模型检验旅游业、新型城镇化对经济增长的影响，第（3）列是在第（2）列的基础上同时加入省份固定效应。结果分别显示，旅游业、新型城镇化的回归结果显著性并未发生改变，旅游业、新型城镇化回归系数分别保持在 5% 和 1% 置信水平上显著，但两变量的回归系数值有所减小，说明忽视省份间差异和时间趋势显然会高估旅游业、新型城镇化对经济增长的影响。Hausman 检验结果表明，使用固定效应估计模型回归策略是可信的，并且所有年度虚拟变量的联合显著性结果也表明，模型设定中包含时间效应是合理的。因此，本章使用双向固定效应模型来估计基准计量方程。我们在双向固定效应模型中依次加入控制变量来继续观察旅游业、新型城镇化的回归系数变化。第（4）列和第（5）列的估计结果显示，尽管旅游业的回归系数显著性有所改变，但两变量的回归系数仍然显著稳健为正，同时系数值进一步减小，由此依然可以有效说明旅游业发展和新型城镇化建设能够显著促进经济增长，进而不仅发现中国存在旅游业导向型经济增长假说，并且假说 2 也得以佐证。一般而言，经济增长水平越高的省份，其旅游业发展和新型城镇化建设的前景更为乐观，由此会产生双向因果关系造成结果偏误。为此，本章进一步对旅游业、新型城镇化进行滞后一期处理，估计结果如第（6）列所示，两个核心解释变量的回归系数依旧在 1% 水平上显著为正，说明控制了经济增长对旅游业、新型城镇化的逆向影响后，回归结果依旧显著，再次验证了 TLG 假说在中国的存在性和假设 2 的正确性。同时，为考察本章所关心的另一核心命题，即新型城镇化是否会调节旅游业的经济增长效应，我们在第（5）列的基础上又纳入旅游业与新型城镇化的交互项（TR × NURB），以刻画"城旅协同"对经济增长的作用方向。第（7）的结果显示，交互项的回归系数在 1% 水平上显著为正，表明"城旅协同"对经济增长具有直接的正向影响作用，即从变量之间的逻辑看，交互项的回归系数为正，意味着新型城镇化建设水平高的省份，越有助于激发旅游业对经济增长的积极影响。考虑到 2014 年国务院出台的《国家新型城镇化规划（2014 ~ 2020 年）（简称规划）》文件可能会影响第（7）列的回归结果，本章引入虚拟变量 year14，即其在 2014 年之前取值为 0，2014 年及以后取值为 1，同时引入虚拟变量与"城旅协同"变量的交互项（TR × NURB × year14），以考察政策文件出台是否影响了"城旅协同"的经济增长效应，回归结果如第（8）列所示，交互项的回归系数显著为正，表明随着《规划》出台，中国未来新型城镇化的发展路径、主要目标和战略任务得以明确，相应刻画出旅游业影响经济增长的差异性，即新型城镇化政策实施有效强化了"城旅协同"的经济增长效应。

　　通常而言，非观测的个体固定效应会使因变量的滞后项系数 ρ 存在向上偏误，而固定效应估计则会使 ρ 产生向下偏误（Bond，2002），而良好的 ρ 一致估计量应该处于混合估计与固定效应估计区间。表 7 - 3 第（1）列和第（2）列依次报告了方程（7 - 2）的混合回归与固定效应回归结果，第（3）列和第（4）列则分别报告出方程（7 - 2）的差分广义矩估计（DIF-GMM）和系统广义矩估计（SYS-GMM）结果。与我们所预期的相似，因变量的 DIF-GMM 和 SYS-GMM 的 ρ 估计量（0.9285 和 0.9427）正好介于混合估计滞后项的估计量（0.9645）和固定效应估计滞后项的估计量（0.8930）区间，进而说明我们对方程（7 - 2）的动态面板数据模型

表 7 - 2　　　　全样本的固定效应模型回归结果

变量	(1)	(2)	(3)	(4)	(5)	(6)	(7)	(8)
TR	2.2628 *** (0.128)	0.4885 ** (0.205)	0.4236 ** (0.209)	0.2638 * (0.198)	0.2422 *** (0.173)		0.1556 *** (0.178)	0.2419 *** (0.194)
NURB	1.1569 *** (0.095)	1.3282 *** (0.040)	1.7287 *** (0.232)	1.2774 *** (0.223)	1.2256 *** (0.197)		1.1257 *** (0.209)	1.1324 *** (0.191)
L. TR						0.5729 *** (0.175)		
L. NURB						1.3638 *** (0.203)		
TR × NURB							1.2806 *** (0.212)	
TR × NURB × year14								0.3298 *** (0.043)
lnK				0.0957 *** (0.015)	0.0872 *** (0.014)	0.1163 *** (0.017)	0.418 *** (0.013)	0.0662 *** (0.013)
lnL				0.9243 *** (0.160)	0.7844 *** (0.142)	0.8166 *** (0.143)	0.6719 *** (0.129)	0.7662 *** (0.137)
lnMAK					0.1068 * (0.061)	0.1826 *** (0.069)	0.1308 *** (0.055)	0.0946 *** (0.059)

续表

变量	(1)	(2)	(3)	(4)	(5)	(6)	(7)	(8)
FDI					2.2778 *** (0.248)	2.1459 *** (0.256)	1.6363 *** (0.233)	2.1014 *** (0.241)
GOV					1.1264 *** (0.129)	1.1502 *** (0.134)	0.6250 *** (0.1261)	0.8993 *** (0.129)
常数项	7.6012 *** (0.063)	8.2439 *** (0.072)	8.2190 *** (0.088)	5.7619 *** (0.3376)	5.5768 *** (0.303)	5.1809 *** (0.312)	5.8020 *** (0.276)	5.8301 *** (0.2958)
省份固定效应	否	是	是	是	是	是	是	是
年份固定效应	否	否	是	是	是	是	是	是
观测值	420	420	420	420	420	390	420	420
R²	0.4855	0.4866	0.5263	0.6680	0.8134	0.7840	0.8555	0.8390

注：＊、＊＊和＊＊＊分别表示10%、5%和1%的显著性水平；括号内为稳健标准误。

估计结果具备一定的稳定性。另外，在对方程（7－2）进行广义矩估计时，对选择 DIF-GMM 抑或 SYS-GMM，存在三点判别要点：其一，SYS-GMM 除了可以解决 DIF-GMM 存在的弱工具变量问题，并且 SYS-GMM 适用于截面单元多而时间跨度短的面板数据结构。其二，布伦德尔和邦德（1998）研究发现，如果因变量的滞后项系数比较大，比如接近 1，应该考虑 SYS-GMM；如果该系数较小，则选择 DIF-GMM 较好。其三，两步广义矩估计的标准协方差矩阵相比一步广义矩估计较为稳健。第（3）列和第（4）列的回归结果显示，因变量的滞后项系数分别为 0.9285 和 0.9427，相对较大，故本章选择 SYS-GMM 进行模型估计。作为一致性估计，GMM 估计成立的前提条件是差分方程中残差序列不存在二阶和更高阶的自相关，并且工具变量具有严格的外生性，因而需要对估计结果进行 Arellano-Bond 序列相关检验和 Hansen 检验（白俊红、刘宇英，2018）。模型适用性检验的统计量显示：AR（2）检验无法拒绝差分方程的残差序列不存在二阶序列相关原假设，即差分方程的残差序列不存在二阶序列相关；Hansen 检验无法拒绝工具变量过度识别的原假设，即工具变量联合有效；检验 GMM 类和Ⅳ类的工具变量子集有效性的 Hansen 差分统计量（Difference-in-Hansen）表明 SYS-GMM 新增工具变量有效。以上检验表明，SYS-GMM 估计结果一致且可靠。

表 7－3　　　　　　　　全样本的广义矩估计回归结果

变量	(1) POLS	(2) FE	(3) DIF-GMM	(4) SYS-GMM
L. lnPGDP	0.9465 *** (0.009)	0.8930 *** (0.021)	0.9285 *** (0.046)	0.9427 *** (0.016)
TR	0.1542 *** (0.059)	0.2316 ** (0.107)	0.2439 ** (0.167)	0.1679 ** (0.036)
NURB	0.1886 *** (0.056)	0.1959 ** (0.091)	0.2695 *** (0.175)	0.1938 *** (0.035)
TR × NURB	0.2758 ** (0.112)	0.28959 ** (0.135)	0.2892 * (0.005)	0.2156 ** (0.002)
lnK	0.0124 *** (0.003)	0.0165 * (0.009)	0.0278 ** (0.019)	0.0152 ** (0.006)

续表

变量	(1) POLS	(2) FE	(3) DIF-GMM	(4) SYS-GMM
lnL	0.0715 ** (0.028)	0.1304 ** (0.056)	0.0371 * (0.137)	0.0646 ** (0.082)
lnMAK	0.0013 (0.002)	0.0069 (0.005)	0.0155 *** (0.059)	0.0168 *** (0.026)
FDI	0.0587 (0.107)	0.1818 (0.141)	0.0921 * (0.068)	0.0649 ** (0.045)
GOV	0.0527 (0.035)	0.0861 * (0.041)	0.0239 (0.072)	0.0645 (0.046)
常数项	0.2229 *** (0.050)	0.0922 *** (0.123)		0.2516 *** (0.213)
省份固定效应	是	是	是	是
年份固定效应	是	是	是	是
AR (2)			0.266	0.242
Hansen 检验			1.000	1.000
Difference-in-Hansen 检验			0.430	0.950
观测值	390	390	360	390

注：*、**和***分别表示10%、5%和1%的显著性水平；括号内为稳健标准误。

观察混合估计结果，在控制变量中，除物质资本、人力资本之外，其他变量的显著性水平都较差，显然这与混合估计受到模型内生性困扰有关。因此，使用GMM是一个较为理想的估计方法。由表7－3第（4）列可知，在SYS-GMM估计中，大部分变量回归结果的符号方向与静态面板固定效应模型的估计结果以及理论预期基本保持一致。尽管与表7－2第（7）列相比，表7－3第（4）列中旅游业回归系数的显著性略有降低，但却再次核实了"城旅独立"对经济增长的显著影响，进而为验证来自"产、城"维度的经济增长贡献来源提供了实证依据。与此同时，根据SYS-GMM估计出的因变量滞后项系数和核心解释变量回归系数，可以相应计算出核心解释变量对经济增长的累积效应，即旅游业、新型城镇化及其交互项对经济增长的循环累积效应分别为2.9302、3.3822和3.7627，由此说明，当捕捉到动态效应后，"城旅协同"的直接经济增长效应仍要强于"城旅独立"的经济增长效应，其中，新型城镇化的经济增长效应也强于旅游业的经济增长效应，这一基准研究结论与固定效应模型估计结论保持一致。通过以上实证结果，我们可以暂时得出三点有价值的研究结论：其一，TLG 假说在中国情景中确实存在，这一点无论是单独对 TLG 假说框架进行实证检验，抑或是将其置于新型城镇化变量的调节约束机制下，这一研究结论都具备相当的稳健性；其二，新型城镇化作为实现我国现代化目标和推进经济可持续发展的关键战略，其对经济增长的驱动作用相对强劲；其三，旅游业、新型城镇化对经济增长的促进作用在一定程度上存在互补关系，新型城镇化建设有助于强化旅游业的经济增长效应，"城旅协同"能够创造、激发以及释放更深层次的经济增长效应。对于我们所关注的"城旅协同"的经济增长效应发生机制问题，概括性的理论解释在于，新型城镇化作为一项涵盖经济建设、社会建设、文化建设、政治建设和生态文明建设的综合性系统工程，通过强调人口城镇化的高度化、经济城镇化的集约化、空间城镇化的最优化、社会发展的包容性、环境治理的生态性和城乡统筹的和谐性，为旅游业发展塑造了全新的产业发展空间和有效的产品市场需求，从而深入挖掘了旅游业潜在的经济增长效应。

控制变量的检验结果基本符合预期。如表 7－3 第（4）列所示，物质资本、人力资本的回归系数均至少通过了 5% 水平的显著性检验，且变量符号也均与理论预期一致，由此可见，固定资产投资仍是现阶段驱动中国经济增长的重要因素，然而，人力资本产出弹性相对升高也说明，人力资本作为知识创新的基本载体，未来将是促进中国经济可持续增长的主要来源。制度环境回归系数在 1% 水平上显著为正，说明近年来中国所实施的深层次的市场化改革，通过充分发挥市场价格机制的引导作用，优化了资源要素配置，释放出了结构性改革红利。对外开放对经济增长的影响显著为正，说明外资进入不仅充裕资本积累，尤其通过引发技术外溢、知识扩散和市场竞争促进经济增长。政府干预回归系数并不显著，原因在于政府干预对经济增长的影响存在不确定性，尽管政府干预是应对市场失灵，促进产业转型升级的重要力量，然而，政府过度干预同时也会导致资源配置扭曲与效率损失。

三、异质性分析

前面利用全样本考察了"城旅独立"和"城旅协同"对经济增长的平均影响效应，接下来本章将从地区、时间、旅游业发展水平以及新型城镇化进程四个角度深入考察"城旅独立"和"城旅协同"对经济增长的异质性影响。

1. 基于地区的异质性分析

由于我国地区间省份在资源禀赋、产业基础、文化环境和政府政策等方面存在较大差异，本章继续考察"城旅独立"和"城旅协同"对经济增长的影响是否因区位不同而存在差异。按照样本省份所处区域不同将样本分为东部地区省份和中西部地区省份，通过设定地区虚拟变量（east，东部地区省份取值为 1，中西部地区省份取值为 0），将其分别与旅游业、新型城镇化及其乘积项的交互项纳入模型中以观察交互项的符号和显著性，结果见表 7 - 4 第（1）列。从核心解释变量与地区虚拟变量的交互项系数看，旅游业、新型城镇化与地区虚拟变量的交互项系数（TR×east 和 NURB×east）显著为正，表明东部地区省份"城旅独立"对经济增长的影响显著强于中西部地区省份，同时也相应报告出旅游业与新型城镇化乘积项与地区虚拟变量的交互项系数（TR_ NURB×east）在 5% 水平上显著为正，说明东部地区省份"城旅协同"的经济增长效应更为显著。可能的原因在于，我国大部分 A 级旅游景区位于黑河—腾冲一线以东区域，尤其是高品质的旅游景区基本位于东部地区省份，而且考虑到东部地区省份拥有相对较高的人均可支配收入和较为完善的空间交通网络，因而东部地区省份旅游业的发展能级要优于中西部地区省份，而且自 2015 年始，国家发改委所公布的国家新型城镇化综合试点地区大部分位于东部地区，即东部地区省份的新型城镇化建设进程要领先于中西部地区省份，在探索产城融合机制方面优势明显，特别是旅游业与新型城镇化的互动效应表现更为强烈，新型城镇化对旅游业影响经济增长的调节机制更为高效，由此决定了新型城镇化对东部、中西部地区省份旅游业促进经济增长的异质性影响。

2. 基于时间的异质性分析

2014 年《规划》出台后，从中央到地方相继制定了实质推进新型城镇化进程的土地、财政、投融资等配套政策，目的在于充分释放新型城镇化蕴藏的巨大内需潜力，为经济持续健康发展提供持久强劲动力。随着新型城镇化建设愈渐深入，其所释放出的"改革红利"不仅为产业发展提供了升级、迭代牵引力，而且也为经济高质量发展注入了强心剂。为此，本章以 2014 年为界将样本划分为 2004～2013 年和 2014～2017 年两个子样本，并分别予以检验。然后，设定时间虚拟变量 yeardum（2004～2013 年时间段取值为1，否则取值为0），将时间段虚拟变量与本章兴趣变量的交互项纳入模型，所得结果见表6－4第（2）列。其中，旅游业、新型城镇化与时间虚拟变量的交互项系数（TR×yeardum和NURB×yeardum）显著为正，说明2014年之后，"城旅独立"对经济增长的影响更强烈，究其因，一方面，旅游业规模的持续扩大，使得其对国民经济体系运行的重要性不断加强，旅游业因此对经济增长的综合贡献率得以攀升；另一方面，《规划》出台后，新型城镇化跃升为国家宏观战略，并成为适应"新常态"、应对经济增速结构性下滑、提升居民生活幸福感的关键抓手，本章的实证结论也验证出新型城镇化所内蕴的巨大经济促增潜力。另外，旅游业与新型城镇化乘积项与地区虚拟变量的交互项系数（TR×NURB×year-dum）也在1%水平上高度显著，说明随着2014年新型城镇化政策性文件出台后，新型城镇化建设对旅游业影响经济增长的调节效应得以强化。

3. 基于旅游业发展的异质性分析

随着旅游业的产业波及效应和融合能力提升，再加之旅游消费需求的渗透、传导和引领，旅游业发展对地区整体产业经济体系的结构配置施加影响，进而也对目的地的新型城镇化建设产生来自涉旅部门的综合性产业支撑作用。因此，本章将旅游业综合指数高于样本均值的省份划分为旅游业依赖型省份，其余为非旅游业依赖型省份，并设定旅游业依赖型省份虚拟变量（TRD，旅游业依赖型省份取值为1，否则取值为0），并将本章兴趣变量与旅游业依赖型省份虚拟变量的交互项纳入模型进行回归，表7－4第（3）列的估计结果表明，新型城镇化对旅游业依赖型省份经济增长的促进作用并无显著差异，同时在旅游业依赖型省份，我们也并未发现"城旅协同"对经济增长的促进作用存在差异性的经验证据。原因在于，中国旅游业发展当前仍处于由资源依托型模式到休闲度假型模式转变阶段，旅游业依赖性省份的经济发展大多相对欠发达，但却具备推进新型城镇化建设的后发优势，通过借鉴其他发达省份新型城镇化的建设理念，可以切实弥补城镇功能的薄弱短板，并为现代产业孕育良好的成长要素，进而不仅为旅游业发展创造适宜的产业发展环境，而且也拓宽了旅游业对经济增长的溢出渠道。与之相对，非旅游业依赖型省份的产业经济结构体系相对均衡，旅游业对新型城镇化建设过程中所创造的先进知识、管理理念、创新模式、制度安排等发展要素的吸收能力更强，旅游业易于获得实现产业集聚、转型升级、提质增效的内生动力，新型城镇化在上述过程中发挥了增强旅游业影响经济增长的"润滑剂"作用。

4. 基于新型城镇化进程的异质性分析

新型城镇化既能推动产业结构升级，也可优化城镇空间结构，并能创造有效产业需求，进而对社会生产、生活均会产生复杂而深远的影响。为探究不同进程的新型城镇化对旅游业的经济增长效应的差异化影响，本章首先设置新型城镇化进程虚拟变量（NURBD），并将新型城镇化综合指数高于样本均值的省份划分为高新型城镇化省份，相应虚拟变量赋值为 1，其余赋值为 0，将该虚拟变量与本章所关心的核心解释变量的交互项加入回归中，进而比较研究不同阶段的新型城镇化是否会对旅游业的经济增长产生调节作用，具体的估计结果见表 7 - 4 第（4）列。交互项回归结果显示，旅游业与新型城镇化进程虚拟变量的交互项系数（TR × NURBD）显著为正，并在 1% 的统计性水平上显著，表明旅游业的经济增长效应在新型城镇化建设水平比较高的省份更为明显。同时，"城旅协同"与新型城镇化进程虚拟变量的交互项系数（TR × NURB × NURBD）通过了 5% 显著性检验，表明"城旅协同"对高新型城镇化省份经济增长的影响更大。这是由于当新型城镇化建设水平比较高时，其可从供求两端对旅游业产生双向积极影响，不仅抬升了竞争性旅游市场均衡价格，而且也极大地改进了旅游业运行效率，进而也强势刺激了旅游业的经济增长效应。

表 7 - 4　　　　　　　　　　　　异质性分析

变量	（1）地区	（2）时间	（3）旅游业发展	（4）新型城镇化进程
L. lnPGDP	0.9238 *** （0.019）	0.9370 *** （0.016）	0.9305 *** （0.019）	0.9063 *** （0.018）
TR × east	0.2567 ** （0.128）			
NURB × east	0.1662 *** （0.019）			
TR × NURB × east	0.4963 ** （0.045）			
TR × yeardum		0.2747 *** （0.036）		
NURB × yeardum		0.1738 ** （0.167）		

变量	(1) 地区	(2) 时间	(3) 旅游业发展	(4) 新型城镇化进程
TR × NURB × yeardum		0.9308 *** (0.083)		
TR × TRD			0.2731 ** (0.012)	
NURB × TRD			0.4175 (0.478)	
TR × NURB × TRD			0.1831 (0.017)	
TR × NURBD				0.2656 *** (0.095)
NURB × NURBD				0.3686 *** (0.051)
TR × NURB × NURBD				0.1588 ** (0.134)
控制变量	控制	控制	控制	控制
AR (2)	0.213	0.247	0.321	0.239
Hansen 检验	1.000	1.000	1.000	1.000
Difference-in-Hansen 检验	0.947	0.997	0.948	0.998
观测值	390	390	390	390

注：*、**和***分别表示10%、5%和1%的显著性水平；括号内为稳健标准误。

四、内生性处理

尽管本章为缓解遗漏变量带来的估计偏误，加入了一系列控制变量，并且控制了省份效应与年份效应，但固定效应模型估计的一致性要求解释变量与随机扰动项无关，即解释变量外生性假定。另外，既有关于旅游业与经济增长关系的研究文献存在两种典型结论：一是支持 TLG 假说；二是发现经济驱动型旅游业（economic-driven tourism，EDT）发展模式（Lean et al.，2014）。由此说明旅游业与经济增长之间存在双向因果关系，即旅游业会促进经济增长，但经济增长发达地区也拥有相对优越的旅游业发展所需的供需条件和保障体系，所以内生性问题无法排除，从而造成模型联立性偏误（赵磊，2015）。

鉴于选择历史数据构造工具变量是一种较为常见的方法，根据纳恩和钱（Nunn and Qian，2014）、余泳泽等（2020）和纪祥裕（2020）的设置思路，本章采用1978年各省份旅游业专业化水平和上一年各省份入境旅游人次比（入境旅游人次占省内总人口数比重）的交互项，作为内生变量旅游业的工具变量。原因有三：其一，改革开放之前，我国旅游业的主要功能以外交接待事业为主，并不具备产业经济性质，直到改革开放以后，入境旅游开展开始以赚取外汇为目的，由于国内人均可支配收入提高，此时国内旅游活动也开始逐渐活跃，所以改革开放初期各省份旅游业专业化水平与当前的旅游业专业化水平具备高度相关性，可以很大程度地反映各省份的旅游业发展状况，故而采用1978年各省份旅游业专业化指标，可以有效避免因变量与自变量的逆向因果关系而导致的内生性。其二，本章样本期为2004～2017年，相对于1978年已滞后长达20年以上，较长时间段的滞后性也基本保障了1978年的旅游业专业化水平不会与模型残差项相关。其三，我国旅游业发展初期，主要以旅游资源的初级开发驱动为主，而旅游资源依托型产品具备不可转移性的特点，所以1978年的旅游业专业化水平也与个体变化有关，而只采用这一指标作为工具变量会因为固定效应而无法估计，为此，我们同时还引入上一年的入境旅游人次比（与时间有关），并构造两者的交互项，以满足工具变量回归的基本要求，之所以选择入境旅游人次比作为构造工具变量的指标，是因为国内旅游目的地对境外旅游市场的吸引力主要体现在地理景观、文化差异两个基本方面，同时又考虑到其中会涉及部分与商务会奖、购物娱乐等相关的出游需求，对该指标做之后一起处理，也可以强化其外生性特征。除此之外，为避免新型城镇化也可能存在潜在的内生性问题，我们进一步构造以上旅游业的工具变量与滞后一期的新型城镇化交互项作为旅游业与新型城镇化交互项的工具变量。

基于以上分析，我们采用1978年各省份旅游业专业化水平和上一年各省份入境旅游人次比的交互项作为旅游业的工具变量，对模型进行二阶段最小二乘法（2SLS）。表7-5第（1）列和第（2）列分别报告出"城旅独立"条件下工具变量固定效应两阶段最小二乘（IV-FE-2SLS）及其异方差稳健估计结果。首先，关于内生变量的外生性检验，Davidson-MacKinnon检验统计量为58.8078，且在1%水平上拒绝了内生变量外生性的原假设，说明固定效应模型存在内生性问题，同时 Durbin-Hausman-Wu 检验也在1%水平上显著拒绝固定效应模型与 IV-FE-2SLS 的回归系数无差异的原假设，即认为 IV-FE-2SLS 回归结果是稳健的，并且优于固定效应模型回归。其次，Kleibergen-Paap rk LM 统计量和 Anderson-Rubin Wald F 统计量均在1%水平上显著拒绝"工具变量识别不足"的原假设。最后，Kleibergen-Paap rk Wald F 统计量和 Cragg-Donald wald F 统计量明显大于斯托克和优格（Stock and Yogo，2002）审定的 F 值在10%偏误水平下的 16.38 的临界值，进而显著拒绝"工具变量弱识别"的原假设。以上各统计量检验结果表明工具变量合理有效。当我们纳入旅游业与新型城镇化交互项后，表7-5第（3）列和第（4）列所报告出的 IV-FE-2SLS 估计结果与异方差稳健估计结果也证实了本章工具变量构造的恰当性。

我们以表7-5第（2）列中考虑到稳健标准误的回归结果为分析重点，结果显示，旅游业及其与新城镇化交互项的回归系数分别为 0.3520 和 2.0696，并且在1%水平上显著，说明在控制内生性后，TLG 假说仍然真实有效，而且"城旅协同"对经济增长的促进作用仍然显著。与表7-2第（7）列相比，如上第二阶段的回归结果也显示，加入控制变量后，内生变量系数的符号并未发生明显变化，从而也间接说明排他性约束满足（Burchardi and Hassan，2013）。在表7第（2）列的回归结果中，旅游业的回归系数为 0.6459，为表7-2第（7）列中回归系数的 4.151 倍，表明虽然 IV-FE-2SLS 的估计结果增大，但系数估计精确度有所下降，而在表7-5第（4）列中，旅游业的回归系数为 0.3520，该系数估计值相比未纳入"城旅协同"作用时相对更加精确，但以上估计结果共同反映出内生性问题会使固定效应模型估计结果产生向下偏倚。

表7-5　　　　　　　　　　工具变量回归结果

变量	(1) IV-FE-2SLS	(2) IV-FE-2SLS	(3) IV-FE-2SLS	(4) IV-FE-2SLS
TR	0.6459 *** (0.069)	0.6459 *** (0.091)	0.3520 *** (0.304)	0.3520 *** (0.305)
NURB	1.5973 *** (0.139)	1.5973 *** (0.159)	0.7701 *** (0.328)	0.7701 *** (0.351)
TR × NURB			2.0696 *** (0.127)	2.0696 *** (0.158)

续表

变量	(1) IV-FE-2SLS	(2) IV-FE-2SLS	(3) IV-FE-2SLS	(4) IV-FE-2SLS
控制变量	控制	控制	控制	控制
省份效应	是	是	是	是
年份效应	是	是	是	是
Davidson-MacKinnon 统计量	58.8078***		23.8729***	
Durbin – Wu – Hausman 统计量	36.3973***		29.3368***	
Anderson – Rubin 统计量	44.187***		58.135***	
Cragg – Donald wald F 统计量		47.312***		220.307***
Kleibergen – Paap rk LM 统计量		22.828***		134.152***
Kleibergen – Paap rk Wald F 统计量		81.679***		271.969***
观测值	420	420	390	390
R^2	0.6713	0.6713	0.8495	0.8495

注：*、**和***分别表示10%、5%和1%的显著性水平；括号内为稳健标准误。

五、稳健性检验

研究发现，不仅旅游业、新型城镇化对经济增长具有正向积极意义，而且旅游业与新型城镇化的联合协同作用也会显著促进经济增长，为进一步保证"城旅独立"和"城旅协同"的经济增长效应检验结果的可靠性，本章继续从多维度进行敏感性分析。

1. 指标选择问题

本章从两个方面拟对指标选择进行稳健性检验：一是替换核心解释变量的度量，沿用既有文献对旅游业发展度量的传统做法，即采用旅游业专业化水平（TP）作为测度旅游业发展水平的代理指标，回归结果见表7－6第（1）列，旅游业专业化水平及其与新型城镇化交互项的回归系数符号及显著性均未发生实质性变化，说明"城旅独立""城旅协同"能够显著促进经济增长，与前面结论相符。二是改变被解释变量的度量，选取经济增长速度作为经济增长的替代指标，表7－6第（2）列汇报的结果显示，旅游业专业化水平及其与新型城镇化交互项的回归系数分别在10%和5%的置信水平上显著为正，并且系数估计值有所下降，但也再次说明"城旅独立"对经济增长具有积极意义，而且旅游业与新型城镇化也能够形成有效的协同效应，从而发挥促进经济增长的联合作用，这与基准结果保持了良好的逻辑一致性。

2. 样本选择问题

首先，2014 年《规划》的公布可能对计量结果产生影响，本章剔除 2014 年数据重新估计基准模型，结果见表 7-6 第（3）列，核心解释变量的回归系数仍显著为正，不仅说明旅游业扩张和城镇化质量提升能够驱动经济增长，而且"城旅协同"对促进经济增长也具有重要贡献，"城旅协同"所释放的经济增长效应符合产城融合发展的一般规律，从而得出回归结果并未因政策刺激而发生较大变化，总体上较为稳健。其次，自 2014 年开始，国家陆续出台了系列鼓励旅游业发展和新型城镇化建设的政策性文件，因而我们在研究时预期 2014 年之后我国旅游业发展和新型城镇化建设会进入一个新的发展阶段或历史时期，所以本章进一步对 2014 年之后样本进行回归，本章所关切的核心解释变量的系数仍然高度显著为正。最后，为防止特殊样本或极端值对模型估计结果的干扰，我们对各变量按照上下 1% 进行 Winsorize 缩尾处理，然后再对基准模型进行回归，结果见表 7-6 第（4）列。结果显示，核心解释变量的回归系数符号和显著性与前面回归结果相似，但估计值普遍略有下降，其他控制变量的回归系数值及符号也均未发生明显变动，说明异常样本点并未对基准回归结果造成实质性影响。

表 7-6　　　　　　　　　　　稳健性检验

变量	(1) 旅游业专业化	(2) 经济增长速度	(3) 剔除 2014 年	(4) 2014～2017 年	(5) 缩尾样本
L. lnPGDP	0.9326 *** (0.022)	0.9128 *** (0.053)	0.9451 *** (0.031)	0.9356 *** (0.052)	0.9432 *** (0.004)
TR	0.0538 ** (0.103)	0.0316 * (0.218)	0.1342 *** (0.027)	0.1721 *** (0.104)	0.1325 ** (0.117)
NURB	0.2125 *** (0.035)	0.1195 *** (0.105)	0.1737 *** (0.143)	0.2568 ** (0.206)	0.1563 ** (0.325)
TR × NURB	0.0725 ** (0.008)	0.1327 ** (0.201)	0.1851 ** (0.115)	0.2010 *** (0.242)	0.1621 ** (0.028)
控制变量	控制	控制	控制	控制	控制
省份效应	是	是	是	是	是
年份效应	是	是	是	是	是
AR (2)	0.417	0.145	0.328	0.497	0.421
Hansen 检验	1.000	0.892	1.000	1.000	1.000
观测值	390	390	390	390	390

注：* 、** 和 *** 分别表示 10% 、5% 和 1% 的显著性水平；括号内为稳健标准误。

第五节　机制检验

前面的理论假说表明，我们所关心的"城旅协同"可能通过产业结构升级机制影响经济增长，为考察上述传导渠道的作用，并检验假设 3，本章借助巴隆和肯尼（Baron and Kenny，1984）和温忠麟等（2012）开发的中介效应模型，通过选取产业结构合理化（TL_{it}）、产业结构高级化（TS_{it}）和产业结构生态化（TE_{it}）三个中介变量对"城旅协同"对经济增长的中间作用机制进行检验，递归方程构建如下：

$$TL_{it} = \kappa_1 + \rho_1 TL_{i,t-1} + \kappa_2 TR + \kappa_3 NURB + \kappa_4 TR \times NURB_{it} + \overline{\omega}X + \zeta_{it}$$
$$(7-3)$$

$$TS_{it} = \psi_1 + \rho_2 TS_{i,t-1} + \psi_2 TR + \psi_3 NURB + \psi_4 TR \times NURB_{it} + \delta X + \zeta_{it}$$
$$(7-4)$$

$$TE_{it} = \vartheta_1 + \rho_3 TS_{i,t-1} + \vartheta_2 TR + \vartheta_3 NURB + \vartheta_4 TR \times NURB_{it} + \omega X + \zeta_{it}$$
$$(7-5)$$

$$lnPGDP_{it} = \lambda_1 + \rho_4 lnPGDP_{i,t-1} + \lambda_2 TR + \lambda_3 NURB$$
$$+ \lambda_4 TR \times NURB_{it} + \lambda_5 TL_{it} + \tau X + \zeta_{it} \quad (7-6)$$

$$lnPGDP_{it} = \gamma_1 + \rho_5 lnPGDP_{i,t-1} + \gamma_2 TR + \gamma_3 NURB$$
$$+ \gamma_4 TR \times NURB_{it} + \gamma_5 TS_{it} + \delta X + \zeta_{it} \quad (7-7)$$

$$lnPGDP_{it} = \sigma_1 + \rho_6 lnPGDP_{i,t-1} + \sigma_2 TR + \sigma_3 NURB$$
$$+ \sigma_4 TR \times NURB_{it} + \sigma_5 TE_{it} + \pi X + \zeta_{it} \quad (7-8)$$

其中，式（7-3）、式（7-4）和式（7-5）分别表示核心解释变量对产业结构合理化、高级化和生态化的影响，$\kappa_2 \sim \kappa_4$、$\psi_2 \sim \psi_4$ 和 $\vartheta_2 \sim \vartheta_4$ 分别表示旅游业、新型城镇化及其交互项对三个中介变量的影响程度。式（7-6）中，$\lambda_2 \sim \lambda_4$、$\gamma_2 \sim \gamma_4$ 和 $\sigma_2 \sim \sigma_4$ 依次反映的是，在控制产业结构升级效应后，"城旅独立"和"城旅协同"影响经济增长的直接效应。此外，以上公式均控制省份和年份固定效应。$\kappa_2\lambda_5 \sim \kappa_4\lambda_5$、$\psi_2\gamma_5 \sim \psi_4\gamma_5$ 和 $\vartheta_2\sigma_5 \sim \vartheta_4\sigma_5$ 分别衡量核心解释变量通过推动产业结构合理化、高级化和生态化促进经济增长的中介效应。

需要指出的是，对于中介效应模型检验，第一步对核心解释变量影响因变量总效应的检验结果已汇报在表 7-3 第（4）列中。第二步是对式（7-3）、式（7-4）和式（7-5）进行回归，以检验核心解释变量是否会对三个中介变量产生显著影响，如果 $\kappa_2 \sim \kappa_4$、$\psi_2 \sim \psi_4$ 和 $\vartheta_2 \sim \vartheta_4$、$\lambda_2 \sim \lambda_4$、$\gamma_2 \sim \gamma_4$ 和 $\sigma_2 \sim \sigma_4$ 显著，则相应解释变量中介效应检验进入下一步。第三步是分别将核心解释变量与三类中介变量同时纳入式（7－6）、式（7－7）和式（7－8）中。在显著的情况下，与表7－3第（4）列中核心解释变量的回归系数值相比，如果以上系数值有所减小，表明存在部分中介效应，如果以上回归系数不显著，则说明相应解释变量对因变量存在完全性质的中介效应。

根据杨丽君和邵军（2018）的估算方法，我们分别从产业结构的合理化、高级化和生态化三个核心维度对产业结构升级进行测度。

首先，按照唐晓华和刘相锋（2016）的做法，采用重新定义泰尔指数来度量产业结构合理化，可表示为：

$$TL' = \sum_{i=1}^{n} (Y_i/Y)\ln[(Y_i/L_i)/(Y/L)] \qquad (7-9)$$

其中，i 为三次产业；Y 为产值；L 为劳动力人数。该指标采用地区三次产业之间的聚合质量度量产业结构合理化水平，目标是实现要素资源在产业间优化配置，以使产业间协调发展，反映了要素投入和产出结构之间进行耦合的质量情况。由于 TL′ 是一个反向指标，所以按照叶宗裕（2003）的处理方法，将其正向化：

$$TL = \max\{TL'\} - TL' \qquad (7-10)$$

其次，遵循干春晖等（2011）的思路，为考虑第三产业在区域经济结构中的重要贡献，采用第三产业增加值与第二产业增加值的比值衡量，该指标直观地刻画出经济结构的服务化倾向。

最后，贺丹和田立新（2015）提出，产业结构的升级变迁除可表征为产业结构的合理化、高级化过程以外，还应突出产业结构优化内涵中所蕴含的生态环保属性，这是由"加快生态文明体制改革"的发展目标所决定的，因而具有强烈的理论参考价值与时代紧迫性。由于降低能耗是产业结构生态化的核心问题，参考杨丽君和邵军（2018）的开发思路，本章以整个国民经济能源消耗总量与 GDP 之比衡量生态环境状况，其为反向指标，同样根据叶宗裕（2003）的方法对其正向化处理，进而得出产业结构生态化指标，以反映低污染或低能耗产业对国民经济的贡献程度。

表7－7第（1）～（6）报告出对式（7－3）～式（7－8）的中介效应检验结果。其中，第（1）和第（3）列分别汇报了以产业结构合理化、高级化和生态化为因变量的估计结果，旅游业回归系数在第（1）和第（2）列的回归结果中显著为正，而在第（3）列中未通过显著性检验，说

明旅游业发展促进了产业结构合理化、高级化过程，但其对产业结构生态化的影响甚微。可能的原因在于：首先，现代旅游业作为新兴服务业部门，较高的边际生产率、较强的生态集约性和较大的产业关联与波及效应，吸引原本依附于传统农业、工业部门的生产要素开始向与现代旅游业相关的优势或高端服务业部门流动，从而使得产业间、跨部门的资源要素趋于均衡协调、优化配置，从而有助于实现要素投入结构和产出结构的耦合性；其次，随着旅游消费主体对旅游产品的体验品质诉求愈益提升，为了确保实现旅游市场供求的动态均衡变化，旅游消费需求的持续升级势必会倒逼旅游关联企业不断变革内部组织方式、探索新型经营模式、创新多种业态培育、改善服务体验场景等，而旅游业由此可能引发的广义资本深化和技术研发热潮，对完善现代服务业创新体系、刺激产业结构向高层次新兴产业转化具有积极作用（吴雪飞和赵磊，2019）。另外，尽管旅游业对产业结构合理化、高级化的正向影响显著，但考虑到我国目前处于工业化关键转型期，传统工业粗放型发展模式的路径惯性短期内仍难以打破，进而导致旅游业可能会对产业结构生态化具有潜在的积极意义，但作用效应并未显现。新型城镇化及其与旅游业的交互项系数在第（1）~第（3）列中均在不同显著性水平上通过了统计检验，表明新型城镇化能切实促进经济结构转型和可持续发展，并在此过程中有助于推动生产性服务业、高新技术产业、绿色产业成长，进而为产业结构升级奠定了坚实基础，这与既有文献的研究结论一致（蓝庆新和陈超凡，2013；胡元瑞等，2020；周敏等，2020）。此外，新型城镇化对增强旅游业的产业结构升级效应也发挥了重要的正向调节作用，新型城镇化所释放出的强大市场需求潜力和新兴产业共享知识为增强旅游业对产业结构转型、升级的影响效应创造了新型动能。

　　在式（6-3）~式（6-6）中依次加入三个中介变量后的估计结果见表7-7第（5）~（6）列。从中可以看出，产业结构高级化、合理化和生态化的回归系数均显著为正，表明产业结构的优化、升级能够显著促进经济增长。对比表7-3第（4）列的回归结果可知，在加入三个中介变量后，我们所关心的旅游业与新型城镇化交互项的回归系数值有所下降，这验证了产业结构升级中介效应的存在，其部分中介效应依次为0.0044、0.0101和0.0136，分别占总效应的2.06%、4.70%和6.29%，尽管中介效应率相对较低，但也表明产业结构升级在"城旅协同"促进经济增长过程中起到了中间传导作用，这符合本章假设3的内涵，即"城旅协同"可以通过产业结构优化、升级的中间渠道而促进经济增长。需要补充说明的是，上述结果同时也显示出，新型城镇化亦可通过产业结构优化、升级而驱动经济增长。

表 7 - 7　　　　　　　　　　　　影响机制检验

变量	(1) TL	(2) TS	(3) TE	(4) lnPGDP	(5) lnPGDP	(6) lnPGDP
TR	0.0122 ** (0.016)	0.0014 ** (0.037)	0.0325 (0.382)	0.1047 *** (0.017)	0.1152 ** (0.021)	0.0981 ** (0.021)
NURB	0.0944 *** (0.034)	0.1481 ** (0.045)	0.2100 *** (0.013)	0.1832 *** (0.035)	0.1546 ** (0.136)	0.1478 *** (0.019)
TR × NURB	0.1041 ** (0.175)	0.1762 *** (0.045)	0.2086 * (0.067)	0.1789 ** (0.045)	0.1541 * (0.155)	0.1387 ** (0.024)
L. TL	1.0212 *** (0.052)					
L. TS		1.0020 *** (0.038)				
L. TE			1.0555 *** (0.025)			
TL				0.0426 *** (0.063)		
TS					0.0575 ** (0.009)	
TE						0.0650 ** (0.005)
L. lnPGDP				0.9445 *** (0.016)	0.9465 *** (0.016)	0.9451 *** (0.016)
控制变量	控制	控制	控制	控制	控制	控制
省份效应	是	是	是	是	是	是
年份效应	是	是	是	是	是	是
AR (2)	0.197	0.295	0.280	0.326	0.252	0.244
Hansen 检验	1.000	1.000	1.000	1.000	1.000	1.000
观测值	390	390	390	390	390	390

注：*、**和***分别表示10%、5%和1%的显著性水平；括号内为稳健标准误。

第六节　拓展性分析

在推进经济城镇化、人口城镇化过程中，城镇居民可支配收入水平的显著提升改变了居民消费结构、层次和理念，单一化、低品质和弱体验型旅游产品已不再适应城镇居民对多样化、高品质和强体验型旅游产品的消费诉求，因此，为了提高旅游产品供给体系对需求侧的适配性，新型城镇化通过向旅游业提供融合平台、创新技术、配套功能和消费空间来拓展旅游产业链，为了提升旅游产品质量的内涵性、新颖性和多维性，给居民旅游消费产生富有综合性、层级式、可持续的旅游体验，旅游产品吸引力内核的整体打造需要产业链上跨部门涉旅企业之间紧密联系、协同合作，新型城镇化强化了旅游产业链的这种组织模式，并且决定了上述涉旅企业在深度参与旅游产业链分工的同时获得直接的生产率效应。上述过程会产生三种生产率改进机制：其一，要素流动效应。资本、劳动、技术、信息等生产要素因涉旅企业间紧密的生产关系而动态流动，此时蕴含在生产要素中的创新技术与隐性知识存量便发生迁移、传播和扩散。其二，技术溢出效应。新型城镇化增强了旅游业的产业关联、融合能力，为满足居民对旅游产品或服务质量和性能的高品质要求，除旅游业部门以外，大量关联性保障部门（金融、医疗、通信、交通、园林、体育……）为共同向旅游业价值链赋能，并实现其增值，进而享受旅游经济增长红利，不仅会主动向旅游业部门学习旅游开发、经营与管理相关知识，而且也会加强部门间分工协作，通过技术交流、研发合作、项目开发等方式来加快知识和技术溢出速率，从而对整体产业发展绩效产生促进作用。其三，规模扩张效应。新型城镇化加速了涉旅行业的多样化集聚，集聚经济的直接表现在于，旅游产业链上生产环节的专业化效应通过外部性机制不仅激发了涉旅企业的创新行为，并且也会在产业关联的放大作用下，进一步强化创新的传导机制，尤其是新型城镇化又可为集聚充实异质性知识提供优越的产业环境和畅通的传导渠道，根据"市场范围"假说理论，由此所引发的规模效应、竞争效应也会提升生产率水平。除此以外，影响渠道检验结果也表明，"城旅协同"对产业结构升级具有显著的提升效应。同时，结合上述理论分析，我们将进一步实证考察"城旅协同"对全要素生产率（TFP）的影响，同时也可从侧面反映"城旅协同"对改变传统粗放型经济增长方式是否存在积极作用。

相对于传统的增长核算法和数据包络分析法（DEA），基于生产函数估算的随机前沿分析（SFA）法所测算出的 TFP 更能反映其真实性，尤其是采用了超越对数生产函数形式设定的模型放松了常替代弹性假设，并且可以对函数形式的有效性进行检验，进而保证较好的拟合效果（余泳泽，2018）。鉴于此，本章将随机前沿生产函数设定为超越对数形式，并以系数的显著性检验来确定最终的函数形式，超越对数生产函数形式设定如下：

$$\ln Y_{it} = \alpha_0 + \alpha_1 \ln K_{it} + \alpha_2 \ln L_{it} + \alpha_3 t + 1/2\alpha_4 (\ln K_{it})^2 + 1/2\alpha_5 (\ln L_{it})^2$$
$$+ 1/2\alpha_6 t^2 + \alpha_7 \ln K_{it} \ln L_{it} + \alpha_8 t \ln K_{it} + \alpha_9 t \ln L_{it} + v_{it} - u_{it} \quad (7-11)$$

其中，Y、K、L 分别表示产出、物质资本规模和劳动力数量；v_{it} 为随机扰动项，服从标准正态分布；u_{it} 为技术无效率项，服从零点截断的半正态分布。我们根据余泳泽（2015）和巴蒂斯和科埃利（Battese and Coelli，1995）的研究，使用广义似然比统计量（LR）检验模型的适用性。

关于变量构造问题，我们以国内生产总值来表示产出，各地区的国内生产总值按 1999 年不变价进行平减处理，投入包括物质资本和劳动力两项，分别用物质资本存量和全社会从业人员数量度量。通过函数检验形式，Cobb-Douglas 生产函数设定形式被排除，因而我们转而采用超越对数生产函数形式。表 7-8 结果显示，模型拟合效果较好，γ 值为 0.9975，表明模型存在明显的复合结构，LR 统计量也显著拒绝了技术无效率不存在的原假设。

表 7-8　　　　　　　　　　　中国经济生产函数模型估计

变量	系数	标准差	z 值	P > |z|
lnK	0.7953 ***	0.1357	4.53	0.000
lnL	0.8143 ***	0.2392	3.40	0.001
t	0.1461 ***	0.0263	5.56	0.000
$(\ln K)^2$	0.0392 ***	0.0064	6.17	0.000
$(\ln L)^2$	-0.0267	0.0196	-1.37	0.168
t^2	-0.0004 **	0.0002	-1.97	0.049
lnL × lnK	-0.0502 ***	0.0141	-3.63	0.000
t × lnK	-0.0101 ***	0.0019	-5.28	0.000
t × lnL	0.0054 ***	0.0024	2.69	0.007

续表

变量	系数	标准差	z 值	P > │z│
σ^2	1.0745 ***		3.72	0.000
γ	0.9975		13.24	0.000
log 值	725.6626			
LR 检验	203.95			

注：*、** 和 *** 分别表示 10%、5% 和 1% 的显著性水平。

本章以基于随机前沿模型所计算出的全要素生产率为被解释变量，进一步考察"城旅协同"是否具备生产率改进效应，模型构建如下：

$$TFP_{it} = \theta_1 + \chi TFP_{i,t-1} + \theta_2 TR + \theta_3 NURB + \theta_4 TR \times NURB_{it}$$
$$+ \phi X + \eta_i + \nu_t + \zeta_{it} \qquad (7-12)$$

表 7-9 第（1）列未考虑控制变量，也未控制个体、年份效应，结果显示，旅游业、新型城镇化的回归系数不具备统计显著性。第（2）列在控制固定效应并纳入旅游业与新型城镇化交互项之后，发现旅游业回归系数不显著，新型城镇化回归系数在 5% 水平上显著，我们进一步所关注的交互项回归系数尽管显著性水平较低，但也通过了 10% 的统计显著性检验，进而初步反映出新型城镇化建设不仅对提升全要素生产率具有促进作用，而且"城旅协同"也对全要素生产率呈现出正向影响效应。加入控制变量后，第（3）列的回归结果显示，新型城镇化及其与旅游业的交互项回归系数仍然保持统计显著性，再次表明新型城镇化建设有利于提升全要素生产率，这与赵永平（2016）的研究结论保持一致。更重要的是，表征"城旅协同"的交互项回归系数在 5% 统计水平上显著为正，说明新型城镇化建设主导的旅游业发展对全要素生产率具有正向促进作用，即"城旅协同"具有"生产率改进效应"，新型城镇化建设增强了旅游业发展对经济结构体系的影响能级，进而也会相应改善经济增长质量，这与赵磊（2012）的结论也基本吻合。

表 7-9　　　　旅游业、新型城镇化与全要素生产率

变量	(1) SYS-GMM	(2) SYS-GMM	(3) SYS-GMM
L. TFP	0.9993 *** (0.022)	0.8893 *** (0.042)	0.7589 *** (0.063)

续表

变量	（1） SYS-GMM	（2） SYS-GMM	（3） SYS-GMM
TR	0.0027 （0.047）	0.0696 （0.113）	0.0327 （0.091）
NURB	0.0065 （0.008）	0.0877 ** （0.044）	0.0593 ** （0.146）
TR × NURB		0.1716 * （0.107）	0.1125 ** （0.147）
lnK			0.0945 *** （0.010）
lnL			0.1482 * （0.086）
lnMAK			0.0201 ** （0.034）
FDI			0.0408 （0.279）
GOV			− 0.2227 （0.137）
常数项	0.1336 *** （0.011）	0.2139 *** （0.029）	0.2459 *** （0.155）
省份固定效应	否	是	是
年份固定效应	否	是	是
AR（2）	0.157	0.164	0.158
Hansen 检验	0.996	1.000	0.993
Difference-in-Hansen 检验	0.989	1.000	0.958
观测值	390	390	390

注：*、** 和 *** 分别表示 10%、5% 和 1% 的显著性水平；括号内为稳健标准误。

第七节　结论与启示

中国经济正处于"三期叠加"阶段，为缓解经济"结构性"下行压力，揭示"产城协同"对经济增长的影响过程对寻找提升经济增长规模和质量的可行路径具有重要的理论与实践意义。鉴于此，本章试图在新型城镇化战略背景下，深入现代服务业内部，系统揭示"城旅协同"对经济增长的影响及其作用机制，希冀从更为微观的"城旅协同"视角为产城融合促进经济增长寻找一个具象解释。计量分析表明，"城旅独立"和"城旅协同"均对经济增长具有显著促进作用，并且"城旅独立"的经济增长效应表现更为强烈，充分佐证出有效发挥旅游业与新型城镇化的联合协同作用，能够有力地促进经济增长。在克服内生性、分析异质性和检验敏感性后，上述核心研究结论保持稳健。此外，机制检验结果表明，"城旅协同"具体是通过推动产业结构优化、升级促进经济增长。本章还进一步发现，"城旅协同"对经济增长的影响相对深远，旅游业与新型城镇化之间的深度有效协同可通过改进全要素生产率而提升经济增长质量。

本章研究证实了新型城镇化是增强旅游业影响经济增长效应强度的重要调节力量，因而将"城、旅"协同作用纳入经济增长驱动因素框架中予以实证研究，对在新时期探索经济增长的潜在贡献来源极为迫切。本章所蕴含的重要政策启示：（1）旅游业是影响经济增长的重要因素，因而在当前经济发展环境下，各地政府可以考虑将旅游业视为促进经济增长的产业发展工具，需要提及的是，应当以发展现代、新兴和高端旅游业为主，避免同质化、重复性旅游开发思维；（2）全面、系统和深入贯彻新型城镇化建设战略，以切实推进人的城镇化为核心抓手，以持续提升城镇化质量为主要理念，以促进内涵集约式产业发展为实施路径，以优化改革体制机制为内在动力，有序完善新型城镇化发展体系，释放新型城镇化蕴藏的巨大内需潜力；（3）强化"城、旅"协同运行机制，旅游业发展需提高对新型城镇化建设所释放出的有效市场需求、产业创新技术、先进经营模式等外溢知识的吸收能力，同时，各级政府可考虑在资源、技术、集聚和功能等方面为构建旅游业与新型城镇化协同发展路径创造配套保障，以增进旅游业系统与新型城镇化系统之间的互动协调性、耦合适应性；（4）为尽可能拓宽"城旅协同"对经济增长的影响路径，需激发"城旅协同"的产业结构调整机制，通过"城旅协同"所催生的衍生需求升级、消费业态迭代、产业动态集聚、知识溢出关联等途径对产业结构优化产生"要素配置效应""技术驱动效应""产业筛选效应"；（5）基于新型城镇化的产业选择机制，通过强化旅游业与新型城镇化之间的"协同效应"，实现新兴涉旅部门的跨行业集聚，并释放"集聚经济效应"，可成为提升经济增长质量的可行实践方略。

第八章　旅游业影响经济增长的新型城镇化门槛效应

第一节　引　言

旅游是人们为休闲、商务或其他目的,离开惯常环境,前往非惯常环境进行访问,连续停留时间不超过一年的体验活动(IRTS,2008)。因此,旅游经济活动不仅包括旅游者对目的地可贸易品的消费行为,更涉及其对非贸易品的体验过程(Chao et al.,2006)。从本质上讲,旅游业作为一种特殊的服务出口贸易形式,其不仅符合出口导向型增长(export-led growth,ELG)模式的经济运行机理(Ahmed and Kwan,1991;Thornton,1997),而且也可通过消费支出的乘数效应刺激经济增长(Fletcher and Archer,1991)。在全球范围内,旅游业通常被认为是促进经济增长的重要部门(Brida and Pulina,2010;Ivanov and Webster,2013)。根据《中国文化和旅游统计年鉴2019》,2018年,中国实现旅游业总收入5.97万亿元,同比增长10.5%,对国内生产总值的综合贡献达9.94万亿元,占国内生产总值比重为11.04%。其中,旅游业直接和间接就业人口为7991万人,占全国就业总人口的10.29%。因此,旅游业已成为中国经济增长的重要组成部分。

鉴于旅游业发展对经济增长的趋同性,旅游业与经济增长关系研究也随之吸引来诸多学术目光,并且主要聚焦于乘数测算、理论分析和实证检验三个方面(Blake et al.,2006;Brau et al.,2007)。尽管旅游经济学领域涌现出众多文献,分别采用投入产出模型、旅游卫星账户和可计算一般均衡分析等方法对旅游业发展的增长弹性进行定量测算(Dwyer et al.,2004;Ivanov and Webster,2007;Spurr,2009),但由于以上微观经济分析模型无法在时间维度上判别旅游业与经济增长之间的关系形式,进而难以探察旅游业对经济增长的影响机制(Tang and Tan,2013)。既有文献通常基于拉姆齐模型、卢卡斯模型和国际贸易模型对旅游业影响经济增长的理论机理进行刻画,但其中普遍存在两个弊端:旅游业的外生假定和线性影响假定,导致理论文献对旅游业与经济增长之间复杂关系的理解只是冰山一隅(Sugihara et al.,2012;Pina and Martínez-García,2013)。对旅游业与经济增长关系的理论建构还需实证检验予以验证。大量文献采用时间序列统计分析技术对不同国家或地区的旅游业与经济增长关系进行了卓有成效的实证检验,回归结论也是见仁见智(Brida et al.,2020)。随着面板数据模型回归技术的应用,部分文献在对不同分组样本旅游业与经济增长关系进行分类估计时,发现旅游业的经济增长效应存在显著的组间异质性特征(Lee and Chang,2008;Soukiazis and Proenca,2008),个别文献甚至检验到旅游业的经济增长效应会随着旅游业的规模扩张而减弱,进而认为旅游业与经济增长之间存在复杂的非线性机制(Adamou and Clerides,2010;赵磊和方成,2017)。

城镇化建设不仅与旅游业发展存在耦合共振关系,而且更是旅游业影响经济增长的"黏合剂"(赵磊和张晨,2017),但既有文献的研究重心主要落在对旅游业、城镇化与经济增长之间两变量间逻辑关系的机理分析与实证检验层面(沈坤荣和蒋锐,2007;林爽和赵磊,2020),极少有文献尝试将旅游业、城镇化与经济增长纳入统一逻辑框架予以研究,尽管如此,已有文献却为此积累了坚实的理论基础和丰富的经验证据。需要指出的是,在传统城镇化框架下探讨旅游业与经济增长之间关系,会低估旅游业对经济增长的影响效应,究其原因,快速城镇化进程所引发的内部失衡所导致的低质量困境,不仅严重束缚了旅游业的发展空间,而且抑制了旅游业影响经济增长的传导效率。因此,在当前我国经济亟须缓解增速下行压力的重要窗口期,新型城镇化是供给侧结构性改革与需求侧政策调整的关键抓手,选择构建旅游业、新型城镇化与经济增长之间的统一研究体系进行系统研究,对于落实新发展理念以实现高质量发展具有特殊意义(蔡昉,2020)。另外,现有文献集中探讨旅游业与经济增长之间的线性因果关系(赵磊,2015),但对旅游业与经济增长之间的非线性机制则鲜有涉及(Brida et al.,2016),为数不多的探讨旅游业对经济增长非线性影响的文献主要还是以旅游业专业化为门槛变量来考察旅游业的非线性增长效应,尽管此种研究范式与国际旅游经济学文献保持一致,但鉴于旅游业对经济增长的影响过程并非线性的，而且还取决于旅游业与外部经济变量间的交互程度，所以典型非旅游经济变量的变化所导致的旅游业与经济增长之间的非线性关系显然能够从更为广阔而又新颖的视角对此予以解读。遗憾的是，当前国内外文献均未从此视角切入来尝试放松旅游业与经济增长之间的线性关系假设。为了弥合以上学术间隙，随着新时期新型城镇化逐渐上升为国家战略，特别是其可向中国经济长期可持续发展提供供给侧驱动力和需求端拉动力（蔡昉，2020），在将旅游业、新型城镇化与经济增长纳入统一分析框架的基础上，系统考察新型城镇化与旅游业的交互机制对经济增长的非线性影响更具鲜明的时代价值。此外，仅有的涉及旅游业与经济增长关系非线性关系的研究文献，主要还是停留在静态层面，普遍使用汉森（Hansen，1999）所开发的非线性面板门槛回归（panel threshold regression，PTR）模型对旅游业影响经济增长的非线性效应进行实证检验（Po and Huang，2008）。但无法忽视的一个关键问题是，诸多经济增长实证文献皆指出，经济增长过程具备明显的动态效应，倘若忽视此惯性特征，将会导致计量模型存在内生性而导致参数估计偏误（潘文卿，2012）。为规避此种模型检验风险，本章尝试将经济增长滞后一期项纳入普通静态PTR模型，在旅游业与经济增长非线性关系研究领域首次构建非线性动态面板门槛回归（dynamic panel threshold regression，DPTR）模型，着重反映新型城镇化在旅游业影响经济增长过程中的非线性动态内生关联，以期从方法和内容上拓展旅游业对经济增长的研究体系。

鉴于此，本章采用 2004～2017 年中国分省面板数据，构建一个包含旅游业、新型城镇化与经济增长的三元分析框架，具体是将汉森（1999）以及卡恩尔和汉森（Caner and Hansen，2004）的方法拓展到允许内生门限变量和协变量的动态面板数据模型中，所以在考虑模型动态性、内生性的基础上引入非线性动态面板门限回归模型，可同时捕捉新型城镇化发展的异质性。将其纳入旅游业与经济增长的非线性动态模型框架，以可能具有内生性的新型城镇化作为门限变量，通过识别旅游业影响经济增长的新型城镇化门限特征，实证检验新型城镇化对旅游业影响经济增长的非线性动态门限效应，目的是基于动态思维探究旅游业与经济增长之间非线性机制的"黑箱"，从新型城镇化视角揭示旅游业与经济增长之间的依存机理，尤其为在不同新型城镇化发展阶段探寻最优的旅游业发展政策和成长路径，以实现旅游业的高效经济增长效应提供理论依据和实践参考。

第二节　文 献 回 顾

旅游业与经济增长之间的关系是个老生常谈而又历久弥新的学术话题。既有旅游经济学文献主要从作用路径、理论建构和实证检验三个方面对旅游业与经济增长关系进行刻画。下面我们分别对此予以阐述，以系统勾勒旅游业对经济增长的影响过程。21 世纪以前，旅游业在有关经济增长的学术文献中很少被关注（Pablo-Romero and Molina, 2013），但也有部分早期文献开始关注旅游业对发展中国家的经济贡献问题（Bryden, 1973; Heng and Low, 1990; Archer, 1995）。

第一，旅游业作为一国重要外汇收入来源，除被用于平衡国际收支外，还可用于进口国内生产所需物资、要素和服务，从而实现经济增长（McKinnon, 1964）。例如，在西班牙，旅游创汇可为工业化进程提供金融支持，进而为经济增长提供了持续动力（Nowak et al., 2007）。有证据显示，在旅游业高度专业化的小型经济体（如岛屿），旅游业对经济增长的贡献尤为强烈（Brau et al., 2007; Schubert et al., 2010），然而，菲吉尼和维西（2010）对 150 个国家研究后发现，旅游基础型国家（tourism-based countries）的经济增长速度并未高于非旅游基础型国家。

第二，旅游业可通过投资拉动、就业刺激和行业竞争影响经济增长。尽管基础设施扩张是增强旅游业发展竞争力的关键条件，但基础设施网络性建设所释放出的外部溢出效应、效率改进效应、产业集聚效应对促进经济增长会产生深远影响。2019 年世界旅游业理事会的报告显示，全球旅游业直接和间接共创造超过 3.19 亿个就业岗位，占全球就业人口数的 10%，特别是 2015～2019 年，旅游业新增就业人数占全球新增就业人数的 20%，并且旅游业对全球经济生产总值的综合贡献率达到 10.4%，说明旅游业所具备的综合就业效应是驱动经济增长的主要途径。还有一点需指出，尽管旅游业过去被界定为是一个低技能就业部门（Blake et al., 2006），但此种既定认识主要是对资源依托型观光旅游的刻板印象，随着全球旅游业规模持续扩张和质量愈益提升，旅游业所吸附的大量就业人口增加了人力资本要素存量积累，进而也提升了潜在经济增长效率（Liberto, 2013）。另外，随着国际旅游企业的纷纷进入以及国内旅游市场需求保持旺盛，国内旅游企业通过参与市场竞争不仅可以提升其经营绩效

（Bhagwati and Srinivasan，1979），而且也会增强行业规模经济优势（Helpman and Krugman，1985），但旅游市场竞争对经济增长的影响强度取决于旅游业与关联产业部门间经济活动的紧密程度（Chen and Song，2009）。

第三，旅游业可通过直接、间接和诱导效应驱动经济增长。旅游消费支出会诱发关联产业的额外经济活动，并通过目的地经济系统中的循环收入分配机制对经济增长产生综合影响。首先，游客为完成旅游活动所支付的旅游消费直接转化为目的地为此提供产品和服务（可贸易或非贸易）的旅游收入，即由旅游消费支出而引发的目的地在"销售、就业、税收和收入水平"方面的变化（Khan et al.，1990），旅游企业可用于支付生产要素价格以及获取利润，旅游就业人员可获得工资性收入。其次，旅游企业为扩大经营和持续再生产向产业链上供应商采购原材料、商品和服务而支出的金额在跨部门间分配，进而对关联产业发展形成乘数效应（Cernat and Gourdon，2012）。此外，诱导效应则是由直接或间接提供旅游产品和服务的旅游相关企业就业人员的工资性收入进一步转化为本地生活性、服务性等家庭消费支出，进而再次注入目的经济循环系统（Brida et al.，2008）。总而言之，旅游收入可通过产业溢出效应和其他外部性活动对整个经济体系产生积极影响（Marin，1992）。

事实上，学术界在认可旅游业对经济增长的积极贡献的同时，也表示需要对由旅游业过度扩张所引发的负面经济效应予以警惕，其中可能的作用机制为：①"去工业化"效应。作为劳动密集型部门，目的地优越的文化、资源和遗产禀赋，确实使得旅游业部门获取了快速发展的市场优势，而蓬勃发展的旅游业在吸引生产要素不断流入的同时，也对创新生产部门造成了挤出效应，进而导致社会福利损失（Deng et al.，2014）。②旅游业扩张增加了非贸易品消费，贸易条件得到改善，但资源配置从可贸易部门（资本密集型）到非贸易部门（劳动密集型）的资本缩减过程，致使目的地旅游系统供给能力难以短期予以匹配繁荣的旅游市场。随着商品和服务价格攀升，实际汇率升值，进而削弱了以农业部门为代表的传统可贸易部门的外部竞争力，导致旅游业对经济增长的短期积极效应引起长期经济体萎靡（Copeland，1991）。③目的地引入外部旅游企业参与旅游资源开发、技术研发和企业经营，在目的地所赚取的旅游收入除尚需支付用于外部采购的要素支出外，还需支付外部贷款利息、投资者的红利以及外方管理费用和外籍管理人员的工资等（Cernat and Gourdon，2012）。杰克曼和洛德（2010）指出，巴巴多斯 TLG 假说检验结果的不一致即可用进口所导致的收入漏算原理予以解释。塞奎拉和坎波斯（2007）认为，尽管单纯的旅游业依赖型国家的经济增长速度大多数快于其他国家，但其与内生经济增长理论相悖，旅游业无法解释样本国家的高经济增长率。

以上对旅游业与经济增长之间关系不确定性的描述，进一步激发出对旅游业与经济增长关系理论建构的迫切性。既有文献主要采用三种方法尝试对旅游业与经济增长关系进行理论刻画。其一，基于凯恩斯的消费需求函数，旅游业在其中被视为一个外生变量，但菲吉尼和维西（2010）指出，上述静态理论模型仅适用于短期均衡，所以有必要将旅游收入、实际旅游价格和实际 GDP 作为内生变量纳入其中来拓展上述需求模型（Brida and Risso, 2010；Narayan, 2004；Tang, 2013）。其二，既有研究大多数是基于索洛（Solow, 1955）的新古典增长模型，并在巴拉萨（1978）对其拓展的基础上构建 TLG 假说检验的生产函数模型，模型中包括标准生产投入要素（即劳动力和物质资本）以及作为非贸易的旅游业。兰扎和皮利亚鲁（2000）对此模型进行了相应拓展，并发展了一个 Lucas 两部门模型，其中自然资源是生产过程中的重要投入，研究表明，旅游业中繁荣的目的地可能会利用资源禀赋来弥补其技术差距，特别是小型经济体倘若资源禀赋优越，更热衷于发展旅游业以实现更好的增长率。在以上两部门理论模型中，布劳等（2007）识别了两种解释场景："乐观论"和"悲观论"。前者是基于旅游产品和制造业产品之间替代弹性较低的假设。换言之，给定消费者偏好，旅游业专业化（tourism specialisation）被赋予较高的价值内涵，消费者难以使用廉价的制造业商品来取代旅游服务，所以两代表性部门产品的替代弹性小于 1 产生了有利于旅游业部门的贸易条件效应（terms of trade effect），故而旅游业部门增长率快于制造业部门，这也构成了 TLG 假说检验的理论基础，旅游业部门的可持续增长是由旅游服务质量不断升值所驱动。后者则基于旅游产品和制造业产品之间替代弹性较高的假设，即同样给定消费者偏好，旅游业专业化被视为具备较低价值内涵，消费者易于使用制造业商品来取代旅游服务，故两部门产品的替代弹性大于 1 导致不利于旅游业部门的贸易条件效应。对 TLG 假说进行检验，经济增长归功于资源开发所驱动的旅游部门产出扩张而非贸易条件改善。从长远来看，通过旅游业扩张促进经济增长反而会损害旅游目的地的发展及其可持续性。其三，从理论上看，极少有文献探讨旅游业对长期经济增长的影响机理，该领域尚处于探索阶段。哈扎里和斯格罗（1995）的研究是关于旅游业和增长模型领域的较早尝试，构建了一个考虑游客和国内居民对非贸易品需求的动态贸易模型对旅游业及经济增长关系进行阐述。哈扎里和斯格罗（2004）开发了一种拉姆齐消费—增长模型，并认为旅游业有助于东道国从国外进口能够促使其增长的物质要素。诺瓦克等（2007）构建了一个目的地通过旅游服务贸易（出口）来获取用于进口国外物资所需资金而实现持续增长的理论模型。由于以上模型并未纳入游客决策问题，在本质上，仍属于国际商品贸易范畴，并未真正体现旅游业在增长实现路径中的特殊性。鉴于此，皮娜和马丁内斯－加西亚（2013）指出，既有关于旅游业与增长关系的国际贸易理论模型的共同特点是专注于中央计划经济并寻找最佳路径，仅存在单一代理人，即社会计划者或消费者代理人，易于识别作为消费者代理人的游客及其决策对东道国宏观经济演化的影响，进而采取相应措施以实现增长最佳路径，然而，上述模型却忽视了旅游业和普通出口商品的关键差异性。事实上，与普通商品出口不同，游客是决策者，其消费行为会干扰国内消费者的消费过程。入境游客购买目的地旅游纪念商品（可贸易品）和旅游服务（非贸易品），显然会影响目的地商品和服务相对价格，从而影响国内居民的消费行为，所以多主体参与的市场经济框架提供了一个充分展现旅游业与经济增长关系的模型框架。因此，皮娜和马丁内斯－加西亚（2013）设置了揭示旅游业与增长关系的动态贸易模型，即考虑一个由四种代理人（国内消费者、游客、非贸易品生产者以及旅游商品生产者）参与的市场经济，进而使得微观经济分析框架中的游客决策行为与其对宏观经济变量的影响之间相互联系，这是在未忽视游客决策行为而且不依赖于普通商品出口和增长方式的情形下构建旅游业的内生经济增长模型的首次尝试。阿尔巴拉德霍等（2014）对皮娜和马丁内斯－加西亚（2013）的模型进行了拓展，构建了一个基于国际贸易增长框架的旅游业内生增长模型，其中旅游业是增长引擎，而且旅游服务质量对长期经济增长具有显著积极影响，并采用西班牙1970～2010年面板数据对以上旅游业与增长理论模型进行了实证检验，结果发现旅游人次、旅游服务质量对西班牙长期经济增长存在积极影响，而在短期，经济增长也会刺激旅游人次增加。

对旅游业与经济增长关系的现象描述和理论刻画还需为其寻找经验证据予以佐证。加利（1976）以及兰扎和皮利亚鲁（2000）较早对旅游业的国民经济贡献进行了定量测算，但研究内容主要为截面数据分析，巴拉格尔和坎塔维拉－若尔达（2002）以西班牙为例，首次对旅游业导向型经济增长（tourism-led growth，TLG）假说进行了统计学实证检验，为识别旅游业与经济增长关系提供了数据依据，以此为标志，旨在检验 TLG 假说的实证文献如雨后春笋般迅速成长，主要以时间序列分析技术为主，结合面板数据模型估计，分别对单一国家或多个国家样本进行了实证分析，囿于模型构建、估计方法和研究样本的差异性，有关 TLG 假说检验的实证文献观点莫衷一是（Fonseca and Sánchez-Rivero, 2020）。经梳理可知，对 TLG 假说的检验结论主要分为四类：①支持旅游业导向型增长假说（Akinboade and Braimoh, 2010；Fayissa et al., 2011；Hye and Khan, 2013；Tang and Abosedra, 2014）；②支持经济驱动型旅游业增长假说（Payne and Mervar, 2010；Caglayan et al., 2012；Lee and Kwag, 2013）；③旅游业与经济增长之间双向影响（Seetanah, 2011；Apergis and Payne, 2012；Massidda and Mattana, 2013）；④旅游业与经济增长之间不存在因果关系（Eugenio-Martin, 2003；Tang and Jang, 2009）。在既有关于旅游业与经济增长关系的综述性文献中，可以直观地发现，持 TLG 假说存在性的实证观点占据主流（Castro-Nuño et al., 2013；Pablo-Romero and Molina, 2013；Chingarande and Saayman, 2018）。

纵观以上文献观点特征，我们依然会察觉部分结论的特殊性。首先，不同文献对同一研究样本的实证结论迥然不同。例如，卡普兰和切利克（2008）以土耳其 1963～2006 年时间序列样本为研究对象，发现旅游业可以稳定地单向正向影响经济增长，而卡蒂尔乔格鲁（2009）使用自回归分布滞后（autoregressive distributed lags, ARDL）模型的边限协整检验对土耳其 1960～2006 年时间序列数据进行实证检验，得出了与之截然相反的结论，即土耳其旅游业与经济增长并无关系。有趣的是，佐尔图克（Zortuk, 2009）同样使用 ARDL 模型对土耳其旅游业与经济关系进行实证研究，发现了与卡普兰和切利克（2008）相似的研究结论，但时间限定在 1963～2008 年。其次，同一研究样本的实证结论在长、短期存在差异。例如，基于时间序列数据相关分析技术，已有文献在对约旦（Kreishan, 2011）、突尼斯（Belloumi, 2010）、牙买加（Amaghionyeodiwe, 2012）、巴西（Brida et al., 2011）、新加坡（Katircioglu, 2011）、印度（Mishra et al., 2010）、土耳其（Husein and Kara, 2011）和欧盟（Lee and Brahmasrene, 2013）进行研究时，均得出：在长期旅游业单向影响经济增长，但在短期并不存在此种关系。

我们进一步深入到支持 TLG 假说的实证文献中，发现旅游业对经济增长的影响强度受制于多重因素的制约。首先是旅游业的发展程度。巴勃罗－罗梅罗和莫利纳（2013）在对有关 TLG 假说方面的实证文献进行综述时，发现大多数支持 TLG 假说的研究样本普遍旅游业专业化水平较高，然而，倘若旅游业与样本其他产业部门相比作用微弱，那么旅游业扩张很可能无法导致长期经济增长。例如，贡都兹和哈特米（2005）认为，旅游业在国民经济中的贡献权重是决定旅游业影响经济增长效应的重要因素，旅游业专业化水平越高，旅游业对经济增长的影响贡献越大，这一观点得到塞奎拉和努涅斯（2008）、阿达穆和克罗里德斯（2010）、卡普兰和切利克（2010）以及布里达等（2011）的研究论证。其次是经济发展水平。欧金尼奥－马丁等（2004）对拉丁美洲 21 个国家 1985～1998 年动态面板数据实证研究发现，旅游业对低收入或中等收入国家经济增长具有显著积极影响，但对发达国家经济增长的影响尚未可知。埃卡纳亚克和龙（2012）以 1995～2009 年 140 个发展中国家面板数据为研究对象，实证结果却并未支持 TLG 假说存在的真实性。最后是宏观经济因素。塞奎拉和努涅斯（2008）指出，在揭示旅游业对经济增长的潜在贡献时，需探索旅游业与传统经济增长决定因素（例如人力资本、出口贸易）之间的关系。赵磊和唐承财（2017）将产业结构变迁因素纳入中国 TLG 假说研究框架，通过对 1999～2013 年省级面板数据进行研究，发现产业结构欠缺合理化抑制了旅游业对经济增长的影响效应，而产业结构高级化可正向调节旅游业对经济增长的影响效应。此外，旅游业与三次产业间的融合程度也是决定旅游业经济增长影响效应的重要外部因素（Cernat and Gourdon，2012）。

　　以上经验证据传递出旅游业与经济增长之间关系的非线性变化信号。实际上，在 TLG 假说实证框架中引入非线性思维有助于拓展对旅游业与经济增长关系的认识视域。卜和黄（2008）较早地从实证角度揭示了旅游业与经济增长之间的非线性特征，通过运用 PTR 模型，对 88 个国家 1995～2005 年面板数据进行研究，发现入境旅游收入占国内生产总值比重存在两个门槛值，只有当门槛值低于 4.05% 或高于 4.73% 时，入境旅游发展才对经济增长具有正向影响。阿达穆和克罗里德斯（2010）对 162 个国家和地区 1980～2005 年面板数据实证检验，发现旅游业专业化对经济增长的影响效应具有先强后弱的非线性变化趋势，旅游业的过度专业化最终会成为经济增长的障碍因素。潘等（2014）拓展了卜和黄（2008）的研究方法，首次引入面板平滑转换回归（panel smooth threshold regression，PSTR）模型对 15 个 OECD 国家 1995～2010 年 TLG 假说进行重新检验，并以汇率收益率和通货膨胀率为转换变量，实证入境旅游业发展与经济增长之间存在非线性关系。

　　尽管已有文献已对中国 TLG 假说的真实性进行了实证佐证（Zuo and Huang, 2018；赵磊, 2015），但对中国旅游业与经济增长非线性关系研究的文献仍相对匮乏。延续国外文献研究思路，武春友和谢风媛（2009）基于 PTR 模型对我国 31 个省份 1997～2007 年入境旅游业发展与经济增长关系进行了实证研究，结果表明入境旅游发展与经济增长之间存在门槛效应，入境旅游收入占国内生产总值比重的门槛值为 2.36%。若高于门槛值，入境旅游业发展对经济增长具有显著促进作用；若低于门槛值，入境旅游业发展对经济增长并无影响。赵磊和方成（2017）基于 1999～2013 年省级面板数据，以旅游业发展水平作为转换变量，采用 PSTR 模型对旅游业与经济增长之间的非线性关系进行了实证检验，结果发现：当旅游业专业化低于门槛值时，旅游业经济影响效应处于高机制；当高于门槛值时，旅游业经济影响效应处于低机制。这说明旅游业专业化过度倾向会弱化其对经济增长正向影响的边际效应。隋建利和刘碧莹（2017）采用了非线性马尔科夫区制转移因果（Markov switching causality, MSC）模型，分别基于 1978～2016 年中国国际和国内旅游人数与收入年度数据，对旅游业与经济增长之间的非线性关系进行了定量刻画，认为中国旅游业发展整体上有利于宏观经济增长，并表现为旅游收入增长率拉动经济增长，而旅游人数增长率提高则略微抑制经济增长，但旅游收入对经济增长的积极效应大于旅游人数对经济增长的抑制效应。综上所述，虽然部分文献尝试在不同阶段的旅游业专业化区间内系统刻画旅游业影响经济增长的非线性效应变化规律，但仿佛又陷入了一种"旅游陷阱"，即仅是将研究思维抽象在旅游业部门内勾勒旅游业对经济增长的非线性影响机制，尽管旅游业专业化水平是旅游业影响经济增长的决定因素（Li et al., 2017），但这也无疑极大地限制了对旅游业影响经济增长的非线性效应的研究视域。不仅如此，在全球范围内，既有文献对旅游业与经济增长之间非线性关系的发生机制也是知之甚少，从这个层面理解，在此领域内引入先进检验技术，纳入新的变量，并分析旅游业与相关宏观经济变量间的互补关系，是拓展旅游业与经济增长之间非线性关系研究体系的必要之举（Pablo-Romero and Molina, 2013）。

　　众所周知，当前随着"三期叠加"效应凸显，中国经济增速面临下行压力，而新型城镇化作为现代化的必由之路，其中蕴藏巨大的内需潜力，并已成为化解"三期叠加"风险和推动经济高质量发展的重要动力。根据

《国家新型城镇化发展规划（2014～2020）》，新型城镇化坚定贯彻创新、协调、绿色、开放和共享的发展理念，呈现以人为本、内涵集约、城乡统筹、创新驱动和产业支撑的鲜明特征，新型城镇化作为对传统城镇化的校正与变革，根本差异在于新型城镇化更加注重城镇化质量提升，以保持其与城镇化规模的均衡协调，而新型城镇化建设对产业发展的"筛选效应"和对市场需求的"倍增效应"分别从供给侧和需求端双重驱动整个经济系统高质运行，从而会持续放大服务业发展对经济增长的影响效应，旅游业也概莫能外。由于新型城镇化建设不仅能发挥"选择效应"和"集聚效应"推动产业结构优化、升级（蓝庆新和陈超凡，2013；周敏等，2020），而且也能通过"扩张效应"和"质量效应"刺激居民消费需求增长（王平和王琴梅，2016；王永军，2020），进而可从供求两端深度释放旅游业能级，特别是能为增强旅游业的经济增长效应创造外部有利因素。以此考量，将新型城镇化变量纳入中国 TLG 假说研究框架，从实证角度判别在新型城镇化建设不同阶段，旅游业对经济增长影响效应的非线性变化特征，不仅有助于在新型城镇化战略背景下，重点刻画旅游业与经济增长之间的关系变化形态，而且也可以在非线性框架下创新探讨旅游业与新型城镇化之间互动协调对经济增长的特殊影响。

第三节　研究设计

一、模型设定

众所周知，自汉森（1999）提出面板门限回归模型以来，该模型被广泛应用于解释经济变量间非线性关系。模型中门限效应是否允许存在外生变量的非对称效应取决于门限变量与门限参数值的关系，门限变量又由经济模型所决定。然而，面板门限回归模型只在静态面板环境中运行，而且固定效应要求协变量严格外生才能获取参数一致性估计，但在现实经济体系中，协变量的严格外生假定难以成立。

为解决如上限制，徐和信（Seo and Shin，2016）做出了开拓性工作，尝试同时将非线性、非对称动态特征和未观测到的个体异质性模型化，构建出包含内生门限变量的动态面板数据模型，并允许存在滞后因变量和内生协变量。随后，徐等（Seo et al.，2019）进一步对动态面板门限回归模型进行了阐述，与传统的静态面板门限回归模型主观预设门限变量并只能考察其对单个特定解释变量的门限效应不同，由徐和信（2016）所开发的动态面板门限回归模型理论上可同时检验门限变量对多个解释变量的门限效应。

根据产城融合理论，产融于城，城包容产，"产""城"互动融合不仅会改善居民福利效应，而且也是促进经济高质量发展的重要途径（丛海彬等，2017）。因此，产城融合对经济增长的促进机制为本章从"城""旅"协同视角构建经济增长生产函数提供了可行思路。事实上，皮娜和马丁内斯－加西亚（2013）和阿尔巴拉德霍等（2014）均已尝试将旅游业纳入内生经济增长模型。此外，也有文献发现城镇化质量的提升可以强化旅游业的经济增长效应（赵磊和张晨，2017）。因此，"城""旅"协同作为产城融合的一类具象表现形式，由其所产出的经济增长函数可直观地设定为如下形式：

$$Y = ZTR^{\beta_1} NURB^{\beta_2} \qquad (8-1)$$

其中，Y 表示经济增长；TR 和 NURB 分别表示旅游业发展与新型城镇化建设；Z 表示全要素生产率水平；为反映解释变量对经济增长的系统影响，对式（8-1）进行计量方程对数变换，β_1 和 β_2 分别表示旅游业发展和新型城镇化建设的产出弹性，则有：

$$\ln Y_{it} = \beta_1 \ln TR_{it} + \beta_2 \ln NURB_{it} + \chi \ln Z_{it} + \varepsilon_{it} \qquad (8-2)$$

在式（8-2）中，i 和 t 分别表示省份和年份。根据既有文献，固定资产投资、人力资本、制度质量、对外开放和政府支出等因素对提升我国创新能力以及激发创新活动具有重要影响（张望，2011；曹虹剑和李康，2016）。故而我们将上述因素统一纳入到集合 Z 中，χ 表示控制变量集回归系数向量；ε_{it} 表示随机误差项。

由于经济增长是一个持续的动态调整过程，所以为捕捉经济增长的"动态惯性"。因此，我们将经济增长的滞后项纳入式（8-3），考虑如下增广动态 TLG 假说检验模型：

$$\ln Y_{it} = \rho \ln Y_{it-1} + \beta_1 \ln TR_{it} + \beta_2 \ln NURB_{it} + \chi \ln Z_{it} + \varepsilon_{it} \qquad (8-3)$$

式（8-3）为未考虑"门限特征"的"城""旅"独立影响经济增长的基准模型。根据前面的理论分析，旅游业发展可能会由于新型城镇化建设程度的差异而与经济增长呈现非线性关系。因此，我们首先采用面板门限模型考察新型城镇化建设在旅游业发展促进经济增长过程中的门限效应，即将新型城镇化作为门限变量，同时参考徐和信（2016）的建模思路，将式（8-3）拓展为具有门限效应的动态面板数据框架：

$$\ln Y_{it} = (\rho_1 \ln Y_{it-1} + \beta_{11} \ln TR_{it} + \beta_{21} \ln NURB_{it} + \chi' \ln Z_{it}) \ 1 \ \{q_{it} \leqslant \gamma_1\}$$
$$+ (\rho_2 \ln Y_{it-1} + \beta_{12} \ln TR_{it} + \beta_{22} \ln NURB_{it} + \chi'' \ln Z_{it}) \ 1 \ \{\gamma_1 < q_{it} \leqslant \gamma_2\}$$
$$+ (\rho_3 \ln Y_{it-1} + \beta_{13} \ln TR_{it} + \beta_{23} \ln NURB_{it} + \chi''' \ln Z_{it}) \ 1 \ \{q_{it} > \gamma_2\} + \varepsilon_{it}$$
$$(8-4)$$

其中，$1\{\cdot\}$ 为示性函数，当示性函数内表达式成立时，其值为 1，否则为 0；q_{it} 为转换变量，γ 为门限参数。经济增长滞后项、旅游业和控制变量的系数表示新型城镇化变量处于不同门限区间时的斜率参数。已有文献表明经济增长模型易于出现内生性问题（Hauk，2017），为处理增长模型中解释变量和门限变量的内生性，徐和信（2016）将误差项 ε_{it} 分解为两部分：

$$\varepsilon_{it} = \alpha_i + v_{it} \qquad (8-5)$$

其中，α_i 为未观测到的个体固定效应；v_{it} 为零均值异质随机扰动项。特别地，v_{it} 被假定是一个鞅差分序列：

$$E(v_{it} \mid \mathbb{F}_{t-1}) = 0 \qquad (8-6)$$

其中，$\mathbb{F}_t$ 为 t 期的自然滤波，并且相对于 $\mathbb{F}_{t-1}$ 而言，我们并不假定包括滞后被解释变量在内的 $k_1 \times 1$ 维时变回归向量 x_{it} 或 q_{it} 可测量，即 $E(v_{it} x_{it}) \neq 0$ 或 $E(v_{it} q_{it}) \neq 0$，如此进而允许 x_{it} 或 q_{it} 存在内生性。

二、估计策略

为克服动态面板门限模型所存在的内生性问题，徐和信（2016）在拓展汉森（1999）改进的静态面板门限回归模型基础上，将阿雷利亚诺和邦德（1991）所开发的差分广义矩估计（first-difference GMM，FD-GMM）方法推广应用到动态面板门限回归模型估计中。首先考虑动态面板门限回归基本设定形式：

$$y_{it} = (1, x'_{it}) \phi_1 1\{q_{it} \leqslant \gamma\} + (1, x'_{it}) \phi_2 1\{q_{it} > \gamma\} + \varepsilon_{it} \qquad (8-7)$$

对式（8-7）一阶差分消除未观测个体固定效应后进行 GMM 估计，即 FD-GMM 允许解释变量和门限变量在模型中同期内生。式（8-7）的一阶差分形式可写为：

$$\Delta y_{it} = \beta' \Delta x_{it} + \delta' X'_{it} \mathbf{1} \ (\gamma) + \Delta \varepsilon_{it} \qquad (8-8)$$

其中，$\underset{k_1 \times 1}{\beta} = (\phi_{12}; \cdots; \phi_{1,k_1+1})'$，$\underset{(k_1+1) \times 1}{\delta} = \phi_2 - \phi_1$；$\underset{2 \times (1+k_1)}{X_{it}} = \begin{pmatrix} (1, \ x'_{it}) \\ (1, \ x'_{it-1}) \end{pmatrix}$；

$\underset{2 \times 1}{\mathbf{1}_{it}}(\gamma) = \begin{pmatrix} 1 \ \{q_{it} > \gamma\} \\ -1 \ \{q_{it} > \gamma\} \end{pmatrix}$。

令 $\theta = (\beta',\ \delta',\ \gamma')$，假定 θ 为紧集，$\Theta = \Phi \times \Gamma \subset \mathbb{R}^k$，$k = 2k_1 + 2$。按照惯例，令 $\Gamma = [\underline{\gamma},\ \overline{\gamma}]$，其中，$\underline{\gamma}$ 和 $\overline{\gamma}$ 为门限变量的两个百分位数。

我们允许"固定门限效应"和"递减或小门限效应"用于门限参数的统计推断，γ 通过定义：

$$\delta = \delta_n = \delta_0 n^{-\alpha}\quad (0 \leqslant \alpha < 1/2) \tag{8-9}$$

由于差分变量与 $\Delta\varepsilon_{it}$ 相关，故而对式（8-7）进行 OLS 回归，参数估计量为有偏。为了解决此问题，还需要寻找一个 $l \times 1$ 维的工具变量向量，即 $(z'_{it_0},\ \cdots,\ z'_{iT})'$，对任意的 $2 < t_0 \leqslant T$ 和 $l \geqslant k$，需满足：

$$E(z'_{it_0}\Delta\varepsilon_{it_0},\ \cdots,\ z'_{iT}\Delta\varepsilon_{iT})' = 0 \tag{8-10}$$

或者：

$$E(\Delta\varepsilon_{it} \mid z_{it}) = 0 \tag{8-11}$$

注意 z_{it} 可由 $(x_{it},\ q_{it})$ 的滞后项和被解释变量的滞后项共同构造，而且在不同时期 t 工具变量个数不同。

由于允许门限变量 q_{it} 为内生，即 $E(q_{it}\Delta\varepsilon_{it}) \neq 0$，则有 q_{it} 并不属于工具变量集 $\{z_{it}\}_{t=t_0}^{T}$，考虑如下 l 维列向量的样本矩条件：

$$\overline{g}_n(\theta) = \frac{1}{n}\sum_{i=1}^{n} g_i(\theta)$$

$$\underset{l \times 1}{g_i(\theta)} = \begin{pmatrix} z_{it_0}(\Delta y_{it_0} - \beta'\Delta x_{it_0} - \delta'X'_{it_0}\mathbf{1}_{it_0}(\gamma)) \\ z_{iT}(\Delta y_{it_0} - \beta'\Delta x_{iT} - \delta'X'_{iT}\mathbf{1}_{iT}(\gamma)) \end{pmatrix} \tag{8-12}$$

假定当且仅当 $\theta = \theta_0$ 时，有 $Eg_i(\theta) = 0$，同时令 $g_i = g_i(\theta_0) = (z'_{it_0}\Delta\varepsilon_{it_0},\ \cdots,\ z'_{iT}\Delta\varepsilon_{iT})'$，且 $\Omega = E(g_ig'_i)$，其中 Ω 被假定是正定的。对一个正定矩阵 W_n，且 $W_n \xrightarrow{p} \Omega^{-1}$，设：

$$\overline{J}_n(\theta) = \overline{g}_n(\theta)'W_n\overline{g}_n(\theta) \tag{8-13}$$

通过最小化 $\overline{J}_n(\theta)$，可得到参数 θ 的 GMM 估计量。其中，对于正定矩阵，$W_n = I_l$，或者可写为：

$$W_n = \begin{bmatrix} \dfrac{2}{n}\sum_{i=1}^{n} z_{it_0}z'_{it_0} & -\dfrac{1}{n}\sum_{i=1}^{n} z_{it_0+1}z'_{it_0+1} & 0 & \cdots \\[2ex] -\dfrac{1}{n}\sum_{i=1}^{n} z_{it_0+1}z'_{it_0} & \dfrac{2}{n}\sum_{i=1}^{n} z_{it_0+1}z'_{it_0+1} & \ddots & \vdots \\[2ex] 0 & \ddots & \ddots & -\dfrac{1}{n}\sum_{i=1}^{n} z_{iT-1}z'_{iT} \\[2ex] \vdots & \cdots & -\dfrac{1}{n}\sum_{i=1}^{n} z_{iT}z'_{iT-1} & \dfrac{2}{n}\sum_{i=1}^{n} z_{iT}z'_{iT} \end{bmatrix}^{-1}$$

$$(8-14)$$

式（8-14）可进一步更新为：

$$W_n = \left(\frac{1}{n} \sum_{i=1}^{n} \hat{g_i} \hat{g_i}' - \frac{1}{n^2} \sum_{i=1}^{n} \hat{g_i} \sum_{i=1}^{n} \hat{g_i}' \right)^{-1}$$

$$(8-15)$$

其中，$\hat{g_i} = (\widehat{\Delta \varepsilon_{it_0} z'_{it_0}}, \cdots, \widehat{\Delta \varepsilon_{iT} z'_{iT}})'$。

然后，θ 的 GMM 估计量可由下式得出：

$$\hat{\theta} = \underset{\theta \in \Theta}{\text{argmin}} \bar{J}_n(\theta) \qquad (8-16)$$

严格意义上讲，$\hat{\gamma}$ 由某个区间给出，但我们可令 $\hat{\gamma}$ 为该区间最小值。

对任意 $\gamma \in \Gamma$，由于式（8-7）对向量 ϕ 是线性模型，且目标函数 $\bar{J}_n$（θ）关于 $\theta = (\phi', \gamma)'$ 中的 γ 是不连续的，那么网格搜索法是切实可行的，对于固定的 γ，设：

$$\bar{g}_{1n} = \frac{1}{n} \sum_{i=1}^{n} g_{1i}, \ \bar{g}_{2n}(\gamma) = \frac{1}{n} \sum_{i=1}^{n} g_{2i}(\gamma)$$

$$\underset{1 \times 1}{g_{1i}} = \begin{pmatrix} z_{it_0} \Delta y_{it_0} \\ \vdots \\ z_{iT} \Delta y_{iT} \end{pmatrix}, \ \underset{1 \times (k-1)}{g_{2n}(\gamma)} = \begin{pmatrix} z_{it_0} (\Delta x_{it_0}, \ \mathbf{1}_{it_0}(\gamma)' X_{it_0}) \\ \vdots \\ z_{iT} (\Delta x_{iT}, \ \mathbf{1}_{iT}(\gamma)' X_{iT}) \end{pmatrix} \quad (8-17)$$

对于给定的 γ，β 和 δ 的 GMM 估计量可由下式得出：

$$(\hat{\beta}(\gamma)', \hat{\delta}(\gamma)')' = (\bar{g}_{2n}(\gamma)' W_n \bar{g}_{2n}(\gamma))^{-1} \bar{g}_{2n}(\gamma)' W_n \bar{g}_{1n} \ (8-18)$$

记 $\hat{\beta}(\gamma)$ 和 $\hat{\delta}(\gamma)$ 的估计目标函数 $\hat{J}_n(\gamma)$，即可得出 θ 的 GMM 估计量：

$$\hat{\gamma} = \underset{\gamma \in T}{\text{argmin}} \hat{J}_n(\gamma), (\widehat{\beta'}, \widehat{\delta'})' = (\hat{\beta}(\hat{\gamma})', \hat{\delta}(\hat{\gamma})')^{-1} \quad (8-19)$$

三、渐进理论

徐和信（2016）表明，在合适的正则条件下，GMM 估计量是渐近正态分布的。特别地，当 $n \to \infty$ 时：

$$\begin{pmatrix} \sqrt{n} \begin{pmatrix} \hat{\beta} - \beta_0 \\ \hat{\delta} - \delta_n \end{pmatrix} \\ n^{1/2-\alpha} (\hat{\gamma} - \gamma_0) \end{pmatrix} \xrightarrow{d} \aleph \ (0, \ (G' \Omega^{-1} G)^{-1}) \qquad (8-20)$$

其中，$G = (G_\beta, G_\delta(\gamma_0), G_\gamma(\gamma_0))$，$G$ 为列满秩阵。划分 $\theta = (\theta'_1, \gamma)'$，其中 $\theta_1 = (\beta', \delta')'$。若 δ_n 的真值是 δ，θ 和 θ_1 的真值可分别由 θ_n 和 θ_{1n} 表示，可定义：

$$G_{\beta} \atop 1 \times k_1 = \begin{bmatrix} -E(z_{it_0}\Delta x'_{it_0}) \\ \vdots \\ -E(z_{iT}\Delta x'_{iT}) \end{bmatrix}, G_{\delta}(\gamma) \atop 1 \times (k_1+1) = \begin{bmatrix} -E(z_{it_0}\mathbf{1}_{it_0}(\gamma)'X_{it_0}) \\ \vdots \\ -E(z_{iT}\mathbf{1}_{iT}(\gamma)'X_{iT}) \end{bmatrix},$$

$$G_{\gamma}(\gamma) \atop 1 \times 1 = \begin{bmatrix} \{E_{t_0-1}[z_{it_0}(1,x'_{it_0-1}|\gamma)]p_{t_0-1}(\gamma) - E_{t_0}[z_{it_0}(1,x'_{it_0}|\gamma)]p_{t_0}(\gamma)\}\delta_0 \\ \{E_{T-1}[z_{iT}(1,x'_{iT-1}|\gamma)]p_{T-1}(\gamma) - E_T[z_{iT}(1,x'_{iT}|\gamma)]p_T(\gamma)\}\delta_0 \end{bmatrix}$$

$$(8-21)$$

其中，$E[\cdot|\gamma]$ 表示给定 $q_{it}=\gamma$ 时的条件期望；$p_t(\cdot)$ 表示 q_{it} 密度。

对 θ 的置信区间可由标准方式构造：

$$\widehat{\Omega} = \frac{1}{n}\sum_{i=1}^{n}\hat{g}_i\hat{g}_i' - \left(\frac{1}{n}\sum_{i=1}^{n}\hat{g}_i\right)\left(\frac{1}{n}\sum_{i=1}^{n}\hat{g}_i'\right) \qquad (8-22)$$

其中，$\hat{g}_i = \hat{g}_i(\hat{\theta})$，另有：

$$\hat{G}_{\beta} = \begin{bmatrix} -\frac{1}{n}\sum_{i=1}^{n}z_{it_0}\Delta x'_{it_0} \\ \vdots \\ -\frac{1}{n}\sum_{i=1}^{n}z_{iT}\Delta x'_{iT} \end{bmatrix}, \hat{G}_{\delta}(\gamma) = \begin{bmatrix} -\frac{1}{n}\sum_{i=1}^{n}z_{it_0}\mathbf{1}_{it_0}(\hat{\gamma})'X_{it_0} \\ \vdots \\ -\frac{1}{n}\sum_{i=1}^{n}z_{iT}\mathbf{1}_{iT}(\hat{\gamma})'X_{iT} \end{bmatrix}$$

$$\hat{G}_{\gamma}(\theta) = \begin{bmatrix} \frac{1}{nh}\sum_{i=1}^{n}z_{it_0}\left[(1,x'_{it_0-1})'K\left(\frac{\hat{\gamma}-q_{it_0-1}}{h}\right) - (1,x'_{it_0})'K\left(\frac{\hat{\gamma}-q_{it_0}}{h}\right)\hat{\delta}\right] \\ \frac{1}{nh}\sum_{i=1}^{n}z_{iT}\left[(1,x'_{iT-1})'K\left(\frac{\hat{\gamma}-q_{iT-1}}{h}\right) - (1,x'_{iT})'K\left(\frac{\hat{\gamma}-q_{iT}}{h}\right)\hat{\delta}\right] \end{bmatrix}$$

$$(8-23)$$

其中，式（8-23）可由标准 Nadaraya-Watson 核估计方法进行估计，其中，核函数 K 和带宽 h 分别由高斯核函数和西尔弗曼（Silverman, 1986）经验法则确定。

四、变量构造和数据来源

1. 经济增长（Y）

国内生产总值是对一国（地区）经济在核算期内所有常住单位生产的最终产品问题的度量，常被用以反映一个国家（地区）宏观经济总量状况，而人均国内生产总值则是将一个国家（地区）核算期内（通常是一年）实现的国内生产总值与其常住人口（或户籍人口）相比进行计算得到，剔除了人口规模的影响，可以准确真实地反映经济社会可持续发展的潜力，是衡量一国（地区）经济发展水平的重要指标，故本章选择以2004 年为基期平减后的人均（常住人口）实际国内生产总值衡量经济增长水平。

2. 旅游业发展（TR）

既有旅游业实证文献在为旅游业发展寻找可度量的代理变量时，无外乎从收入或人次两个方面予以度量，有文献直接采用连续性指标，如收入水平或人次数量衡量旅游业发展水平，也有文献使用旅游业专业化指标，即旅游业收入占国内生产总值比例刻画旅游业发展状况（Lee and Chang，2008；Adamou and Clerides，2010），另有文献采用旅游总人次与地区总人口数的比值度量旅游业规模（Kim et al.，2006；Cortés-Jiménez，2008），也有文献将旅游者过夜天数定为旅游业发展的代理指标（Tang et al.，2007；Jackman and Lorde，2010）。然而，需要说明的是，单一的收入或人次指标显然无法综合反映旅游业的发展情况，原因在于：旅游产品的综合性决定了其构成是需要为消费者营造一种综合性的体验场景，其中所蕴含的旅游业物质投入要素、旅游企业经营绩效以及旅游企业服务能力等因素都会制约旅游业的发展空间。鉴于此，从综合性、宽视野和多维度层面构建旅游业发展综合评价指标体系，并借助于量化分析手段测度旅游业的综合发展指数，是一种有效度量旅游业发展水平的可行探索。根据测度产业发展综合竞争力指标的传统处理方式，本章拟从旅游业规模、结构和潜力三个维度构建旅游业发展的综合评价指标体系，为尽可能囊括更多指标信息含量，三个一级指标下共设置 29 个二级指标。其中，在改进熵值法测算指标序参量权重基础上，本章将 TOPSIS 方法与灰色关联理论相结合，通过联合欧氏距离与灰色关联度计算出灰色关联相对贴近度，以此揭示系统现实状态与理想状态的贴近程度，进而测算出旅游业综合功效指数，并将其作为度量旅游业发展述评的综合代理指标。

3. 新型城镇化建设（NURB）

既有文献在检验新型城镇化建设的经济增长效应时，通过构建新型城镇化综合评价指标体系来测度其综合指数作为衡量新型城镇化建设进程的有效指标，此种构造新型城镇化变量的思路基本已达成一致共识。新型城镇化侧重于提升城镇化质量，致力于弥补、矫正传统城镇化过度关注规模粗放扩张的短视思维，以实现城镇化规模、质量协调并进。因此，在构建新型城镇化综合评价指标体系时，既要纳入传统城镇化测度的关键评价指标，又需彰显新型城镇化以人为本、内涵发展的核心理念。本章借鉴赵永平和徐盈之（2014）、赵磊和方成（2019）的设置思路，分别从经济基础、人口发展、空间结构、社会功能、环境质量、城乡统筹、生态集约七个方面构建新型城镇化综合评价指标体系，同样利用与旅游业综合功效指数测算相似的方式，测度出新型城镇化建设的综合功效指数，并将其作为衡量新型城镇化建设程度的代理指标。

4. 控制变量

参考既有经济增长决定因素的相关文献，本章需要控制如下变量：（1）物质资本存量（PK）。采用经典的永续盘存法估算省际物质资本存量，其中固定资本折旧率选取张军等（2004）的 9.6%。（2）人力资本存量（HC）。通过设定不同教育水平就业人员的受教育年限，并以各受教育水平在人口中的比例为权数，以测算出的各省份平均受教育年限进行度量。（3）制度质量（IQ）。市场化指数能够有效反映出资源要素的市场发育程度，市场主体的有序竞争程度以及价格信号市场甄别机制的灵敏程度等是判别资源要素市场优化配置程度的关键指标，采用樊纲等（2011）以及王小鲁等（2017）测算的中国分省市场化指数来度量各省制度质量水平。（4）对外开放（OP）。采用实际利用外商直接投资额占国内生产总值的比值衡量。（5）政府干预（GV）。采用政府财政支出占国内生产总值的比值度量。

考虑到数据可得性和统计口径一致性，本章选取中国大陆 2004～2017 年 30 个省份（西藏除外）平衡面板数据为研究样本。旅游业综合评价系统的指标原始数据分别来源于 2005～2018 年历年《中国旅游年鉴》与《中国旅游统计年鉴（副本）》。新型城镇化综合评价系统指的标原始数据分别来源于 2005～2018 年历年《中国统计年鉴》《中国城市统计年鉴》《中国科技统计年鉴》，以及省级统计年鉴和中国与社会发展统计数据库。其他原始数据也来源于《新中国六十年统计资料汇编》以及国研网统计数据库和中经网统计数据库。针对计算过程中的个别缺失数据，通过移动平均法予以补齐。

第四节　实证分析

一、内生性检验

我们首先进行模型门限变量内生性检验。卡佩塔尼奥斯（Kapetanios，2010）根据豪斯曼（Hausman，1978）检验的一般原则，开发出用

于检验门限模型中解释变量内生性的基本程序。相似地，徐和信
（2016）同样基于 Hausman 类型程序，开发出检验门限变量是外生的零
假设有效性的统计过程，其是应用 FD - GMM 和 FD - 2SLS 估计量及其
渐进结果的混合程序。

具体地，徐和信（2016）提出模型门限变量的 FD - GMM 统计量 $\hat{\gamma}$
等价于其 FD - 2SLS 估计量 $\hat{\gamma}_{FD-2SLS}$ 的零假设检验的 t 统计量：

$$t_H = \frac{\sqrt{n}\ (\hat{\gamma} - \hat{\gamma}_{FD-2SLS})}{\hat{V}'_\gamma \hat{V} - \hat{V}'_\gamma \hat{V}_s (\hat{V}'_s \hat{V}_s)\hat{V}'_s \hat{V}_\gamma}$$

$$V_s = \widehat{\Omega}^{-1/2}(\hat{G}_\beta,\ \hat{G}_\delta),\quad V_\gamma = \widehat{\Omega}^{-1/2}\hat{G}_\gamma$$

$$\hat{\gamma}_{FD-2SLS} = \gamma_0 + o_p(n^{-1/2}\ (\hat{V}'_\gamma \hat{V} - \hat{V}'_\gamma \hat{V}_s (\hat{V}'_s \hat{V}_s)^{-1}\hat{V}'_s \hat{V}_\gamma))$$

$$(8-24)$$

由于其的超一致性，在门限变量 q_{it} 严格外生零假设条件下，$\hat{\gamma}$ 等价于
$\hat{\gamma}_{FD-2SLS}$，由此得到的 t 统计量渐进服从标准正态分布。根据汉森（1999）
和冈萨雷斯等（2005）的处理方法，我们选择所有解释变量与门限变量的
一阶滞后项作为工具变量。为了核验动态面板门限回归模型估计结果的有
效性，我们首先考察过度识别矩条件有效性的检验结果。如表 8 - 1 所示，
J 统计量为 30.248，未能拒绝工具变量有效性的零假设，说明所选择的工
具变量联合有效性。

二、模型非线性检验

基于式（8 - 8），徐和信（2016）提出了一种快速 Bootstrap 算法检验
门限效应的存在，即考虑模型非线性检验的零假设为 $H_0: \delta = 0$，对任意
$\gamma \in \Gamma$；而备择假设为 $H_0: \delta \neq 0$，对特定 $\gamma \in \Gamma$。建立零假设的自然检验统
计量：

$$\sup W = \sup_{\gamma \in \Gamma} W_n(\gamma) \qquad (8-25)$$

其中，对任意固定的 γ，$W_n(\gamma)$ 为标准 Wald 统计量：

$$W_n(\gamma) = n\hat{\delta}(\gamma)' \sum_\delta(\delta)^{-1}\hat{\delta}(\gamma) \qquad (8-26)$$

其中，给定 γ，$\hat{\delta}(\gamma)$ 为 δ 的 FD - GMM 估计量，$\hat{\sum}_\delta(\gamma)$ 为 $\hat{\delta}(\gamma)$ 渐进
方差的一致估计量：

$$\hat{\sum}_\delta(\gamma) = R(\hat{V}_s(\gamma)'\hat{V}_s(\gamma))^{-1}R' \qquad (8-27)$$

其中，$R = (\mathbf{0}_{(k_1+1) \times k_1},\ I_{k_1+1})$，$\hat{V}_s(\gamma) = \widehat{\Omega}(\hat{\theta}(\gamma))^{-1/2}(\hat{G}_\beta, \hat{G}_\delta(\hat{\theta}(\gamma)))$。

设 G(γ) = (G$_\beta$, G$_\delta$(γ)), D(γ) = G(γ)$'\Omega^{-1}$G(γ),则 supW 统计量的极限分布为:

$$\text{supW} \xrightarrow{d} \sup_{\gamma \in \Gamma} Z'G(\gamma)'D(\gamma)^{-1}R'[RD(\gamma)^{-1}R']^{-1} \times RD(\gamma)^{-1}G(\gamma)\ Z$$

$$(8-28)$$

其中,Z ~ N(0,Ω^{-1})。在此基础上,参考汉森等(1996)的做法,应用 Bootstrap 算法模拟获得检验统计量的渐进临界值或 P 值。

三、实证结果分析

旅游文献中关心的一个核心问题,即旅游业发展是否影响宏观经济增长。拉扎等(Raza et al.,2020)认为,旅游业发展对经济增长的影响取决于城镇化水平,尤其是以生态集约和绿色发展为特征的城镇化建设模式,可以激发旅游业发展对经济增长的影响潜力。值得强调的是,传统文献在探讨旅游业与经济增长的非线性结构突变问题时,研究方法存在两点潜在误区:一是基于任意阈值的样本拆分;二是拆分样本被主观"锁定",不允许随时间变化而变换分组。鉴于此,本章尝试在新型城镇化战略背景下,基于旅游业视角,采用动态面板框架中经济增长的门限模型来解决以上难点。

根据理论机制,本章以新型城镇化作为门限变量,基于式(8-4)对旅游业影响经济增长的动态门限效应进行实证检验。特别地,采用徐和信(2016)开发出的 FD-GMM 方法对式(8-4)进行估计,该方法的优势在于,放宽了既有研究对模型门限变量和解释变量需要严格外生的预先假定,而是允许门限变量和解释变量同时内生。

表 8-1 汇报了基于新型城镇化门限变量的旅游业影响经济增长的动态面板门限模型的 FD-GMM 估计结果。关于模型非线性检验,根据党等(Dang et al.,2006)的做法,构造 supW 检验的自举模拟 P 值显著拒绝了模型存在线性效应的零假设,说明本章所设基准模型存在无法忽视的非线性门限效应,即旅游业对经济增长的影响存在显著的新型城镇化门限效应。对动态面板门限回归模型的 FD-GMM 估计过程基于 STATA15.1 平台使用"xthenreg"命令完成。如表 8-1 所示,新型城镇化变量存在两个门限值,分别为 0.4218 和 0.6356,基于数据结构和模型特征内生地搜索出的新型城镇化门限值,可将研究样本分为低新型城镇化组(NURB ≤ 0.4218)、中新型城镇化组(0.4218 < NURB ≤ 0.6356)和高新型城镇化组(NURB > 0.6356)三类区制,并且区制间解释变量系数存在显著差异。

表 8 - 1　　　　　　　动态面板门限回归模型估计结果（FD - GMM）

区制 1			区制 2			区制 3		
参数	估计值	标准差	参数	估计值	标准差	参数	估计值	标准差
ρ_1	0.2005	0.1732	ρ_2	0.3823**	0.1345	ρ_3	0.6825***	0.2443
β_{11}	0.3113**	0.2251	β_{12}	0.3503***	0.1275	β_{13}	0.3612***	0.2397
β_{21}	- 0.1641	0.8046	β_{22}	0.1269***	0.6269	β_{23}	0.6688***	0.1381
χ_{PK}	- 0.0382	0.1346	χ'_{PK}	0.0881	0.0338	χ''_{PK}	0.1031**	0.0445
χ_{HC}	0.6743***	0.1933	χ'_{HC}	1.1574***	0.4318	χ''_{HC}	2.3791***	0.7449
χ_{IS}	0.1129	0.1230	χ'_{IS}	0.0888*	0.0435	χ''_{IS}	0.1689*	0.0919
χ_{OP}	0.6113***	0.1626	χ'_{OP}	0.5105**	0.1328	χ''_{OP}	0.4099***	0.1545
χ_{GV}	1.7624**	0.7026	χ'_{GV}	0.0385	0.4991	χ''_{GV}	- 0.5301	1.1075
门限　NURB≤0.4218			门限　0.4218 < NURB≤0.6356			门限　NURB > 0.6356		
J 统计量（P 值）　30.302（0.195）			线性检验（P 值）　　0.000			矩条件数　273		

注：*、**和***分别表示 10%、5% 和 1% 显著性水平。

　　由式（8 - 4）可知，经济增长滞后项在低新型城镇化区制内系数为正，但不具备统计意义，而在中、高新型城镇化区制内系数分别显著为正，并且呈递增趋势，说明在新型城镇化建设初期，其对产业配置、布局的"蒂伯特选择机制"在推动新兴产业向集约型、创新型和生态型方向发展的同时，也对固有产业结构体系造成了短期冲击，特别是传统产业淘汰、转移，以及新兴产业研发、孕育，必然会产生不同形式的沉没成本、交易成本和创新成本等，进而在一定程度上削弱了经济增长的动态惯性。在中、高新型城镇化区制内，新型城镇化通过对微观企业的"倒逼效应"和"筛选效应"，优化产业结构，释放集聚潜力，提升企业生产率，进而为经济增长提供内在动力。由此可推断，随着新型城镇化进程的逐渐深入，其对经济增长的驱动机制施加潜在的有效调节作用。

　　我们重点关注旅游业的经济增长效应基于新型城镇化门限变量的非线性特征，翔实刻画旅游业发展对经济增长影响强度的变化规律。首先，在低、中和高新型城镇化区制内，旅游业系数分别为 0.3113、0.3503 和 0.3612，揭示出旅游业的经济增长效应整体呈现"阶梯"式变化特征，即随着新型城镇化水平提升，旅游业对经济增长的影响效应渐次强化，进而证实新型城镇化建设与旅游业发展在经济增长过程中具有正向互补作用，两者之间产生了促进经济增长的"协同效应"。其次，旅游业与新型城镇化内涵契合、功能交织、文化共鸣和环境适配，进而催生两者耦合共振、协调发展，特别是新型城镇化建设可为旅游业资本积累、技术创新和结构优化提供市场需求、供给条件、功能平台和融合空间，由此增强旅游业部门的行业实力、发展能级和产业波及，并拓展旅游业影响经济增长的传导渠道，深度刺激旅游业的经济增长效应发生"跃迁"变化。最后，在新型城镇化建设初期，由于在功能匹配、规划吻合和产业协同方面处于"磨合期"，相比中、高区制而言，旅游业与新型城镇化之间的循环联动机制尚在孕育，故而旅游业的经济增长效应相对较弱，但随着新型城镇化愈发凭借"选择效应""溢出效应""规模效应"推进产业分工，引发产业集聚，促进产业转型，新型城镇化建设对旅游业发展的"质量效应"确保了旅游业影响经济增长的持续动力。另外，旅游业的经济增长效应的新型城镇化门限特征，呈现边际效应递增特性，从而为认知旅游业与经济增长非线性关系提供了条件，原因在于，既有对此非线性关系探讨的旅游文献，普遍认为当以旅游业专业化为门限变量时，随着旅游业部门的过度扩张，其对经济增长的边际影响效应呈递减趋势，上述由于门限变量不同所导致的非线性关系实证结论差异，说明旅游业与经济增长非线性关系的表现形式取决于门限变量变换。由此言之，本章从动态视角所刻画的旅游业对经济增长的新型城镇化门限效应，突破了既有文献仅从旅游业专业化单一视角描绘旅游业与经济增长非线性关系的狭隘视域，进而从非线性视角有效拓展了旅游业与经济增长关系研究框架。除此以外，本章所得实证结论也丰富了中国 TLG 假说的研究体系，特别是将中国旅游业与经济增长关系置于动态非线性框架予以检验，进而使得对中国旅游业影响经济增长的过程刻画更加接近于客观现实。

新型城镇化系数在区制 1 内为负，但不显著，说明当新型城镇化综合指数低于 0.4218 时，由于新型城镇化改革在对传统城镇化路径进行更新、矫正或变革时，必然会面临经济成本、社会成本和制度成本，因而短期会在一定程度上抑制新型城镇化的经济增长效应。随着新型城镇化建设持续推进，当跨越门限值进入区制 2 与区制 3 时，伴随劳动专业化分工愈发深入，企业生产效率得以提升，而且也有助于促进技术创新水平提升和新兴产业集聚，从而驱动产业结构优化（苏红键等，2014）。具体来说，新型城镇化可通过"技术创新效应""人力资本效应""要素流动效应""消费需求效应"促进产业结构优化（周敏等，2020），随着产业结构深度调整，新型城镇化的经济增长效应存在显著的产业结构门限效应，当产业结构变迁低于门限值时，产、城发展处于不匹配状态，从而抑制了新型城镇化的经济增长作用，而当超过门限值时，新型城镇化与产业结构升级之间存在显著"协同效应"，新型城镇化的经济增长效应明显增强（孙叶飞等，2016；徐秋艳等，2019）。

控制变量系数在三类区制内也同时得以系统展示。人力资本和对外开放系数在三类区制内变化相对稳定，均呈显著正向影响，其中，人力资本存在边际影响效应递增特征，城镇化持续扩张过程蕴含人力资本积累及知识溢出（Henderson，2003），而新型城镇化则通过"集聚效应"和"溢出效应"两种传导渠道进一步放大人力资本积累对经济增长的市场需求机制、科技创新机制和资源配置机制，进而也从新型城镇化视角证实人力资本积累是驱动经济可持续增长的主要源泉。与其相反，尽管对外开放系数显著为正，但却表现为边际效应递减过程，原因可能在于：一方面，在国内外复杂形势不确定性背景下，随着逆全球化思潮和贸易保护主义盛行，导致我国对外开放步伐受阻，经济增长速度减缓；另一方面，全球价值链嵌入背景下我国企业出口产品质量相对低下，附加值不高，出口结构以传统加工贸易为主，致使经济增长出现周期波动，但从长远看，对外开放仍是我国经济增长的主要途径。物质资本和政府干预系数在三类区制内存在明显差异，物质资本投资系数在区制3内显著为正，而政府干预系数则在区制1内显著为正。前者说明随着新型城镇化建设深入推进，一方面，产生了巨大的物质资本市场需求，尤其在基础设施、科技服务、管理协同、产业重塑等领域需要大量资金支持；另一方面，新型城镇化强势推进创新驱动、产业升级与投资优化形成有机互动整体，进而深度激发新型物质资本的边际报酬递增潜力。后者则清晰地反映出在新型城镇化初级阶段，政府通过偏向性政策激励、规划引领、功能配置、机制创新等组合措施促进经济增长，但政府过度干预又与中国经济改革方向相悖，其导致要素配置扭曲，市场机制受损，进而也会抑制经济增长。新型城镇化建设的根本目的是提升城镇化质量，保持城镇化规模与效率协调并进，所以在城镇化规模快速扩张的前提下，实现城镇化质量有序、全面提升，在建设初期势必会遭遇诸多制度性难题，诸如户籍制度、土地制度、行政制度等。随着新型城镇化进入高质量发展的关键期，通过深度推动城镇化体制机制改革创新，能够充分发挥市场化对资源要素的优化配置能力，提高要素、产品市场的竞争性和流动性，从而使得经济增长获得内生动力。

第五节　稳健性分析

考虑到新型城镇化建设对旅游业发展具有门槛效应，进而与经济增长之间存在非线性关系，故而我们在汉森（1999）所开发的静态面板门限模型中直接引入经济增长滞后项，即将式（8-3）拓展为如下动态面板门限模型形式：

$$\ln Y_{it} = \rho \ln Y_{it-1} + \beta_1 \ln TR_{it} \, 1 \, (\ln NURB_{it} \leq \gamma)$$
$$+ \beta_2 \ln TR_{it} \, 1 \, (\ln NURB_{it} > \gamma) + \chi \ln Z_{it} + \mu_i + \varepsilon_{it} \tag{8-29}$$

上述模型由于能够处理内生性问题，所以对门限参数的估计效率更高。然而，式（8-29）仅考虑了旅游业对经济增长的斜率门限效应而忽视了截距门限效应，进而有可能导致有偏或不稳定的估计结果（Bick，2010）。因此，参考克雷默等（Kremer et al.，2013）的做法，也为使动态模型估计结果更加稳健，在式（8-29）基础上再纳入截距门限效应，最终建立如下扩展形式的动态面板门限回归模型：

$$\ln Y_{it} = \mu_i + \rho \ln Y_{it-1} + \beta_1 \ln TR_{it} \, 1 \, (\ln NURB_{it} \leq \gamma) + \lambda \, 1 \, (\ln NURB_{it} \leq \gamma)$$
$$+ \beta_2 \ln TR_{it} \, 1 \, (\ln NURB_{it} > \gamma) + \chi \ln Z_{it} + \varepsilon_{it} \tag{8-30}$$

其中，λ 表示当 $\ln NURB_{it} \leq \gamma$ 时旅游业对经济增长的截距门限效应。由于式（8-30）包含被解释变量滞后项，为处理潜在的内生性，应采用工具变量法对其进行估计，需先消除式中的个体固定效应，通常有组内变换和一阶差分两种分法。传统的对均值离差消除个体固定效应的方法则会使得式（8-29）中被解释变量滞后项与个体误差均值存在相关性，进而无法在静态面板门限模型估计中得到参数的一致估计量（Hansen，1999）。此外，采用一阶差分消除个体固定效应的处理方法则会使误差项存在负的序列相关，导致静态面板门限模型的分布理论不再适用（张丹和陈乐一，2019）。针对以上固定效应处理困局，本章参考克雷默等（2013）的做法，为消除上式中的个体固定效应，对式（8-29）进行前向正交离差变换处理，可以有效避免变换后误差项之间的序列相关问题。对变量进行前向正交离差变换处理之后的模型为：

$$\ln Y_{it}^* = \mu_i + \rho \ln Y_{it-1}^* + \beta_1 \ln TR_{it}^* \, 1(\ln NURB_{it} \leq \gamma) + \lambda \, 1 \, (\ln NURB_{it} \leq \gamma)$$
$$+ \beta_2 \ln TR_{it}^* \, 1 \, (\ln NURB_{it} > \gamma) + \chi \ln Z_{it}^* + \varepsilon_{it}^* \tag{8-31}$$

其中，误差项的前向正交离差变换形式如下：

$$\varepsilon_{it}^* = \sqrt{\frac{T-t}{T-t+1}\left\{\varepsilon_{it} - \frac{1}{T-t}\left[\varepsilon_{i(t+1)} + \cdots + \varepsilon_{iT}\right]\right\}}, \quad t = 1, \cdots, T-1$$

$$(8-32)$$

式（8-31）中其他变量的前向正交离差变换形式与误差项一致，且在变换后无序列相关，方差也具有单位矩阵特征：

$$Var(\varepsilon_i) = \sigma^2 I_T \Rightarrow Var(\varepsilon_i^*) = \sigma^2 I_{T-1} \qquad (8-33)$$

为了便于刻画模型的估值方法，可设 $w_{1it}^* = \ln Y_{i,t-1}^*$ 为内生解释变量，w_{2it}^* 为其他控制变量，$W_{it}^* = (w_{1it}^*, w_{2it}^*)$，式（8-31）可进一步简化为：

$$\ln Y_{it}^* = \mu_i + \beta_1 \ln TR_{it}^* \, 1\,(\ln NURB_{it} \leqslant \gamma) + \lambda \, 1\,(\ln NURB_{it} \leqslant \gamma)$$
$$+ \beta_2 \ln TR_{it}^* \, 1(\ln NURB_{it} > \gamma) + \zeta \ln W_{it}^* + \varepsilon_{it}^* \qquad (8-34)$$

参考卡恩尔和汉森（2004）和克雷默等（2013）的做法，首先，我们选择因变量的滞后项（$\ln Y_{i,t-1}^*, \cdots, \ln Y_{i,t-p}^*$）作为工具变量 ν_{it} 来估计 w_{1it}^*，p 设置为 1 到 t 之间的数值，本章估计结果在 p = 2 设定下进行估计。假设 $w_{1it}^* = g(\nu_{it}, \xi)$，$\xi$ 为回归系数，采用面板模型最小二乘法可得到估计值 $\hat{w}_{1it}^* = g(\nu_{it}, \hat{\xi})$，$\hat{\xi}$ 为回归系数估计值。其次，从门限变量 $\ln NURB_{it}$ 的取值范围中选任意值作为初始门限值 γ_0，将估计值 $\hat{w}_{1it}^*$ 代入上述方程，再运用面板模型最小二乘法估计，可得到相应残差平方和 $S_n(\gamma_0)$，门限值 γ 的估计值 $\hat{\gamma}$ 可通过最小化 $S_n(\gamma)$ 进行估计，即 $\hat{\gamma} = \arg\min_\gamma S_n(\gamma)$。当得到 $\hat{\gamma}$ 后，再应用系统广义矩估计（system GMM, SYS-GMM）方法获得模型参数估计值。最后，进行门限估计值的真实性检验。原假设 H_0: $\gamma = \gamma_0$，构造似然比统计量为 $LR_n(\gamma) = n[S_n(\gamma) - S_n(\hat{\gamma})]/S_n(\hat{\gamma})$。由于此统计量为非标准分布，卡恩尔和汉森（2004）开发了一个可简单计算出其接受域的公式：$\Gamma = \{\gamma: LR_n(\gamma) \leqslant -2\log(1 - \sqrt{1-\tau})\}$，$\tau$ 为显著性水平。

根据前面提供的估计程序和检验方法，根据刘晓瑞和孙涛（2019）与李宏兵等（2019）的做法，我们同时以旅游业和经济增长滞后一期项作为工具变量，动态面板门限回归模型的 SYS-GMM 估计结果汇报于表 8-2。关于模型稳定性的判别指标显示：①Sargan 检验结果支持工具变量联合有效；②一阶序列自相关显著，但二阶序列自相关不显著；③Wald 检验结果支持不同区制内解释变量系数联合显著；④经济增长滞后项系数在 1% 统计水平上显著为正，再次验证经济增长的动态惯性特征。

表 8 – 2 稳健性检验结果（SYS – GMM）

	参数	系数	标准差	Z 值	P 值
门限值估计	γ_1	0.4367 [0.4213，0.4445]			
	γ_2	0.6467 [0.6302，0.6589]			
旅游业斜率门限效应	NURB≤0.4367	0.3198 ***	0.1243	4.75	0.000
	0.4367 < NURB≤0.6467	0.3553 **	0.1189	2.41	0.016
	NURB > 0.6467	0.3904 ***	0.1202	3.49	0.000
经济增长滞后项	ρ	0.5553 ***	0.0307	18.06	0.000
截距门限效应	λ	0.2166 ***	0.0833	2.60	0.009
控制变量对经济增长的影响	χ_{NURB}	0.1849 ***	0.0674	3.54	0.000
	χ_{PK}	0.1380 ***	0.0134	10.33	0.000
	χ_{HC}	1.2326 ***	0.0631	2.72	0.007
	χ_{IS}	0.0468 ***	0.0136	3.44	0.001
	χ_{OP}	0.8315 **	0.4099	2.03	0.043
	χ_{GV}	0.0389	0.0851	0.46	0.648
模型诊断性检验	Wald 检验	0.000			
	AR（1）检验	0.004			
	AR（2）检验	0.239			
	Sargan 检验	0.998			

注：*、**和***分别表示10%、5%和1%显著性水平。

　　旅游业对经济增长具备非线性的新型城镇化门限效应。以新型城镇化为门限变量的门限估计参数分别为 0.4367 和 0.6467，分别处于其相应的95% 置信区间 [0.4213，0.4445] 和 [0.6302，0.6589]，说明旅游业对经济增长的影响存在基于新型城镇化的双重门限效应，这与我们采用徐和信（2016）的 FD-GMM 方法所进行的门限效应检验结果大体一致，差异在于门限参数 SYS-GMM 估计值要略大于门限参数 FD-GMM 估计值。

旅游业对经济增长存在斜率门限效应和截距门限效应，具体表现在旅游业对经济增长的影响随着新型城镇化进程高低而存在显著差异。具体来说，当新型城镇化建设处于低区制（NURB≤0.4367）时，旅游业斜率门限效应为 0.3198；而当新型城镇化发展处于中区制（0.4367＜NURB≤0.6467）时，旅游业斜率门限效应则为 0.3553；直到新型城镇化进程演进至高区制时（NURB＞0.6467），旅游业斜率门限效应升至 0.3904。这表明随着新型城镇化依次跨越门限值，旅游业斜率门限效应具备边际递增趋势，旅游业对经济增长的促进作用愈渐增强，由此验证新型城镇化对旅游业的经济增长效应的非线性强化作用并不因估计策略的变换而发生实质改变，从而反映出旅游业对经济增长的新型城镇化动态门限效应的稳健性。另外，我们也发现，使用 SYS-GMM 方法估计出的三类新型城镇化区制内旅游业效率门限效应相应大于使用 FD-GMM 方法估计出的旅游业的经济增长效应，究其因，可能是由于模型设定、估计方法和矩条件选择的差异性所致。徐和信（2016）开发的动态非线性面板模型能够同时检验门限变量对所有解释变量的门限效应，从而系统刻画门限变量对所有解释变量影响被解释变量的非线性趋势，所以相比 SYS－GMM 方法，对旅游业影响经济增长的新型城镇化门限模型进行 FD－GMM 方法估计，更能整体勾勒出经济增长决定因素的效应变化，在控制上述变化因素后，经济增长动态面板门限回归模型的系数 FD－GMM 估计量相对稍小。总体而言，由 SYS－GMM 估计结果可知，旅游业对经济增长的促进作用不仅受到新型城镇化建设程度的影响，而且旅游业在高新型城镇化水平地区要比在低新型城镇化水平地区更有利于驱动经济增长。随着新型城镇化进程加快，旅游业可从中获取更广阔的消费市场需求、更适配的产业结构体系、更多元的产品构成要素、更先进的组织创新理念等，进而有助于系统提升旅游企业经营效率、产品价值内涵和产业融合能力，为旅游业高质量发展不断赋予全新动能，强化旅游业对经济增长的传导效力，进而对经济增长产生持续积极影响。

第六节　对比性分析

为与旅游业、新型城镇化与经济增长之间非线性关系模型的动态面板门限回归结果相对比，我们同时应用汉森（1999）所设计的普通静态面板门限回归模型对上述关系进行实证检验，考察将动态因素纳入非线性模型后，新型城镇化对旅游业影响经济增长的动态门限效应与静态门限效应会存在何种变化差异。本节对静态门限效应进行检验。表8-3报告了静态面板门限效应检验中以新型城镇化为门限变量的检验结果，可见单一门限与双重门限效应分别通过10%和1%显著性检验，但三重门限效应并不显著，说明新型城镇化对旅游业与经济增长关系存在显著的双重门限效应。特别地，静态面板新型城镇化双重门限和单一门限参数分别为0.453和0.663，均稍大于前面所报告的使用FD-GMM和SYS-GMM两种方法所估计出的动态面板新型城镇化双重门限参数。

表8-3　　　　　　　　　　　　　静态门限效应检验

门限参数	F统计量	P值	1%临界值	5%临界值	10%临界值	门限值	95%置信区间
单一门限	111.453*	0.020	135.848	118.232	103.479	0.663	[0.655, 0.675]
双重门限	39.696***	0.000	17.859	12.579	9.044	0.453	[0.448, 0.459]
三重门限	13.912	0.163	26.141	16.686	14.284	0.551	[0.551, 0.594]

注：*、**和***分别表示10%、5%和1%显著性水平。

旅游业影响经济增长的静态面板新型城镇化双重门限模型参数估计结果报告于表8-4中。如表8-4所示，旅游业的经济增长效应同样显著地存在基于新型城镇化的正向非单调性双重门限特征，具体表现在：当新型城镇化建设处于低区制（NURB≤0.453）时，旅游业影响系数为0.3950；而当新型城镇化发展处于中区制（0.453 < NURB≤0.663）时，旅游业斜率门限效应则为0.4128；直到新型城镇化进程演进至高区制时（NURB > 0.663），旅游业斜率门限效应升至0.7131。这再次说明即使在静态面板门限模型框架中，新型城镇化依然对旅游业的经济增长效应具有积极的递增式双重门限作用。另外，与动态面板模型框架相比，旅游业的静态经济增长效应在三类新型城镇化区制内较大，也说明遗漏了动态因素后，静态面板门限回归模型遭遇潜在内生性后致使解释变量系数值普遍被高估。

表 8 – 4　　　　　　静态面板门限回归模型估计结果

项目	参数	系数	标准差	T值	P值
旅游业斜率门限效应	NURB≤0. 453	0. 3950 **	0. 1857	2. 13	0. 034
	0. 453 < NURB≤0. 663	0. 4128 **	0. 1912	2. 16	0. 031
	NURB > 0. 663	0. 7131 ***	0. 1824	3. 91	0. 000
控制变量对经济增长的影响	χ_{NURB}	0. 2128 ***	0. 1762	6. 88	0. 000
	χ_{PK}	0. 1409 ***	0. 0227	6. 21	0. 000
	χ_{HC}	1. 2941 ***	0. 1445	2. 04	0. 042
	χ_{IS}	0. 0584 ***	0. 0126	4. 62	0. 000
	χ_{OP}	0. 8651 ***	0. 3279	2. 64	0. 009
	χ_{GV}	0. 5242 ***	0. 1279	4. 10	0. 000

注：* 、 * * 和 * * * 分别表示 10% 、 5% 和 1% 显著性水平。

第七节　结论与建议

近年来，随着中国旅游业规模持续扩张，其对经济增长的综合贡献与日俱增，尤其是旅游业的经济增长效应问题成为各方关注的焦点问题。与此同时，在新型城镇化上升为国家战略的背景下，重新检验、识别和修正中国 TLG 假说研究框架具有重要的学术意义和时代价值。本章在获得旅游业与经济增长非线性关系实证文献支持的基础上，将新型城镇化变量纳入中国 TLG 假说研究框架，进而将其拓展为包含新型城镇化门限变量的TLG 假说非线性框架，并以 2004 ～ 2017 年中国 30 个省份（西藏除外）面板数据为研究样本，采用由徐和信（2016）开发的能够捕捉非线性不对称动态因素的面板门限回归模型对旅游业影响经济增长的新型城镇化门限效应进行 FD-GMM 方法估计，以实证检验新型城镇化发展对旅游业的经济增长效应的非线性作用机制。实证研究结果表明：新型城镇化建设不仅对旅游业的经济增长效应具有正向非单调性双重门限作用，而且旅游业的经济增长效应随新型城镇化进程推进呈现边际递增规律。另外，当我们应用 SYS-GMM 方法对克雷默等（2013）所设定的动态面板门限回归模型进行估计后，核验出新型城镇化对旅游业的经济增长效应的双重门限作用具备稳健性。对比性分析表明，汉森（1999）发展出的静态面板门限回归模型会高估新型城镇化对旅游业影响经济增长的门限效应。

　　上述结论为增强产城融合的经济增长效应特别是发挥新型城镇化在旅游业影响经济增长中的间接渠道作用提供了重要政策启示。首先，需及时改变对旅游业与经济增长线性关系理解的刻板认识，将学术视野转向更具一般性的非线性框架，尤其是当识别到旅游业影响经济增长的非线性动态新型城镇化双重门限效应时，为高效挖掘旅游业的经济增长效应，基于新型城镇化建设水平的差异性，政府在制定旅游业导向型经济增长战略时，应实施差异化与最优化的旅游业发展政策。其次，坚持深入推进新型城镇化战略，全面提升城镇化发展质量，在推动新型城镇化进程跨越门限值的同时，深度增进现代旅游业发展与新型城镇化建设之间的耦合协调机制，尤其是旅游业部门需着重增强对新型城镇化建设所释放的创新知识溢出的吸收能力，主动提升对现代农业、新型工业和新兴服务业的关联融合水平，进而通过整体推进旅游业跨区域、跨部门和跨行业的新产品、新业态、新技术和新模式的不断孕育、生成和涌现，持续强化旅游业的经济增长效应。最后，由于新型城镇化发展对旅游业的经济增长效应具有正向门限作用，所以各级政府除可考虑实施鼓励城、旅融合的协同政策，还应同时增强旅游业发展的政策弹性，尤其要确保不同新型城镇化建设阶段综合政策制定的有序过渡、顺畅衔接，目的在于依靠最优政策制定引导旅游业在不同新型城镇化建设阶段获取适配性发展新动能，进而通过发挥兼容新型城镇化发展的旅游业综合政策效力来刺激旅游业的经济增长。

第九章 旅游业、新型城镇化与绿色全要素生产率

第一节 引 言

改革开放以来，凭借工业化和城镇化的快速发展，中国经济取得了令全世界为之瞩目的发展奇迹，但经济高增长的同时，也伴随着明显的高能耗、高排放、高污染，生态环境污染愈益成为严重的社会问题，并引起了政府和学术界的广泛关切（Liang and Yang, 2019）。以要素粗放开发和政府过度干预为主导的传统经济发展模式，致使资源要素严重错配，进而使得经济系统长期处于低效率运行阶段，由此进一步加剧了环境和增长之间的矛盾。事实上，依靠传统城镇化发展模式推动经济增长的路径选择越来越被诟病，资源和环境双重约束导致中国经济增速"结构性"下滑，由此进入"三期叠加"的"新常态"。鉴于中国经济面临着生态破坏、环境污染、能源资源日益匮乏所带来的严峻挑战，为破解这一发展难题，国家"十三五"规划提出了绿色发展理念，即强调"坚持节约资源和保护环境的基本国策，坚定走生产发展、生活富裕、生态良好的文明发展道路，并加快建设资源节约型和环境友好型社会"。党的十九大报告也明确指出："通过提高经济增长质量和效率，加速产业结构转型、升级来建立绿色增长模式，进而实现中国经济的高质量发展。"在要素瓶颈的约束下推动经济发展方式从外延式向内涵式转变，促进绿色全要素生产率（资源环境约束下的全要素生产率）的全面提升，并不断扩大其对绿色发展的贡献份额，已成为经济结构转型的关键所在，并对协调经济增长与生态环境的和谐关系具有重要意义。因此，进行绿色清洁生产、探索绿色增长模式成为中国经济实现高质量发展需要面对的重要议题。

与此同时，旅游业一直以来被认为是"无烟产业""朝阳产业"，主要原因在于旅游业作为服务业的龙头部门，不仅资源耗能较低，而且能够有效挖掘资源价值，不仅吸纳大量就业，而且具有较高的产业带动能力，进而能够从多种途径为经济增长注入活力。旅游业作为国家战略性支柱产业，其具备就业效应强、产业融合高和关联带动大的本质特征，在中国的经济结构调整、升级中发挥重要作用。国家统计局显示，2018 年，中国旅游业对国内生产总值的综合贡献额为 9.94 万亿元，占国内生产总值的11.04%。事实上，随着产业供给侧结构性改革和消费需求侧管理协调并行，作为典型绿色经济部门的旅游业，随着其消费市场需求不断释放，产业规模深度扩张，旅游业发展势必会对经济运行体系产生深远影响。因此，本章首次尝试将旅游业和绿色生产率纳入统一的逻辑研究框架，进而对旅游业发展是否影响绿色全要素生产率这一关键命题进行实证检验，这能够有效拓展、深化旅游业与经济增长关系的研究。既有文献重点聚焦旅游业对经济增长规模影响的经验研究，本章另辟蹊径，进一步将研究重心转向于探索旅游业对绿色全要素生产率的影响，目的在于尝试揭示旅游业对经济增长质量的影响机理，进而完善旅游业与经济增长关系研究体系，同时对于探寻中国绿色全要素生产率的影响因素也具有重要的理论价值和实践意义。

自从索洛（1955）的开创性工作以来，全要素生产率已经被越来越多的学者引入新古典增长理论框架下进行分析（陈诗一，2010）。在经济增长核算的过程中，在剔除要素水平扩张所带来的横向增长效应以后，剩下的部分则代表全要素生产率对经济增长的质量效应。当全要素生产率对经济增长的贡献开始逐步提升并最终超过要素投入的贡献时，说明当前经济发展方式开始发生转变，表征出经济体的繁荣和竞争力（Jung and Pyo，2017）。然而，传统的对经济增长质量考量的全要素生产率，并没有考虑经济发展与增长过程中所付出的资源消耗与环境代价，忽略资源和环境影响一定程度上造成了对经济绩效评估的扭曲与失真（Hailu and Veeman，2000）。绿色全要素生产率指的是在全要素生产率的计算中，通过加入反映能源消耗和污染物排放的变量来衡量经济发展的指标，能够从本质上反映出经济增长质量及其可持续性（Ahmed，2012）。因此，党的十九大报告中，不再明确提出经济增长目标，则是强调高质量的增长，而绿色全要素生产率与实现更高质量、更有效率及更可持续的发展紧密相关，是中国经济增长向高质量转型的重要动力。随着绿色全要素生产率逐渐成为研究热点，将环境因素纳入到传统全要素生产率的测算中测度绿色经济增长状况也有利于定量考察经济增长质量水平。

既有文献普遍认同旅游业在实现可持续增长中具有积极作用（Park and Boo，2010；Alhowais，2016），但鲜有文献深入揭示其中蕴含的作用机制。理论上，旅游业至少可通过两种途径影响绿色全要素生产率。一是旅游业通过促进服务业集聚，引发整体资本深化和改变土地利用结构，进而影响经济结构升级（Li and Lin，2017）；二是旅游业引导的城镇化过程通过优化资本配置和提升人力资本，推动绿色全要素生产率的可持续增长（Zhao and Dong，2017）。尽管如此，极少有文献深入探究旅游业对绿色全要素生产率的影响机制。一个可能的原因是，与现代旅游经济体系不同，传统观光旅游对经济结构运行影响甚微，最终导致传统旅游业对绿色全要素生产率变化并未产生实质性影响。中国旅游业发展模式正经历由传统观光旅游活动向高品质、高附加值的优质旅游活动转变，例如休闲、娱乐、度假、商务和展览等，因而现代旅游产业发展会通过绝对收入效应、资源分配效应、技术溢出效应和劳动分工效应对经济绩效产生潜在影响。例如，目的地现代旅游活动的需求收入弹性会随着客源市场中具有非位似偏好（non-homothetic preferences）的旅游者的可支配收入增长而提高，相应诱发资源要素向旅游业关联部门流向、配置，进而推动有益于绿色全要素生产率增长的产业结构演变。因此，对旅游业影响绿色全要素生产率进行实证检验具备潜在的理论基础条件。

已有文献对旅游业影响经济增长进行了广泛讨论，但由于常会忽视变量间空间交互性，因而导致对旅游业与经济增长关系检验结论大相径庭。一些文献基于空间滞后模型在旅游业—增长模型中尽管识别到内生空间交互作用，但却并未捕捉旅游业对邻接地区经济增长的外生空间交互作用。此外，诸多文献持旅游业导向型经济增长的观点，遗憾的是，难以提供旅游业对能够度量经济增长质量的绿色全要素生产率施加潜在影响的可能证据。综上可知，既有文献并未展开对旅游业、空间溢出与绿色全要素生产率之间关系的系统性论述，从而使得对旅游业发展是改善抑或损害邻接地区全要素生产率的推断难有定论。事实上，由于特定省份的经济行为可能会受到来自邻接省份的影响，故而会表现出典型的空间依赖性或空间自相关性（Anselin，1986）。由于模仿、竞争、合作和外部性溢出机制，省际之间的相互依存关系会引发产生强烈空间效应的空间战略互动（Wu et al.，2019）。鉴于此，本章从空间视角考察旅游业发展对绿色全要素生产率的影响，试图填补既有文献的研究短板。为了捕捉变量的动态变化属性，并克服潜在的内生性问题，本章引入动态空间杜宾模型（dynamic spatial Durbin model，DSDM）作为基准计量模型，对旅游业影响绿色全要素生产率进行实证检验，以期为制定促进绿色全要素生产率改进的旅游业发展政策提供有价值的参考依据。

相对于既有文献，本章存在四个方面的边际贡献。首先，关于绿色全要素生产率的测算问题，在传统生产率测算体系中，较为常见方法的有随机前沿分析、索洛余值法和数据包络分析等（李健和盘宇章，2017）。其中，索洛余值法的完全效率假定会导致其测算结果存在较大误差。由于传统的数据包络分析（data envelopment analysis，DEA）主要采用径向方法，而当存在过度投入或产出不足时，即存在投入或产出的非零松弛（slack）时，使用径向型的 DEA 法测度评价对象的效率会被高估（黄庆华等，2018）。特恩（Tone，2002）开发出基于松弛变量的含有非期望产出的 DEA 模型，不仅解决了变量松弛问题，而且能够处理非期望产出，更加符合环境约束生产率评价的本质。随后，法尔和格罗斯科夫（Färe and Grosskopf，1997）以及福山和韦伯（Fukuyama and Weber，2009）又在特恩（2004）所构建的非径向基于松弛的效率测度（slacks – based measure，SBM）基础上拓展出更具一般化的非径向且基于松弛型的方向性距离函数。考虑到传统生产率核算忽略了资源环境因素，进而导致测度结果存在偏差，所以本章将非期望产出同时纳入生产率测度框架。鉴于此，本章通过引入基于松弛型的方向性距离函数（slacks-based measure of directional distance function，SBM – DDF）的全局 Malmquiste-Lemberger（ML）指数对中国绿色全要素生产率进行精确测算，既弥补了传统全要素生产率指数测算方法的局限，又综合考虑了期望、非期望产出，可以更全面、客观地反映中国绿色全要素生产率的真实水平。其次，本章尝试提供一个深入理解旅游业影响绿色全要素生产率的研究视角。旅游业不仅可通过赚取外汇收入提供就业机会和刺激基础设施等方式驱动经济增长，而且也被认为是促进一国或地区经济可持续发展的重要部门（Loulanski et al.，2011）。然而，由于当前学术界缺乏经验证据，对于旅游业是否影响经济增长尚未可知。有鉴于此，本章的研究目的在于基于中国案例从实证研究方面回答上述问题。至少在我们当前视域范围内，并未发现存在检验旅游业影响绿色全要素生产率的相关实证文献。再次，由于空间单元间战略互动会产生显著的空间溢出效应（Yu et al.，2016），本章基于中国 30 个省份 1999 ～

2018 年面板数据，采用动态空间面板模型，在识别长、短期外生和内生空间交互作用的基础上，实证检验旅游业对绿色全要素生产率的影响，并且可以揭示旅游业影响绿色全要素生产率的直接效应和间接效应，进而避免因遗漏空间效应而致使系数估计偏误。鉴于动态空间面板模型在旅游研究领域极少得到应用，故而本章对旅游业影响绿色全要素生产率进行实证研究，能够切实拓宽旅游经济学文献中关于旅游业导向型经济增长假说的研究体系。最后，本章不仅可勾勒出省际绿色全要素生产率的变化特征，而且也可为制定能够强化旅游业的经济质量效应的相关政策提供实证依据。

第二节　理 论 分 析

令人愉悦的生态环境是目的地孕育旅游吸引力、开展旅游活动的前提条件，也是构建旅游目的地形象的关键要素。作为目的地形象营销、文化交流和知识传播的有效工具，旅游业发展宗旨与目的地环境治理目标不谋而合。地方政府为实现可持续发展，对企业实施环境规制以减少污染排放，还通过创造舒适的旅游业环境强化目的地发展的环境效应。因此，旅游业对目的地可持续发展的潜在贡献会激发环境规制机制。根据遵从成本（compliance cost）理论，尽管这会在短期内通过挤出生产资源而不可避免地增加失业率和阻碍经济增长（Conrad and Wastl，1995；Lanoie et al.，2011），但从长远来看，此种诱发机制又可激发企业技术创新活力，从而降低生产成本，提高生产效率，实现绿色增长和结构转型，这一逻辑机制亦符合"创新补偿"理论（Laplante and Rilstone，1996；Song et al.，2020）。

若要理解旅游业发展对绿色全要素生产率的直接影响，我们有必要首先关注旅游业集聚效应。具体来说，旅游业集聚效应可分为三部分，即自然效应、经济效应和技术效应，并且可相对独立地对绿色全要素生产率施加影响（Yuan et al.，2019）。自然效应是指旅游业集聚可以有效改善目的地环境质量、美化景观风貌以及实现绿色生态。旅游业集聚现象通常发生在地理条件优越且环境宜人的空间场所，故而需要较高的环境质量和有力的环境规制措施。旅游业不仅具备经济增长功能，而且还通过引发生产和消费模式升级和推动经济结构转型来践行保护环境的使命。经济效应意指旅游业集聚通过驱动产业结构演变而获取绿色经济收益，进而可助推供给侧结构性改革（Liet al.，2019）。旅游业集聚作为旅游业及其关联产业在地理上的空间集中，由于可为旅游者创造多样化、异质性和细分式的旅游审美体验，由此会激发旅游者对旅游相关商品和服务的潜在需求，进一步在整体上活跃旅游业集聚区的新型经济业态，从而会为旅游业发展注入新型理念、功能和质量要素。在循环累积的反馈机制作用下，随着关联性生产要素（资本、劳动力、技术等）不断流向旅游业集聚中心，由旅游业集聚所引发的跨产业间涟漪效应和溢出效应随之放大，从而形成了可为知识传播和技术创新提供支撑环境的区域增长中心（Hall and Williams，2008）。技术效应是指旅游业在集聚过程中可通过中间投入品共享、旅游企业生产技术与异质性劳动力生产技能动态匹配以及知识溢出和学习机制激发创新活力。例如，为适应日益变化的旅游者异质性需求，集聚中的旅游关联企业在共同构建旅游价值链的过程中，会以面对面的形式获取所必需的生产技能、研发知识和支持服务，进而在多样化集聚中能够协同创造个性化、高质量的旅游体验，最终凭借价值链互补优势实现技术创新。既有文献表明产业集聚存在显著的生产率效应（Ke，2010；Ahlfeldt and Feddersen，2018），遵此逻辑，随着旅游业空间集聚势能增强，旅游关联企业间投入产出联系愈益紧密，并持续吸引关联产业在集聚区从事生产活动，进而降低交易成本，增加利润回报和开拓市场潜力，所以旅游业集聚所释放的规模经济、技术溢出和本地市场效应会促进绿色全要素生产率增长。

部分文献也指出，旅游流会通过三种渠道刺激生产率溢出（Blomström and Kokko，1998；Yang and Wong，2012）。首先，旅游者在前往异地跨区流动时，当来自具备较高生产率客源市场的旅游者在旅游目的地从事旅游相关活动时，会与目的地旅游企业发生服务接触，或与目的地居民进行文化交流，在此过程中会传播其所携带的先进知识、技能和理念，进而潜移默化地影响旅游目的地的生产率水平，尤其是旅游业所具备的诸如生产消费的流程性、同时性等典型服务业特征，决定了生产率形成在很大程度上取决于主客双方之间的知识交流和技能习得。其次，考虑到政府主导模式在中国旅游业发展中的支配作用，除了旅游企业间知识扩散所形成的示范效应以外，区际间旅游生产（旅游产品设计、规划和营销）过程的示范效应可能也会对整体生产率产生潜在影响。另外，为适应市场竞争机制和获取竞争优势，旅游企业除通过进行战略联盟合作之外，也势必要持续探索竞争对手难以复制的创新模式来获取新知识以提高其生产率水平，由此也会在整体上提升区际间生产率溢出效应水平。

从内生技术进步看，具有绿色发展属性的旅游业创新会通过提升服务业生产率，实现产业结构绿色转型，进而提高经济增长质量。从地理角度看，以消费者空间流动为典型特征的旅游业还具备新型思想和创新知识的传播功能，例如，在商务旅行过程中，客源地消费者所建构起的关于目的地的特殊体验经历，会为消费者的知识储备贡献新元素，所以也会在一定程度上提升客源地的人力资本质量（Hall and Williams，2008）。空间固定性（spatial fixity）作为旅游业的基本特征和创新的决定因素，通常与旅游经济活动的集聚紧密相关，特别是有利于增强旅游业与关联产业间的互为创新依存度，进而提升资源利用效率（Hall，2005）。此外，旅游业所具有的特征空间固定性和资产专用性致使其承担相对较高的固定成本，上述特征意味着旅游企业特别倾向于关注于本地创新，并有动力多途径探索可能的创新渠道，因为在不确定的领域进行投资将会面临严重的沉没成本（Papatheodorou，2006）。因此，旅游业空间固定性的另外一层含义则是，特定空间场所内的目的地之间的绝对竞争以及在其中运营的旅游企业间的相对竞争，都可激发潜在的创新动力。从旅游业创新驱动因素看，以需求为导向的创新机制尤其适用于旅游企业（Shaw and Williams，2002）。例如，随着游客数量激增和市场需求分布拓宽，旅游目的地有必要使用高科技产品进行创新以实现市场供需均衡。此外，旅游市场需求结构转变也会激发创新。随着旅游者消费能级提升，旅游市场需求偏好开始由传统低附加值的观光旅游产品向高品质、强体验和优质型旅游产品转向，从而进一步刺激旅游企业依靠创新提升其产品或服务供给质量。事实上，创新也会刺激市场需求，而目的地生产率的提高不仅会为旅游产品创造附加值，而且也能提高游客承载能力（Hall and Williams，2008）。鉴于此，建立旅游市场需求刺激与目的地供应链创新之间的循环反馈机制存在一定的理论基础。从旅游者角度看，无论是作为生产者抑或是消费者，其所承载的知识和创新呈现两种角色特征：①旅游者被视为创新者；②旅游者被视为影响旅游企业或组织创新的消费信息来源（Howells and Roberts，2000）。一方面，旅游者在旅游产品生命周期过程中扮演重要角色，旅游者本身即是创新者，这在生产与消费同时进行的旅游业中尤为明显。正如塞尔比（Selby，2004）所言，"旅游者作为充满活力的社会参与者，其在诠释和表征自身经历的同时，也会通过他们的行为改变目的地现实，并为之创造价值"。另一方面，对于其他旅游创新主体而言，旅游者也是知识创新的重要来源，旅游企业常将旅游者视为能够促进其创新的隐性知识来源，尤其是帮助旅游企业提供能够匹配新兴市场需求的相关服务，从而有助旅游业实现高质量发展（Poon, 1993）。

旅游业城镇化旨在实现公众短期内访问某个城镇，并在其中消费一些令人愉悦的商品和服务（Mullins, 1991）。旅游业引导的城镇化过程是一种中国新型城镇化的特殊现象，不仅被视为缓解经济增速结构性下滑、优化产业结构以及促进经济高质量发展的关键举措，而且也能吸引人力资本和产业活动在特定地理空间中集聚而形成外部性经济效应。上述过程除了会产生新的劳动力、资本需求外，随着旅游产业链的纵向拓展与横向融合，还进一步激发旅游企业内生技术创新潜力，并依托产业关联效应的循环累积机制和旅游关联性要素（劳动力、资本和技术）进行优化配置，进而有利于促进绿色全要素生产率增长。从功能上理解，旅游业不仅是多种产业（文化、交通和娱乐等）构成的复合体，而且常被定义为具备消费属性特征而非生产。由于旅游业驱动城镇化过程被理解为是基于享乐的生产与消费的一种新型且特殊的城镇化形式，旅游消费可通过引发城镇功能转型、优化城镇空间结构、增强城镇空间活力以及提高城镇审美和环境价值等方面对城镇化进程施加积极影响。此外，从基于中国案例情境的产业供给侧审视，将旅游业与城镇化纳入统一逻辑框架，也有助于深化对旅游业影响城镇化的理解。例如，旅游业可通过强化产业融合效应刺激服务业部门繁荣，从而为城镇化建设提供产业支撑。既有文献广泛探讨了城镇化与全要素生产率之间的关系（Mitra, 2010；Kumar and Kober, 2012）。在恩格尔定律作用下，劳动力、技术、资本等生产要素从较低效率的农业部门脱离转移至较高效率的非农部门，则会引发资源要素的空间重构和优化配置。同时，人口和产业经济活动在地理空间上的集聚又会产生外部性效应，实现规模经济，由此带动城镇投资需求和规模扩张，从而优化信息、资本、技术等要素配置，从而促进全要素生产率的增长。郑强（2018）进一步指出，城镇化发展可以促进要素资源配置的优化及人力资本水平的提升，进而驱动绿色全要素生产率持续增长。因此，城镇化机制为旅游业影响绿色全要素生产率提供了传导渠道。

作为新兴服务业部门，现代旅游业具备较高的边际生产率水平，从而吸引依附于传统产业的生产要素流向与旅游消费相关的优势或高端服务业部门，这使得产业间要素资源趋于优化配置，从而使得产业结构愈加合理化和高级化，而由此所推升的产业结构升级，则会推动技术进步内生化、社会分工精细化、产业合作专业化，以此降低生产成本、提高规模经济、减少有害产出并实现清洁生产，从而促进经济增长方式由粗放型向集约型转变。此外，虽然旅游业与产业集聚的关系问题值得探讨，但相关研究相对较少，尽管科登和尼里（Corden and Neary，1982）、科佩兰德（1991）以及哈扎里和斯格罗（2004）对此有所论述，但研究对象主要局限于某些小型开放经济体，研究结论并不适用于中国、印度和美国。与传统旅游经济学文献不同，曾和朱（Zeng and Zhu，2011）通过明确将非贸易部门（旅游业）嵌入新经济地理学模型，而且在一般均衡分析中也并未施加小国约束条件，对旅游业与工业区位关系进行了理论推导，与既有文献观点不同（旅游业导致去工业化），他们却发现旅游业部门繁荣可通过消费支出的乘数效应和产业集聚的规模经济吸引诸多工业企业在特定空间集中，而空间内相关行业或企业为此面临激烈竞争，为获得市场竞争优势，则会转向采用节能减排技术取代高耗能的要素投资（Wu et al.，2019），提高要素配置能力和使用效率（Lin and Chen，2018），共享基础设施、配套服务和市场信息（Karlsson，1997），牵引大国的新型工业化建设，从而提升绿色全要素生产率。

鉴于此，既有文献对旅游业与绿色增长关系进行了探索性研究，这为我们解释中国旅游业与绿色全要素生产率关系提供了有益参考，但现有文献并未探究旅游业对绿色经济增长的影响机制，有少部分文献更是对旅游业影响绿色全要素生产率进行系统性实证检验，而揭示旅游业影响绿色全要素生产率的空间效应的研究更为鲜见。此外，已有文献指出旅游业对经济增长具有空间溢出效应（Ma et al.，2015；Jiao et al.，2019），所以在构建旅游业影响绿色全要素生产率的计量模型时需要纳入空间因素。究其因，传统计量统计技术，如固定/随机效应估计、可行广义最小二乘法（feasible generalized least square，FGLS）、系统广义矩估计（general method of movement，GMM）均将研究对象视为独立样本，并未考虑省际单元间的空间依赖性。换言之，既有文献通常会忽视全要素生产率动态演化过程中的省际空间战略互动，进而导致对全要素生产率影响因素的实证检验出现参数估计偏差问题（Cheng，2016）。因此，本章的重要贡献在于，引入动态空间面板模型，尤其将动态空间杜宾模型（dynamic spatial Durbin model，DSDM）作为基准计量模型捕捉空间效应和克服潜在内生性，同时使用纠偏拟极大似然估计（bias-corrected QML，BC-QML）进行模型估计，以检验中国旅游业对绿色全要素生产率的影响效应及机制。

第三节　研究设计

一、模型构建

随着社会经济指标的空间关联和空间结构开始被纳入计量经济模型，已有文献探索将空间计量模型与面板计量模型相结合，开发出动态空间面板模型，并在社会经济领域得到广泛应用（Zhou and Wang，2018）。虽然传统实证模型可以反映变量动态特征，也可识别空间交互作用，但无论是动态非空间模型抑或是空间静态模型，由于均未同时捕捉被解释变量的时空依赖性，进而导致参数估计结果出现偏差（Elhorst，2012）。由于存在空间异质性和时间依赖性，空间效应需要被纳入传统动态计量模型（Anselin，2013）。动态空间计量模型可分为多种形式，常见有三种类型：动态空间滞后模型（dynamic spatial lag model，DSLM）、动态空间误差模型（dynamic spatial error model，DSEM）和动态空间杜宾模型。动态空间滞后模型假定特定空间单元的因变量值会受到邻接单元因变量的空间加权平均值的影响，而动态空间误差模型则假定空间关联源自影响局部和邻接地区的误差项，但是以上两种模型仅能捕捉因变量的空间滞后项，而忽略了外生变量的空间溢出作用（Elhorst，2010），进而导致模型设置有误。因此，勒沙杰和佩奇（LeSage and Pace，2009）建议将动态空间滞后模型和动态空间误差模型进行整合，发展出兼具两者特性并且可以同时捕捉内生、外生变量空间溢出的动态空间杜宾模型，由于模型同时纳入了因变量、自变量的空间滞后项，进而能够克服遗漏变量、空间异质性和内生性干扰，从而能够得到一致且无偏估计的空间效应参数（Elhorst，2014）。

动态面板（非空间）数据模型在旅游文献中已得到广泛应用，但其中少有文献检验模型变量间的空间溢出效应。随着交通条件的改善及网络化发展，地理空间上邻近的省份之间，更倾向于进行区域经济战略合作。事实上，由于几乎所有空间数据都具有空间依赖性特征，这就意味着邻近空间单元间的经济活动紧密相关（Anselin，1988）。本章在分析绿色全要素生产率时所引入的实证检验思维来源于特恩陶等（Tientao et al.，2016）和谢等（Xie et al.，2019）。动态空间杜宾模型的优点在于，不仅兼顾到区域旅游业发展的空间交互性，排除空间单元的独立性假设，同时捕捉绿色全要素生产率的动态持续性和空间依赖性。本章的主要研究内容是采用动态空间杜宾模型对中国旅游业与绿色全要素生产率关系进行动态空间面板数据分析。

作为动态空间滞后模型与动态空间误差模型的扩展组合，动态空间杜宾模型考虑了因变量的内生交互作用、自变量的外生交互作用以及误差项的交互作用，进而能够确保模型参数估计的可靠性（Elhorst，2014；LeSage and Sheng，2014）。在晋升锦标赛激励机制导向下，空间邻近单元在改进绿色全要素生产率方面存在强烈的策略互动行为，并表现为"标尺竞争"，所以空间邻接单元间也有动力进行省际社会经济互动合作。由此看出，忽视因变量和自变量的时间、空间和时空依赖性，势必会导致对旅游业影响绿色全要素生产率实证检验的误差（Feng and Wang，2020）。因此，本章使用动态空间杜宾模型实证检验旅游业对绿色全要素生产率的短期、长期间接效应，可以有效拓展旅游经济学的研究体系。本章基于动态空间杜宾模型对旅游业与绿色全要素生产率关系进行实证检验，基准计量模型设定如下：

$$
\begin{aligned}
\mathrm{GTFP}_{it} = {} & \tau \mathrm{GTFP}_{it-1} + \rho \sum_{j=1}^{N} W_{ij} \mathrm{GTFP}_{jt} + \psi \sum_{j=1}^{N} W_{ij} \mathrm{GTFP}_{jt-1} + \beta X_{it} \\
& + \theta \sum_{j=1}^{N} W_{ij} X_{jt} + \mu_i + \eta_t + \varepsilon_{it}
\end{aligned} \tag{9-1}
$$

其中，GTFP_{it} 表示 i 省份 t 年的绿色全要素生产率；τ 表示绿色全要素生产率一期滞后项系数，用以捕捉绿色全要素生产率的时间滞后性；ψ 表示绿色全要素生产率的时空滞后系数，即绿色全要素生产率一期滞后项的空间滞后系数，空间加权邻近值的时间滞后项被纳入，用于解释绿色全要素生产率的时空依赖性，反映滞后一期的外生变量的空间交互（Debarsy，et al.，2012）；ρ 是空间自回归系数，反映内生空间交互，表示本省绿色全要素生产率是否以及如何受到空间邻接省份绿色全要素生产率的影响；X_{it} 是一组 N × k 维的解释变量矩阵，表示一组由旅游业与控制变量构成的外生协变量；β 是相应变量的估计参数；W_{ij} 是空间权重矩阵，描绘了样本中空间单元的空间结构，以测度省际间空间依赖性。遵循已有文献，出于简洁考虑，我们首先不失一般性地假定 W_{ij} 是一个 N × N 维的空间邻接二元矩阵，省份相邻则 $W_{ij} = 1$，省份不相邻则 $W_{ij} = 0$。为与现有文献保持一致，根据行标准化对空间权重矩阵进行归一化处理，即每行中所有元素和为 1，如此将空间溢出效应可理解为所有空间邻接省份的均值。在空间计量经济模型中，不同空间矩阵会识别不同的空间溢出渠道（Qu et al.，

2017），下面还将引入其他空间权重矩阵设置方法。$W_{ij}GTFP_{jt}$ 与 $W_{ij}GTFP_{jt-1}$ 为绿色全要素生产率的空间滞后项和时空滞后项，代表绿色全要素生产率的空间依赖性和滞后内生交互作用；$W_{ij}X_{ij}$ 为自变量的空间滞后项；θ 为自变量的空间滞后系数，反映了自变量的外生交互作用；μ_i 为不随时间变化的省份固定效应；η_t 为年份固定效应，捕捉了影响空间单元的宏观经济冲击因素；ε_{it} 为随机误差项。

二、效应分解

动态空间面板数据模型应用可以追溯至埃尔霍斯特（2010）以及帕伦特和勒沙杰（Parent and LeSage，2012）的研究，然而由于上述研究在模型中未纳入自变量的空间滞后项，或者仅是考虑到误差项的空间交互性，所以并未对长、短期内直接和间接效应进行估计。由于模型中被纳入了因变量的时间滞后项、时空滞后项和自变量的空间滞后项，回归模型中存在空间因素导致动态空间杜宾数据模型中的变量回归系数无法准确反映变量因果关系的影响效应（LeSage and Pace，2009）。究其因，空间面板回归模型偏微分效应分解方法不仅捕捉到空间溢出效应，还包括通过空间依赖关联而产生的空间反馈效应，后者被视为直接效应的组成部分，所以模型中的旅游业变量估计系数与直接效应存在差异。因此，我们有必要将旅游业影响绿色全要素生产率的空间总效应分为直接效应和间接效应。鉴于空间面板数据模型的动态设定，所以可将直接和间接效应分别进一步分解为长、短期效应形式。在效应分解中，直接效应表征的是本省外生自变量的单位变化对本省绿色全要素生产率的影响，与参数估计值不同，主要包括特定省份自变量引起的省内和邻接省份的绿色全要素生产率变化，而后者通过空间依赖性又会反馈影响本省绿色全要素生产率变化。间接效应即空间溢出效应，表征邻近省份自变量单位变化对本省绿色全要素生产率的影响，或特定省份自变量对邻近省份绿色全要素生产率的影响（LeSage & Pace，2014）。因此，对模型自变量的直接效应进行估计而非选择对因变量和自变量空间滞后项的点估计，可被用于客观检验是否存在空间溢出效应（LeSage and Pace，2009；Elhorst，2010）。

$$Y_{it} = (I - \rho W)^{-1}(\tau I + \psi W)Y_{it-1} + (I - \rho W)^{-1}(X_{it}\beta + WX_{it}\beta\theta)$$
$$+ (I - \rho W)^{-1}(\mu_i + \eta_t + \varepsilon_{it}) \tag{9-2}$$

对方程（9-1）中的参数估计系数进行直接解释是不合适的，因为它们并不代表自变量的边际效应。埃尔霍斯特（2014）指出，因变量 Y_{it} 对

X_{it} 中第 k 个自变量求偏微分，关于第 k 个解释变量从空间单位 1 到空间单位 N 的长期偏导数矩阵为：

$$\left[\frac{\partial E(Y_{1t})}{\partial X_{1k}} \cdots \frac{\partial E(Y_{Nt})}{\partial X_{Nk}}\right] = \left[(1-\tau)I_N - (\rho+\psi)W\right]^{-1}(\beta I_N + W\theta)$$

$$(9-3)$$

直接效应为矩阵主对角线元素均值，间接效应（溢出效应）为非主对角线元素行或列均值，总效应为矩阵中所有元素行或列的平均值。根据式（9-3），以上三种效应反映了自变量的长期效应。通过设置 $\tau = \psi = 0$，我们可以得到短期效应如下：

$$\left[\frac{\partial E(Y_{1t})}{\partial X_{1k}} \cdots \frac{\partial E(Y_{Nt})}{\partial X_{Nk}}\right] = (1-\rho W)^{-1}(\beta I_N + W\theta) \qquad (9-4)$$

相应地，长、短期直接和间接效应可由以下方程得出。

短期直接效应：

$$\left[(I-\rho W)^{-1}(\beta_k I_N + \theta_k W)\right]^{\bar{d}} \qquad (9-5)$$

短期间接效应：

$$\left[(I-\rho W)^{-1}(\beta_k I_N + \theta_k W)\right]^{\overline{rsum}} \qquad (9-6)$$

长期直接效应：

$$\left[((1-\tau)I - (\rho+\psi)W)^{-1}(\beta_k I_N + \theta_k W)\right]^{\bar{d}} \qquad (9-7)$$

长期间接效应：

$$\left[((1-\tau)I - (\rho+\psi)W)^{-1}(\beta_k I_N + \theta_k W)\right]^{\overline{rsum}} \qquad (9-8)$$

其中，I 为标识矩阵；$\bar{d}$ 为矩阵的对角线元素均值；rsum 为非主对角线元素行或列均值；I_N 为一个 $N \times 1$ 维向量，代表一种特殊的空间效应；β_k 为第 k 个自变量的估计系数；θ_k 则为自变量空间滞后项系数。

三、权重矩阵

在空间模型中，需要考虑空间权重矩阵设置问题，因为不同的权重矩阵能够捕捉不同的空间溢出渠道（Kopczewska，2013）。空间权重矩阵 W 是一个非负、非随机和有限属性的 $N \times N$ 维矩阵，然而，邻接关系和地理距离通常被用于识别空间单元的空间配置水平。在既有文献中，W_{com} 常被假定为二进制邻接矩阵（邻接空间权重矩阵），如果省份 i 和省份 j 相邻，则 $W_{ij} = 1$，否则有 $W_{ij} = 0$。W_{com} 可进一步被标准化，从而确保每行中所有元素之和等于 1，以排除特定省份的空间关系和二阶邻接。此外，考虑到空间权重矩阵设置关乎估计结果的准确性，大部分文献也选择地理距离权重矩阵和空间经济权重矩阵来反映地理和经济邻近性，以检验因变量是否存在多种类型的空间关联形式，并且也可用于比较空间面板模型的适用性、拟合性。地理权重矩阵 W_{geo} 被定义为省份 i 和省份 j 之间地理大圆距离平方和的倒数，主要基于省份中心的经纬度进行计算。然而，需要指出的是，由于经济距离的差异，使得拥有相同地理距离的空间单元间亦会存在差异化的空间效应。卡尔代拉（Caldeira，2012）指出，地理距离权重矩阵难以解释中国省份间的经济互动，原因在于溢出效应不仅取决于空间邻近性，而且也受制于经济距离的差异性（Fingleton and Gallo，2008）。因此，需将地理距离权重矩阵与以相对人均国内生产总值所度量的经济邻近性相整合，可开发出兼有地理和经济距离嵌套的空间经济距离权重矩阵 W_{eco}，具体思路设置如下：

$$W_{eco} = W_{geo} \times \mathrm{diag}(\bar{y}_1/\bar{y}, \cdots, \bar{y}_i/\bar{y}, \cdots, \bar{y}_N/\bar{y})$$

$$\bar{y}_i = \frac{1}{t_1 - t_0 + 1} \sum_{t_0}^{t_1} y_{it}$$

$$\bar{y} = \frac{1}{N(t_1 - t_0 + 1)} \sum_{i=1}^{N} \sum_{t_0}^{t_1} y_{it} \qquad (9-9)$$

其中，y_{it} 表示 i 省份 t 年的人均国内生产总值；$\bar{y}_i$ 表示 i 省份人均国内生产总值均值；$\bar{y}$ 表示样本所有省份人均国内生产总值；diag 表示对角矩阵。地理邻近和经济联系是影响经济活动空间结构的重要因素（Han et al.，2018）。经济增长水平相近的省份，具备相似的产业运行体系、资源配置模式和生态治理策略，所以随着经济距离邻近，空间相关性愈强。然而，即使地理邻接的省份，由于可能处于不同的经济发展阶段或具有不同的发展模式，省份间的空间相关性也可能会较弱。反之，存在相似产业路径、发展水平和产业结构的省份，由于地理距离原因，也可能并不存在较强的空间相关性。因此，仅考虑地理特征或经济指标构建空间权重矩阵难以客观反映空间交互的复杂生产机制。换言之，将基于地理距离和经济距离嵌套的空间经济距离权重矩阵应用到空间模型实证分析中，可为检验省份间经济协调、分配是否在塑造省际互动中存在重要作用提供具有说服力的经验证据。

四、模型选择

为了区分哪种空间经济模型能更好地拟合样本数据，我们遵循埃尔霍斯特（2012）开发的甄别检验程序。首先，我们估计传统混合面板模型，并采用联合似然比（LR）方法检验固定效应。在构建旅游业影响绿色全要素生产率的空间计量模型之前，需要先检验空间效应是否存在。对于空间面板数据，我们采用拉格朗日乘子（Lagrange multiplier，LM）检验（LMLAG 和 LMERR）及其稳健形式（Robust-LMLAG 和 Robust-LMERR），通过与空间滞后模型（spatial lag model，SLM）和空间误差模型（spatial error model，SEM）进行比较，可以识别非空间面板模型是否忽视了样本数据的空间效应。上述检验中，倘若 LMLAG 检验或 LMERR 检验统计不显著，说明与空间面板模型相比，传统面板模型是更优选择。其次，倘若根据 LM 检验结果，非空间面板数据模型被拒绝，意味着需要选择空间面板数据模型来捕捉空间因素，所以我们还需要进一步使用 Wald 检验和 LR来判断选择哪种空间面板模型更为合适。我们可以使用 Wald 检验的零假设 H_0：$\theta = 0$ 判断空间杜宾模型是否退化为空间滞后模型，使用 LR 检验的零假设 H_0：$\theta + \rho\beta = 0$ 判断空间杜宾模型是否退化为空间误差模型，若两种检验的零假设同时被拒绝，则应选择空间杜宾模型。此外，我们还使用联合似然比（LR）方法检验选择哪种类型固定效应空间面板模型，包括空间固定、时间固定以及时空双固定效应模型，以控制地理禀赋、外生冲击等因素。

五、估计策略

本章采用 DSDM 探究旅游业对绿色全要素生产率的空间溢出效应和动态驱动机制。鉴于 DSDM 中纳入的空间因素和动态效应会导致模型内生性，所以采用经典 OLS 方法估计空间面板模型易导致参数估计结果的有偏且不一致。对空间计量经济模型进行估计，通常有三种估计方法：极大似然（maximum likelihood，ML）估计、准极大似然（quasi-maximum likelihood，QML）估计和贝叶斯估计。相比而言，本章选择既有文献普遍使用的 ML 方法来估计空间计量经济模型（Fingleton and Gallo，2008；Elhorst，2014）。在本章中，除了绿色全要素生产率的滞后一期项是内生变量外，绿色全要素生产率的空间滞后项和时空滞后项以及旅游业也可能是内生变量。第一，当变量在空间上相关时，就会出现内生性问题（Anselin，2013）。第二，某些政策因素会同时影响旅游业和绿色全要素生产率。第三，旅游业与绿色全要素生产率理论上也存在反向因果关系，当目的地改善环境质量，倡导"低碳、绿色"的增长理念时，同样也会吸引大量旅游者涌入，并刺激其绿色消费和环境负责任行为。除此以外，我们的模型也可能会忽视一些可能影响绿色全要素生产率，并在数据收集方面与旅游业发展相关的变量。毫无疑问，如上潜在的内生性问题会导致旅游业对绿色全要素生产率的影响检验产生偏差。因此，本章采用李和于（Lee and Yu，2020）开发的能够得到空间动态杜宾模型一致参数估计的纠偏准极大似然估计（bias-corrected QML，BC-QML）方法来获得方程（9-1）的参数估计值，前提是模型是稳定的（如 $\tau + \rho + \psi < 1$），当空间固定效应和时间固定效应被控制时，不会受困于识别问题（Lee and Yu，2016）。此外，对于非空间动态面板模型估计，通常选择阿雷利亚诺和博尔（1995）构造的具有稳健标准误的 GMM 方法，可以有效克服小样本中的弱工具变量和动态模型中的潜在内生性问题。因此，本章采用库克诺瓦和蒙泰罗（Kukenova and Monteiro，2009）开发的可以解决面板数据异方差和自相关问题的空间系统 GMM 方法估计方程（9-1），同时还使用 Han-Philips 和 Arellano-Bover／Blundell-Bond 线性动态面板回归技术对方程（9-1）进行稳健性分析。

六、变量构造与数据说明

（一）被解释变量：绿色全要素生产率

作为衡量经济活力的典型指标，绿色全要素生产率刻画了经济绿色增长的基本特征，进而反映出经济增长的动力和质量。本章通过构建 SBM-DDF 模型，采用全局 ML 指数量化分析绿色全要素生产率。

第一，全局生产可能性集合。假定省份 k 为一个生产决策单元，采用 N 种要素投入 $x = (x_1, \cdots, x_N) \in R_N^+$，得到 M 种期望产出 $y = (y_1, \cdots, y_M) \in R_M^+$ 和 I 种非期望产出 $b = (b_1, \cdots, b_I) \in R_I^+$，则省份 k 在 t 时期的生产可能性集为 (x_k^t, y_k^t, b_k^t)。假定当前生产可能性集合 $P^t(x)$ 满足四个条件：闭集和凸集、非期望产出的弱可处置性、投入要素和期望产出的强处置性、非期望产出与期望产出的零关联性。采取数据包络分析（DEA）法，将包含非期望产出的生产可能性边界表示为：

$$P^t(x) = \left\{ (y^t, b^t) : \sum_{k=1}^{K} z_k^t y_{km}^t \geqslant y_{km}^t, \forall m; \sum_{k=1}^{K} z_k^t b_{ki}^t = b_{ki}^t, \forall i; \right.$$
$$\left. \sum_{k=1}^{K} z_k^t x_{kn}^t \leqslant x_{kn}^t, \forall n; \sum_{k=1}^{K} z_k^t = 1, z_k^t \geqslant 0, \forall k \right\}$$

$$(9-10)$$

其中，z_k^t 表示每个截面观测值的权重；$\sum_{k=1}^{K} z_k^t = 1$，$z_k^t \geqslant 0$ 表示规模报酬可变。

第二，SBM-DFF 模型。鉴于"好"产出和"坏"产出同比例变动无法反映特定产出方向距离函数的技术进步（Färe et al.，2001），而在产出不敷或投入过多的情境下，借助径向 DEA 方法核算绿色全要素生产率可能导致其测算结果虚高。为弥补上述缺陷，法尔和格罗斯科夫（2010）构建了一个新的基于松弛测度的方向性距离函数，"好"产出和"坏"产出拥有不同的松弛数量。参考穆尼萨米和阿拉比（Munisamy and Arabi，2015）以及刘和辛（Liu and Xin，2019）的定义，为了同时满足期望产出最大化、非期望产出最小化，构建非径向、非角度的 SBM – DFF 模型，可设置为：

$$
\vec{S}_V^t = (x^{t,k'}, y^{t,k'}, b^{t,k'}, g^x, g^y, g^b)
$$

$$
= \max_{s^x, s^y, s^b} \frac{(1/N) \sum_{n=1}^{N} (s_n^x/g_n^x) + (1/M+1)\left[\sum_{m=1}^{M} (s_m^y/g_m^y) + \sum_{i=1}^{I} (s_i^b/g_i^b) \right]}{2}
$$

$$
\text{s. t.} \sum_{k=1}^{K} z_k^t x_{kn}^t + s_n^x = x_{k'n}^t, \forall n; \sum_{k=1}^{K} z_k^t y_{km} - s_m^y = y_{k'm}^t, \forall m;
$$

$$
\sum_{k=1}^{K} z_k^t b_{ki}^t + s_i^b = b_{k'i}^t, \forall i; \sum_{k=1}^{K} z_k^t = 1, z_k^t \geq 0, \forall k;
$$

$$
s_m^y \geq 0, \forall m; s_i^b \geq 0, \forall i \tag{9－11}
$$

其中，$\vec{S}_V^t$ 表示规模可变（VRS）的方向性距离函数；(g^x, g^y, g^b) 表示投入要素和非期望产出水平降低，期望产出水平上升的方向向量；(s_n^x, s_m^y, s_i^b) 表示松弛向量，即投入要素和非期望产出冗余，期望产出"乏力"的向量。

第三，全局 ML 指数。Malmquist 指数被用于表征生产率的时间变化程度。庄等（Chunag et al.，1997）将包含非期望产出的方向性距离函数引用到 Malmquist 模型中，进而构造出 Malmquiste-Luenberger（ML）指数。现有文献常使用 ML 指数来测算绿色全要素生产率，但该指数不具备可传递性，并且在测算跨期方向性距离函数时可能会陷入线性规划误解的困局，从而难以进行跨期效率比较分析（Zhu et al.，2019），但全局 ML 指数可以采用样本期间内投入产出的所有构成来克服以上缺陷。根据欧（2010）、欧和李（Oh and Lee，2010）以及刘和辛（2019）的定义及推导，本章基于 SBM-DDF 模型构建全局 ML 指数：

$$
\text{GML}_t^{t+1} = \frac{1 + \vec{S}_V^G(x^t, y^t, b^t; g^x, g^y, g^b)}{1 + \vec{S}_V^G(x^{t+1}, y^{t+1}, b^{t+1}; g^x, g^y, g^b)} \tag{9－12}
$$

其中，$\vec{S}_V^t(x^t, y^t, b^t; g^x, g^y, g^b)$ 和 $\vec{S}_V^G(x^t, y^t, b^t; g^x, g^y, g^b)$ 分别表

示当前和全局非径向、非角度的 SBM 方向性距离函数，并有 $\vec{S}_V^G(\cdot) = \vec{S}_V^1$ $(\cdot) \cup \vec{S}_V^2(\cdot) \cdots \cup \vec{S}_V^T(\cdot)$。$GML_t^{t+1}$ 指数大于 1，说明绿色全要素生产率上升；小于 1，说明绿色全要素生产率下降；等于 1，说明绿色全要素生产率不变。

第四，投入产出指标。①劳动力投入。采用年末从业人员数作为劳动力投入指标。②土地资源投入。土地资源作为生产投入的关键因素，在传统文献中经常被忽视。鉴于数据可得性，本章采用建成区土地面积作为土地要素投入的代理指标。③水资源投入。很少有文献在绿色全要素生产率测度模型中考虑生产过程所需的水资源，根据朱等（Zhu et al.，2019）的建议，本章采用总供水量作为水资源投入的代理指标。④资本投入。永续盘存法常被用于衡量资本存量，计算公式为：$K_{it} = I_{it} + (1 - \delta_{it}) K_{i(t-1)}$。其中，$K_{it}$ 表示省份 i 在 t 期的资本存量；I_{it} 表示固定资产投资；δ_{it} 表示折旧率；$K_{i(t-1)}$ 表示上一期资本存量。由于采用不同的初始资本存量水平会导致不同的估算结果，因此本章采用固定资产投资比值确定基准期资本存量（Song et al.，2018），公式为：$K_{i0} = I_{i0} / (\delta + g)$。其中，$K_{i0}$ 和 I_{i0} 分别表示初始资本存量和固定资产投资，g 表示固定资产投资增长率。鉴于资本存量计算对折旧率敏感，我们根据张军等（2004）的建议，折旧率设定为 9.6%。⑤能源投入。将煤炭、天然气、电力、石油和热力等能源消费量统一转换成以"万吨标准煤"为单位的最终能源消费量作为能源投入的代理指标。⑥期望产出。采用以 1999 年为基期的省份实际国内生产总值度量。⑦非期望产出。通常存在三种形式：废水、废气和固体废物。单一的污染指标无法反映环境状况。根据既有文献（Song et al.，2018；Liu and Xin，2019），本章采用工业污水排放表征废水、二氧化硫和烟尘（粉）排放表征废气、工业固体废弃物排放表征固体废物。

（二）核心解释变量：旅游业

由于大部分发展中国家的旅游业发展模式是以市场需求为导向，所以我们选择传统文献中常用的旅游收入指标度量旅游业发展水平，这也是在关于旅游业与经济关系文献中，检验旅游业对经济增长的影响效应时，用于度量旅游业发展的标准变量（Lee and Chang，2008；Adamou and Chlorides，2010）。基于上述处理方法，我们采用旅游业收入占国内生产总值的比值度量旅游业发展水平（TR）。旅游业可为商贸、工业发展提供所需的金融支持，也可激发新型业态消费，以及刺激对基础设施、劳动力和市场竞争投资，进而能够引发产业集聚、效率提升和经济增长（Blake et al.，2006）。

（三）控制变量

为了实证检验中国旅游业对绿色全要素生产率的影响效应，参考既有文献，本章在数据可得范围内，在所设定的空间计量经济模型中纳入以下绿色全要素生产率决定因素作为控制变量。为避免通胀影响，一并将相关数据平减为1999年不变价格。第一，环境规制（ER）。严格的环境规制可以提高效率、诱发创新以及鼓励采用清洁生产技术，进而有利于生产率和竞争力提升（Porter，1991）。由于环境规制在能源消费研究方面被广泛探讨（Levinson and Taylor，2008），因而绿色全要素生产率也可能会受到环境规制的影响。陶等（Tao et al.，2017）发现，中国当前所实施的环境规制对绿色全要素生产率具有显著积极影响。因此，根据周等（Zhou et al.，2019）的思路，采用环境污染治理投资总额占国内生产总值比重度量环境规制，并作为模型中的控制变量。环境污染治理投资总额包含城市环境基础设施建设、工业污染源治理和建设项目"三同时"环保三部分。第二，产业结构（IS）。产业结构表征产业分布和资源配置，是影响全要素生产率的重要因素（Li and Lin，2017）。采用第三产业产值占第二产业产值的比重衡量产业结构，该指标可以反映产业结构演变的高级化趋势，与绿色全要素生产率存在密切关系（Lin and Chen，2018）。第三，外商直接投资（FDI）。外商直接投资作为对外开放指标，是中国经济快速增长的重要动力，而且也可能会对绿色全要素生产率产生影响。根据新古典国际贸易理论，"污染天堂假说"理论表明，为吸引外资流入，政府官员存在降低低附加值企业的本地市场进入壁垒，进而扭曲了产业结构，引发市场恶性竞争，进而引发地区之间在环境标准方面出现"逐底竞争"现象。然而，按照传统贸易理论，外商直接投资也可通过示范效应、竞争效应和学习效应对本地企业技术效率改进产生积极影响，从而提高微观企业的经营绩效与生产活力。由于既有文献对外商直接投资影响绿色全要素生产率的检验结论并不一致（Lin and Chen，2018；Lu et al.，2020），故而值得进一步进行研究。本章采用外商直接投资占国内生产总比重度量外商直接投资变量。第四，人力资本（HC）。人力资本是经济增长的重要来源，所以在绿色全要素生产率研究文献中是一个无法忽视的影响指标（Zivin and Nei-dell，2012）。作为人力资本载体，技能工人作为技术创新活动的主体和来源，能够灵活利用新技术、挖掘隐性知识，可以识别开发新产品和服务的潜在机会，从而对经济效应产生深远影响。由于教育水平是人力资本积累的有效指标，我们参考鲁等（Lu et al.，2020）的做法，采用劳动力平均受教育年限度量人力资本。表 9 - 1 详细列出了以上变量的描述性统计结果。

表 9 - 1　　　　　　　　　变量描述性统计

名称	符号	定义	均值	最大值	最小值	标准差	观测值
绿色全要素生产率	GTFP	基于 SBM - DDF 测算的全局 ML 指数	1.0304	1.8562	0.5255	0.0924	600
旅游业	TR	旅游业收入占国内生产总值比重	0.1110	0.9873	0.0159	0.0660	600
环境规制	ER	环境污染治理投资总额占国内生产总值比重	1.2678	4.2400	0.2700	0.6662	600
产业结构	IS	第三产业产值占第二产业产值比重	1.0250	4.1920	0.5539	0.4862	600
外商直接投资	FDI	外商直接投资额占国内生产总值比重	0.0310	0.1465	0.0009	0.0233	600
人力资本	HC	劳动力平均受教育年限	8.4797	12.817	5.4383	1.1308	600

（四）数据来源

本章研究对象为中国大陆 30 个省份（西藏除外）1999～2018 年的面板数据。与时间有关的原始指标均转化为以 1999 年为基期的不变价格，包括国内生产总值、二三产业产值、外商直接投资额和固定资产投资额等。缺失数据采用插值法予以补充。所有原始数据均来自 2000～2019 年历年的《中国统计年鉴》《中国旅游年鉴》《中国能源统计年鉴》《中国环境统计年鉴》。

第四节　绿色全要素生产率测算

一、时间特征

作为经济绿色发展的生产率指标，全局 ML 指数反映了经济可持续增

长的能力水平。本章采用全局 ML 指数测算中国 30 个省份 1999～2018 年
的绿色全要素生产率水平。图 9 - 1 描绘了使用全局 ML 指数所测算的全
国 1999～2018 年绿色全要素生产率的时间变化趋势。从时间维度上看，
除 1999 年、2001 年、2004 年和 2006 年外，其余年份全局 ML 指数均大于
1，意味着在考虑了环境因素后，中国经济增长在大部分时期倾向于向
"绿色"模式转型。换言之，中国经济增长质量正在逐年提升，并且逐渐
摆脱单纯依靠资源要素过度投入和环境能耗无序排放的传统发展模式。究
其因，自从 2000 年"十五规划"以来，中央政府高度重视资源节约和环
境保护，随后出台了一系列关于生态建设和环境治理的政策性文件。整体
而言，中国绿色全要素生产率在波动中增长。2002 年之前，全局 ML 指
数出现剧烈波动，随后基本维持在 1～1.03 稳定变动，并在 2018 年再次上
升到 1.055。以上说明中国显著的经济增长成就是生产率提高的结果，而
且伴随着绿色效率的整体改进。

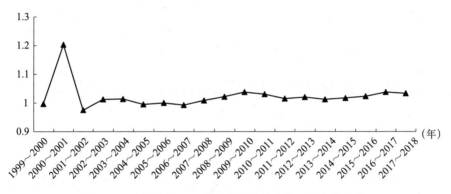

图 9 - 1   中国全局 ML 指数年均增长率的时间变化趋势

表 9 - 2 列示出部分年份所有省份的度量绿色全要素生产率的全局 ML
指数变化情况。首先，在样本期间，除山东、江西和宁夏外，其余 27 个
省份绿色全要素生产率的全局 ML 指数均大于 1，说明大多数省份经济增
长质量明显改善，但以上三个省份并未向绿色发展转轨。从整体看来，样
本期间内，中国省际绿色全要素生产率倾向于乐观变化，而非呈现完全低
效状态。其次，中国省际绿色全要素生产率存在显著差异。上海绿色全要
素增长率的平均增长率最高，约为四川的 11.23 倍。江西和山东的全局 ML
指数均小于 1，说明两个省份的绿色全要素增长率呈现负增长。1998～2000
年，湖南全局 ML 指数最低，为 0.9189；而海南最高，为 1.0952。这说明
湖南（海南）绿色全要素生产率在当年降低（增长）了 8.11% （9.52%）。

表 9－2　特定年份省际绿色全要素生产率的全局 ML 指数变化

省份	1998～2000年	2001～2002年	2003～2004年	2005～2006年	2007～2008年	2008～2010年	2011～2012年	2013～2014年	2015～2016年	2017～2018年
北京	0.9952	1.0090	1.0053	0.9922	1.0791	1.1439	1.0757	1.0219	1.1166	1.2644
天津	0.9991	1.0176	1.2291	1.0083	1.0109	1.0210	0.9731	1.0180	1.0569	0.9633
河北	0.9688	0.9865	1.0241	1.0348	1.0703	1.0441	1.0480	1.0229	0.9765	1.0754
山西	1.0383	1.0151	1.0165	1.0275	1.0262	1.0262	1.0029	0.9961	1.0029	1.0775
内蒙古	0.9921	0.9943	0.9518	0.9142	1.0841	1.0113	0.9422	1.1351	1.0479	1.2961
辽宁	1.0156	1.0133	1.0161	1.0151	1.0282	1.0301	1.0311	1.0195	1.0341	1.2586
吉林	0.9787	0.9883	0.9808	0.9732	0.9804	1.0002	1.0113	1.0688	1.0221	1.1012
黑龙江	0.9990	0.9737	1.0044	1.0191	0.9407	0.9792	0.9627	1.0214	1.0280	1.2348
上海	1.0021	1.0087	1.0716	1.0984	1.1031	1.0708	1.0545	1.0301	1.0141	1.2760
江苏	1.0553	1.0360	1.0339	1.0154	0.9771	0.9351	0.9945	1.0323	1.1516	1.1526
浙江	0.8063	0.9770	0.9922	1.0105	1.0065	1.0113	1.0054	1.0248	0.9967	1.0880
安徽	0.9798	0.9791	0.9793	0.9303	1.0475	1.0530	0.9842	1.0436	1.0154	1.0584
福建	1.0116	0.9185	1.0039	1.0111	1.0802	1.0056	1.0523	1.0183	1.0083	1.0653
江西	1.0122	0.9354	1.0137	0.9929	0.9408	0.9505	0.9798	1.0547	1.0727	1.0681
山东	1.0037	1.0044	0.9728	0.9618	1.0045	1.0165	1.0197	1.0356	1.0166	1.0025

续表

省份	1998～2000 年	2001～2002 年	2003～2004 年	2005～2006 年	2007～2008 年	2008～2010 年	2011～2012 年	2013～2014 年	2015～2016 年	2017～2018 年
河南	0.9897	1.0139	1.0018	1.0004	0.9817	0.9746	1.0177	1.0355	1.0655	1.0541
湖北	0.9930	1.0331	1.0350	1.0380	1.0028	0.9812	0.9871	0.9879	1.0488	1.1972
湖南	0.9189	0.9545	0.9908	0.9975	1.0230	1.0372	1.0277	1.0181	1.0494	1.1028
广东	1.0073	1.0126	1.1031	0.9687	1.0604	1.0856	1.0135	0.9972	1.0999	1.2373
广西	0.9697	0.9614	0.8410	0.9804	1.0723	1.0712	1.0435	1.0458	1.0319	1.0631
海南	1.0952	1.0098	1.0077	1.0695	0.9627	1.1123	1.0114	1.0365	0.9683	1.6696
重庆	0.9616	0.9463	1.0599	1.0995	1.1073	1.1260	1.1156	1.1704	1.0880	1.2531
四川	1.0746	0.9886	1.0019	0.8545	1.0263	0.9995	0.9146	0.9877	1.1227	1.1771
贵州	0.9840	1.0167	0.9709	0.9692	0.9864	0.9961	0.9517	0.9257	1.0093	1.1730
云南	1.0020	0.5255	0.9886	1.0391	1.0293	0.9987	1.0287	0.8877	1.0279	1.4304
陕西	1.0594	0.9900	1.0077	1.0075	1.0093	1.0189	1.0489	1.0222	1.0197	1.0569
甘肃	1.0087	0.9976	1.0242	1.0173	1.0528	1.0821	1.0419	1.0104	1.0248	1.1296
青海	0.9984	0.9830	0.9929	0.8758	0.9817	1.0897	1.2541	0.8819	1.0822	1.1228
宁夏	1.0008	0.9417	1.0851	0.9129	0.9823	1.0376	1.0141	0.9744	0.9806	1.0934
新疆	0.9972	1.0176	1.0237	1.0241	1.0102	1.0222	1.0145	1.0037	0.9672	1.0294

整体来看，某些省份，诸如上海、北京和重庆，2018 年全局 ML 指数相对较高，并且均超过 1.25。另外，山东、新疆和河南等省份全局 ML 指数则相对较低（低于 1.06），天津是 2018 年绿色全要素生产率负增长的唯一省份。此外，在 30 个省份中，几乎有一半的省份绿色全要素生产率的增长率超过 10%，也表明绿色全要素生产率的区域差异也在扩大。

二、空间特征

首先检验数据的空间依赖性，以决定是否采用空间计量经济模型。其中，Moran's I 统计量则是一个被广泛用于检验空间依赖性存在的常见指标（Anselin，1986）。表 9 - 3 列出了 1999~2018 年三种不同类型空间权重矩阵下的 Moran's I 统计量及其统计显著性。如表 9 - 3 所示，Moran's I 统计量在样本期内均大于 0，并且具备统计学显著性，说明中国绿色全要素生产率存在省际空间自相关性。基于空间经济距离权重矩阵的 Moran's I 统计量较大，而且显著性水平更高，并且呈现稳定增长态势。因此，空间经济距离权重矩阵 W_{eco} 被设置成为空间模型基准权重矩阵。由于空间经济距离的空间相关性相对较强，所以在跨省策略互动中，基于地理邻接或地理距离权重矩阵分析绿色全要素生产率的空间依赖性时需纳入经济因素。

表 9 - 3　　　　　　　　绿色全要素生产率 Moran's I 统计量

年份	W_{com}		W_{geo}		W_{eco}	
	Moran's I	P value	Moran's I	P value	Moran's I	P value
1999	0.104	0.047	0.128	0.025	0.146	0.015
2000	0.145	0.059	0.147	0.029	0.149	0.001
2001	0.149	0.017	0.151	0.053	0.156	0.004
2002	0.119	0.044	0.135	0.014	0.138	0.003
2003	0.158	0.044	0.152	0.047	0.161	0.038
2004	0.148	0.042	0.139	0.049	0.157	0.017
2005	0.165	0.087	0.148	0.064	0.169	0.029
2006	0.151	0.064	0.152	0.006	0.173	0.024
2007	0.158	0.021	0.153	0.037	0.171	0.003
2008	0.177	0.072	0.167	0.078	0.185	0.013
2009	0.138	0.032	0.150	0.052	0.178	0.018
2010	0.147	0.009	0.157	0.043	0.184	0.025

年份	W_{com}		W_{geo}		W_{eco}	
	Moran's I	P value	Moran's I	P value	Moran's I	P value
2011	0.168	0.076	0.174	0.048	0.188	0.003
2012	0.150	0.056	0.182	0.004	0.198	0.005
2013	0.162	0.065	0.176	0.024	0.179	0.013
2014	0.153	0.039	0.165	0.047	0.225	0.001
2015	0.149	0.014	0.148	0.015	0.214	0.021
2016	0.162	0.038	0.172	0.025	0.247	0.016
2017	0.168	0.053	0.181	0.043	0.255	0.021
2018	0.185	0.045	0.198	0.025	0.264	0.014

第五节　实证结果分析

一、空间计量模型甄别

为控制空间依赖性以有效分析旅游业对绿色全要素生产率的影响，我们接下来根据埃尔霍斯特（2014）建议的操作程序，通过系列检验来选择合适的空间计量模型用以对本章核心问题的实证研究。为了检验非空间面板数据模型是否忽视了数据的空间相关性，我们通过进行（稳健）LM 检验（LMLAG 检验和 LMERR 检验）进行判别。表 9 - 4 分别报告了基于混合 OLS、空间固定效应、时间固定效应和时空固定效应的非空间面板数据模型的估计结果。由表 9 - 4 所汇报的四种模型的 LM 检验结果可知，LM-LAG 统计量和 LMERR 统计量均在 1% 水平上显著，由此强烈拒绝无空间滞后因变量和无误差项空间自相关性的原假设。另外，通过稳健性 LM 检验结果发现，LMLAG 稳健统计量和 LMERR 稳健统计量在空间固定效应模型估计结果中保持 1% 水平统计显著性，而在时空固定效应模型中则均不显著。同时，混合估计结果的 LMERR 稳健统计量在 1% 水平上显著拒绝无误差项空间自相关性的零假设，而当非空间面板数据模型包括时间效应时，估计结果显示，LMLAG 稳健统计量在 1% 水平上显著拒绝无空间滞后因变量的原假设。以上非空间面板数据模型的估计结果均表明，样本数据存在空间依赖性，这与 Moran's I 统计量检验结果一致，由此说明空间面板数据模型的非空间交互作用要优于传统的混合面板数据模型。

表 9 - 4　　　　　　　　　　　非空间面板数据模型估计

变量	Pooled OLS	空间固定效应	时间固定效应	时空固定效应
TR	0. 1748 **	0. 2361 **	0. 2059 *	0. 1748 *
	(0. 1051)	(0. 1371)	(0. 1021)	(0. 1045)
ER	− 0. 0035	− 0. 0047	− 0. 0083	− 0. 0035
	(0. 0092)	(0. 1412)	(0. 0085)	(0. 0092)
IS	0. 0559 ***	0. 1442 ***	0. 0295 **	0. 0559 ***
	(0. 0143)	(0. 0273)	(0. 1432)	(0. 0142)
FDI	0. 5998 **	0. 6231 **	0. 3907 *	0. 5998 **
	(0. 2805)	(0. 5104)	(0. 2726)	(0. 2792)
HC	0. 0147 **	0. 0209 **	0. 0072	0. 0147 **
	(0. 0079)	(0. 0105)	(0. 0081)	(0. 0068)
R^2	0. 0475	0. 2581	0. 2516	0. 3798
log – likelihood	58. 3561	301. 4165	316. 0169	316. 0320
LMLAG	5. 8583 **	12. 0004 ***	11. 0059 ***	10. 4026 ***
LMERR	10. 3482 ***	18. 5510 ***	8. 8141 ***	13. 6347 ***
Robust – LMLAG	0. 0069	13. 8068 ***	17. 7145 ***	0. 0126
Robust – LMERR	16. 1997 ***	22. 3573 ***	0. 0059	1. 2447

注：*** 、** 和 * 分别表示在 1% 、5% 和 10% 统计水平上显著；括号内为标准差。

在识别到样本数据空间效应之后，需要进一步判定何种设定的空间计量经济模型具备更好的检验结果。我们首先估计空间杜宾模型，然后同时进行 Wald 检验和 LR 检验，结果汇报在表 9 - 5 中。检验结果表明，基于空间固定效应、时间固定效应和时空固定效应的空间杜宾模型均在 1% 水平上显著拒绝了 Wald 检验和 LR 检验的原假设，表明空间杜宾模型设定要优于空间滞后模型和空间误差模型。另外，表 9 - 6 中所汇报的 Hausman 检验结果显示，随机效应在 1% 水平上被显著拒绝，说明固定效应模型估计结果相对更优。同时，表 9 - 6 中第（1）列、第（4）列和第（7）列结果显示，校正 R^2 和对数似然估计值也相对较大，再次表明当不考虑绿色全要素生产率的路径依赖时，可将基于固定效应的空间杜宾模型设置为基准计量模型。

表 9 - 5 空间模型诊断结果

检验	空间固定效应	时间固定效应	时空固定效应
Wald test spatial lag	110. 4806 ***	72. 8672 ***	81. 1804 ***
LR test spatial lag	132. 7616 ***	89. 7927 ***	91. 6723 ***
Wald test spatial error	114. 3352 ***	52. 9071 ***	82. 9971 ***
LR test spatial error	137. 9647 ***	114. 4445 ***	93. 1145 ***

注：*** 、** 和 * 分别表示在1%、5%和10%统计水平上显著。

二、静态空间杜宾模型回归分析

我们首先采用未考虑空间依赖性的传统面板数据模型来考察旅游业与绿色全要素生产率的关系。如表 9 - 4 所示，Hausman 检验统计量（27. 65，P < 0. 01）显著拒绝原假设，建议应该选择传统面板数据的固定效应模型估计结果。传统面板数据模型回归时间效应的联合性显著检验在1% 水平上拒绝原假设（143. 32，P < 0. 01），表明"所有时间效应的变量系数都是零"的原假设并不成立，意味着需要在固定效应模型中加入时间效应，即应将双向固定效应作为传统面板数据模型的最优拟合估计。然而，空间自相关分析已表明，中国绿色全要素生产率呈现显著的空间集聚特征。另外，某些控制变量的回归系数与我们的预期并不一致，原因可能在于传统空间面板数据模型并未纳入空间因素。因此，固定效应模型估计倘若忽视了空间关联效应，将会受到模型偏误设定的质疑。表 9 - 6 中汇报了静态空间杜宾模型的估计结果。与表 9 - 4 所汇报结果进行对比分析，发现非空间面板数据模型中变量回归系数普遍大于静态空间面板数据模型，这也证实导致上述回归系数差异的原因在于传统面板数据模型忽视了变量的空间溢出效应所致。鉴于此，由于能够同时识别绿色全要素生产率外生、内生影响变量的空间交互作用，所以空间面板杜宾模型是一个检验绿色全要素生产率影响因素的占优模型。由于空间面板数据模型要优于非空间面板数据模型，我们首先报告三种空间权重矩阵设定下，未纳入绿色全要素生产率时间滞后项和时空滞后项的静态空间杜宾模型估计结果。

我们可从表 9 - 6 中观察到一些基本实证结论。首先，所有模型估计结果中自变量系数的符号、显著性基本保持一致，说明相应自变量对绿色全要素生产率的影响在不同模型设定中具有稳定性。其次，在三种类型权重矩阵设定下，绿色全要素生产率的空间滞后项回归系数符号显著为正，并且均大于0. 3，说明中国省际绿色全要素生产率存在内生空间交互作用，

表9－6　静态空间杜宾模型估计结果

变量	W_com			W_geo			W_eco		
	(1) 空间固定	(2) 时间固定	(3) 时空固定	(4) 空间固定	(5) 时间固定	(6) 时空固定	(7) 空间固定	(8) 时间固定	(9) 时空固定
TR	0.0563*	0.0531*	0.0527*	0.1688**	0.1408**	0.0657***	0.1516***	0.1082***	0.0729*
	(0.0184)	(0.0287)	(0.0216)	(0.1320)	(0.1023)	(0.1259)	(0.1306)	(0.1010)	(0.1252)
ER	-0.0064**	-0.0076**	-0.0071**	-0.0042**	-0.0086**	-0.0091**	-0.0038**	-0.0094**	-0.0021*
	(0.0129)	(0.0079)	(0.0086)	(0.0137)	(0.0083)	(0.0131)	(0.0135)	(0.0084)	(0.0128)
IS	0.0339***	0.0694**	0.0281**	0.1436***	0.0364* 0.0063	0.0847**	0.0264*	0.0116**	
	(0.0316)	(0.0187)	(0.0148)	(0.0307)	(0.0152)	(0.0357)	(0.0328)	(0.0143)	(0.0338)
FDI	0.2835*	0.2264*	0.2437*	0.2104**	0.2911**	0.1238**	0.4224**	0.3381**	0.0893*
	(0.0454)	(0.3078)	(0.3063)	(0.0502)	(0.2922)	(0.0488)	(0.5027)	(0.2708)	(0.4915)
HC	0.0043**	0.0016	0.0017	0.0124*	0.0129*	0.0115**	0.0118***	0.0097***	0.0175**
	(0.0296)	(0.0157)	(0.0093)	(0.0168)	(0.0448)	(0.0288)	(0.0158)	(0.0081)	(0.0285)
W×TR	0.1398	0.2397	0.2436	0.2802	0.2253	0.1387	0.1604	0.1225	0.1378
	(0.1156)	(0.1309)	(0.1939)	(0.0395)	(0.0136)	(0.0348)	(0.0261)	(0.0464)	(0.0016)
W×ER	0.0151	0.0022	0.0119	0.0175	0.0172	0.0165	0.0375	0.0233	0.0301
	(0.0111)	(0.0145)	(0.0185)	(0.0466)	(0.0459)	(0.0128)	(0.0308)	(0.0371)	(0.0393)
W×IS	-0.0041	-0.0068	-0.0097	-0.0309	-0.0276	-0.0167	-0.0571	-0.0351	-0.0346
	(0.0184)	(0.0272)	(0.0308)	(0.0388)	(0.0301)	(0.0215)	(0.1068)	(0.2292)	(0.0761)

续表

变量	W_com			W_geo			W_eco		
	(1) 空间固定	(2) 时间固定	(3) 时空固定	(4) 空间固定	(5) 时间固定	(6) 时空固定	(7) 空间固定	(8) 时间固定	(9) 时空固定
W×FDI	-0.5368	-0.4813	-0.3319	-0.5283	-0.3713	-0.1568	-0.5175	-0.1648	-0.1236
	(0.3367)	(0.4909)	(0.5646)	(0.0641)	(0.1506)	(0.0128)	(0.0124)	(0.0395)	(0.2178)
W×HC	-0.0371	-0.0205	-0.0044	-0.0624	0.0529	0.0478	-0.5512	0.2507	-0.3599
	(0.0599)	(0.0167)	(0.0174)	(0.0391)	(0.0489)	(0.0426)	(0.0844)	(0.0618)	(0.1081)
W×GTFP	0.3809***	0.4189***	0.3206***	0.3077***	0.4703***	0.3717***	0.5267***	0.3802***	0.4299**
	(0.0319)	(0.0436)	(0.0694)	(0.1412)	(0.1479)	(0.1668)	(0.0458)	(0.0736)	(0.3032)
R²	0.4397	0.2020	0.3368	0.4187	0.3396	0.3468	0.4604	0.3183	0.3447
log-likelihood	723.4701	645.9017	702.3591	725.4434	637.6972	703.3467	726.7243	660.3455	702.8340
Hausman test		28.41***			22.26***			24.13***	

注：***、**和*分别表示在1%、5%和10%统计水平上显著；括号内为标准差。

从而也验证了选择空间计量经济模型的正当性。已有文献也发现了类似现象，即中国省际绿色全要素生产率增长存在显著正向空间溢出效应（Tao et al.，2017）。再次，表9－6第（1）列、第（4）列和第（7）列结果显示，旅游业回归系数分别在10%、5%和1%水平显著为正，而旅游业空间滞后项回归系数符号为正，但不具备统计显著性，说明旅游业发展可在一定程度上促进本地省份绿色全要素生产率增长，但对邻接省份绿色全要素生产率的空间溢出效应甚微。尽管如此，可得出一个基本的判断，即倘若本地省份旅游业发展提高1%，则会分别促进本地省份绿色全要素生产率增长0.0563%、0.1688%和0.1516%，以及邻接省份绿色全要素生产率增长0.1398%、0.2802%和0.1604%。最后，关于控制变量，环境规制回归系数显著为正，其空间滞后项回归系数符号为正，但并不显著，这与格雷和沙贝吉安（Gray and Shadbegian，2003）的研究结论一致。这意味着环境规制会导致本地省份绿色全要素生产率水平下降，但可能会潜在地促进邻接省份绿色全要素生产率增长。产业结构回归系数显著为正，但其空间滞后项回归系数符号为负，且不显著，说明尽管高技术产业发展与传统产业转型升级有助于本地省份绿色全要素生产率增长，但对邻接省份绿色全要素生产率的空间溢出效应则尚未明显，这与周等（2019）的研究结论正好相反，他们发现产业结构优化对绿色全要素生产率具有显著空间溢出效应。外商直接投资回归系数在不同统计水平上显著为正，但其空间滞后项回归系数符号不仅为负，也不具备统计显著性，说明特定省份的外商直接投资能够显著促进其绿色全要素生产率增长，但邻接省份外商直接投资流入则会抑制特定省份的绿色全要素生产率增长。这一结论与部分文献结论类似（Tao et al.，2017），即外商直接投资的生产率效应仅限定在本地省份。这与洪和孙（Hong and Sun，2011）的观点一致，认为外商直接投资的外部性效应对省内和跨省全要素生产率均具有积极影响。人力资本对本地省份绿色全要素生产率具有显著且微弱的积极影响，但对绿色全要素生产率的空间溢出效应则不显著。值得注意的是，静态空间杜宾模型可能会因测量误差、反向因果和遗漏变量的问题产生内生性问题，得到有偏且不一致的参数估计，所以下面我们主要解释在空间经济距离权重矩阵设定下基于空间固定效应的基准动态空间杜宾模型估计结果中旅游业及控制变量的回归系数。即使如此，我们依然汇报了静态空间杜宾模型的估计结果，以便进行参数估计的对比分析。

三、动态空间杜宾模型回归分析

鉴于绿色全要素生产率存在路径依赖特征，所以为了捕捉绿色全要素生产率动态演化与其空间依赖性之间的相互关系，我们对基于空间固定效应的动态空间杜宾模型进行纠偏准极大似然估计，并汇报了基于地理邻接距离权重和空间经济距离权重矩阵的两种估计结果，用于对比分析以及为静态空间杜宾模型提供一种稳健性判断。在绿色全要素生产率文献中，大部分学者采用静态空间计量经济模型对绿色全要素生产率的影响因素进行实证检验，却忽视了绿色全要素生产率的时空特征（Yuan et al.，2019）。静态空间杜宾模型仅考虑绿色全要素生产率的空间滞后效应，而动态空间杜宾模型则同时包含绿色全要素生产率的空间滞后效应、时间滞后效应和时空滞后效应。基于以上两种类型权重矩阵的动态空间杜宾模型估计结果报告在表9－7和表9－8中。

在进行实证结果分析之前，我们首先讨论关于动态空间杜宾模型估计稳定性方面的诊断检验情况。如表9－8所示，时间自回归系数 τ、空间自回归系数 ρ 和时空自回归系数 ψ 之和为1.1，所以有 $\tau + \rho + \psi - 1 > 0$，说明基于地理邻接距离权重矩阵的动态空间杜宾模型估计结果缺乏稳定性，而在表9－7中，时间自回归系数 τ、空间自回归系数 ρ 和时空自回归系数 ψ 之和为0.2011，进而有 $\tau + \rho + \psi < 1$，表明基于空间经济距离权重矩阵的动态空间杜宾模型估计结果满足模型稳定性条件，所以此种模型设定更适合用于绿色全要素生产率的影响因素研究。

在两种类型权重矩阵设定下，绿色全要素生产率空间滞后项回归系数 ρ 均显著为正，与静态空间杜宾模型估计结果相似，说明中国省际绿色全要素生产率存在显著空间集聚特征。具体来说，在政府竞争、产业升级、知识扩散和产业集聚影响作用下，拥有较高绿色全要素生产率的省份倾向于与其他具有较高绿色全要素生产率的省份相互集聚。空间自回归系数 ρ 显著大于0，也意味着本地省份绿色全要素生产率增长（减少）会相应导致邻接省份绿色全要素生产率增长（减少），即本地省份和邻接省份的绿色全要素生产率存在同步变化的协同效应。根据表9－7第（7）行所示，空间自回归系数 ρ 为0.1223，表明空间经济邻接省份绿色全要素生产率增长1%，本地省份绿色全要素生产率则会增长0.1223%。在跨区市场需求渗透、产业网络化链接和贸易模式结构趋同等社会经济因素影响下，绿色全要素生产率具备空间溢出机制，本地省份绿色全要素生产率与空间经济

表 9 - 7　空间经济距离权重矩阵设定下动态空间杜宾模型估计结果

变量	系数	空间滞后系数	短期			长期		
			直接效应	间接效应	总效应	直接效应	间接效应	总效应
TR	0.0755 **	0.0929 **	0.0928 ***	0.1354 **	0.2281 ***	0.1073 ***	0.1484 **	0.2556 **
	(0.0128)	(0.0342)	(0.0224)	(0.0241)	(0.0126)	(0.0314)	(0.0217)	(0.0265)
ER	-0.0039 ***	0.0024 **	-0.0024 *	0.0029 **	0.0005 **	-0.0038 **	-0.0089	-0.0117
	(0.0132)	(0.0457)	(0.0129)	(0.0381)	(0.0392)	(0.0145)	(0.0361)	(0.0351)
IS	0.0214 ***	-0.0138 *	0.0245 ***	-0.0168 *	0.0077 ***	0.0302 **	0.0269	0.0033 *
	(0.0358)	(0.0357)	(0.0361)	(0.0257)	(0.0377)	(0.0414)	(0.0286)	(0.0169)
FDI	0.0288 **	-0.1468	-0.0046 **	-0.0327 ***	-0.0374 ***	0.1202 **	0.3104 *	0.4306 **
	(0.0235)	(0.0276)	(0.0251)	(0.0217)	(0.0276)	(0.1801)	(0.2171)	(0.1428)
HC	0.0267 ***	-0.0345	0.0281 *	-0.0308 **	-0.0027 **	0.0324 **	0.0349 **	0.0674 **
	(0.0297)	(0.0898)	(0.0313)	(0.0786)	(0.0778)	(0.0356)	(0.0757)	(0.0695)
τ	0.0292 ***							
	(0.0451)							
ρ	0.1223 ***							
	(0.0887)							
ψ	0.0496 **							
	(0.1513)							
R^2	0.8143							
log-likelihood	611.5543							
Obs	570							

注：***、**和*分别表示在1%、5%和10%统计水平上显著；括号内为标准差。

表 9 - 8　地理邻接距离权重矩阵设定下动态空间杜宾模型估计结果

变量		系数	空间滞后系数	短期			长期		
				直接效应	间接效应	总效应	直接效应	间接效应	总效应
TR		0.0589**	0.2826**	0.0808**	0.3500*	0.4308*	0.0993***	0.4565*	0.5558**
		(0.0806)	(0.1341)	(0.0724)	(0.1535)	(0.1782)	(0.0792)	(0.1955)	(0.2296)
ER		-0.0066***	0.0031	-0.0065**	0.0008	-0.0057*	-0.0060	-0.0003	-0.0063
		(0.0081)	(0.0148)	(0.0083)	(0.0223)	(0.0223)	(0.0075)	(0.0174)	(0.0204)
IS		0.0749***	0.0231	0.0808***	0.0806**	0.1614***	0.0729***	0.0522*	0.1251***
		(0.0205)	(0.0298)	(0.0189)	(0.0372)	(0.0372)	(0.0178)	(0.0308)	(0.0289)
FDI		0.2233**	-0.6301	0.1750	-0.8773*	-0.7023*	0.1840*	0.1283*	0.3123**
		(0.3321)	(0.5464)	(0.3209)	(0.7729)	(0.8318)	(0.2985)	(0.1936)	(0.2478)
HC		0.0029*	-0.0305	-0.0002	0.0445*	0.0444	0.0010*	0.0356**	0.0366**
		(0.0158)	(0.0175)	(0.0153)	(0.0198)	(0.0198)	(0.0145)	(0.0177)	(0.0177)
τ		0.6925**							
		(0.0448)							
ρ		0.3854***							
		(0.0465)							
ψ		0.1094**							
		(0.0654)							
R²		0.6922							
log-likelihood		625.1157							
Obs		570							

注：***、**和*分别表示在1%、5%和10%统计水平上显著；括号内为标准差。

距离邻接省份绿色全要素生产率紧密相关。因此，省级政府可考虑采取跨区协同、空间合作和区域一体的策略互动机制来促进绿色全要素生产率增长。

表 9 - 7 第（6）行显示，绿色全要素生产率的时间滞后系数 τ 在 1% 水平上显著为正，表明省际绿色全要素生产率变化存在明显的路径依赖特征，即当期较高的绿色全要素生产率将会推动下期绿色全要素生产率的持续增长。由于绿色全要素生产率的形成机理和演化过程相对复杂，所以绿色全要素生产率变化存在惯性效应。目前，关于绿色全要素生产率惯性效应的实证研究相对较少，相关文献主要探讨全要素生产率的动态变化问题（Tientao et al.，2016）。表 9 - 7 第（6）行报告出当期绿色全要素生产率增长 1%，将会驱动下期绿色全要素生产率增长 0.0292%，说明中国绿色全要素生产率存在改进空间。另外，我们也可得出启示，即省级政府需要持续努力来提升绿色全要素生产率，防止其路径依赖处于低水平状态。

表 9 - 7 第（8）行显示，绿色全要素生产率的时空滞后系数 ψ 在 5% 水平上显著为正，说明空间经济距离邻接省份上期绿色全要素生产率增长有助于改善当期本地省份绿色全要素生产率变化。换言之，本地省份会将上期绿色全要素生产率增长的空间经济邻接省份视为"标杆"，并试图模仿其绿色全要素生产率的促进政策和实施策略，这主要是由地方官员为竞相提升经济绩效而产生的政治晋升锦标赛所驱动。因此，绿色全要素生产率变动还具有显著的"示范效应"。如第（8）行所示，空间经济邻接省份上期绿色全要素生产率增长 1%，则会正向推动当地本地省份绿色全要素生产率增长 0.0496%。因此，我们可以积极宣传、推广绿色全要素生产率改进效果较好省份的政策举措、实现机制和推进路径等经验知识，进而对其他省份的绿色全要素生产率提升策略产生潜移默化的积极效果。

此外，为了将静态空间杜宾模型拓展为动态模型，我们采用 LR 检验来验证绿色全要素生产率时间滞后项和时空滞后项系数的联合显著性。两类权重矩阵设定下的 LR 检验均在 5% 水平上显著，再次证实拓展模型的动态设定更具解释力。从空间权重矩阵对比来看，无论是静态抑或是动态空间杜宾模型，空间经济距离权重矩阵设定下模型估计结果的对数似然值和 R^2 都要优于地理邻接空间权重矩阵，所以本章注重解释基于空间经济距离权重矩阵的动态空间杜宾模型估计结果。

当模型存在空间溢出效应时，自变量（例如旅游业）的变化不仅会导致本地省份绿色全要素生产率发生改变，也会影响邻接省份绿色全要素生产率的变动，并且通过空间依赖性产生相应的循环反馈效应（Han et al.，2018）。需要注意的是，在空间杜宾模型中，自变量回归系数仅是提供影响方向或程度等一些直观因果关系的初步判断，并不代表自变量对因变量的边际效应，因而无法直接测算自变量影响因变量的总效应。因此，无论是在静态还是动态空间杜宾模型中，仅观察变量回归系数符号及其显著性，无法判定兴趣变量旅游业和控制变量对绿色全要素生产率的影响，特别是也难以通过空间杜宾模型中自变量的点估计来验证其是否对绿色全要素生产率具备可见的空间溢出效应。因此，需要将对影响绿色全要素生产率的变量的空间效应分解纳入空间杜宾模型估计过程。为了准确识别旅游业对绿色全要素生产率的影响，根据勒沙杰和佩奇（2009）的建议，空间回归模型偏微分方法应用到本章所设定的基于空间经济距离权重的动态空间杜宾模型中，以估算旅游业和控制变量影响绿色全要素生产率的直接、间接效应。

根据式（9-5）~式（9-8）和表9-7中动态空间杜宾模型的变量估计系数，可分别从长期、短期维度估算出自变量影响绿色全要素生产率的直接、短期效应，结果汇报在表9-7第（3）~（8）列中。如上所示，自变量的直接、间接效应估算结果与表9-6中所汇报的自变量回归系数结果相近，说明空间效应分解结果相对稳定且有效。通过对比表9-6与表9-7发现，当动态模型捕捉到绿色全要素生产率的路径演化和时空依赖性以后，原本在表9-6中并不显著的自变量空间滞后项回归系数，在表9-7中变得整体具备统计显著性，这可能是由于潜在的模型内生性导致表9-6中部分自变量不一致的估计结果。因此，采用动态空间杜宾模型探究旅游业对绿色全要素生产率的空间溢出效应再次被验证。表9-7中空间效应分解也弥补了根据空间回归模型的变量点估计进行溢出效应有偏预测的不当处置方式。对直接效应、间接效应和总效应的估算分解有助于我们定量识别不同变量变化对绿色全要素生产率的影响方向和强度。如前所述，直接效应表示自变量变化引起本地省份绿色全要素生产率的变动，其中内含空间反馈效应，即本地省份变量变化引起邻接省份绿色全要素生产率变动，而后又反馈作用于本地省份绿色全要素生产率变化。间接效应表示邻接省份变量变化对本地省份绿色全要素生产率的影响。此外，根据方程（9-1），直接效应和间接效应在时间维度上还可分解为长期、短期形态，分别反映出旅游业和控制变量影响绿色全要素生产率的短期即时效应和长期时滞效应。表9-7所示的直接效应与表9-6中所列相应变量的系数估计值略有差异。此外，表9-7中自变量直接效应也不同于其系数估计值，原因在于直接效应中还蕴含空间反馈效应，而空间反馈效应则是由绿色全要素生产率的空间滞后项与自变量的空间滞后项之间相互交织、叠加所产生。有趣的是，间接效应估计结果显示，在长期，依靠空间放大机制，变量溢出效应在某些情况下表现更为强烈，甚至占到总效应一半以上，进而也证实自变量对绿色全要素生产率空间溢出机制的重要性。此外，与回归变量集变化相关的长期影响效应高于其短期影响效应，表明旅游业和控制变量对绿色全要素生产率具有深远影响，同时也提供了以上变量对绿色全要素生产率存在循环累积效应的经验证据。这一研究发现与宏观经济理论基本一致，即在短期，变量交互作用主要表现为纯粹空间溢出效应，但在长期过程中，变量的时空滞后和反馈效应对解释绿色全要素生产率变化也极为重要。

如表9-7所示，先审视旅游业的短期效应，结果表明中国省级旅游业与绿色全要素生产率存在显著正相关。旅游业直接效应和间接效应分别在1%和5%水平上显著为正，表明旅游业发展不仅可以改善本地省份绿色全要素生产率，而且对经济发展模式相邻接的省份绿色全要素生产率也具有正向溢出效应。具体来说，根据第（3）列和第（4）列，旅游业发展水平提高1%，将会直接促进本地省份绿色全要素生产率增长0.0928%，同时间接刺激邻接省份绿色全要素生产率增长改进0.1354%。值得注意的是，旅游业短期（长期）直接效应估计值0.0928（0.1073）与系数估计值0.0755的差值为0.0173（0.0318），即为空间反馈效应。变量长期间接效应蕴含有趣内涵。旅游业长期间接效应为0.1484，可以理解为本地省份旅游业发展对邻接省份绿色全要素生产率具有积极的外部性效应，当旅游业规模扩张激发本地省份经济增长潜力或竞争力时，同时也会刺激邻接省份旅游业发展热情高涨，进而渐进释放产业规模经济，从而提升其绿色全要素生产率。另外，旅游业间接效应大于短期效应，这与我们的理论预期基本一致。基于旅游关联产业溢出效应的循环反馈机制和旅游目的地建设的网络协调机制，可持续旅游业发展对绿色全要素生产率变化具有可观的改进效应。因此，上述经验结论也表明，省级政府有动机参与旅游业发展的战略互动。

控制变量的直接、间接效应估计结果同样也提供了诸多新的信息和见解。第一，环境规制长期效应与绿色全要素生产率显著负相关，而间接溢出效应则与绿色全要素生产率正相关，特别是在短期，表明尽管环境规制在一定程度上抑制了本地省份绿色全要素生产率增长，但却促进了邻接省份绿色全要素生产率增长，进而证实了"波特假说"在中国省级层面存在的客观性。这一结果与杨和拉诺伊（Yang and Lanoie, 2012）所得结论一致，但与李和吴（Li and Wu, 2017）的发现相悖。根据表 9 - 7 第（2）行，环境规制直接效应大于间接效应，导致总效应为负。究其因，在短期，环境规制致使企业无法有效进行绿色技术创新投资，并且创新也难以抵消遵循环境规制的成本，进而对绿色全要素生产率具有抑制作用（Lanoie et al., 2011），但环境规制进一步倒逼高能耗产业向邻接地区进行转移，从而也为邻接地区提供了用以进行绿色技术研发的资本投资。同时，长期直接效应也大于短期直接效应，环境规制将会对绿色全要素生产率产生深远而持久的影响。此外，环境规制长期间接效应为负，与冯等（Feng et al., 2019）的研究结论一致，即地方政府间环境规制"逐底竞争"策略，挤出研发资金，从而抑制技术创新。第二，产业结构长、短期直接效应显著为正，表明产业结构升级是绿色全要素生产率增长的促发器。这一结果与大多数文献观点基本一致（Lu et al., 2010; Li et al., 2019），即产业结构优化过程主要表现为不同产业部门间的技术创新，进而有益于改进生产效率，并能实现节能减排，促进绿色经济发展。产业结构短期间接效应显著为负，而长期间接效应为正，但不显著。一个可能的原因是，在短期，随着低技术、高能耗和劳动密集型产业转移到邻接地区，进而致使邻接地区产业结构的生产率增长效应受到抑制，而为了在省际竞争中获得长期优势，本地省份也倾向于学习、吸收和模仿邻接省份的产业政策，省份间由此所生产的知识传播和技术扩散，对绿色全要素生产率施加空间溢出效应。第三，无论是直接效应还是短期效应，在短期，外商直接投资对绿色全要素生产率具有抑制效应，而长期效应则显著为正，并且抵消了短期效应的负作用。这一发现可由在中国被证实的"污染天堂"假说所解释。基本的理论机理是：一方面，为降低劳动力成本、攫取高额利润，国际资本倾向于将劳动或资源密集型产业转移至我国，进而在短期阻碍了创新能力提升（Feng and Wang, 2020）；另一方面，外资企业通常具备先进的科研技术和管理能力，进而会对国内企业产生良好的示范、竞争效应，进而有助于鼓励国内企业通过吸收外商直接投资进行技术创新以及提高资源配置效率，所以在长期，当所流入外商直接投资与国内环境规制执行相契合时，可以促进绿色全要素生产率增长（Dou and Han, 2019）。第四，人力资本直接效应显著为正，短期间接效应显著为负，而长期间接效应则显著为正，说明尽管人力资本建设对邻接省份绿色全要素生产率具有短期抑制效应，但人力资本积累不仅能够驱动本地省份绿色全要素生产率提升，而且也可在长期驱动邻接省份绿色全要素生产率增长。一般而言，在短期，人力资本对绿色全要素生产率具有两方面作用：一方面，根据内生增长理论，人力资本作为技术创新的主要源泉，可通过提高技术学习能力提升劳动生产率来促进本地省份绿色全要素生产率增长；另一方面，国内市场分割削弱人力资本流动的技术外溢，从而致使技术扩散对跨区生产率的影响效力难以发挥。这一结果不仅符合预期，而且也与王和倪（Wang and Ni, 2015）的研究结论相似。

第六节　进一步分析

一、异质性分析

以上分析均是针对全样本回归结果。由于中国不同地区在地理环境、要素禀赋、政策条件和发展水平等方面存在显著差异，所以旅游业对省际绿色全要素生产率水平的影响效应亦可能存在地区差异。因此，控制地区间空间异质性因素，对旅游业影响绿色全要素生产率进行回归分析，也可提供一种对前面结果的敏感性检验。现有讨论旅游业影响经济效率的文献主要基于全样本分析（Zuo and Huang, 2018），而对此问题的空间异质性分析则有待深入探索。为此，为了探究旅游业对绿色全要素生产率影响效应的空间异质性，我们根据中国基本的经济区划格局，将样本省份分别划分为东部（11个省份）、中部（9个省份）和西部（10个省份），重新对方程（9-1）进行估计。与前面所选择基准模型一致，我们在空间经济距离权重矩阵设定下，采用基于空间固定效应的动态空间杜宾模型对旅游业与绿色全要素生产率关系进行检验。回归结果汇报在表9-9中。

如表9-9所示，除西部地区外，东、中部子样本回归结果与全样本结果基本一致。与表9-7进行对比，也可得出一些个性化结论。一方面，鉴于绿色全要素生产率的时间滞后项在区际样本中均显著为正，说明绿色全要素生产率演化的"路径惯性"存在于上述区际样本中。东部、中部省份绿色全要素生产率的空间滞后项系数和时空滞后项系数符号及其显著性与全国样本回归结果基本一致，其中，东部省份绿色全要素生产率两类系

表 9 - 9　分地区旅游业与绿色全要素生产率关系回归结果

变量	东部省份				中部省份				西部省份			
	短期直接效应	长期直接效应	短期间接效应	长期间接效应	短期直接效应	长期直接效应	短期间接效应	长期间接效应	短期直接效应	长期直接效应	短期间接效应	长期间接效应
TR	0.4895** (0.2835)	0.6245** (0.4281)	0.4074* (0.2493)	0.4417** (0.3433)	0.2273** (0.0633)	0.2999* (0.0846)	0.0469 (0.0656)	0.3956* (0.1168)	0.4536 (0.4753)	0.6064 (0.4331)	0.3353 (0.4358)	0.2268 (0.5103)
ER	0.0428*** (0.0149)	0.0064 (0.0281)	-0.0492 (0.0338)	0.0370*** (0.0129)	-0.0247 (0.0161)	-0.0667*** (0.0240)	-0.0798*** (0.0216)	-0.1632*** (0.0444)	-0.0131 (0.0239)	-0.0236 (0.0423)	-0.0058 (0.0792)	0.0042 (0.0905)
IS	0.1329*** (0.0304)	0.0739 (0.0457)	0.1136*** (0.0266)	0.0443 (0.0372)	0.1258* (0.0613)	0.1221** (0.0887)	-0.0915* (0.0550)	0.0503 (0.0444)	0.0635** (0.1150)	0.1554* (0.2301)	0.2038 (0.1783)	0.2912 (0.2705)
FDI	-0.2283 (0.4621)	-0.4372 (0.8165)	0.1551* (0.4044)	-0.1158* (0.6504)	-0.1988 (0.0768)	0.1456** (0.1232)	-0.0437 (0.0728)	-0.1335 (0.0248)	0.1125 (0.3592)	0.4635** (0.3061)	0.3606 (0.1675)	0.1208 (0.3376)
HC	0.0321 (0.0240)	-0.0339 (0.0287)	0.0263 (0.0214)	0.0393 (0.0246)	0.0706** (0.0331)	0.2305*** (0.0586)	0.1599*** (0.0468)	0.1623*** (0.0521)	-0.0436 (0.0595)	0.0739 (0.1195)	-0.0414** (0.0789)	0.0131 (0.1306)
τ	0.1461** (0.0789)						0.1528* (0.0799)				0.1848*** (0.1227)	
ρ	0.1551* (0.0834)						0.1083*** (0.0788)				0.2151 (0.0955)	
ψ	0.1173** (0.1144)						0.0015*** (0.1286)				-0.3981** (0.1909)	
R^2	0.6434						0.6733				0.6135	
log - L	641.7287						641.2419				589.8628	
Obs	209						152				209	

注：***、**和*分别表示在1%、5%和10%统计水平上显著；括号内为标准差。

数的估计值和显著性均强于中部省份。相比之下，西部省份绿色全要素生产率的时空滞后项系数却在 5% 水平上显著为负，而空间滞后项系数符号尽管表现为正但不显著，说明西部地区内局部省份绿色全要素生产率变动可能会降低下期区内邻接省份的绿色全要素生产率水平。另一方面，东部省份旅游业短期、长期直接效应和间接效应均显著为正，表明旅游业发展对本地、邻接省份均存在显著积极影响。在中部省份，旅游业直接效应在短期、长期均显著为正，而尽管长期间接效应也显著为正，但在短期并不显著。另外，旅游业直接、间接效应在短期及长期均不显著，说明西部地区旅游业发展对本地、邻接省份的绿色全要素生产率变化并无显著影响。不仅如此，东部、中部和西部省份旅游业直接效应和溢出效应的统计显著性呈现渐次下降特征，这也与我国旅游业发展水平的空间分布特征基本吻合。综上，旅游业对跨区省际绿色全要素生产率的影响效应存在明显的地区差异性。与中部、西部省份相比，表 9-9 第（1）~（4）列中回归结果所显示的旅游业影响效应表明，东部省份旅游业发展对区内绿色全要素生产率的促进效应更为强烈。

二、影响机制分析

德鲁克（Drucker，2011）认为，产业结构升级能够刺激现代服务业集聚，实现绿色清洁生产，内生激发规模化经济，不仅能够促进绿色全要素生产率增长，而且也为旅游业发展提供了成长空间。格莱泽和卡恩（Glaeser and Kahn，2010）指出，城市化不仅有助于实现经济集约化发展，而且其规模效应、集聚效应也有利于绿色经济发展，同时也能促进旅游业扩张。结合以上考虑，一个潜在的想法是，旅游业与产业结构升级或城市化之间的互为交互作用是否会影响绿色全要素生产率。需要提及的是，现有文献主要分而考察产业结构（城镇化）与旅游业或绿色全要素生产率关系，尽管为探索旅游业发展和经济效率影响因素研究提供了有益参考，然而，极少有文献将上述三变量关系纳入到统一逻辑研究框架中，并以此为理论链条，深入探讨旅游业发展影响绿色全要素生产率的作用机制。综上所述，我们通过构建交互模型来实证检验产业结构或城市化是否会对旅游业与绿色全要素生产率关系存在调节作用，即意味着旅游业与绿色全要素生产率关系是否会取决于产业结构升级层次和城市化建设水平。因此，我们分别将旅游业与产业结构或城市化的交互项纳入到基准动态空间杜宾模型中，实证检验两个变量是否会改变旅游业与绿色全要素生产率关系，进而有助于阐明旅游业发展对绿色全要素生产率的影响机制。

表9－10汇报了旅游业及其交互项的动态空间杜宾模型回归结果。其中，城镇化（URB）变量主要采用人口城镇化率表征，即采用城镇人口占总人口数比值度量。如表9－10所示，第一，在两个交互模型中，无论是在短期抑或长期，与基准空间模型相比，旅游业直接效应和间接效应的系数符号并未发生变化，知识效应估计值大小略有变化。第二，旅游业与产业结构、城镇化交互项的长期、短期直接和间接效应均显著为正，进而凸显出产业结构和城镇化对旅游业与绿色全要素生产率关系的调节机制。换言之，旅游业发展的绿色全要素生产率增长效应可通过产业结构优化和城市化水平提升得以强化，因为交互项系数反映，旅游业与产业结构、城镇化之间存在互补作用。同时，我们也观察到，产业结构和城市化也分别会加强旅游业发展对本地省份和邻接省份绿色全要素生产率的促进作用。总而言之，旅游业交互项效应估计结果提供了旅游业与产业结构或城市化对影响中国绿色全要素生产率具有互补效应的经验证据，表明随着产业结构升级和城市化进程加快，旅游业发展对绿色全要素生产率的边际影响效应不断增强。本章考察产业结构或城镇化对旅游业和绿色全要素生产率关系的调节作用，有助于从产业结构和城市化视角理解旅游业对绿色全要素生产率的影响机制。另外，城市化直接效应显著为正，而间接效应则不显著。一个可能的原因是，城市化通过促进产业繁荣、技术升级和产品创新，产生正向外部规模经济，进而助推本地省份绿色全要素生产率增长，但由人口迁移、资本流动和产业集聚导致的城市规模过度扩张又会削弱邻接省份城市集聚对绿色全要素生产率的影响，从而导致城市化间接效应不显著。

三、稳健性分析

为了检验本章实证结论的稳定性，我们通过采取替换核心变量、调整权重矩阵和改变估计方法等方式进行稳健性分析。第一，根据赵和夏（Zhao and Xia，2020）的做法，我们采用旅游人次比作为旅游业发展的代理变量，重新对基准方程进行回归，以考察核心结论的稳健性。回归结果汇报在表9－11第（1）~（4）列。旅游人次比短期、长期直接效应和间接效应均显著为正，反映出旅游人次比对促进绿色全要素生产率增长具有积极作用，进一步表明无论是旅游业发展的收入指标抑或人次指标，均对驱动绿色全要素生产率增长存在正向影响。替换旅游业变量的模型估计结

表9-10 旅游业对绿色全要素生产率影响机制回归结果

变量	IS 短期直接效应	IS 短期间接效应	IS 长期直接效应	IS 长期间接效应	URB 短期直接效应	URB 短期间接效应	URB 长期直接效应	URB 长期间接效应
TR	0.0896**	0.1054***	0.0912*	0.1311***	0.0831*	0.1155*	0.0983***	0.1206**
	(0.3009)	(0.1657)	(0.2637)	(0.1532)	(0.1543)	(0.2941)	(0.0625)	(0.1777)
ER	-0.0069**	0.0026	-0.0064*	0.0027*	0.0078	-0.0081*	0.0073	-0.0073
	(0.0078)	(0.0227)	(0.0072)	(0.0198)	(0.0785)	(0.0698)	(0.0071)	(0.0505)
FDI	-0.1365***	0.2289	-0.1021	0.6733***	-0.0909*	0.4213	-0.0494	0.2300*
	(0.3322)	(0.6711)	(0.3065)	(0.5848)	(0.3117)	(0.3401)	(0.2802)	(0.3488)
HC	-0.0142	-0.0277**	0.0119**	0.0756	-0.0065	-0.1829***	0.0045**	0.1331*
	(0.0174)	(0.0415)	(0.0159)	(0.0361)	(0.0167)	(0.0553)	(0.0154)	(0.0403)
IS	0.0933**	-0.0887*	0.0754**	0.0809	0.0657***	0.0896	0.0591***	0.1271
	(0.0362)	(0.0647)	(0.0334)	(0.0565)	(0.0212)	(0.1434)	(0.0194)	(0.1045)
TR×IS	0.6845***	0.1760**	0.6273***	0.1125*				
	(0.1952)	(0.4020)	(0.1803)	(0.3515)				
URB					0.1833**	0.0028	0.1612**	0.0123
					(0.1575)	(0.2402)	(0.1454)	(0.1522)
TR×URB					0.7679**	0.0513*	0.6301**	0.1378*
					(0.4094)	(0.2836)	(0.3106)	(0.1045)
τ		0.0901**				0.0793*		
		(0.0442)				(0.0449)		
ρ		0.1333*				0.5578***		
		(0.0775)				(0.0673)		
ψ		0.0946**				0.0820**		
		(0.1215)				(0.0875)		
R²		0.6187				0.62269		
log-L		630.2321				653.5862		
Obs		570				570		

注：***、**和*分别表示在1%、5%和10%统计水平上显著；括号内为标准差。

表 9 - 11　稳健性分析

变量	旅游人次比				地理距离权重矩阵				GMM 估计			
	短期直接效应	短期间接效应	长期直接效应	长期间接效应	短期直接效应	短期间接效应	长期直接效应	长期间接效应	Xtdhp	xtdpdsys	Xtabond	Xtdpd
TR	0.0017** (0.0026)	0.0138* (0.0043)	0.0021** (0.0041)	0.0285** (0.0062)	0.1374** (0.1296)	0.3058* (0.2869)	0.1385*** (0.1376)	0.2306** (0.2421)	0.0731** (0.0862)	0.0967** (0.0785)	0.1397* (0.0848)	0.0912** (0.0965)
TP												
ER	-0.0075** (0.0079)	0.0025 (0.0143)	-0.0076* (0.0081)	0.0041 (0.0227)	-0.0086 (0.0136)	-0.0575 (0.0509)	0.0075 (0.0143)	0.0474** (0.0430)	0.0031 (0.0084)	0.0274*** (0.0103)	0.0219 (0.0108)	0.0053 (0.0097)
IS	0.0516*** (0.0191)	-0.0256 (0.0279)	0.0629*** (0.0347)	0.1068 (0.0363)	0.0903*** (0.0317)	0.1812*** (0.0599)	0.2713*** (0.0616)	0.0913*** (0.0345)	0.0777*** (0.0207)	0.1202*** (0.0246)	0.1561*** (0.0288)	0.0672** (0.0277)
FDI	-0.1189** (0.3078)	0.2133 (0.4788)	0.0626 (0.3047)	0.5068* (0.2316)	-0.0526 (0.5365)	-0.2748 (0.5772)	0.5263 (0.5783)	0.6955** (0.3613)	0.0825 (0.3347)	0.0182 (0.4488)	0.0512 (0.5045)	0.0317 (0.4458)
HC	0.0077 (0.0079)	-0.0591 (0.0190)	0.0143* (0.0141)	0.0928*** (0.0219)	0.0135 (0.0276)	0.0804** (0.0355)	0.0168* (0.0305)	0.0725** (0.0362)	0.0122* (0.0126)	0.0348*** (0.0099)	0.0477*** (0.0162)	0.0193** (0.0174)
W×TR									0.1841*** (0.0449)	0.0749* (0.0388)	0.1379*** (0.0449)	0.1588*** (0.0505)
W×ER									-0.0008 (0.0045)	-0.0017 (0.0043)	0.0037 (0.0046)	-0.0008 (0.0050)
W×IS									0.0066* (0.0064)	0.0117** (0.0078)	0.0108** (0.0083)	0.0122*** (0.0084)

续表

变量	旅游人次比 短期直接效应	短期间接效应	长期直接效应	长期间接效应	地理距离权重矩阵 短期直接效应	短期间接效应	长期直接效应	长期间接效应	GMM 估计 Xtdhp	xtdpdsys	Xtabond	Xtdpd
W×FDI									-0.1001 (0.1503)	-0.2875 (0.2203)	-0.3494 (0.2374)	-0.0413 (0.2084)
W×HC									0.0093** (0.0032)	0.0648* (0.0018)	0.0037** (0.0040)	0.0098** (0.0044)
Sargan test									143.39 [0.248]	165.66 [0.229]	159.47 [0.232]	151.27 [0.241]
AR (1) test									-7.69 [0.000]	-7.25 [0.000]	-8.23 [0.000]	-8.12 [0.000]
AR (2) test									1.28 [0.199]	1.31 [0.186]	1.53 [0.162]	1.45 [0.173]
τ		0.0616*** (0.0192)				0.0732** (0.0575)			0.1247** (0.0544)	0.2179*** (0.0295)	0.2098*** (0.0401)	0.2183** (0.0315)
ρ		0.3741*** (0.0458)				0.3463*** (0.0615)						
ψ		0.1607** (0.0355)				0.2048** (0.0629)						
R²		0.6598				0.6354			0.6192	0.6373	0.7991	0.6582
log-L		668.8259				645.9540			594.9700	586.2866	585.3363	622.3138
Obs		570				570			570	570	570	600

注: ***、**和*分别表示在1%、5%和10%统计水平上显著; 括号内为标准差; 中括号内为 P 值。

果与核心结论基本一致，说明核心结论不因兴趣变量的改变而发生改变，全样本分析结果保持稳健。第二，为了验证空间权重矩阵设定的稳健性，我们进一步替代基准动态空间杜宾模型所引入的空间权重矩阵。我们应用基于地理距离权重矩阵来替代空间经济距离权重矩阵对动态空间杜宾模型进行回归，以检验主要实证结论的稳健性，估计结果汇报在第（5）~（8）列。经观察发现，与基准结果相比，地理距离权重矩阵设定下的旅游业直接效应估计值大小发生了相应变化，但其符号及其显著性并未发生本质变化，由此说明表 9 - 7 所汇报的基准估计结果并未因空间权重矩阵的替代而发生改变。第三，我们采用空间面板 Arellano - Bond 线性动态方法对基准空间杜宾模型进行回归。具体来说，我们在 Stata 软件平台中基于 xtdhp 和 xtdpdsys 两类命令，分别运行 Han - Philips 系统广义矩估计法和 Arellano - Bover/Blundell - Bond 系统广义矩估计法对基准空间模型进行再次回归。与此同时，也为了测度以上两种替代估计程序的稳健性，我们再次应用基于 xtabond 和 xtdpd 两类命令的 Arellano - Bond 系统广义矩估计法对基准空间模型进行复检，其中，主要是使用基于固定效应的两步系统广义矩估计法，在不引入外部工具变量的情况下，可将差分方程和水平方程相互结合得出相应估计量，并选取差分方程的滞后项作为水平方程的工具变量、水平方程的滞后项作为差分方程的工具变量（Elhorst，2014），尤其是使用因变量和内生变量的滞后项作为工具变量可在一定程度上处理内生性问题。在动态面板系统广义矩估计模型中，我们分别使用内生变量的滞后二期、三期和因变量的滞后二期作为一阶差分方程的工具变量，并将一阶差分作为水平方程的工具变量。第（9）~（12）列报告出了在 Stata 软件平台基于三类系统广义矩估计法的动态空间杜宾模型回归结果。首先，过度识别约束检验的 Sargan 统计量不具备统计意义，说明工具变量选取有效，即广义矩估计不存在过度识别问题。其次，误差项存在一阶序列相关，但不存在二阶序列相关，说明系统广义矩估计量适合处理内生性问题。因此，以上检验结论表明，对动态空间杜宾模型的系统广义矩估计的回归结果具备稳定性。其中，与基准模型相比，在四种回归模型中，旅游业及其空间滞后项系数均显著为正，尽管统计显著性有所降低，但仍与基于 BC - QML 的基准模型估计值类似，说明估计策略的改变也并未改变基准模型的实证结果。

第七节　拓展性分析

在恩格尔定律作用下，劳动力、资本等要素从较低效率的农业部门脱离，转移至较高效率的非农部门，造成要素资源的空间重构和优化配置。同时，人口和经济活动的地理聚集则会产生外部性经济，推动城镇的发展，实现规模经济，带动投资需求和城镇规模扩张，并进一步优化信息、资本、技术等资源配置，从而促进全要素生产率的增长。随着全要素生产率指数的提升，其所代表的质量贡献意味着较少的能源消耗生产更多的产出，同时造成较少的污染排放，尤其通过影响经济增长速度以及增长效益对城镇化经济发展水平产生影响，使得城镇盈利能力增强，提高城镇积累能力，进而形成新的资本。随着资本的逐步积累，技术创新也会随之涌现，形成新的劳动力需求，这又会吸引更多的农村剩余劳动力迁入，而新迁入的劳动力又将带来新的资本、技术等资源的优化配置，从而实现城镇化与全要素生产率的循环变化。

在传统城镇化阶段，依靠要素粗放利用而推动的快速工业化，致使城镇化滞后于工业化，由于产业结构错配、空间结构失衡、市民化程度偏低等因素，尽管城镇化驱动了经济增长，但与其所伴随的是污染水平的提升。在此阶段，由于全要素生产率增长缓慢导致经济增长质量不高。随着城镇化纵深演进，产业结构升级、科技水平进步和生活方式转变促进环境质量改善的作用逐渐显现。尤其是伴随城镇化质量提升，资本、技术、人力资源等生产要素在空间上得以重新配置，进而催生产业、人力高质量聚集，伴随知识扩散、技术溢出，激发产业、环保科技创新，促进新型工业与现代服务业相协调，从而提高要素资源的利用和配置效率。新型城镇化与传统城镇化相比，其核心在于以人为本的城镇化，不仅强调人口城镇化水平提高和产业总量增加，更关注城镇化质量与绿色产业协调发展。

在人口城镇化方面，人口数量不断向城镇集聚，流入城镇的农业人口学习新的技术技能，有利于促进劳动生产率提高，尤其是随着市民化程度提升，先进的生产、生活方式也有助于增强市民对绿色产业和生活理念的自我选择，人力资本质量推动劳动力素质提升，从而提高了社会绿色生产能力。在经济城镇化方面，根据环境"库兹涅茨曲线"，伴随收入水平提升，全社会污染水平则会逐渐进入下降趋势，其中，产业结构转型、升级和优化对增强经济增长质量的集约化程度愈发重要。在空间城镇化方面，转变土地利用方式，遏制城市范围无限制地以外延扩展和空间的无序蔓延为主要特征的过度土地城镇化，通过提高土地集约利用效率实现土地城镇化与人口城镇化协调发展，尤其是伴随着空间城镇化质量提升的土地价值攀升，会进一步驱动产业结构迭代、升级，通过自选择效应加快淘汰落后产业，而倾向于土地集约利用的知识密集型产业的发展进一步推动了绿色经济增长。

在社会包容性方面，以人为本的城镇化发展理念在社会包容性构建方面表现得尤其突出，文化知识的普及、扩散和学习提升了人力资本质量，作为社会创新的主要载体，劳动力素质的提升直接拉动了经济增长质量。事实上，全社会公共服务水平的提升，直接改善了居民生活质量，从而驱动居民生产、生活方式发生转变，使其更倾向于吸收、采纳蕴含先进技术知识的生产技术和绿色商品，进而在主观能动性方面形成全社会偏向先进技术的学习氛围。此外，生产性服务业水平的提升为制造业发展的"润滑剂"，以生产性服务业为代表的中间投入品规模和质量改善，从而有利于制造业在价值链中向上攀升，能够直接提升制造业参与市场竞争的科技竞争力。在环境治理力方面，在可持续发展体系中，环境不应被视为经济增长的外生变量，否则将会导致对经济绩效评价的失真、误判，事实上，环境因素作为经济增长的重要内生变量，是经济增长规模和质量的刚性约束，即环境和经济相互影响、互为制约。尽管环境规制的实施，通过挤占企业的生产性资金投入而产生"遵循成本"效应，从而对企业生产规模扩大产生一定约束，但环境规制能够激励经济主体加大研发投入，加强环境技术创新管理，促进引致技术创新进而推动技术进步和效率改善，从而产生所谓"创新补偿"效应，而且环境规制实施进一步倒逼企业重新考虑要素重新配置和产出二次调整，并且通过要素配置、产出结构的优化，从而改善要素市场、产品市场的资源误置情况，从而提升了经济结构的配置效率。

在城乡统筹度方面，由于典型的城乡分割体制严重限制了要素的流动性，不仅扭曲了创新资源配置，而且抑制了创新需求。随着城乡统筹水平的提升，首先，较高的要素回报率吸引大量要素流向城镇部门，不仅增强了城镇技术外溢效能，而且也提高了城镇规模经济效应，从而为产业结构升级提供了所需的要素基础条件。其次，城乡收入差距的缩小，快速发展的农村市场释放出大量创新需求，并且城镇公共服务均等化也为城镇先进的知识、技术、经验向农村扩散提供了便利的通道条件。因此，城乡统筹优化了创新要素在城乡之间的配置结构，改善了城乡创新要素的扭曲配置现象，从而在整体上提升了社会绿色增长质量。在生态集约化方面，为了缓解资源环境约束，随着社会逐渐普及推广环保、低碳生产理念，绿色技术革命势在必行，其中，节能减排作为能源环境管理和经济发展方式转型的客观要求和重要途径，能耗和污染排放的下降直接驱动了绿色生产率的增长，从而有助于实现环境和绿色经济双赢。

大量文献讨论了旅游业与新型城镇化之间的耦合协调关系，并对不同空间尺度的研究案例进行了理论探索与量化分析，进而在此领域积累了丰硕成果（张春燕，2014；窦银娣等，2015；唐鸿等，2017；蔡刚和蔡平，2018；杨主泉，2020；赵磊等，2020）。另外，也有诸多文献单向讨论了新型城镇化建设对旅游业发展的影响。例如，王琴和黄大勇（2020）采用长江经济带 2002~2017 年的省级面板数据，实证分析了新型城镇化各维度对旅游业发展的影响效应，研究发现人口城镇化、经济城镇化、社会城镇化和环境治理能力对旅游业发展均具有显著正向影响。新型城镇化至少可从四个方面强势推动旅游业发展：其一，"需求效应"。新型城镇化可通过经济城镇化和城乡统筹度两个维度普遍提升居民收入层次，从而为增强居民旅游消费支出奠定了重要的基础条件。事实上，人口城镇化的本质目的就是要消除半城镇化现象，真正将"以人为本"的理念贯穿到人口城镇化实施过程中，而生活方式转变和消费理念转型则是重要步骤，而对旅游审美文化活动的精神追求恰好可以体现人口城镇化的质量内涵。其二，"供给效应"。新型城镇化推进对产业结构的升级效应主要是通过"产业选择机制"和"技术创新机制"实现，前者通过贯彻"创新、协调、绿色、开放、共享"的理念淘汰传统产业，重塑产业结构体系，将更加凸显"生态、集约"产业内涵，而旅游业作为典型的绿色产业部门，同时又具备强烈的产业融合功能，所以现代产业结构体系的塑造可在供给侧为旅游业发展提供广阔的要素获取和产品融合空间。与此同时，旅游企业也可通过吸收新型城镇化建设所创造和释放的技术外溢知识来改善产品设计内涵、组织经营条件、行业结构配置和人力资本质量等，进而可以显著提高旅游产品质量和企业发展效率，上述两种机制则会从供给端驱动旅游业规模持续扩张。其三，"环境效应"。旅游业是一项环境敏感性产业，而新型城镇化建设则会通过环境治理力、社会包容性、生态集约化和文化传承性等维度，为旅游业发展创造其所需的自然环境、社会环境、经济环境和文化环境，全面有效地为旅游业发展赋能。

　　新型城镇化作为当前中国经济高质量发展的重要约束变量，无论是对旅游业发展的能级还是对旅游业的经济增长效应均具有难以忽视的积极影响，尤其是新型城镇化建设会为探究旅游业与绿色全要素生产率关系提供新的认知视角。截至目前，鲜有文献将旅游业、新型城镇化与绿色全要素生产率三者关系纳入统一框架进行研究，所以本章尝试从新型城镇化视角揭示旅游业对绿色全要素生产率的影响。为了模型化三者关系，我们的策略是构建旅游业与新型城镇化交互项，并将其纳入到基准空间模型中，其中，关于新型城镇化（NURB）的变量构造，我们继续沿用前述章节的处理思路。计量模型构建如下：

$$
\begin{aligned}
\mathrm{GTFP}_{it} =\ & \tau\mathrm{GTFP}_{it-1} + \rho\sum_{j=1}^{N}\mathrm{W}_{ij}\mathrm{GTFP}_{jt} + \psi\sum_{j=1}^{N}\mathrm{W}_{ij}\mathrm{GTFP}_{jt-1} + \beta\mathrm{X}_{it} + \beta'\mathrm{TR}_{it} \\
& \times\mathrm{NURB}_{it} + \theta\sum_{j=1}^{N}\mathrm{W}_{ij}\mathrm{X}_{jt} + \theta'\mathrm{W}_{ij}\mathrm{TR}_{it} \times\mathrm{NURB}_{it} + \mu_i + \eta_t + \varepsilon_{it}
\end{aligned}
$$

$$(9-13)$$

其中，β'为旅游业与新型城镇化交互项系数；θ'为旅游业与新型城镇化交互项空间滞后系数。

　　表9-12列示出旅游业、新型城镇化与绿色全要素生产率关系回归结果。如表9-12所示，旅游业影响绿色全要素生产率的空间效应估计结果与前面类似，而新型城镇化长期、短期直接效应和间接效应均显著为正，表明新型城镇化建设不仅对绿色全要素生产率具有直接效应，也存在空间溢出效应。尤其是，旅游业与新型城镇化交互项影响绿色全要素生产率的空间效应在长期、短期均显著为正，说明新型城镇化建设，不仅对本地省份旅游业的绿色全要素生产率效应具有调节作用，特别是本地省份旅游业与新型城镇化的交互作用对邻接省份绿色全要素生产率具有正向空间溢出效应。上述实证结论反映，新型城镇化对旅游业与绿色全要素生产率关系具备空间调节机制，旅游业发展与新型城镇化建设对绿色全要素生产率的影响存在空间互补作用。这一实证发现，至少从两个方面对既有文献进行了拓展。一是弥补了新型城镇化与绿色全要素生产率关系研究的缺失，首次对新型城镇化影响绿色全要素生产率的空间效应进行了实证检验；二是首次将新型城镇化纳入旅游业对绿色全要素生产率的影响框架，经验证实新型城镇化对旅游业的绿色全要素生产率效应具有空间调节功能，进而从新型城镇化视角拓展了旅游业对绿色全要素生产率的影响机制。

表 9 – 12　　　　旅游业、新型城镇化与绿色全要素生产率关系回归结果

变量	短期直接效应	短期间接效应	长期直接效应	长期间接效应
TR	0.3121 ***	0.3456 *	0.3618 **	0.3637 **
	(0.2023)	(0.2132)	(0.1356)	(0.2232)
NURB	0.5051 ***	0.7623 ***	0.5321 ***	0.6521 **
	(0.1257)	(0.2361)	(0.1632)	(0.3267)
ER	– 0.0026 *	0.0078	0.0032 **	0.0289 **
	(0.0321)	(0.0281)	(0.0225)	(0.0176)
IS	0.1210 ***	0.0836 **	0.1323 ***	0.0768 ***
	(0.0321)	(0.0289)	(0.0319)	(0.1892)
FDI	– 0.1536	– 0.1641 **	0.1688 ***	0.0237 **
	(0.2238)	(0.6673)	(0.3549)	(0.3918)
HC	0.0327 **	0.0408 ***	0.0289 **	0.0422 **
	(0.1567)	(0.2532)	(0.4732)	(0.321)
TR × NURB	0.2326 ***	0.1018 **	0.3389 ***	0.3267 **
	(0.2534)	(0.4076)	(0.1469)	(0.5012)
τ	0.1233 **			
	(0.2368)			
ρ	0.1603 ***			
	(0.1468)			
ψ	0.1065 ***			
	(0.2134)			
R^2	0.605			
log – L	623.1536			
Obs	570			

注：＊＊＊、＊＊和＊分别表示在1%、5%和10%统计水平上显著；括号内为标准差。

第八节　结论与启示

客观理解旅游业对绿色全要素生产率的空间溢出效应，对制定、实施和评价旅游业发展和绿色全要素生产率改进政策具有重要启示。本章在控制绿色全要素生产率变化的惯性特征后，将旅游业变量引入空间计量经济模型，以检验旅游业发展对绿色全要素生产率的影响。本章有助于厘清、理解旅游业与绿色全要素生产率之间的空间关系，尤其强调需将空间一体

化思维融入绿色全要素生产率优化政策，进而为促进中国经济可持续发展探索实施路径。本章在描绘旅游业与绿色全要素生产率关系理论框架基础上，以中国 30 个省份 1999～2018 年面板数据为研究样本，应用动态空间杜宾模型对旅游业发展影响绿色全要素生产率的空间效应进行了实证研究。本章所得到的动态空间模型估计结果，不仅支持传统静态空间模型的动态扩展形式，而且同时捕捉到旅游业发展对绿色全要素生产率的空间溢出效应，打破了样本数据的"独立性"假定。基本的研究主线是，我们首先使用基于 SBM-DDF 模型的全局 ML 指数作为绿色全要素生产率的代理变量，然后检验其空间自相关性，进而使用动态空间杜宾模型对旅游业影响绿色全要素生产率的效应、机制进行实证检验，进而从长期、短期维度对旅游业影响绿色全要素生产率的空间效应进行分解，从而验证旅游业是否以及如何影响省际绿色全要素生产率。

主要实证结论包括：第一，在空间自相关性检验方面，绿色全要素生产率的 Moran's I 指数表明，其存在显著的正向空间集聚现象，即绿色全要素生产率数据存在样本间的"空间依赖"。第二，绿色全要素生产率的空间滞后、时间滞后和时空滞后系数均在全样本中显著为正，从而证实中国绿色全要素生产率变化存在典型的溢出效应、惯性效应和示范效应。第三，旅游业长期、短期直接效应和间接效应显著为正，并且空间溢出效应强于直接效应。第四，尽管西部省份旅游业对绿色全要素生产率的空间效应不显著，但东部省份旅游业在长期、短期内均对绿色全要素生产率具有积极直接效应和溢出效应。此外，中部省份旅游业直接效应和长期间接效应均显著为正，而短期间接效应则不显著。第五，旅游业发展通过产业结构和城镇化两种渠道影响绿色全要素生产率。第六，通过选择旅游业替代指标、替换空间权重矩阵和应用 GMM 估计对基准动态空间杜宾模型分别进行稳健性检验，证实主要实证结论较为稳健。第七，新型城镇化对旅游业与绿色全要素生产率关系具有正向空间调节机制。

基于以上实证结论，我们可得出如下丰富的政策含义。首先，政府需要更加重视节能环保型城市建设，并将绿色发展理念贯穿至经济增长过程中，始终以生态集约为增长红线，以此切实提高经济增长质量和效率。鉴于绿色全要素生产率的时间积累效应、空间溢出效应和时空反馈效应均显著为正，由此所得出的启示是，强化空间联合治理和依靠时间循环积累是确保绿色全要素生产率变化路径惯性的可行举措。总体而言，各省推动经济增长由粗放型向集约型转变并保持实施路径的持续稳定，是实现经济高质量发展的重要抓手。其次，鉴于旅游业是省际绿色全要素生产率增长的驱动因素，所以省级政府需着重鼓励旅游业发展。基本策略是，可通过优化旅游产业结构，转变旅游增长动能，来构建现代旅游经济体系，从而刺激绿色产品消费需求，激发商业模式创新活力，促进产业结构转型升级，最终驱动旅游目的地可持续发展。此外，由于邻接省份旅游业发展对本地省份绿色全要素生产率具有积极溢出效应，所以各省可通过优化跨区旅游空间结构、推动旅游企业网络化协作、推动旅游客源市场跨区共享等方式，加强省际旅游业战略合作。此外，为增强旅游业的空间溢出效应，还需要在政策上打破地方保护主义思维，同时建立消除旅游要素流动障碍的长期有效机制，全面构建旅游发展空间网络。再次，实证分析表明，旅游业发展可通过产业结构优化和城镇化进程提升促进绿色全要素生产率增长，所以各省政府需要着力提高城市化质量，目的在于为现代旅游业发展创设新的社会经济场景，提供现代旅游业发展所需供给要素和需求条件，激发旅游企业的技术创新活力，进而深度释放旅游业发展对绿色全要素生产率的贡献潜力。由于产业结构可正向调节旅游业对绿色全要素生产率的影响效应，说明产业结构升级对旅游业的绿色全要素生产率效应具有放大机制，所以需构建以高技术服务业为特征的产业结构体系，促进信息、通信技术广泛渗透，特别是鼓励新型、高效和环保技术在旅游关联产业中推广使用，进而通过提高旅游业附加值来增强其对绿色全要素生产率的促进贡献。最后，以上政策需互为协同，并关注空间溢出效力，因为本章发现省际时空策略互动是促进绿色全要素生产率的关键因素。

　　本章提供了理解旅游业与绿色全要素生产率关系的有益条件，但不可否认的是，仍存在部分局限需克服。首先，本章基于旅游业部门整体视角，实证分析旅游业发展对省际绿色全要素生产率的影响，然而，旅游业部门又下辖旅行社、星级酒店、景区和交通等细分行业，所以有必要深入考察细分旅游行业影响绿色全要素生产率的异质性效应，从而揭示细分旅游行业对绿色全要素生产率的特殊影响机制。其次，由于数据所限，研究空间单元并未深入地级及以上城市层面。所以，为了深度挖掘样本信息以及提升对旅游业影响绿色全要素生产率影响效应的估计效率，在后续研究中可考虑基于地级及以上城市面板数据实证考察旅游业影响绿色全要素生产率的空间效应。

第十章 城旅融合影响经济增长的空间效应

第一节 引 言

改革开放以来，随着市场体系建立、产业结构革命与政策弹性供给，工业化与城镇化保持高速发展态势，成为中国经济实现"增长奇迹"的重要动力。然而，过度注重工业化速度和相对轻视城镇化质量的固有理念，致使城镇化与工业化的适应关系出现失衡，并呈现城镇化滞后于工业化以及人口城镇化滞后于土地城镇化的典型格局，表现为"产""城"两张皮，"职""住"两空间，即僵化的产业体系、单一的城镇功能和孤立的转移人口，由此使得产业发展丧失活力，经济增长缺乏动力，居民生活亦无质量。进入经济"新常态"，如何实现"产""城"融合和"职""住"平衡，不仅是破解城镇化质量治理困境的直接举措，也是寻求经济转换动能、结构调整优化和预期政策调控的可行方略。针对传统城镇化的诸多弊端，兼顾城镇化质量与效率的新型城镇化战略应运而生，并成为"新常态"下经济可持续发展的核心引擎，其中，推进产城融合则是事关新型城镇化全局战略的关键抓手。由此推之，多途径探索产城融合的作用机理与现实演绎，实现"产""城""人"的和谐均衡，最终驱动经济高质量发展具备强烈的时代价值。

自产城融合概念滥觞以来，对其本体论的理解无外乎工业体系之"产"与空间载体之"城"之间如何实现良性互动，此举已然是对唯"功能导向"式"产强城弱"和"有城无产"理论内涵的辩证扬弃。然而，作为具有生产、消费双重属性的城镇，在其发展演进过程中，如若只侧重产业生产功能，而偏废社会消费转型，会导致产能过剩与需求抑制，势必加剧城镇经济供需结构失衡（Gollin et al.，2016）。对产城融合的研究进路渊源有自，并已形成特定的学术脉络，内容体系既涉及测度评价，也关乎时空演化，或是阐释内在机理，或是探讨发展模式，抑或是分析影响因素（丛海彬等，2017；邹德玲和丛海彬，2019；潘锦云和吴九阳，2016；翟战平，2019；王晓红和冯严超，2018），此类例证无一不将"产"抽象为"工业体系"加以理解，并试图以此作为构建产城融合逻辑框架的基础。诚然，以上学术探索为解释工业化与城镇化之间互补机制奠定了理论基础，但若片面视其为产城融合研究框架的基本轴线，而忽视服务业价值所产生的文献阙漏，难免会将产城融合的学术讨论限定在狭隘视域，自然也就难以为产城融合的复杂机理提供圆洽的理论体系。

不宁唯是，对产城融合进行全面解析还需强调服务业的应有之义，这对弥纶"产""城"亦不无裨益。基本逻辑在于，"产"为"城"创造流动要素与供给体系，而"城"为"产"提供功能保障与效用需求，"产""城"互动才能创造全社会的福利函数（丛海彬等，2017）。循此逻辑，若将"城"中"人"的福利效用纳入产城融合体系，实则是在产城融合内部形成由"人本导向"式"产""城""人"三维一体所构建的功能均衡匹配格局（生产、服务、消费）寻找到合理自洽的理论连接点。内在的理论脉络是，针对当前我国制造业价值链竞争力薄弱的尴尬现实，大力推进生产性服务业发展能够有效支撑新型工业化水平，进而产生对城镇经济的促增长效应，全社会收入水平因此得以提升，居民消费理念随之发生转变，然后在消费结构升级的引致需求作用下，产业结构不断向高级化方向升级、配置、变迁，产业结构的现代服务化倾向再次刺激城镇经济增长效应，最终增强"城"对"产"的包容程度。

引申以上所论，对产城融合经济效应的学术观照又是另一文献阙如问题。产城融合构成了现代经济活动在空间中集聚所需的要素基础与地理因素。例如，产城融合所倡导的城镇功能优化能够为产业和人口集聚提供服务配套、市场环境、共享劳动、社会资本和创新载体等外部性条件，进而形成集聚经济，也可为其获取规模报酬提供支持，以提高生产率，故而产城融合对经济增长的促进过程内蕴着提质增效机制。对摒弃服务业而论产城融合的单一思维而言，尽管依靠要素粗放利用的传统工业化模式会带来经济体的短期增长，但难以影响地区经济的长期增长率，尤其是漠视作为中间投入品的生产性服务业对升级制造业价值链的直接作用，以及现代生活性服务业消费需求对服务业结构的优化机制，甚至于忽视制造业与服务业互动关联对产城融合的协同作用，均会导致在产城融合中由生产活动的外部性与规模报酬递增所产生的集聚经济效应受到抑制。

在推动经济高质量发展的关键窗口期，推进现代服务业与新型城镇化融合发展，不仅是对适应经济结构升级与城镇质量发展双重倒逼机制的有益尝试，也是经济向"四期叠加"的新常态阶段渐进过渡的一种改革思路。与此同时，现代旅游业作为服务业的新兴龙头部门，当前无论是旅游需求项的消费升级，抑或是旅游产业链的纵向延伸，或者是旅游关联度的跨界融合，旅游业引导的城镇化建设模式，不仅开拓了产城融合的新型路径，也为地区经济增长注入了产业活力。反之，新型城镇化所推崇的"三生（生产、生态、生活）"和谐理念，更为激发现代旅游业发展创造了产业供给体系、环境禀赋条件和有效市场需求。因此，旅游业所属产品功能、产业特征与新型城镇化所含的人本理念、结构生态相互吻合。"城""旅"融合为"新时代"产城融合的表现形态，对其进行实然性研究，本质上是将产城融合逻辑框架具体延展到目的地典型非贸易品部门与新型城镇化互动融合层面，然后再考察城旅融合对经济增长的影响机制，对理解、构建、推广新型产城融合模式具有重要理论和现实意义。

与现有文献相比，本章在以下方面进行拓展和创新：①在研究视角方面，突破已有讨论旅游业与传统城镇化相互影响的研究视角，而是对旅游业与新型城镇化密切联动而发生的城旅融合与经济增长的关系进行理论探索与实证研究，不仅丰富了既有产城融合理论体系，而且首次将城旅融合研究拓展到对经济增长的影响机制检验层面，能够为现代旅游发展与新型城镇建设互动协同提供来自经济学研究的经验解释。②在研究方法方面，本章首先基于耦合协调度模型对"旅游业—新型城镇化"综合系统的协调度水平进行定量分析，并将其作为城旅融合的度量指标，再采用动态空间面板计量模型对城旅融合的经济增长效应予以实证检验，不仅可以同时捕捉模型惯性动态效应与空间溢出效应，而且能够克服静态面板模型所隐含的内生性问题，同时引入空间邻接、地理距离和经济距离三种空间权重矩阵，以使研究结论更加精确稳健。③在研究内容方面，本章可能是首篇基于动态空间计量经济思想检验旅游业经济增长效应的研究文献，在系统考察城旅融合对经济增长的空间效应、影响机制时，通过调节效应、中介效应模型分别检验制度因素对城旅融合影响经济增长的调节作用以及城旅融合通过产业结构优化对经济增长的传导机制，进而对增强城旅融合影响经济增长作用机理的认识具有一定边际贡献。

第二节　文 献 综 述

与本章直接相关的文献包括两支：一支讨论产城融合问题，针对中国经济发展方式转型背景，产城融合概念的提出既具有紧迫的实践色彩，也存在强烈的理论价值，并为此涌现出了系列研究成果（岳隽和古杰，2015）。从内涵上理解，"产""城"互动协调是产城融合的核心要义，并已得到学术界的普遍共识（Scott，1986）。追本究源，在现代经济发展过程中，工业化与城镇化彼此依存、互为促进，尽管城镇演变具有历史延续性，但城镇化的迅速崛起则与工业化驱动密不可分（Kim，2005）。工业化发展为城镇化进程创造产业配置、就业基础和收入条件（Chenery，1975），而城镇化则为工业化水平提升供给地理空间、创新功能和市场需求（Bar，1987）。鉴于西方国家相对发达的工业化、城镇化水平，两者无论在功能匹配还是结构契合，抑或模式创新等方面，互动关系基本已进入动态协调的稳定状态，而中国正面临产业结构调整的转折期，依靠产城融合所带来的生产率改进寻求经济的可持续发展，是学术界对产城融合进行深刻研究的时代使命（谢呈阳等，2016）。

关于产城融合的经济效应研究，国外文献主要集中于能源经济领域（Sadorsky，2013；Li and Lin，2015）。例如，姜和林（Jiang and Lin，2012）、李等（Li et al.，2016）以及刘和裴（Liu and Bae，2018）分别考察了工业化与城镇化对中国能源需求、PM2.5浓度和二氧化碳排放的影响。另外，萨多尔斯基（Sadorsky，2014）也对世界主要能源经济体工业化与城镇化对能源使用情况的影响进行了研究。另外，部分研究也对工业化与城镇化对土地利用强度、格局和模式展开了系统分析（Kurucu and Chiristina，2008；Lu et al.，2011；Siciliano，2012）。需要指出的是，产城融合现象也关涉某些社会问题，诸如工业化与城镇化融合过程中的身份认同、分层流动、关系构建、社会安全等问题（Treiman，1970；Little，1977；Bridger，1991；Li and Piachaud，2006）。

产城融合理念在国内最初由张道刚（2011）提出，强调城市与产业理应"双向融合"、城市化与产业化需要匹配度，以避免"产城脱节"。李文彬和陈浩（2012）认为，产城融合内涵由人本导向、功能融合和结构匹配构成。为了尝试搭建产城融合框架，后进文献的研究重心也倾向于对产城融合的核心宏旨予以详尽的理论解读，尽管各方所立思想有所殊异，但对"产""城"之间的功能性互促融合机制基本达成一致（卢为民，2015；刘欣英，2016；石忆邵，2016；陈运平和黄小勇，2016）。另有关于产城融合实践案例的文献盈筐累箧，主要集中在产城融合背景下新城开发、产业培育、园区转型、小镇规划等领域展开具论（黄建中等，2017；李硕扬和刘群红，2018；汪洋和景亚萱，2019；陈妤凡和王开泳，2019）。同时，有关产城融合的评价性文献也呈增长之势，研究对象分布于开发（园）区、县域、城市、省级等各级空间尺度（郑宝华和朱佳祥，2016；杨惠等，2016；张建清和沈姊文，2017；何育静和夏永祥，2017）。极少文献对产城融合的经济效应进行实证研究。例如，孙叶飞等（2016）证实新型城镇化与产业结构变迁互促发展所形成的"产城协同"，对缓解因劳动生产率下降而产生的经济"结构性减速"问题有一定积极作用。丛海彬等（2017）研究发现，产城融合所形成的集聚效应存在门槛特征，即产城融合程度越高，集聚的政策效应越强。综上所述，尽管对产城融合的内涵阐释、实践探索和测度评价已初步构成产城融合的研究主轴，但对更深层次的内在机制、空间溢出、影响效应的研究却少且零散，致使对产城融合的学术研究严重滞后于现实发展的理论诉求（刘欣英，2015）。

另一支与本章关联的研究是讨论旅游业与城市发展关系的文献，此部分内容在第二章第二节中已有所论述。尽管其中部分文献对城旅融合的理论解析切中肯綮，再审视国内学术界对旅游业与城镇化关系的研究脉络，发现早期研究主要停留在宽泛的理论描述层面，所持共识为旅游业通过引发人口、资本、物质等生产要素的集聚机制驱动城镇化进程（黄震方等，2000；王冬萍和阎顺，2003；王红和宋颖聪，2009）。同时，城镇化质量不仅对旅游经济发展具有显著促进作用，还能够提升旅游产业效率（王坤和黄震方，2016；马勇和刘军，2016）。鉴于此，围绕目的地案例旅游业与城镇化均衡发展路径的文献层出不穷，包括张春燕（2014）、彭邦文等（2016）、武传表和于佳（2016）、唐睿等（2017）分别对湖北、云南、大连、辽宁的研究。另外，对旅游业与城镇化耦合协调评价的文献亦浩如烟海，包括王恩旭等（2015）、王东琴和李伟（2017）、张文菊和吕观盛（2017）、邓椿（2018）分别对中国、云南、广西、山西的研究。特别地，刘晓庆等（2017）、窦银娣等（2018）、王红蕾和朱建东（2018）也相继对内蒙古、湖南、贵州旅游业与新型城镇化耦合协调度进行了定量测度。

在实证研究方面，罗等（Luo et al., 2015）利用 1996~2011 年广东

省时间序列数据，实证发现城镇化对旅游业具有积极影响。布拉哈马斯勒内和李（Brahmasrene and Lee，2017）考察了东南亚国家增长和环境的影响因素，发现尽管旅游业、工业化、城镇化、经济增长之间存在长期均衡关系，但工业化在短期对经济增长影响甚微，并且工业化与城镇化直接导致二氧化碳排放，而旅游业则可抑制二氧化碳排放，故而强调城镇应着重发展生态绿色产业。余凤龙等（2014）、王坤等（2016）认为，中国城镇化进程对旅游经济发展具有促进作用，而赵磊等（2016）、蔡刚（2018）、舒小林等（2018）则反向指出旅游业对城镇化进程存在正向影响。张广海和赵韦舒（2017）、张炜等（2018）实证分析了旅游业与城镇化关系，认为两者之间存在显著互为驱动效应。

综上可知，对旅游业与城镇化关系研究的文献众多，但对旅游业与新型城镇化耦合共振所产生的城旅融合的经济增长效应问题的研究却暂付阙如，由此较大程度上制约了对城旅融合研究的经济学空间。同时，本章脱离了传统城镇化框架，在致力于对城旅融合水平进行测度评价的基础上，进一步实证检验城旅融合对经济增长的影响效应及其作用机制。从逻辑思路上推理，在现行经济体系、制度环境中，城旅融合作为现代服务业与新型城镇化共生发展的一种新生事物，尤其是表征供给侧质量改革提升的一种典型产业形态，会通过直接或引致需求诱发地区产业结构动态调整、升级，而产业结构变迁又是驱动经济增长的主要动力，所以将城旅融合、市场化、产业结构优化和经济增长纳入同一研究框架，有助于全面深刻地理解城旅融合的经济增长效应的生成机理。从实证方法审视，既有文献主要是基于时间序列策略或静态面板框架对产城融合的经济增长效应开展经验，但并未同时兼顾"动态性"与"空间性"两方因素，进而会在很大程度上削弱模型估计结果的稳健性、说服力，甚至会错误评估城旅融合的经济增长效应，特别在地理相关性存在的情形下，研究城旅融合如何在时空维度上进行传播溢出，迫切需要构建动态的空间面板统计模型予以矫正。

第三节　理论分析与研究假说

在特定历史条件下，以单纯追求经济增长为导向的传统工业化生产模式，尽管快速驱动了经济、空间城镇化进程，但因受制于土地、户籍、财税等制度性因素，人口城镇化发展相对滞后，由此出现不完全或半城镇化的畸形城镇化现象。工业化粗扩张、城镇化低质量长期扭曲并存，体现在产业结构配置与城镇功能演变失衡，加剧"产""城"错位摩擦，比如产能严重过剩、城镇无序蔓延等，不仅导致经济增长的结构性减速，而且会直接通过收入传导效应降低"人"的需求效用水平，这显然与经济高质量发展的核心理念相悖。

作为新时代产城融合的特殊形式，城旅融合至少可以通过三种机制促进经济增长。①收入促进效应。城镇为旅游产品设计提供可具吸引力的多样化物质或非物质要素，并且随着城镇更新演化，新型涉旅资源要素层出迭见，而传统旅游资源要素功能叠加（Zha et al. , 2004），由于城镇发展中的旅游利用空间不断拓展，所以城镇能为游客所创造的旅游体验维度、审美愉悦对象、旅游消费选项内容丰富，所以游客在城镇所发生的旅游消费支出可直接转化为目的地的经济收入来源。②共享经济效应。城镇具备发展旅游业所必需的客源市场、产业环境、基础配套和保障条件，城际游客互为流动，势必会增加对诸如基础设施、餐饮住宿、购物娱乐、文化场所、医疗条件、消防保障等城镇目的地的公共服务需求，而城镇功能的旅游部门共享，一方面能够增强城镇公共服务利用价值，另一方面也可降低旅游产品开发、运营和维护成本（Majumdar et al. , 2001），城旅融合的共享经济模式凭借"成本效应"有效提升目的地公共投资效率。③产业选择效应。随着工业文明与城镇发展的"后现代"转向，全社会消费理念、生活方式、产品结构、产业规划、城镇功能无不凸显"以人为本"的鲜明色彩，于是对"人"之发展效用的匹配和满足程度成为衡量产业优化程度与城镇是否高质量发展的检验标尺，也恰好反映出现代旅游业与新型城镇化在内涵理念上相得益彰，前者以精神享受、审美愉悦、价值实现为功能旨趣（Fennell, 2009），后者则以产业互动、生态集约、和谐发展为基本特征（单卓然和黄亚平，2013），现代旅游业为新型城镇化提供产业支撑，新型城镇化则为现代旅游业创造发展要素，城旅融合倒逼"粗放产业"逐步退出市场，同时鼓励顺应社会消费结构转型、产业结构升级的现代新型企业活跃市场，并最终在微观层面为"人"提供满意的产品和服务。以上"产业选择效应"改善产业结构配置，鼓励新兴服务业部门繁荣，弥补过度唯工业化所导致的产业体系短板，释放"结构红利"，为经济增长注入新动能，具有重要意义。据上论述，本章提出如下待检验假说。

假说1：城旅融合能够直接促进经济增长，城旅融合水平越高，经济增长效应越强。

为适应中国经济发展进入新常态需要、破除结构性减速困境、谋求高质量发展，深入贯彻产城融合机制是关键。其中，探寻多途径推进产城融合的实现路径、实现符合市场需求导向的现代产业与强调以人为本理念的新型城镇互促协调，更是贯彻新一轮深化改革开放的重要抓手。现代旅游作为一种文化消费理念、绿色消费方式、精神消费层次，与新型城镇化所倡导的采用集约生产方式、建设生态宜居城镇、实现人民群众对城镇美好生活向往的理念共洽，城旅融合为化解因"产""城"分离所致经济结构失衡的深层次矛盾提供了一种解决方案，而其运行逻辑成立的前提，便是要以具备良好的制度环境为前置条件。

正是因为城镇在历史演进中，能够不断生成纷繁复杂的涉旅资源要素，并以此为核心塑造出内容丰富、形式灵活、功能多样、层次分明的城旅融合产品，才能在供给侧适时满足细分差异化愈发强烈的综合性客源市场需求，同时旅游消费结构的调整、升级也会通过产业供给要素需求的乘数传导效应动态牵引城镇产业体系建设，以确保城旅融合供给侧的调整速度尽可能契合需求侧的转换速度，以上所述城旅融合供求关系的均衡实现过程主要由市场机制所主导。一方面，市场机制调节城旅融合对经济增长的"质量效应"。作为需求导向型部门，现代旅游业的发展轨迹正在摆脱政府计划主导，而转向依靠市场驱动，原因在于旅游管理体制不顺致使企业经营效率低下，旅游资源产权不明诱使规划项目投资盲目，旅游市场信号失灵引发产品供给要素错配，而且这些在不同程度上抑制了旅游业的潜在增长率。与之相应，依赖于相对优越的制度环境，规范并加速旅游业市场化运行，能够降低上述原因所导致的资源要素误置而产生的城旅融合领域的效率损失。另外，伴随城镇要素市场的发育程度不断完善，旅游企业在城镇环境中能够在多个渠道相对更易获得来自金融、信息、土地、技术、人才等方面的要素支持，尤其是更多的城镇社会、民间、私人资本先后进入涉旅领域展开竞争，城旅融合领域的市场主体参与度愈渐活跃，特别是产品价格市场化决定机制逐渐形成，使得城旅融合企业经营效率得以显著改善。另一方面，市场机制调节城旅融合对经济增长的"规模效应"。市场化程度较高的地区，市场有效需求的信号传递、甄别机制高效，城镇产业结构调整转换速度较快，尤其是现代服务业部门发展热情高涨，产业体系不断完善，产品功能愈加完备，诸如休闲、文化、体育、购娱、会奖、演艺等新兴服务业门类迅速涌现，并且随着新技术、新业态、新模式的广泛应用，新兴服务业态的产品附加值高、文化性强、体验感优，市场机制所驱使的服务业结构优化，通过改善城旅融合供给质量可激发城旅市场需求，提高城旅活动强度，从而提升城旅融合的市场均衡规模。综上所述，充分发挥市场在资源配置中的决定性作用，能够通过推进城旅融合的供给侧结构性改革，增强城旅融合对经济增长的"质量效应"与"规模效应"。由此，我们提出如下假说。

假说2：市场化水平越高，城旅融合对经济增长的影响效应越强。

结构主义理论认为，产业结构的调整优化是转变经济发展方式、促进经济内生增长的重要推力，而服务业增长及结构变化则是产业结构转型升级的基本方向。在政策主导方面，《国家新型城镇化规划（2014—2020年）》指出，城镇化与服务业发展密切相关，而作为新兴服务业部门，现代旅游业在与新型城镇化共振耦合时，将会对地区产业结构的配置理念、转换方向、体系建设产生深远影响。在需求拉动方面，旅游业天然具有就业吸纳器优势，而新型城镇化加速人口市民化进程，而由城旅融合引发的人口集聚又会进一步释放服务业需求，并在多种需求传导机制作用下促使产业结构发生变化。

城旅融合对产业结构的优化机制主要体现在三方面。①需求拉动效应。在城旅融合中，"人"被赋予两种"身份"：外部旅游者与内部劳动力。无论是外部旅游者对获取城镇新奇经历的根本动机，抑或是本土劳动力对体验城镇日常休闲的现实诉求，两类人群寻求效用满足的消费载体均为城镇，由此导致服务业短期需求增加，服务产品价格抬高，服务业名义工资率上升，在短期诱发更多劳动力流入服务业部门，同时伴随供给能力提升，又会再次产生"人"的新需求，并在规模报酬递增作用下，服务产品供给平均成本下降，进而从长期看可引致服务业繁荣与城镇功能完善（谢呈阳等，2016）。②产业关联效应。现代旅游业凭借需求关联效应、报酬递增效应、产业融合效应，吸引城镇丰富的资源要素向旅游业部门转移、流动、集聚，城镇资源要素倾向旅游业部门配置，一方面直接促使城旅融合产业的外延扩展化，并通过产业波及效应在广度上影响产业结构的体系构建；另一方面也会间接拓宽城旅融合产品或服务的市场范围，从而促进城旅融合而成的新业态内部的专业化分工与生产，而分工的精细化、个性化、纵深化又会在深度上推动产业升级和结构转型。③动态集聚效应。新型城镇化向现代旅游业扩张创造资源要素，现代旅游业为新型城镇化提供产业支撑，"城""旅"之间不仅具备获取融合动力的宏观环境条件，而且会在集聚效应、极化效应、功能效应作用下进一步诱发综合性服务业要素向城旅融合区动态集中，并通过市场需求互享、技术知识互溢、产品功能互补、产业价值互链等途径产生并扩大多样化服务业集聚经济，从而提升（泛）城旅融合领域企业的技术进步、劳动生产率及竞争力，使得产业结构得以优化和升级。基于以上分析可提出如下假说。

假说3：城旅融合通过促进产业结构优化对经济增长产生正向影响。

第四节　城旅融合学理识别

按照城市哲学的理论观点，产业与城市之间内生地存在历史与逻辑相统一的关系，直接体现为产业结构的转型升级与城市发展的更新演替相伴而生，前者是后者的经济基础，后者是前者的空间载体。产业与城市耦合共振、协调发展的互动关系形成产城融合的合意场景，这既是两者发展的共同内在需求，也是新型城镇化的主导建设路径。倘若"工业"定为"产"的"立身之本"，那么"服务业"则是"产"的"活力之源"，"工业"与"服务业"共同构成"产"的框架体系，且不可偏废，否则将会致使产城割裂。鉴于"工业"之于"产"的核心要义，对其所进行的学理阐释已深入腠理，但聚焦"服务业"之于"产"的功能促进作用，尚且未为确论，而深入到"服务业"系统内，对城旅融合的理论辨析更为鲜见。

长期以来，旅游经济活动中存在"旅游城镇化"与"城镇旅游化"的特殊现象，"城镇"作为"旅游"的承载对象，"旅游"表达"城镇"的衍生功能，城旅融合逐步显现。若要诠释城旅融合的基本理路，"人"的需求效用是精要阐述其逻辑关系的关捩。从此基源视角审视，"城""旅"融合原因缕述如下：第一，游客在目的地城镇所进行的消费活动是促发城旅融合的直接诱因。现代旅游消费对城镇的塑造过程孕育着双重属性，表现在城镇既属"旅游消费的工具"，又为"旅游消费的对象"，"城镇空间中的旅游消费"转向"城镇空间的旅游消费"，甚至城镇中"非旅游消费空间"也开始与旅游消费活动发生渗透、重叠和混合，于是城镇全域空间所属具备吸引力属性的物质、非物质要素继而纳入广义旅游消费范畴。第二，"城"中"人"追求"消费的休闲化"和"休闲的消费化"模式是促进城旅融合的主要动力。职是之故，城镇作为要素供给、需求释放的叠加空间，不仅需具备保障"工业"系统正常运行所需的"刚性功能"，同时随着后现代消费行为和生活方式方兴未艾，城镇还承担为外部游客创造综合旅游体验以及向社区居民提供多维休闲空间的"柔性功能"，而由城旅融合孕育而生的新型多元化业态有助于"人"在消费中寻求休闲体验以及在休闲中获得消费质量。第三，旅游业对城镇功能的依赖性决定城镇容纳旅游活动的规模或强度，城镇功能的旅游业共享机制驱使城旅需求规模上升，进而引致产业结构服务化倾向，不仅有助于矫正工业化思维主导的城镇功能规划理念，而且通过强化城镇功能对"人"的需求效用的匹配性，能够助推城镇生产性、服务性功能均衡协调，由此形成旅游业发展与城市功能优化之间协同互促，进而实现寓旅于城、以城促旅的融合发展局面。

综上，城旅融合是产城融合的现实表达，城旅融合的关键在于"人"（主客）的需求效用的牵引、匹配，即是融合之"纲"，而在功能、结构、空间、规划、制度、政策等实体与非实体要素层面共推旅游业与城镇化耦合协调，则为融合之"目"，"纲"举"目"张所展现的城旅融合机制是新型城镇化建设中以人为本导向的具体折射。

旅游业与城镇在功能结构的契合性方面具有多维特征：①产业融合。城镇工业体系运转能够为旅游业发展创造要素来源、需求条件和物质保障，同时旅游业转型也会引领城镇产业结构向现代服务业升级跃迁，符合现代城市产业发展的基本取向。②空间融合。随着现代休闲活动和旅游活动的日常化、场景化，城镇中除惯常的"旅游消费空间"外，"非旅游消费空间"（艺术空间、交通空间、文化空间、商务空间……）也开始嵌入休闲及旅游体验活动，所以在整体上形成城镇空间的"旅游生产"。③人口融合。旅游业凭借较强的就业效应提升城乡就业人口流动性，尤其能够显著吸纳非城镇转移劳动力，同时随着城镇休闲、旅游、文化、体育空间的开放性、公益性和共享性愈益凸显，通过推进以上群体市民化，显然有益于协调人口城镇化与土地城镇化关系。④文化融合。城镇在更新演替中所沉积的历史文化元素是旅游资源的重要吸引力来源，并且借助旅游业的形象传播功能，推进城镇地方性文化的识别、传承、记忆和活化，不仅有利于城镇品牌的塑造，也能够提升城镇品牌价值的文化内涵。⑤生态融合。旅游活动作为一种低碳审美过程，城镇生态环境景观化可以直接创造游客愉悦体验，提升社区居民主观幸福感，并且随着城镇目的地宜游、宜居认同度的提升，城镇居民的文化自信心也会随之强化，从而对城镇生态社会构建具有积极意义。

第五节 研 究 设 计

一、模型设定

（一）基础线性模型

基于前面的理论和假设，城旅融合与经济增长之间存在某种逻辑关联，因此，为考察城旅融合对经济增长的影响，设定未考虑城旅融合空间外溢效应的面板线性计量模型：

$$PGDP_{it} = \alpha + \beta_1 Tou_{it} + X'_{it}\beta_X + \eta_i + \nu_t + \varepsilon_{it} \qquad (10-1)$$

其中，下标 i 和 t 分别表示地区和时间；η 和 ν 分别表示地区和年份固定效应；PGDP 表示经济增长，Tou 表示城旅融合；X 表示控制变量集；ε 表示随机误差项。回归系数 β_1 为模型核心待估参数，以表征城旅融合对经济增长的影响效应。

（二）空间面板模型

式（10-1）基于 Gauss-Markov 定理，假定变量相互独立，忽视变量的空间相关关系，不仅与现实经济运行规律相悖，也会造成实证模型的估计偏误问题。为克服以上线性面板模型缺乏空间解释力的缺陷，佩林克（Paelinck，1979）提出空间计量经济学概念，经安瑟琳等（Anselin et al.，1997）所开发的面板数据空间计量分析思路的拓展完善，再由巴尔塔吉和李（Baltagi and Li，2000）将此分析方法具体化，空间计量经济学框架体系逐步趋向成熟。因此，本章选择将空间效应纳入基础面板线性模型，对城旅融合与经济增长关系进行实证检验，以期重点识别城旅融合对经济增长的空间溢出效应。另外，为刻画经济增长所呈现的路径依赖特征，再将经济增长的滞后一期项纳入到空间面板模型中，并将其拓展为空间动态面板数据（spatial dynamic panel data，SDPD）模型，以便捕捉经济增长变化所产生的动态持续效应，同时检验模型未包含的潜在因素（文化、政策、制度等）对经济增长的影响。作为空间面板数据模型的标准形式，空间面板杜宾模型能够同时反映来自被解释变量、解释变量和误差项的空间相关性（Elhorst，

2014），并能有效克服模型内生性，所以本章最终构建了空间动态面板杜宾模型：

$$PGDP_{it} = \alpha + \tau PGDP_{it-1} + \rho \sum_{j=1}^{n} W_{ij}PGDP_{jt} + \beta_1 Tou_{it} + \theta_1 \sum_{j=1}^{n} W_{ij}Tou_{jt}$$

$$+ X'_{it}\beta_{X'} + \sum_{j=1}^{n} W_{ij}X'_{jt}\theta_{X'} + \eta_i + \nu_t + \varepsilon_{it}$$

$$\varepsilon_{it} = \lambda \sum_{j=1}^{n} W_{ij}\varepsilon_{jt} + u_{it} \qquad (10-2)$$

其中，ρ 为空间滞后系数，θ_1 为空间解释变量系数，分别表示邻近省份经济增长与城旅融合对本省经济增长的影响；τ 为经济增长的滞后一期项系数；$\theta_{X'}$ 为空间控制变量系数；λ 为空间误差系数；ε 为邻近省份经济增长的误差冲击对本省经济增长的影响；u 为随机误差项；W 为空间权重矩阵。为了检验回归结果的敏感性，模型引入三种形式的空间权重矩阵：①空间邻接矩阵 W_1。相邻省份 $W_{ij} = 1$；非相邻省份 $W_{ij} = 0$。②地理距离矩阵 W_2。d_{ij} 为省份 i 与 j 间地理距离，$W_{ij} = 1/d_{ij}^2 (i \neq j)$，能够表征空间效应随着距离增加的衰减速度。③经济距离矩阵 W_3。为综合刻画地理距离与经济活动，借鉴李婧等（2010）的设置思路，经济距离矩阵是地理距离矩阵与省份平均国内生产总值占全部省份平均国内生产总值比重为对角元的对角矩阵的乘积，$W_{ij} = W_{ij}^d \times diag(\overline{Y_1/Y}, \ \overline{Y_2/Y}, \cdots, \ \overline{Y_N/Y})$，N 为省份数量。

关于空间面板模型的转换形式：当 $\tau(\tau \neq 0)$、ρ、θ 和 λ 均为 0 时，式（10-2）为普通静态（动态）面板数据模型；当 $\lambda = 0$ 时，式（10-2）为空间杜宾模型（spatial Durbin model，SDM）；当 $\lambda = 0$、$\theta = 0$ 时，式（10-2）为空间滞后模型（spatial autoregressive model，SAR）；当 $\rho = 0$、$\theta = 0$ 时，式（10-2）为空间误差模型（spatial error model，SEM）。其中，对于 SDM、SAR 和 SEM 模型的检验比较，主要围绕零假设 H_0：$\theta = 0$ 与 H_0：$\theta + \rho\beta = 0$ 检验展开，若两个零假设同时被拒绝，则选择 SDM，否则应在 SAR($\theta = 0$、$\rho \neq 0$) 与 SEM($\theta = -\beta\rho$) 之间选择。

二、变量说明

1. 被解释变量

经济增长采用对数化人均国内生产总值进行度量，先将国内生产总值按照基期指数平减为按照基期不变价格表示的实际国内生产总值，再与年末人口总数相除，同时，为消除模型异方差，再对其取自然对数值。

2. 核心解释变量

城旅融合是本章的关键兴趣变量，如上所述，采用同时结合城旅耦合度、发展度的协调度予以度量。城旅融合度越高，说明"城""旅"协同效应越强。

3. 调节变量

作为反映制度质量的核心指标，市场化水平可以有效体现价格机制、供求机制、竞争机制的运行状况。相对市场化进程能够切实反映要素市场的流动能力、产品市场的发育程度以及市场体系的供求关系。本章同时采用樊纲等（2011）与王小鲁等（2017）相继所测算的中国分省市场化指数来度量省级市场化程度。由于王小鲁等（2017）所公布的《中国分省份市场化指数报告（2016）》以2008年为基期，尽管某些统计指标发生了有限调整，然而综合市场化指数依然来源于政府与市场的关系、非国有经济的发展、产品市场的发育程度、要素市场的发育程度、市场中介组织的发育和市场的法制环境五个主要方面指数，同时考虑到2008年以后国内发生的某些经济情况具备趋势性，所以为了保持市场化内涵表征的一致性，2004～2007年分省市场化数据采用樊纲等（2011）采用的指数，而2008～2014年则采用王小鲁等（2017）采用的指数。

4. 中介变量

随着经济由高速增长转向高质量发展阶段，产业结构的动态优化成为经济新旧动能转换的关键环节，直接表现为产业结构的合理化和高级化过程，即一方面要增强要素投入与产出结构间的均衡协调性，另一方面也需提高资源配置效率来推动产业升级。实际上，伴随经济进入新常态，产业结构的生态化转型问题作为贯彻党的十八大以来加强生态文明建设的主要诉求，愈发更具现实紧迫意义，所以在对产业结构优化进行综合估算时需特别考虑纳入生态化指标维度。参考杨丽君和邵军（2018）的基本设想，在对产业结构的合理化、高级化和生态化分项指标依次进行测度的基础上，再采用灰色动态关联分析方法，根据三项指标与经济增长之间的耦合关系，最终综合估算出产业结构优化变量。

根据利用结构偏离度对产业结构的合理化维度进行度量的思想，为凸显产业部门在经济体中的相对重要地位，按照干春晖等（2011）的思路，本章选择采用重新构造泰尔指数的方法来度量产业结构的合理化（TL）。测度公式为：

$$TL = \sum_{i=1}^{n} (Y_i/Y) \ln[(Y_i/L_i)/(Y/L)] \qquad (10-3)$$

其中，Y 为产值；L 为就业；i 为产业；n 为产业数。若经济体处于均衡状态，则 TL = 0，此种构造方法不仅可以兼顾相关产业部门在国民经济体系中的相对重要性，同时也可保留结构偏离度的理论内涵。若 TL ≠ 0，表明产业结构不合理，偏离均衡状态；TL 数值越大，说明经济体越偏离均衡状态。

产业结构高级化（TS）主要表征产业结构体系由低级到高级的动态变迁过程，或可理解为经济结构的"服务化"倾向。同样，参考干春晖等（2011）的处理方法，采用第三产业增加值占第二产业增加值相对比重度量。

产业结构生态化（TE）重点反映低耗能产业对国民经济的贡献程度，所以降低耗能是实现产业结构生态化运行的核心问题。参考贺丹和田立新（2015）的度量方法，本章采用省份国民经济能源消耗总量与国内生产总值比值，度量产业结构变动过程中的生态环境状况，其与产业结构的合理化指标属性相似，同为反向指标。

根据灰色动态关联分析方法，灰色关联系数的测度公式为：

$$\zeta_i(k) = \frac{\min\limits_{i}\min\limits_{k}|x_0(k) - x_i(k)| + \rho \times \max\limits_{i}\max\limits_{k}|x_0(k) - x_i(k)|}{|x_0(k) - x_i(k)| + \rho \times \max\limits_{i}\max\limits_{k}|x_0(k) - x_i(k)|}$$

$$(10-4)$$

其中，$k = 1, 2, \cdots, m$；$i = 1, 2, \cdots, n$；m 为某个变量的时间序列值；n 为变量个数；$x_0(k)$ 为参考序列；$x_i(k)$ 为比较序列；ρ 为分辨系数，一般 $\rho \in (0, 1)$，ρ 越小，说明关联系数间差异越大，分辨力越强。

产业结构优化（ES）的综合测度公式为：

$$ES = (\zeta_1 TL + \zeta_2 TS + \zeta_3 TE)/(\zeta_1 + \zeta_2 + \zeta_3) \qquad (10-5)$$

5. 控制变量

本章选取的部分控制变量为：①物质资本（Pck）。新古典增长理论认为，经济增长过程体现为资本积累过程，本章参考张军等采用的永续盘存法对物质资本存量进行估算。②人力资本（Hum）。内生增长理论表明，人力资本是推动经济增长的内在动力，采用劳动力平均受教育年限度量。③政府规模（Gov）。政府支出直接反映政府对经济活动的干预程度，采用财政支出占国内生产总值比重度量。④对外开放（Tra）。外贸依存强度是经济增长的重要来源，采用进出口贸易额占国内生产总值表示。

三、估计方法

赫普尔（Hepple, 1978）提出空间动态面板数据模型，并指出空间效应会破坏传统经济计量模型中关于普通面板数据之间的独立性预设，并且动态效应也会推翻经济变量之间数量关系既定的假设，从而致使普通最小二乘估计法（OLS）不再是无偏最优估计量，建议应当采用极大似然估计法进行空间面板模型估计。为了捕捉经济变量间的动态关联关系以及空间关系的变异，尽管余和李（2010）、李和余（2013）提出基于时变空间权重矩阵，对空间动态面板数据模型进行拟极大似然（quasi-maximum likelihood，QML）估计，结果可呈一致性、渐进性，但当 T/N→∞时，其有效性却弱于纠偏拟极大似然估计（bias-corrected QML，BC-QML）方法。埃尔霍斯特（2008）认为，对于动态空间杜宾模型估计，误差修正 QML 具有很好的小样本性质，能够较好地处理普通极大似然估计量的偏误问题。另外，蒙特卡洛模拟结果也显示，极大似然估计要比系统广义矩估计更具估计效率，也兼具参数估计的一致性、有效性（Kukenova and Monteiro，2008）。因此，本章采用 BC-QML 技术对城旅融合与经济增长关系的空间动态面板杜宾模型进行回归分析。

四、效应估计

在未考虑空间因素的普通面板数据回归模型中，解释变量对被解释变量的影响可用点估计结果进行解释，但若纳入空间因素后，鉴于研究对象间的空间结构变异，需采用勒沙杰和佩奇（2009）提出的利用偏微分将解释变量对被解释变量的影响总效应分为直接效应与间接效应的方法对此予以刻画，否则易产生估计偏误。由于解释变量集 $X = \{Tou, X'\}$，对式（10-2）进行变换，被解释变量对解释变量求偏微分，关于第 k 个解释变量从空间单位 1 到空间单位 N 的偏导数矩阵为：

$$\left[\frac{\partial PGDP}{\partial X_{1k}}\cdots\frac{\partial PGDP}{\partial X_{Nk}}\right] = \begin{bmatrix} \frac{\partial PGDP_1}{\partial X_{1k}} & \cdots & \frac{\partial PGDP_1}{\partial X_{Nk}} \\ \vdots & \vdots & \vdots \\ \frac{\partial PGDP_N}{\partial X_{1k}} & \cdots & \frac{\partial PGDP_1}{\partial X_{Nk}} \end{bmatrix} = (\mathbf{I}-\rho\mathbf{W})^{-1}\beta_k$$

$$(10-6)$$

其中，直接效应为矩阵主对角线元素均值，间接效应为非主对角线元素均值，直接（间接）效应表示特定地区解释变量对本（邻近）地区被解释变量的影响（Behrens and Thisse，2007）。总效应为特定地区解释变量变化对全部地区的被解释变量的平均影响程度。

五、数据来源

本章选取 2004～2015 年 30 个省份的平衡面板数据（未包括西藏）作为研究样本。由于 2004 年为研究期初的缘由，为保持城旅融合综合评价体系中指标数据的一致性，旅游业所涉指标原始数据分别来源于 2005～2016 年《中国旅游年鉴》《中国旅游统计年鉴（副本）》和中经网统计数据库。其他指标原始数据来源于 2005～2016 年《中国统计年鉴》《中国城市统计年鉴》《中国科技统计年鉴》以及省级统计年鉴和中国与社会发展统计数据库。

第六节　实证分析

一、空间相关性检验

在实证估计空间面板计量模型之前，本章分别采用 Moran's I 指数、Geary's C 指数和 Getis-Ord G 指数对经济增长变量的空间依赖特征进行分析，基本原理是通过比较邻近空间位置观察值的相似程度来测量全局空间自相关。如表 10 - 1 所示，经济增长的 Moran's I 指数均显著为正，说明经济增长存在正向空间自相关。Geary's C 指数均小于 1，并具有统计学意义，也印证了经济增长存在正向空间自相关的基本判断。Getis-Ord G 指数均小于数学期望，提示存在"冷点区"。综合以上三种空间相关性检验指数可知，中国经济增长具备典型的空间依赖特征。因此，在构建经济增长的计量模型时需考虑空间因素。

表 10 - 1　　　　　　　　　经济增长的空间相关性检验结果

年份	Moran's I	P-value	Geary's C	P-value	Getis-Ord G
2004	0.369	0.000	0.408	0.001	0.148
2007	0.362	0.000	0.420	0.001	0.148
2010	0.355	0.000	0.433	0.001	0.148
2013	0.346	0.000	0.452	0.001	0.148
2015	0.344	0.001	0.444	0.001	0.149

注：基于空间邻接矩阵和双尾检验结果，Getis-Ord G 指数数学期望为 0.151。

二、基准估计结果

空间相关性检验表明，经济增长在空间上并非完全随机分布，而是呈现明显的空间依赖性。根据 Wald 检验判别空间杜宾模型是否优于空间滞后、空间误差模型，表 10 − 2 检验结果显示，Wald_ spatial_ lag 和 Wald_ spatial_ error统计量分别为 24.24 和 24.19，且在 1% 水平上同时拒绝 $\theta = 0$ 与 $\theta = -\beta\rho$ 的原假设，表明空间杜宾模型拒绝退化为空间滞后或空间误差模型的原假设，所以需重点考察空间杜宾模型的估计结果。另外，由于面板数据模型兼具固定效应、随机效应两种，Hausman 检验在 1% 水平上拒绝随机效应、固定效应模型之间无差异的原假设，所以本章选择基于省份与年份双向固定效应的空间面板杜宾模型考察城旅融合与经济增长之间的空间关系。为便于对比分析，本章还同时报告静态面板固定效应模型与动态面板系统广义矩估计结果。

表 10 − 2 　　　　　　　　城旅融合影响经济增长的回归结果

变量	普通静态模型	普通动态模型	静态空间杜宾模型			动态空间杜宾模型		
			空间邻接	地理距离	经济距离	空间邻接	地理距离	经济距离
PGDP$_{t-1}$		0.911 *** (0.020)				0.194 *** (0.142)	0.541 *** (0.171)	0.524 ** (0.216)
Tou	1.371 *** (0.191)	1.201 ** (0.043)	1.076 *** (0.269)	0.919 *** (0.268)	1.102 *** (0.253)	1.004 *** (0.276)	0.635 ** (0.277)	1.098 *** (0.250)
lnPck	0.169 *** (0.025)	0.025 ** (0.011)	0.252 *** (0.028)	0.263 *** (0.027)	0.219 *** (0.028)	0.248 *** (0.031)	0.239 *** (0.030)	0.251 *** (0.031)
Hum	0.057 *** (0.016)	0.012 * (0.007)	0.091 *** (0.018)	0.82 *** (0.017)	0.121 *** (0.017)	0.119 *** (0.018)	0.114 *** (0.019)	0.144 *** (0.017)
Gov	1.127 *** (0.136)	0.011 * (0.033)	0.861 *** (0.133)	0.565 *** (0.133)	0.480 *** (0.119)	0.699 *** (0.139)	0.381 *** (0.139)	0.342 *** (0.123)
Tra	0.177 *** (0.027)	0.021 ** (0.009)	0.093 *** (0.021)	0.109 *** (0.020)	0.086 *** (0.020)	0.084 *** (0.021)	0.096 *** (0.020)	0.095 *** (0.020)
W × Tou			2.801 *** (0.502)	2.789 *** (0.591)	1.411 *** (0.258)	2.426 *** (0.515)	1.855 *** (0.616)	1.455 *** (0.768)
W × lnPck			0.239 *** (0.051)	0.199 *** (0.062)	0.333 *** (0.099)	0.262 *** (0.066)	0.154 ** (0.071)	0.729 *** (0.135)
W × Hum			0.004 ** (0.039)	0.070 (0.048)	0.013 (0.057)	0.039 (0.045)	0.069 (0.053)	0.228 *** (0.068)

续表

变量	普通静态模型	普通动态模型	静态空间杜宾模型			动态空间杜宾模型		
			空间邻接	地理距离	经济距离	空间邻接	地理距离	经济距离
W×Gov			0.387* (0.227)	0.814*** (0.298)	1.457*** (0.370)	0.086 (0.246)	0.209 (0.334)	1.230*** (0.408)
W×Tra			0.007 (0.027)	0.014 (0.050)	0.225*** (0.070)	0.005 (0.027)	0.019 (0.051)	0.258*** (0.069)
ρ			0.155** (0.075)	0.264*** (0.084)	0.368*** (0.084)	0.121** (0.102)	0.205*** (0.120)	0.312*** (0.056)
Hausman	145.1***		48.40***					
AR（1）_P		0.015						
AR（2）_P		0.386						
Sargan_P		0.733						
Wald_spatial_lag			24.24***					
Wald_spatial_error			24.19***					
时期效应	控制	控制	控制	控制	控制	控制	控制	控制
年份效应	控制	控制	控制	控制	控制	控制	控制	控制
R^2	0.535		0.548	0.551	0.769	0.613	0.668	0.776
N	360	330	360	360	360	330	330	330

注：***、**和*分别表示在1%、5%和10%统计水平上显著；括号内为标准差。

表10-2依次报告出普通静态面板模型、普通动态面板模型以及基于空间邻接 W_1、地理距离 W_2 和经济距离 W_3 三种空间权重矩阵建立的城旅融合与经济增长关系的空间静态与动态面板杜宾固定效应（SDM-FE）模型的估计结果。第一，由空间面板模型估计结果可知，空间自回归系数 ρ 显著为正，说明经济增长存在显著空间溢出效应，但普通面板模型（非空间）由于没有考虑地理因素与空间效应以及忽视作用经济增长的空间互动，进而会造成估计偏误。动态面板模型估计结果显示，被解释变量的一阶滞后项系数显著为正，说明经济增长同时存在显著动态效应，而静态面板模型由于没有捕捉这种动态因素，同样会致使估计偏误。第二，普通静态面板模型未考虑内生性，而普通动态面板模型未识别空间性，为获得稳

健的估计结果，尽管静态空间面板模型估计结果相对优良，但考虑到被解释变量的一阶滞后项系数显著，因而能够同时兼顾内生性、时间性和空间性的动态空间面板模型更受推崇。第三，分别与普通动态面板模型与静态空间面板模型相比，动态空间面板模型的被解释变量的一阶滞后项系数与空间自回归系数均相对较小，原因在于动态空间面板模型能够从空间因素中分离出地理因素、空间效应和滞后效应，进而对以上两种模型因高估城旅融合的经济增长效应所产生的偏差得以矫正（李婧，2013）。第四，动态面板模型的拟合优度 R^2 均高于非空间面板模型与静态空间面板模型，说明动态空间面板模型更具模型解释力。第五，T = 12，N = 30，满足 N > T，T > $N^{1/3}$ = 3.107，而根据余等（Yu et al.，2008）与董理和张启春（2014）的研究建议，此时采用纠偏的 QML 估计量为最佳选择。综上比较，本章最终选择基于时空固定效应的动态空间面板模型作为实证分析的基准解释模型。

在三种空间权重矩阵设定下，根据空间动态面板杜宾模型估计结果，本省经济增长与同期邻省及本省上期经济增长因素相关，即经济增长存在显著正向的时间滞后效应与空间溢出效应，本章对中国经济增长时空相关性的检验结果与赵彦云等（2017）的结论一致。一方面，经济增长在时间维度上呈现路径依赖特征，演进轨迹具有强烈的"动态惯性"。另一方面，经济增长在地理分布上存在"空间趋同"规律，即经济增长水平相近省份彼此邻近，并通过经验示范、知识学习、绩效竞争、产业关联等机制共同构造经济增长空间集聚的分布格局。进一步判别 ρ 值可知，除地理空间特征外，社会经济特征也会积极引发经济增长的空间外溢机制，省份之间在产业结构配置、要素市场发育、政府治理效率等方面接近或相似，更易产生空间交互作用，从而助推经济增长在空间上形成集聚。同时，对于经济增长的空间溢出效应，地理距离越近，溢出效应越强，其次为经济距离，而空间邻接的效应最弱，这也与孙叶飞等（2016）的发现类似。首先，地理边缘邻接地区，由于存在资源禀赋相似、经济发展模式同质、产业结构趋同等因素，难以真正形成战略发展的互补格局，进而在一定程度上会抑制经济增长的空间外溢效应，这也是当前制约区域经济一体化的主要障碍与现实写照。其次，地理距离权重对经济增长空间相关性的影响大于空间邻接权重，同样符合地理学第一定律，即经济增长的空间溢出效应随着地理距离的增加而减弱，不只局限于邻接地区。最后，经济距离相近地区的经济发展或市场演化的内在逻辑间具有规律性，经济发展要素倾向于在地区间实现互补与共享。

如表 10 - 2 所示，空间面板模型对城旅融合系数符号与显著性的回归结果与非空间面板模型基本一致，即城旅融合发展对经济增长具有显著的积极影响。其中，可以发现空间面板模型所报告出的城旅融合回归系数普遍小于非空间面板模型，说明非空间面板模型由于忽视空间效应确实会高估城旅融合的经济增长效应。地区经济增长会受到诸多综合性因素的影响，如文化差异、地方政策、制度环境等，此类变量往往多变且难以有效量化，却又是经济增长不可或缺的重要因素，而静态空间面板杜宾模型仅能刻画城旅融合与经济增长的因果关系，或遗漏上述潜在因素，或将其笼统地归结为空间相关性，故与动态设定模型相比，同样也不可避免地会出现对城旅融合的经济增长效应高估现象。通过比较以上模型估计结果的优良性，再次证实在城旅融合与经济增长之间关系的计量模型中引入动态、空间效应的必要性。在空间动态面板杜宾模型中，城旅融合的空间滞后项系数均在1%水平上显著为正，表明城旅融合对经济增长的影响也体现在省份互动层面，邻近省份城旅融合发展对本省经济增长同样存在促增效应，即城旅融合对省际经济增长具有所谓的空间"正外部效应"。由此可见，城旅融合不仅会直接积极影响本省经济增长（地区内溢出效应），也会正向间接作用于其他省份经济增长（地区间溢出效应）。这可用城旅融合的要素流动与区域竞合机制予以解释。宽泛而言，当某个地区城旅融合水平较高时，邻近地区则会倾向于模仿或学习该地区城旅融合的发展模式、实践路径、政策设计等先进性知识，进而也会促进自身经济增长。从逻辑上分析，旅游流的空间移动性（需求动机）与城市目的地的资源异质性（吸引属性）在地理圈层内实现"推—拉"匹配，不同能级的城旅融合中心通过市场共拓、要素互补、服务共享、知识共溢等"集聚—扩散"机制充分实现省际网络化空间互动，进而扩大城旅融合的范围经济。

在控制变量方面，所有变量的估计系数均在1%水平上显著为正，说明经济增长的驱动因素来源众多，对于处理由变量遗漏而产生的内生性，本章所设空间动态面板杜宾模型更具优势。物质资本显著促进经济增长，符合古典经济增长的基本理论。根据新经济增长理论，人力资本是经济增长的重要源泉。新常态下中国经济迫切需要转型升级以缓解"结构性"减速问题，政府在推进改革、资源配置、产业准入、政策引导等方面的适时干预愈显重要，尤其是经济发展处于关键时期，政府在经济发展中更多发挥"援助之手"的作用（张勇和古明明，2014；邵朝对和苏丹妮，2017）。贸易开放有利于吸收外部先进技术、提高市场竞争能力，进而改善生产效率、促进经济增长（Barro，1991）。

由于空间杜宾模型包含解释变量的空间滞后项，采用点估计的方式难以反映解释变量的边际效应，即解释变量的系数估计值并不代表真实的偏回归系数，所以，为解决空间计量模型的系数难以解释的问题，准确识别城旅融合影响经济增长的地区内、地区间溢出效应，需采用勒沙杰和佩奇（2009）提出的直接效应（direct effects，DE）、间接效应（indirect effects，IE）和总效应（total effects，TE）分别进行刻画，否则将会得出偏误性结论。表 10 - 3 列示出空间杜宾模型中城旅融合影响经济增长的直接效应与间接效应（空间溢出效应）。结果显示，三种空间权重矩阵设定下，城旅融合的直接效应均显著为正，进而从整体上再次证实，城旅融合水平提升对经济增长具有显著的地区内溢出效应。新型城镇为现代旅游业提供发展要素，现代旅游活动为新型城镇演化创造需求动力，城旅融合通过新技术、新模式、新结构、新业态所释放的集聚、范围经济为地区经济增长注入活力。城旅融合的间接效应同样整体表现积极，并普遍强于直接效应，从而不仅更为客观地证实城旅融合对经济增长具有明显的空间溢出效应，而且也折射出未考虑空间因素的传统计量模型会低估城旅融合对经济增长的真实影响，由此传递出的信息是城旅融合也需区域合作、统筹发展，如此更能发挥其对经济增长的促进效应。综上所述，在城旅融合参与所在地区的"集聚经济效应"、邻近地区的"学习模仿效应"以及省际互动的"竞争示范效应""需求引致效应""要素流动效应""产业关联效应"等横向或纵向空间溢出机制作用下，城旅融合的经济增长效应会向邻近地区进行辐射。至此，本章的理论假说 1 得到较好验证。

表 10 - 3　　　　　城旅融合影响经济增长的空间效应分解

空间权重矩阵	直接效应（长期）	间接效应（长期）	直接效应（短期）	间接效应（短期）
空间邻接权重	1.194 *** (0.274)	3.405 *** (0.556)		
	1.130 *** (0.283)	3.228 *** (0.762)	0.999 *** (0.274)	2.484 *** (0.578)
地理距离权重	1.073 *** (0.273)	3.278 *** (0.737)		
	0.636 ** (0.275)	1.988 *** (0.702)	0.957 *** (0.346)	5.645 *** (3.071)
经济距离权重	0.467 *** (0.777)	1.113 *** (0.261)		
	1.337 *** (0.591)	1.061 *** (0.244)	1.101 *** (0.891)	1.100 *** (0.246)

注：***、** 和 * 分别表示在1%、5%和10%统计水平上显著；括号内为标准差。

由于同时存在被解释变量与解释变量的空间滞后项，直接效应还内含由本地区对邻近地区的溢出效应而产生的空间反馈累积效应，即本省城旅融合的经验、知识、规律被邻近省份模仿、创新、采用，进而促进邻近省份经济增长，然后通过竞争合作机制又反作用于本省的经济增长水平。从数值上看，空间反馈效应是直接效应与空间杜宾模型系数的差值。鉴于动态空间权重矩阵更有效地表征地区间的空间联系，所以空间动态面板杜宾模型能够较为全面地捕捉城旅融合的经济增长效应空间溢出的内在机制与作用强度，进而相应测算出城旅融合三种动态空间权重矩阵的长期（短期）空间反馈效应分别为 0.126（−0.005）、0.001（0.322）和 0.239（0.003）。上述结果意指依靠空间溢出机制，当本省城旅融合发展对邻近省份经济增长的影响传递至邻近省份后又反作用于本省经济增长时，长期中均会表现正向反馈效应，而仅在空间邻接省份短期中存在一个负向的弱反馈效应。

根据埃尔霍斯特（2014）的推导，静态空间杜宾模型仅能反映长期效应，而动态空间杜宾模型则可以将空间效应分解为短期效应与长期效应。据表 10-3 所列，通过比较空间权重矩阵可以发现，无论在长期还是短期，直接效应变化相对稳定，间接效应变化差异稍大，具体表现为基于地理特征的间接效应系数大于社会经济特征，说明城旅融合影响经济增长的空间溢出效应对地理距离变化更为"敏感"，省份之间的地理互动对空间关联效应相对重要。根据旅游地理学、城市地理学的相关理论，旅游流空间分布、旅游者行为倾向和旅游地结构演化均存在典型的地理扩散规律，而城镇的功能分区、规模分布、产业体系、要素流动则存在空间相互作用，所以"地理"条件是城旅融合的空间外溢机制发生的首要因素。其中，短期地理距离权重的间接效应系数大于空间邻接权重，长期则相反，尽管短期城旅融合的经济增长效应符合经济地理学的一般规律，即其随着地理距离邻近而增强，但长期效应在动态外溢过程中不断遭遇文化差异、行政体制、地方保护、市场分割、经济失衡等障碍性因素的约束，经济增长效应会随着地理辐射半径变化而产生的"流动摩擦"被逐渐削弱。社会经济特征的直接效应系数略大于地理特征，说明良好的经济发展条件能够直接为城旅融合发展供给其所需的资源要素，加之与邻近省份经济发展的竞争合作机制所形成的空间反馈效应，以上路径双重叠加共同提升城旅融合的地区内溢出效应。长期影响效应的方向与短期一致，除地理距离权重矩阵外，空间邻接、经济距离权重设定下长期总效应大于短期总效应，说明城旅融合的经济增长效应随时间推移由弱渐强，原因在于空间邻接地区拥有相似的宏观环境、文化禀赋和制度属性，经济距离邻近地区的发展水平、市场规模和经济结构也有利于空间性协同，并在长期中得以充分体现、关联甚至强化，而地理距离邻近地区可能是由于存在多重"边界效应"进而相应弱化了"引力效应"。

三、稳健性检验

（一）改变动态模型设定

虽然空间动态面板杜宾模型为基准计量模型，但是根据贝洛蒂等（Belotti et al.，2017）的观点，我们仍可在模型右侧纳入经济增长变量的时空滞后项（$\psi W_{ij}PGDP_{it-1}$）后适当拓展基准计量模型进行回归。表 10 – 4 所列结果显示，ψ 显著为正，说明本省经济增长会受到上期邻近省份经济增长的积极影响，即经济增长在时间维度上亦存在正向空间溢出效应。综合来看，不同时期邻近省份经济增长对本省经济增长的影响方向一致，并且兼具同步性与滞后性。重要的是，核心解释变量城旅融合及其空间滞后项系数的统计显著性并未发生明显变化，说明城旅融合对经济增长依然存在显著正向的空间影响效应，并且此结论不以模型设定形式转换而改变，从而证实主要研究假说 1 的检验结果基本稳健。

表 10 – 4　　　　　　　　　　　稳健性检验 I

变量	包含因变量时空滞后项		采用校正夜间灯光数据		基于空间嵌套权重矩阵
	地理距离	经济距离	地理距离	经济距离	
$PGDP_{t-1}$	1.015 *** (0.028)	0.986 *** (0.028)	0.827 *** (0.343)	0.759 *** (0.039)	1.176 *** (0.453)
$W \times PGDP_{t-1}$	0.114 ** (0.112)	0.143 *** (0.126)			
Tou	1.053 ** (0.143)	1.056 ** (0.134)	0.587 ** (0.313)	0.547 * (0.315)	0.826 *** (0.286)
$W \times$ Tou	0.338 ** (0.321)	0.207 * (0.399)	2.051 * (1.231)	1.740 * (0.701)	1.635 * (0.578)
ρ	0.137 * (0.098)	0.169 * (0.103)	0.305 * (0.173)	0.067 (0.119)	0.123 (0.163)
控制变量及空间滞后项	YES	YES	YES	YES	YES
时期效应	YES	YES	YES	YES	YES
年份效应	YES	YES	YES	YES	YES
R^2	0.385	0.390	0.375	0.269	0.269
N	330	330	330	330	330

注：***、**和*分别表示在1%、5%和10%统计水平上显著；括号内为标准差。

（二）采用夜间灯光数据

夜间灯光可以反映人类社会的生产与生活强度。近年来，夜间灯光数据逐渐被引入经济统计框架，用于修订或改进国内生产总值统计，用于度量经济活动的活跃程度及分布特征。夜间灯光数据主要通过卫星传感器扫描获得，能够反映地理覆盖范围，避免受制度、人为等因素影响，具有较强客观性与可比性（Donaldson and Storeygard，2016；王贤彬和黄亮雄，2018）。因此，本章以 DMSP/OLS 夜间灯光影像值校正数据作为经济增长的代理指标。表 10 - 5 显示，以校正后夜间灯光数据为被解释变量的模型估计结果并未实质性改变城旅融合影响经济增长的正向空间效应。

表 10 - 5　　　　　　　稳健性检验 II

变量	所有解释变量滞后一期		设置重要政策虚拟变量		划分样本四个时期区段	
	地理距离	经济距离	地理距离	经济距离	地理距离	经济距离
PGDP$_{t-1}$	1.028 *** (0.030)	0.971 *** (0.029)	0.959 *** (0.029)	0.987 *** (0.029)	0.942 *** (0.064)	0.889 *** (0.065)
Tou	0.805 *** (0.274)	1.143 *** (0.255)	1.899 *** (0.282)	1.694 *** (0.283)	1.305 ** (0.593)	0.925 * (0.558)
Tou × policy			1.043 *** (0.136)	0.659 *** (0.153)		
W × Tou	2.544 *** (0.594)	2.911 ** (0.171)	4.449 *** (0.647)	4.351 ** (0.537)	7.067 ** (3.110)	6.912 ** (2.189)
W × Tou × policy			0.672 ** (0.342)	0.707 * (0.393)		
ρ	0.246 *** (0.090)	0.196 ** (0.089)	0.218 *** (0.083)	0.312 *** (0.089)	0.217 (0.473)	0.075 (0.251)
控制变量及空间滞后项	YES	YES	YES	YES	YES	YES
时期效应	YES	YES	YES	YES	YES	YES
年份效应	YES	YES	YES	YES	YES	YES
R²	0.408	0.583	0.563	0.532	0.370	0.696
N	300	300	330	330	90	90

注：***、** 和 * 分别表示在1%、5%和10%统计水平上显著；括号内为标准差。

（三）更换嵌套权重矩阵

空间权重矩阵为空间计量模型的重要元素，不同的空间权重矩阵可能会影响估计结果的稳健性。本章所设三种空间权重矩阵均为对称矩阵，但这与现实可能存在不符，主要是因为一个经济发展较好和较差的省份间空间关系可能并非对称（王守坤，2013）。从客观上讲，基于绝对位置的地理空间权重忽视了经济因素，而基于相对位置的经济空间权重未考虑地理因素，而在现实生活中，通常两种因素会共同影响空间单元的产业活动或经济发展。本章通过构建综合考虑地理、经济因素的空间嵌套权重矩阵 $W_4 = W_2 \times W_3$，能够相对客观地刻画省份间空间关联效应的综合性、复杂性（彭星，2016；傅鹏等，2018）。根据表 10 - 5 所汇报的空间嵌套权重矩阵估计结果，城旅融合及其空间滞后项系数的统计显著性与符号方向与便捷的地理、经济距离权重矩阵估计结果基本类似，说明更换空间权重矩阵的结果依旧稳健。

（四）延长变量滞后期限

为缓解模型潜在内生性扰动，按照何和田（He and Tian，2013）的解决方法，选择对所有解释变量进行滞后一期处理后再进行回归，结果汇报在表 10 - 5 中。结果显示，城旅融合及其空间滞后项系数仍然显著为正，并且空间溢出效应表现强劲，进而说明本章的核心结论在滞后所有变量一期后依然稳健。

（五）讨论政策变动影响

党的十八大以来，中央政府强调要坚持走中国特色新型城镇化道路，尤其是以人为核心的新型城镇化建设持续推进，同时要求旅游业全面深化改革需向纵深推进。需要关注的是，在样本时段内，同期有两项与本章研究主题直接相关的重要政策变动，分别是 2014 年先后出台的《国家新型城镇化规划（2014—2020 年)》与《关于促进旅游业体制机制改革的实施意见》，可能会改变城旅融合与经济增长的影响关系。为检验政策变动影响，具体引入时间虚拟变量 policy，并构建城旅融合与虚拟变量的乘积项，进而形成如下计量模型：

$$\begin{aligned}
PGDP_{it} = {} & \alpha + \tau PGDP_{it-1} + \rho \sum_{j=1}^{n} W_{ij} PGDP_{jt} + \beta_1 Tou_{it} + \theta_1 \sum_{j=1}^{n} W_{ij} Tou_{jt} \\
& + \phi Tou_{it} \times policy + \theta_2 \sum_{j=1}^{n} W_{ij} Tou_{it} \times policy + X'_{it} \beta_{X'} \\
& + \sum_{j=1}^{n} W_{ij} X'_{jt} \theta_{X'} + \eta_i + \nu_t + \varepsilon_{it} \\
& \varepsilon_{it} = \lambda \sum_{j=1}^{n} W_{ij} \varepsilon_{jt} + u_{it} \quad (10-7)
\end{aligned}$$

本章利用式（10-7）考察政策出台前后对城旅融合的经济增长效应是否存在差异性影响，结果列示于表 10-5。可以发现，城旅融合系数不仅仍然显著为正，而且其与政策虚拟变量的乘积项系数也显著为正，说明新型城镇化建设规划与旅游业改革战略同时推进实施确实会强化城旅融合的经济增长效应，同时也意味着政策变动并未对核心结论造成根本性影响。

（六）考虑样本分期检验

城旅融合过程需要时间积累，并不存在固定周期时段。为避免短期波动产生的突变影响，我们借鉴彭俞超（2015）与赵彦云等（2017）的样本分期方法，取 3 年平均值的方式构造新变量，并得到 4 期形式的面板数据集，以检验模型结果对分期长度是否敏感。表 10-5 显示，核心解释变量城旅融合及其空间滞后项系数的估计结果与基准模型估计结果基本一致。

四、异质性分析

（一）区分地区空间差异

鉴于城旅融合水平具备明显空间异质性，尤其不同地区在资源禀赋、政策体系、产业基础、文化属性等方面存在较大差异，因而可能会导致城旅融合的经济增长效应存在地区差异性。按照三大经济地带的划分依据，首先将样本分为东部沿海地区与中西部内陆地区，并构建东部沿海省份虚拟变量（East），再在式（10-2）基础上引入乘积项 Tou × East 进行回归，估计结果见表 10-6。由表 10-6 可知，乘积项的估计系数显著为正，说明东部沿海省份城旅融合的经济增长效应要强于中西部内陆省份。原因在于东部沿海省份无论是旅游业的产业扩张规模，还是提质增效水平，均领先于中西部内陆省份，而且城镇发展竞争力也普遍具有综合优势，尤其是东部地区多样化的城镇旅游资源、便捷性的基础设施和细分式的现代服务业态，不仅为城旅融合创造了先天优势，更为其在整个产业体系中横向拓展与垂直渗透的动态发展提供了其他地区难以比拟的产业条件。

表 10 - 6　　　　　　　　　　　异质性分析

变量	地区空间差异		城旅融合水平		产业服务程度	
	地理距离	经济距离	地理距离	经济距离	地理距离	经济距离
$PGDP_{t-1}$	1.015 *** (0.030)	1.026 *** (0.029)	1.004 *** (0.027)	0.995 *** (0.028)	1.039 *** (0.028)	1.004 *** (0.028)
Tou	1.141 *** (0.278)	1.529 *** (0.275)	0.774 *** (0.293)	1.447 *** (0.267)	0.719 ** (0.287)	1.265 *** (0.253)
Tou × East	0.662 *** (0.135)	0.519 *** (0.159)				
Tou × Agg			0.031 ** (0.014)	0.051 *** (0.014)		
Tou × Ser					0.408 ** (0.014)	0.310 * (0.013)
W × Tou	3.894 *** (0.690)	2.181 ** (0.943)	1.129 ** (0.717)	1.043 ** (0.842)	2.162 *** (0.664)	1.473 * (0.781)
W × Tou × East	2.199 *** (0.478)	0.836 * (0.511)				
W × Tou × Agg			0.072 * (0.041)	0.041 * (0.021)		
W × Tou × Ser					0.151 ** (0.039)	0.112 * (0.039)
ρ	0.196 ** (0.067)	0.153 ** (0.028)	0.162 ** (0.119)	0.164 ** (0.128)	0.269 *** (0.084)	0.352 *** (0.085)
控制变量及空间滞后项	YES	YES	YES	YES	YES	YES
时期效应	YES	YES	YES	YES	YES	YES
年份效应	YES	YES	YES	YES	YES	YES
R^2	330	330	330	330	330	330
N	0.242	0.234	0.583	0.517	0.537	0.517

注：***、**和*分别表示在1%、5%和10%统计水平上显著；括号内为标准差。

（二）区分城旅融合水平

虽然上述回归结果验证了城旅融合影响经济增长的空间效应，但却无法反映城旅融合水平高低对其经济增长效应大小的影响，为了考察城旅融合与其经济增长效应之间的相关关系，根据城旅融合水平中位数来设置高、低城旅融合省份虚拟变量（Agg），高于中位数划分为高城旅融合省份，反之则为低城旅融合省份。表 10 - 6 显示，乘积项 Tou × Agg 及其空间滞后项系数均显著为正，说明相对于低城旅融合省份，城旅融合的经济增长效应在高城旅融合省份表现更为显著。基本的解释在于伴随"城""旅"深度动态共融，目的地匹配城旅市场需求的供给侧结构性改革进程加快，主要表现在新型服务产品业态不断涌现，城旅融合发展模式成熟稳定，城旅融合产品供给能力弹性增强，进而能够在较高程度上满足不断转型、分化甚至升级的城旅市场需求。

（三）区分产业服务程度

城旅融合在供求两端依赖于目的地的服务业体系完善状况，为了检验在产业结构服务化不同倾向下城旅融合的差异性经济增长效应，同时弥补前面参数估计仅能反映城旅融合对经济增长的平均影响效应的缺陷，我们构建城旅融合与产业结构服务化倾向虚拟变量的乘积项 Tou × Ser 进行回归。Ser 为虚拟变量，当 Ser = 1 时，表示对高于产业结构服务化倾向中位数子样本的估计；当 Ser = 0，表示对低于产业结构服务化倾向中位数子样本的估计。其中，产业结构服务化倾向采用第三产业增加值与第二产业增加值比值度量。由相应估计结果可看出，乘积项及其空间滞后项系数均显著为正，说明城旅融合的经济增长效应在高产业结构服务性倾向省份优势更为明显。可能的逻辑推理是随着我国服务业加速转型、开放、创新、分工，其组织形式、创新方式、商业模式、内部结构不断变革，服务业生产率逐渐回升，加之异质性服务经济的空间集聚与扩散活动愈益活跃，相比于产业结构服务性倾向较低省份，高产业结构服务性倾向省份城旅融合要素更具规模、质量优势。

第七节　影　响　机　制

一、市场化调节机制检验

20 世纪 90 年代以来，制度改革对转轨国家经济体系的影响一直是新制度经济学和经济增长领域关注的学术焦点。改革开放以来，渐进式、结构化的体制改革在发挥显著"促发展效应"的同时，结构性问题随即开始凸显。于是，党的十八届三中全会审时度势地提出全面深化改革的战略思想，进一步向纵深推进市场化改革。市场机制的有效性能否在资源配置、供求协调方面通过推动旅游产业转型升级、城市演化更新迭代，重塑"城""旅"融合新特征、新路径、新模式，并将其作为缓解结构性矛盾的可能突破口推动经济可持续、高质量的发展值得再思考。前面的研究不仅说明城旅融合对经济增长具有正向的空间影响效应，而且也说明"有为的政府"在结构转型期对促进经济增长正在发挥积极作用，但由于政府与市场关系相互嵌入、彼此推动，尤其是制度变迁也会作用于经济增长，所以在市场化进程不同的地区，城旅融合的经济增长效应也必然会存在强度差异。基于此，本部分对假说2展开验证，即研究城旅融合的经济增长效应是否会受到市场化改革的影响，以更好地理解在制度变迁背景下，"城""旅"两个复杂系统嵌入、融合形成的整体涌现性对经济增长的影响机制。

为捕捉城旅融合与市场化改革在空间联动中对经济增长产生的调节效应，在式（10-2）基础上引入城旅融合与市场化的乘积项 Tou × Mar，扩展模型如下：

$$PGDP_{it} = \alpha + \tau PGDP_{it-1} + \rho \sum_{j=1}^{n} W_{ij} PGDP_{jt} + \beta_1 Tou_{it} + \theta_1 \sum_{j=1}^{n} W_{ij} Tou_{jt}$$

$$+ \beta_2 Mar + \theta_2 \sum_{j=1}^{n} W_{ij} Mar_{jt} + \phi Tou_{it} \times Mar_{it} + \theta_3 \sum_{j=1}^{n} W_{ij} Tou_{it}$$

$$\times Mar_{it} + X'_{it}\beta_{X'} + \sum_{j=1}^{n} W_{ij} X'_{jt}\theta_{X'} + \eta_i + \nu_t + \varepsilon_{it}$$

$$\varepsilon_{it} = \lambda \sum_{j=1}^{n} W_{ij}\varepsilon_{jt} + u_{it} \qquad (10-8)$$

根据表10-7所汇报的动态模型估计结果，市场化及其与城旅融合的乘积项系数均显著为正，说明不仅市场化改革能够显著促进经济增长（Fan et al.，2012；李明珊等，2019），而且市场化进程对城旅融合影响经济增长的地区内溢出效应具有"强化"作用。同时，市场化空间滞后项系数也显著为正，表明市场化进程对经济增长存在显著积极的空间溢出效应，这与康继军等（2009）、刘小勇和何静（2011）的研究结论一致。我们所关注的乘积项的空间滞后系数在不同显著性水平表现为正，表示市场化进程较快的省份，城旅融合发展对邻近省份经济增长的空间溢出效应越强劲，市场化改革能够通过激励城旅融合促进邻近省份经济增长，即市场化进程与城旅融合发展的空间关联互动会增强城旅融合对经济增长的空间溢出效应。制度经济理论认为，在开放条件下，市场化进程在地理空间上具有溢出效应，所以市场整合、改革示范以及制度溢出等市场化举措显然为"城""旅"在地区内及跨区间共生、嵌入直至融合，尤其是又为城旅融合在信息共享、模式创新、市场开发等方面会创造便利条件，同时也能够降低城旅融合过程中促使要素流动、业态培育和产业互链而发生的交易成本，因此，市场化进程对城旅融合的空间正外部性效应强化了城旅融合的空间溢出机制，这验证了本章假说2。

表 10 - 7　　　　市场化调节城旅融合的经济增长效应回归结果

变量	静态空间杜宾模型			动态空间杜宾模型		
	空间邻接	地理距离	经济距离	空间邻接	地理距离	经济距离
$PGDP_{t-1}$				0.047***	0.269***	0.644***
				(0.138)	(0.166)	(0.226)
Tou	3.572***	3.526***	2.327***	3.264***	3.112***	1.879***
	(0.383)	(0.374)	(0.436)	(0.415)	(0.404)	(0.449)
Mar	0.198***	0.210***	0.101***	0.176***	0.187***	0.064**
	(0.027)	(0.026)	(0.030)	(0.030)	(0.0288)	(0.032)
Tou × Mar	0.291***	0.295***	0.155***	0.270***	0.271***	0.118***
	(0.033)	(0.032)	(0.038)	(0.036)	(0.035)	(0.039)
W × Tou	4.265***	6.717***	2.314**	3.388***	5.681***	1.358*
	(0.732)	(1.077)	(0.454)	(0.777)	(1.156)	(0.505)
W × Mar	0.053**	0.231***	0.213**	0.033**	0.197**	0.225**
	(0.054)	(0.082)	(0.107)	(0.058)	(0.090)	(0.109)
W × Tou × Mar	0.087**	0.326***	0.179*	0.022**	0.278***	0.229*
	(0.061)	(0.093)	(0.126)	(0.064)	(0.099)	(0.131)
ρ	0.156*	0.161*	0.007	0.129**	0.160*	0.058
	(0.075)	(0.085)	(0.116)	(0.053)	(0.063)	(0.128)
控制变量及空间滞后项	YES	YES	YES	YES	YES	YES
时期效应	YES	YES	YES	YES	YES	YES
年份效应	YES	YES	YES	YES	YES	YES
R^2	0.369	0.401	0.473	0.432	0.583	0.594
N	360	360	360	330	330	330

注：***、**和*分别表示在1%、5%和10%统计水平上显著；括号内为标准差。

对以上发现的宏观解释在于：（1）为了保持政府与市场之间相互补充、协调和促进的关系，即坚持政府更好发挥作用与市场对资源配置的决定性作用双轨并举，除政府在城旅融合过程中继续发挥产业引导、功能规划、招商引资、服务配套等方面的作用外，市场机制的有效性对增强城旅融合的发展能力也不能忽视。例如，服务业的市场化通过创新营商环境、完善价格机制、规范竞争秩序，有效促进与"人"的发展需求紧密联系的现代生活性服务业部门繁荣，并借助行业波及效应带动关联性制造业部门发展，特别在要素流动性趋强的条件下，两部门协同互动能够从供给侧有力拓展城旅融合范围。（2）现代旅游业与新型城镇化在市场经济环境中不仅融合孕育出具有吸引力的多样化业态，诸如主题公园、科技体验、文化创意、商务会奖、休闲节庆等，而且由于市场化改革有效降低了市场供需匹配的信息成本、交易费用、投资风险，并鼓励更具市场活力的私人、外资、民营资本进入以上城旅融合的新兴、跨界、交叉领域，进一步激活此领域内微观经营主体的市场创造力，从而也有利于强化城旅融合中新业态布局、新产业涌现、新城镇复兴所驱动的集聚经济效应。（3）产品市场的低效发育与要素市场的扭曲错配是导致"城""旅"失衡的内在原因，前者在旅游预算约束条件下蚕食消费者剩余，后者导致城旅融合产业的有效供给能力受到抑制，而市场化改革不仅可以通过打破造成产品、要素市场分割的制度性障碍来提高旅游者的消费效用水平和挖掘城旅融合产业的内在供给潜能，特别是资源要素的市场优化配置也能够直接刺激"城""旅"深度融合，从而激发城旅融合影响经济增长的市场潜力。（4）市场化可以明晰新型城镇化建设中涉旅要素的产权归属问题，以此稳定各类市场投资主体的收益预期，进而能够激励其参与城旅融合产业发展的信心和动机；同时，良好的产权保护与规范的竞争秩序也会增强城旅融合企业追求技术、产品、模式等创新的动机以获取竞争优势，尤其在城旅融合的产品功能由观光游览向深度体验转型的特殊时期，市场中介组织的发育也可协助城旅融合企业降低信息获取的不对称性、市场运营的流动性风险以及技术创新的不确定性来改善外部经营环境，从而为城旅融合影响经济增长提供必要的机制保障。

　　基于要素市场化的理论解释为：首先，一方面，在旅游消费需求转型刺激与城旅融合产品功能升级的双重作用下，旅游产业市场化催生其边界趋向模糊、柔性化，尤其在新兴城旅融合产品、业态的"替代"威胁下，涉旅资本开始退出低效率、低竞争、低利润的传统旅游行业，选择流向更具边际生产力的新兴城旅融合领域；另一方面，符合市场需求、产业政策、生态文明导向的城旅融合产业体系，因其契合"创新、协调、绿色、开放、共享"的发展理念，也在吸引非涉旅资本向城旅融合领域增资配置。总而言之，市场化进程提高了资本转向城旅融合领域的调整速度。其次，在市场经济条件下，劳动力通过两种机制自由流入城旅融合领域，一方面，城镇中的旅游业历来具有劳动密集度高、就业吸纳力强的行业属性，随着"城""旅"深度融合，劳动力市场的需求规模也会得以提升，同时新兴城旅融合领域相对可观的薪酬水平、就业前景、职业素养也是驱使劳动力跨行业流入的重要内因；另一方面，由城旅融合孕育而生的消费业态具有多样式、技术性和体验化特征，在要素自由流动的市场机制下，城旅融合领域对劳动力资源需求的多维度与异质性的劳动力市场之间较易实现有效匹配，具体表现在劳动技能分工与岗位细分类型合理配置，不仅会提升城旅融合企业劳动力的工作效率、收入水平，从而产生"工资溢价"，也会提高城旅融合企业的竞争力及所在行业的经济效益。最后，传统旅游资源开发主要以政府投资为主导，所以旅游企业同时面临资金短缺和非市场化运营两方掣肘，而市场化改革则为金融支持城旅融合，尤其对满足融合所需资金需求、金融服务以及保障"城""旅"协调发展贡献显著。一方面，信贷资金分配的市场化，能够鼓励金融企业根据城旅融合项目特点，制定全新、灵活、弹性的信贷支持策略，如积极探索景区经营权质押、门票收入权质押、旅游企业建设用地使用权抵押等旅游资产证券化形式；另一方面，城旅融合业态呈现"小而专、大而全"的特点，故城旅融合企业对融资模式、融资渠道具有多样化需求，而金融业的市场化竞争显然有利于企业通过获取多种形式的个性化金融服务来拓宽融资渠道，以缓解由融资约束导致的中小微城旅融合企业投资乏力的问题。

二、结构优化影响渠道检验

以上结论表明，在统计意义上，城旅融合对经济增长的影响具备显著的直接效应与空间溢出效应，并且效应变化依赖于市场化进程的调节作用，由此假说1、假说2分别得以验证，但并未讨论城旅融合影响经济增长的中间机制。根据前面所述，现代旅游业与新型城镇化在动态发展中互促共融，不仅符合现代产业政策体系的内在要求，也可表征当前市场需求结构的升级方向。异于惯常的产业结构变迁测度方法，我们充分吸收杨丽君和邵军（2018）的核心思想，即将产业结构的合理化、高级化与生态化三维指标同时纳入产业结构优化变量的统一估算体系，不仅能够实现城旅融合与结构变迁之间的"生态性"场景呼应，而且也为观照旅游业、城镇化与产业结构所共同内蕴的"新型"价值归旨。事实上，城旅融合除能为产业结构的优化提供来自供给侧的动力支持外，其在需求端所倡导的消费结构升级也是促发产业结构转型的基本经济机制。重要的是，产业结构优化作为实现经济增长"结构性"减速并寻求高质量发展的关键环节，是否在城旅融合影响经济增长的逻辑体系中发挥中介作用，不仅是揭示城旅融合通过特定渠道间接影响经济增长的必要研究，也能增强对城旅融合影响经济增长作用机理的深刻理解。

本章引入巴隆和肯尼（1986）、温忠麟和叶宝娟（2014）提出的经典中介效应因果步骤法，通过构建下述递归模型对城旅融合影响经济增长的作用渠道进行检验，计量方程仍沿用空间动态面板杜宾模型形式，并将估算出的产业结构优化变量 ES 设定为中介变量，目的在于验证假说 3。第一，通过基准方程式（10－2）检验核心解释变量 Tou 的估计系数是否显著，如显著，则继续检验式（10－9）；如不显著，则停止中介效应检验。第二，以中介变量 ES 作为被解释变量，检验 Tou 的估计系数是否显著，如显著，则继续检验式（10－10）；如不显著，则停止检验。第三，在式（10－2）基础上同时纳入中介变量 ES 作为解释变量构造式（10－10），检验中介变量 ES 的估计系数是否显著，如显著，说明中介效应显著。同时，本部分还检验 Tou 的估计系数是否显著，如显著，且系数值减小，说明存在不完全（部分）中介效应；如不显著，说明存在完全中介效应，即城旅融合对经济增长的影响完全需通过产业结构优化渠道实现。

$$ES_{it} = \alpha + \theta ES_{it-1} + \rho \sum_{j=1}^{n} W_{ij}ES_{jt} + c_1 Tou_{it} + \xi_1 \sum_{j=1}^{n} W_{ij}Tou_{jt}$$

$$+ X'_{it}C_{X'} + \sum_{j=1}^{n} W_{ij}X'_{jt}C_{X'} + \eta_i + \nu_t + \varepsilon_{it}$$

$$\varepsilon_{it} = \lambda \sum_{j=1}^{n} W_{ij}\varepsilon_{jt} + u_{it} \qquad (10-9)$$

$$PGDP_{it} = \alpha + \tau PGDP_{it-1} + \rho \sum_{j=1}^{n} W_{ij}PGDP_{jt} + \beta'_1 Tou_{it} + \theta_1 \sum_{j=1}^{n} W_{ij}Tou_{jt}$$

$$+ bES_{it} + \theta_2 \sum_{j=1}^{n} W_{ij}ES_{jt} + X'_{it}\beta_{X'} + \sum_{j=1}^{n} W_{ij}X'_{jt}\theta_{X'} + \eta_i + \nu_t + \varepsilon_{it}$$

$$\varepsilon_{it} = \lambda \sum_{j=1}^{n} W_{ij}\varepsilon_{jt} + u_{it} \qquad (10-10)$$

表 10－8 报告出对式（10－9）和式（10－10）的中介效应检验结果。由表 10－8 可看出，城旅融合发展对产业结构优化的影响具有显著的正向空间效应，由此满足中介效应检验第二步骤的要求。将中介变量作为解释变量引入基准模型进行回归后，确认产业结构优化变量 ES 的系数显著为正，但其空间滞后项系数则不显著，说明产业结构优化影响经济增长

的空间效应主要局限于地区内溢出,当将生态性因素纳入产业结构优化评价体系时,鉴于当前各地产业结构正处于关键的调整期,特别是结构转型面临的约束条件具备差异性,甚至是存在复杂多变的不确定性,所以尽管本地区产业结构优化能够促进经济增长,但同时又考虑到无论是产业结构优化过程的知识扩散规律,抑或是邻近地区学习、模仿或吸收过程,均存在不可避免的时间滞后性,因此,上述多重因素致使产业结构优化对经济增长的空间溢出效应暂被抑制。上述结果表明,尽管产业结构优化是城旅融合促进经济增长的重要渠道,但此作用机制并不具有空间性。值得特别关注的是,在排除空间效应的前提下,控制中介变量后,相比表 10 - 3 所列三种空间权重矩阵设定下的城旅融合估计系数,表 10 - 8 中显示相应系数值有所减小,说明产业结构优化不仅是城旅融合促进经济增长的间接渠道,而且产业结构优化对城旅融合的经济增长效应具有部分中介作用。

表 10 - 8　　基于动态空间面板模型的产业结构优化中介效应检验

变量	产业结构优先（ES）			经济增长（PGDP）		
	空间邻接	地理距离	经济距离	空间邻接	地理距离	经济距离
ES_{t-1}	0. 766 *** (0. 029)	0. 758 *** (0. 028)	0. 798 *** (0. 208)			
$PGDP_{t-1}$				0. 195 * (0. 141)	0. 532 *** (0. 171)	0. 474 ** (0. 214)
Tou	0. 375 * (0. 116)	0. 369 * (0. 102)	0. 589 ** (0. 208)	0. 815 *** (0. 293)	0. 586 ** (0. 289)	0. 999 *** (0. 253)
ES				0. 081 * (0. 023)	0. 115 *** (0. 043)	0. 076 * (0. 026)
$W \times Tou$	0. 890 ** (0. 381)	0. 753 ** (0. 469)	1. 272 *** (0. 618)	2. 468 *** (0. 536)	2. 328 *** (0. 663)	1. 644 ** (0. 172)
$W \times ES$				- 0. 142 (0. 103)	- 0. 009 (0. 116)	- 0. 022 (0. 135)
ρ	0. 181 ** (0. 064)	0. 163 ** (0. 074)	0. 234 * (0. 089)	0. 279 ** (0. 080)	0. 248 ** (0. 119)	0. 288 ** (0. 127)
控制变量及空间滞后项	YES	YES	YES	YES	YES	YES
时期效应	YES	YES	YES	YES	YES	YES
年份效应	YES	YES	YES	YES	YES	YES
R^2	0. 850	0. 986	0. 824	0. 491	0. 495	0. 576
N	330	330	330	330	330	330

注: *** 、 ** 和 * 分别表示在 1% 、5% 和 10% 统计水平上显著;括号内为标准差。

关于中介效应的因果步骤法检验策略尽管被广泛应用，但一直饱受争议（方杰等，2012）。首先，因果步骤法强烈要求式（10-2）中 Tou 的估计系数显著来作为中介效应检验的前提条件，但诸多学者认为，即使该系数不显著仍然可能存在实质的中介效应，即所谓抑制模型（Hayes et al.，2008；Zhao et al.，2010；Soest and Hagtvet，2011）。其次，对 Tou 的估计系数显著性的严苛要求会严重降低统计功效，并且在统计上容易低估第 I 类错误率（type I error）（拒绝虚无假设而作出中介效应显著的判断）（Mackinnon et al.，2007；Fairchild and Mcquillin，2010）。最后，因果步骤法通过依次假设检验去识别中介效应的有无，而并非直接检验中介效应 $c_1 b$ 是否显著不为 0，所以无法提供中介效应的点估计与置信区间（Mackinnon and Fairchild，2009；Cheong，2011）。鉴于此，为了确保中介效应估计的稳健性，我们采用 Sobel（1987）开发的系数乘积法进行中介效应检验，麦金农等（2002）的模拟研究表明系数乘积法检验的统计功效优于因果步骤法。基本思路是首先计算乘积项 $c_1 b$ 的标准差，$s_{c_1 b} = \sqrt{\hat{c}_1 s_b^2 + \hat{b} s_{c_1}^2}$，其中 s 为相应估计系数的标准差，进而构造 Sobel 统计量 $Z_{c_1 b} = \hat{c}_1 \hat{b} / s_{c_1 b}$，三种空间权重的统计量分别为 2.382、2.151、2.034，与标准正态分布临界值对应的置信水平比较发现，以上 Sobel 统计量均可通过 5% 水平显著性检验。此外，对于乘积项的标准差估算方法，除以上基于一阶方法外，还存在基于二阶方法 $s_{second\_c_1 b} = \sqrt{\hat{c}_1 s_b^2 + \hat{b} s_{c_1}^2 + s_{c_1}^2 s_b^2}$ 的 Goodman I 检验与基于无偏方法 $s_{unbiased\_c_1 b} = \sqrt{\hat{c}_1 s_b^2 + \hat{b} s_{c_1}^2 - s_{c_1}^2 s_b^2}$ 的 Goodman II 检验，可得两组统计量分别为 2.331、2.099、1.975 以及 2.435、2.206、2.098，说明基于正态假设条件的中介效应检验至少在 5% 水平上具有统计学意义。中介效应的系数乘积法检验再次证实产业结构优化是城旅融合影响经济增长的重要中间机制，由此验证本章假说 3。

对以上理论逻辑关系的阐释，势必要将其置于特定的经济社会发展背景中予以理解，原因就在于产业结构的动态演化与经济社会发展的转型变迁密不可分，而学术界关于中国所处发展阶段的识别，主要集中在工业化中后期（夏杰长和倪红福，2016）或后工业化阶段（胡鞍钢，2017）。比较符合区域经济发展循环规律的判断是，中国目前处于后工业化初级阶段转型期（郝寿义和曹清峰，2019）。嵌入以上经济社会转换阶段，在消费需求刺激、产业供给改革、市场有效调节等多重因素作用下，城旅融合模式也在恰逢其时地进行革新、升级，并由资源、交通、政策主导向业态、投资、技术驱动转型过渡，驱使城旅融合的产业价值链不断延伸，进而对产业结构基本面产生深刻影响。其一，面临日益增长的城旅市场需求与产业结构的生态化转型压力，众多资本愈发倾向于流入城旅融合及其衍生领域，并伴随信息、通信和网络等互联网技术的持续渗透，以创造高质量体验、高审美愉悦为内核理念的城旅融合产业对知识创新要素的需求与日俱增。另外，城旅融合所生成的集聚经济在循环累积因果机制的放大效应下，诱发与其存在广泛关联的制造业、服务业部门进行技术进步，而在引入新的生产要素时，也在改变生产要素在相关部门间的配置比例，从而通过引发要素禀赋结构变化促进产业结构优化。其二，在后工业化初级阶段，中等收入群体迅速扩张，消费理念随之开始由物质消费向服务消费转型，消费结构呈现追求生态文明、审美愉悦、自我实现、价值认同等特征，而城旅融合产品所具有的文化多元性、身份建构性、符号消费性、生态共享性、科技体验性等内涵属性与后工业化社会消费升级趋势不谋而合，因而以城旅融合为产业引爆点，通过加强供给侧结构性调整，改革方向倾向于适宜旅游"现代性"与城镇"新型化"兼容的产业配置体系，以优化城旅融合领域的供给规模、结构、质量，从而试图满足中产群体对精神生活及服务消费的质量、体验与结构的品质诉求，甚至可推及普通民众对追求美好生活向往的日常需求，即城旅融合通过适应消费需求转换促进经济增长。其三，城旅融合通过"选择效应"与"协同效应"优化产业结构，从而实现其经济增长效应。进入后工业化初级阶段，"现代"旅游业与"新型"城镇化的发展理念本质上是对快速工业化时期传统城镇化发展模式的批判、校正、变革，唯有符合后工业社会价值观导向，以凸显"创新、协调、绿色、开放、共享"为鲜明特征的现代新兴产业才更具市场活力，并且能够直接或间接参与城旅融合过程，进而增强城旅融合能级，提升城旅融合质量，最终目的在实现"人"的发展效用提升。反之，消费者对城旅市场需求的差异化诉求，催生城旅融合领域不断开展专业化分工、创新、生产，特别是"城""旅"协同发展和深化融合在垂直关联与产业互溢效应下逐渐形成规模、范围经济优势，并从整体上提升城旅融合领域企业生产率，从而推动产业结构变革。上述由城旅融合引发产业结构变动的选择、协同机制，最终形成"产""城""人"间循环均衡，从而在高质量发展的路径上有效缓解经济增长中的"结构性减速"问题。

第八节　拓展性研究

前面集中探讨了城旅融合对经济增长规模的动态空间影响效应，并为城旅融合的空间增长效应提供了实证检验依据。在此，将此理论命题进一步往前推设，即考虑城旅融合是否会对经济增长质量产生影响。倘若此种影响不存在，意味着城旅融合仅有利于经济增长的适度规模扩张，本质上仍是经济增长的外生决定因素。倘若此种影响存在，说明城旅融合可对经济增长造成实质性冲击，尤其对经济的高质量发展产生积极作用。在对此种理论推设进行大胆检验之前，我们首先尝试对城旅融合可能影响经济增长的理论框架予以阐释。

由"城""旅"协同延伸至"城""旅"融合，反映出新型城镇化对旅游业的渗透，以及旅游业对新型城镇化的反哺之间的循环机制愈加和谐，旅游业与新型城镇化之间的关系向全面适配方向发展，并非仅是停留在新型城镇化对旅游业的经济增长效应的调节层面，一方面并未特别强调旅游业对新型城镇化的产业作用，另一方面将新型城镇化视为影响旅游业的经济增长效应发生机制的外生因素，而是旅游业与新型城镇化之间互为渗透、互相反哺，不仅强化了旅游业与新型城镇化之间的耦合共振、协调发展，而且两者在互动融合过程中又会激发新业态、新技术和新模式的孕育、产生，考虑到旅游业的产业关联带动效应和新型城镇化的战略渗透作用，城旅融合将会对经济集聚、技术创新和产业转型产生正向作用，进而对经济增长质量施加潜在影响。

首先，城旅融合释放规模效应影响经济增长质量。城旅融合通过"市场扩张""成本缩减""市场竞争"三种规模效应机制对经济增长质量产生影响。第一，新型城镇化建设过程吸引资源要素不断集聚，而旅游资源的不可转移性吸引旅游流向旅游目的地空间转移，城旅融合不仅会催生市场需求双重叠加，而且也存在市场互换正向反馈，后者是因为旅游业市场规模扩容有利于新型城镇化建设，而新型城镇化水平提升也为旅游业发展创造了广阔市场空间。第二，"城""旅"适配的前提在于旅游业与新型城镇化之间可以实现功能互契、设施共享、服务共建、市场共拓、空间共用，由此不仅会减少城旅融合交易成本，而且能够提升公共资源要素的利用效率。第三，城旅融合作为旅游业与新型城镇化耦合协调的动态趋势与必然结果，由此所衍生出的新型产品业态市场盈利性优势明显，企业处于规模报酬递增阶段，从而引发产品与要素市场激烈竞争，不仅有利于知识扩散、技术创新和组织变革，而且也有助于引导资源的自由流动和合理配置。

其次，城旅融合增强产业集聚影响经济增长质量。一方面，城旅融合实际上也是社会分工的和企业内部分工演化的必然结果，随着城镇化水平不断提升，社会对城旅融合衍生产品的需求日益旺盛，进而牵引供给端要素市场和市场企业愈发活跃，特别是优势生产要素不断向城旅融合企业流向、配置，随着需求端的审美体验诉求不断分化，进而诱发城旅融合企业分工持续精细化。另一方面，新型城镇化渗透率广，旅游业关联性强，故而城旅融合产业链延展性好，所以为了追求价值链增值，对产业链上跨行业、跨部门所涉企业的目标协同性要求高，并且随着产业间前、后向关联效应愈益强化，可通过金融外部性和技术外部性诱发城旅融合领域产业多样化集聚，并凭借共享、匹配和溢出机制促进生产率提高。

最后，城旅融合推动产业转型影响经济增长质量。一方面，城旅融合作为产业融合新兴领域，较高的边际生产率驱动规模报酬递增，从而驱使原本依附于传统产业的生产要素流向城旅融合领域，而由于旅游业的产业关联机制与新型城镇化的产业筛选机制相互吻合，随着要素资源不断向以绿色化、融合化、集约化、智能化为内涵特征的城旅融合领域配置，在上述特殊机制的循环反馈作用下，驱动产业结构向合理化、高级化趋势转变。另一方面，城旅融合所引发的产业动态集聚，会在需求与成本关联、中间投入品共享和"本地市场效应"方面拓宽市场规模，从而不仅能降低城旅融合企业技术创新成本，激发企业技术创新动力，而且也有利于形成竞争性的市场结构，为企业提供良好的技术创新空间。

为检验城旅融合对经济增长质量的影响，我们仍以绿色全要素生产率作为经济增长质量的代理指标，并构建如下动态空间杜宾模型：

$$\text{GTFP}_{it} = \alpha + \tau\text{GTFP}_{it-1} + \rho\sum_{j=1}^{n}W_{ij}\text{GTFP}_{jt} + \phi_1\text{Tou}_{it} + \varphi_1\sum_{j=1}^{n}W_{ij}\text{Tou}_{jt}$$

$$+ X'_{it}\phi_{X'} + \sum_{j=1}^{n}W_{ij}X'_{jt}\varphi_{X'} + \eta_i + \nu_t + \varepsilon_{it}$$

$$\varepsilon_{it} = \lambda\sum_{j=1}^{n}W_{ij}\varepsilon_{jt} + u_{it} \qquad (10-11)$$

其中，ϕ_1 和 φ_1 分别代表绿色全要素生产率模型中的城旅融合系数及其空间滞后系数；$\phi_{X'}$ 和 $\varphi_{X'}$ 分别代表控制变量系数及其空间滞后系数。

对城旅融合影响经济增长质量的回归结果如表 10-9 所示，城旅融合影响绿色全要素的空间效应系数整体上具备正向显著特征，说明城旅融合不仅对本省经济增长质量具有正向直接影响，而且对邻近省份经济增长质量亦存在正向空间溢出效应。与表 10－3 所报告的城旅融合对经济增长规模的空间效应系数相比，城旅融合的空间效应系数显著性水平不仅整体有所降低，而且系数值整体也有所下降，说明城旅融合对经济增长质量的影响强度相对降低，潜在反映出城旅融合对经济增长质量的影响过程更为复杂，并面临更多不确定因素的制约。具体来说，在基于空间邻接权重矩阵的静态空间面板模型设定下，城旅融合对经济增长质量的长期直接、间接效应系数分别在 1% 和 10% 水平上显著，而在空间动态面板杜宾模型中，城旅融合的直接效应系数显著为正，但间接效应系数在长、短期均不显著，说明城旅融合对经济增长的溢出效应是否地理邻接并不敏感，省际边界效应可能抑制了溢出路径。在基于地理距离权重矩阵的动态空间模型中，城旅融合影响经济增长质量的长期效应系数显著，但短期效应系数则不显著，表明考虑到城旅融合强度的生成过程，在短期，由于城旅融合尚处于前期阶段，难以克服地理距离对城旅融合影响经济增长质量的溢出阻滞，空间摩擦成本高于城旅融合对经济增长质量的溢出效能。在经济距离权重设定下，空间模型所估计出的城旅融合效应系数均显著为正，说明当纳入兼容地理、经济距离的嵌套空间权重矩阵时，城旅融合不仅对经济增长质量具备积极的空间溢出效应，而且也普遍强于直接效应，说明经济水平相似的空间单元通过横向产业间分工或纵向产业内分工而产生空间关联，能够很好地吸收与利用经济资源，为城旅融合影响经济增长质量的空间效应创造溢出渠道。

表 10－9　　　　城旅融合影响绿色全要素生产率的空间效应分解

空间权重矩阵	直接效应（长期）	间接效应（长期）	直接效应（短期）	间接效应（短期）
空间邻接权重	0.895 *** (0.106)	1.103 * (0.212)		
	0.682 ** (0.127)	0.981 (0.162)	0.552 ** (0.174)	0.767 (0.203)
地理距离权重	0.721 ** (0.231)	1.001 ** (0.242)		
	0.523 ** (0.232)	0.704 *** (0.414)	0.568 (0.236)	0.847 (2.184)
经济距离权重	0.218 *** (0.338)	0.336 ** (0.265)		
	0.383 ** (0.324)	0.458 ** (0.237)	0.223 ** (0.614)	1.301 ** (0.282)

注：＊＊＊、＊＊和＊分别表示在 1% 、5% 和 10% 统计水平上显著；括号内为标准差。

第九节 结论与启示

在城镇中进行旅游活动自古有之，而在中国快速工业化时期，尽管城镇旅游活动频繁，但目的地重短期经济效益而轻"人"之长期效用的停滞固化思维导致"城""旅"关系错位失衡，甚至出现分化，此种现象实则是"产""城"分割所致，因而严重限制了城旅融合对经济增长的影响潜力。伴随后工业化时代逐渐来临，如何克服经济结构转型困境，并适应现代消费升级趋势，显然是破解经济增长中"结构性减速"难题的关键着眼点。于是，深入推进"产""城"功能融合、结构匹配以及充分释放产城融合的"结构红利效应"与"福利改进效应"成为转型期中国经济寻求高质量和可持续发展的重要时代命题。在经济社会转型的特定阶段，尤其在经历旅游业规模持续扩张与城镇化水平快速提升之后，旅游业的"现代性"改革与城镇化的"新型"建设同步推进，并且在供给—需求关系和政策—市场关系互为交织的作用下，不断生成、孕育和强化"城""旅"融合的内在动力，而由城旅融合所生成的新产品、新服务、新业态因其兼具经济功能与文化价值双重特征，成为我们深入产城融合内部，并在遵循产城融合的一般化理论框架基础上，对城旅融合影响经济增长的具体机制进行探索的根本目的。

本章在对城旅融合与经济增长关系进行理论阐释的基础上，基于中国大陆 2004～2015 年省级面板数据样本，通过引入更具解释力的空间动态面板杜宾模型分析技术，对城旅融合影响经济增长的调节、中间机制进行实证研究，得到如下研究结论。（1）经济增长具有显著时空依赖效应。具体来说，经济增长变化存在正向的时间滞后效应与空间溢出效应。在时间轴上，经济增长继续保持动态惯性趋势。在空间域上，省际经济增长存在空间交互作用。（2）城旅融合对经济增长的影响存在直接效应与空间溢出效应两种作用机制。城旅融合不仅会促进本省经济增长，且对邻近省份经济增长具有显著的空间正外部性，说明对空间效应的捕捉是有效估计城旅融合的经济增长效应的关键，后续稳健性检验为测试基本结论的敏感性提供了系列证据。异质性分析还表明，城旅融合发展更有利于东部沿海省份、高城旅融合省份和高产业结构服务性倾向省份的经济增长。（3）调节机制检验结果表明，市场化进程正向调节城旅融合影响经济增长的直接效应与空间溢出效应。若本省市场化进程加快，城旅融合的经济增长效应也愈发强劲，同时市场化还会通过与城旅融合的空间关联互动增强城旅融合对经济增长的空间溢出效应。（4）中介效应检验发现，产业结构优化是城旅融合促进经济增长的重要传导渠道，说明城旅融合发展水平的提升有助于推动产业结构的调整优化，进而驱动经济增长，但此中间机制并不存在空间效应。（5）在经济距离空间权重矩阵设定下，城旅融合不仅对本省经济增长质量具有正向直接效应，而且也对邻近省份经济增长质量产生积极的空间溢出效应。

本章从研究视角、方法上丰富和拓展了城旅融合与经济增长关系方面的研究内容，尤其将时空因素纳入逻辑研究框架，为全面深入刻画城旅融合影响经济增长提供了经验证据，对理解并揭示城旅融合与经济增长的关系机理具有重要意义。本章研究结论存在明晰的政策启示。首先，在确保促增长政策具有延续性的同时，省份间在实施经济增长策略时需有意识强化扩散示范效应、学习模仿效应与竞合协同效应以缩小省际增长差距，通过促进经济收敛来实现区域一体化。其次，根据城旅融合对经济增长的空间影响路径，一方面，政府推进新型城镇化战略时，可考虑在功能结构、空间规划、产业培育、服务配套等方面为旅游业发展提供所需支撑要素、市场环境及保障条件，充分诠释新型城镇化作为现代旅游业的载体作用；另一方面，央地两级在制定、实施城旅融合政策时，应统筹安排、兼顾平衡，并构建宽层次、多能级与互补性的城旅融合地理增长极，在城旅融合对经济增长的空间正外部性条件下，努力推动城旅融合的跨区网络化联动发展。再次，充分体现政府引导与市场机制在城旅融合过程中所形成的交互作用，重点是通过深入推进市场化改革，激励城旅融合要素合理流动与优化配置，以增进市场化进程对城旅融合的经济增长效应所释放的"制度红利"，同时通过市场整合、创新示范、改革试点等方式提高城旅融合要素的跨区流动效率，降低城旅融合产业跨区互链的交易成本，驱动跨区城旅融合产业价值链增值，切实发挥"制度溢出"对城旅融合影响经济增长的正向空间效应。最后，政府应树立"产业协调、技术引领、生态优先"三位一体的产业结构优化理念，特别是着重培育新兴产业与现代服务业，为城旅融合创设优越的产业环境，塑造行业内、部门间、跨地区的城旅融合产业链，再通过水平、垂直关联溢出效应叠加，对供给侧产业结构的调整优化施加正面影响，从而促进经济增长。

第十一章　城旅融合与产业结构变迁

第一节　引　言

在经济增长过程中，除"Kaldor 典型事实"之外，"Kuznets 典型事实"则强调不同部门产值比例存在系统性变化，并且生产要素会随着经济的增长在部门之间重新配置（Kuznets, 1973）。改革开放以来，伴随着长期增长的奇迹，中国经济演变形态的一个重要特征事实便是产业结构的动态变迁，主要表现为资源由农业部门向非农部门转移流动而产生的配置优化效应和生产率提升效应，若将经济学史拉长来看，产业结构变迁已成为驱动中国经济增长的重要引擎（Peneder, 2003；Brandt et al., 2008；严成樑等，2016）。当前，"结构性减速"倒逼中国经济进入新常态，如何加快推进产业结构优化升级，以实现经济增长方式由要素驱动向创新引领转型，是破解因"结构扭曲"所致增长乏力之困，从而获取未来中国经济增长新动能，乃至于助推跨越"中等收入陷阱"的核心要义。

伴着中国经济步入"结构性减速"时代，经济发展前期阶段由工业化迅速发展所带来的"结构性加速"福利已经消失。伴随着产业结构不断升级，劳动力由第二产业向第三产业转移，而不同产业间劳动生产率存在一定程度的差异，因此导致了中国经济增速放缓，而产业发展与城镇化发展又相互依存。产业是城镇发展的支撑，而城镇发展又加速了产业集聚，因此，推进新型城镇化发展，将"产城协同"作为经济发展的一种新模式，对于新常态经济下提高生产率以及提升经济发展的质量与速度具有重要意义。

党的十九大报告提出，中国社会现阶段主要矛盾已经转化为人民日益增长的美好生活需要和不平衡不充分的发展之间的矛盾，其中所隐含的道理是，市场多样化产品的供给速度无法匹配公众差异性需求的转换速度。事实上，随着工业化带来的收入水平提高和身心压力陡增，人们愈发表现出对追求以高层次精神愉悦体验为"硬核"的美好生活的强烈需求和迫切向往，而与之相对的高品质休闲服务业态的有效供给相对不足，成为上述矛盾的集中写照。需要特别强调的是，作为不仅可以显著拉动增长的经济产业，更是服务人民美好生活的幸福产业，旅游业对产业结构变迁的影响长期以来在经济学理论研究中被低估。然而，一方面，从现实来看，2016年，中国旅游业对国民经济综合贡献率达 11%，而 2015 年，人均出游率超过 3 次，已至发达国家国民旅游权利普及水平。另一方面，按照孔萨姆特等（Kongsamut et al.，2010）的思路，旅游业也可分别从需求和供给两端通过绝对收入效应和要素产出效应而对产业结构变迁施以作用，具体地，在非位似偏好假设下，伴随着潜在市场可支配收入水平提高，现代旅游或休闲需求收入弹性上升而导致相关资源要素向此类部门流动而引起产业结构变迁（Hori et al.，2004），除此以外，随着后工业文明消费时代来临，以优质旅游为引领的现代服务业消费的要素边际产出弹性显著提升，从而直接诱使资源要素在部门间重新配置而驱动产业结构变迁（Alvarez - Cuadrado et al.，2017）。不仅如此，新型城镇化能促进经济结构转型和可持续发展，在此过程中推动生产性服务业、高新技术产业、绿色产业成长，从而对产业结构升级具有显著推动作用。从宏观上，新型城镇化所产生的"选择效应"加速城镇新兴产业集聚，促进产业结构变迁。然而，正如何伦多夫（Herrendorf et al.，2013）（2013）所指，关于产业结构变迁根本动力的学术讨论还未达成共识。根据以上理论逻辑，至于旅游业与新型城镇化融合发展能否成为题中应有之义还有待进行系统的理论解析和经验论证。

从文献演进和分布来看，无论是兰扎和皮利亚鲁（1995）以及库普尔等（Cooper et al.，2008）分别从内生经济增长和凯恩斯乘数效应视角进行尝试性的理论探索，还是以巴拉格尔和坎塔维拉 - 若尔达（2002）为代表对"旅游业导向型增长（tourism-led growth，TLG）假说"进行初次实证检验，旅游业与经济增长的影响关系始终是旅游经济学关注的重点研究取向，并且相关文献持续涌现。在城镇化的经济增长效应研究方面，贝尔蒂内利和布兰克（Bertinelli and Black，2004）研究发现，城镇化促进了经济水平的提升，其主要动力源于生产力的提升，而生产力提升的根源就在于城镇化的人力资本积累效应。克雷等（Krey et al.，2012）研究发现，城镇化对发展中国家经济水平的提升作用更为显著。

另外，在早期有关增长源泉的学术争辩中，产业结构变迁即被认为是促进经济增长的重要源泉（Chenery and Taylor，1968；Chenery and Syrquin，1980），随后又出现了一支专门讨论产业结构变迁动力的文献，但主要还是倾向于从投资、生产率和产业集聚等供给侧方面给予相应解释（Ngai and Pissarides，2007；Acemoglu and Guerrieri，2008；焦勇，2015），而从消费者偏好角度进行的需求因素考察则略显薄弱。实际上，与技术供给引起的要素产出效应和相对价格效应相比，由消费需求引致的绝对收入效应和产业关联效应对产业结构变迁的贡献程度同等重要，甚至后者效力更大（Boppart，2014；Comin et al.，2015），而旅游业作为典型的需求导向型和产业关联性产业（Talaya and Lara，1993；Lee and Jang，2011），却鲜有将旅游业与产业结构变迁相结合，尤其是在新型城镇化背景下，系统考察其与旅游业互动协同对产业结构变迁影响及作用机制的文献。

与已有研究相比，本章试图从旅游业与新型城镇化耦合协同所形成的"城旅融合"发展的研究视角来解读中国产业结构变迁状况，可能的边际贡献在于：其一，文献方面。鉴于学术界对城旅融合和产业结构变迁关系尚缺乏深入认识，本章除了对城旅融合影响产业结构变迁进行理论层面的探讨之外，同时对其予以实证检验，在我们视域范围内，这是国内首篇对城旅融合影响产业结构变迁进行规范研究的文献，不仅弥补了相关领域研究的不足，而且丰富和深化了旅游业与新型城镇化对经济增长影响的既有文献。其二，视角方面。本章分别从产业结构合理化和高级化视角，对城旅融合影响产业结构变迁进行详细考察，在拓展产业经济学中有关旅游业与新型城镇化在经济结构调整领域的解释效力的同时，也为充实产业结构变迁的影响因素提供了新证据。其三，内容方面。基于基础性和拓展性的理论推设，本章除了首次对城旅融合影响产业结构变迁进行实证研究之外，还对其中的影响机制进行了相应检验，初步构建了较为完整的旅游业与新型城镇化影响产业结构变迁的逻辑研究框架。

第二节　理论分析与研究假说

一、基础性理论假说

20 世纪 80 年代，旅游业被视作国家重要创汇行业；直到 90 年代，又被赋予为国民经济新的增长点；而进入 21 世纪，则被定位为国民经济的战略性支柱产业。旅游业上述演变历程相应表征出其产业地位在国民经济体系中的上升变化。全国已有 28 个省份将旅游业定位为战略性支柱产业，另有约 85% 以上城市和 80% 以上区县将旅游业定位为支柱产业，由此可见，旅游业已然成为新常态下驱动经济增长的重要产业力量。旅游业因具备在产业关联、投资促进、就业刺激、文化推广和精神愉悦等方面的综合比较优势，成为地方政府积极发展的合意产业。因此，地方政府在属地辖区内鼓励发展旅游业的热情不断高涨，并将相关要素配置到旅游业的主观能动性得以加强。反映在数据方面，2016 年，中国旅游业对国民经济综合贡献率已达 11%，全年旅游总收入同比增长 13.6%，而以收入所衡量的产业规模扩张速度也明显高于同期经济增长速度，正如时任联合国世界旅游组织秘书长塔勒布·瑞法依所言，"中国旅游业的发展成绩令人瞩目，并为世界旅游业发展提供了范例"。可见，旅游业正在对要素市场配置、产业体系构建和经济结构转型产生无法忽视的作用。

旅游业影响产业结构变迁的理论机制可以精练为三种核心的传导途径。

（1）旅游业孕育动态产业集聚。根据新结构经济学，由要素禀赋结构和市场消费结构变化所形成的产业集聚是驱使经济结构调整的重要因素（林毅夫，2012）。已有文献主要侧重于探究制造业集聚对产业结构升级的影响机理，而由于服务业生产率相对降低的缘故，忽视了服务业的集聚活动对产业结构升级所可能产生的潜在影响（Drucker and Feser, 2012；Drucker, 2013；宋铮，2016）。关于旅游业动态集聚的一般性，同样遵循马绍尔（Marshall, 1920）对外部性是产业集聚源泉的理论规律判定，其形成过程本质上是旅游业依赖于富有比较优势的关联产业融合势能（Goodall and Asworth, 1990），进而不断催生新型产品业态，通过满足旅游市场需求异质偏好，拓展旅游企业潜在利润区间，以获得旅游业集聚经济。旅游业动态集聚对产业结构调整的作用原理可以理解为：一方面，在旅游业集聚初期，首先以旅游业内部所属行业企业专业化集中所产生的外部性为源发动力，并伴随产业关联效应作用，旅游业跨产业间企业集中所产生的多样化外部性驱使旅游关联产业动态集聚，由此所产生的劳动要素流动、人力资本积累、基础设施改善和创新能力提升等要素禀赋结构方面的内生动力相应驱动产业形态出现转型升级；另一方面，旅游业动态集聚所形成的规模经济会在需求与成本关联、中间投入品共享和"本地市场效应"方面拓宽市场广度，而旅游需求的差异性和旅游体验的综合性又会导致旅游产业链向市场深度延展，市场范围的扩大会进一步促进产业分工，分工的日益精细化又会推动产业结构转型。

（2）旅游业引发广义资本深化。随着旅游业在国民经济体系中的战略性地位日益凸显，中国旅游业迎来新一轮发展黄金期，旅游业投融资环境持续向好，大量国有资本、社会资本和民营企业开始快速转向旅游业，以国务院办公厅印发《关于进一步促进旅游投资和消费的若干意见》为标志，2016年，全国旅游业实际完成投资12997亿元，同比增长29%，分别比第三产业和固定资产投资增速高18%和21%，在当前经济下行压力加大的情况下，全国旅游投资继续保持逆势上扬态势，成为全社会投资的新热点领域。不仅如此，如若再考虑到旅游业投资乘数效应和跨产业关联投资乘数效应双重叠加，由旅游业直接和间接所带动的全社会投资规模还将大幅攀升，进而会积极促进全社会资本深化，对产业结构变迁的影响主要体现在三个方面：①现代旅游业作为新兴服务业部门，较高的边际生产率吸引原本依附于传统工业的生产要素流向与旅游业相关的优势或高端服务业，不仅使得产业间的资源要素趋于优化配置，产业结构更加合理化，而且也从整体上促使产业结构由传统制造业向新兴服务业转变。②在需求端，旅游业引发广义资本深化直接带来旅游业及其延伸产业内资本劳动比上升，如果假定资本劳动替代弹性较大，企业则会倾向使用价格相对较低的资本要素，那么资本深化就可以延缓资本的边际产出递减趋势，而如果在旅游业直接和间接受雇佣的劳动力相对价格提高，"效率工资"就会激励劳动生产率积极改善，即所谓的"卡尔多—凡顿效应"（Kaldor，1975），随之而产生的工资收入水平提升又会促进消费结构升级，进而也会刺激产业结构向高层次新兴产业转化。③在供给端，技术进步给我们提供了一个解释旅游业广义资本深化影响产业结构升级的恰当视角，一方面，沿袭上述假定条件，旅游业相关企业会通过主动进行技术革新或改善的途径以替代相对价格较高的劳动要素（Hicks，1932）；另一方面，随着旅游消费主体的高品质体验要求和旅游业与信息技术的深度融合，旅游产品业态愈发强调知识创新性所产生的高层次精神愉悦效用，加之此类旅游产品形式符合未来旅游市场发展趋势，并且产品收入价格弹性空间较大，所以诸多企业具备较高的研发动力。

（3）旅游业诱使土地选择出让。事实上，新常态下，土地作为旅游业发展的基础要素，国家和地方政府为了鼓励其发展，在陆续出台的相关政策文件中，旅游业用地问题均被着重提及。例如，在国家层面，《国务院关于加快发展旅游业的意见》首次提出："年度土地供应要适当增加旅游业发展用地。积极支持利用荒地、荒坡、荒滩、垃圾场、废弃矿山、边远海岛和可以开发利用的石漠化土地等开发旅游项目。支持企事业单位利用存量房产、土地资源兴办旅游业。"《关于支持旅游业发展用地政策的意见》分别在旅游业用地分类管理、综合利用、供应方式、服务监管和新业态用地政策等方面进行了较为系统的规定阐述。在地方层面，2012 年，国土资源部会同国家旅游局，在全国旅游综合改革试点城市成都、秦皇岛、舟山、张家界、桂林配套开展了旅游业用地综合改革试点。《北京市"十三五"时期旅游和会展业发展规划》指出，"落实旅游业用地保障。改革完善旅游用地管理制度，推动土地差别化管理与引导旅游供给结构调整相结合"。基于土地财政视角，旅游业影响产业结构变迁的逻辑机制有：①工业化初期，在经济增长为政绩考核导向下，地方政府以土地优惠政策进行招商引资竞争，较低的工业用地成本促进了制造业发展。进入工业化中后期，一方面，工业化所产生的经济增长效应使得居民可支配收入水平显著提升，于是居民旅游消费需求层次不断升级，休闲度假、文娱社交、购物体验和康养健身等现代高端旅游产品业态在市场中持续涌现，从而激发多元旅游产品供给主体在土地招拍挂市场交易中表现活跃，再加之各级或部门已经颁发的旅游业用地优惠政策，所以旅游业及其跨产业商业服务用地比例开始上升；另一方面，随着工业化发展，不仅土地价格不断上涨，而且扭曲的用地价格补贴和模糊的产业准入门槛，直接导致土地资源严重错配，进而倒逼地方政府逐渐淘汰中、低端制造业而转向土地出让性收益较高的跨上述新型旅游产品业态的商业和服务业多样化集中所形成的综合体或集聚区，这也是一种破解因土地资源配置扭曲而抑制产业结构优化升级的有益尝试。②政府给予旅游业及其跨产业商业服务用地的税收优惠。一方面，这将会改变所扶持优势产业的比价关系，尤其是通过为其创造价格调整的比较利益，从而会刺激优势产业内企业扩大投资，此类旅游业用地发生机制所引起的产业比价关系则会直接诱发产业结构调整（陶长琪和刘振，2017）；另一方面，旅游业变相获得要素价格补贴，不仅可以推动旅游产品消费者预算线外移，以增加产品实际需求量，而且也因为直接降低了旅游产品相对价格，又会释放出价格敏感型旅游产品消费者的潜在需求量，从而促进了以现代旅游业为代表的高端服务业发展。

城镇化是国家发展的必然趋势。随着新型城镇化的发展，农村人口向城镇聚集，不断倒逼产业结构的调整，这就需要在后期产业结构调整的过程中充分发挥市场的作用，通过国家政策引导、市场行为配置现有资源，在科学技术不断发展的进程中发挥人才优势，促进自然资源高效利用、生态环境充分保护、产业结构优化升级，形成国民经济发展和人民生活美好的产业的结构体系。蓝庆新等（2013）以三大产业为基础，利用空间计量模型实证研究新型城镇化对产业结构升级的影响，结果表明，新型城镇化是促进产业发展层次提升和推动产业结构升级的强大动力。孙叶飞等（2016）指出，新型城镇化能通过"选择效应"优化产业结构、提升企业生产率进而促进经济增长。赵永平等（2016）的分析结果表明，新型城镇化对产业结构的促进作用呈现明显的区域分异特征。周敏等（2020）认为，新型城镇化能够通过提升技术创新水平、增加人力资本水平和提升城镇居民家庭人均可支配收入路径影响产业结构合理化、产业结构高级化及制造业内部变化。

随着城镇化进程持续推进，劳动专业化分工不断细化，驱动生产效率提升，进而促进了人力资本积累、技术创新水平提升和新兴产业聚集，进而推动产业结构调整。新型城镇化以集约生产、低碳共享、产业互动、生态宜居为基本特征，倡导城镇化质量的发展理念势必会对传统产业发展模式产生变革性引导作用。在此过程中，部分粗放型企业势必会因此退出市场，而集约型、高附加值型的新型企业方可存活下来，这种产业"筛选效应"对于克服结构性减速、优化要素配置、提升市场活力、缓解经济下行压力具有重要意义。新型城镇化通过产业"筛选效应"可激励新兴产业集聚，有利于促进集约型、创新型产业发展，并进一步提升劳动生产率。

结构经济学理论认为，产业结构调整和城镇化是经济活动时空演进的两个基本维度，产业结构优化升级必然伴随城镇化水平提高，城镇化是产业结构调整的空间依托（刘永萍和王学渊，2014）。从理论上看，穆林斯（1991）以福特主义（fordism）时期和后福特主义（postfordism）时期的高工资和大众享乐消费为切入点，对旅游城镇化的形成机制给予了经济学和社会学解释，而赵磊等（2016）则从现代旅游消费视角对旅游业影响城镇化的路径予以阐述，并认为旅游业可对城镇功能形态、城镇空间结构、城镇发展活力和城镇视觉环境等方面施加作用。进一步理解，既然城镇化可以通过优化农民需求结构和提高农村生产效率促进农业产业结构升级，同时伴随着城镇规模的持续扩大，其所孕育的巨大市场需求迸发出集聚经济和规模经济效应有力地推动和牵引了新型工业化和现代服务业升级。其中，以非物质、享受性和体验化为特征的现代旅游消费活动大行其道，不断向城镇"非旅游消费场所"（交通、居住、商务和公共文化空间）渗透，并使其发生转变、重叠和混合，于是为了提供旅游服务消费链，以"泛旅游生产"为表征的现代服务业体系成为城镇演进发展的新动力，而以传统制造业为主的生产功能开始弱化。

不仅如此，城镇化也是旅游业影响产业结构变迁的重要条件。现代意义上的旅游本质，已从观光游览过渡到休闲度假，相较于过去仅依靠单一旅游吸引物招徕游客的传统旅游发展模式，随着游客消费需求理念的转变，如何为游客创造综合性的体验效用成为现代旅游目的地竞争的主要手段，而核心竞争优势则体现在目的地所属城镇是否具备相对完整的消费业态、文化基础、配套设施和保障条件等。以杭州西湖景区为例，自 2002 年取消门票后，西湖景区成为全国唯一免费开放的世界文化遗产，尽管每年损失 3000 万元门票收入和增加 3000 万元维护成本，但景区旅游总收入却猛增了 4 倍，在 2017 年"十一黄金周"期间，西湖景区仅单日接待游客就超 80 万人次。再如，以缺乏"自然"旅游资源为典型特征的上海，近年来，在全球旅游城市权威排行榜中始终居于前列，并获"2017 全球目的地城市指数——中国大陆最受外国游客欢迎城市"。以上案例表明，城镇化为旅游业创造供给基础，而旅游业则为城镇化提供需求条件，旅游业与城镇化耦合共生、互动发展，都成了地区经济增长的主要内容。从微观上看，城镇化对旅游业影响产业结构变迁的作用机理表现在：其一，收入效应。城镇化凭借人口集聚效应增加了进城务工人员收入水平，从而为"人的城镇化"，特别是生产和生活方式转型创造了收入基础，进而相应提高了对城镇公共服务的需求规模，尤其是在基本公共服务逐渐均等化的前提下，进一步对游憩或休闲等公共品的需求弹性增强，而随着公众精神需求的引导和财政支出结构的变化，城镇产业体系出现服务化倾向。其二，消费效应。随着城镇化水平提升，城镇中所蕴含的商品和服务业态渐次丰富，从而为旅游消费向城镇的"非旅游消费空间"内部渗透提供了基本条件，并引发旅游类消费化现象，而为了迎合游客对"城镇空间"的消费偏好，城镇原本具有非旅游消费功能的"非旅游消费空间"从被动接受旅游消费的"自发性渗透"到"能动性混合"，旅游消费诱发城镇泛旅游要素在空间上的合理配置与集聚，从而对城镇产业体系的升级或重塑产生积极作用。

旅游业发展与新型城镇化融合发展对产业结构变迁的影响体现在以下

四个方面：①需求刺激效应。在后工业社会，居民消费需求倾向于追求精神品质，而此类产品具备较高的技术复杂度、文化内涵和审美特征，而旅游业与新型城镇化融合过程中，持续催生高品质、体验性和多样化产品或服务业态，以期动态匹配不断变化的消费市场需求，因而倒逼供给侧方面，城旅融合分工逐渐细化，集聚经济效应增强，从而驱动生产率提升，促进产业结构升级。②人力资本效应。城旅融合作为新兴事物，其所孕育的产品或服务表现出高收入弹性以及跨产业链合作属性，因而部门名义工资相对较高，故吸引优质劳动力要素不断向城旅融合部门涌入，随着该部门人力资本质量不断提升，先进知识在城旅融合部门不断传播、扩散，从而推动产业结构合理化、高级化。③环境质量效应。旅游业为新型城镇化创造需求条件，而新型城镇化为旅游业提供市场基础，在供求双向驱动下，城旅融合不断推进绿色技术进步，并倒逼粗放型产业退出市场，进而促进产业结构生态化。④技术创新效应。城旅融合吸引知识、信息和技术流入，进而促进城旅融合部门内新技术、新工艺、新业态及新生产方式的推广，并且随着城旅融合强度、宽度、深度愈发深化，产业间投入产出联系也使得上下游产业形成互动关系，技术创新会在前后向产业间传递、扩散，促使其产生新的创新，进而导致产业的扩张或收缩。

假说1：旅游业与新型城镇化不仅可以驱动产业结构变迁，而且城旅融合通过需求刺激效应、人力资本效应、环境质量效应和技术创新效应进一步推动产业结构升级。

二、拓展性理论假说

中国正处于计划体制向市场经济转轨时期，由市场外部性、不完全竞争和信息不对称等因素所导致的"失灵"限制了市场的资源配置作用，进而致使经济结构失衡。例如，产能过剩和产业波动，而产业政策能够提供市场信号和信号甄别，可以有效控制产业结构变动的不确定性。近年来，为了鼓励并保持旅游业快速、有序和健康发展，从国家层面颁布的《加快发展旅游业的意见》到各地纷纷出台的《加快旅游业发展的决定》，旅游业一揽子政策的制定实施，通过政府对市场的干预，不仅有效转移了工业过剩生产要素，而且也增强了服务业生产要素的边际生产力，从而对产业结构优化和升级增强了来自旅游产业政策的积极作用。

实际上，在制度不健全的转轨国家，市场化可以有效增强市场在资源配置中的优化作用，并且同时抑制政府干预对产业结构调整的扭曲程度，促使产业结构持续优化升级（黄启新，2017；江胜名等，2017）。如上推论，倘若城旅融合可以积极推动产业结构变迁，那么市场化则会具备直接作用和单项调节两种机制。一方面，众所周知，旅游资源所有权归国家所有，并且由于行政分割和部门交叉而导致的旅游资源产权不明晰情况极为普遍，因而导致旅游景区经营效率低下、旅游业市场化程度不高，严重束缚了中国旅游市场的发展潜力和竞争能力，而随着近年来国家深化"放管服"改革，城旅融合进程也在不断推进，表现在城旅融合投资主体多元化、城旅融合融资渠道多途径和城旅融合产品业态多样性等方面，"多管齐下"式的城旅融合市场化治理显著改善了城旅融合质量，进而也增强了城旅融合对产业结构变迁的驱动力。另一方面，产品市场和要素市场的发育程度在城旅融合影响产业结构变迁中的作用不能忽视。首先，由城旅融合产品消费者短期大规模流入而对目的地商品价格体系造成的外部需求冲击，在因城旅融合及其关联行业所属产品市场和要素市场地方保护主义而致使供给相对短缺的状态下被放大，但若目的地产品市场和要素市场发育程度较高，则可以有效抑制城旅融合外部需求冲击对商品价格体系的扭曲效应，尤其是避免目的地产业结构的"逆库兹涅茨化"现象（蔡昉，2015）。其次，长期以来，国内旅游资源开发的投资方式主要以政府主导的财政直接投资为主，并且同时面临资金约束和非市场化运作两方面掣肘，而"金融业的竞争"和"信贷资金分配的市场化"则有利于创新城旅融合融资方式，比如旅游资产证券化、BOT 融资和 PPP 融资等，进而有效缓解了城旅融合及其关联行业融资约束，并且通过强烈释放城旅融合产业势能而对产业结构变迁产生持续影响。此外，"劳动力流动性"增强不仅有助于城旅融合获得充裕的劳动力就业人口，而且为城旅融合吸引高端技能人员创造了条件，城旅融合部门人力资本不断积累并通过聚集和溢出传导机制作用于产业结构。基于以上分析，提出以下假设。

假说 2：市场化在城旅融合对产业结构变迁影响过程中具有正向调节作用，市场化水平越高，城旅融合对产业结构变迁的影响程度愈强。

第三节　产业结构变迁测度与说明

一、产业结构跨期变迁

对产业结构变迁进行定量测算，基于海明距离的传统 Moore 指数尽管可以反映产业结构的动态变迁，但弱点在于无法刻画产业结构变迁的升级趋势。所以，为了同时兼顾产业结构变迁的动态性和方向性，本章借鉴张勇和蒲勇健（2015）以及孙叶飞等（2016）对传统 Moore 指数的拓展策略，改进的 Moore 指数测度公式为：

$$
\text{Moore}_{i,t+1}^{i,j} = \frac{\sum_{k \neq j} (p_{i,t}^k)^2 + p_{i,t}^k \times p_{i,t+1}^k}{\sqrt{\sum_{k=1}^n (p_{i,t}^k)^2 \times [\sum_{k \neq j} (p_{i,t}^k)^2 + (p_{i,t+1}^j)^2]}}
$$

$$
\times \frac{\sum_{k \neq j} (p_{i,t+1}^k)^2 + p_{i,t}^k \times p_{i,t+1}^k}{\sqrt{\sum_{k=1}^n (p_{i,t+1}^k)^2 \times [\sum_{k \neq j} (p_{i,t+1}^k)^2 + (p_{i,t}^j)^2]}}
$$

$$(11-1)$$

$$
\text{Moore}_{i,t+1}^i = \sum_{j=1}^n j \times p_{i,t}^j \times \text{Moore}_{i,t+1}^{i,t} \qquad (11-2)
$$

其中，i 为地区；t 为时期；j 为产业；n 为产业数；$p_{i,t}^j$ 为 i 地区 t 时期该产业的级别 j 占国内生产总值比值；$p_{i,t}^k$ 为 i 地区 t 时期 k 个产业占国内生产总值比值；$\text{Moore}_{i,t+1}^{i,j}$ 为 i 地区的 j 产业从 t 期到 t+1 期的产业结变迁指数；$\text{Moore}_{i,t+1}^i$ 为 i 地区产业从 t 期到 t+1 期的产业结构跨期变迁指数。

二、产业结构合理化测度

产业结构合理化的目标是实现要素资源在产业间优化配置，以使产业相互协调发展。因此，一般采用结构偏离度对产业结构合理化进行度量，测度公式为：

$$
E = \sum_{i=1}^n \left| \frac{Y_i/L_i}{Y/L} - 1 \right| = \sum_{i=1}^n \left| \frac{Y_i/Y}{L_i/L} - 1 \right| \qquad (11-3)
$$

其中，E 为产业结构偏离度；Y 为产值；L 为就业；i 为产业；n 为产业数。根据古典经济学假设，经济体若最终处于均衡状态，各产业部门生产率水平应相同。定义 Y/L 为生产率，当经济体处于均衡状态时，各产业部门生产率与经济体总生产率水平相等，即 $Y_i/L_i = Y/L$，E = 0。同时，E 反映经济体偏离均衡状态的程度，其值越大，表示经济体偏离均衡状态的程度越大，即产业结构越不合理。就实质而言，经济体很难实现其理想均衡状态，而经济非均衡则是一种普遍常态，这一经济现象尤其在发展中国家表现异常突出（Chenery and Taylor，1968），也即 E ≠ 0。然而，产业结构的偏离度测量方式忽略了产业部门在经济体中的相对重要地位，所以存在较大测量偏差。

为克服上述缺陷，普遍按照干春晖等（2011）的思路，选择采用重新构造泰尔指数的方法来度量产业结构合理化指标。测度公式为：

$$TL = \sum_{i=1}^{n} \left(\frac{Y_i}{Y} \right) \ln \left(\frac{Y_i}{L_i} \Big/ \frac{Y}{L} \right) \qquad (11-4)$$

若经济体处于均衡状态，则 $TL = 0$，不仅可以兼顾相关产业部门在国民经济中的相对重要性，同时亦可保留产业结构偏离度的理论内涵和经济意义；而若 $TL \neq 0$，则表明产业结构不合理，偏离于均衡状态；TL 数值越大，说明经济体越偏离于均衡状态。

三、产业结构高级化

产业结构高级化是产业结构升级的一种表征形式，反映产业结构由低级到高级的动态变迁。遵循付凌晖（2010）的测度思路，本章以三次产业增加值占比与其所对应坐标体系夹角的变化来度量产业高级化指标。定义夹角计算公式如下：

$$\theta_j = \arccos \left[\sum_{i=1}^{n} x_{i,j} \times x_{i,0} \Big/ \sqrt{\sum_{i=1}^{n} x_{i,j}^2} \times \sqrt{\sum_{i=1}^{n} x_{i,0}^2} \right] \qquad (11-5)$$

其中，θ_j 为第 j 个产业增加值占国内生产总值比值与所对应坐标体系夹角；x_i 为产业增加值占国内生产总值比值；以每一产业增加值占比作为空间向量的一个分量，从而构建一组三维向量 $X_0 = (x_{1,0}, x_{2,0}, x_{3,0})$，依次分别计算 X_0 与产业由低层次到高层次排列的向量 $X_1 = (1, 0, 0)$，$X_2 = (0, 1, 0)$，$X_3 = (0, 0, 1)$ 的夹角 θ_1、θ_2 和 θ_3，定义三次产业综合转移效应 $TS = \pi - \theta_2 - \theta_3$，其值越大，表示产业之间综合转移水平越高。

第四节 模型、变量和数据

一、模型设定

基于上述理论分析，旅游业与产业结构变迁之间在学理上存在可能的内在逻辑关系，所以为了检验旅游业对产业结构变迁的影响，构造如下计量模型：

$$IU_{it} = \beta_0 + \beta_1 TOU + \Theta \mathbf{X}_{it} + \rho_i + \nu_t + \zeta_{it} \qquad (11-6)$$

其中，i 和 t 分别表示地区和时间；ρ 和 ν 分别表示地区和年份固定效应；

TOU 表示城旅融合水平；IU 表示产业结构变迁程度，由于产业结构变迁具有两个基本动态维度，故而同时采用产业结构合理化指标（TL）和产业结构高级化指标（TS）予以反映；**X** 表示控制变量集；ζ 表示随机误差项。回归系数 β_1 为模型主要关注的待估计参数，衡量旅游业对产业结构变迁的影响。

需要指出的是，在下面的分析中，如无特殊说明，除比例型变量之外，所有连续数值型变量均做对数化处理后再进入计量模型。

二、变量说明

作为本章被解释变量，产业结构变迁是指生产要素在经济体中部门或产业之间动态再配置以及分布产值的比重变化（Kuznets，1957）。学术界通常从产业结构的合理化和高级化视角对产业结构变迁进行理解，前者反映产业间产值的配置均衡比例和投入产出结构的耦合质量；后者表征主导产业由低生产率产业向高生产率产业动态演进，即传统产业向新兴产业升级，测算公式见式（11-4）和式（11-5）。

城旅融合是核心解释变量，我们将计算的旅游业子系统与新型城镇化子系统耦合协调度作为城旅融合水平的代理指标，具体计算公式参考第四章。

为尽可能减少遗漏变量造成的估计结果偏误，关于控制变量选取，本章借鉴韩永辉等（2017）、陈淑云和曾龙（2017）以及赵云鹏和叶娇（2018）的做法，构建以下控制变量集：经济发展（PerGDP）。在地区经济增长中，三次产业具备非均衡增长特征，是导致产业结构变迁的重要因素，采用人均国内生产总值度量。人力资本（Human）。人力资本积累是动态竞争优势的核心源泉，可通过知识外部性影响产业结构优化，采用劳动力人均受教育年限度量。对外开放（FDI）。外商直接投资技术溢出通过示范效应、竞争效应和人力资本流动效应对产业结构优化产生积极效应和催化作用，采用实际利用外商直接投资占国内生产总值比值度量。金融深化（Finance）。金融通过提高储蓄投资转化率，缓解企业信贷约束，改进资本配置效率，激励产业技术创新，从而促进产业结构升级，采用金融机构年末存贷款余额占国内生产总值比值度量。政府干预（Govern）。财政政策是政府实施宏观经济调控的主要手段，财政支出通过提高农业部门和非农业部门全要素生产率引起劳动力在部门间流动，采用财政支出占国内生产总值比值度量。基础设施（Infra）。基础设施通过降低产品交易成本，增强生产要素流动，而对企业生产率存在正外部性，从而可以加速产业结构优化升级，采用交通基础设施密度度量。非农就业（Labor）。经济社会劳动力密度直接反映出产业结构的变动方向，采用非农就业人口与省域面积比值度量。

为了便于在直观上检验和判断城旅融合与产业结构变迁之间的关系存在形式，图11-1分别描绘出旅游业与产业结构合理化、产业结构高级化之间的散点图。由图11-1可知，城旅融合与产业结构合理化呈反向变动关系，而与产业结构高级化呈正向变动关系，初步判断城旅发展水平越高，产业结构愈发呈现合理化和高级化趋势。当然，为了客观地揭示城旅融合对产业结构变迁的影响关系，还需要提供"一揽子"严谨性的计量统计检验予以论证。

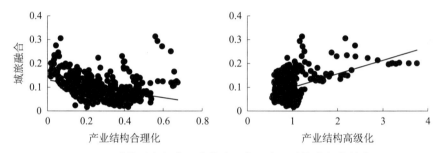

图11-1　城旅融合与产业结构合理化、产业结构高级化散点图

第五节　实证结果分析

一、基准回归结果

为避免多重共线性对计量模型的干扰，我们采用逐步纳入变量回归的方式进行全样本的基准模型估计，回归结果列于表11-1。第（1）~（4）列为产业结构合理化对城旅融合的回归结果，第（5）~（8）列为产业结构高级化对城旅融合的回归结果。第（1）列是以产业结构合理化为被解释变量，且不包含任何控制变量的普通最小二乘（OLS）回归结果，核心解释变量城旅融合回归系数为-0.016，在1%统计水平显著，与预期相符，说明城旅融合对以泰尔指数所定义的产业结构合理化具有正向作用。然而，考虑到省份间个体差异以及时间趋势影响，从第（2）列开始控制省份和年份固定效应，并且逐步引入其他控制变量，回归结果显示，城旅融合回归系数依然显著为负，但绝对值依次递减，说明若忽视省份差异和时间趋势以及产业结构合理化的可能影响因素，则会高估城旅融合对产业结构合理化的影响效应。第（4）列报告出城旅融合回归系数为 − 0.006，在 5% 统计水平显著，说明在其他条件不变的情况下，城旅融合上升 1%，产业结构合理化改善 0.6%。上述实证发现表明，城旅融合对产业结构合理化有显著积极影响。

表 11 − 1　　　　　　　产业结构变迁对城旅融合的基准回归结果

变量	TL				TS			
	（1）	（2）	（3）	（4）	（5）	（6）	（7）	（8）
TOU	− 0.016 *** (0.005)	− 0.011 *** (0.002)	− 0.008 *** (0.002)	− 0.006 ** (0.003)	0.053 *** (0.007)	0.042 *** (0.006)	0.025 *** (0.006)	0.013 *** (0.007)
PerGDP		0.025 * (0.006)	0.013 (0.003)	0.043 (0.003)		0.102 *** (0.008)	0.105 (0.015)	0.114 * (0.012)
Human		− 0.101 *** (0.001)	− 0.012 (0.012)	0.008 (0.009)		0.351 ** (0.176)	− 0.168 (0.174)	− 0.168 (0.206)
FDI			0.012 (0.087)	0.031 (0.091)			− 0.123 *** (0.109)	− 0.115 *** (0.103)
Finance			− 0.023 *** (0.007)	− 0.011 *** (0.007)			0.087 *** (0.013)	0.086 *** (0.012)
Govern				− 0.056 (0.078)				0.035 (0.079)
Infra				− 0.028 *** (0.013)				0.003 (0.012)
Labor				− 0.011 ** (0.009)				− 0.002 (0.021)
时间固定效应	否	是	是	是	否	是	是	是
省份固定效应	否	是	是	是	否	是	是	是
R^2	0.252	0.198	0.256	0.298	0.214	0.298	0.386	0.397
观测值	450	450	450	450	450	450	450	450

注：*** 、** 和 * 分别表示在 1%、5% 和 10% 统计水平上显著；括号内为标准差。

　　相似地，估计策略以产业高级化为被解释变量，第（5）～（8）列回归结果显示，城旅融合回归系数统计显著性并未发生改变，均通过1%统计水平显著性检验，并且回归系数也相继变小，第（8）列报告了城旅融合回归系数为0.013，表示在其他条件不变的情况下，城旅融合水平上升1%，产业结构高级化提升1.3%，说明城旅融合可以正向促进经济结构"服务化"倾向，进而有利于实现产业结构升级，假设1得到验证。

综上对比分析，就城旅融合对产业结构变迁两个维度的影响效应而言，城旅融合对产业结构高级化的边际促进效应显然更大，说明城旅融合促进产业结构高级化是城旅融合推动产业结构整体变迁的主要源泉。以上研究结论透露出两点贡献：一方面，城旅融合可以成为实施催化经济体要素投入结构和产出结构耦合的可行产业工具；另一方面，居民消费市场对目的地高品质、个性化和复合型产品或服务的群体诉求与日俱增，而为了尽可能实现城旅融合产品或服务市场供求的动态均衡，如此需求升级势必会倒逼目的地经济结构完善现代服务业创新体系（Hjalager，2010），因此，城旅融合对产业结构升级存在创新诱发效应。

产生上述结论的理论逻辑在于，现阶段中国旅游业正愈从要素驱动的大众旅游向创新引领的休闲度假转型，而城旅融合产品供给速度滞后于需求端变化速度的基本状况则是其中最大掣肘，并且也是致使城旅融合产品消费市场失衡的主要矛盾，从深层次上分析，在城旅融合影响产业结构合理化的短期配置效应驱使下，其所引发的供给要素配置在短期可以实现城旅融合产品市场均衡，而考虑到城旅融合产品消费市场需求的动态升级变化，城旅融合影响产业结构高级化的长期匹配效应才有助于确保新型供给要素适时涌现，最终达到城旅融合产品消费市场长期供求均衡。

此外，从控制变量的考察来看，当前经济正处于由高速增长向高质量发展的转换期，相应折射出产业结构扭曲配置和创新乏力的基本事实。人力资本分布结构失衡以及与产业结构适配性较弱是导致人力资本回归系数不显著的主要原因。对外开放对产业结构合理化影响不显著，而对产业结构高级化存在显著负向影响，原因在于政府为更好发挥劳动力资源禀赋比较优势，倾向于扶持劳动密集型出口制造企业，导致大量外商直接投资涌入，但由于中国制造企业大部分处于全球价值链低端，再加之生产性服务业受到政策约束，所以不仅扭曲了要素在产业间配置，而且抑制了产业结构服务化升级。金融深化回归系数符合预期，金融通过刺激储蓄向投资转化，改善企业和产业金融环境，提高资本配置效率和促进产业内技术创新、要素分配及管理创新以推进产业结构转型升级。地方政府过度支配产业要素流向，市场分割和过度补贴导致主导企业创新不足，使得产业结构调整偏离市场调配方向，最终造成政府干预失灵。基础设施有利于产业结构合理化，但对产业结构高级化影响不显著，是因为交通基础设施改善为国内贸易开展创造了便捷条件，而对产业结构服务化则具有滞后效应。非农就业对产业结构高级化影响不显著，根据配第—克拉克定理，经济发展中首先进行农村劳动力转移，但由于服务业劳动生产率低下使得吸纳劳动力就业能力下降，导致就业结构调整滞后于产业结构转型升级。上述控制变量估计结果与焦勇（2015）、张翠菊和张宗益（2015）、李勇刚和王猛（2015）以及李勇刚和罗海艳（2017）的研究一致。

二、考虑区域异质性的回归结果

由于中国区域间存在典型的发展非均衡态势，区际省份间存在较为明显的个体差异，东部经济发达省份不仅旅游业发展水平相对较高，而且产业结构调整速度步伐较快，因而有必要考察区域间异质性对回归结果所产生的可能变化，所以按照中国区划划分标准，接下来将样本分为东部、中部和西部分别予以回归，回归结果展示在表 11 - 2 中。区域异质性回归结果显示，无论是产业结构合理化抑或是产业结构高级化作为被解释变量，城旅融合在区域子样本中的回归系数均显著，说明城旅融合推动产业结构变迁的经验事实存在区域普遍性。然而，城旅融合对产业结构变迁的影响效应存在显著的区域异质性，表现为东部地区城旅融合对产业结构合理化和高级化的边际促进贡献要大于中西部地区。可能的解释是，东部地区新型城镇化建设水平相对较高，并且旅游业融合能力较强，城旅融合消费市场广阔，并且城旅融合条件较好，融合空间与潜能较大，所以对产业结构变迁的影响高于中西部地区。

表 11 - 2　　　　　　　　　　区域异质性基准回归结果

变量	TL			TS		
	东部	中部	西部	东部	中部	西部
TOU	- 0.015 *** (0.013)	- 0.011 *** (0.014)	- 0.008 *** (0.009)	0.036 *** (0.011)	0.028 *** (0.013)	0.022 *** (0.014)
PerGDP	0.113 (0.012)	0.115 (0.016)	0.245 * (0.008)	0.011 * (0.014)	0.125 *** (0.113)	0.114 *** (0.124)
Human	- 0.024 ** (0.048)	- 0.135 ** (0.117)	- 0.132 ** (0.175)	0.035 *** (0.059)	0.021 (0.256)	0035 (0.277)

续表

变量	TL			TS		
	东部	中部	西部	东部	中部	西部
FDI	−0.108 ** (0.08)	0.116 * (0.101)	0.201 * (0.113)	−0.002 ** (0.107)	−0.541 ** (0.356)	−0.612 *** (0.431)
Finance	−0.005 ** (0.004)	−0.012 *** (0.015)	−0.046 *** (0.033)	−0.116 ** (0.014)	−0.017 * (0.033)	−0.002 (0.056)
Govern	−0.109 ** (0.015)	−0.132 * (0.13)	−0.145 ** (0.112)	−1.012 *** (0.318)	−0.121 ** (0.112)	−0.171 (0.101)
Infra	−0.023 *** (0.007)	−0.053 *** (0.012)	−0.052 * (0.014)	−0.008 (0.016)	−0.028 ** (0.015)	0.021 (0.016)
Labor	0.027 *** (0.012)	0.116 * (0.016)	0.078 *** (0.023)	0.111 *** (0.021)	0.103 ** (0.128)	−0.003 (0.113)
时间固定效应	是	是	是	是	是	是
省份固定效应	是	是	是	是	是	是
R^2	0.815	0.652	0.667	0.803	0.656	0.687
观测值	165	120	165	165	120	165

注：＊＊＊、＊＊和＊分别表示在1%、5%和10%统计水平上显著；括号内为标准差。

三、考虑时序异质性的回归结果

事实上，旅游经济周期、城镇化周期与宏观经济周期不一定存在同步性，相反，两者之间可能会存在相反波动趋势（Chang et al.，2009；Smeral，2012；李维维和马晓龙，2017）。另外，城旅融合和产业结构在不同经济发展时期也会存在差异化的成长规模和变迁方式，因此，有必要分时序阶段对基准模型进行考察。考虑到2008年"金融危机"和2014年《国家新型城镇化规划》出台，本章分别以2008年和2014年为分界点，将样本划分为2004~2008年、2009~2014年和2015~2018年三个阶段，回归结果展示在表11-3中。时序异质性回归结果显示，城旅融合回归系数显著，并且系数绝对值呈"V"型变化趋势，表明城旅融合对产业结构合理化和高级化均具有正向作用，但影响程度呈现"高—低—高"变化特征，意味着旅游业影响产业结构变迁存在时序差异性。原因可能在于两方面：其一，"金融危机"作为外生事件，确实对城旅融合影响产业结构变迁造成了负面冲击，降低了城旅融合对产业结构变迁的影响效力；其二，随着经济规模扩张，劳动报酬比重开始呈上升趋势，进而催生城旅融合市场需求释放，从而驱动产业结构变迁；其三，伴随着《国家新型城镇化规划》出台，城镇化质量显著提升，由此所溢出的先进的产业技术、经营理念和组织方式赋能"城、旅"深度融合，伴随城旅融合空间拓展、功能提升和效率增长，其对产业结构变迁的影响程度愈发加深。

表 11 – 3 时序异质性基准回归结果

变量	TL			TS		
	2004~2008 年	2009~2014 年	2015~2018 年	2004~2008 年	2009~2014 年	2015~2018 年
TOU	-0.034 *** (0.002)	-0.021 ** (0.003)	-0.045 *** (0.002)	0.151 *** (0.011)	0.072 *** (0.013)	0.203 *** (0.007)
PerGDP	0.045 (0.011)	0.025 (0.020)	0.073 * (0.027)	0.352 *** (0.018)	0.201 *** (0.013)	0.532 *** (0.012)
Human	-0.156 *** (0.023)	-0.023 (0.022)	0.052 (0.027)	0.304 *** (0.016)	0.121 *** (0.019)	0.456 *** (0.015)
FDI	-0.421 *** (0.014)	-0.112 *** (0.015)	-0.591 ** (0.019)	0.552 *** (0.122)	0.236 *** (0.153)	0.891 *** (0.151)
Finance	0.015 (0.007)	0.004 (0.012)	-0.045 *** (0.008)	0.208 *** (0.012)	0.116 *** (0.013)	0.456 *** (0.071)
Govern	0.203 *** (0.013)	-0.056 (0.011)	-0.032 (0.095)	-0.021 *** (0.251)	-0.014 *** (0.159)	-0.032 (0.322)
Infra	0.046 (0.013)	0.022 (0.012)	-0.056 *** (0.011)	0.229 *** (0.014)	0.068 ** (0.012)	0.376 *** (0.013)
Labor	0.005 (0.006)	-0.046 *** (0.006)	-0.062 ** (0.0113)	-0.055 *** (0.015)	-0.024 *** (0.018)	0135 ** (0.016)
时间固定效应	是	是	是	是	是	是
省份固定效应	是	是	是	是	是	是
R^2	0.621	0.513	0.662	0.663	0.457	0.669
观测值	150	180	120	150	180	120

注：***、** 和 * 分别表示在 1%、5% 和 10% 统计水平上显著；括号内为标准差。

四、影响渠道检验

前面已检验，城旅融合对促进产业结构变迁具有显著积极作用，为了客观揭示城旅融合影响产业结构变迁的机制渠道，接下来我们通过对拓展性理论假说进行实证检验，考察市场化在城旅融合影响产业结构变迁中的作用。

　　为此，将市场化与城旅融合的乘积项纳入到计量基准模型中进行估计，以寻找假设 2 的支持证据。市场化不仅可以直接促进资源的优化配置，并且也为城旅融合影响产业结构合理化和高级化提供了相对公平的市场竞争条件和外部制度环境。对市场化程度（Market）的衡量，我们参考白俊红和刘宇英（2018）的处理方法，综合采用樊纲等（2011）和王小鲁等（2017）测算的分省市场化指数，由于后者是以 2008 为基期，并且遴选指标有所变化，所以通过设置虚拟变量 D 对上述影响进行控制，2008年之前，取值为 1，否则为 0，即在基准模型中加入 TOU × Market × D。表11 - 4 第（1）列和第（3）列回归结果显示，交叉项系数分别为 - 0.015和 0.026，均在 1% 统计水平上显著，说明城旅融合推动产业结构优化升级可以通过市场化程度的提升来实现，意味着旅游市场化越强或者城旅融合所处市场化环境越优，其对产业结构变迁的促进作用越大，市场化可以正向调节城旅融合对产业结构变迁的边际促进效应。由此说明，城旅融合对产业结构变迁的影响存在市场化异质性特征。市场化不仅通过对资源要素的组合配置发挥决定性作用而对产业结构变迁产生直接影响，并且还通过变革城旅融合而对产业结构变迁产生间接影响，表明城旅融合对产业结构变迁的影响也会依赖于市场力量的约束作用，只有依托市场良性机制的城旅融合发展方式才能有效促进产业结构变迁。

表 11 - 4　　　　　　　　　　　影响渠道检验

变量	TL	TS
	（1）	（3）
TOU	- 0.018***	0.057***
	(0.003)	(0.008)
Market	- 0.005***	0.028***
	(0.002)	(0.004)
Urban		
TOUR × Market	- 0.015***	0.026***
	(0.006)	(0.004)
控制变量	是	是
省份固定效应	是	是
年份固定效应	是	是
R^2	0.542	0.596
观测值	450	450

　　注：***、** 和 * 分别表示在 1%、5% 和 10% 统计水平上显著；括号内为标准差。

第六节　内生性问题与稳健性检验

一、内生性问题

城旅融合对产业结构变迁的普通最小二乘估计可能会发生内生性风险，主要有三个来源：反向因果、遗漏变量和测量误差。在上述回归中，尽管采用面板数据在一定程度上克服了潜在的遗漏变量（个体异质性）问题，但仍可能会存在无法被上述变量所捕捉的某些因素，比如，产业政策变化可能会同时影响城旅融合和产业结构变迁，而此类遗漏变量会同向地影响旅游业和产业结构变迁。对于反向因果关系，若产业结构优化升级水平越高，越有利于城旅融合发展。此外，城旅融合也可能会存在测量误差问题。由此可见，内生性各种来源均可能会导致 OLS 回归系数被低估。

因此，需要寻找到城旅融合的合适工具变量，以缓解模型内生性的估计偏误问题，由于工具变量的遴选需同时满足与内生变量相关且与扰动项不相关的两个有效性条件，所以我们选取森林覆盖率作为城旅融合的工具变量，然后再进行面板工具变量的两阶段最小二乘（2SLS）估计。上述工具变量选取的理由在于：其一，森林覆盖率的形成经历了长期的历史地质演变，其表征的是一个地理因素，并且不同地区自然植被类型禀赋条件也具备差异性，所以与地区产业结构的相关性不强，符合工具变量外生性的要求；其二，森林覆盖率可以反映地区生态环境状况和产业发展环境，而生态环境优越是城旅融合发展的必要条件，所以也符合工具变量相关性的要求。

表 11 - 5 报告出以森林覆盖率作为工具变量的两阶段最小二乘法回归结果，鉴于工具变量的有效性会直接影响回归结果的准确性，所以在分析回归结果时采用多种统计量对工具变量的有效性进行检验。Kleibergen-Paap rk LM 统计量均在 1% 统计水平上显著拒绝"工具变量识别不足"的原假设；Kleibergen-Paap rk Wald F 统计量和 Cragg-Donald wald F 统计量均大于 10% 水平的 Stock-Yogo 检验临界值 19.93，所以显著拒绝"工具变量弱识别"的原假设；Hansen J 过度识别检验相伴概率分别为 0.142 和 0.167，在 5% 统计水平上均无法拒绝"所有工具变量都是外生"的原假

设，说明工具变量是外生的。综合来看，本章所选工具变量有效。表 11 - 5 显示，旅游业回归系数分别为 - 0.055 和 0.129，分别在 1% 和 5% 统计水平上显著，同基准回归结果比较，运用工具变量回归得到的城旅融合对产业结构合理化和高级化的边际促进效应更大，进而说明利用普通最小二乘法回归估计出城旅融合对产业结构变迁影响时，核心解释变量的内生性问题会导致回归结果产生明显的向下偏倚。

表 11 - 5　　　　　　　　　　工具变量回归结果

变量	TL	TS
TOU	- 0.055 *** (0.011)	0.129 ** (0.014)
控制变量	是	是
省份固定效应	是	是
年份固定效应	是	是
Kleibergen - Paap rk LM 统计量	36.255 [0.000]	36.255 [0.000]
Cragg - Donald wald F 统计量	22.477 [19.93]	22.477 [19.93]
Kleibergen - Paap rk Wald F 统计量	21.365 [19.93]	21.365 [19.93]
Hansen J 统计量	2.452 [0.142]	3.278 [0.167]
Endogeneity 检验	15.113 [0.000]	16.432 [0.000]
R^2	0.582	0.634
观测值	450	450

注：①*** 、** 和 * 分别表示在 1% 、5% 和 10% 统计水平上显著；（ ）为标准差；［ ］为统计量 P 值。②Kleibergen - Paap rk LM 检验原假设为工具变量识别不足。③Cragg - Donald wald F 检验和 Kleibergen - Paap rk Wald F 检验原假设为工具变量弱识别。④Hansen J 检验原假设为工具变量过度识别。

二、稳健性检验

以上回归结果初步验证了本章假设。接下来，我们通过变换被解释变量、核心解释变量、研究样本、估计方法以及进行安慰剂检验，尽可能从多个方面对本章基准回归结果进行敏感性测试。

（一）稳健性检验Ⅰ：变换被解释变量

参考已有文献测度思路，我们再尝试分别采用结构偏离度和"经济服务化"对产业结构合理化和高级化进行重新度量，究其因，一方面，结构偏离度也可以刻画要素投入和产出的耦合程度，反映出资源要素的优化配置状况，同样在一定程度上能够表征产业结构的合理化（吴万宗等，2018）；另一方面，在信息化推动下，经济结构的服务化倾向已成为产业结构升级的重要特征，而典型事实即是第三产业增长率快于第二产业，所以采用第三产业产值与第二产业产值之比度量（干春晖等，2011），具体的回归结果展示于表 11 - 6 中。由表 11 - 6 可知，旅游业对结构偏离度和"经济服务化"影响的回归系数分别显著为负和正，进而再次说明旅游业发展有利于推动产业结构变迁。

表 11 - 6　　　　　　　变换被解释变量的稳健性回归结果

变量	结构偏离度	经济服务化
TOU	- 0. 022 ** (0. 012)	0. 056 *** (0. 015)
控制变量	是	是
省份固定效应	是	是
年份固定效应	是	是
R^2	0. 589	0. 614
观测值	450	450

注：*** 、** 和 * 分别表示在 1% 、5% 和 10% 统计水平上显著；括号内为标准差。

（二）稳健性检验Ⅱ：变换核心解释变量

在前面的回归中，我们将城旅融合变量做滞后一期处理（L. TOU），以反映城旅融合的时间滞后项是否对产业结构变迁具备影响。表 11 - 7 第（1）列和第（5）列回归结果显示，城旅融合的滞后项系数均在 1% 统计水平上显著为负和正，说明城旅融合对产业结构变迁的影响具有时间连续性，城旅融合依然对产业结构变迁存在稳健的积极贡献。

（三）稳健性检验Ⅲ：变换研究样本

为了避免样本数据极端值的干扰影响，我们对各变量按照上下 1% 进行 Winsorize 缩尾处理，然后再对基准模型进行回归，结果报告于表 11 - 7 第（2）列和第（6）列中。城旅融合回归系数显著性与前期结果相似，进而说明变换样本数据并未改变基准回归结果。

表 11 - 7　　　　　　　　　　其他稳健性回归结果

变量	TL			TS		
	（1）	（2）	（3）	（5）	（6）	（7）
L. TOU	- 0.015 ***	- 0.021 **	- 0.003 **	0.036 ***	0.045 **	0.011 *
	(0.012)	(0.013)	(0.012)	(0.016)	(0.015)	(0.021)
TL 滞后一期			0.679 ***			
			(0.036)			
TS 滞后一期						0.886 ***
						(0.039)
AR（1）检验 P 值			0.005			0.005
AR（2）检验 P 值			0.209			0.331
Hansen 检验 P 值			1.000			1.000
控制变量	是	是	是	是	是	是
省份固定效应	是	是	是	是	是	是
年份固定效应	是	是	是	是	是	是
R^2	0.359	0.371		0.393	0.467	
观测值	480	480	450	480	480	450

注：＊＊＊、＊＊和＊分别表示在1％、5％和10％统计水平上显著；括号内为标准差。

（四）稳健性检验Ⅳ：变换估计方法

产业结构变迁本质上是一个动态演进过程，并非一蹴而就，而是存在持续"惯性"，所以为了捕捉此种变化，我们在基准模型右边引入被解释变量滞后一期项，并将其扩展为动态面板数据模型，但由于无法排除被解释变量滞后一期项可能与随机扰动项相关而产生的内生性困扰，因而使得OLS出现参数有偏估计（Baltagi，2008）。因此，为了获得参数无偏估计量，我们将主要采用两步系统广义矩估计（SYS-GMM）方法对动态面板数据模型进行估计，回归结果报告在表11 - 7第（3）列和第（7）列中。检验结果显示，一方面，Hansen 检验不能拒绝工具变量过度识别的原假设，说明工具变量联合有效；残差序列相关性检验表明，差分后的残差项只存在一阶序列相关而无二阶序列相关，可以判定误差项无序列相关性，因而说明 SYS-GMM 估计结果合理；另一方面，被解释变量滞后一期项的回归系数显著，说明产业结构变迁确实存在动态调整过程，有必要设置动态面板数据模型，尤其是城旅融合对产业结构合理化和高级化的回归系数也分别显著为负和正，意味着基准回归结果不依赖于计量方法变换。

第七节　结论与启示

产业结构变迁是驱动经济增长的基本来源，而产业结构的合理化和高级化趋势更是实现经济高质量增长的先决条件，所以在经济"新常态"下探寻产业结构变迁的动力因素成为重要的学术命题。本章是对旅游业与城市发展互动协同影响产业结构变迁相关文献的学术延伸，即基于城旅融合研究视角，系统探讨其对产业结构合理化和高级化的影响机理，并在对产业结构合理化和高级化进行定量识别的基础上，利用 2004～2018 年省份面板数据，实证考察了城旅融合对产业结构变迁的影响及其影响渠道。

研究结果表明，一方面，城旅融合可以积极促进产业结构合理化和高级化变动，并且城旅融合对前者的影响效应要强于后者，这一重要核心结论在考虑区域和时序异质性条件并处理了潜在的内生性问题，甚至包括在变换被解释变量和核心解释变量、计量研究方法以及剔除部分极端值样本之后依然具备稳健性；另一方面，从影响机制上看，市场化是城旅融合影响产业结构变迁的传导渠道。

本章在一定程度上填补了关于旅游业与新型城镇化融合发展以及产业结构变迁研究的学术空白。以上研究结论有助于我们厘清并揭示城旅融合影响产业结构变迁的理论机理，同时加深了对城旅融合影响产业结构变迁传导渠道的认识与理解，尤其是为获取产业结构优化升级的实现方式增添了来自旅游业与新型城镇化的创新视角，从而有助于通过有目的地推进城旅融合来积极地推动产业结构变迁。本章可能蕴含的政策启示包括：其一，城旅融合是推进产业结构变迁的动力因素，这为地区探索产业结构优化升级的可行路径提供了新的产业选择，在新型城镇化建设背景下，旅游业应在主动寻求融入新型城镇化建设过程中，充分吸收新型城镇化的外溢知识，以提升旅游业发展质量，更重要的是借助城旅融合的发生机制，着重拓展城旅融合产业链，以强化城旅融合对产业结构的驱动潜能；其二，鉴于市场化对产业结构变迁不仅具有积极作用，而且也对旅游业影响产业结构变迁存在正向调节机制，所以为了更有效地推进产业结构变迁，还需强化市场化与城旅融合之间的相互配合与深度协调。具体来说，除了要继续深化城旅融合市场化改革之外，还需尽可能打破阻碍资源要素自由流动的行政障碍，尤其是要破除违背市场规律，为保护落后产业而主观造成资源要素配置扭曲的狭隘思想，尽可能发挥市场在资源要素配置中的决定性作用，通过规范和引导要素和产品市场在城旅融合领域中的交易制度和方向，尽可能营造城旅融合发展的良好市场化环境，有助于挖掘城旅融合对要素市场的利用能力和产品市场的整合能力，进而对产业结构变迁产生积极影响。

第十二章 城旅融合与经济高质量发展

第一节 引 言

改革开放以来，中国经济增长取得举世瞩目的成就，为世界经济增长做出了卓越贡献。然而在经济高速增长的同时，也伴随着结构失调、质效偏低、创新不足、污染加剧、发展失衡等一系列负面问题，导致中国经济内部所隐含的问题与矛盾逐渐暴露，资本报酬递减现象显著，依靠政府引导的大规模投资已经难以保持经济增长速度。党的十九大报告指出，我国经济已由高速增长阶段转向高质量发展阶段，要贯彻新发展理念，建设现代化经济体系，高质量发展成为新时期中国经济社会的主旋律。实现经济高质量发展，是适应我国社会主要矛盾变化和全面建设社会主义现代化国家的必然要求，更是遵循经济规律发展的必然要求。2018 年，十三届全国人大一次会议再次指出，要进一步扩展开放范围和层次，完善开放结构布局和体制机制，以高水平开放推动高质量发展。在此背景下，为实现"两个一百年"奋斗目标，我国经济亟须转变发展方式，以实现经济高质量发展，从而形成基于创新支撑、消费驱动、效率提升、绿色环保、包容性发展的经济社会形态。因此，科学构建我国经济高质量发展评价指标体系，量化测度经济高质量发展水平，并在此基础上，探索经济高质量发展的驱动来源，对客观认知我国经济高质量发展的真实状态以及揭示经济高质量发展的动力因素具有重要理论和现实意义。

新型城镇化通过促进资本、技术、劳动等要素跨区自由流动和优化配置，有效缓解了要素配置扭曲所导致的供给侧结构性矛盾，并推动城乡、区域经济均衡发展，从根本上提升了全要素生产率，进而成为驱动经济高质量发展的新路径。党的十八届三中全会通过《中共中央关于全面深化改革若干重大问题的决定》，提出要以"产业和城镇融合发展"为抓手，即以产城融合为导向推进新型城镇化持续健康快速发展，坚持以提高经济发展质量和效益为中心，以促进经济转型升级为方向，聚焦高端新兴产业的发展，不断开创产城融合发展新局面。随着产城融合的快速发展，我国许多地区传统经济正在实现转型升级，产业结构得到合理调整，资源要素得到优化配置，这在一定程度上改变了过去高能耗、高排放、高污染的传统经济增长方式。"产城融合"发展理念是针对中国高速城镇化进程中出现的产业功能与城市功能分离的现象提出的，其含义是城市发展要以产业为（经济）基础，产业发展要以城市为（空间）载体，城市化与产业化要有相对应的匹配度（杨立勋和姜增明，2013）。近年来，城镇旅游成为驱动城镇化经济发展的主要动力，而且城镇化与旅游业之间存在紧密的协同互动关系，随着城镇化推进，城镇不断更新、演化与变迁，不仅为旅游业可持续发展孕育多样式、地域性和新型化资源要素，而且城镇功能逐渐完善也为旅游业发展提供了服务配套保障，同时，城镇化所释放出的经济增长潜力也从需求端刺激旅游业持续扩张。反之，城镇生产、生活空间为旅游业产业链延长、拓展和深化创造了重要前提，随着旅游业的产业波及效应、集聚效应与融合效应机制的循环累积、强化，旅游业对城镇化的产业支撑作用愈发明显。"旅游城镇化"与"城镇旅游化"成为旅游业与城镇化协同、共振与融合的现实反映。城镇历来是旅游活动开展的主要空间载体，也是旅游者获得愉悦体验的主要审美对象。另外，国外学者对"旅游城镇化"的学术探讨由来已久，穆林斯（1991）首先界定了旅游城镇化的概念内涵，认为旅游城镇化是指以享乐消费为基础的城镇化模式。以此为开端，国外学术界围绕旅游城镇化的发展模式、基本特征和影响进行了相应探讨。较为代表性的文献，如斯科菲尔德（Schofield，1996）以曼彻斯特为例，分析指出城镇遗产旅游是重要的旅游城镇化模式。格莱斯顿（1998）分析了旅游业对美国都市地区的影响，并指出旅游城镇存在明显的旅游依赖性特征。堀田（Horita，2017）刻画了旅游对日本城镇空间的影响，强调社区居民参与旅游业发展的行为实质推动了城镇区域管理。在此基础上，本章以新型城镇化为切入点，作为产城融合的一种具体化的新形态，另辟蹊径地尝试探讨新型城镇化与旅游业之间的互动、融合对经济高质量发展的影响。原因在于，"新型城镇化"中的"新"体现在"以人为本"被提高到前所未有的高度，这意味着对"产城融合"的理解需要从过去的"功能导向"转向现在的"人本导向"（谢呈阳等，2016），当将"人"的需求纳入"产城融合"概念体系时，由新型城镇化与旅游业互动作用而形成的"城旅融合"则为"产""城""人"三者和谐共生提供了逻辑自洽与现实载体。尽管学术界对城镇化与旅游业关系进行了卓有成效的研究，但目前鲜有聚焦新型城镇化与旅游业融合发展的学术观照。

本章可能的贡献体现在：第一，结合新型城镇化背景，从"人"的视角出发，对城旅融合概念内涵进行剖析解读，并对城旅融合影响经济高质量发展的理论机理予以刻画，进而不仅深化了产城融合的理论体系，也拓展了产城融合影响经济高质量发展的研究框架。第二，本章通过构建城旅融合影响经济高质量发展的动态空间计量模型，同时对城旅融合影响经济高质量发展的长、短期本地直接效应与空间溢出效应进行实证检验，从而为城旅融合与经济高质量发展因果关系及其效应提供经验证据。第三，本章揭示了城旅融合影响经济高质量发展的具体机制，从产业结构效应和居民消费效应两个方面对城旅融合影响经济高质量发展的传导渠道进行实证考察，从而厘清城旅融合对经济高质量发展的影响机理。第四，本章通过构建动态面板门限模型刻画了城旅融合影响经济高质量发展基于机制变量的门限效应，进而从非线性视域充实了城旅融合影响经济高质量发展的研究框架。

第二节　文献综述与研究假设

一、文献综述

已有文献对经济高质量发展的基本内涵、指标体系构建、分布特征及影响因素等进行了诸多探究。关于经济高质量发展内涵和指标体系构建的研究，前期文献主要是讨论经济增长的质量问题，并且此类文献通常以人均实际 GDP（陈诗一和陈登科，2018）、全要素生产率（Mei and Chen，2016）以及劳动生产率（刘志彪和凌永辉，2020）等单一指标作为经济高质量发展的代理变量，然而这类指标存在片面性和局限性，无法综合诠释经济高质量发展的多维内涵。在经济增长质量的综合评价方面，国内学者多是基于增长结构、增长效率、增长稳定、增长持续、福利变化和成果分配、资源利用和环境代价等角度构建经济增长质量的综合评价指标体系。例如，钞小静和任保平（2011）从经济增长的结构、稳定性、福利变化与成果分配以及资源利用和生态环境代价四个维度构建评价指标。詹新宇和崔培培（2016）则是从五大发展理念出发对 2000～2014 年中国经济增长质量水平进行了量化评价。周瑾等（2018）只从经济增长的效率、稳定性和可持续性三个方面综合评价经济增长质量。然而，经济增长质量虽在一定程度上能够刻画经济增长的品质，但其理论外延小于高质量发展，即增长质量重"增长"，而经济高质量发展侧重从"发展"的视角反映经济成效的质量等级（魏敏和李书昊，2018）。经济高质量发展被视为比经济增长质量范围更宽、要求更高的质量状态，更能体现新时代的新思想与新变化，包含了经济、社会、环境等诸多方面的内容，是经济发展质量的高级状态和最优状态（任保平，2018）。魏敏和李书昊（2018）从经济结构、创新驱动、资源配置、市场机制等 10 个维度构建出经济高质量发展水平测度体系，发现 2016 年中国经济高质量发展综合水平整体上呈现明显的"东高、中平、西低"的空间分布格局。马茹等（2019）从高质量供给、高质量需求、发展效率、经济运行及对外开放五个维度构建了中国区域经济高质量发展的指标体系，发现 2016 年中国经济高质量发展大致呈现东部、中部和东北部、西部依次递减态势。吕承超和崔悦（2020）从经济活力、创新驱动、协调发展、绿色发展、开放发展和成果共享六个维度构建经济高质量发展综合评价指标体系，并采用主成分分析法对其进行定量分析。佟孟华等（2011）基于对经济高质量发展内涵的解读从经济运行、增长动能、生态环境和社会民生四个方面构建经济高质量发展指标体系，并综合运用二次加权动态评价法、定基功效系数法对中国经济高质量发展水平进行测度。除此以外，部分文献也相继探讨了经济高质量发展的影响因素。例如，任晓燕和杨水利（2020）根据 2012～2017 年 30 个省份的面板数据，研究技术创新、产业结构升级的独立效应和协同效应对我国经济高质量发展的影响，发现技术创新与产业结构升级的协同效应能够显著促进我国经济高质量发展。朱凤慧和刘立峰（2020）以 2003～2016 年中国 230 个地级及以上城市面板数据为研究样本，从产业结构合理化和高级化两方面实证检验了产业结构升级对经济高质量发展的影响，发现产业结构高级化显著促进了经济发展质量的提升，产业结构合理化的效应尚不明显。杨文溥（2022）实证研究了数字经济对经济高质量发展的影响，并进一步基于中介效应模型对数字经济通过促进生产效率和消费提升驱动经济高质量发展的机制进行了检验。

二、概念解读

（一）城旅融合

从宏观上理解，城旅融合是产城融合的新形态，是对产城融合的一种具象化演绎，特指旅游业与城镇功能的协同发展，表现为旅游业与城镇功能的交互与融合，本质目的是实现城镇空间布局与旅游业空间布局相协调，城镇功能结构与旅游业功能结构相匹配，城镇产业配置与旅游业供给体系相契合。

从微观上审视，"人本导向"是城旅融合的核心要义，摒弃了传统产城融合所倡导的"功能导向"思维，赋予"人"的角色以全新理解，并将满足"城"中"人"的多层需求作为城旅融合的主要宗旨，通过提升"城"中"人"的效用水平作为催生"城""旅"之间耦合互动和融合深化的关键环节。与"产城融合"中"产"意指"工业"相异，城旅融合中"旅"特指现代旅游业，即由旅游产业融合边界的动态扩张而形成的广义涉旅领域。因此，城镇作为旅游活动客体，不仅城镇物理环境是旅游者的审美对象，城镇生活场景也是旅游业空间生产的主要载体。在"以人为本"的指导思想下，城旅融合的最终目的是在提高"人"的效用水平的前提下，实现城镇与旅游业的共同繁荣。

从"人"的视角出发，"城"与"旅"融合原因有三：其一，作为本地居民，城镇是其生产、生活的基本场所，而作为外地游客，城镇则是其游览、审美的异地对象，所以具备多种角色的"人"与城镇无法割裂；其二，城镇的生产、消费、就业、服务、教育、医疗等综合功能可以与本地居民生产、生活需求以及外地游客旅游、休闲需求相匹配；其三，城镇服务功能的经济性具有显著的时空衰减规律，由于无法实现规模经济效应，所以城镇功能难以作用于不在其服务半径的"人"。另外，旅游资源具有不可移动性，所以旅游者需要进行空间流动，前往作为"异地"的城镇目的地开展旅游消费活动。

（二）经济高质量发展

党的十九大报告指出，中国的社会主要矛盾发生了显著变化，经济由高速增长阶段转向高质量发展阶段，可见高速增长与高质量发展对应的是经济社会发展的两个不同阶段。高速增长旨在解决的问题是"落后的社会生产"，强调的是数量与规模的快速扩张、淡化质量因素，而高质量发展作为一种新的发展方式和发展战略，高度融合了新发展理念，不仅要求提高产品质量，更要求提升发展的质量。高速增长与高质量发展之间存在一定的共性内容，两者在本质上描述的都是全社会产出产品使用价值的增加量，高质量发展是在高速增长基础之上的更高质态的发展。高质量发展，就是能够满足人民日益增长的美好生活需要，全面把握经济发展的各个领域，结合新时代蕴含的新思想、新理念，分别从"创新、协调、绿色、开放、共享"五个维度对经济高质量发展进行刻画，具体思路如下。

（1）创新发展。即以创新驱动经济增长方式转型，加快新旧动能转换，以提升全要素生产率。一方面，依靠创新技术提升要素边际生产力，增强要素使用效率；另一方面，大力发展战略性新兴产业，提升产业科技竞争力，提高产品附加值。整体推动经济增长由要素驱动向创新驱动转变，增强经济增长的可持续性。（2）协调发展。协调发展是经济高质量发展的内生特征。不平衡不充分发展已经成为制约经济社会发展的主要矛盾，缩小区域、城乡、产业和收入差距，促进其协调发展，是推动经济发展的重要力量。（3）绿色发展。经济要得到持续发展，前提是必须有效地利用自然资源，所以需要重视生态文明建设，加快构建生态文明体系，建立健全以产业生态化和生态产业化为主体的生态经济体系，减少三废污染物的排放，加大环境污染的治理力度，提高对生态环境的保护力度，提高人民的生态环保意识和生态文明素质。（4）开放发展。加快构建以国内大循环为主体、国内国际双循环相互促进的新发展格局，是推动经济高质量发展的内在需求，通过构建现代开放体系，注重高水平双向开放，实现更高层次的内外联动，形成全方位高水平开放优势，进而以高水平开放引领高质量发展。（5）共享发展。共享是经济高质量发展的根本目标。发展的根本目的是增进民生福祉，满足人民对美好生活的向往和需要，能够提高居民生活质量，使更多的发展成果惠及人民，促进社会和谐稳定。

三、城旅融合对经济高质量发展的直接影响

第一，城旅融合作为新型城镇化与现代旅游业共振耦合的表现形式，其融合产品或服务具有高附加值特征，其作为新兴部门的名义工资水平也相对较高，不仅具备市场潜力优势，而且在城旅融合的正外部性激励条件下，通过吸引创新因素不断集聚，人力资本持续积累，进而推动产业结构升级和技术进步。第二，城旅融合不仅实现要素跨区优化配置，而且随着城旅产业链的纵向延伸与横向拓展，城旅产业链市场竞争能力随之强化，同时随着城旅市场需求的不断释放，城旅产业价值链增值空间得以拓展，

城旅融合经济效应循环放大，从而有利于缩小区域、城乡、产业发展的非均衡性。第三，随着"人"的生态环保意识、生态文明素质和生态旅游诉求愈发强烈，城旅融合进一步通过产业"筛选"效应，激励产业绿色技术创新，构建绿色品牌形象，从而实现节能减排。第四，旅游需求不仅可以直接带动城镇可贸易部门的发展，尤其通过产业关联效应和消费驱动效应对城镇不可贸易部门产生正向溢出作用，进而驱动城镇服务贸易增长，从而有助于繁荣国内经济，畅通国内循环，促进国内国际双循环。第五，城旅融合能够为"人"提供多层次、品质化、文化性产品或服务，打造满足人民对美好生活向往的产品或服务需求，以增进"人"的获得感、幸福感，从而提升"人"的效用水平。

经济高质量发展能够满足人民日益增长的美好生活需要，其内涵会随着生产力水平和经济社会发展水平的提升而不断丰富，所以地区间经济高质量发展存在显著的空间策略互动。首先，经济高质量发展所体现的新发展理念，是各地进行经济社会建设的核心目标，随着高质量建设的知识溢出、技术扩散、创新合作，通过增减各地经济高质量发展的空间协调性来发挥经济高质量发展的全局空间网络效应；其次，随着"为增长而竞争"的代价频现，转向"为发展而竞争"将成为寻求解决人民日益增长的美好生活需要和不平衡不充分的发展之间的矛盾的关键策略，进而激励地方政府通过自主学习、技术模仿、自主创新等边干边学方式提升知识吸收能力，加强地方政府间高质量发展的空间互动。另外，全国统一大市场建设是经济高质量发展的助推剂，通过打破行政贸易壁垒和地方保护、消除市场分割来实现要素优化配置，从而充分发挥超大规模市场优势、畅通国内大循环，形成需求牵引供给、供给创造需求的高水平动态平衡来整体驱动经济高质量发展。

城旅融合主要从需求端和供给侧对经济高质量发展产生直接影响。从需求端看，新型城镇化建设拓展了旅游流的空间扩散半径，城旅融合的市场需求范围扩大为区域技术创新提供了市场规模条件，进而有利于降低技术创新成本、提高技术创新效率。从供给侧看，随着城旅融合产业链拓展、延伸，城旅融合产品或服务的边际生产成本下降，并且城旅融合业态不断推陈出新，城旅融合供给质量得以提升，产业规模报酬递增，所以城旅融合对经济高质量发展具有动态持续的空间影响。另外，由于各地新型城镇化建设进程、模式和特征不同，因而城旅融合功能也具备差异性，可为消费者创造更具多元化、吸引力的城旅融合产品或服务体验效用，进而畅通城旅融合市场体系和供求循环，强化城旅融合需求端和供给侧之间的正向反馈机制，最终扩大城旅融合对经济高质量发展的空间影响范围。

假说1：城旅融合对经济高质量发展不仅具有本地直接效应，而且还存在空间溢出效应。

四、城旅融合对经济高质量发展的间接影响

产业结构升级是驱动经济高质量发展的内生动力，随着生产要素从低效率部门流入高效率部门，使得生产要素合理优化配置，生产率得以提升改进，从而促进经济高质量发展。城旅融合作为现代服务业演化的特殊形态，通过对城镇物理环境、社会场景、历史文化元素的旅游功能开发、产品设计和服务组织促进旅游业供给质量提升。城旅融合通过激励城镇服务业集聚，诱发知识、技术、理念集聚在企业间及行业间交流、扩散和吸收，加快了技术进步和科技创新，并提升服务业的生产效率，产生规模经济效应、规模报酬递增等集聚红利，从而推动产业结构的合理化、高级化与生态化。

扩大内需、推动新型消费扩容提质是经济高质量发展的重要基点。居民可支配收入提升，促使居民消费类型和品质结构升级，而"城""旅"在深度融合过程中，动态孕育具有发展性、享受性和文化性的产品或服务，所以城旅融合所代表的新型服务消费能够有效匹配居民消费结构转型诉求。消费者对城旅融合产品或服务的高品质诉求所形成的新的有效需求，又会倒逼"城""旅"深度融合，吸引生产要素在城旅融合领域配置，以提升城旅融合产品或服务价值，而消费者精神诉求、审美体验和文化生活得到满足以及城旅融合经济效应强化，又会刺激居民对城旅融合产品或消费的更高层次需求，两者之间所形成的"螺旋式"上升关系促进城旅融合科技不断创新，从而优化经济发展的动力机制。

假说2：城旅融合通过促进产业结构升级和消费结构升级驱动经济高质量发展。

第三节　实证设计、变量与数据

一、模型设定

由于城旅融合与经济高质量发展均可能存在空间相关性，所以如果忽略其固有的空间溢出效应则很可能得到偏误的实证结果。因此，本章考虑采用空间面板模型开展实证研究，将二者的空间滞后项均纳入模型，以期对其空间相关性予以控制。另外，空间相关性既可能来自被解释变量本身，同时还可能来自解释变量及误差项，而空间杜宾模型则可以对不同来源的空间相关性予以很好的反映（Elhorst，2014）。因此，本章主要采用空间杜宾模型开展实证检验。此外，考虑到经济高质量发展可能存在时间上的路径依赖特征，即时间滞后效应，以及经济高质量发展可能与城旅融合之间存在双向因果关系而引致内生性问题，本章将经济高质量变量的滞后一期引入标准的静态空间面板杜宾模型，从而构建如下动态空间面板杜宾模型：

$$EQ_{it} = \beta_0 + \beta_1 EQ_{i,t-1} + \rho \sum_{i=1}^{n} w_{ij} EQ_{jt} + \beta_2 TEU_{it} + \psi \sum_{i=1}^{n} w_{ij} TEU_{jt} + \delta \sum X_{it}$$
$$+ \lambda \sum_{i=1}^{n} w_{ij} X_{jt} + \mu_i + \varepsilon_{it} \qquad\qquad (12-1)$$

其中，i 表示省份；t 表示年份；EQ_{it} 表示经济高质量发展；$EQ_{i,t-1}$ 表示经济高质量发展时间滞后项；TEU_{it} 表示城旅融合，X_{it} 表示一组影响经济高质量发展的控制变量；w_{ij} 表示空间权重矩阵；ρ、ψ 和 λ 分别表示经济高质量发展、城旅融合与控制变量的空间滞后项系数；β_1 表示经济高质量发展时间滞后项系数；μ 表示个体固定效应；ε 表示随机扰动项。

二、变量选取

（1）被解释变量。由于目前尚未形成对经济高质量发展的有效测度方法，并且现有的单独指标不足以表征经济高质量发展水平，测度经济高质量发展水平需要构建专门的综合测度体系（魏敏和李书昊，2018）。本章借鉴孙豪等（2020）构建的经济高质量发展指标体系，采用熵值法测度经济高质量发展综合指数，将其作为度量经济高质量发展水平的代理指标。该指标体系共包含创新发展、协调发展、绿色发展、开放发展、共享发展5个一级指标和20个二级指标。

（2）解释变量。本章关键解释变量为城旅融合。参考赵磊等（2020）所设置的"旅游业—新型城镇化"系统综合评价指标体系，运用耦合协调度模型测度"旅游业—新型城镇化"系统协调度作为城旅融合水平的度量指标。其中，旅游业子系统包括产业规模、行业结构和发展潜力构成的3个一级指标及其下设的29个二级指标；新型城镇化子系统包括人口城镇化、经济城镇化、空间城镇化、社会包容性、环境治理力、城乡统筹度和生态集约化构成的 7 个一级指标及其下设的 29 个二级指标。

（3）机制变量。①产业结构升级（IS）。根据钞小静和任保平（2011）的做法，构建包括产业结构合理化、产业结构高级化、第三产业增加值占比和技术成果市场化的产业结构升级评价指标体系，并使用熵值法对其进行定量测度，得到产业结构升级指数。②消费结构升级（CS）。借鉴刘斌等（2022）的思路，使用历年《中国统计年鉴》中公布的各地区城镇和农村居民家庭平均每人全年消费性支出数据构建消费结构升级指标。具体地，城乡居民家庭人均消费支出为食品、衣着、居住、家庭设备及服务、交通和通信、文教娱乐用品及服务、医疗保健和其他商品及服务八项细分指标之和，其中食品、衣着和居住三项指标是生存型消费支出，后五项为发展与享乐型消费支出。因此，本章使用家庭设备及服务、交通和通信、文教娱乐用品及服务、医疗保健和其他商品及服务五项支出占生活消费支出合计的份额作为居民消费结构升级指标。

（4）控制变量。参考已有文献（陈冲和吴炜聪，2019；杨文溥，2022），控制变量选取包括：①对外开放（FDI），采用外国直接投资额占GDP 比重衡量；②制度环境（INS），采用市场化指数衡量；③政府干预（GOV），采用各地财政支出占 GDP 比重衡量；④人力资本（EDU），采用人均受教育年限衡量；⑤固定资产投资（INV），采用全社会固定资产投资占 GDP 比重衡量。

三、数据来源

基于数据可得性和统计口径一致性，本章采用 2004 ~ 2019 年中国 30个省份（西藏数据缺失被剔除）的面板数据作为研究样本，原始数据来源于历年《中国统计年鉴》《新中国六十年统计资料汇编》《中国区域经济统计年鉴》及各省份统计年鉴和中经网统计数据库，其中各类货币量指标均以 2004 年不变价格进行了平减调整。另外，本章对非百分比指标度量的变量数据均取自然对数以降低样本数据的离散程度。各变量描述性统计如表 12 - 1 所示。

表 12 - 1　　　　　　　　各变量描述性统计

变量	定义	样本量	均值	标准差	最小值	最大值
EQ	经济高质量发展指数	480	0.291	0.137	0.128	0.786
TEU	旅游业—新型城镇化系统协调度	480	0.659	0.063	0.504	0.816

变量	定义	样本量	均值	标准差	最小值	最大值
IS	产业结构优化指数	480	0.112	0.083	0.044	0.657
CS	发展与享乐型消费支出与生活消费支出比值	480	0.655	0.068	0.492	1.213
FDI	外商直接投资额占 GDP 比值	480	0.024	0.021	0.015	0.16
INS	市场化指数对数	480	1.875	0.093	0.846	2.461
GOV	财政支出占 GDP 比值	480	0.267	0.113	0.109	0.642
EDU	人均受教育年限对数	480	2.255	1.045	2.016	2.542
INV	固定资产投资额占 GDP 比值	480	0.568	0.152	0.432	0.987

四、空间权重矩阵

在大多数空间计量文献中，一般采用：（1）地理邻接空间权重矩阵 W_1，若两地区地理位置相邻则对应元素 w_{ij} 为 1，否则为 0，对角线元素设置为 0，并对其进行标准化处理。（2）地理距离空间权重矩阵 W_2。具体计算方法为：$w_{ij} = 1/d^2 (i \neq j)$，$w_{ij} = 0 (i = j)$。其中，d 为省会 i 和省会 j 之间距离；$w_{ij}$ 为标准化权重元素。（3）经济距离空间权重矩阵 W_3。根据省份经济发展水平设置空间权重矩阵，在周亚虹等（2013）研究基础上，以 1978 年为基期的地区实际生产总值对各相应矩阵元素进行赋值，具体计算方法为：$w_{ij} = 1/(|\overline{Y_i} - \overline{Y_j}|)/\sum_{j=1} 1/(|\overline{Y_i} - \overline{Y_j}|)$。其中，$\overline{Y_i}$ 为省份 i 的实际生产总值均值；w_{ij} 为标准化权重元素。

第四节 典型事实

一、城旅融合发展态势

从整体来看，2004~2019 年，全国城旅融合发展表现出波动增长趋势，具体呈现先升后降再升再降的周期波动态势，即其均值从 2004 年的 0.5972 上升到 2015 年的 0.7188，涨幅达 20.4%，随后下降到 2016 年的 0.5934，而后转为增长—下降波动态势。全国四大区域（东部、中部、西部和东北部）城旅融合发展趋势与全国整体变化特征基本一致，除

2015～2016年出现大幅下降、2018～2019 年出现小幅下降外，均呈现微弱增长态势，表明我国城旅融合发展水平整体不高，还需进一步挖掘融合发展潜力。在样本期内，东部地区省份城旅融合发展水平始终高于全国平均水平，中部地区省份城旅融合发展趋势则基本与全国发展轨迹重合，但略高于西部地区和东北部地区，而后两个地区省份城旅融合发展水平差异微弱，发展水平相对较低。

从省际变化趋势来看，广东城旅融合发展平均水平全国最高，均值为0.7567，其次为北京、江苏，均值分别为 0.7331 和 0.7322。省际城旅融合发展水平均值为 0.7 以上的省份共 7 个，其中东部地区 6 个，西部地区1 个（新疆）；城旅融合发展水平均值低于 0.6 的有两个省份，为甘肃、青海，由此意味着省际城旅融合发展水平差异较大。尽管东部地区省份城旅融合发展水平整体相对较高，但内在省际差异也相对较大，并已形成"马太效应"。例如，广东以 0.7567 排名东部地区第一，海南和天津则以0.6247、0.63 排在东部地区最后两名，甚至低于东北地区、中西部地区多数省份；东北地区除辽宁发展水平稳居全国中上游水平之外，吉林和黑龙江发展水平处于全国后列；中部地区省份城旅融合发展相对较为均衡，城旅融合均值水平最高（湖南）和最低（山西）分别为 0.671 和 0.6337，基本契合全国平均水平；西部地区城旅融合发展水平省际差异较大，发展失衡问题尤为凸显，区内既有位于全国前列的新疆（0.701），又有处于全国末位的青海（0.5747）。总之，我国城旅融合发展水平在东部、东北部和西部均存在显著的空间非均衡性，缩小省际城旅融合发展水平差异，促进全国城旅融合协调发展仍是一项艰巨的任务。从历年变化趋势来看，2015 年全国城旅融合发展水平均值最高，为 0.7188；但在 2016 年又迅速降至最低，为 0.5934。整体可将全国省份城旅融合发展水平划分为两个阶段：持续递增阶段（2003～2015 年）和波动变化阶段（2016～2019 年）。

二、经济高质量发展趋势

根据整体测算结果，中国经济高质量发展水平均值介于 0.2422～0.3285，表明尽管当前经济高质量平均发展水平不高，但整体在波动中呈上升态势，除 2004～2007 年和 2014～2015 年两个时间段出现小幅下降外，大多数年份中国经济高质量发展平均水平稳步上升。全国整体与四大区域省份经济高质量发展趋势基本相似，但东部地区省份经济高质量发展均值远高于全国均值，而中部、西部和东北部地区省份均低于全国平均值，说明东部地区省份经济高质量发展水平发展势头良好，而其他地区省份经济高质量发展竞争力有待提升。具体来看，北京经济高质量发展平均水平始终居于全国首位，均值达 0.7401；其次是上海（0.6317）、天津（0.5026）和广东（0.4478），说明东部地区省份经济高质量发展优势明显；而经济高质量发展水平均值排名后五位省份有广西（0.2027）、青海（0.2041）、宁夏（0.1906）、贵州（0.1858）、新疆（0.1649），均属于西部地区，说明西部地区省份经济高质量发展水平较为薄弱，发展动能相对不足。由此可看出全国经济高质量发展水平参差不齐、差异显著。

从分省测度来看，经济高质量发展均值最高省份（北京）是最低省份（新疆）的 4.49 倍，表明省际经济高质量发展平均水平差异相对较大，区域发展不平衡问题突出。东部地区省际经济高质量发展平均水平变化波动趋势基本一致，但发展平均水平差异相对较大。中部地区省份经济高质量发展水平整体呈上升态势，其中，湖北省经济高质量发展平均水平最高（0.2758），并与其余五省份在考察期内均呈现波动递增态势。西部地区经济高质量发展平均水平严重滞后于全国平均水平，说明经济高质量发展水平普遍较低，但大体上也呈上升趋势。总体而言，全国经济高质量发展在波动中由 2004 年的 0.3028 上升至 2019 年的 0.3216。根据考察期发展趋势及其特征，可将考察期划分为持续下降阶段（2004～2007 年）、平稳变化阶段（2008～2014 年）和先降后升阶段（2015～2019 年），以上阶段划分也表征出中国经济由"重增长"而转向"重质量"的动能转换演化规律。

第五节　实证结果分析

一、空间相关性检验

在实证分析之前，首先利用地理邻接空间权重矩阵 W_1 对被解释变量和核心解释变量进行空间自相关分析，Moran's I 指数如表 12-2 所示。由表 12-2 可知，经济高质量发展变量和城旅融合变量 Moran's I 指数均通过统计显著性检验，并且空间相关性基本呈现先增后减趋势，表明被解释变量和核心解释变量均存在空间相关性，所以将变量空间滞后项纳入回归模型尤为必要。

表 12 – 2　　　　　　　　　　　空间相关性检验结果

年份	经济高质量发展（EQ）		城旅融合（TEU）	
	Moran's I 值	Z 值	Moran's I 值	Z 值
2004	0.457***	4.533	0.247***	3.275
2006	0.472***	4.412	0.242***	3.206
2008	0.478***	4.225	0.253***	3.211
2010	0.481***	4.018	0.258***	3.124
2012	0.484***	3.782	0.271***	3.223
2014	0.463***	3.443	0.279***	3.011
2016	0.456***	4.026	0.283***	3.236
2018	0.451***	4.168	0.274***	3.148
2019	0.447***	4.021	0.277***	3.120

注：***、**和*分别表示在1%、5%和10%统计水平上显著；括号内为标准差。

　　根据 Wald 检验和 LR 检验判别空间杜宾模型是否优于空间滞后模型抑或空间误差模型，检验结果见表 12 – 3。如表 12 – 3 所示，基于模型残差的拉格朗日乘子（LM-lag 和 LM-err）及其稳健性检验（Robust LM-lag 和 Robust LM-err）统计量均通过显著性检验，进而说明空间计量模型设置恰当。另外，Wald 检验和 LR 检验在不同水平上具备统计显著性，反映出空间杜宾模型拒绝退化为空间滞后或空间误差模型的原假设，所以本章优先考虑设置空间杜宾模型。同时，考虑到省份个体差异和时期因素可能产生的估计偏差，本章主要采用时空双向固定效应的空间面板杜宾模型进行基准参数估计。

表 12 – 3　　　　　　　　　　空间面板模型选择检验结果

模型	LM 检验		Robust-LM 检验		LR 检验		Wald 检验	
	统计量	P 值	统计量	P 值	统计量	P 值	统计量	P 值
空间滞后模型（SAR）	523.12	0.000	145.37	0.000	23.12	0.003	16.22	0.021
空间误差模型（SEM）	510.25	0.000	89.55	0.000	23.06	0.002	17.35	0.004

二、城旅融合对经济高质量发展的影响

　　表 12 – 4 依次报告出普通静态面板模型、普通动态面板模型以及基于

地理距离权重矩阵 W_2 和经济距离权重矩阵 W_3 构建的城旅融合影响经济高质量发展的静态与动态空间面板杜宾模型固定效应估计结果。在普通面板模型回归结果中，城旅融合回归系数符号为正，但不显著，原因可能在于未考虑变量空间相关性。非空间动态面板模型回归结果显示，城旅融合回归系数在10%水平上显著为正，说明当捕捉到经济高质量发展的动态效应并克服内生性后，城旅融合对经济高质量发展呈现积极影响。另外，由空间面板模型估计结果可知，经济高质量发展空间滞后项系数 ρ 均显著为正，说明经济高质量发展存在显著空间溢出效应，但非空间面板模型由于并未考虑空间效应以及忽视影响经济高质量发展的空间互动因素，从而导致模型估计偏误。静态空间面板杜宾模型回归结果显示，在两类权重矩阵设定下，当纳入空间效应后，城旅融合回归系数显示为正，并且统计显著性得到极大改善，但仍面临被解释变量滞后项与误差项相关所导致的内生性风险。因此，当同时兼顾动态性、空间性和内生性问题后，动态空间面板杜宾模型具备了良好的估计效率。由于 Han-Phillips GMM 能有效克服传统工具变量法估计和差分 GMM 估计的弱工具变量问题，因而得到的估计量具有一致性，所以本章主要对基于 Han-Phillips GMM 得到的动态空间面板模型参数估计结果进行基准分析。

表 12-4　　　　城旅融合对经济高质量发展的影响

变量	普通面板模型（OLS）	普通面板模型（FE）	动态面板模型（SYS-GMM）	静态空间面板杜宾模型（FE）		动态空间面板杜宾模型（Han-Philips GMM）	
				地理距离	经济距离	地理距离	经济距离
L. EQ			0.775 *** (0.011)			0.421 *** (0.002)	0.543 *** (0.016)
TEU	0.233 (0.422)	0.165 (0.315)	0.227 * (0.027)	0.175 ** (0.121)	0.186 *** (0.232)	0.151 *** (0.216)	0.149 *** (0.238)
FDI	-0.342 (0.015)	0.228 ** (0.008)	0.119 *** (0.011)	0.108 *** (0.009)	0.136 *** (0.008)	0.122 *** (0.015)	0.087 *** (0.038)
INS	0.221 ** (0.119)	0.124 ** (0.127)	0.204 *** (0.056)	0.115 *** (0.045)	0.121 *** (0.038)	0.221 *** (0.007)	0.131 *** (0.016)
GOV	-0.067 ** (0.023)	-0.055 ** (0.025)	-0.061 * (0.057)	0.013 (0.133)	-0.042 ** (0.029)	-0.032 *** (0.016)	-0.035 *** (0.009)
EDU	0.208 *** (0.004)	0.151 *** (0.006)	0.237 *** (0.003)	0.325 * (0.012)	0.441 *** (0.005)	0.288 ** (0.024)	0.402 *** (0.017)

续表

变量	普通面板模型（OLS）	普通面板模型（FE）	动态面板模型（SYS-GMM）	静态空间面板杜宾模型（FE）		动态空间面板杜宾模型（Han-Philips GMM）	
				地理距离	经济距离	地理距离	经济距离
INV	1.233 *** (0.037)	1.018 *** (0.031)	0.873 *** (0.008)	0.836 *** (0.014)	0.922 *** (0.015)	1.112 *** (0.235)	0.893 *** (0.262)
WEQ				0.172 *** (0.042)	0.283 *** (0.034)	0.153 *** (0.015)	0.189 *** (0.122)
WTEU				0.181 ** (0.173)	0.238 ** (0.201)	0.173 ** (0.128)	0.165 (0.312)
WFDI				0.112 (0.133)	0.131 ** (0.128)	0.144 * (0.237)	0.108 *** (0.067)
WINS				0.037 * (0.048)	0.045 ** (0.036)	0.053 *** (0.156)	0.087 *** (0.101)
WGOV				−0.113 (0.236)	−0.025 ** (0.352)	−0.113 ** (0.182)	−0.036 ** (0.161)
WEDU				1.170 ** (0.046)	0.113 (0.057)	1.169 ** (0.043)	0.128 * (0.078)
WINV				0.214 (0.151)	0.325 *** (0.172)	0.119 * (0.253)	0.258 *** (0.069)
ρ				0.253 *** (0.067)	0.416 *** (0.054)	0.223 *** (0.108)	0.307 *** (0.048)
AR（1）_ P			0.012			0.026	0.007
AR（2）_ P			0.353			0.457	0.443
Sargan_ P			0.782			0.832	0.811
省份效应	控制	控制	控制	控制	控制	控制	控制
年份效应	控制	控制	控制	控制	控制	控制	控制
N	480	480	450	480	480	450	450

注：***、** 和 * 分别表示在 1%、5% 和 10% 统计水平上显著；括号内为标准差。

根据动态空间面板杜宾模型估计结果，经济高质量发展时间滞后项和空间滞后项系数均显著为正，表明经济高质量发展同时具有显著的时间滞后效应和空间溢出效应。一方面，经济高质量发展具有积极的路径依赖特征，即经济高质量发展存在时间上的正反馈性；另一方面，经济高质量发展的空间滞后项系数在 1% 水平上显著，从而说明省际经济高质量发展存在明显的空间策略性竞争效应，即当邻接省份经济发展质量提升时，也会对本地省份经济高质量发展形成积极的示范作用。更重要的是，城旅融合及其空间滞后项系数均显著为正，初步透露出城旅融合不仅对本地省份经济高质量发展具有驱动作用，而且城旅融合对经济高质量发展的影响也体现在省际互动层面，本地省份城旅融合对邻接省份经济高质量发展产生促增效应。究其原因，其一，由于省份间经济竞争、学习交流、技术模仿等，邻近省份城旅融合组织方式、建设框架和实施路径等创新经验对本地省份经济高质量发展产生示范效应；其二，随着统一大市场建设，相邻省份在产业配置、要素禀赋、市场机制等方面存在紧密的经济联系，当本地省份模仿和学习邻接省份城旅融合发展模式时，则会通过产业波及、技术外溢和市场竞争等空间交互作用机制对经济高质量发展产生正外部性效应；其三，在高质量发展竞争背景下，城旅融合为一种绿色产业发展方式，地方政府会存在鼓励城旅融合的倾向，从而在实施城旅融合促进经济高质量发展方面表现出强烈的空间策略性互动。另外，我们还观察到，在经济距离权重矩阵设定下，城旅融合空间滞后项系数值要大于地理距离权重矩阵，也反映出城旅融合对经济高质量发展的空间溢出作用对经济距离更为敏感。

在控制变量方面，对外开放和制度环境的回归系数统计显著为正，说明构建国内国际双循环相互促进的新发展格局以及深入推进以市场化为导向的体制机制改革，能够显著推动经济高质量发展。人力资本和固定资产投资的回归系数同样显著为正，表明提升人力资本质量和扩大资本投资仍然是确保经济高质量发展的基本动力。财政支出的回归系数符号显示为负，这也基本符合预期，政府过度干预导致资源要素无法实现市场化配置，进而不利于经济高质量发展。

三、空间效应分解

由于空间杜宾模型包含解释变量的空间滞后项，采用点估计的方式难以反映解释变量的边际影响，即解释变量的系数估计值并不代表真实的偏回归系数，所以为解决空间计量模型的系数难以解释的问题，以准确识别城旅融合影响经济增长的地区内、地区间溢出效应，需采用勒沙杰和佩奇（2009）提出的直接效应和间接效应分别进行刻画，否则将会得出偏误性结论。其中，直接效应的大小为被解释变量对解释变量求偏导矩阵中的对角元素，表示解释变量对本地区被解释变量的影响；间接效应为该矩阵的非对角位置的元素，表示其他地区的解释变量对本地区被解释变量的影响。表 12 – 5 分别展示出城旅融合影响经济高质量发展的静态和动态空间效应分解。结果显示，两种空间权重矩阵设定下，城旅融合的直接效应均显著为正，进而再次验证城旅融合水平对经济高质量发展具有显著的正向直接与间接效应，假说 1 得到验证，并且直接效应占主导。需要指出的是，由于动态面板空间杜宾模型中纳入了被解释变量时间滞后项，所以静态面板空间杜宾模型仅能反映长期效应，而动态模型则可以将空间效应分解为短期效应与长期效应。以基于经济距离权重矩阵的动态面板空间杜宾模型为例，对城旅融合影响经济高质量发展的空间效应分解的具体经济意义解读为，城旅融合水平每提升 1%，长期可正向促进经济高质量发展上升 0.441%，短期则为 0.268%，其中，长期直接效应和间接效应贡献分别为 60% 和 40%，短期直接效应和间接效应贡献则分别为 58% 和 42%。另外，由于动态模型中同时存在被解释变量与解释变量的空间滞后项，所以直接效应中还包含由本地区对邻近地区的溢出效应而产生的空间反馈效应。例如，城旅融合对经济高质量发展的长期（短期）直接效应为 0.265（0.155），均高于表 12 – 4 中相应空间 Han-Phillips GMM 估计系数（0.149），所以两者差值即为长期（短期）空间反馈效应，为 0.116（0.006），表明城旅融合对经济高质量发展的直接效应传递至邻接省份后又反馈至本省经济高质量发展。需要提及的是，城旅融合对经济高质量发展的长期效应普遍大于短期效应，说明随着"城""旅"持续动态融合，才能有效发挥其对经济高质量发展的促进效应。

表 12 – 5　　　　城旅融合影响经济高质量发展的空间效应分解

空间权重矩阵	直接效应（长期）	间接效应（长期）	直接效应（短期）	间接效应（短期）
地理距离权重	0.187 *** (0.198)	0.164 *** (0.237)		
	0.174 ** (0.215)	0.168 *** (0.432)	0.128 *** (0.235)	0.105 *** (0.185)
经济距离权重	0.287 *** (0.203)	0.114 *** (0.246)		
	0.265 *** (0.181)	0.176 *** (0.513)	0.155 *** (0.224)	0.113 *** (0.328)

注：***、** 和 * 分别表示在 1%、5% 和 10% 统计水平上显著；括号内为标准差。

四、稳健性检验

（一）改变动态模型设定

在基准方程（12 – 1）中纳入经济高质量发展的时空滞后项（θW_{ij}

$EQ_{i,t-1}$），从而将基准计量模型予以适度拓展。表 12-6 第（1）~（4）列显示，城旅融合直接效应与间接效应估计系数的统计显著性并未发生明显变化，仍然显著为正，说明当模型进一步控制经济高质量发展的时空滞后项后，城旅融合依然对经济高质量发展具有显著的正向直接效应与间接效应，对假说 1 进行基准检验的实证结果并未因计量模型重新设定而发生实质性改变。

（二）变换模型估计方法

对动态空间面板杜宾模型的估计方法，除本章所优先选择使用的 Han-Philips GMM 估计方法之外，还可以对基准方程（12-1）的空间 Arellano-Bond GMM 估计结果进行解释，并以此对假说 1 的实证结果进行稳健性分析。表 12-6 第（5）~（8）列汇报出的结果仍支持本章的主要结论，城旅融合直接效应与间接效应估计系数的符号方向与基准结果相似，表明变换模型估计方法并未改变城旅融合对经济高质量的本地直接作用与空间溢出作用，参数估计结果不依赖于模型设定。

（三）更替空间权重矩阵

鉴于不同的空间权重矩阵可能会影响估计结果的稳健性，本章基于经典地理邻接空间权重矩阵 W_1，对基准方程（12-1）重新进行估计，结果见表 12-6 第（9）列和第（10）列。结果显示，城旅融合直接效应与间接效应估计系数符号显著为正，但统计显著性有所降低，仍可说明本章核心结论在更换空间权重矩阵后依然稳健。

表 12-6　　　　　　　　　稳健性检验

| 变量 | 包含因变量时空滞后项 | | | | Arellano-Bond GMM 估计 | | | | 地理邻接矩阵 | |
| | 地理距离 | | 经济距离 | | 地理距离 | | 经济距离 | | | |
	直接效应	间接效应	直接效应	间接效应	直接效应	间接效应	直接效应	间接效应	直接效应	间接效应
TEU	0.225 ***	0.201 ***	0.161 ***	0.127 ***	0.196 ***	0.068 **	0.173 ***	0.128 **	0.273 **	0.163 **
	(0.054)	(0.015)	(0.224)	(0.133)	(0.236)	(0.067)	(0.142)	(0.035)	(0.421)	(0.226)
FDI	0.323 ***	0.125 **	0.542 ***	0.336 **	0.153 **	0.132 **	0.177 **	0.110 **	0.108 *	0.115
	(0.078)	(0.208)	(0.158)	(0.124)	(0.207)	(0.025)	(0.453)	(0.172)	(0.211)	(0.323)
INS	0.467 **	0.185 *	0.255 **	0.171 **	0.289 **	0.121 **	0.174 **	0.158 ***	0.187 **	0.134
	(0.112)	(0.314)	(0.243)	(0.257)	(0.305)	(0.278)	(0.242)	(0.141)	(0.157)	(0.578)
GOV	-0.201 **	-0.017	-0.127 **	-0.045	-0.168 **	-0.053 *	-0.129 **	-0.132 *	-0.247 *	-0.027
	(0.035)	(0.277)	(0.156)	(0.359)	(0.224)	(0.071)	(0.222)	(0.358)	(0.124)	(0.566)

变量	包含因变量时空滞后项				Arellano – Bond GMM 估计				地理邻接矩阵	
	地理距离		经济距离		地理距离		经济距离			
	直接效应	间接效应	直接效应	间接效应	直接效应	间接效应	直接效应	间接效应	直接效应	间接效应
EDU	1.025 ***	0.201 *	1.581 ***	0.314 **	1.116 ***	0.109 **	1.383 ***	0.419 ***	0.989 **	0.046
	(0.189)	(0.376)	(0.261)	(0.159)	(0.073)	(0.109)	(0.063)	(0.081)	(0.006)	(0.398)
INV	1.403 ***	0.136 *	1.386 ***	0.165 **	1.383 ***	0.649 *	1.489 ***	0.707 **	1.243 **	0.112
	(0.024)	(0.034)	(0.133)	(0.073)	(0.118)	(0.121)	(0.042)	(0.108)	(0.089)	(0.263)

注：*** 、** 和 * 分别表示在 1% 、5% 和 10% 统计水平上显著；括号内为标准差。

第六节　机制检验

以上实证研究考察了城旅融合对经济高质量发展的正向促进作用。为揭示城旅融合对经济高质量发展的影响渠道，本章选择产业结构升级和消费结构升级作为机制变量，构造城旅融合与机制变量的乘积项纳入到基准方程（12 – 1）中，模型设定如下：

$$EQ_{it} = \beta_0 + \beta_1 EQ_{i,t-1} + \rho \sum_{i=1}^{n} w_{ij} EQ_{jt} + \beta_2 TEU_{it} + \psi \sum_{i=1}^{n} w_{ij} TEU_{jt} + \beta_3 TEU_{it}$$

$$\times Mo_{it} + \varphi \sum_{i=1}^{n} w_{ij} TEU_{jt} \times Mo_{jt} + \delta \sum X_{it} + \lambda \sum_{i=1}^{n} w_{ij} X_{jt} + \mu_i + \varepsilon_{it}$$

$$(12 – 2)$$

其中，Mo_{it} 为调节变量，即产业结构升级和消费结构升级；β_3 为乘积项的估计系数；φ 为乘积项的空间滞后项系数。

城旅融合对经济高质量发展的影响机制检验结果报告于表 12 – 7。产业结构升级可使资源要素得到优化配置、提升资源要素利用效率、保持产业结构与需求结构和要素结构相协调，同时激发技术创新溢出，从而促进经济高质量发展。表 12 – 7 第（1）行和第（2）行结果显示，城旅融合与产业结构升级交叉项直接效应与间接效应均统计显著为正，说明城旅融合的市场需求拉动效应和产业协同效应推动产业结构升级，有助于提升城旅融合的技术创新能力，并为"城""旅"深度融合创造弹性产业空间，以提高城旅融合产品或服务附加值，整体增强城旅融合价

值链的增值效能，从而强化城旅融合对经济高质量发展的促进作用。第
（3）行和第（4）行结果也列示出，城旅融合与消费结构升级交叉项对
经济高质量发展具有显著正向直接效应与间接效应。消费结构升级直接
刺激厂商进行技术创新，实现资源要素优化配置，不断催生新产品、新
业态和新模式，从而使行业的供给结构适应消费需求的变化与发展，以
驱动经济结构优化。城旅融合以匹配"人"的需求和提升"人"的效
用为核心宗旨，增强"人"的幸福感、获得感，满足人民向往美好生活
的新时代需要，而随着居民消费水平提升，消费结构升级又会进一步产
生新的城旅融合需求，促进城旅融合市场范围扩张，不仅驱使城旅融合
领域社会分工不断深化，通过强化城旅融合的正外部性可实现融合效率
提升，而且更易激发城旅融合企业家精神，能够灵敏感知特定的城旅融
合市场环境变化，以呈现更加积极的创新行为，从而持续创造城旅融合
对经济高质量发展的内生动力。另外，我们也观察到，产业结构升级与
消费结构升级不仅正向调节城旅融合对经济高质量发展的直接效应，而
且也可增强城旅融合对经济高质量发展的空间溢出效应。当邻接省份识
别到本地省份依靠促进产业结构升级与消费结构升级能够放大城旅融合
对经济高质量发展的影响效应时，也会采取相似的产业和市场协同互动
策略。综上，城旅融合能够通过推动产业结构升级和消费结构升级两类
机制，促进对经济高质量发展的直接效应与间接效应，故假说2得到验
证。同时，经对比分析可知，城旅融合与消费结构升级的乘积项对经济
高质量发展的直接效应与间接效应强度要大于城旅融合与产业结构升级
的乘积项，说明消费结构升级在城旅融合对经济高质量发展的直接效应
与间接效应中的传导作用更强。在以上基础上，我们进一步推测，产业
结构升级与消费结构升级互动协同是城旅融合影响经济高质量发展的传
导机制。因此，我们在式（12-2）基础上，进一步纳入城旅融合与产
业结构升级、消费结构升级之间的三重乘积项，结果报告在第（5）行
和第（6）行中。结果显示，三重乘积项的直接效应与间接效应同样显
著为正，说明根据恩格尔效应与鲍莫尔效应，当居民消费由基础性消费
转向服务性等发展享受型消费后，对高品质产品或服务的消费诉求刺激
高技术以及新兴服务业部门发展，从而推动产业结构升级，这也是城旅
融合对经济高质量发展的直接效应与间接效应的重要传导机制。

表 12 – 7　　　　　　　　城旅融合影响经济高质量发展的影响机制检验

变量	空间权重矩阵	直接效应（长期）	间接效应（长期）	直接效应（短期）	间接效应（短期）
$\text{TEU}_{it} \times \text{IS}_{it}$	地理距离权重	0.141 *** (0.074)	0.091 ** (0.167)	0.133 *** (0.141)	0.083 ** (0.231)
	经济距离权重	0.183 *** (0.161)	0.065 *** (0.052)	0.146 *** (0.129)	0.036 *** (0.167)
$\text{TEU}_{it} \times \text{CS}_{it}$	地理距离权重	0.465 *** (0.068)	0.209 *** (0.132)	0.125 ** (0.116)	0.078 ** (0.033)
	经济距离权重	0.533 *** (0.029)	0.268 *** (0.052)	0.208 *** (0.018)	0.125 ** (0.171)
$\text{TEU}_{it} \times \text{IS}_{it} \times \text{CS}_{it}$	地理距离权重	0.387 *** (0.155)	0.288 ** (0.232)	0.203 *** (0.038)	0.182 ** (0.078)
	经济距离权重	0.443 *** (0.219)	0.331 *** (0.109)	0.351 *** (0.012)	0.124 ** (0.057)

注：＊＊＊、＊＊和＊分别表示在1％、5％和10％统计水平上显著；括号内为标准差。

第七节　进一步分析

经实证发现，尽管城旅融合对经济高质量发展具有正向作用，但这种促进效应随着机制变量的发展演化，可能会呈现非线性特征，即城旅融合对经济高质量发展的促进作用存在"门槛效应"。为此，我们引入面板门限模型（Hansen，1999）考察城旅融合对经济高质量发展的门槛效应，具体以机制变量作为门限变量，但为同时捕捉经济高质量发展的路径依赖，参考徐和信（2016）的建模思路，需构建如下动态面板门限模型：

$$\ln EQ_{it} = (\rho_1 \ln EQ_{i,t-1} + \beta_1 \ln TEU_{it} + \delta' \ln X_{it}) \, 1\,\{q_{it} \leqslant \gamma_1\}$$
$$+ (\rho_2 \ln EQ_{it-1} + \beta_2 \ln TEU_{it} + \delta'' \ln X_{it}) \, 1\,\{\gamma_1 < q_{it} \leqslant \gamma_2\}$$
$$+ (\rho_3 \ln EQ_{it-1} + \beta_3 \ln TEU_{it} + \delta''' \ln X_{it}) \, 1\,\{q_{it} > \gamma_2\} + \varepsilon_{it}$$

$$(12-3)$$

其中，$1\{\cdot\}$ 为示性函数，当示性函数内表达式成立时，其值为1，否则为0；q_{it} 为转换变量；γ 为门限参数。经济高质量发展时间滞后项、城旅融合和控制变量的回归系数表示机制变量处于不同门限区间时的斜率参数。由于经济高质量发展统计模型极易出现遗漏变量或测量误差问题，再加之时间滞后性可能与随机误差相关，从而导致模型出现内生性风险。因此，为克服动态面板门限模型的内生性，徐和信（2016）采用阿雷利亚诺和邦德（1991）所开发的差分广义矩估计（first-difference GMM，FD-GMM）方法对动态面板门限回归模型进行估计，优势在于放松静态面板门限模型对门限变量和解释变量严格外生的预先假设，允许门限变量和解释变量同时内生。

表 12-8 首先报告基于产业结构升级指数的城旅融合影响经济高质量发展的动态面板门限模型的 FD-GMM 估计结果。结果显示，克服模型内生性后，产业结构升级指数存在两个门限值，分别为 0.3521 和 0.5738，从而据此可将研究样本分为三组，即产业结构升级低区制（IS≤0.3521）、产业结构升级中区制（0.3521＜IS≤0.5738）和产业结构升级高区制（IS＞0.5738），并且当产业结构升级处于不同等级演化区制时，模型解释变量系数存在显著差异。经济高质量发展时间滞后项系数在产业结构升级三个区制内均显著为正，并且数值增大，再次揭示经济高质量发展所存在的路径依赖特征，从而折射出各级政府在推进经济高质量发展战略时，需保持政策实施的持续性与稳定性。其次主要聚焦城旅融合对经济高质量发展的影响效应基于产业结构升级指数门限变量的非线性特征，系统勾勒城旅融合影响经济高质量发展的非线性变化规律。在产业结构升级低、中和高区制内，城旅融合回归系数分别为 0.1233、0.2506 和 0.4735，表明城旅融合对经济高质量发展的影响效应呈现典型的非线性递增趋势，即随着产业结构升级，城旅融合对经济高质量发展的影响效应增强。究其因，在产业结构升级初期，由于城镇化相对滞后于工业化，致使城镇化质量水平较低，从而弱化了城旅融合的经济增长效应。随着产业结构快速升级，城旅融合的技术创新能力、产业拓展空间、产品服务功能得到显著改善，进而也会强化其对经济高质量发展的影响效应。

表 12-8　　基于产业结构升级指数的动态面板门限模型估计结果

区制 1			区制 2			区制 3		
参数	估计值	标准差	参数	估计值	标准差	参数	估计值	标准差
ρ_1	0.3128 **	0.0356	ρ_2	0.5314 ***	0.1064	ρ_3	0.6723 ***	0.1232
β_1	0.1233 **	0.1351	β_2	0.2506 ***	0.1264	β_3	0.4735 ***	0.2035
χ_{FDI}	0.0231	0.1242	χ'_{FDI}	0.2335 **	0.1152	χ''_{FDI}	0.3428 ***	0.1427
χ_{INS}	0.1121 ***	0.1025	χ'_{INS}	0.2234 ***	0.1322	χ''_{INS}	0.4012 ***	0.1324

续表

区制 1			区制 2			区制 3		
参数	估计值	标准差	参数	估计值	标准差	参数	估计值	标准差
χ_{GOV}	− 0.2273	0.1326	χ'_{GOV}	0.1278 *	0.0435	χ''_{GOV}	0.1674 **	0.1136
χ_{EDU}	0.2065 **	0.1445	χ'_{EDU}	0.4126 ***	0.0821	χ''_{EDU}	0.5433 ***	0.1539
χ_{INV}	0.5668 ***	0.1536	χ'_{INV}	0.8385 ***	0.1653	χ''_{INV}	1.315 ***	0.1421
门限	IS ≤ 0.3521		门限	0.3521 < IS ≤ 0.5738		门限	IS > 0.5738	

注：＊＊＊、＊＊和＊分别表示在1%、5%和10%统计水平上显著；括号内为标准差。

　　表 12 - 9 展示出基于消费结构升级指数的城旅融合对经济高质量发展的门限效应回归结果。对于我们所关注的城旅融合回归系数，结果显示均在 1% 水平上显著为正，系数值同样渐次递增，并且城旅融合对经济高质量发展的影响效应呈现出基于消费结构升级指数的双门限特征，门限值分别为 0.7521 和 0.9978，说明城旅融合对经济高质量发展具备非线性的消费结构升级门限效应，而且呈现边际递增规律，即随着消费结构逐渐向高门槛依次跨越，城旅融合促进经济高质量发展的边际效应愈渐增强。可能的解释在于，消费结构层次越高，愈加强调城旅融合要素市场和产品市场资源配置的灵活性与效率性，实现城旅融合供给侧资源高效匹配消费结构的升级诉求，同时持续扩大城旅融合领域产品内分工协作与产业间投入产出关联，从而促进经济高质量发展。

表 12 - 9　　　　基于消费结构升级指数的动态面板门限模型估计结果

区制 1			区制 2			区制 3		
参数	估计值	标准差	参数	估计值	标准差	参数	估计值	标准差
ρ_1	0.4425 ***	0.0421	ρ_2	0.6218 ***	0.1322	ρ_3	0.7135 ***	0.1139
β_1	0.2023 ***	0.1216	β_2	0.4107 ***	0.1341	β_3	0.6228 ***	0.1015
χ_{FDI}	0.0125	0.1301	χ'_{FDI}	0.2638 **	0.1245	χ''_{FDI}	0.3112 **	0.1321
χ_{INS}	0.1016 ***	0.1265	χ'_{INS}	0.2354 ***	0.1218	χ''_{INS}	0.4435 ***	0.1038
χ_{GOV}	− 0.1184	0.1016	χ'_{GOV}	0.2135 *	0.1431	χ''_{GOV}	0.2248	0.1218
χ_{EDU}	0.2113 ***	0.1126	χ'_{EDU}	0.3761 ***	0.1428	χ''_{EDU}	0.5579 ***	0.1024
χ_{INV}	0.6783 **	0.1231	χ'_{INV}	0.8397 **	0.2131	χ''_{INV}	1.5523 ***	0.2416
门限	IS ≤ 0.7521		门限	0.7521 < IS ≤ 0.9978		门限	IS > 0.9978	

注：＊＊＊、＊＊和＊分别表示在1%、5%和10%统计水平上显著；括号内为标准差。

此外，消费结构升级指数对城旅融合影响经济高质量发展的门限效应要强于产业结构升级指数，从而也呼应了前面机制分析所得出的城旅融合对经济高质量发展的影响效应对消费结构升级更"敏感"的实证结论。宽泛而言，人民对美好生活的向往和不断追求，从深层次上激发了城旅融合对经济高质量发展的积极贡献。

第八节　结论与启示

本章系统梳理了城旅融合与经济高质量发展的概念内涵、特征事实和理论机理，采用中国 2004～2019 年 30 个省份（西藏除外）的面板数据，分别基于动态空间面板杜宾模型与动态面板门限模型，依次对城旅融合影响经济高质量发展的空间效应、传导机制与门限效应进行了实证检验。研究结果表明：城旅融合不仅直接促进本地省份经济高质量发展，而且还对邻接省份经济高质量发展具有空间溢出作用，并且直接效应占主导；机制分析证实，产业结构升级与消费结构升级是城旅融合促进经济高质量发展的传导渠道，其中，消费结构升级所起的传导效力更高，而且消费结构升级与产业结构升级之间互动协同，也是城旅融合驱动经济高质量发展的间接机制；非线性研究表明，产业结构升级与消费结构升级均对城旅融合影响经济高质量发展具有正向非单调性双重门限效应，同时，随着产业结构与消费结构升级变迁，城旅融合对经济高质量发展的促进效应边际递增。

上述结论为从旅游业与新型城镇化互动视角探索经济高质量发展的驱动因素提供了经验证据与理论支撑。当前，我国正处在社会加速转型时期，必须坚持以人民为中心，增进民生福祉，为不断满足人民日益增长的美好生活需要，要以深化供给侧结构性改革为主线推动经济高质量发展，而城旅融合则从供求两端提供了衔接上述人民需要和经济高质量发展关系的案例场景。

首先，加强现代旅游业与新型城镇化深度融合，以新型城镇化向现代旅游业赋能，以现代旅游业向新型城镇化助力，鼓励以城旅融合为代表的新产业、新业态和新模式的迭代发展。切实推动旅游业导向型新型城镇化建设理念与新型城镇化促进旅游业发展模式之间的贯通融合。依靠旅游业所具备的"现代消费"与"空间生产"两重功能优化城镇化产业结构、功能结构和空间结构，同时增进新型城镇化对旅游业的技术溢出、要素供给和服务共享。

其次，增强城旅融合对经济高质量发展的空间溢出作用。其一，以新型城市群经济发展为契机，破除城旅融合发展的行政贸易壁垒，实现城旅融合要素的跨区优化配置，促进城旅融合经济一体化发展。其二，以整体思维系统谋划城旅融合空间布局，构建多层次城旅融合中心，充分发挥城旅融合的空间外部性机制和空间竞合机制，优化城旅融合资源的空间配置，构建城旅融合空间经济网络，通过强化城旅融合的空间交互作用，提高其对经济高质量发展的空间溢出作用。其三，各级政府需通过积极采取产业政策与区域政策完善和优化城旅融合产业布局，打破地理距离和跨省市场分割、要素垄断和地方保护，畅通跨省城旅融合要素流转、循环，促进城旅融合上下游关联产业集聚，延长城旅融合产业链与供应链体系，强化城旅融合跨省产业分工与协作。其四，将城旅融合绩效纳入地方政府竞争考评框架，当本地省份识别到邻接省份通过推动城旅融合能够有效促进经济高质量发展的经验做法时，除能够学习和吸收邻接省份城旅融合先验知识外，也为防止城旅融合要素向邻接省份转移，本地省份便会基于自身要素禀赋、产业结构、城镇发展、市场规模等基本条件，做出鼓励城旅融合发展的策略性行为，从而在空间上呈现出一种竞相向上的标尺竞争效应，以释放城旅融合对经济高质量发展的空间溢出效应。

最后，通过优化居民消费结构，以促进消费升级为导向，推进产业结构升级，从而提升城旅融合对经济高质量发展的间接影响效力。一方面，继续深化收入分配改革，着力提高居民可支配收入水平，增强消费能力，挖掘消费潜能，扩大有效需求规模，促使消费结构向文化型、发展型和享受型提质升级，从而加强对城旅融合的消费回哺与潜能释放；另一方面，凸显新型城镇化对产业结构配置的选择效应、重塑效应和集聚效应，创新驱动产业结构优化、升级，强化与消费结构升级协同互动，通过挖掘市场潜能和提升供给质量，从供求两端放大城旅融合对经济高质量发展的促进作用。

参考文献

[1] 保继刚，孟凯，章倩滢．旅游引导的乡村城市化——以阳朔历村为例［J］．地理研究，2015，34（8）：1422－1434．

[2] 蔡昉．防止产业结构"逆库兹涅茨化"［J］．财经界，2015，（2）：26－29．

[3] 蔡昉．推进以人为核心的新型城镇化［J］．中国工业经济，2020（12）：5－8．

[4] 蔡刚，蔡平．旅游产业与新型城镇化协调发展的实证分析［J］．统计与决策，2018，34（12）：135－138．

[5] 蔡刚．旅游产业对新型城镇化影响的实证分析［J］．统计与决策，2018，34（17）：102－104．

[6] 曹虹剑，李康．中国高技术产业自主创新能力的影响因素［J］．经济数学，2016（3）：77－82．

[7] 曹文明，刘赢时，杨会全．湖南新型城镇化质量综合评价研究［J］．湖南社会科学，2018（2）：11－15．

[8] 曹裕，陈晓红，马跃如．城市化、城乡收入差距与经济增长——基于我国省级面板数据的实证研究［J］．统计研究，2010（3）：29－36．

[9] 曹昭煜，洪开荣．新型城镇化背景下城市房屋征收补偿的演化博弈模型简［J］．财经理论与实践，2017（4）：127－132．

[10] 钞小静，任保平．中国经济增长结构与经济增长质量的实证分析［J］．当代经济科学，2011（6）：50－56

[11] 钞小静，任保平．中国经济增长质量的时序变化与地区差异分析［J］．经济研究，2011（4）：26－41．

[12] 陈冲，吴炜聪．消费结构升级与经济高质量发展：驱动机理与实证检验［J］．上海经济研究，2019（6）：59－71．

[13] 陈丹妮．城镇化对产业结构演进的影响［J］．财经科学，2017（11）：65－77．

[14] 陈明星，叶超，陆大道．中国特色新型城镇化理论内涵的认知与建构［J］．地理学报，2019，74（4）：633－647．

[15] 陈诗一, 陈登科. 雾霾污染、政府治理与经济高质量发展 [J]. 经济研究, 2018, 53 (2): 20-34.

[16] 陈诗一. 中国的绿色工业革命: 基于环境全要素生产率视角的解释 (1980—2008) [J]. 经济研究, 2010 (11): 21-34.

[17] 陈淑云, 曾龙. 地方政府土地出让行为对产业结构升级影响分析——基于中国 281 个地级及以上城市的空间计量分析 [J]. 产业经济研, 2017 (6): 89-102.

[18] 陈晓华, 李咏. 安徽省新型城镇化质量时空特征及其驱动因子 [J]. 华东经济管理, 2017, 31 (11): 28-35.

[19] 陈友龙, 刘沛林, 许抄军. 我国旅游业发展与经济增长的因果关系研究 [J]. 衡阳师范学院学报, 2006 (1): 93-97.

[20] 陈妤凡, 王开泳. 北京经济技术开发区产城空间的演化及其影响因素 [J]. 城市问题, 2019 (5): 46-54.

[21] 陈运平, 黄小勇. 泛县域经济产城融合共生: 演化逻辑、理论解构与产业路径 [J]. 宏观经济研究, 2016 (4): 135-142.

[22] 仇保兴. 城镇化的挑战与希望 [J]. 城市发展研究, 2010, 17 (1): 1-7.

[23] 仇保兴. 新型城镇化: 从概念到行动 [J]. 行政管理改革, 2012 (11): 11-18.

[24] 仇保兴. 中国的新型城镇化之路 [J]. 广西城镇建设, 2011 (2): 36-41.

[25] 丛海彬, 段巍, 吴福象. 新型城镇化中的产城融合及其福利效应 [J]. 中国工业经济, 2017 (11): 64-82.

[26] 代碧波, 陈晓菲. 粮食主产区农业现代化与新型城镇化的耦合协调度测算 [J]. 统计与决策, 2020, 36 (9): 106-110.

[27] 单卓然, 黄亚平. "新型城镇化" 概念内涵、目标内容、规划策略及认知误区解析 [J]. 城市规划学刊, 2013 (2): 16-22.

[28] 邓椿. 山西省旅游产业—城镇化—生态环境耦合协调发展分析 [J]. 地域研究与开发, 2018, 37 (6): 87-91.

[29] 邓聚龙, 王厚生, 马鹤令. 社会经济系统时间序列预测的新方法 [J]. 未来与发展, 1982 (4): 33-36.

[30] 邓聚龙. 灰色系统理论教程 [M]. 武汉: 华中理工大学出版社, 1990.

[31] 董理, 张启春. 我国地方政府公共支出规模对人口迁移的影响——基于动态空间面板模型的实证研究 [J]. 财贸经济, 2014, 35 (12): 40 - 50.

[32] 窦银娣, 刘亮, 李伯华. 湖南省旅游产业与新型城镇化耦合协调度的时空演变研究 [J]. 衡阳师范学院学报, 2018, 39 (5): 45 - 51.

[33] 窦银娣, 李伯华, 刘沛林. 旅游产业与新型城镇化耦合发展的机理、过程及效应研究 [J]. 资源开发与市场, 2015, 31 (12): 119 - 122.

[34] 樊纲, 王小鲁, 朱恒鹏. 中国市场化指数——各地区市场化相对进程 2009 年报告 [M]. 北京: 经济科学出版社, 2010.

[35] 樊纲, 王小鲁, 朱恒鹏. 中国市场化指数——各地区市场化相对进程 2011 年报告 [M]. 北京: 经济科学出版社, 2011.

[36] 范兆媛, 周少甫. 新型城镇化对经济增长影响的研究——基于空间动态误差面板模型 [J]. 数理统计与管理, 2018, 37 (1): 150 - 158.

[37] 方杰, 张敏强, 邱皓政. 中介效应的检验方法和效果量测量: 回顾与展望 [J]. 心理发展与教育, 2012, 28 (1): 105 - 111.

[38] 方叶林, 黄震方, 段忠贤. 中国旅游业发展与生态环境耦合协调研究 [J]. 经济地理, 2013, 33 (12): 195 - 201.

[39] 方圆. 乡村旅游在促进新型城镇化发展中的作用分析 [J]. 农业经济, 2019 (12): 29 - 30.

[40] 冯蕾. 统筹城乡视域下的中国新型城镇化建设路径 [J]. 理论与改革, 2013 (6): 97 - 99.

[41] 付凌晖. 我国产业结构高级化与经济增长关系的实证研究 [J]. 统计研究, 2010, 27 (8): 79 - 81.

[42] 傅鹏, 张鹏, 周颖. 多维贫困的空间集聚与金融减贫的空间溢出——来自中国的经验证据 [J]. 财经研究, 2018 (2): 115 - 126.

[43] 干春晖, 余典范. 城市化与产业结构的战略性调整和升级 [J]. 上海财经大学学报, 2003 (4): 3 - 10.

[44] 干春晖, 郑若谷, 余典范. 中国产业结构变迁对经济增长和波动的影响 [J]. 经济研究, 2011 (5): 4 - 16.

[45] 葛敬炳，陆林，凌善金．丽江市旅游城市化特征及机理分析
     [J]．地理科学，2009，29（1）：134 - 140.

[46] 葛亮，徐邓耀．区域金融发展与区域经济增长关系的格兰杰检
     验——基于东北老工业基地的实证研究［J］．统计与决策，
     2007（4）：84 - 85.

[47] 龚志冬，黄健元．长三角城市群城镇化质量测度［J］．城市问
     题，2019，282（1）：25 - 32.

[48] 辜胜阻，方浪，刘伟．促进中国城镇化与旅游业互动发展的战
     略思考［J］．河北学刊，2014（6）：89 - 94.

[49] 关中美，何艳冰，马守臣．河南省新型城镇化发展水平评价研
     究［J］．资源开发与市场，2014，30（9）：1037 - 1040.

[50] 郭晨，张卫东．产业结构升级背景下新型城镇化建设对区域经
     济发展质量的影响——基于 PSM - DID 经验证据［J］．产业经
     济研究，2018，96（5）：78 - 88.

[51] 郭晗，任保平．结构变动、要素产出弹性与中国潜在经济增长
     率［J］．数量经济技术经济研究，2014，31（12）：72 - 84.

[52] 韩楠，于维洋．中国产业结构对环境污染影响的计量分析［J］.
     统计与决策，2015，440（20）：133 - 13.

[53] 韩晓祎，蔡争争，朱艳丽．门槛空间动态面板模型的贝叶斯估
     计及其应用研究［J］．数量经济技术经济研究，2021（10）：
     148 - 166.

[54] 韩永辉，黄亮雄，王贤彬．产业政策推动地方产业结构升级了
     吗？——基于发展型地方政府的理论解释与实证检验［J］．经
     济研究，2017（8）：33 - 48.

[55] 郝守义，曹清峰．后工业化初级阶段与新时代中国经济转型
     [J］．经济学动态，2019（9）：26 - 38.

[56] 何建民．新时代我国旅游业高质量发展系统与战略研究［J］.
     旅游学刊，2018，33（10）：9 - 10.

[57] 何育静，夏永祥．江苏省产城融合评价及对策研究［J］．现代
     经济探讨，2017（2）：73 - 77.

[58] 和红，叶民强．中国旅游业与经济增长相关关系的动态分析
     [J］．社会科学辑刊，2006（2）：134 - 138.

[59] 贺丹，田立新．基于低碳经济转型的产业结构优化水平实证研

究［J］.北京理工大学学报（社会科学版），2015，17（3）：31－39.

［60］胡鞍钢.中国进入后工业化时代［J］.北京交通大学学报（社会科学版），2017，16（1）：6－21.

［61］胡日东，苏梽芳.中国城镇化发展与居民消费增长关系的动态分析——基于 VAR 模型的实证研究［J］.上海经济研究，2007（2）：58－65.

［62］胡元瑞，田成志，吕萍.产业转型升级与新型城镇化建设的时空耦合效应机理与实证研究［J］.工业技术经，2020（9）：80－87.

［63］黄成昆，廖嘉玮，储德平.新型城镇化下旅游产城融合的交互机理及驱动因素——以长三角地区为例［J］.资源开发与市场，2021（3）：612－619.

［64］黄建中，黄亮，周有军.价值链空间关联视角下的产城融合规划研究——以西宁市南川片区整合规划为例［J］.城市规划，2017，41（10）：9－16.

［65］黄启新.金融发展、市场化水平与产业结构升级——基于中国省际面板数据的实证分析［J］.广西师范大学学报（哲学社会科学版），2017，53（2）：60－68.

［66］黄庆华，胡江峰，陈习定.环境规制与绿色全要素生产率：两难还是双赢？［J］.中国人口·资源与环境，2018，28（11）：140－149.

［67］黄睿，曹芳东，黄震方.新型城镇化背景下文化古镇旅游商业化用地空间格局演化——以同里为例［J］.人文地理，2014（6）：67－73.

［68］黄婷.论城镇化是否一定能够促进经济增长——基于 19 国面板 VAR 模型的实证分析［J］.上海经济研究，2014（2）：32－40.

［69］黄震方，吴江，侯国林.关于旅游城市化问题的初步探讨——以长江三角洲都市连绵区为例［J］.长江流域资源与环境，2000，9（2）：160－165.

［70］纪祥裕.金融地理影响了城市创新能力吗？［J］.产业经济研究，2020（1）：114－127.

[71] 江胜名，江三良，吴石英．市场化、地方政府努力方向与产业结构升级［J］．福建论坛（人文社会科学版），2017（2）：81-90.

[72] 姜安印，杨志良．新型城镇化建设与城市经济高质量增长——基于双重差分法的实证分析［J］．经济问题探索，2020（3）：84-99.

[73] 姜磊．空间回归模型选择的反思．统计与信息论坛［J］．2016（10）：10-16.

[74] 焦勇．生产要素地理集聚会影响产业结构变迁吗［J］．统计研究，2015，32（8）：54-61.

[75] 金丹，孔雪松．湖北省城镇化发展质量评价与空间关联性分析［J］．长江流域资源与环境，2020，29（10）：37-46.

[76] 瞿华，夏杰长．我国旅游业发展与经济增长关系的实证研究——基于1985—2009年数据［J］．财贸经济，2011（8）：106-112.

[77] 康继军，王卫，傅蕴英．中国各地区市场化进程区位分布的空间效应研究［J］．统计研究，2009，26（5）：33-39.

[78] 孔令刚，蒋晓岚．基于新型城镇化视角的城市空间"精明增长"［J］．中州学刊，2013（7）：27-31.

[79] 蓝庆新，陈超凡．新型城镇化推动产业结构升级了吗？——基于中国省级面板数据的空间计量研究［J］．财经研究，2013（12）：59-73.

[80] 蓝庆新，刘昭洁，彭一然．中国新型城镇化质量评价指标体系构建及评价方法——基于2003—2014年31个省市的空间差异研究［J］．南方经济，2017，36（1）：111-126.

[81] 李斌，金秋宇，卢娟．土地财政，新型城镇化对公共服务的影响［J］．首都经济贸易大学学报，2018，20（4）：69-78.

[82] 李二玲，崔之珍．中国区域创新能力与经济发展水平的耦合协调分析［J］．地理科学，2018，38（9）：1412-1421.

[83] 李国敏，匡耀求，黄宁生．基于耦合协调度的城镇化质量评价：以珠三角城市群为例［J］．现代城市研究，2015（6）：93-100.

[84] 李海东，王帅，刘阳．基于灰色关联理论和距离协同模型的区

域协同发展评价方法及实证 [J]. 系统工程理论与实践,
2014, 34 (7): 1749 – 1755.

[85] 李宏兵, 张兵兵, 谷均怡. 本土市场规模与中国能源效率提升:
基于动态面板门槛效应的实证研究 [J]. 中国人口·资源与环
境, 2019, 29 (5): 64 – 73.

[86] 李健, 盘宇章. 金融发展、实体部门与全要素生产率增长——基
于中国省级面板数据分析 [J]. 经济科学, 2017 (5): 16 – 30.

[87] 李金昌, 杨松, 赵楠. 中国能源强度影响因素分析——基于分
位数回归法 [J]. 商业经济与管理, 2014 (12): 73 – 80.

[88] 李婧, 谭清美, 白俊红. 中国区域创新生产的空间计量分
析——基于静态与动态空间面板模型的实证研究 [J]. 管理
世界, 2010 (7): 43 – 55.

[89] 李婧. 基于动态空间面板模型的中国区域创新集聚研究 [J].
中国经济问题, 2013 (6): 56 – 66.

[90] 李明珊, 孙晓华, 孙瑞. 要素市场化、结构调整与经济效率
[J]. 管理评论, 2019, 31 (5): 42 – 54.

[91] 李强谊, 钟水映. 中国旅游产业专业化发展水平的空间非均衡
及其演变——基于 Dagum 基尼系数与 Markov 链估计方法的实
证研究. 经济地理, 2016, 36 (12): 197 – 203.

[92] 李硕扬, 刘群红. 产城融合视角下特色小镇的功能定位研
究——以南昌太平镇为例 [J]. 城市发展研究, 2018, 25
(12): 174 – 178.

[93] 李文彬, 陈浩. 产城融合内涵解析与规划建议 [J]. 城市规划
学刊, 2012 (7): 99 – 103.

[94] 李亦楠, 邱红. 新型城镇化过程中农村剩余劳动力转移就业研
究 [J]. 人口学刊, 2014 (6): 75 – 80.

[95] 李勇刚, 罗海艳. 土地资源错配阻碍了产业结构升级吗？——
来自中国 35 个大中城市的经验证据 [J]. 财经研究, 2017, 43
(9): 110 – 121.

[96] 李勇刚, 王猛. 土地财政与产业结构服务化——一个解释产业
结构服务化"中国悖论"的新视角 [J]. 财经研究, 2015, 41
(9): 29 – 41.

[97] 李媛媛, 董鹏. 金融生态与新型城镇化质量——基于面板分位

数回归模型的实证检验 [J]. 河北大学学报（哲学社会科学版），2016，41（5）：102 - 110.

[98] 李志飞，曹珍珠. 旅游引导的新型城镇化：一个多维度的中外比较研究 [J]. 旅游学刊，2015，30（7）：16 - 25.

[99] 李志青. 旅游业产出贡献的经济分析：上海市旅游业的产出贡献和乘数效应 [J]. 上海经济研究，2001，（12）：66 - 69.

[100] 梁坤，杜靖川，吕宛青. 西南地区旅游产业与城镇化耦合协调度的时空特征分析 [J]. 经济管理，2014，36（12）：125 - 134.

[101] 林聚任，王忠武. 论新型城乡关系的目标与新型城镇化的道路选择 [J]. 山东社会科学，2012（9）：48 - 53.

[102] 林爽，赵磊. 城镇化进程对旅游产业竞争力的门槛效应研究 [J]. 旅游学刊，2020，35（11）：27 - 41.

[103] 林毅夫. 新结构经济学 [M]. 北京：北京大学出版社，2012.

[104] 刘斌，李川川，李秋静. 新发展格局下消费结构升级与国内价值链循环：理论逻辑和经验事实 [J]. 财贸经济，2022，43（3）：5 - 19.

[105] 刘华军，赵浩. 中国二氧化碳排放强度的地区差异分析 [J]. 统计研究，2012，29（6）：46 - 50.

[106] 刘佳，赵金金，张广海. 中国旅游产业集聚与旅游经济增长关系的空间计量分析 [J]. 经济地理，2013（4）：186 - 192.

[107] 刘淑茹，魏晓晓. 新时代新型城镇化与产业结构协调发展测度 [J]. 湖南社会科学，2019（1）：93 - 99.

[108] 刘天曌，刘沛林，王良健. 新型城镇化背景下的古村镇保护与旅游发展路径选择——以萱洲古镇为例 [J]. 地理研究，2019，38（1）：135 - 147.

[109] 刘小勇，何静. 分权体制下省级市场化进程影响因素探析——基于空间面板模型的实证研究 [J]. 经济问题，2011（10）：37 - 40.

[110] 刘晓庆，斯琴，包奇志. 内蒙古旅游业与新型城镇化耦合协调发展分析 [J]. 内蒙古统计，2017（5）：36 - 39.

[111] 刘晓瑞，孙涛. 城镇化水平对居民生活能源消费的影响 [J]. 城市问题，2019，287（6）：26 - 31.

[112] 刘欣英. 产城融合：文献综述 [J]. 西安财经学院学报，2015
(6)：48 - 52.

[113] 刘欣英. 产城融合的影响因素及作用机制 [J]. 经济问题，
2016 (8)：26 - 29.

[114] 刘雪梅. 新型城镇化进程中农村劳动力转移就业政策研究
[J]. 宏观经济研究，2014 (2)：81 - 86.

[115] 刘志彪，凌永辉. 结构转换、全要素生产率与高质量发展
[J]. 管理世界，2020，36 (7)：15 - 28.

[116] 卢为民. 产城融合发展中的治理困境与突破——以上海为例
[J]. 浙江学刊，2015 (2)：151 - 154.

[117] 陆大道，陈明星. 关于"国家新型城镇化规划（2014 -
2020）"编制大背景的几点认识 [J]. 地理学报，2015，70
(2)：179 - 185.

[118] 陆林，葛敬炳. 旅游城市化研究进展及启示 [J]. 地理研究，
2006，25 (4)：741 - 750.

[119] 吕承超，崔悦. 中国高质量发展地区差距及时空收敛性研究
[J]. 数量经济技术经济研究，2020，37 (9)：62 - 79.

[120] 吕丹，叶萌，杨琼. 新型城镇化质量评价指标体系综述与重构
[J]. 财经问题研究，2014 (9)：72 - 78.

[121] 罗党. 灰色决策问题的特征向量方法 [J]. 系统工程理论与实
践，2005，25 (4)：67 - 71.

[122] 雒海潮，李国梁. 河南省城镇化协调发展评价与空间差异分析
[J]. 地理科学，2015，35 (6)：749 - 755.

[123] 马奔，薛阳. 京津冀城市群城镇化质量评价研究 [J]. 宏观经
济研究，2019 (4)：73 - 83.

[124] 马德功，王建英. 我国西部地区新型城镇化质量测算与评
价——基于 12 个省份的面板数据分析 [J]. 经济体制改革，
2016 (2)：54 - 60.

[125] 马茹，罗晖，王宏伟. 中国区域经济高质量发展评价指标体系
及测度研究 [J]. 中国软科学，2019 (7)：60 - 68.

[126] 马艳梅，吴玉鸣，吴柏钧. 长三角地区城镇化可持续发展综合
评价——基于熵值法和象限图法 [J]. 经济地理，2015 (6)：
47 - 53.

［127］马勇，刘军. 区域城镇化进程与旅游产业效率关系研究［J］. 湖北大学学报（哲学社会科学版），2016，43（3）：130-136.

［128］毛雁冰，原云轲. 绿色新型城镇化对经济增长影响的实证研究［J］. 上海大学学报（社会科学版），2019（6）：107-118.

［129］莫志明. 旅游引导的乡村新型城镇化模式及其效应研究［J］. 农业经济，2019（5）：45-47.

［130］欧名豪，李武艳，刘向南. 区域城市化水平的综合测度研究——以江苏省为例［J］. 长江流域资源与环境，2004，13（5）：408-412.

［131］潘家华，魏后凯. 中国城市发展报告：迈向城市时代的绿色繁荣［M］. 北京：社会科学文献出版社，2012.

［132］潘锦云，吴九阳. 产城融合发展模式的形成机理与实现路径——基于提升城镇化质量的视角［J］. 江汉论坛，2016（11）：23-29.

［133］潘文卿. 中国的区域关联与经济增长的空间溢出效应［J］. 经济研究，2012（1）：54-65.

［134］彭邦文，武友德，曹洪华，李松志，王辉. 基于系统耦合的旅游业与新型城镇化协调发展分析——以云南省为例［J］. 世界地理研究，2016，25（2）：103-114.

［135］彭迪云，刘畅，宋一凡. 长江经济带新型城镇化水平评价与时空演变分析［J］. 统计与决策，2016（18）：87-90.

［136］彭星. 环境分权有利于中国工业绿色转型吗？——产业结构升级视角下的动态空间效应检验［J］. 产业经济研究，2016（2）：21-31.

［137］彭俞超. 金融功能观视角下的金融结构与经济增长——来自1989~2011年的国际经验［J］. 金融研究，2015（1）：32-49.

［138］齐红倩，席旭文，高群媛. 中国城镇化发展水平测度及其经济增长效应的时变特征［J］. 经济学家，2015（11）：26-34.

［139］冉婷，杨丹，苏维词. 2007—2018年重庆市旅游业与新型城镇化耦合协调发展分析［J］. 重庆师范大学学报（自然科学版），2020，37（2）：59-69.

［140］任保平. 新时代中国经济从高速增长转向高质量发展：理论阐

释与实践取向 [J]. 学术月刊, 2018, 50 (3): 66 - 74.

[141] 任晓燕, 杨水利. 技术创新、产业结构升级与经济高质量发展——基于独立效应和协同效应的测度分析 [J]. 华东经济管理, 2020, 34 (11): 72 - 80.

[142] 任燕. 西安旅游业发展与城市化进程的关系研究 [J]. 西安财经学院学报, 2016 (6): 56 - 61.

[143] 沙莎, 汪辉. 浅析旅游业在推动新型城镇化建设中的作用 [J]. 现代城市研究, 2016 (1): 109 - 112.

[144] 邵超对, 苏丹妮. 全球价值链生产率效应的空间溢出 [J]. 中国工业经济, 2017 (4): 94 - 114.

[145] 沈坤荣, 蒋锐. 中国城市化对经济增长影响机制的实证研究 [J]. 统计研究, 2007, 24 (6): 9 - 15.

[146] 石龙. 旅游产业集聚与城市化互动机制研究 [J]. 旅游论坛, 2007, 18 (4): 493 - 497.

[147] 石忆邵. 产城融合研究: 回顾与新探 [J]. 城市规划学刊, 2016 (5): 73 - 78.

[148] 舒小林, 刘东强, 齐培潇, 等. 中国城镇化与旅游业发展的动态关系研究——基于 VAR 模型的分析 [J]. 经济问题探索, 2014 (11): 122 - 129.

[149] 舒小林, 齐培潇, 姜雪. 旅游业影响我国西部地区新型城镇化的因素、机理及路径研究——基于西部地区 32 个旅游城市的数据分析 [J]. 生态经济, 2018 (8): 105 - 111.

[150] 宋瑛, 廖甍, 王亚飞. 制造业集聚对新型城镇化的影响研究——基于空间溢出效应的视角 [J]. 重庆大学学报 (社会科学版), 2019, 25 (6): 1 - 13.

[151] 宋铮. 制造业与生产性服务业集聚对产业结构的影响研究 [J]. 商业经济研究, 2016 (5): 192 - 195.

[152] 苏红键, 魏后凯, 邓明. 城市集聚经济的多维性及其实证检验 [J]. 财贸经济, 2014 (5): 115 - 126.

[153] 苏建军, 王丽芳. 旅游驱动新型城镇化发展的机理及类型研究 [J]. 改革与战略, 2019, 35 (2): 63 - 70.

[154] 隋建利, 刘碧莹. 中国旅游发展与宏观经济增长的非线性时变因果关系——基于非线性马尔科夫区制转移因果模型 [J].

经济管理, 2017 (8): 26 – 43.

[155] 孙豪, 桂河清, 杨冬. 中国省域经济高质量发展的测度与评价 [J]. 浙江社会科学, 2020 (8): 4 – 14.

[156] 孙叶飞, 夏青, 周敏. 新型城镇化发展与产业结构变迁的经济 增长效应 [J]. 数量经济技术经济研究, 2016 (11): 23 – 40.

[157] 唐鸿, 刘雨婧, 麻学锋. 旅游业与新型城镇化协调发展效应评 价——以张家界为例 [J]. 经济地理, 2017, 37 (2): 216 – 223.

[158] 唐睿, 李晨阳, 冯学钢. 辽宁省旅游业发展与新型城镇化动态 关系研究 [J]. 资源开发与市场, 2017, 33 (8): 1011 – 1016.

[159] 唐晓华, 刘相锋. 能源强度与中国制造业产业结构优化实证 [J]. 中国人口·资源与环境, 2016, 26 (10): 78 – 85.

[160] 陶长琪, 刘振. 土地财政能否促进产业结构趋于合理——来自 我国省级面板数据的实证 [J]. 财贸研究, 2017 (2): 54 – 63.

[161] 田里, 张鹏杨. 旅游产业融合的文献综述与研究框架构建 [J]. 技术经济与管理研究, 2016 (9): 119 – 123.

[162] 佟孟华, 褚翠翠, 李洋. 中国经济高质量发展的分布动态, 地 区差异与收敛性研究 [J]. 数量经济技术经济研究, 2022, 39 (6): 3 – 22.

[163] 童光辉, 赵海利. 新型城镇化进程中的基本公共服务均等化: 财政支出责任及其分担机制——以城市非户籍人口为中心 [J]. 经济学家, 2014 (11): 32 – 36.

[164] 汪倩, 王兆峰. 新型城镇化与旅游产业转型升级的互动关系及 区域差异——基于省际面板数据的实证分析 [J]. 福建农林 大学学报 (哲学社会科学版), 2022, 25 (1): 57 – 67.

[165] 汪洋, 景亚萱. 粤港澳大湾区城市群产城融合测度及其协同策 略研究 [J]. 工程管理学报, 2019, 33 (3): 47 – 52.

[166] 王滨. FDI 对新型城镇化的空间溢出效应 [J]. 城市问题, 2020 (1): 20 – 32.

[167] 王朝明, 马文武. 中国城镇化进程中的贫困问题: 按要素分解

分析［J］. 中国人口·资源与环境, 2014 (24): 94 – 103.

［168］王大将, 周庆敏, 常志玲. 一种新的多指标综合评价方法
［J］. 统计与决策, 2007 (7): 137 – 138.

［169］王东琴, 李伟. 基于耦合模型的旅游产业与城镇化协调发展研
究——以云南省为例［J］. 云南师范大学学报 (自然科学
版), 2017, 37 (3): 66 – 72.

［170］王冬萍, 阎顺. 旅游城市化现象初探——以新疆吐鲁番市为例
［J］. 干旱区资源与环境, 2003, 17 (5): 118 – 122.

［171］王恩旭, 吴燕, 谷云华. 中国旅游产业与城镇化耦合协调发展
评价研究［J］. 旅游论坛, 2015, 6 (1): 7 – 12.

［172］王红, 宋颖聪. 旅游城镇化的分析［J］. 经济问题, 2009
(10): 126 – 128.

［173］王红蕾, 朱建东. 基于耦合理论的旅游业与新型城镇化协同发
展研究——以贵州省为例［J］. 贵州大学学报 (社会科学
版), 2017, 35 (6): 51 – 55.

［174］王洪江. 新型城镇化到底 “新” 在何处? ——基于类型学的
分析［J］. 社会主义研究, 2016 (6): 49 – 58.

［175］王建康, 谷国锋, 姚丽. 城市化进程、空间溢出效应与城乡收
入差距——基于 2002 ~ 2012 年省级面板数据［J］. 财经研究,
2015 (5): 55 – 66.

［176］王金营, 李佳黛. 京津冀各市新型城镇化发展评价——基于京
津冀协同发展的考察［J］. 人口与经济, 2017 (6): 58 – 70.

［177］王坤, 黄震方, 余凤龙. 中国城镇化对旅游经济影响的空间效
应——基于空间面板计量模型的研究［J］. 旅游学刊, 2016,
31 (5): 15 – 28.

［178］王林辉, 袁礼. 有偏型技术进步、产业结构变迁和中国要素收
入分配格局［J］. 经济研究, 2018, 53 (11): 117 – 133.

［179］王平, 王琴梅. 新型城镇化的经济增长效应及其传导路径
［J］. 新疆大学学报 (哲学人文社会科学汉文版), 2015, 43
(6): 1 – 8.

［180］王琴, 黄大勇. 新型城镇化对旅游业发展的影响效应——以长
江经济带为例［J］. 河南科技学院学报, 2020 (9): 1 – 8.

［181］王锐, 朱显平. 产业结构、城镇化与经济增长——基于省际面

板数据的经验分析 [J]. 中国流通经济, 2016, 30 (4):
64 - 71.

[182] 王守坤. 空间计量模型中权重矩阵的类型与选择 [J]. 经济数
学, 2013 (3): 57 - 63.

[183] 王曙光, 王靖宇. 新型城镇化与旅游业发展的相关性分析——
以黑龙江省为例 [J]. 商业研究, 2015 (12): 164 - 170.

[184] 王素娟, 吴殿廷, 赵林. 辽宁省新型城镇化进程评价 [J]. 城
市发展研究, 2014, 21 (3): 21 - 27.

[185] 王婷. 中国城镇化对经济增长的影响及其时空分化 [J]. 人口
研究, 2013 (5): 53 - 67.

[186] 王贤彬, 黄亮雄. 夜间灯光数据及其在经济学研究中的应用
[J]. 经济学动态, 2018 (10): 77 - 89.

[187] 王小鲁, 樊纲, 余静文. 中国分省市场化指数报告 (2016)
[M]. 北京: 社会科学文献出版社, 2017.

[188] 王晓红, 冯严超. 中国产城融合的影响因素识别与空间效应分
析 [J]. 南京财经大学学报, 2018 (5): 30 - 39.

[189] 王新越, 秦素贞, 吴宁宁. 新型城镇化的内涵、测度及其区域
差异研究 [J]. 地域研究与开发, 2014, 33 (4): 69 - 75.

[190] 王新越, 宋飓, 宋斐红. 山东省新型城镇化的测度与空间分异
研究 [J]. 地理科学, 2014, 34 (9): 1069 - 1076.

[191] 王永军, 张东辉. 城乡统筹发展视角的新型城镇化对经济增长
的影响 [J]. 甘肃社会科学, 2020 (3): 183 - 190.

[192] 王永军. 新型城镇化如何影响城镇居民消费 [J]. 东南大学学
报 (社会科学版), 2020, 22 (3): 108 - 116.

[193] 魏鸿雁, 陶卓民, 潘坤友. 乡村旅游与新型城镇化耦合发展研
究——以江苏省为例 [J]. 南京师大学报 (自然科学版),
2020, 43 (1): 89 - 96.

[194] 魏后凯. 中国城镇化: 和谐与繁荣之路 [J]. 北京: 社会科学
文献出版社, 2014.

[195] 魏敏, 胡振华. 湖南新型城镇化与产业结构演变协调发展测度
研究 [J]. 科研管理, 2019 (11): 67 - 84.

[196] 魏敏, 李书昊. 新时代中国经济高质量发展水平的测度研究
[J]. 数量经济技术经济研究, 2018, 35 (11): 3 - 20.

［197］温杰，张建华．中国产业结构变迁的资源再配置效应［J］．中国软科学，2010（6）：57－67.

［198］温忠麟，刘红云，侯杰泰．调节效应和中介效应分析［M］．北京：教育科学出版社，2012.

［199］温忠麟，叶宝娟．有调节的中介模型检验方法：竞争还是替补？［J］．心理学报，2014，46（5）：714－726.

［200］吴万宗，刘玉博，徐琳．产业结构变迁与的收入不平等［J］．管理世界，2018（2）：22－32.

［201］吴雪飞，赵磊．旅游业是产业结构变迁的动力吗？来自中国的经验证据［J］．旅游科学，2019，35（5）：80－103.

［202］武传表，于佳．旅游产业与新型城镇化耦合协调度研究——以大连为例［J］．生产力研究，2016（7）：76－78.

［203］武春友，谢风媛，全华．旅游发展与我国经济增长关系的实证研究［J］．科技与管理，2009，11（6）：8－11.

［204］夏杰长，倪红福．中国经济增长的主导产业：服务业还是工业？［J］．南京大学学报（哲学·人文科学·社会科学），2016，53（3）：43－52.

［205］夏勇其，吴祈宗．一种混合型多属性决策问题的 TOPSIS 方法［J］．系统工程学报，2004，19（6）：630－634.

［206］向书坚，郑瑞坤，杨璐瑶．城乡居民收入差距对城镇化影响的地区差异及动态演进［J］．数量经济技术经济研究，2022（7）：47－68.

［207］肖丁丁，朱桂龙，王静．政府科技投入对企业 R&D 支出影响的再审视——基于分位数回归的实证研究［J］．研究与发展管理，2013，25（3）：25－32.

［208］谢呈阳，胡汉辉，周海波．新型城镇化背景下"产城融合"的内在机理与作用路径［J］．财经研究，2016，42（1）：72－82.

［209］谢赤，毛宁．金融生态建设与新型城镇化的时空耦合关系［J］．统计与决策，2020，36（3）：94－98.

［210］谢锐，陈严，韩峰．新型城镇化对城市生态环境质量的影响及时空效应［J］．管理评论，2018，30（1）：230－241.

［211］谢彦君．基础旅游学（第3版）［M］．北京：中国旅游出版

社，2011.

[212] 徐海峰. 新型城镇化与流通业、旅游业耦合协调发展——基于协同理论的实证研究 [J]. 商业研究，2019，(2)：45 – 51.

[213] 徐红罡. 城市旅游与城市发展的动态模式探讨 [J]. 人文地理，2005，20 (1)：6 – 9.

[214] 徐秋艳，房胜飞，马琳琳. 新型城镇化、产业结构升级与中国经济增长——基于空间溢出及门槛效应的实证研究 [J]. 系统工程理论与实践，2019，39 (6)：1407 – 1418.

[215] 徐维祥，徐志雄，郑金辉. 城市化质量的空间特征及其门槛效应研究 [J]. 城市问题，2020 (2)：24 – 32.

[216] 徐选国，杨君. 人本视角下的新型城镇化建设：本质、特征及其可能路径 [J]. 南京农业大学学报 (社会科学版)，2014，14 (2)：15 – 20.

[217] 许耀东，周军，李霞. 市场一体化与新型城镇化的关联性解析——以武汉城市圈为例 [J]. 武汉理工大学学报 (社会科学版)，2017，30 (1)：62 – 67.

[218] 严成樑，吴应军，杨龙见. 财政支出与产业结构变迁 [J]. 经济科学，2016 (1)：5 – 16.

[219] 杨惠，方斌，瞿颖. 产城融合概念定位与效应评价——以扬中市为例 [J]. 南京师大学报 (自然科学版)，2016，39 (2)：120 – 124.

[220] 杨立勋，姜增明. 产业结构与城镇化匹配协调及其效率分析 [J]. 经济问题探索，2013 (10)：34 – 39.

[221] 杨丽君，邵军. 中国区域产业结构优化的再估算 [J]. 数量经济技术经济研究，2018，35 (10)：60 – 78.

[222] 杨明海，张红霞，孙亚男. 七大城市群创新能力的区域差距及其分布动态演进 [J]. 数量经济技术经济研究，2017 (3)：21 – 39.

[223] 杨剩富，胡守庚，叶菁. 中部地区新型城镇化发展协调度时空变化及形成机制 [J]. 经济地理，2014 (11)：23 – 29.

[224] 杨文溥. 数字经济促进高质量发展：生产效率提升与消费扩容 [J]. 上海财经大学学报 (哲学社会科学版)，2022，24 (1)：48 – 60.

[225] 杨亚丽，孙根年．城市化推动我国国内旅游发展的时空动态分析 [J]．经济地理，2013，33（7）：169-175.

[226] 杨勇．旅游业与我国经济增长关系的实证分析 [J]．旅游科学，2006，20（2）：40-46.

[227] 杨勇．我国旅游产业综合竞争力：理论分析、测度体系与实证评价 [J]．旅游科学，2012，26（6）：42-54.

[228] 杨友宝，王荣成，曹洪华．东北老工业城市旅游业与城市化耦合演变关系研究 [J]．人文地理，2016（1）：140-146.

[229] 杨志辉，李卉．财政分权是否促进了新型城镇化 [J]．经济问题，2021（3）：32-40.

[230] 杨主泉．旅游业与新型城镇化协同发展机理研究 [J]．社会科学家，2018，258（10）：86-91.

[231] 杨主泉．旅游业与新型城镇化协同发展评价模型构建 [J]．社会科学家，2020（1）：77-81.

[232] 姚士谋，陆大道，王聪．中国城镇化需要综合性的科学思维——探索适应中国国情的城镇化方式 [J]．地理研究，2011，30（11）：1947-1955.

[233] 叶宗裕．关于多指标综合评价中指标正向化和无量纲化方法的选择 [J]．浙江统计，2003（4）：24-25.

[234] 于斌斌，陈露．新型城镇化能化解产能过剩吗？[J]．数量经济技术经济研究，2019，36（1）：23-42.

[235] 于立．"生态文明"与新型城镇化的思考和理论探索 [J]．城市发展研究，2016，23（1）：19-26.

[236] 余凤龙，黄震方，曹芳东．中国城镇化进程对旅游经济发展的影响 [J]．自然资源学报，2014（8）：1297-1309.

[237] 余凤龙，黄震方，方叶林．中国农村居民旅游消费特征与影响因素分析 [J]．地理研究，2013，32（2）：1565-1576.

[238] 余泳泽，孙鹏博，宣烨．地方政府环境目标约束是否影响了产业转型升级？[J]．经济研究，2020（8）：57-72.

[239] 余泳泽．异质性视角下中国省际全要素生产率再估算：1978-2012 [J]．经济学（季刊），2018，16（3）：1051-1072.

[240] 余泳泽．中国省际全要素生产率动态空间收敛性研究 [J]．世界经济，2015，38（10）：32-57.

［241］喻开志，黄楚蘅，喻继银．城镇化对中国经济增长的影响效应分析［J］．财经科学，2014（7）：52 – 60.

［242］袁晓玲，贺斌，卢晓璐．中国新型城镇化质量评估及空间异质性分析［J］．城市发展研究，2017，24（6）：125 – 132.

［243］袁晓玲，梁鹏，曹敏杰．基于可持续发展的陕西省城镇化发展质量测度［J］．城市发展研究，2013（2）：52 – 56.

［244］岳隽，古杰．产城融合的概念框架搭建：基于空间组织逻辑的识别与评价［J］．城市观察，2015，40（6）：168 – 177.

［245］岳立，薛丹．新型城镇化对中国城市土地利用效率的影响研究［J］．经济问题探索，2020（9）：114 – 124.

［246］曾繁清，叶德珠．金融体系与产业结构的耦合协调度分析——基于新结构经济学视角［J］．经济评论，2017（3）：136 – 149.

［247］曾群华，徐长乐．新型城镇化的研究综述［J］．中国名城，2014（6）：26 – 31.

［248］曾珍香．可持续发展协调性分析［J］．系统工程理论与实践，2001，21（3）：18 – 21.

［249］曾志伟，汤放华，易纯．新型城镇化新型度评价研究——以环长株潭城市群为例［J］．城市发展研究，2012，19（3）：1 – 4.

［250］翟战平．区域高质量发展阶段的产城融合模式探析［J］．中国房地产：市场版，2019（8）：16 – 18.

［251］詹浩勇．我国产业结构变迁与就业的互动关系探讨［J］．现代经济探讨，2010（3）：31 – 34.

［252］詹新宇，崔培培．中国省际经济增长质量的测度与评价——基于"五大发展理念"的实证分析［J］．财政研究，2016（8）：40 – 53.

［253］张波．以新型城镇化推进城乡发展一体化［J］．河北学刊，2014，34（4）：204 – 206.

［254］张弛，陈涛，冼军李．旅游业发展与城市化进程关系的实证研究——以重庆市为例［J］．特区经济，2018（6）：130 – 133.

［255］张春玲．县域新型城镇化质量评价研究——以河北省为例［J］．河北经贸大学学报，2019（1）：102 – 108.

［256］张春燕．旅游产业与新型城镇化的耦合评价模型［J］．统计与决策，2014（14）：28-31.

［257］张翠菊，张宗益．中国省域产业结构升级影响因素的空间计量分析［J］．统计研究，2015，32（10）：32-37.

［258］张道刚．"产城融合"的新理念［J］．决策，2011（1）：1-2.

［259］张广海，龚荷．东部沿海地区新型城镇化旅游驱动机制分析［J］．经济与管理评论，2015（4）：106-112.

［260］张广海，王新越．"旅游化"概念的提出及其与"新四化"的关系［J］．经济管理，2014，36（1）：110-121.

［261］张广海，赵韦舒．我国城镇化与旅游化的动态关系、作用机制与区域差异——基于省级面板数据的 PVAR 模型分析［J］．经济管理，2017，39（11）：116-133.

［262］张广海，赵韦舒．中国新型城镇化与旅游化互动效应及其空间差异［J］．经济地理，2017（1）：196-204.

［263］张红利．我国传统城镇化的反思和新型城镇化的内涵要求［J］．生态经济，2013（11）：83-86.

［264］张建清，沈姝文．长江中游城市群产城融合度评价［J］．上海经济研究，2017（3）：111-116.

［265］张军，吴桂英，张吉鹏．中国省际物质资本存量估算：1952—2000［J］．经济研究，2004（10）：35-44.

［266］张凌云．非惯常环境：旅游核心概念的再研究——建构旅游学研究框架的一种尝试［J］．旅游学刊，2009，24（7）：12-17.

［267］张明斗，毛培榕．新型城镇化的内生机制建设及路径优化研究［J］．当代经济管理，2018，40（6）：69-73.

［268］张沛东．区域制造业与生产性服务业耦合协调度分析——基于中国 29 个省级区域的实证研究［J］．开发研究，2010，47（2）：46-49.

［269］张荣天，焦华富．中国新型城镇化研究综述与展望［J］．世界地理研究，2016，25（1）：59-66.

［270］张炜，马鑫杰，张毓峰．旅游产业、区域经济与城镇化关系研究——基于线性、非线性、面板 Granger 因果关系检验［J］．

城市规划，2018，42（8）：53 - 58.

[271] 张文菊，吕观盛. 广西旅游业与城市化耦合协调发展评价
[J]. 广西社会科学，2017（7）：24 - 29.

[272] 张文婷，温宗国. 资源环境约束下中国新型城镇化发展模式研
究 [J]. 中国人口·资源与环境，2016，26（S1）：385 - 388.

[273] 张晓杰. 新型城镇化与基本公共服务均等化的政策协同效应研
究 [J]. 经济与管理，2013（11）：5 - 12.

[274] 张许颖，黄匡时. 以人为核心的新型城镇化的基本内涵、主要
指标和政策框架 [J]. 中国人口·资源与环境，2014，24
（S3）：280 - 283.

[275] 张艺凡，朱家明. 旅游业与新型城镇化互动发展路径的研究
[J]. 哈尔滨师范大学（自然科学学报），2018，34（3）：
79 - 84.

[276] 张引，杨庆媛，李闯. 重庆市新型城镇化发展质量评价与比较
分析 [J]. 经济地理，2015，35（7）：79 - 86.

[277] 张颖，黄俊宇. 金融创新，新型城镇化与区域经济增长——基
于空间杜宾模型的实证分析 [J]. 工业技术经济，2019
（12）：12 - 16.

[278] 张勇，古明明. 政府规模究竟该多大？——中国政府规模与经
济增长关系的研究 [J]. 中国人民大学学报，2014，28（6）：
88 - 98.

[279] 张勇，蒲勇健，陈立泰. 城镇化与服务业集聚——基于系统耦
合互动的观点 [J]. 中国工业经济，2013（6）：57 - 69.

[280] 张彧泽，胡日东. 我国城镇化对经济增长传导效应研究——基
于状态空间模型 [J]. 宏观经济研究，2014（5）：92 - 98.

[281] 张占斌. 中国新型城镇化健康发展报告 [M]. 北京：社会科
学文献出版社，2014.

[282] 张占仓. 河南省新型城镇化战略研究 [J]. 经济地理，2010，
30（9）：1462 - 1467.

[283] 赵传松，任建兰. 全域旅游视角下中国旅游业与区域发展耦合
协调及预测研究 [J]. 经济问题探索，2018（3）：38 - 32.

[284] 赵建吉，刘岩，朱亚坤. 黄河流域新型城镇化与生态环境耦合
的时空格局及影响因素 [J]. 资源科学，2020，42（1）：

159 - 171.

[285] 赵磊, 方成, 毛聪玲. 中国存在旅游导向型城镇化吗?——基于线性和非线性的实证分析 [J]. 旅游科学, 2016 (6): 22 - 38.

[286] 赵磊, 方成. 中国省际新型城镇化发展水平地区差异及驱动机制 [J]. 数量经济技术经济研究, 2019, 36 (5): 44 - 64.

[287] 赵磊, 潘婷婷, 方成, 林爽. 旅游业与新型城镇化——基于系统耦合协调视角 [J]. 旅游学刊, 2020, 35 (1): 17 - 34.

[288] 赵磊, 全华. 中国国内旅游消费与经济增长关系的实证分析 [J]. 经济问题, 2011 (4): 32 - 38.

[289] 赵磊, 唐承财. 产业结构变迁、旅游业与经济增长——来自中国的经验证据 [J]. 资源科学, 2017, 39 (10): 1918 - 1929.

[290] 赵磊, 张晨. 旅游业会影响城镇化经济增长效应吗?——基于中国的实证检验 [J]. 旅游学刊, 2017, 32 (10): 57 - 66.

[291] 赵磊. 旅游发展与经济增长——来自中国的经验证据 [J]. 旅游学刊, 2015, 30 (4): 33 - 49.

[292] 赵磊. 旅游发展与中国经济增长效率——基于 Malmquist 指数和系统 GMM 的实证分析 [J]. 旅游学刊, 2012, 27 (11): 44 - 55.

[293] 赵娜. 新型城镇化发展质量的测度与评价 [J]. 统计与决策, 2020, 36 (22): 57 - 60.

[294] 赵莎莎, 张东辉, 司传宁. 城镇化水平、全要素生产率与城乡收入差距——基于区域异质性及交互效应的实证分析 [J]. 现代经济探讨, 2018 (11): 93 - 100.

[295] 赵旭, 胡水炜, 陈培安. 城镇化可持续发展评价指标体系初步探讨 [J]. 资源开发与市场, 2009, 25 (10): 889 - 889.

[296] 赵彦云, 王康, 邢炜. 转型期中国省际经济波动对经济增长的空间溢出效应 [J]. 统计研究, 2017, 34 (5): 3 - 16.

[297] 赵永平, 徐盈之. 新型城镇化、制度变迁与居民消费增长 [J]. 江西财经大学学报, 2015 (6): 3 - 13.

[298] 赵永平, 徐盈之. 新型城镇化的经济增长效应: 时空分异与传导路径分析 [J]. 商业经济与管理, 2014 (8): 48 - 56.

[299] 赵永平, 徐盈之. 新型城镇化发展水平综合测度与驱动机制研

究——基于我国省际 2000 ~ 2011 年的经验分析 [J]. 中国地质大学学报（社会科学版），2014，14（1）：116 - 124.

[300] 赵永平，徐盈之. 新型城镇化影响劳动生产率的门槛效应研究 [J]. 中南大学学报（社会科学版），2019，25（5）：80 - 89.

[301] 赵永平. 新型城镇化发展水平测度及其时空差异分析 [J]. 西安电子科技大学学报（社会科学版），2016（5）：60 - 68.

[302] 赵云鹏，叶娇. 对外直接投资对中国产业结构影响研究 [J]. 数量经济技术经济研究，2018（3）：78 - 95.

[303] 郑宝华，朱佳翔. 国家自主创新示范区产城融合度评价 [J]. 统计与决策，2016（18）：65 - 68.

[304] 郑立文，黄俊宇. 东北地区新型城镇化与产业结构耦合效应研究 [J]. 税务与经济，2019（5）：52 - 57.

[305] 郑鑫. 城镇化对中国经济增长的贡献及其实现途径 [J]. 中国农村经济，2014（6）：4 - 15.

[306] 钟家雨，柳思维，熊曦. 旅游业与城镇化协同发展的区域差异分析 [J]. 经济地理，2014，34（2）：187 - 192.

[307] 钟少颖，陈锐，魏后凯. 中国新型城镇化空间布局研究 [J]. 城市发展研究，2013，20（12）：18 - 23.

[308] 周飞舟. 大兴土木：土地财政与地方政府行为 [J]. 经济社会体制比较，2010（3）：77 - 89.

[309] 周慧. 城镇化、空间溢出与经济增长——基于我国中部地区地级市面板数据的经验证据 [J]. 上海经济研究，2016（2）：93 - 102.

[310] 周瑾，景光正，随洪光. 社会资本如何提升了中国经济增长的质量？[J]. 经济科学，2018（4）：33 - 26.

[311] 周蕾，王冲. 旅游产业—区域经济—信息产业系统耦合协调发展研究 [J]. 统计与决策，2017（18）：105 - 109.

[312] 周敏，李磊，朱新华. 新型城镇化对产业结构调整的影响及作用路径——基于中介效应的实证分析 [J]. 财贸研究，2020（5）：28 - 38.

[313] 周强. 经济增长、城镇化与旅游产业发展对城乡收入差异的影响——基于省级空间面板数据的实证研究 [J]. 现代城市研究，2019（2）：60 - 68.

[314] 周亚虹，宗庆庆，陈曦明. 财政分权体制下地市级政府教育支出的标尺竞争 [J]. 经济研究，2013 (11)：127 - 138.

[315] 朱风慧，刘立峰. 我国产业结构升级与经济高质量发展——基于地级及以上城市经验数据 [J]. 云南财经大学学报，2020 (6)：42 - 53.

[316] 朱竑，贾莲莲. 基于旅游"城市化"背景下的城市"旅游化"——桂林案例 [J]. 经济地理，2006 (1)：153 - 157.

[317] 朱孔来，李静静，乐菲菲. 中国城镇化进程与经济增长关系的实证研究 [J]. 统计研究，2011，28 (9)：80 - 87.

[318] 邹德玲，丛海彬. 中国产城融合时空格局及其影响因素 [J]. 经济地理，2019，39 (6)：66 - 74.

[319] 左冰. 去工业化：旅游发展对桂林工业部门的影响研究 [J]. 旅游科学，2015，29 (1)：25 - 39.

[320] 左鹏飞，姜奇平，陈静. 互联网发展、城镇化与我国产业结构转型升级 [J]. 数量经济技术经济研究，2020，37 (7)：71 - 91.

[321] Acemoglu D, Guerrieri V. Capital deepening and nonbalanced economic growth [J]. Journal of Political Economy, 2008, 116 (3)：467 - 498.

[322] Adamou A, Chlorides S. Prospects and limits of tourism - led growth：The international evidence [J]. Review of Economic Analysis, 2010 (3)：287 - 303.

[323] Agarwal, S. Resort economy and direct economic linkages [J]. Annals of Tourism Research, 2012, 39 (3)：1470 - 1494.

[324] Aguiló E, Alegre J, Sard M. The persistence of the sun and sand tourism model [J]. Tourism Management, 2005, 26 (2)：219 - 231.

[325] Ahamefule L A. A causality analysis of tourism as a long - run economic growth factor in Jamaica [J]. Tourism Economics, 2012, 18 (5)：1125 - 1133.

[326] Ahiawodzi A K. Tourism earnings and economic growth in Ghana [J]. British Journal of Economics, Finance and Management Sciences, 2013, 7 (2)：187 - 202.

[327] Ahlfeldt, G. M. , & Feddersen, A. From periphery to core: Measuring agglomeration effects using high - speed rail [J]. Journal of Economic Geography, 2018, 18 (2): 355 - 390.

[328] Ahmad J. Causality between exports and economic growth: What do the econometric studies tell us? [J]. Pacific Economic Review, 2001, 6 (1): 147 - 167.

[329] Ahmed E M. Green TFP intensity impact on sustainable East Asian productivity growth [J]. Economic Analysis & Policy, 2012, 42 (1): 67 - 78.

[330] Ahmed J, Kwan A C. Causality between exports and economic growth [J]. Economics Letters, 1991, 37: 243 - 248.

[331] Aitchison C, Richards G, Tallon A, et al. Urban transformations: Regeneration and renewal through leisure, sport and tourism [J]. Annals of the American Academy of Political & Social Science, 2007, 540 (1): 63 - 76.

[332] Akama, J. S. , Kieti, D. Tourism and socio - economic development in developing countries: A case study of Mombasa Resort in Kenya [J]. Journal of Sustainable Tourism, 2007, 15 (6): 735 - 748.

[333] Akinboade O, Braimoh L A. International tourism and economic development in South Africa: A Granger causality test [J]. International Journal of Tourism Research, 2010, 12: 149 - 163.

[334] Akita T, Pagulayan M S. Structural changes and interregional income inequality in the philippines, 1975 - 2009 [J]. Review of Urban & Regional Development Studies, 2014, 26 (2): 11 - 16.

[335] Albaladejo I P, González-Martínez M I, Martínez-García M P. Quality and endogenous tourism: An empirical approach [J]. Tourism Management, 2014, 41: 141 - 147.

[336] Alegre J, Pou L. The length of stay in the demand for tourism [J]. Tourism Management, 2006, 27: 1343 - 1355.

[337] Algieri B. International tourism specialization of small countries [J]. International Journal of Tourism Research, 2006, 8: 1 - 12.

[338] Alhowaish, A, K. Is tourism development a sustainable economic

growth strategy in the long run? Evidence from GCC countries [J]. Sustainability, 2016, 8 (7): 605 – 608.

[339] Alvarez-Cuadrado F, Long N V, Poschke M. Capital-labor substitution, structural change, and growth [J]. Theoretical Economics, 2017, 12 (3): 8 – 9.

[340] Al-Mulali U, Fereidouni H G, Lee J Y M, et al. Estimating the tourism-led growth hypothesis: A case study of the Middle East countries [J]. Anatolia, 2014, 25 (2): 290 – 298.

[341] Amaghionyeodiwe L A. A causality analysis of tourism as a long-run economic growth factor in Jamaica [J]. Tourism Economics, 2012, 18 (5): 125 – 1133.

[342] Andriotis K. Scale of hospitality firms and local economic development-evidence from Crete [J]. Tourism Management, 2002, 23 (4): 333 – 341.

[343] Anselin L, Varga A, Acs Z. Local geographic spillovers between university research and high technology innovations [J]. Journal of Urban Economics, 1997, 42 (3): 422 – 448.

[344] Anselin L. Lagrange multiplier test diagnostics for spatial dependence and spatial heterogeneity [J]. Geographical Analysis, 1988, 20 (1): 1 – 17.

[345] Anselin L. Spatial econometrics: Methods and models [M]. Springer Science & Business Media, 2013.

[346] Anselin, L. Some further notes on spatial models and regional science [J]. Journal of Regional Science, 1986, 26: 799 – 802.

[347] Antrop M. Landscape change and the urbanization process in Europe [J]. Landscape and Urban Planning, 2004, 67 (1 – 4): 9 – 26.

[348] Apergis N, Payne J E. Tourism and growth in the Caribbean – evidence from a panel error correction model [J]. Tourism Economics, 2012, 18 (4): 449 – 456.

[349] Archer B. Importance of tourism for the economy of Bermuda [J]. Annals of Tourism Research, 1995, 22 (4): 918 – 930.

[350] Arellano M, Bond S. Panel data estimation using DPD [M]. Oxford: Nuffield College, 2002.

[351] Arellano M, Bond S. Some tests of specification for panel data: Monte Carlo evidence and an application to employment equations [J]. The Review of Economic Studies, 1991, 58 (2): 277 – 297.

[352] Arellano M, Bover O. Another look at the instrumental variable estimation of error – components [J]. Journal of Econometrics, 1995, 34 (7): 877 – 884.

[353] Arnould E J, Thompson C T. Consumer culture theory (CCT): twenty years of research [J]. Journal of Consumer Research, 2005, 31 (4): 868 – 882.

[354] Arslanturk Y, Atan S. Dynamic relation between economic growth, foreign exchange and tourism incomes: An econometric perspective on Turkey [J]. Journal of Business, Economics & Finance, 2012, 1 (1): 30 – 37.

[355] Arslanturk Y, Balcilar M, Ozdemir Z A. Time-varying linkages between tourism receipts and economic growth in a small open economy [J]. Economic Modelling, 2011, 28 (1 – 2): 664 – 671.

[356] Ashworth G, Page S J. Urban tourism research: Recent progress and current paradoxes [J]. Tourism Management, 2011, 32 (1): 1 – 15.

[357] Aslan A. Tourism development and economic growth in the Mediterranean countries: Evidence from panel Granger causality tests [J]. Current Issues in Tourism, 2014, 17 (4): 363 – 372.

[358] Aslesen H W, Isaksen A. Knowledge intensive business services and urban industrial development [J]. The Service Industries Journal, 2007, 27 (3): 321 – 338.

[359] Aslesen H W, Isaksen A. New perspectives on knowledge: Intensive services and innovation [J]. Geografiska Annaler, 2010, 89 (s1): 45 – 58.

[360] Bailey N. The challenge and response to global tourism the post – modern era: The commodification, reconfiguration and mutual transformation of Habana Vieja Cuba [J]. Urban Studies, 2008, 45 (5 – 6): 1079 – 1096.

[361] Bairoch P. Cities and economic development: From the dawn of history

to the present [M]. Chicago: University of Chicago Press, 1988.

[362] Bala A P. Urban Concentration and Economic Growth: Checking for specific regional effects [R]. Core Discussion Papers, 2009.

[363] Balaguer J, Cantavella-Jordà M. Tourism as a long-run economic growth factor: The Spanish case [J]. Applied Economics, 2002, 34 (7): 877 – 884.

[364] Balassa B. Exports and economic growth: Further evidence [J]. Journal of Development Economics, 1978 (5): 181 – 189.

[365] Baltagi B H. Forecasting with panel data [J]. Journal of Forecasting, 2008, 27 (2): 153 – 173.

[366] Baltagi B, Li D. Prediction in the panel data model with spatial correlation. In Anselin L, Florax R (eds) . Advances in Spatial Econometrics [M]. Heidelberg: Springer-Verlag, 2000.

[367] Banerjee A V, Duflo E. Inequality and growth: What can the data say? [J]. Journal of Economic Growth, 2003, 8 (3): 267 – 299.

[368] Bar R. Industrialization and urbanization in Latin America [J]. Journal of Economic Geography, 1987, 63 (1): 80 – 83.

[369] Baron R M, Kenny D A. The moderator-mediator variable distinction in social psychological research: Conceptual, strategic and statistical considerations [J]. Journal of Personality and Social Psychology, 1986, 51 (6): 1173 – 1182.

[370] Barro R J. Economic growth in a cross section of countries [J]. Quarterly Journal of Economics, 1991, 106 (2): 407 – 443.

[371] Battese G E, Coelli T J. A model for technical inefficiency effects in a stochastic frontier production function for panel data [J]. Empirical Economics, 1995, 20 (2): 325 – 332.

[372] Bauman Z. Sociology and postmodernity [J]. International Journal of Politics Culture & Society, 2011, 36 (4): 790 – 813.

[373] Bayer C, Hanck C. Combining non – cointegration tests [J]. Journal of Time Series Analysis, 2013, 34 (1): 83 – 95.

[374] Behrens K, Thisse J F. Regional economics: A new economic geography perspective [J]. Regional Science and Urban Economics, 2007, 37 (4): 457 – 465.

[375] Belisle F, Hoy D. The perceived impact of tourism by residents a case study in Santa Marta, Colombia [J]. Annals of Tourism Research, 1980, 7 (1): 83 – 97.

[376] Belloumi M. The relationship between tourism receipts, real effective exchange rate and economic growth in Tunisia [J]. International Journal of Tourism Research, 2010, 12 (5): 550 – 560.

[377] Belotti F, Hughes G, Piano Mortari A. Spatial panel data models using Stata [J]. The Stata Journal, 2017, 17 (1): 139 – 180.

[378] Benar H, Jenkins G P. The economics of regulation and taxation policies for casino tourism [J]. Tourism Economics, 2008, 14 (3): 483 – 510.

[379] Bertinelli L, Black D. Urbanization and groeth [J]. Journal of Urban Economics, 2004, 56 (1): 80 – 96.

[380] Bertinelli L, Strobl E. Urbanization, urban concentration and economic growth in developing countries [J]. Urban Studies, 2007, 44 (13): 2499 – 2510.

[381] Bhagwati J, Srinivasan T N. Trade policy and development [J]. International economic policy: Theory and evidence, 1979, 1: 1 – 35.

[382] Bick A. Threshold effects of inflation on economic growth in developing countries [J]. Economics Letters, 2010, 108 (2): 126 – 129.

[383] Black D, Henderson V. A theory of urban growth [J]. Journal of Political Economy, 1999, 107 (2): 252 – 284.

[384] Blaine T W, Mohammad G, Var T. Demand for rural tourism: An exploratory study [J]. Annals of Tourism Research, 1993, 20 (4): 770 – 773.

[385] Blake A, Arbache J S, Sinclair M. T, et al. Tourism and poverty relief [J]. Annals of Tourism Research, 2008, 35 (1): 107 – 126.

[386] Blake A, Sinclair M T, Sugiyarto G. Quantifying the impact of foot and mouth disease on tourism and the UK economy [J]. Tourism Economics, 2003, 9 (4): 449 – 465.

[387] Blake A, Sinclair T M, Campos Soria J A. Tourism productivity:

Evidence from the United Kingdom [J]. Annals of Tourism Research, 2006, 33 (4): 1099 – 1120.

[388] Blomström M, Kokko A. Multinational corporations and spillovers [J]. Journal of Economic Surveys, 1998, 12 (3): 1 – 31.

[389] Blundell R, Bond S. Initial conditional and moment restrictions in dynamic panel data models [J]. Journal of Econometrics, 1998, 87 (2): 115 – 143.

[390] Bond S. Dynamic panel data models: A guide to micro data methods and practice [J]. Portuguese Economic Journal, 2002, 1 (2): 141 – 162.

[391] Boppart T. Structural change and the kaldor facts in a growth model with relative price effects and non-Gorman preferences [J]. Econometrica, 2014, 82 (6): 2167 – 2196.

[392] Brahmasrene T, Lee J W. Assessing the dynamic impact of tourism, industrialization, urbanization, and globalization on growth and environment in Southeast Asia [J]. Journal International Journal of Sustainable Development & World Ecology, 2017, 24 (4): 362 – 371.

[393] Bramwell B. User satisfaction and product development in urban tourism [J]. Tourism Management, 1998, 19 (1): 35 – 47.

[394] Branch M. Tourism industry: A tourism development system approach [J]. Australian Journal of Basic and Applied Sciences, 2011, 5 (11): 1409 – 1415.

[395] Brau R, Lanza A, Pigliaru F. How fast are small tourism countries growing? Evidence from the data for 1980 ~ 2003 [J]. Tourism Economics, 2007, 13 (4): 603 – 613.

[396] Braun P. Regional tourism networks: The nexus between ICT diffusion and change in Australia [J]. Information Technology and Tourism, 2003, 6 (4): 231 – 243.

[397] Brida J G, Barquet A, Risso W A. Causality between economic growth and tourism expansion: Empirical evidence from Trentino – Alto Adige [J]. Mpra Paper, 2009, 5 (2): 87 – 98.

[398] Brida J G, Cortes-Jimenez I, Pulina M. Has the tourism – led

growth hypothesis been validated? A literature review [J]. Current Issues in Tourism, 2016, 19 (5): 394 – 430.

[399] Brida J G, Giuliani D. Empirical assessment of the tourism – led growth hypothesis: Thecase of the Tirol-Südtirol-Trentino [J]. Tourism Economics, 2013, 19 (4): 745 – 760.

[400] Brida J G, Gómez D M, Segarra V. On the empirical relationship between tourism and economic growth [J]. Tourism Management, 2020, 81: 1 – 12.

[401] Brida J G, Lanzilotta B, Lionetti S, Risso W A. The tourism – led growth hypothesis for Uruguay [J]. Tourism Economics, 2010, 16 (3): 765 – 771.

[402] Brida J G, Lanzilotta B, Risso W A. Turismo y crecimiento económico: Elcaso de Uruguay [J]. Pasos: Revista de Turismoy Patrimonio Cultural, 2008, 6 (3): 481 – 492.

[403] Brida J G, Monterubbianesi D P. Causality between economic growth and tourism expansion: Empirical evidence form some Colombian regions [J]. Journal of Tourism Challenges and Trends, 2010, 3 (1): 153 – 164.

[404] Brida J G, Pereyra S J, Risso W A, Such M J, Zapata-Aguirre S. The tourism-led growth hypothesis: Empirical evidence from Colombia [J]. Tourismos: An International Multidisciplinary Journal of Tourism, 2009, 4 (2): 13 – 27.

[405] Brida J G, Pulina M. A literature review on the tourism-led-growth hypothesis [R]. Working paper, Sardinia: Centre for North South Economic Research, University of Cagliari and Sassari, 2010.

[406] Brida J G, Punzo L F, Risso W A. Tourism as a factor of growth: The case of Brazil [J]. Tourism Economics, 2011, 17 (6): 1375 – 1386.

[407] Brida J G, Risso W A. Tourism as a determinant of long-run economic growth [J]. European Journal of Tourism Research, 2009, 2 (2): 178 – 185.

[408] Brida J G, Risso W A, Sanchez E J. Tourism's impact on long-run Mexican economic growth [J]. Economics Bulletin, 2008, 3

(21): 1 - 8.

[409] Bridger R B. Industrialization as an agent of social change: A critical analysis [J]. Symbolic Interaction, 1991, 14 (4): 499 - 503.

[410] Brohman J. New directions in tourism for third world development [J]. Annals of Tourism Research, 1996, 23 (1): 48 - 70.

[411] Brown T J, Churchill G A, Peter J P. Improving the measurement of service quality [J]. Journal of Retailing, 1993, 69 (1): 127 - 139.

[412] Bryant C R, Russwurm L H, Mclellan A G. The city's countryside: Land and its management in the rural-urban fringe [M]. London and New York: Longman, 1982.

[413] Bryden J M. Tourism and development: A case study of the commonwealth Caribbean [M]. Cambridge: Cambridge University Press, 1973.

[414] Burchardi K B, Hassan T A. The economic impact of social ties: Evidence from German reunification [J]. The Quarterly Journal of Economics, 2013, 128 (3): 1219 - 1271.

[415] Caglayan E, Sak N, Karymshakov K. Relationship between tourism and economic growth: A panel Granger causality approach [J]. Asian Economic and Financial Review, 2012, 2 (5): 591 - 602.

[416] Caldeira E. Yardstick competition in a federation: Theory and evidence from China [J]. China Economic Review, 2012, 23 (4): 878 - 897.

[417] Cameron C M. Cultural tourism and urban revitalization [J]. Tourism Recreation Research, 1989, 14 (1): 23 - 32.

[418] Campbell C. Acknowledging Consumption: A review of new studies [M]. London: Routlege, 1995.

[419] Caner M, Hansen B E. Instrumental variable estimation of a threshold model [J]. Econometric Theory, 2004, 20 (5): 813 - 843.

[420] Capó J, Font A, Nadal J. Dutch disease in tourism economics: Evidence from the Balearics and the Canary Islands [J]. Journal of Sustainable Tourism, 2007b, 15 (6): 615 - 627.

[421] Capó J, Font A, Nadal J. Tourism and long-term growth-A Spanish perspective [J]. Annals of Tourism Research, 2007a, 34 (3):

709 - 726.

[422] Castro-Nuño M, Molina-Toucedo J A, Pablo-Romero M P. Tourism and GDP: A meta-analysis of panel data studies [J]. Journal of Travel Research, 2013, 52 (6): 745 - 758.

[423] Cazes G. Tourisme et tiers - monde: Un bilan controversé [M]. Paris: L'Harmattan, 1992.

[424] Cem I. The USA's international travel demand and economic growth in Turkey: A causality analysis (1990 ~ 2008) [J]. Tourismos: An International Multidisciplinary Journal of Tourism, 2012, 7 (1): 235 - 252.

[425] Cerina F. Tourism specialization and environmental sustainability in a dynamic economy [J]. Tourism Economics, 2007, 13 (4): 553 - 582.

[426] Cernat L, Gourdon J. Paths to success: Benchmarking cross-country sustainable tourism [J]. Tourism Management, 2012, 33 (5): 1044 - 1056.

[427] Chan F, Lim C, McAleer M. Modelling multivariate international tourism demand and volatility [J]. Tourism Management, 2005, 26 (3): 459 - 471.

[428] Chang C L, Khamkaew T, McAleer M. IV estimation of a panel threshold model of tourism specialization and economic development [J]. Tourism Economics, 2012, 18 (1): 5 - 41.

[429] Chao C C, Hazari B R, Laffargue J P, Sgro P M. Tourism, Dutch disease and welfare in an open dynamic economy [J]. Japanese Economic Review, 2006, 57 (4): 501 - 515.

[430] Chao C C, Hazari B R, Sgro P M. Tourism and economic development in a cash-in-advance economy [J]. Research in International Business and Finance, 2005, 19 (3): 365 - 373.

[431] Chatziantoniou I, Filis G, Eeckels B. Oil prices, tourism income and economic growth: A structural VAR approach for European Mediterranean countries [J]. Tourism Management, 2013, 36 (3): 331 - 341.

[432] Chen C F, Chiou Wei S Z. Tourism expansion, tourism uncertainty

and economic growth: New evidence from Taiwan and Korea [J].
Tourism Management, 2009, 30 (6): 812 – 818.

[433] Chenery H B, Syrquin M. Patterns of development, 1950 – 1970
[M]. London: Oxford University Press, 1975.

[434] Chenery H B, Taylor L. Development patterns: Among countries
and over Ttime [J]. Review of Economics & Statistics, 1968, 50
(4): 391 – 416.

[435] Chenery H B. The structuralist approach to development policy
[J]. American Economic Review, 1975, 65 (2): 310 – 316.

[436] Cheng Z. The spatial correlation and interaction between manufac-
turing agglomeration and environmental pollution [J]. Ecological
Indicators, 2016, 61: 1024 – 1032.

[437] Cheong J W. Accuracy of estimates and statistical power for testing
meditation in latent growth curve modeling [J]. Structural Equa-
tion Modeling, 2011, 18 (2): 195 – 211.

[438] Chingarande A, Saayman A. Critical success factors for tourism –
led growth [J]. International Journal of Tourism Research, 2018,
20 (6): 800 – 818.

[439] Chou M C. Does tourism development promote economic growth in
transition countries? Apanel data analysis [J]. Economic Model-
ling, 2013, 33 (2): 226 – 232.

[440] Chung Y H, Färe R, Grosskopf S. Productivity and undesirable out-
puts: A directional distance function approach [J]. Journal of En-
vironmental Management, 1997, 51 (3): 229 – 240.

[441] Clarke G D, Hoaas D J. Festival economics: The case of the Red
River Revel [J]. Tourism Economics, 2007, 13 (1): 163 – 175.

[442] Comin D, Lashkari D, Mestieri M. Structural change with long-run
income and price effects [R]. CEPR: Social Science Electronic
Publishing, 2015.

[443] Conrad K, Wastl D. The impact of environmental regulation on pro-
ductivity in German industries [J]. Empirical Economics, 1995,
20 (4): 615 – 633.

[444] Cooper C, Fletcher J, Fyall A, Gilbert D, Wanhil S. Tourism.

Principles and practice [M]. Harlow: Prentice Hall, 2008, 4.2 –407.

[445] Copeland B. Tourism, welfare, and de-industrialization in a small open economy [J]. Economica, 1991, 58 (232): 515 –529.

[446] Corden W M, Neary J P. Booming sector and de-industrialisation in a small open economy [J]. The Economic Journal, 1982, 92 (368): 825 –848.

[447] Corrie K, Stoeckl N, Chaiechi T. Tourism and economic growth in Australia: An empirical investigation of causal links [J]. Tourism Economics, 2013, 19 (6): 1317 –1344.

[448] Cortés-Jiménez I, Nowak J, Sahli M. Mass beach tourism and economic growth: Lessons from Tunisia [J]. Tourism Economics, 2011, 17 (3): 531 –547.

[449] Cortés-Jiménez I, Pulina M. Inbound tourism and long-run economic growth [J]. Current Issues in Tourism, 2010, 13 (1): 61 –74.

[450] Cortés-Jiménez I. Which type of tourism matters to the regional economic growth? The cases of Spain and Italy [J]. International Journal of Tourism Research, 2008, 10 (2): 127 –139.

[451] Croes R, Vanegas Sr M. Cointegration and causality between tourism and poverty reduction [J]. Journal of Travel Research, 2008, 47 (1): 94 –103.

[452] Croes R. A paradigm shift to a new strategy for small island economies: Embracing demand side economics for value enhancement and long term economic stability [J]. Tourism Management, 2006, 27 (3): 453 –465.

[453] Cronin J J, Taylor S A. Measuring service quality: A reexamination and extension [J]. Journal of Marketing, 1992, 56 (3): 55 –68.

[454] Cronin J J, Taylor S A. Servperf versus servqual: Reconciling performance-based and perceptions-minus expectations measurement of service quality [J]. Journal of Marketing, 1994, 58 (1): 125 –131.

［455］Dagum C. A new approach to the decomposition of the Gini income inequality ratio［J］. Empirical Economics, 1997, 22 (4): 515 – 531.

［456］Dandapath P K. Urbanization and its impact on coastal eco – tourism in west Bengal［J］. International Journal of Science & Research, 2014, 2 (1): 114 – 119.

［457］Dang V A, Kim M, Shin Y. Asymmetric capital structure adjustments: New evidence from dynamic panel threshold models［J］. Journal of Empirical Finance, 2012, 19 (4): 465 – 482.

［458］Daniels M J. Central place theory and sport tourism impacts［J］. Annals of Tourism Research, 2007, 34 (2): 332 – 347.

［459］Darcy S, Small J. Theorizing precincts: Disciplinary perspectives ［C］. In Hayllar B, Griffin T, Edwards D. (Eds.), City spaces: Tourist places［M］. Oxford: Elsevier, 2008.

［460］Davis D, Allen J, Consenza R M. Segmenting local residents by their attitudes, interests, and opinions toward tourism［J］. Journal of Travel Research, 1988, 27 (2): 2 – 8.

［461］Davis K. Golden H. Urbanization and the Development of Preindustrial Areas ［J］. Economic Development and Cultural Change, 1954, 3 (1): 6 – 26.

［462］De Vita G. The long-run impact of exchange rate regimes on international tourism flows ［J］. Tourism Management, 2014, 45: 226 – 233.

［463］Debarsy N, Ertur C, LeSage J P. Interpreting dynamic space – time panel data models ［J］. Statistical Methodology, 2012, 9 (1): 158 – 171.

［464］DeFries R, Pandey D. Urbanization, the energy ladder and forest transitions in India's emerging economy ［J］. Land Use Policy, 2010, 27 (2): 130 – 138.

［465］Deller S. Rural poverty, tourism and spatial heterogeneity. Annals of Tourism Research, 2010, 37 (1): 180 – 205.

［466］Demiroz D M, Ongan S. The contribution of tourism to the long-run Turkish economic growth ［J］. Ekonomicky Časopis, 2005, 53

(9): 880 – 894.

[467] Deng T, Ma M, Cao J. Tourism resource development and long-term economic growth: A resource curse hypothesis approach [J]. Tourism Economics, 2014, 20 (5): 923 – 938.

[468] Deng T, Ma M, Shao S. Research note: Has international tourism promoted economic growth in China? A panel threshold regression approach [J]. Tourism Economics, 2014, 20 (4): 911 – 917.

[469] Diagne A K. Tourism development and its impacts in the Senegalese petite côte: A geographical case study in centre-periphery relations [J]. Tourism Geographies, 2004, 6 (4): 472 – 492.

[470] Dickey D, Fuller W. Likelihood ratio statistics for autoregressive time series with a unit root [J]. Econometrica, 1981, 49 (4): 1057 – 1072.

[471] Dickey D, Fuller W. Distribution of the estimators for autoregressive time series with a unit root [J]. Journal of the American Statistical Association, 1979, 74 (366): 427 – 431.

[472] Dolado J J, Lütkepohl H. Making Wald tests work for cointegrated VAR system [J]. Econometric Reviews, 1996, 15 (4): 369 – 386.

[473] Donaldson D, Storeygard A. The view from above: Applications of satellite data in economics [J]. Journal of Economic Perspectives, 2016, 30 (4): 171 – 198.

[474] Dou J M, Han X. How does the industry mobility affect pollution industry transfer in China: Empirical test on pollution haven hypothesis and Porter hypothesis [J]. Journal of Cleaner Production, 2019, 217: 105 – 115.

[475] Dredge D. Development, economy and culture: Cultural heritage tourism planning, Liangzhu, China [J]. Asia Pacific Journal of Tourism Research, 2004, 9 (4): 405 – 422.

[476] Dritsakis N. Tourism as a long-run economic growth factor: An empirical investigation for Greece using causality analysis [J]. Tourism Economics, 2004, 10 (3): 305 – 316.

[477] Dritsakis N. Tourism development and economic growth in seven

Mediterranean countries: A panel data approach [J]. Tourism E-
conomics, 2012, 18 (4): 801 – 816.

[478] Drucker J, Feser E. Regional industrial structure and agglomeration
economies: An analysis of productivity in three manufacturing in-
dustries [J]. Regional Science & Urban Economics, 2012, 42
(1): 1 – 14.

[479] Drucker J. Industrial structure and the sources of agglomeration e-
conomies: Evidence from manufacturing plant production [J].
Growth & Change, 2013, 44 (1): 54 – 91.

[480] Drucker J. Regional industrial structure concentration in the United
States: Trends and implications [J]. Economic Geography. 2011,
87 (4): 421 – 452.

[481] Dunn H S, Dunn L L. Tourism and popular perceptions: Mapping
Jamaican attitudes [J]. Social and Economic Studies, 2002, 51
(1): 25 – 45.

[482] Duranton G, Puga D. The economics of urban density [J]. Jour-
nal of Economic Perspectives, 2020, 34 (3): 3 – 26.

[483] Durbarry R. The economic contribution of tourism in Mauritius [J].
Annals of Tourism Research, 2002, 29 (3): 862 – 865.

[484] Durbarry R. Tourism and economic growth: The case of Mauritius
[J]. Tourism Economics, 2004, 10 (4): 389 – 401.

[485] Dwyer L, Forsyth P, Spurr R, et al. Economic effects of the world
tourism crisis on Australia [J]. Tourism Economics, 2006, 12
(2): 171 – 186.

[486] Dwyer L, Forsyth P, Spurr R, et al. Economic impacts of a carbon
tax on the Australian tourism industry [J]. Journal of Travel Re-
search, 2013, 52 (2): 143 – 155.

[487] Dwyer L, Forsyth P, Spurr R. Evaluating tourism' economic effects:
New and old approaches [J]. Annals of Tourism Research, 2004,
25 (3): 307 – 317.

[488] Edwards D, Griffin T, Hayllar B. Urban tourism research [J].
Annals of Tourism Research, 2008, 35 (4): 1032 – 1052.

[489] Eeckels B, Filis G, León C. Tourism income and economic growth

in Greece empirical evidence from their cyclical components [J]. Tourism Economics, 2012, 18 (4): 817 – 834.

[490] Ekanayake E M, Long A E. Tourism development and economic growth indeveloping countries [J]. The International Journal of Business and Finance Research, 2012, 6 (1): 51 – 63.

[491] Elhorst J P. Matlab software for spatial panels [J]. International Regional Science Review, 2014, 37 (3): 389 – 405.

[492] Elhorst J P. Serial and spatial error correlation [J]. Economics Letters, 2008, 99 (3): 422 – 424.

[493] Elhorst J. P. Applied spatial econometrics: Raising the bar [J]. Spatial Economic Analysis, 2010, 5 (1): 9 – 28.

[494] Elhorst, J. P. Dynamic spatial panels: models, methods, and inferences [J]. Journal of Geographical Systems, 2012, 14 (1): 5 – 28.

[495] Endo K. Foreign direct investment in tourism – flows and volumes [J]. Tourism Management, 2006, 27 (4): 600 – 614.

[496] Engle R F, Granger C W J. Cointegration and error correction: Representation, estimationand testing [J]. Econometrica, 1987, 55 (2): 251 – 276.

[497] Eugenio-Martin J L, Morales M N, Scarpa R. Tourism and economic growth in Latin American countries: A panel Data Approach [R]. FEEM Working Paper, Ssrn Electronic Journal, 2004.

[498] Eugenio-Martín J L, Martín-Morales N, Sinclair M T. The role of economic development in tourism demand [J]. Tourism Economics, 2008, 14 (4): 673 – 690.

[499] Eugenio-Martín J. Modelling determinants of tourism demand as five-stageprocess: A discrete choice methodological approach [J]. Tourism and Hospitality Research, 2003, 4 (4): 341 – 354.

[500] Fabian F. Slum tourism and urban regeneration: Touring inner Johannesburg [J]. Urban Forum, 2014, 25 (4): 431 – 447.

[501] Fairchild A J, Mcquillin S D. Evaluating mediation and moderation effects in school psychology: A presentation of methods and review of current practice [J]. Journal of School Psychology, 2010, 48

(1): 53 - 84.

[502] Fan G, Wang X, Ma G. The Contribution of Marketization to China's Economic Growth [J]. Economic Research Journal, 2011 (2): 4 - 14.

[503] Fayissa B, Nsiah C, Tadasse B. Impact of tourism on economic growth and development in Africa [J]. Tourism Economics, 2008, 14 (4): 807 - 818.

[504] Fayissa B, Nsiah C, Tadesse B. Tourism and economic growth in Latin American countries - further empirical evidence [J]. Tourism Economics, 2011, 17 (6): 1365 - 1373.

[505] Feder G. On exports and economic growth [J]. Journal of Development Economics, 1983, 12 (2): 59 - 73.

[506] Feng R, Morrison A M. Quality and value network. Marketing travel clubs [J]. Annals of Tourism Research, 2007, 34 (3): 588 - 609.

[507] Feng Y, Wang X, Du W, et al. Effects of environmental regulation and FDI on urban innovation in China: A spatial Durbin econometric analysis [J]. Journal of Cleaner Production, 2019, 235: 210 - 224.

[508] Feng Y, Wang X. Effects of urban sprawl on haze pollution in China based on dynamic spatial Durbin model during 2003 - 2016 [J]. Journal of Cleaner Production, 2020, 242: 168 - 183.

[509] Fennell D A. The nature of pleasure in pleasure travel [J]. Tourism Recreation Research, 2009, 34 (2): 123 - 134.

[510] Figini P, Vici L. Tourism and growth in a cross section of countries [J]. Tourism Economics, 2010, 16 (4): 789 - 805.

[511] Fingleton B, Gallo J L. Estimating spatial models with endogenous variables, a spatial lag and spatially dependent disturbances: Finite sample properties [J]. Papers in Regional Science, 2008, 87 (3): 319 - 339.

[512] Fleischer A, Tchetchik A. Does rural tourism benefit from agriculture? [J]. Tourism management, 2005, 26 (4): 493 - 501.

[513] Fletcher J E, Archer B H. The development and application of multiplier analysis [J]. The Development and Application of Multiplier Analysis, 1991, 23 (1): 28 - 47.

[514] Fonseca N, M Sánchez – Rivero. Significance bias in the tourism-led growth literature [J]. Tourism Economics, 2020, 26 (1): 137 – 154.

[515] Frechtling D C, Horváth E. Estimating the multiplier effects of tourism expenditures on a local economy through a regional input – output model [J]. Journal of Travel Research, 1999, 37 (4): 324 – 332.

[516] Friedmann J. Four theses in the study of China's urbanization [J]. International Journal of Urban and Regional Research, 2006, 30 (2): 440 – 451.

[517] Fukuyama H, Weber W L. A directional slacks-based measure of technical inefficiency [J]. Socio-Economic Planning Sciences, 2009, 43 (4): 274 – 287.

[518] Färe R, Grosskopf S, Norris M. Productivity growth, technical progress, and efficiency change in industrialized countries: Reply [J]. The American Economic Review, 1997, 87 (5): 1040 – 1044.

[519] Färe R, Grosskopf S, Pasurka C A. Accounting for air pollution emissionsin measures of state manufacturing productivity growth [J]. Journal of Regional Science, 2001, 41 (3): 381 – 409.

[520] Färe R, Grosskopf S. Directional distance functions and slacks-based measures of efficiency [J]. European Journal of Operational Research, 2010, 200 (1): 320 – 322.

[521] Füller H, Michel B. 'Stop being a tourist!' New dynamics of urban tourism in Berlin-Kreuzberg [J]. International Journal of Urban and Regional Research, 2014, 38 (4): 1304 – 1318.

[522] Georgantopoulos A G. Tourism expansion and economic development: Var/Vecm analysis and forecasts for the case of India [J]. Asian Economic and Financial Review, 2013, 3 (4): 464 – 482.

[523] Ghali M. Tourism and economic growth an empirical study [J]. Economic Development and Cultural Change, 1976, 24 (3): 527 – 538.

[524] Ghartey E E. Effects of tourism, economic growth, real exchange rate, structural changes and hurricanes in Jamaica [J]. Tourism

Economics, 2013, 19 (4): 919 – 942.

[525] Ghirmay T, Grabowski R, Sharma S C. Exports, investment, efficiency and economic growth in LDC: An empirical investigation [J]. Applied Economics, 2001, 33 (6): 689 – 700.

[526] Ghosh S, Kanjilal K. Long-term equilibrium relationship between urbanization, energy consumption and economic activity: Empirical evidence from India [J]. Energy, 2014, 66: 324 – 331.

[527] Giannoni S. Tourism, growth and residents' welfare with pollution [J]. Tourism and Hospitality Research, 2009, 9 (1): 50 – 60.

[528] Giles J A, Williams C L. Export-led growth: A survey of the empirical literature and some non-causality results, part 1 [J]. Journal of International Trade and Economic Development, 2000, 9 (4): 265 – 341.

[529] Gladstone D. Tourism urbanization in the United States [J]. Urban Affairs Review, 1998, 34 (1): 3 – 27.

[530] Glaeser E L, Kahn M E. The greenness of cities: Carbon dioxide emissions and urban development [J]. Journal of Urban Economics, 2010, 67 (3): 404 – 418.

[531] Go F M, Govers R. Integrated quality management for tourist destinations: A European perspective on achieving competitiveness [J]. Tourism Management, 2000, 21 (1): 79 – 88.

[532] Gocovali U. Contribution of Tourism to economic growth in Turkey [J]. An International Journal and Tourism and Hospitality Research, 2010, 21 (1): 139 – 153.

[533] Gokovali U, Bahar O, Kozak M. Determinants of length of stay: A practical use of survival analysis [J]. Tourism Management, 2007, 28 (3): 736 – 746.

[534] Goldstone J A. Urbanization, Citizenship, and Economic Growth in the Long Run [J]. International Review of Social History, 2020, 65 (1): 109 – 124.

[535] Gollin D, Jedwab R, Vollrath D. Urbanization with and without industrialization [J]. Journal of Economic Growth, 2016, 21 (1): 35 – 70.

［536］ González A, Teräsvirta T, van Dijk D. Panel smooth transition model and an application to investment under credit constraints ［R］. Working Paper, Stockholm School of Economics, 2005.

［537］ Goodall B, Asworth G. Marketing in tourism industry: The promotion of destination regions ［M］. London: Routledge, 2012.

［538］ Gotham K F. Marketing mardi gras: Commodification, spectacle and the political economy of tourism in New Orleans ［J］. Urban Studies, 2002, 39 (10): 1735 – 1756.

［539］ Granger C W J. Causality, cointegration and control ［J］. Journal of Economic Dynamics and Control, 1988, 12 (2 – 3): 551 – 559.

［540］ Gray H P. International arrivals: International trade ［M］. Lexington, MA: D. C. Heath, 1970.

［541］ Gray H P. The demand for international travel by the United States and Canada ［J］. International Economic Review, 1966, 7 (1): 83 – 92.

［542］ Gray W B, Shadbegian R J. Plant vintage, technology, and environmental regulation ［J］. Journal of Environmental Economics and Management, 2003, 46 (3): 384 – 402.

［543］ Green W. Econometric Analysis (5th Edition) ［M］. Upper Saddle River, NJ: Prentice Hall, 2002.

［544］ Gregory A W, Hansen B E. Residual-based tests for cointegration in models with regime shifts ［J］. Journal of Econometrics, 1996, 70 (1): 99 – 126.

［545］ Gries T, Grundmann R. Fertility and modernization: The role of urbanization in developing countries ［J］. Journal of International Development, 2018, 30 (3): 493 – 506.

［546］ Grossman G M, Helpman E. Innovation and growth in the global economy ［J］. Cambridge: MIT Press, 1991.

［547］ Gunduz L, Hatemi-J A. Is the tourism-led growth hypothesis valid for Turkey? ［J］. Applied Economics Letters, 2005, 12 (8): 499 – 504.

［548］ Gursoy D, Rutherford D G. Host attitudes toward tourism: An Improved Structural Model ［J］. Annals of Tourism Research, 2004,

31（3）：495 - 516.

[549] Gómez C M, Lozano J, Rey-Maquieira J. Environmental policy and long-term welfare in a tourism economy [J]. Spanish Economic Review, 2008, 10 (1): 41 - 62.

[550] Hailu A, Veeman T S. Environmentally sensitive productivity analysis of the Canadian pulp and paper industry, 1959 - 1994: An input distance function approach [J]. Journal of Environmental Economics and Management, 2000, 40 (3): 251 - 274.

[551] Hall C M, Page S J. Progress in tourism management: From the geography of tourism to geographies of tourism—A review [J]. Tourism Management, 2009, 30 (1): 3 - 16.

[552] Hall C M, Williams A M. Tourism and Innovation [M]. London: Routledge, 2008.

[553] Hall C M. Tourism: Rethinking the Social Science of Mobility [M]. Harlow: Prentice Hall, 2005.

[554] Han F, Xie R, Lai M. Traffic density, congestion externalities, and urbanization in China [J]. Spatial Economic Analysis, 2018, 13 (4): 400 - 421.

[555] Han X, Wu P L, Dong W L. An analysis on interaction mechanism of urbanization and industrial structure evolution in Shandong, China [J]. Procedia Environmental Sciences, 2012, 13: 1291 - 1300.

[556] Hanly P A. Measuring the economic contribution of the international association conference market: An Irish case study [J]. Tourism Management, 2012, 33 (6): 1574 - 1582.

[557] Hansen B E. Threshold effects in non-dynamic panels: Estimation, testing, and inference [J]. Journal of Econometrics, 1999, 93 (2): 345 - 368.

[558] Hausman J A. Specification tests in econometrics [J]. Econometrica, 1978, 46 (6): 1251 - 1271.

[559] Hayes A F. The sage sourcebook of advanced data analysis methods for communication research [M]. Thousand Oaks, CA: Sage Publications, 2008.

[560] Hayllar B, Griffin T, Edwards D. City spaces-Tourist places: Urban

tourism precincts [M]. London: Routledge, 2008.

[561] Hazari B R, Ng A. An analysis of tourists' consumption of non – traded goods and services on the welfare of the domestic consumers [J]. International Review of Economics & Finance, 1993, 2 (1): 53 –58.

[562] Hazari B R, Sgro P M. Tourism and growth in a dynamic model of trade [J]. Journal of International Trade and Economic Development, 1995, 4 (2): 243 –252.

[563] Hazari B R, Sgro P M. Tourism, trade and national welfare [M]. Amsterdam: Elsevier, 2004.

[564] He J, Tian X. The dark side of analyst coverage: The case of innovation [J]. Journal of Financial Economics, 2013, 109 (3): 856 –878.

[565] He L H, Zheng X G. Empirical analysis on the relationship between tourism development and economic growth in Sichuan [J]. Journal of Agricultural Science, 2011, 3 (1): 212 –217.

[566] Helpman E, Krugman P. Market structure and foreign trade [M]. Cambridge: MIT Press, 1985.

[567] Henderson J V, Shalizi Z, Venables A J. Geography and development [J]. Journal of Economic Geography, 2001, 1 (1): 81 –105.

[568] Henderson V. The urbanization process and economic growth: The so-what question [J]. Journal of Economic growth, 2003, 8 (1): 47 –71.

[569] Heng T M, Low L. The economic impact of tourism in Singapore [J]. Annals of Tourism Research, 1990, 17 (2): 46 –69.

[570] Hepple L W. The econometric specification and estimation of spatio-temporal models time and regional Dynamics [M]. London: Edward Arnold, 1978.

[571] Herrendorf B, Rogerson R, Valentinyi A. Two perspectives on preferences and structural transformation [J]. American Economic Review, 2013, 103 (7): 2752 –2789.

[572] Herzer D, Vollmer S. Inequality and growth: Evidence from panel

cointegration [J]. The Journal of Economic Inequality, 2012, 10 (4): 489 – 503.

[573] Hicks J. Theory of wages [M]. London: Macmillan, 1932.

[574] Hjalager A M. A review of innovation research in tourism [J]. Tourism Management, 2010, 31 (1): 1 – 12.

[575] Hjalager A M. Repairing innovation defectiveness in tourism [J]. Tourism Management, 2002, 23 (5): 465 – 474.

[576] Holzner M. Tourism and economic development: The beach disease? [J]. Tourism Management, 2011, 32 (4): 922 – 933.

[577] Hong E, Sun L. Foreign direct investment and total factor productivity in China: A spatial dynamic panel analysis [J]. Oxford Bulletin of Economics and Statistics, 2011, 73 (6): 771 – 791.

[578] Hori T, Ikefuji M, Mino K. Conformism and structural change [J]. International Economic Review, 2015, 56 (3): 939 – 961.

[579] Hossain M S. Panel estimation for CO_2 emissions, energy consumption, economic growth, trade openness and urbanization of newly industrialized countries [J]. Energy Policy, 2011, 39 (11): 6991 – 6999.

[580] Hossain S. An econometric analysis for CO_2 emissions, energy consumption, economic growth, foreign trade and urbanization of Japan [J]. Low Carbon Economy, 2012, 3 (3): 12 – 16.

[581] Howells J, Roberts J. From innovation systems to knowledge systems [J]. Prometheus, 2000, 18 (1): 17 – 31.

[582] Hughes H L. Olympic Tourism and Urban Regeneration [J]. Festival Management & Event Tourism, 1993, 1 (4): 157 – 162.

[583] Husein J, Kara S M. Research note: Re-examining the tourism-led growth hypothesis for Turkey [J]. Tourism Economics, 2011, 17 (4): 917 – 924.

[584] Hwang C L, Yoon K. Multiple attribute decision making: Methods and applications [M]. New York: Springer-Verlag, 1981.

[585] Hye Q M A, Khan R E A. Tourism-Led Growth Hypothesis: A Case Study of Pakistan Asia Pacific [J]. Journal of Tourism Research, 2013, 18 (4): 303 – 313.

［586］ Iimi A. Urbanization and development of infrastructure in the East Asian region ［J］. JBICI Review, 2005, 10 （1）: 88 – 109.

［587］ IRTS, Department of Economic and Social Affairs, Statistics Division. International Recommendations for Tourism Statistics （IRTS Series No. 83/Rev. 1） ［M］. New York: United Nations Publication, 2008.

［588］ Ishikawa J. Learning by doing, changes in industrial structure and trade patterns, and economic growth in a small open economy ［J］. Journal of International Economics, 2004, 33 （4）: 221 – 244.

［589］ Ivanov S H, Webster C. Tourism's contribution to economic growth: A globalanalysis for the first decade of the millennium ［J］. Tourism Economics, 2013, 19 （3）: 477 – 508.

［590］ Ivanov S, Webster C. Measuring the impact of tourism on economic growth ［J］. Tourism Economics, 2007, 13 （3）: 379 – 388.

［591］ Jackman M, Lorde T. On the relationship between tourist flows and household expenditure in Barbados: A dynamic OLS approach ［J］. Economics Bulletin, 2010, 30 （1）: 1 – 9.

［592］ Jackman M. Revisiting the tourism-led growth hypothesis for Barbados: A disaggregated market approach ［J］. Regional and Sectoral Economic Studies, 2012, 12 （2）: 15 – 26.

［593］ Jalil A, Mahmood T, Idrees M. Tourism-growth nexus in Pakistan: Evidence from ARDL bounds tests ［J］. Economic Modelling, 2013, 35 （2）: 185 – 191.

［594］ Jayathilake, B P. M. Tourism and economic growth in Sri Lanka: Evidence from cointegration and causality analysis ［J］. International Journal of Business, Economics and Law, 2013, 2 （2）: 22 – 27.

［595］ Jiang Z, Lin B. China's energy demand and its characteristics in the industrialization and urbanization process ［J］. Energy Policy, 2012, 49 （10）: 608 – 615.

［596］ Jiao S, Gong W, Zheng Y, et al. Spatial spillover effects and tourism-led growth: An analysis of prefecture-level cities in China ［J］. Asia Pacific Journal of Tourism Research, 2019, 24 （7）:

725 – 734.

[597] Jin J C. Export-led growth and the four little dragons [J]. The Journal of International Trade and Economic Development, 1995, 4 (2): 203 – 215.

[598] Jin J C. The effects of tourism on economic growth in Hong Kong [J]. Cornell Hospitality Quarterly, 2011, 52 (3): 333 – 340.

[599] Johansen S, Juselius K. Maximum likelihood estimation and inference on cointegration with applications to the demand for money [J]. Oxford Bulletin of Economics and Statistics, 1990, 52 (2): 169 – 210.

[600] Johansen S. Estimation and hypothesis testing of cointegrating vectors in Gaussian vector autoregressive models [J]. Econometrica, 1991, 59 (6): 1551 – 1580.

[601] Johansen S. Likelihood-based inference in cointegrated vector autoregressive models [M]. Oxford: Oxford University Press, 1995.

[602] Johansen S. Statistical analysis of cointegration vectors [J]. Journal of Economic Dynamics and Control, 1988, 12: 231 – 254.

[603] Johnson P, Ashworth J. Modelling tourism demand: A summary review [J]. Leisure Studies, 1990, 9 (2): 145 – 160.

[604] Jorge O J, Tan Y, Qian Q K, et al. Learning from best practices in sustainable urbanization [J]. Habitat International, 2018 (78): 83 – 95.

[605] Judd D R, Fainstein S S. The Tourist City [M]. New Haven, CT: Yale University Press, 1999.

[606] Jung, M. , Pyo, M. C. Productivity (TFP) and competitiveness of listed firms in China [J]. East Asian Economic Review, 2017, 13 (2): 203 – 227.

[607] Kadir N, Jusoff K. The cointegration and causality tests for tourism and trade in Malaysia [J]. International Research Journal of Finance and Economics, 2010, 2 (1): 138 – 143.

[608] Kaldor N. Economic growth and the Verdoorn Law: A comment on Mr. Rowthorn's article [J]. Economic Journal, 1975, 85 (340): 891 – 896.

[609] Kapetanios G. Testing for exogeneity in threshold models [J]. Econometric Theory, 2010, 26 (2): 231 –259.

[610] Kaplan M, Çelik T. The impact of tourism on economic performance: The case of Turkey [J]. The International Journal of Applied Economics and Finance, 2008, 2 (1): 13 –18.

[611] Kareem O A. A reassessment of tourism-exports led growth hypothesis in Africa [J]. American Journal of Tourism Research, 2013, 2 (1): 130 –140.

[612] Karlsson, C. Product development, innovation networks, infrastructure and agglomeration economies [J]. Annals of Regional Science, 1997, 31 (3): 235 –258.

[613] Kashef M. Urban livability across disciplinary and professional boundaries [J]. Frontiers of Architectural Research, 2016, 5 (2): 239 –253.

[614] Kasimati E. Economic impact of tourism on Greece's economy: Cointegration and causality analysis [J]. International Research Journal of Finance and Economics, 2011, 79 (2): 79 –85.

[615] Katircioglu S T. Revising the tourism-led-growth hypothesis for Turkey using the bounds test and Johansen approach for cointegration [J]. Tourism Management, 2009, 30 (1): 17 –20.

[616] Katircioglu S T. Testing the tourism-led growth hypothesis for Singapore-anempirical investigation from bounds test to cointegration and Granger causalitytests [J]. Tourism Economics, 2010, 16 (4): 1095 –1101.

[617] Katircioglu S T. Testing the tourism-led growth hypothesis: The case of Malta [J]. Acta Oeconomica, 2009, 59 (3): 331 –343.

[618] Katircioglu S T. New extension from bounds test to level relationship and conditional Granger causality tests [J]. Singapore Economic Review, 2011, 56 (3): 441 –453.

[619] Katircioglu S T. Tourism, trade and growth: The case of Cyprus [J]. Applied Economics, 2009, 41 (21): 2741 –2750.

[620] Ke, S. Agglomeration, productivity, and spatial spillovers across Chinese cities [J]. Annals of Regional Science, 2010, 45 (1):

157 – 179.

[621] Keintz R M. A study of the demand for international travel to and from the United States [J]. The American Economist, 1971, 15 (1): 137 – 138.

[622] Khalil S, Mehmood K K, Waliullah K. Role of tourism in economic growth: Empirical evidence from Pakistan economy [J]. The Pakistan Development Review, 2007, 46 (4): 985 – 995.

[623] Khan H, Rex T S, Chua L. Tourism and trade: Cointegration and Granger causality tests [J]. Journal of Travel Research, 2005, 44 (2): 171 – 176.

[624] Khan H, Seng C, Cheong W. Tourism multipliers effects on Singapore [J]. Annals of Tourism Research, 1990, 17 (3): 408 – 418.

[625] Kibara O N, Odhiambo N M, Njuguna J N. Tourism and economic growth in Kenya: An empirical investigation [J]. International Business & Economics Research Journal, 2012, 11 (5): 517 – 528.

[626] Kim H J, Chen M-H, Jang S C S. Tourism expansion and economic development: The case of Taiwan [J]. Tourism Management, 2006, 27 (5): 925 – 933.

[627] Kim S S, Wong K K F. Effects of news shock on inbound tourism demand volatility in Korea [J]. Journal of Travel Research, 2006, 44 (2): 457 – 466.

[628] Kim S. Industrialization and urbanization: Did the steam engine contribute to the growth of cities in the United States? [J]. Explorations in Economic History, 2005, 42 (4): 586 – 598.

[629] Koenker R. Quantile regression for longitudinal data [J]. Journal of Multivariate Analysis, 2004, 91 (1): 74 – 89.

[630] Kongsamut P, Rebelo S, Xie D. Beyond balanced growth [J]. Review of Economic Studies, 2010, 68 (4): 869 – 882.

[631] Kopczewska, K. The spatial range of local governments: Does geographical distance affect governance and public service? [J]. Annals of Regional Science, 2013, 51 (3): 793 – 810.

[632] Kreishan F M M. Tourism and economic growth: The case of Jordan [J]. European Journal of Social Sciences, 2010, 15 (2):

63 − 68.

[633] Kreishan F M M. Tourism and economic growth: The case of Jordan [J]. International Management Review, 2011, 7 (1): 89 −93.

[634] Kremer S, Bick A, Nautz D. Inflation and growth: New evidence from a dynamic panel threshold analysis [J]. Empirical Economics, 2013, 44 (2): 861 −878.

[635] Krey V, O'Neill B C, van Ruijven B, et al. Urban and rural energy use and carbon dioxide emissions in Asia [J]. Energy Economics, 2012, 34: 272 −283.

[636] Krueger A O. Trade policy as an input to development [J]. American Economic Review, 1980, 70 (2): 188 −292.

[637] Kukenova M, Monteiro J A. Spatial dynamic panel model and system GMM: A monte carlo investigation [R]. Mpra Paper, 2008.

[638] Kulendran N, Wilson K. Is there a relationship between international trade and international arrivals? [J]. Applied Economics, 2000, 32 (8): 1001 −1009.

[639] Kumar A, Kober B. Urbanization, human capital, and cross-country productivity differences [J]. Economics Letters, 2012, 117 (1): 14 −17.

[640] Kumar R' R', et al. Exploring the nexus between information and communications technology, tourism and growth in Fiji [J]. Tourism Economics, 2012, 18 (2): 359 −371.

[641] Kurucu Y, Chiristina N K. Monitoring the impacts of urbanization and industrialization on the agricultural land and environment of the Torbali, Izmir region, Turkey [J]. Environmental Monitoring and Assessment, 2008, 136 (1 −3): 289 −297.

[642] Kuznets S. Modern economic growth: Findings and reflections [J]. The American Economic Review, 1973, 63 (3): 247 −258.

[643] Kuznets S. Quantitative aspects of the economic growth of nations: Industrial distribution of national product and labor force [J]. Economic Development and Cultural Change, 1957, 5 (4): 1 −111.

[644] Kwan A C, Cotsomotis J. Economic growth and the expanding ex-

port sector: China 1952 – 1985 [J]. International Economic Review, 1991, 5 (1): 105 – 117.

[645] Kühn I, Klotz S. Urbanization and homogenization-comparing the floras of urban and rural areas in Germany [J]. Biological conservation, 2006, 127 (3): 292 – 300.

[646] Lanoie P, Laurent L J, Johnstone N, et al. Environmental policy, innovation and performance: New insights on the Porter hypothesis [J]. Journal of Economics & Management Strategy, 2011, 20 (3): 803 – 842.

[647] Lanza A, Pigliaru F. Tourism and economic growth: Does country's size matter? [J]. Rivista Internazionale di Scienze Economiche e Commerciali, 2000, 47 (1): 77 – 85.

[648] Lanza A, Temple P, Urga G. The implications of tourism specialisation in the long run: An econometric analysis for 13 OCDE economies [J]. Tourism Management, 2003, 24 (3): 315 – 321.

[649] Laplante B, Rilstone P. Environmental inspections and emissions of the pulp and paper industry in Quebec [J]. Journal of Environmental Economics and management, 1996, 31 (1): 19 – 36.

[650] Law C M. Urban tourism and its contribution to economic regeneration [J]. Urban Studies, 1992, 29 (4): 599 – 618.

[651] Lean H H, Chong S H, Hooy C W. Tourism and economic growth: Comparing Malaysia and Singapore [J]. International Journal of Economics & Management, 2014, 8 (1): 139 – 157.

[652] Lean H H, Tang C F. Is the tourism-led growth hypothesis stable for Malaysia? [J]. International Journal of Tourism Research, 2009, 12 (4): 375 – 378.

[653] Lee C C, Chang C P. Tourism development and economic growth: Closer look topanels [J]. Tourism Management, 2008, 29 (1): 180 – 192.

[654] Lee C C, Chien M S. Structural breaks, tourism development, and growth: Evidence from Taiwan [J]. Mathematics and Computers in Simulation, 2008, 774 (4): 358 – 368.

[655] Lee C G. Tourism, trade, and income: Evidence from Singapore

[J]. Anatolia, 2012, 23 (3): 348 – 358.

[656] Lee C K, Kang S K, Lee Y K. Segmentation of mega event motivation: The case of Expo 2010 Shanghai China [J]. Asia Pacific Journal of Tourism Research, 2013, 18 (6): 637 – 660.

[657] Lee J W, Brahmasrene T. Investigating the influence of tourism on economic growth and carbon emissions: Evidence from panel analysis of the European Union [J]. Tourism Management, 2013, 38 (10): 69 – 76.

[658] Lee J W, Kwag M. Green growth and sustainability: The role of tourism, travel and hospitality service industry in Korea [J]. Journal of Distribution Science, 2013, 11 (7): 15 – 22.

[659] Lee L F, Yu J. Identification of spatial Durbin panel models [J]. Journal of Applied Econometrics, 2016, 31 (1): 133 – 162

[660] Lee L F, Yu J. Near unit root in the spatial autoregressive Model [J]. Spatial Economic Analysis, 2013, 8 (3): 314 – 351.

[661] Lee L, Yu J. A spatial dynamic panel data model with both time and individual fixed effects [J]. Econometric Theory, 2010, 26 (2): 564 – 597.

[662] Lee S K, Jang S C. Foreign exchange exposure of US tourism-related firms [J]. Tourism Management, 2011, 32 (4): 934 – 948.

[663] Lemmetyinen A, Go F M. The key capabilities required for managing tourism business networks [J]. Tourism Management, 2009, 30 (1): 31 – 40.

[664] LeSage J P, Pace R K. Introduction to spatial econometrics [M]. London: Chapman & Hall/CRC Press, 2009.

[665] LeSage J P, Pace R K. The biggest myth in spatial econometrics [J]. Econometrics, 2014, 2 (4): 217 – 249.

[666] Lesage J P, Sheng Y. A spatial econometric panel data examination of endogenous versus exogenous interaction in Chinese province-level patenting [J]. Journal of Geographical Systems, 2014, 16 (3): 233 – 262.

[667] Levinson A, Taylor M S. Unmasking the Pollution Haven Effect [J]. International Economic Review, 2008, 49 (1): 223 – 254.

[668] Lewis B D. Urbanization and economic growth in Indonesia: good news, bad news and (possible) local government mitigation [J]. Regional Studies, 2014, 48 (1): 192 –207.

[669] Li B, Piachaud D. Urbanization and social policy in China [J]. Asia Pacific Development Journal, 2006, 13 (1): 1 –26.

[670] Li C C, Mahmood R, Abdullah H, Chuan OS. Economic growth, tourism and selected macroeconomic variables: A triangular causal relationship in Malaysia [J]. Margin: The Journal of Applied Economic Research, 2013, 7 (2): 185 –120.

[671] Li G, Fang C, Wang S, et al. The effect of economic growth, urbanization, and industrialization on fine particulate matter (PM 2. 5) concentrations in China [J]. Environmental Science & Technology, 2016, 50 (21): 11452 –11459.

[672] Li H, Chen J L, Li G, et al. Tourism and regional income inequality: Evidence from China [J]. Annals of Tourism Research, 2016, 58 (3): 81 –99.

[673] Li K X, Jin M, Shi W. Tourism as an important impetus to promoting economic growth: A critical review [J]. Tourism Management Perspectives, 2018, 26: 135 –142.

[674] Li K, Lin B. Economic growth model, structural transformation, and green productivity in China [J]. Applied Energy, 2017, 187 (1): 489 –500.

[675] Li K, Lin B. Impacts of urbanization and industrialization on energy consumption/CO_2 emissions: Does the level of development matter? [J]. Renewable and Sustainable Energy Reviews, 2015, 52 (12): 1107 –1122.

[676] Li L, Hong X, Peng K. A spatial panel analysis of carbon emissions, economic growth and high-technology industry in China [J]. Structural Change and Economic Dynamics, 2019, 49: 83 –92.

[677] Li S N, Blake A, Cooper C. China's tourism in a global financial crisis: A computable general equilibrium approach [J]. Current Issues in Tourism, 2010, 13 (5): 435 –453.

[678] Li S N, Jago L. Evaluating economic impacts of major sports events-

a meta analysis of the key trends [J]. Current Issues in Tourism, 2013, 16 (6): 591 - 611.

[679] Li S N, Liu A, Song H. Does tourism support supply - side structural reform in China? [J]. Tourism Management, 2019, 71: 305 - 314.

[680] Li, B., Wu, S. Effects of local and civil environmental regulation on green total factor productivity in China: A spatial Durbin econometric analysis [J]. Journal of Cleaner Production, 2017, 153: 342 - 353.

[681] Liang W, Yang M. Urbanization, economic growth and environmental pollution: Evidence from China [J]. Sustainable Computing: Informatics and Systems, 2019, 21: 1 - 9.

[682] Liberto A. High skills, high growth: Is tourism an exception? [J]. Journal of International Trade & Economic Development, 2013, 22 (5): 749 - 785.

[683] Lin B, Chen Z. Does factor market distortion inhibit the green total factor productivity in China? [J]. Journal of Cleaner Production, 2018, 197: 25 - 33.

[684] Lindberg K, Andersson T D, Dellaert B G C. Tourism development: Assessing social gains and losses [J]. Annals of Tourism Research, 2001, 28 (4): 1010 - 1030.

[685] Lionetti S, Gonzalez O. On the relationship between tourism and growth in Latin America [J]. Tourism and Hospitality Research, 2012, 12 (1): 15 - 24.

[686] Little K. Urbanization as a social process: An essay on movement and change in contemporary Africa [J]. Population and Development Review, 1977, 3 (3): 340 - 341.

[687] Liu X, Bae J. Urbanization and industrialization impact of CO_2 emissions in China [J]. Journal of cleaner production, 2018, 172 (5): 178 - 186.

[688] Liu, Z., Xin, L. Has China's belt and road initiative promoted its green total factor productivity? Evidence from primary provinces along the route [J]. Energy Policy, 2019, 129: 360 - 369.

[689] Lorde T, Francis B, Drakes L. Tourism services exports and economic growth in Barbados [J]. The International Trade Journal, 2011, 25 (2): 205 – 232.

[690] Louca C. Income and expenditure in the tourism industry: Time series evidence from Cyprus [J]. Tourism Economics, 2006, 12 (4): 603 – 617.

[691] Loulanski T, Loulanski V. Outgrowing the museum: The heritage of Rakuchu Rakugai and its modern purposes [J]. International Journal of Cultural Studies, 2011, 14 (6): 607 – 630.

[692] Lozano J, Gómez C M, Rey-Maquieira J. The TALC hypothesis and economic growth theory [J]. Tourism Economics, 2008, 14 (4): 727 – 749.

[693] Lu D, Xu X, Tian H, et al. The effects of urbanization on net primary productivity in southeastern China [J]. Environmental Management, 2010, 46 (3): 404 – 410.

[694] Lu Q, Liang F, Bi X et al. Effects of urbanization and industrialization on agricultural land use in Shandong Peninsula of China [J]. Ecological Indicators, 2011, 11 (6): 1710 – 1714.

[695] Lu X, Jiang X, Gong M. How land transfer marketization influence on green total factor productivity from the approach of industrial structure? Evidence from China [J]. Land Use Policy, 2020, 95: 104 – 110.

[696] Lucas R E. On the mechanics of economic development [J]. Journal of Monetary Economics, 1988, 22 (1): 3 – 42.

[697] Lucia M D, Trunfio M, Go F M. Heritage and Urban Regeneration: Towards Creative Tourism [M]. Switzerland: Springer International Publishing, 2017.

[698] Luo J M, Qiu H Q, Goh C. An analysis of tourism development in China from urbanization perspective [J]. Journal of Quality Assurance in Hospitality & Tourism, 2015, 17 (1): 1 – 21.

[699] Lütkepohl H. Non-causality due to omitted variables [J]. Journal of Econometrics, 1982, 19 (2 – 3): 367 – 378.

[700] Ma T, Hong T, Zhang H. Tourism spatial spillover effects and ur-

ban economic growth [J]. Journal of Business Research, 2015, 68 (1): 74 – 80.

[701] Mackinnon D P, Fairchild A J, Fritz M S. Mediation analysis [J]. Annual Review of Psychology, 2007, 58 (1): 593 – 614.

[702] Mackinnon D P, Fairchild A J. Current directions in mediation a-nalysis [J]. Current Directions in Psychological Science, 2009, 18 (1): 16 – 20.

[703] Mackinnon D P, Lockwood C M, Hoffman J M, et al. A comparison of methods to test mediation and other intervening variable effects [J]. Psychological Methods, 2002, 7 (1): 83 – 104.

[704] MacKinnon J G. Numerical distribution functions for unit root and cointegration tests [J]. Journal of Applied Econometrics, 1996, 11 (6): 601 – 618.

[705] Majumdar S, Deng J, Zhang Y, et al. Using contingent valuation to estimate the willingness of tourists to pay for urban forests: A study in Savannah, Georgia [J]. Urban Forestry & Urban Greening, 2011, 10 (4): 275 – 280.

[706] Malik S, Chaudhry I S, Sheikh M R, Farooqi F S. Tourism, eco-nomic growth and current account deficit in Pakistan: Evidence from co-integration and causal analysis [J]. European Journal of E-conomics, Finance and Administrative Sciences, 2010 (22): 1450 – 2275.

[707] Mann P. An approach to urban sociology [M]. London: Rout-ledge, 1965.

[708] Manzi T, Lucas k, Jones T L. Social sustainability in urban areas: Communities, connectivity and the urban fabric [J]. Management of Environmental Quality, 2010, 21 (6): 870 – 871.

[709] Marin D. Is the export-led hypothesis valid for industrialized coun-tries? [J]. The Review of Economics and Statistics, 1992, 4 (1): 678 – 688.

[710] Marrocu E, Paci R. They arrive with new information. Tourism flows and production efficiency in the European regions [J]. Tourism Management, 2011, 32 (4): 750 – 758.

[711] Marshall A. Principles of Economics [M]. London: Macmillan, 1920.

[712] Martínez J M G, Martín J M M, Fernández J A S, et al. An analysis of the stability of rural tourism as a desired condition for sustainable tourism [J]. Journal of Business Research, 2019, 100: 165 – 174.

[713] Massidda C, Mattana P. A SVECM analysis of the relationship between international tourism arrivals, GDP and trade in Italy [J]. Journal of Travel Research, 2013, 52 (1): 93 – 105.

[714] McCoskey S, Kao C. A residual-based test of the null of cointegration in panel data [J]. Econometric Reviews, 1998, 17 (1): 57 – 84.

[715] McKinnon R. Foreign exchange constrain in economic development and efficient aid allocation [J]. The Economic Journal, 1964, 74 (301): 388 – 409.

[716] Mei L, Chen Z. The Convergence Analysis of Regional Growth Differences in China: The Perspective of the Quality of Economic Growth [J]. Journal of Service Science and Management, 2016, 9 (6): 453 – 476.

[717] Mersal A. Eco-city challenge and opportunities in transferring a city in to green city [J]. Procedia Environmental Sciences, 2017, 37: 22 – 33.

[718] Mishra P K, Rout H B, Mohapatra S S. Causality between tourism and economic growth: Empirical evidence from India [J]. European Journal of Social Sciences, 2010, 18 (4): 518 – 527.

[719] Mitra, A. Total factor productivity growth and urbanization economies: A case of Indian industries [J]. Review of Urban & Regional Development Studies, 2010, 12 (2): 97 – 108.

[720] Monteiro J A, Kukenova M. Spatial dynamic panel model and system GMM: A Monte Carlo investigation [R]. IRENE Institute of Economic Research, 2009.

[721] Moomaw R L, Shatter A M. Urbanization and economic development: A bias toward large cities? [J]. Journal of Urban Economics, 1996, 40 (1): 13 – 37.

[722] Mori K, Yamashita T. Methodological framework of sustainability

assessment in city sustainability index (CSI): A concept of constraint and maximisation indicators [J]. Habitat International, 2015, 45: 10 – 14.

[723] Morley C L. A dynamic international model [J]. Annals of Tourism Research, 1998, 25 (1): 70 – 84.

[724] Morley C L. A microeconomic theory of international tourism demand [J]. Annals of Tourism Research, 1992, 19 (2): 250 – 267.

[725] Mullins P. Cities and vsitors: Regulating people, markets, and city space [M]. New York: John Wiley & Sons, 2003.

[726] Mullins P. Class relations and tourism urbanization: The regeneration of the petite bourgeoisie and the emergence of a new urban form [J]. International Journal of Urban and Regional Research, 1994, 18 (4): 591 – 608.

[727] Mullins P. Tourism urbanization [J]. International Journal of Urban and Regional Research, 1991, 15 (3): 326 – 342.

[728] Munisamy S, Arabi B. Eco-efficiency change in power plants: Using a slacks-based measure for the meta-frontier Malmquist-Luenberger productivity index [J]. Journal of Cleaner Production, 2015, 105: 218 – 232.

[729] Nayaran P K, Nayaran S, Prasad A, Prasad B C. Tourism, and economic growth: Apanel data analysis for Pacific Island countries [J]. Tourism Economics, 2010, 16 (1): 169 – 183.

[730] Nayaran P K, Prasad B C. Does tourism Granger causes economic growth in Fiji? [J]. Empirical Economic Letters, 2003, 2 (5): 199 – 208.

[731] Nayaran P K. Fiji's tourism demand: The ARDL approach to cointegration [J]. Tourism Economics, 2004, 10 (2): 193 – 206.

[732] Nehru V, Swanson E, Dubey A. A new database on human capital stock in developing and industrial countries: Sources, methodology, and results [J]. Journal of Development Economics, 1995, 46 (46): 379 – 401.

[733] Ngai L R, Pissarides C A. Structural Change in a Multisector Model of Growth [J]. American Economic Review, 2007, 97 (1): 429 –

443.

[734] Nicolau J L, Sellers R. The quality of quality awards: Diminishing information asymmetries in a hotel chain [J]. Journal of Business Research, 2010, 63 (2): 832 – 839.

[735] Nissan E, Galindo M A, Mendez M T. Relationship between tourism and economic growth [J]. The Service Industries Journal, 2011, 31 (19): 1567 – 1572.

[736] Nowak J J, Sahli M, Cortés-Jiménez I. Tourism, capital imports and economic growth: Theory and evidence for Spain [J]. Tourism Economics, 2007, 13 (4): 515 – 536.

[737] Nowak J J, Sahli M, Sgro P. Tourism, trade and domestic welfare [J]. Pacific Economic Review, 2003, 8 (3): 245 – 258.

[738] Nunn N, Qian N. US food aid and civil conflict [J]. American Economic Review, 2014, 104 (6): 1630 – 1666.

[739] Odhiambo N M. Tourism development and economic growth in Tanzania: Empirical evidencefrom the ARDL-bounds testing approach [J]. Economic Computation & Economic Cybernetics Studies and Research, 2011, 45 (3): 71 – 83.

[740] Oh C O. The contribution of tourism development to economic growth in the Korean economy [J]. Tourism Management, 2005, 26: 39 – 44.

[741] Oh D, Lee J. A metafrontier approach for measuring malmquist productivityindex [J]. Empirical Economics, 2010, 38 (1): 47 – 64.

[742] Oh D. A global Malmquist-Luenberger productivity index [J]. Journal of Productivity Analysis, 2010, 34 (3): 183 – 197.

[743] Oigenblick L, Kirschenbaum A. Tourism and immigration: Comparing alternative approaches [J]. Annals of Tourism Research, 2002, 29 (4): 1086 – 1100.

[744] Olulele A, Braimoh L. International tourist and economic development in South Africa: A Granger causality test [J]. International Journal of Tourism Research, 2010, 12 (2): 149 – 163.

[745] Osterwald-Lenum M. A note with quintiles of the asymptotic distri-

bution ofthe maximum likelihood cointegration rank test statistics: four cases [J]. Oxford Bulletin of Economics and Statistics, 1992, 54 (3): 461 –472.

[746] Othman R, Salleh N H M. , Sarmidi T. Analysis of causal relationship between tourism development, economic growth and foreign direct investment: An ARDL approach [J]. Journal of Applied Sciences, 2012, 12 (12): 1245 – 1254.

[747] Owen C. Tourism and urban regeneration [J]. Cities, 1990, 7 (3): 194 – 201.

[748] O'Brian D, Miles S. Cultural policy as rhetoric and reality: A comparative analysis of policy making in the peripheral North of England [J]. Cultural Trends, 2010, 19 (1/2): 3 – 13.

[749] O'Halloran, Robert M. Events and urban regeneration: The strategic use of events to revitalise cities [J]. Tourism Management, 2014, 42 (3): 213 – 214.

[750] Pablo-Romero M P, Molina J A. Tourism and economic growth: A review of empirical literature [J]. Tourism Management Perspectives, 2013, 8 (10): 28 – 41.

[751] Paelinck J. Spatial econometrics [J]. Economics Letters, 1979, 1 (1): 59 – 63.

[752] Pambudi D, McCaughey N, Smyth R. Computable general equilibrium estimates of the impact of the Bali bombing on the Indonesian economy [J]. Tourism Management, 2009, 30 (2): 232 – 239.

[753] Pan S C, Liu S Y, Wu P C. Re-Testing the tourism-led growth hypothesis using panel smooth transition regression models [J]. Tourism Economics, 2014, 20 (1): 39 – 50.

[754] Papatheodorou A. The demand for international tourism in the Mediterranean region [J]. Applied Economics, 1999, 31 (5): 619 – 630.

[755] Papatheodorou. Corporate Rivalry and Market Power: Competition Issues in the Tourism Industry [M]. London: I. B. Tauris, 2006.

[756] Parasuraman A, Zeithaml V A, Berry L L. Refinement and reassessmentof the SERVQUAL scale [J]. Journal of Retailing,

1991, 67 (4): 420 – 450.

[757] Parasuraman A, Zeithaml V A, Berry L L. Servqual: Amultiple-itemscale formeasuring consumer perceptions of service quality [J]. Journal of Retailing, 1988, 64 (1): 12 – 40.

[758] Parent O, Lesage J P. Spatial dynamic panel data models with random effects [J]. Regional Science and Urban Economics, 2012, 42 (4): 727 – 738.

[759] Park E, Boo S. An assessment of convention tourism's potential contribution to environmentally sustainable growth [J]. Journal of Sustainable Tourism, 2010, 18 (1): 95 – 113.

[760] Park J H, Prime P B. Export performance and growth in China: A cross-provincial analysis [J]. Applied Economics, 1997, 29 (10): 1353 – 1363.

[761] Pasquinelli C. The limits of place branding for local development: The case of Tuscany and the Arnovalley brand [J]. Local Economy, 2010, 25 (7): 558 – 572.

[762] Pasquinelli C. Urban Tourism (s): Is there a case for a paradigm shift? [J]. Social Science Electronic Publishing, 2015, 30 (3): 191 – 195.

[763] Payne J E, Mervar A. The tourism-growth nexus in Croatia [J]. Tourism Economics, 2010, 16 (4): 1089 – 1094.

[764] Pearce D G. An integrative framework for urban tourism research [J]. Annals of Tourism Research, 2001, 28 (4): 926 – 946.

[765] Pedroni P. Fully Modified OLS for heterogeneous cointegrated panels [J]. Advancesin Econometrics, 2000, 15 (1): 93 – 130.

[766] Pegg S. Is there a Dutch disease in Botswana? [J]. Resources Policy, 2010, 35 (1): 14 – 19.

[767] Peneder M. Industrial structure and aggregate growth [J]. Structural Change & Economic Dynamics, 2003, 14 (4): 427 – 448.

[768] Perboli G, Alberto A D, Perfetti F, et al. A new taxonomy of smart city projects [J]. Transportation Research Procedia, 2014 (3): 470 – 478.

[769] Pesaran H M, Shin Y, Smith R J. Bounds testing approaches to the

analysis of level relationships [J]. Journal of Applied Econometrics, 2001, 16 (3): 289 –326.

[770] Pesaran M H, Smith R. Estimating long-run relationships from dynami cheterogeneous panels [J]. Journal of Econometrics, 1995, 68 (1): 79 –113.

[771] Pham, T. D. , Simmons, D. G. , Spurr, R. Climate change-induced economic impacts on tourism destinations: The case of Australia. Journal of Sustainable Tourism, 2010, 18 (3): 449 –473.

[772] Pina I P A, Martínez-García M P. An endogenous growth model of international tourism [J]. Tourism Economics, 2013, 19 (3): 509 –529.

[773] Po W C, Huang B N. Tourism development and economic growth-a nonlinear approach [J]. Phisica A, 2008, 387 (22): 5535 –5542.

[774] Pons A, Rullan O, Murray-Mas I. Tourism capitalism and island urbanization: Tourist accommodation diffusion in the Balearics, 1936 – 2010 [J]. Island Studies Journal, 2014, 9 (2): 239 –258.

[775] Poon A. Tourism, Technology, and Competitive Strategies [M]. Wallingford: CAB International Books, 1993.

[776] Porter M. America's green strategy [J]. Scientific American, 1991, 264 (4): 193 –246.

[777] Pradhan B K, Subramanian A. On the stability of demand for money in a developing economy: Some empirical issues [J]. Journal of Development Economics, 2003, 72 (1): 335 –351.

[778] Pratt S. A general equilibrium analysis of the economic impact of a devaluation on tourism: The case of Fiji [J]. Tourism Economics, 2014, 20 (2): 389 –405.

[779] Preston S H. Urban growth in developing countries: A demographic reappraisal [J]. Population and Development Review, 1979, (5): 195 –215.

[780] Prideaux B. Factors affecting bilateral tourism flows [J]. Annals of Tourism Research, 2005, 32 (3): 780 –801.

[781] Proenca S, Soukiazis E. Tourism as an economic growth factor: A case study for Southern European countries [J]. Tourism Econom-

ics, 2008, 14 (4): 791 - 806.

[782] Pulina M. Modelling and forecasting length of stay: An integrative approach [J]. Anatolia: Journal of Tourism and Hospitality Management, 2010, 21 (2): 305 - 321.

[783] Qu X, Lee L F, Yu J. QML estimation of spatial dynamic panel data models with endogenous time varying spatial weights matrices [J]. Journal of Econometrics, 2017, 197 (2): 173 - 201.

[784] Quah D T. Empirics for economic growth and convergence [J]. European Economic Review, 1996, 40 (6): 1353 - 1375.

[785] Rasoolimanesh S M, Badarulzaman N, Jaafar M. City development strategies (CDS) and sustainable urbanization in developing world [J]. Procedia-Social and Behavioral Sciences, 2012, 36: 623 - 631.

[786] Raza S A, Qureshi M A, Ahmed M, et al. Non-linear relationship between tourism, economic growth, urbanization, and environmental degradation: evidence from smooth transition models [J]. Environmental Science and Pollution Research, 2020, 28 (2): 1426 - 1442.

[787] Rey-Maquiera J, Lozano J, Gómez CM. Quality standards versus taxation in adynamic environmental model of a tourism economy [J] Environmental Modelling & Software, 2009, 24 (12): 1483 - 1490.

[788] Ridderstaat J, Croes R, Nijkamp P. Tourism and long - run economic growth in Aruba [J]. International Journal of Tourism Research, 2014, 16 (5): 472 - 487.

[789] Takatoshi Ito, Krueger A O. Growth Theories in the Light of the East Asian Experience [M]. University of Chicago Press. Chicago, 1995.

[790] Rowley C K. Industrial structure, competition and efficiency: A review article [J]. Scottish Journal of Political Economy, 2010, 23 (2): 193 - 199.

[791] Saayman A, Saayman M, Gyekye A. Perspectives on the regional economic value of a pilgrimage [J]. International Journal of Tourism Research, 2014, 16 (4): 407 - 414.

[792] Saayman M, Rossouw R. The significance of festivals to regional e-conomies: Measuring the economic value of the Grahamstown National Arts Festival in South Africa [J]. Tourism Economics, 2011, 17 (3): 603 – 624.

[793] Saayman M, Saayman A. Estimating the economic contribution of visitor spending in the Kruger National Park to the regional economy [J]. Journal of Sustainable Tourism, 2006, 14 (1): 67 – 81.

[794] Sadorsky P. Do urbanization and industrialization affect energy intensity in developing countries? [J]. Energy Economics, 2013, 37 (5): 52 – 59.

[795] Sadorsky P. The effect of urbanization and industrialization on energy use in emerging economies: Implications for sustainable development [J]. American Journal of Economics and Sociology, 2014, 73 (2): 392 – 409.

[796] Sakai M. Public sector investment in tourism infrastructure. In Dwyer L, Forsyth P. (Eds.), International handbook on the economics of tourism [M]. Cheltenham: Edward Elgar, 2009.

[797] Santana-Gallego M, Ledesma-Rodriguez F, Perez-Rodriguez J, Cortés-Jimenez I. Doescommon currency promote countries' growth via trade and tourism? [J]. The World Economy, 2010, 33 (12): 1811 – 1835.

[798] Sarmidi T, Salleh N HM. Dynamic inter-relationship between trade, economic growthand tourism in Malaysia [J]. International Journal of Economics and Management, 2011, 5 (1): 38 – 52.

[799] Scheyvens R, Russell M. Tourism, land tenure and poverty alleviation in Fiji [J]. Tourism Geographies, 2012, 14 (1): 1 – 25.

[800] Schubert F S, Brida J G, Risso W A. The impacts of international Tourism demand on economic growth of small economies dependent of tourism [J]. Tourism Management, 2010, 32 (2): 377 – 385.

[801] Scott A J. Industrialization and urbanization: A geographical agenda [J]. Annals of the Association of American Geographers, 1986, 76 (1): 25 – 37.

[802] Seddighi H R, Theocharous A L. A model of tourism destination

choice: A theoretical and empirical analysis [J]. Tourism Management, 2002, 23 (5): 475 – 487.

[803] Seetanah B. Assessing the dynamic economic impact of tourism for island economies [J]. Annals of Tourism Research, 2011, 38 (1): 291 – 308.

[804] Selby M. Consuming the city: Conceptualizing and researching urban tourist knowledge [J]. Tourism Management, 2004, 6 (2): 186 – 207.

[805] Sengupta J K, Espana J R. Exports and economic growth in Asian NICs: An econometric analysis for Korea [J]. Applied Economics, 1994, 26 (1): 41 – 51.

[806] Seo M H, Kim S, Kim Y J. Estimation of dynamic panel threshold model using Stata [J]. Stata Journal, 2019, 19 (3): 685 – 697.

[807] Seo M H, Shin Y. Dynamic panels with threshold effect and endogeneity [J]. Journal of Econometrics, 2016, 195 (2): 169 – 186.

[808] Sequeira T N, Campos C. International tourism and economic growth: A panel data approach [M]. Physica-Verlag HD, 2007.

[809] Sequeira T N, Nunes P M. Does tourism influence economic growth? A dynamic panel data approach [J]. Applied Economics, 2008, 40 (18): 2431 – 2441.

[810] Shahbaz M, Lean H H. Does financial development increase energy consumption? The role of industrialization and urbanization in Tunisia [J]. Energy Policy, 2012, 40 (1): 473 – 479.

[811] Shahbaz M, Sbia R, Hamdi H, et al. Economic growth, electricity consumption, urbanization and environmental degradation relationship in United Arab Emirates [J]. Ecological Indicators, 2014, 45: 622 – 631.

[812] Shan J, Ken W. Causality between trade and tourism: Empirical evidence from China [J]. Applied Economics Letters, 2001, 8 (4): 279 – 283.

[813] Shaw G, Williams A M. Entrepreneurship and tourism development. In Ioannides D, Debbage K G. (Eds.), The Economic Geography of the Tourist Industry [M]. London: Routledge, 1998.

［814］ Sheldon P J. Journals in tourism and hospitality: the perceptions of publishing faculty ［J］. Journal of Tourism Studies, 1990, 1 (1): 42 – 48.

［815］ Sheng L, Tsui Y. Foreign investment in tourism: The case of Macao as a small tourism economy ［J］. Tourism Geographies, 2010, 12 (2): 173 – 191.

［816］ Sheng L. Taxing tourism and subsidizing non-tourism: A welfare-enhancing solution to "Dutch disease"? ［J］. Tourism Management, 2011, 32 (5): 1223 – 1228.

［817］ Shunzo N. Japanese industry enters a new stage increasingly knowledge-intensive industrial structure and changes in employment structure ［J］. Economic and Industrial Democracy, 1985, 6 (2): 139 – 160.

［818］ Siciliano G. Urbanization strategies, rural development and land use changes in China: A multiple-level integrated assessment ［J］. Land use policy, 2012, 29 (1): 165 – 178.

［819］ Silverman B W. Density estimation for statistics and data analysis ［M］. London: Chapman and Hall, 1986.

［820］ Sinclair M T. Tourism and economic development: A survey ［J］. Journal of Development Studies, 1998, 34 (5): 1 – 51.

［821］ Slee B, Farr H, Snowdon P. The economic impact of alternative types of rural tourism ［J］. Journal of Agricultural Economics, 1997, 48 (1 – 3): 179 – 192.

［822］ Smeral E. International tourism demand and the business cycle ［J］. Annals of Tourism Research, 2012, 39 (1): 379 – 400.

［823］ Smith A. Events and urban regeneration: The strategic use of events to revitalise Cities ［M］. Routledge: Taylor and Francis Group, London and New York, 2012.

［824］ Smorfitt D. B. , Harrison, S. R. , Herbohn, J. L. Potential economic implications for regional tourism of a foot and mouth disease outbreak in North Queensland ［J］. Tourism Economics, 2005, 11 (3), 411 – 430.

［825］ Sobel M E. Direct and indirect effects in linear structural equation

models [J]. Sociological Methods & Research, 1987, 16 (1):
155 – 176.

[826] Soest T V, Hagtvet K A. Mediation analysis in a latent growth curve
modeling framework [J]. Structural Equation Modeling, 2011, 18
(2): 289 – 314.

[827] Solarin S A, Shahbaz M. Trivariate causality between economic
growth, urbanisation and electricity consumption in Angola: Cointe-
gration and causality analysis [J]. Energy Policy, 2013, 60:
876 – 884.

[828] Solow R M. The production function and theory of capital [J]. Re-
view of Economic Studies, 1955 (2): 101 – 108.

[829] Song H, Dwyer L, Li G, Cao Z. Tourism economics research: A
review and assessment [J]. Annals of Tourism Research, 2012,
39 (3): 1653 – 1682.

[830] Song M, Du J, Tan K H. Impact of fiscal decentralization on green
total factor productivity [J]. International Journal of Production
Economics, 2018, 205: 359 – 367.

[831] Song M, Zhao X, Shang Y, et al. Realization of green transition
based on the anti – driving mechanism: An analysis of environmen-
tal regulation from the perspective of resource dependence in China
[J]. Science of the Total Environment, 2020, 698 (1): 1 – 12.

[832] Soukiazis E, Proenca S. Tourism as an alternative source of regional
growth in Portugal: A panel data analysis at NUTS II and III levels
[J]. Portuguese Economic Journal, 2008, 7 (1): 43 – 61.

[833] Sovani N V. The Analysis of "Over – Urbanization" [J]. Econom-
ic Development and Cultural Change, 1964, 12 (2): 113 – 122.

[834] Spurr, R. Tourism satellite accounts. In Dwyer L, Forsyth P.
(Eds.), International handbook on the economics of tourism
[M]. Cheltenham: Edward Elgar, 2009.

[835] Srinivasan P K, Kumar S, Ganesh L. Tourism and economic growth
in Sri Lanka: An ARDL bounds testing approach [J]. The Roma-
nian Economic Journal, 2012, 3 (2): 211 – 226.

[836] Srinivasan P K, Kumar S, Ganesh L. Tourism and economic growth

in Sri Lanka [J]. Environment and Urbanization, 2012, 3 (2): 397 - 405.

[837] Stanchev H, Stancheva M, Young R. Implications of population and tourism development growth for Bulgarian coastal zone [J]. Journal of Coastal Conservation, 2015, 19 (1): 59 - 72.

[838] Street P. Scenario workshops: A participatory approach to sustainable urban living? [J]. Futures, 1997, 29 (2): 139 - 158.

[839] Stylidis D, Terzidou M. Tourism and the economic crisis in Kavala, Greece [J]. Annals of Tourism Research, 2014, 44: 210 - 226.

[840] Succurro M. Concentration, productivity and profitability in the Italian commercial accommodation sector [J]. International Journal of Tourism Research, 2008, 10 (4): 379 - 392.

[841] Sugihara G, May R, Ye H, et al. Detecting causality in complex ecosystems [J]. Science, 2012, 338 (6106): 496 - 500.

[842] Sugiyarto G, Blake A, Sinclair M T. Tourism and globalization: Economic impact in Indonesia [J]. Annals of Tourism Research, 2003, 30 (3): 683 - 701.

[843] Sundbo J. The innovative behaviour of tourism firms [J]. Research Policy, 2007, 36 (1): 88 - 106.

[844] Surugiu C, Surugiu M R. Is the tourism sector supportive of economic growth? Empirical evidence on Romanian tourism [J]. Tourism Economics, 2013, 19 (1): 115 - 132.

[845] Sánchez-Rivero M, Pulido-Fernández J I, Cárdenas-García P J. Tourism growth versus economic development: An analysis by multivariate techniques [M]. Physica-Verlag HD, 2013: 235 - 251.

[846] Taillon J M. The tourist gaze 3. 0 [J]. Current Issues in Tourism, 2014, 7 (2): 199 - 200.

[847] Talaya M A E, Lara M E R. Research on tourist demand in Spain: An analysis and summary [J]. Tourist Review, 1993, 51 (1): 29 - 33.

[848] Tang C F, Abosedra S. Small sample evidence on the tourism-led growth hypothesis in Lebanon [J]. Current Issues in Tourism, 2014, 17 (3): 234 - 246.

[849] Tang C F, Tan E C. How stable is the tourism-led growth hypothesis in Malaysia? Evidence from disaggregated tourism markets [J]. Tourism Management, 2013, 21 (8): 1579 - 1591.

[850] Tang C F. Is the tourism-led growth hypothesis valid for malaysia? A view from disaggregated tourism markets [J]. International Journal of Tourism Research, 2011, 13 (1): 97 - 101.

[851] Tang C F. Temporal Granger causality and the dynamic relationship between real tourism receipts, real income, real exchange rates in Malaysia [J]. International Journal of Tourism Research, 2013, 15 (3): 272 - 284.

[852] Tang H C H, Jang S S C. The tourism-economy causality in the United States: A sub-industry level examination [J]. Tourism Management, 2009, 30 (4): 553 - 558.

[853] Tang S, Selvanathan E A, Selvanathan S. The relationship between foreign direct investment and tourism: Empirical evidence from China [J]. Tourism Economics, 2007, 13 (1): 25 - 39.

[854] Tao, F. , Zhang, H. , Hu, Y. , Duncan, A. A. Growth of green total factor productivity and its determinants of cities in China: A spatial econometric approach [J]. Emerging Markets Finance and Trade, 2017, 53 (9): 2123 - 2140.

[855] Theerapappisit P. Pro-poor ethnic tourism in the Mekong: A study of three approaches in Northern Thailand [J]. Asia Pacific Journal of Tourism Research, 2009, 14 (2): 201 - 221.

[856] Theobald W F. Global Tourism, Second Ed [M]. Oxford: Butterworth & Heinemann, 2001.

[857] Thomas F. Addressing the measurement of tourism in terms of poverty reduction: Tourism value chain analysis in Lao PDR and Mali [J]. International Journal of Tourism Research, 2014, 16 (4): 368 - 376.

[858] Thornton J. Exports and economic growth: Evidence from 19th century Europe [J]. Economics Letters, 1997, 55 (2): 235 - 240.

[859] Tientao A, Legros D, Pichery M C. Technology spillover and TFP growth: A spatial Durbin model [J]. International Economics,

2016, 145 (5): 21 -31.

[860] Toda H Y, Yamamoto T. Statistical inference in vector autoregressions with possibly integrated process [J]. Journal of Econometrics, 1995, 66 (1 -2): 225 -250.

[861] Tone K. A hybrid measure of efficiency in DEA [R]. GRIPS Research Report Series, 2004.

[862] Tone K. A strange case of the cost and allocative efficiencies in DEA [J]. Journal of the Operational Research Society, 2002, 53 (11): 1225 -1231.

[863] Tosun C. Limits to community participation in the tourism development process in developing countries [J]. Tourism management, 2000, 21 (6): 613 -633.

[864] Trang N H M, Duc N H C. The contribution of tourism to economic growth in Thua Thien Hue Province, Vietnam [J]. Middle East Journal of Business, 2013, 4 (1): 70 -77.

[865] Treiman D J. Industrialization and social stratification [J]. Sociological Inquiry, 1970, 40 (2): 207 -234.

[866] Truly D. International retirement migration and tourism along the Lake Chapala Riviera: Developing a matrix of retirement migration behavior [J]. Tourism Geographies, 2002, 4 (3): 261 -281.

[867] Turaev B. The impact of organizational and economic factors on tourism development [J]. Perspectives of Innovations Economics & Business, 2010, 6 (3): 2713 -2718.

[868] Turner L W, Witt S F. Factors influencing the demand for internationaltourism: Tourism demand analysis using structural equation modeling revisited [J]. Tourism Economics, 2001, 7 (1): 21 -38.

[869] Turok I, McGranahan G. Urbanization and economic growth: The arguments and evidence for Africa and Asia [J]. Environment and Urbanization, 2013, 25 (2): 465 -482.

[870] UNWTO. Global report on city tourism AM reports: Volume six [M]. Madrid: UNWTO, 2012.

[871] Urry J, Larsen J. The tourist gaze 3.0 [M]. London: Sage, 2011.

［872］ Uysal M, Gitelson R. Assessment of economic impacts: Festivals and special events ［J］. Festival Management and Event Tourism, 1994, 2 (1): 3 - 10.

［873］ van der Zee E, Vanneste D. Tourism networks unravelled: A review of the literature on networks in tourism management studies ［J］. Tourism Management Perspectives, 2015 (15): 46 - 56.

［874］ Vanegas M, Croes R R. Growth, development and tourism in small economy: Evidence from Aruba ［J］. International Journal of Tourism Research, 2003, 5 (5): 315 - 330.

［875］ Wahab S, Cooper C P. Tourism in the age of globalization ［J］. London: Routledge, 2001.

［876］ Wan Y K P. The social, economic and environmental impacts of casino gaming in Macao: The community leader perspective ［J］. Journal of Sustainable Tourism, 2012, 20 (5): 737 - 755.

［877］ Wang Q, Yang X. Urbanization impact on residential energy consumption in China: The roles of income, urbanization level, and urban density ［J］. Environmental Science and Pollution Research, 2019, 26 (4): 3542 - 3555.

［878］ Wang Y, Ni C. The role of the composition of the human capital on the economic growth: With the spatial effect among provinces in China ［J］. Modern Economy, 2015, 6 (6): 770 - 781.

［879］ Webber S. Exchange rate volatility and cointegration in tourism demand ［J］. Journal of Travel Research, 2000, 39 (4): 398 - 405.

［880］ Weng C C, Wang K-K. Scale and scope economies of international tourist hotels in Taiwan ［J］. Tourism Management, 2004, 25 (6): 761 - 769.

［881］ West G R. Economic significance of tourism in Queensland ［J］. Annals of Tourism Research, 1993, 20 (3): 490 - 504.

［882］ Williams A. Tourism and hospitality marketing: Fantasy, feeling and fun ［J］. International Journal of Contemporary Hospitality Management, 2006, 18 (6): 482 - 495.

［883］ World Travel and Tourism Council. Travel and tourism economic impact ［EB/OL］. http: //www. wttc. org/research/economic-research/ 2019.

[884] Wu X, Gao M, Guo S, et al. Effects of environmental regulation on air pollution control in China: A spatial Durbin econometric analysis [J]. Journal of Regulatory Economics, 2019, 55 (3): 307 – 333.

[885] Xie R, Yao S, Han F, et al. Land finance, producer services agglomeration, and green total factor productivity [J]. International Regional Science Review, 2019, 42 (5): 550 – 579.

[886] Xu B Lin B. How industrialization and urbanization process impacts on CO_2 emissions in China: Evidence from nonparametric additive regression models [J]. Energy Economics, 2015, 48 (3): 188 – 202.

[887] Xu X. On the causality between export growth and GDP growth: An empirical reinvestigation [J]. Review of International Economics, 1996, 4 (2): 172 – 184.

[888] Yang C, Lanoie C. Environmental regulations, induced R&D, and productivity: Evidence from Taiwan's manufacturing industries [J]. Resource & Energy Economics, 2012, 34 (4): 514 – 532.

[889] Yang Y, Wong K K F. A spatial econometric approach to model spillover effects in tourism flows [J]. Journal of Travel Research, 2012, 51 (6): 768 – 778.

[890] Yigitcanlar T, Dur F, Dizdaroglu D. Towards prosperous sustainable cities: A multiscalar urban sustainability assessment approach [J]. Habitat International, 2015, 45: 36 – 46.

[891] Yu B. Ecological effects of new – type urbanization in China [J]. Renewable and Sustainable Energy Reviews, 2021, 135 (1): 1 – 14.

[892] Yu J, Jong R D, Lee L F. Quasi-maximum likelihood estimators for spatial dynamic panel data with fixed effects when both n and T are large [J]. Journal of Econometrics, 2008, 146 (1): 118 – 134.

[893] Yu J, Lee L F. Estimation of unit root spatial dynamic panel data models [J]. Econometric Theory, 2010, 26 (5): 1332 – 1362.

[894] Yu J, Zhou L A, Zhu G. Strategic interaction in political competition: Evidence from spatial effects across Chinese cities [J]. Re-

gional Science and Urban Economics, 2016, 57 (3): 23 – 37.

[895] Yuan H, Zhang T, Feng Y, et al. Does financial agglomeration promote the green development in China? A spatial spillover perspective [J]. Journal of Cleaner Production, 2019, 237: 1 – 12.

[896] Zajczyk F. The social morphology of the new urban poor in a wealthy Italian city: The case of Milan [M]. Cambridge: Blackwell Press, 2008.

[897] Zeng D Z, Zhu X. Tourism and industrial agglomeration [J]. Japanese Economic Review, 2011, 62 (4): 537 – 561.

[898] Zha X F, Sriram R D, Lu W F. Evaluation and selection in product design for mass customization: A knowledge decision support approach [J]. Artificial Intelligence for Engineering Design Analysis and Manufacturing, 2004, 18 (1): 87 – 109.

[899] Zhang J F, Deng W. Industrial structure change and its eco – environmental influence since the establishment of municipality in Chongqing, China [J]. Procedia Environmental Sciences, 2010, 2: 517 – 526.

[900] Zhang J, Lee D J. The effect of wildlife recreational activity on Florida's economy [J]. Tourism Economics, 2007, 13 (1): 87 – 110.

[901] Zhao L, Xia X. Tourism and poverty reduction: Empirical evidence from China [J]. Tourism Economics, 2020, 26 (2): 233 – 256.

[902] Zhao W, Ritchie J R B. Tourism and poverty alleviation: An integrative research framework [J]. Current Issues in Tourism, 2007, 10 (3): 119 – 143.

[903] Zhao X, Lynch J G, Chen Q. Reconsidering Baron and Kenny: Myths and truths about mediation analysis [J]. Journal of Consumer Research, 2010, 37 (2): 197 – 206.

[904] ZhaoL, Dong Y. Tourism agglomeration and urbanization: Empirical evidence from China [J]. Asia Pacific Journal of Tourism Research, 2017, 22 (5): 1 – 12.

[905] Zhou C, Wang S. Examining the determinants and the spatial nexus of city-level CO_2 emissions in China: A dynamic spatial panel anal-

ysis of China's cities [J]. Journal of Cleaner Production, 2018, 171: 917 – 926.

[906] Zhou Y, Kong Y, Sha J, et al. The role of industrial structure upgrades in eco-efficiency evolution: Spatial correlation and spillover effects [J]. Science of the Total Environment, 2019, 687: 1327 – 1336.

[907] Zhu W, Xu L, Tang L, et al. Eco-efficiency of the western Taiwan Straits Economic Zone: An evaluation based on a novel eco-efficiency model and empirical analysis of influencing factors [J]. Journal of Cleaner Production, 2019, 234: 638 – 652.

[908] Zivin J G, Neidell M. The impact of pollution on worker productivity [J]. American Economic Review, 2012, 102 (7): 3652 – 3673.

[909] Zortuk M. Economic impact of tourism on Turkey's economy: Evidence from cointegration tests [J]. International Research Journal of Finance and Economics, 2009, 25: 231 – 239.

[910] Zuo B, Huang S S. Revisiting the tourism-led economic growth hypothesis: The case of China [J]. Journal of travel research, 2018, 57 (2): 151 – 163.

图书在版编目（CIP）数据

旅游业、新型城镇化与经济增长 / 赵磊著 . -- 北京：
经济科学出版社，2022. 12
国家社科基金后期资助项目
ISBN 978-7-5218-4393-4

Ⅰ. ①旅⋯　Ⅱ. ①赵⋯　Ⅲ. ①旅游业发展 – 关系 – 城
市化 – 研究 – 中国 ②旅游业发展 – 关系 – 经济增长 – 研究
– 中国　Ⅳ. ①F592. 3 ②F299. 21 ③F124

中国版本图书馆 CIP 数据核字（2022）第 233626 号

责任编辑：杜　鹏　胡真子
责任校对：郑淑艳
责任印制：邱　天

旅游业、新型城镇化与经济增长

赵　磊　著

经济科学出版社出版、发行　新华书店经销
社址：北京市海淀区阜成路甲 28 号　邮编：100142
编辑部电话：010 – 88191441　发行部电话：010 – 88191522
网址：www. esp. com. cn
电子邮箱：esp-bj@ 163. com
天猫网店：经济科学出版社旗舰店
网址：http：//jjkxcbs. tmall. com
固安华明印业有限公司印装
710×1000　16 开　31 印张　540000 字
2022 年 12 月第 1 版　2022 年 12 月第 1 次印刷
ISBN 978 – 7 – 5218 – 4393 – 4　定价：168. 00 元